江西省圖書館古籍普查登記目録（二）

全國古籍普查登記目録

國家圖書館出版社
National Library of China Publishing House

360000－1901－0010197　312210
國朝先正事略續編八卷　朱孔彰撰　清光緒二十六年(1900)石印本　二册

360000－1901－0010198　402253
國朝先正事略續編八卷　朱孔彰撰　清光緒石印本　一册　存二卷(三至四)

360000－1901－0010199　401436
國朝先正事略續編四卷　朱孔彰撰　清光緒二十八年(1902)上海廣益書局石印本　四册

360000－1901－0010200　401436－1
國朝先正事略續編四卷　朱孔彰撰　清末石印本　一册　存二卷(三至四)

360000－1901－0010201　417688
國朝賢媛類徵初編十二卷　(清)李桓輯　清光緒十七年(1891)湘陰李氏刻本　六册

360000－1901－0010202　301561
國朝御史題名不分卷　(清)黄叔璥撰　清光緒刻本　一册

360000－1901－0010203　301568
國朝御史題名不分卷　(清)黄叔璥撰　清光緒十三年(1887)刻本　一册

360000－1901－0010204　306382
國朝御史題名不分卷　(清)蘇樹蕃輯　清光緒十三年(1887)京畿道刻本　三册

360000－1901－0010205　402254
國朝掌故彙編内編一卷外編一卷　(清)述廬輯　清光緒二十五年(1899)通學齋鉛印通學齋叢書本　一册　存一卷(外編一卷)

360000－1901－0010206　303518
國朝掌故輯要二十四卷　(清)林熙春輯　清光緒二十八年(1902)湖南官報局鉛印本　二册

360000－1901－0010207　802911
國朝制義存真註釋不分卷　(清)尤龍光輯　(清)周鼎玫典　清友益齋刻本　一册　存論語

360000－1901－0010208　403157－2
國朝諸老先生論語精義十卷　(宋)朱熹輯　清康熙呂氏寶誥堂刻朱子遺書本　二册　存五卷(四至五、八至十)

360000－1901－0010209　800314
國朝著述未刊書目一卷　(清)鄭文焯輯　清光緒十三年(1887)蘇州書局刻本　一册

360000－1901－0010210　404455
國朝註釋排律序時□卷　(清)嚴永齡輯　清刻本　一册　存三卷(五至七)

360000－1901－0010211　315922
國初十家詩鈔　(清)王相輯　清道光信芳閣刻本　二十册

360000－1901－0010212　316441
國初十家詩鈔　(清)王相輯　清道光信芳閣刻本　十六册

360000－1901－0010213　413198
國初文讀本注釋不分卷　(清)沈汝桂輯　(清)王繼曾注釋　清嘉慶二十三年(1818)裕文堂刻本　三册

360000－1901－0010214　150331
國粹叢書　(清)國學保存會輯　清光緒、宣統鉛印本　十六册　存十八種

360000－1901－0010215　413197
國粹學報不分卷　(清)國粹學報館輯　清宣統鉛印本　二册

360000－1901－0010216　404745
國家學綱領不分卷　(德國)伯倫知理撰　梁啓超譯　清光緒二十八年(1902)上海廣智書局鉛印政治學小叢書本　一册

360000－1901－0010217　303490
國山碑考一卷　(清)吳騫撰　清乾隆五十二年(1787)刻本　一册

360000－1901－0010218　318382
國史館校對簿一卷　(清)鮑康撰　稿本　十册

360000－1901－0010219　303516
國史儒林傳二卷文苑傳二卷　(清)阮元撰

清刻本　二冊

360000－1901－0010220　306397

國史循吏傳一卷儒林傳二卷文苑傳二卷賢良祠王大臣小傳二卷　(清)阮元撰　清刻本　四冊

360000－1901－0010221　163115

國璋集五十六卷　(明)方岳貢輯　清刻本　二冊　存三卷(一、三至四)

360000－1901－0010222　241395

國雅二十卷續四卷雜附一卷　(明)顧起綸輯　**國雅品一卷**　(明)顧起綸撰　明萬曆元年(1573)顧氏奇子齋刻本　一冊　存二卷(九至十)

360000－1901－0010223　210474

國音四種　涂鎣編　稿本　一冊

360000－1901－0010224　800753

國語不分卷附吳越春秋一卷越絕書一卷　(清)俞長城評點　清可儀堂刻本　一冊

360000－1901－0010225　220244

國語二十一卷　(三國吳)韋昭注　明嘉靖七年(1528)金李澤遠堂刻本　四冊　缺七卷(七至九、十八至二十一)

360000－1901－0010226　404237

國語二十一卷　(三國吳)韋昭注　清刻本　一冊　存七卷(十至十六)

360000－1901－0010227　220245

國語二十一卷　(三國吳)韋昭注　(宋)宋庠補音　明刻本　二冊　存十卷(一至十)

360000－1901－0010228　404225

國語二十一卷　(三國吳)韋昭注　(宋)宋庠補音　清嘉慶十二年(1807)刻重訂國語國策合註本　四冊

360000－1901－0010229　404226

國語二十一卷　(三國吳)韋昭注　(宋)宋庠補音　清嘉慶十二年(1807)刻重訂國語國策合註本　四冊

360000－1901－0010230　404239

國語二十一卷　(三國吳)韋昭注　(宋)宋庠補音　清聚盛堂刻國語國策合註本　六冊

360000－1901－0010231　400606

國語二十一卷　(三國吳)韋昭注　(宋)宋庠補音　清刻本　五冊　存十九卷(三至二十一)

360000－1901－0010232　404219

國語二十一卷　(三國吳)韋昭注　(宋)宋庠補音　清刻本　四冊　存十六卷(一至十六)

360000－1901－0010233　404219－1

國語二十一卷　(三國吳)韋昭注　(宋)宋庠補音　清刻本　一冊　存六卷(九至十四)

360000－1901－0010234　404219－2

國語二十一卷　(三國吳)韋昭注　(宋)宋庠補音　清刻本　二冊　存八卷(六至十三)

360000－1901－0010235　404220

國語二十一卷　(三國吳)韋昭注　(宋)宋庠補音　清刻本　四冊

360000－1901－0010236　404232

國語二十一卷　(三國吳)韋昭注　(宋)宋庠補音　清刻本　四冊

360000－1901－0010237　404232－1

國語二十一卷　(三國吳)韋昭注　(宋)宋庠補音　清刻本　一冊　存七卷(六至十二)

360000－1901－0010238　404221

國語二十一卷　(三國吳)韋昭注　(宋)宋庠補音　清乾隆二十七年(1762)刻國語國策合注本　四冊

360000－1901－0010239　404222

國語二十一卷　(三國吳)韋昭注　(宋)宋庠補音　清乾隆二十七年(1762)刻國語國策合注本　四冊

360000－1901－0010240　404223

國語二十一卷　(三國吳)韋昭注　(宋)宋庠補音　清乾隆二十七年(1762)刻國語國策合注本　四冊

360000－1901－0010241　404224

國語二十一卷 （三國吳）韋昭注 （宋）宋庠補音 清乾隆二十七年（1762）刻國語國策合注本 四册

360000－1901－0010242 312613
國語二十一卷 （三國吳）韋昭注 **校刊明道本韋氏解國語劄記一卷** （清）黄丕烈撰 **明道本攷異四卷** （清）汪遠孫撰 清光緒二年（1876）成都尊經書院刻本 四册

360000－1901－0010243 303481
國語二十一卷 （三國吳）韋昭注 **校刊明道本韋氏解國語劄記一卷** （清）黄丕烈撰 **明道本攷異四卷** （清）汪遠孫撰 清光緒二十二年（1896）上海鴻寶齋石印本 三册

360000－1901－0010244 310918
國語二十一卷 （三國吳）韋昭注 **校刊明道本韋氏解國語劄記一卷** （清）黄丕烈撰 **明道本攷異四卷** （清）汪遠孫撰 清光緒三年（1877）永康退補齋刻本 四册

360000－1901－0010245 303485
國語二十一卷 （三國吳）韋昭注 **校刊明道本韋氏解國語劄記一卷** （清）黄丕烈撰 **明道本攷異四卷** （清）汪遠孫撰 清嘉慶五年（1800）黄氏讀未見書齋刻本 二册

360000－1901－0010246 306376
國語二十一卷 （三國吳）韋昭注 **校刊明道本韋氏解國語劄記一卷** （清）黄丕烈撰 **明道本攷異四卷** （清）汪遠孫撰 清嘉慶五年（1800）黄氏讀未見書齋刻本 一册 存六卷（十七至二十一、校刊明道本韋氏解國語劄記一卷）

360000－1901－0010247 313961
國語二十一卷 （三國吳）韋昭注 **校刊明道本韋氏解國語劄記一卷** （清）黄丕烈撰 **明道本攷異四卷** （清）汪遠孫撰 清嘉慶五年（1800）黄氏讀未見書齋刻本 四册 存二十卷（一至三、十至二十一，校刊明道本韋氏解國語劄記一卷，明道本攷異四卷）

360000－1901－0010248 308114
國語二十一卷 （三國吳）韋昭注 **校刊明道本韋氏解國語劄記一卷** （清）黄丕烈撰 **明道本攷異四卷** （清）汪遠孫撰 清嘉慶五年（1800）刻本 三册

360000－1901－0010249 309445
國語二十一卷 （三國吳）韋昭注 **校刊明道本韋氏解國語劄記一卷** （清）黄丕烈撰 **明道本攷異四卷** （清）汪遠孫撰 清嘉慶五年（1800）刻本 五册

360000－1901－0010250 803568
國語二十一卷 （三國吳）韋昭注 **校刊明道本韋氏解國語劄記一卷** （清）黄丕烈撰 **明道本攷異四卷** （清）汪遠孫撰 清末鉛印本 一册 存八卷（十五至二十一、校刊明道本韋氏解國語劄記一卷）

360000－1901－0010251 310941
國語二十一卷 （三國吳）韋昭注 **校刊明道本韋氏解國語劄記一卷** （清）黄丕烈撰 **明道本攷異四卷** （清）汪遠孫撰 清同治八年（1869）湖北崇文書局刻本 五册

360000－1901－0010252 406424
成案所見集四集十八卷 （清）謝奎 （清）王又槐輯 清嘉慶十年（1805）三餘堂刻本 六册 存十二卷（一至六、十至十二、十五至十七）

360000－1901－0010253 314336
國語二十一卷 （三國吳）韋昭注 **校刊明道本韋氏解國語劄記一卷** （清）黄丕烈撰 **明道本攷異四卷** （清）汪遠孫撰 清同治八年（1869）湖北崇文書局刻本 五册

360000－1901－0010254 404240
國語二十一卷 （三國吳）韋昭注 **校刊明道本韋氏解國語劄記一卷** （清）黄丕烈撰 **明道本攷異四卷** （清）汪遠孫撰 清同治八年（1869）湖北崇文書局刻本 五册

360000－1901－0010255 308186
國語二十一卷 （三國吳）韋昭注 **戰國策三十三卷** （宋）鮑彪注 清文盛堂刻本 九册

存三十卷(國語二十一卷,戰國策一至五、七至十)

360000－1901－0010256　303487
國語發正二十一卷國語明道本攷異四卷　(清)汪遠孫撰　清刻本　四冊

360000－1901－0010257　314349
國語發正二十一卷國語明道本攷異四卷　(清)汪遠孫撰　清刻本　三冊　存十三卷(國語發正一至三、十六至二十一,國語明道本攷異四卷)

360000－1901－0010258　220284
國語奇鈔□□卷　(明)陳仁錫評選　(明)劉肇慶點定　明刻本　一冊　存二卷(七至八)

360000－1901－0010259　404227
國語韋解補正二十一卷　吳曾祺撰　清宣統三年(1911)上海商務印書館鉛印本　四冊

360000－1901－0010260　303488
國語校注本三種　(清)汪遠孫撰　清道光二十六年(1846)汪氏刻振綺堂遺書本　五冊

360000－1901－0010261　312614
國語校注本三種　(清)汪遠孫撰　清道光二十六年(1846)汪氏刻振綺堂遺書本　六冊

360000－1901－0010262　404238
國語選八卷　(清)儲欣評　清乾隆五十年(1785)二南堂刻本　一冊

360000－1901－0010263　803722
國語選不分卷　(清)儲欣評　清抄本　一冊

360000－1901－0010264　404234
國語選不分卷　(清)儲欣評　清乾隆十年(1745)刻本　二冊

360000－1901－0010265　404235
國語選四卷　(清)儲欣評　清刻本　二冊

360000－1901－0010266　303486
國語正義二十一卷　(清)董增齡撰　清光緒六年(1880)會稽章氏式訓堂刻本　十冊

360000－1901－0010267　901000
國語正音教科書初編不分卷二編不分卷　王亦鶴編　清宣統二年至三年(1910－1911)鉛印本　二冊

360000－1901－0010268　401892
國債論三章　(日本)土子金四郎講述　(清)王季點譯　清光緒三十二年(1906)上海商務印書館鉛印本　一冊

360000－1901－0010269　804784
果報錄十二卷一百回　(清)海蘭濤撰　清刻本　一冊　存一卷(六)七回(四十八至五十四)

360000－1901－0010270　803030
果報錄十二卷一百回　(清)海蘭濤撰　清末鉛印本　一冊　存一卷(二)九回(八至十六)

360000－1901－0010271　407243
果報錄十二卷一百回　(清)海蘭濤撰　清木活字印本　九冊　存九卷(一至七、十一至十二)七十六回(一至六十三、八十八至一百)

360000－1901－0010272　802854
果報錄十二卷一百回　(清)海蘭濤撰　清木活字印本　一冊　存一卷(六)七回(四十八至五十四)

360000－1901－0010273　405301
果堂集十二卷附錄一卷　(清)沈彤撰　清乾隆刻本　一冊　存七卷(六至十二)

360000－1901－0010274　121987
過存草二卷　(清)楊希閔撰　清光緒六年(1880)刻本　一冊

360000－1901－0010275　801473
孩兒秘訣不分卷　(清)詹太常輯　清抄本　一冊

360000－1901－0010276　901764
還讀軒墨選不分卷　(清)馮可鋑　(清)馮可鏞評輯　清同治七年(1868)刻本　四冊

360000－1901－0010277　901755
還讀軒墨選不分卷二編不分卷　(清)馮可鋑　(清)馮可鏞評輯　清同治七年(1868)刻本

七冊

360000－1901－0010278　901763
還讀軒墨選不分卷二編不分卷　（清）馮可鋑　（清）馮可鏞評輯　清同治七年（1868）刻本　六冊

360000－1901－0010279　405057
還讀齋詩鈔二卷　（清）俞桂彬撰　清光緒二十一年（1895）刻本　一冊

360000－1901－0010280　000994
還寃記二卷　（明）湯顯祖撰　（明）臧懋循訂　明萬曆刻本　四冊

360000－1901－0010281　404469
還魂草四卷　（□）□□撰　清與善堂刻本　一冊　存一卷（四）

360000－1901－0010282　405058
還如閣詩存二卷　（清）何長治撰　清光緒十九年（1893）刻本　一冊

360000－1901－0010283　403512
還硯齋大學題解參略一卷中庸題解參略二卷　（清）趙新撰　清刻本　二冊

360000－1901－0010284　409916
還硯齋全集　（清）趙新撰　清光緒八年（1882）福州趙氏黃樓刻本　三十冊

360000－1901－0010285　409917
還硯齋全集　（清）趙新撰　清光緒八年（1882）福州趙氏黃樓刻本　二十一冊

360000－1901－0010286　420151
海島逸志六卷　（清）王大海撰　清咸豐十年（1860）刻本　二冊

360000－1901－0010287　420140
海道圖說十五卷　（英國）金約翰輯　（英國）傅蘭雅口譯　（清）王德均筆述　清光緒二十二年（1896）上海書局石印本　六冊　存十二卷（一至二、五至十四）

360000－1901－0010288　420141
海道圖說十五卷　（英國）金約翰輯　（英國）傅蘭雅口譯　（清）王德均筆述　清末著易堂鉛印本　八冊

360000－1901－0010289　721550
海底讐二卷　（清）黎虞孫　（清）范公讜譯　清光緒三十二年（1906）安雅書局鉛印本　一冊

360000－1901－0010290　220241
海甸野史　（清）□□輯　清抄本　六冊

360000－1901－0010291　600367－3
海東金石苑一卷　（清）劉喜海撰　清同治十二年（1873）鮑氏觀古閣刻本　一冊

360000－1901－0010292　302209
海東逸史十八卷　（清）翁洲老民撰　清光緒邵武徐氏刻邵武徐氏叢書本　一冊

360000－1901－0010293　220720
海東札記四卷　（清）朱景英撰　清乾隆三十八年（1773）刻本　一冊

360000－1901－0010294　302227
海防新論八卷　（清）知新館主塗山氏輯　清光緒二十四年（1898）上海廣學會刻本　二冊

360000－1901－0010295　163393
海風簫詞一卷　（清）顧復初撰　清同治四年（1865）刻本　一冊

360000－1901－0010296　410093
海峯詩集十一卷　（清）劉大櫆撰　清刻本　四冊

360000－1901－0010297　410092
海峯詩集十一卷　（清）劉大櫆撰　清同治十三年（1874）桐城劉氏刻本　一冊　存五卷（古體詩一至五）

360000－1901－0010298　303913
海峯文集八卷　（清）劉大櫆撰　清刻本　六冊

360000－1901－0010299　410094
海峯文集八卷　（清）劉大櫆撰　清刻本　二冊

360000－1901－0010300　303914

海峯文集八卷　(清)劉大櫆撰　清同治十三年(1874)刻本　六冊

360000－1901－0010301　163412
海峯文集八卷詩集六卷　(清)劉大櫆撰　清同治十三年(1874)邢邱刻本　七冊

360000－1901－0010302　413813
海峯先生精選八大家文鈔不分卷　(清)劉大櫆輯　清光緒二年(1876)邢邱刻本　二冊

360000－1901－0010303　317287
海峯先生文十卷補遺一卷詩八卷制藝一卷　(清)劉大魁撰　清光緒十四年(1888)桐城吳大有堂木活字印本　十二冊

360000－1901－0010304　308780
海峯先生文十卷詩六卷　(清)劉大櫆撰　清同治十三年(1874)刻本　六冊

360000－1901－0010305　316255
海峰詩集六卷　(清)劉大櫆撰　清木活字印本　四冊

360000－1901－0010306　316255－2
海峰文集八卷　(清)劉大櫆撰　清乾隆刻本　六冊　存五卷(四至八)

360000－1901－0010307　901996
海豐吳氏硃卷不分卷　(清)吳重熹輯　清光緒七年(1881)陳州府署刻本　一冊

360000－1901－0010308　802119
海國紀畧□□卷　(清)□□撰　清抄本　一冊　存六卷(三十一至三十六)

360000－1901－0010309　402113
海國尚友錄八卷　(清)吳佐清輯　清光緒二十九年(1903)上海奎章書局石印本　四冊

360000－1901－0010310　315815
海國勝遊草一卷　(清)斌椿撰　清同治七年(1868)刻本　一冊

360000－1901－0010311　420195
海國圖志六十卷　(清)魏源撰　清道光二十九年(1849)古微堂刻本　十八冊　存五十四卷(一、三至三十、三十六至六十)

360000－1901－0010312　420191
海國圖志五十卷　(清)魏源撰　清道光二十四年(1844)古微堂木活字印本　三冊　存六卷(一、三至五、十七至十八)

360000－1901－0010313　720190
海國圖志五十卷　(清)魏源撰　清道光二十四年(1844)古微堂木活字印本　八冊　存十八卷(一至十八)

360000－1901－0010314　161800
海國圖志一百卷首一卷　(清)魏源撰　清光緒二年(1876)平慶涇固道署刻本　三十二冊

360000－1901－0010315　162008
海國圖志一百卷首一卷　(清)魏源撰　清光緒二年(1876)平慶涇固道署刻本　三十二冊

360000－1901－0010316　161801
海國圖志一百卷首一卷　(清)魏源撰　清光緒二十一年(1895)上海積山書局石印本　八冊　存五十一卷(一至五十一)

360000－1901－0010317　420192
海國圖志一百卷首一卷　(清)魏源撰　清光緒六年(1880)邵陽急當務齋刻本　二十六冊　存七十九卷(一至十、十三至三十七、四十一至四十六、五十七至七十三、七十七至九十七)

360000－1901－0010318　420193
海國圖志一百卷首一卷　(清)魏源撰　清光緒六年(1880)邵陽急當務齋刻本　十一冊　存二十四卷(三至四、九至十、十九至二十三、三十至四十四)

360000－1901－0010319　164005
海國圖志一百卷　(清)魏源撰　清刻本　一冊　存一卷(一)

360000－1901－0010320　310421
海國圖志一百卷　(清)魏源撰　清刻本　二十二冊　存九十五卷(三至五十九、六十三至一百)

360000－1901－0010321　312141

海國圖志一百卷　(清)魏源撰　清刻本　十一冊　存二十九卷(三至四、三十至三十八、四十三至五十二、五十五至六十二)

360000－1901－0010322　312146
海國圖志一百卷　(清)魏源撰　清刻本　十七冊　存六十七卷(一至四、十一至四十二、五十至五十三、五十九至六十二、六十八至七十六、八十一至八十六、九十三至一百)

360000－1901－0010323　415210
海國圖志一百卷　(清)魏源撰　清刻本　三冊　存十一卷(一至二、十五至二十三)

360000－1901－0010324　420194
海國圖志一百卷　(清)魏源撰　清刻本　六冊　存十四卷(十九至二十、二十五至二十七、三十九至四十、四十六至五十、六十至六十一)

360000－1901－0010325　720188
海國圖志一百卷　(清)魏源撰　清刻本　二十九冊　存九十五卷(六至一百)

360000－1901－0010326　720189
海國圖志一百卷　(清)魏源撰　清刻本　二冊　存五卷(二十四至二十六、五十四至五十五)

360000－1901－0010327　311871
海國圖志一百卷　(清)魏源撰　清咸豐二年(1852)古微堂刻本　二十四冊

360000－1901－0010328　420242
海國圖志一百卷首一卷　(清)魏源撰　**海國圖志續集二十五卷首一卷**　(英國)麥高爾撰　(美國)林樂知　(清)瞿昂來譯　清光緒二十八年(1902)文賢閣石印本　十二冊　存八十三卷(一至十九、二十一至二十八、三十四至五十、五十三至五十九、六十八至八十四、八十七至一百,首一卷)

360000－1901－0010329　420243
海國圖志一百卷首一卷　(清)魏源撰　**海國圖志續集二十五卷首一卷**　(英國)麥高爾撰　(美國)林樂知　(清)瞿昂來譯　清光緒二十八年(1902)文賢閣石印本　二冊　存七卷(海國圖志一至六、首一卷)

360000－1901－0010330　420244
海國圖志一百卷首一卷　(清)魏源撰　**海國圖志續集二十五卷首一卷**　(英國)麥高爾撰　(美國)林樂知　(清)瞿昂來譯　清光緒二十八年(1902)文賢閣石印本　二冊　存五卷(海國圖志一至四、首一卷)

360000－1901－0010331　804893
海國圖志一百卷首一卷　(清)魏源撰　**海國圖志續集二十五卷首一卷**　(英國)麥高爾撰　(美國)林樂知　(清)瞿昂來譯　清光緒二十八年(1902)文賢閣石印本　一冊　存四卷(海國圖志一至三、首一卷)

360000－1901－0010332　161802
海國圖志一百卷首一卷　(清)魏源撰　**海國圖志續集二十五卷首一卷**　(英國)麥高爾撰　(美國)林樂知　(清)瞿昂來譯　清光緒二十四年(1898)文賢閣石印本　十六冊

360000－1901－0010333　604059
海國圖志一百卷首一卷　(清)魏源撰　**海國圖志續集二十五卷首一卷**　(英國)麥高爾撰　(美國)林樂知　(清)瞿昂來譯　清光緒二十一年(1895)上海積山書局石印本　八冊　存五十卷(海國圖志一至四十九、首一卷)

360000－1901－0010334　420247
海國圖志一百卷首一卷　(清)魏源撰　**海國圖志續集二十五卷首一卷**　(英國)麥高爾撰　(美國)林樂知　(清)瞿昂來譯　清光緒二十一年(1895)上海書局石印本　二冊　存二十五卷(海國圖志續集二十五卷)

360000－1901－0010335　420248
海國圖志一百卷首一卷　(清)魏源撰　**海國圖志續集二十五卷首一卷**　(英國)麥高爾撰　(美國)林樂知　(清)瞿昂來譯　清光緒二十一年(1895)上海書局石印本　二冊　存二十六卷(海國圖志續集二十五卷、首一卷)

360000－1901－0010336　420249

海國圖志一百卷首一卷　(清)魏源撰　**海國圖志續集二十五卷首一卷**　(英國)麥高爾撰　(美國)林樂知　(清)瞿昂來譯　清光緒二十一年(1895)上海書局石印本　一册　存十五卷(海國圖志十一至二十五)

360000－1901－0010337　420250
海國圖志一百卷首一卷　(清)魏源撰　**海國圖志續集二十五卷首一卷**　(英國)麥高爾撰　(美國)林樂知　(清)瞿昂來譯　清光緒二十一年(1895)上海書局石印本　一册　存十三卷(海國圖志十三至二十五)

360000－1901－0010338　420245
海國圖志一百卷首一卷　(清)魏源撰　**海國圖志續集二十五卷首一卷**　(英國)麥高爾撰　(美國)林樂知　(清)瞿昂來譯　清末石印本　十一册　存七十二卷(四至十三、二十至五十六、六十六至七十七、八十八至一百)

360000－1901－0010339　420246
海國圖志一百卷首一卷　(清)魏源撰　**海國圖志續集二十五卷首一卷**　(英國)麥高爾撰　(美國)林樂知　(清)瞿昂來譯　清末石印本　二册　存十卷(九十一至一百)

360000－1901－0010340　312647
海國圖志一百卷首一卷　(清)魏源撰　清光緒二年(1876)平慶涇固道署刻本　二十四册

360000－1901－0010341　312858
海國圖志一百卷首一卷　(清)魏源撰　清光緒六年(1880)邵陽急當務齋刻本　四十册

360000－1901－0010342　312688
海國圖志一百卷首一卷　(清)魏源撰　清光緒十三年(1887)巴蜀善成堂刻本　四十册

360000－1901－0010343　309507
海國圖志一百卷首一卷　(清)魏源撰　**海國圖志續集二十五卷首一卷**　(英國)麥高爾撰　(美國)林樂知　(清)瞿昂來譯　清末石印本　五册　存四十九卷(海國圖志五十九至八十、八十八至一百,海國圖志續集十二至二十五)

360000－1901－0010344　165120
海國聞見錄二卷　(清)陳倫炯撰　清抄本　一册

360000－1901－0010345　313080
海國聞見錄二卷　(清)陳倫炯撰　清道光三年(1823)刻本　二册

360000－1901－0010346　312898
海國聞見錄二卷　(清)陳倫炯撰　清同治七年(1868)粵東三元堂刻本　二册

360000－1901－0010347　720184
海國輿地釋名十卷首一卷　(清)陳士芑撰　清光緒二十八年(1902)陳氏連道清芬堂刻本　一册　存一卷(四)

360000－1901－0010348　416494
海軍調度要言三卷附圖一卷　(英國)拏核甫撰　舒高第　(清)鄭昌棪譯　清末鉛印本　一册

360000－1901－0010349　421317
海軍調度要言三卷附圖一卷　(英國)拏核甫撰　舒高第　(清)鄭昌棪譯　清末鉛印本　二册

360000－1901－0010350　404594
海口董氏實錄八卷首一卷　(元)董鼎撰　(明)董杏續編　(明)董應翰續編　清同治五年(1866)深山書院木活字印本　四册　存八卷(一至四、六至八,首一卷)

360000－1901－0010351　316345
海陵文徵二十卷　(清)夏荃輯　清光緒九年(1883)刻本　十二册

360000－1901－0010352　406424－1
成案所見集四集十八卷　(清)謝奎　(清)王又槐輯　清嘉慶十年(1805)三餘堂刻本　一册　存三卷(十五至十七)

360000－1901－0010353　309436
海南瓣香集一卷　(清)鶴洞子輯　清咸豐九年(1859)刻本　二册

360000－1901－0010354　302217

海南一勺合編内函十卷首一卷外函三十二卷　(清)鶴洞子輯　清道光十五年(1835)四香草堂刻本　十册

360000－1901－0010355　302218
海南一勺合編内函十卷首一卷外函三十二卷　(清)鶴洞子輯　清道光十五年(1835)四香草堂刻本　十册

360000－1901－0010356　308014
海南一勺合編内函十卷首一卷外函三十二卷　(清)鶴洞子輯　清道光十五年(1835)四香草堂刻本　八册　存三十二卷(外函三十二卷)

360000－1901－0010357　230483
海漚小譜一卷　(清)趙執信撰　清乾隆三十年(1765)趙起杲刻本　一册

360000－1901－0010358　415372
海秋稿二集不分卷　(清)湯鵬撰　清光緒文盛書局石印本　一册

360000－1901－0010359　415373
海秋文稿不分卷　(清)湯鵬撰　清道光十五年(1835)聚錦堂刻本　二册

360000－1901－0010360　415371
海秋制藝二集不分卷　(清)湯鵬撰　清道光十九年(1839)元興堂刻本　二册

360000－1901－0010361　302234
海騷四卷　(清)陳曇撰　清嘉慶鄺齋刻本　一册

360000－1901－0010362　302221
海山詩屋詩話十卷　(清)李文泰輯　清光緒四年(1878)粵東羊城森寶閣鉛印本　五册

360000－1901－0010363　307897
海山詩屋詩話十卷　(清)李文泰輯　清光緒四年(1878)粵東羊城森寶閣鉛印本　四册

360000－1901－0010364　150271
海山仙館叢書　(清)潘仕成輯　清道光二十五年至咸豐元年(1845－1851)番禺潘氏刻光緒十一年(1885)增刻彙印本　一百十八册

360000－1901－0010365　150272
海山仙館叢書　(清)潘仕成輯　清道光二十五年至咸豐元年(1845－1851)番禺潘氏刻光緒十一年(1885)增刻彙印本　一百十六册

360000－1901－0010366　414920
海山仙館叢書　(清)潘仕成輯　清道光二十五年至咸豐元年(1845－1851)番禺潘氏刻光緒十一年(1885)增刻彙印本　五册　存十種

360000－1901－0010367　600183
海山仙館叢書　(清)潘仕成輯　清道光二十五年至咸豐元年(1845－1851)番禺潘氏刻光緒十一年(1885)增刻彙印本　十七册　存十種

360000－1901－0010368　410636
海上鴻泥偶存八卷　(清)羅鳳藻輯　清刻本　二册　存二卷(三、七)

360000－1901－0010369　805233
海上名妓手札二卷　(清)嬌鈴女史輯　清光緒三十四年(1908)上海書局石印本　二册

360000－1901－0010370　712098
海上名人畫稿不分卷　(清)張熊等繪　清光緒十一年(1885)上海同文書局石印本　二册

360000－1901－0010371　712099
海上名人畫稿不分卷　(清)張熊等繪　清光緒十一年(1885)上海同文書局石印本　二册

360000－1901－0010372　712100
海上名人畫稿不分卷　(清)張熊等繪　清光緒十一年(1885)上海同文書局石印本　二册

360000－1901－0010373　712101
海上名人畫稿不分卷　(清)張熊等繪　清光緒十一年(1885)上海同文書局石印本　二册

360000－1901－0010374　712102
海上名人畫稿不分卷　(清)張熊等繪　清光緒十一年(1885)上海同文書局石印本　二册

360000－1901－0010375　712103
海上名人畫稿不分卷　(清)張熊等繪　清光緒十一年(1885)上海同文書局石印本　二册

360000－1901－0010376　712104
海上名人畫稿不分卷　(清)張熊等繪　清光緒十一年(1885)上海同文書局石印本　二册

360000－1901－0010377　805193
海上名人畫稿不分卷　(清)張熊等繪　清光緒十一年(1885)上海同文書局石印本　一册

360000－1901－0010378　412088
海上名人畫譜不分卷　(清)金德鑑等繪　清末石印本　一册

360000－1901－0010379　404476
海上羣芳譜四卷　(清)顧曲詞人評　(清)懺情侍者輯　清光緒十年(1884)鉛印本　一册

360000－1901－0010380　240487
海叟詩集四卷集外詩一卷附録一卷　(明)袁凱撰　(清)曹炳曾輯　清康熙六十一年(1722)曹炳曾城書室刻本　二册

360000－1901－0010381　240488
海叟詩集四卷集外詩一卷附録一卷　(明)袁凱撰　(清)曹炳曾輯　清康熙六十一年(1722)曹炳曾城書室刻雲間嘯園沈氏印本　二册

360000－1901－0010382　407763
程氏保祖全書一卷　(清)程兆暉輯　清嘉慶十一年(1806)源本堂刻民國八年至九年(1919－1920)增刻本　一册

360000－1901－0010383　302610
海叟詩集四卷集外詩一卷附録一卷　(明)袁凱撰　(清)曹炳曾輯　清宣統三年(1911)江西印刷局石印本　二册

360000－1901－0010384　302617
海叟詩集四卷集外詩一卷附録一卷　(明)袁凱撰　(清)曹炳曾輯　清宣統三年(1911)江西印刷局石印本　二册

360000－1901－0010385　302618
海叟詩集四卷集外詩一卷附録一卷　(明)袁凱撰　(清)曹炳曾輯　清宣統三年(1911)江西印刷局石印本　二册

360000－1901－0010386　305878
海叟詩集四卷集外詩一卷附録一卷　(明)袁凱撰　(清)曹炳曾輯　清宣統三年(1911)江西印刷局石印本　一册　存二卷(一至二)

360000－1901－0010387　305878－1
海叟詩集四卷集外詩一卷附録一卷　(明)袁凱撰　(清)曹炳曾輯　清宣統三年(1911)江西印刷局石印本　一册　存二卷(一至二)

360000－1901－0010388　305878－2
海叟詩集四卷集外詩一卷附録一卷　(明)袁凱撰　(清)曹炳曾輯　清宣統三年(1911)江西印刷局石印本　一册　存二卷(一至二)

360000－1901－0010389　305878－3
海叟詩集四卷集外詩一卷附録一卷　(明)袁凱撰　(清)曹炳曾輯　清宣統三年(1911)江西印刷局石印本　一册　存二卷(一至二)

360000－1901－0010390　316299
海叟詩集四卷集外詩一卷附録一卷　(明)袁凱撰　(清)曹炳曾輯　清宣統三年(1911)江西印刷局石印本　二册

360000－1901－0010391　713259
海叟詩集四卷集外詩一卷附録一卷　(明)袁凱撰　(清)曹炳曾輯　清宣統三年(1911)江西印刷局石印本　一册　存二卷(一至二)

360000－1901－0010392　718196
海叟詩集四卷集外詩一卷附録一卷　(明)袁凱撰　(清)曹炳曾輯　清宣統三年(1911)江西印刷局石印本　一册　存二卷(一至二)

360000－1901－0010393　718197
海叟詩集四卷集外詩一卷附録一卷　(明)袁凱撰　(清)曹炳曾輯　清宣統三年(1911)江西印刷局石印本　一册　存二卷(一至二)

360000－1901－0010394　721034
海叟詩集四卷集外詩一卷附録一卷　(明)袁凱撰　(清)曹炳曾輯　清宣統三年(1911)江西印刷局石印本　一册　存四卷(三至四、集外詩一卷、附録一卷)

360000－1901－0010395　722237
海叟詩集四卷集外詩一卷附録一卷　(明)袁凱撰　(清)曹炳曾輯　清宣統三年(1911)江西印刷局石印本　一册　存四卷(三至四、集外詩一卷、附録一卷)

360000－1901－0010396　805003
海叟詩集四卷集外詩一卷附録一卷　(明)袁凱撰　(清)曹炳曾輯　清宣統三年(1911)江西印刷局石印本　二册

360000－1901－0010397　805004
海叟詩集四卷集外詩一卷附録一卷　(明)袁凱撰　(清)曹炳曾輯　清宣統三年(1911)江西印刷局石印本　二册

360000－1901－0010398　805005
海叟詩集四卷集外詩一卷附録一卷　(明)袁凱撰　(清)曹炳曾輯　清宣統三年(1911)江西印刷局石印本　二册

360000－1901－0010399　805006
海叟詩集四卷集外詩一卷附録一卷　(明)袁凱撰　(清)曹炳曾輯　清宣統三年(1911)江西印刷局石印本　二册

360000－1901－0010400　805007
海叟詩集四卷集外詩一卷附録一卷　(明)袁凱撰　(清)曹炳曾輯　清宣統三年(1911)江西印刷局石印本　二册

360000－1901－0010401　805008
海叟詩集四卷集外詩一卷附録一卷　(明)袁凱撰　(清)曹炳曾輯　清宣統三年(1911)江西印刷局石印本　二册

360000－1901－0010402　805009
海叟詩集四卷集外詩一卷附録一卷　(明)袁凱撰　(清)曹炳曾輯　清宣統三年(1911)江西印刷局石印本　二册

360000－1901－0010403　805152
海叟詩集四卷集外詩一卷附録一卷　(明)袁凱撰　(清)曹炳曾輯　清宣統三年(1911)江西印刷局石印本　一册　存四卷(三至四、集外詩一卷、附録一卷)

360000－1901－0010404　805153
海叟詩集四卷集外詩一卷附録一卷　(明)袁凱撰　(清)曹炳曾輯　清宣統三年(1911)江西印刷局石印本　一册　存四卷(三至四、集外詩一卷、附録一卷)

360000－1901－0010405　805154
海叟詩集四卷集外詩一卷附録一卷　(明)袁凱撰　(清)曹炳曾輯　清宣統三年(1911)江西印刷局石印本　二册

360000－1901－0010406　805155
海叟詩集四卷集外詩一卷附録一卷　(明)袁凱撰　(清)曹炳曾輯　清宣統三年(1911)江西印刷局石印本　二册

360000－1901－0010407　805457
海叟詩集四卷集外詩一卷附録一卷　(明)袁凱撰　(清)曹炳曾輯　清宣統三年(1911)江西印刷局石印本　二册

360000－1901－0010408　805458
海叟詩集四卷集外詩一卷附録一卷　(明)袁凱撰　(清)曹炳曾輯　清宣統三年(1911)江西印刷局石印本　二册

360000－1901－0010409　240841
海粟集六卷拾遺一卷　(清)顧文淵撰　清雍正七年至八年(1729－1730)顧榮親仁堂刻本　一册

360000－1901－0010410　302213
海塘輯要十卷首一卷　(英國)韋更斯撰　(英國)傅蘭雅口譯　(清)趙元益筆述　清刻本　一册

360000－1901－0010411　420132
海塘輯要十卷首一卷　(英國)韋更斯撰　(英國)傅蘭雅口譯　(清)趙元益筆述　清末石印富強叢書本　一册

360000－1901－0010412　720183
海塘新志六卷　(清)琅玕纂修　清道光刻本　二册　存一卷(三)

360000－1901－0010413　220726

海塘新志六卷　(清)琅玕纂修　清乾隆五十六年(1791)刻本　六册

360000－1901－0010414　412758
海天樓詩鈔十二卷　(清)喻福基撰　清道光刻本　二册　存二卷(一至二)

360000－1901－0010415　165128
海天仙館詠古試律初稿不分卷　(清)胡欽撰　清抄本　二册

360000－1901－0010416　420161
海外見聞録二卷　(清)桃谿漁隱　(清)惺新盦主輯　清光緒二十三年(1897)上海石印本　一册　存一卷(上)

360000－1901－0010417　420162
海外見聞録二卷　(清)桃谿漁隱　(清)惺新盦主輯　清光緒二十四年(1898)上海石印本　一册　存一卷(上)

360000－1901－0010418　302231
海虞三陶先生集合刻　(清)楊沂孫輯　清光緒七年(1881)海虞楊同福貴池縣署刻本　八册

360000－1901－0010419　412757
海愚詩鈔十二卷　(清)朱孝純撰　清乾隆五十九年(1794)刻本　一册　存六卷(一至六)

360000－1901－0010420　302211
海語三卷　(明)黄衷撰　(明)黄學準增注　清道光浦江周氏刻紛欣閣叢書本　一册

360000－1901－0010421　302214
海戰新義四卷　(奥地利)阿達爾美阿撰　(清)李鳳苞編譯　清光緒十一年(1885)天津機器局鉛印本　二册

360000－1901－0010422　315724
海忠介公集六卷　(明)海瑞撰　清同治十年(1871)刻本　四册

360000－1901－0010423　240651
海忠介公集六卷　(明)海瑞撰　(清)賈棠編　**海忠介公傳一卷**　(明)梁雲龍撰　清康熙四十七年(1708)關中焦氏刻丘海二公集合編本　四册

360000－1901－0010424　240650
海忠介公文集七卷　(明)海瑞撰　(明)黄秉石評　**海忠介公傳二卷**　(明)黄秉石撰　明崇禎四年(1631)高淳黄氏刻本　六册

360000－1901－0010425　302229
海陬冶遊録三卷附録三卷餘録一卷　(清)王韜撰　清光緒四年(1878)眉珠小盦鉛印本　二册

360000－1901－0010426　310389
憨山老人夢遊集五十五卷　(明)釋德清撰　(明)釋福善録　(明)釋通炯輯　清光緒五年(1879)江北刻經處刻本　二十册

360000－1901－0010427　241477
邗上題襟集一卷　(清)曾燠輯　清乾隆五十八年(1793)刻本　一册

360000－1901－0010428　241595
邯鄲記二卷三十齣　(明)湯顯祖撰　清初刻本　二册

360000－1901－0010429　122925
邯鄲夢傳奇二卷三十齣　(明)湯顯祖撰　清刻本　二册

360000－1901－0010430　704552
邯鄲夢傳奇二卷三十齣　(明)湯顯祖撰　清刻本　一册　存一卷(下)十五齣(十六至三十)

360000－1901－0010431　405223
含薰室文集五卷　(清)吉鍾穎撰　清刻本　一册　存二卷(二至三)

360000－1901－0010432　801819
函牘舉隅十卷　(清)黄伯祿輯　清抄本　一册　存一卷(二)

360000－1901－0010433　401365
函海　(清)李調元輯　清光緒七年至八年(1881－1882)廣漢樂道齋刻本　八十七册　存一百三十二種

360000－1901－0010434　901014－1

函海　(清)李調元輯　清光緒七年至八年(1881－1882)廣漢樂道齋刻本　五十四册　存七十二種

360000－1901－0010435　901014－2
函海　(清)李調元輯　清光緒七年至八年(1881－1882)廣漢樂道齋刻本　一册　存三種

360000－1901－0010436　603308
函海　(清)李調元輯　清刻本　二册　存二種

360000－1901－0010437　603326
函海　(清)李調元輯　清刻本　一册　存四種

360000－1901－0010438　603931
函海　(清)李調元輯　清刻本　一册　存四種

360000－1901－0010439　163092
函海　(清)李調元輯　清乾隆綿州李氏萬卷樓刻本　二册　存二種

360000－1901－0010440　163111
函海　(清)李調元輯　清乾隆綿州李氏萬卷樓刻本　一册　存二種

360000－1901－0010441　401366
函海　(清)李調元輯　清乾隆綿州李氏萬卷樓刻本　九十七册　存八十種

360000－1901－0010442　150221
函海　(清)李調元輯　清乾隆綿州李氏萬卷樓刻嘉慶十四年(1809)李鼎元重校道光五年(1825)李朝夔補刻本　一百五十九册　存一百五十八種

360000－1901－0010443　150222
函海　(清)李調元輯　清乾隆綿州李氏萬卷樓刻嘉慶十四年(1809)李鼎元重校道光五年(1825)李朝夔補刻本　一百五十五册　存一百四十七種

360000－1901－0010444　150222－1
函海　(清)李調元輯　清乾隆綿州李氏萬卷樓刻嘉慶十四年(1809)李鼎元重校道光五年(1825)李朝夔補刻本　三册　存九種

360000－1901－0010445　163113
函海　(清)李調元輯　清乾隆綿州李氏萬卷樓刻嘉慶十四年(1809)李鼎元重校道光五年(1825)李朝夔補刻本　一册　存三種

360000－1901－0010446　603538
函海　(清)李調元輯　清乾隆綿州李氏萬卷樓刻嘉慶十四年(1809)李鼎元重校道光五年(1825)李朝夔補刻本　一册　存五種

360000－1901－0010447　800143
函海　(清)李調元輯　清乾隆綿州李氏萬卷樓刻嘉慶十四年(1809)李鼎元重校道光五年(1825)李朝夔補刻本　十册　存八種

360000－1901－0010448　800144
函海　(清)李調元輯　清乾隆綿州李氏萬卷樓刻嘉慶十四年(1809)李鼎元重校道光五年(1825)李朝夔補刻本　十二册　存六種

360000－1901－0010449　901014
函海　(清)李調元輯　清乾隆綿州李氏萬卷樓刻嘉慶十四年(1809)李鼎元重校道光五年(1825)李朝夔補刻本　二十一册　存十八種

360000－1901－0010450　305939
函海　(清)李調元輯　清乾隆綿州李氏萬卷樓刻嘉慶十四年(1809)李鼎元重校印本　二册　存二種

360000－1901－0010451　901013
函海　(清)李調元輯　清乾隆綿州李氏萬卷樓刻嘉慶十四年(1809)李鼎元重校印本　二十九册　存五十四種

360000－1901－0010452　901014－3
函海　(清)李調元輯　清乾隆綿州李氏萬卷樓刻嘉慶十四年(1809)李鼎元重校印本　一册　存三種

360000－1901－0010453　220095
函史上編八十一卷下編二十一卷　(明)鄧元錫撰　明崇禎七年(1634)鄧應瑞刻清乾隆十

八年(1753)鄧毓賢補修本　佚名批　六十册

360000－1901－0010454　220097
函史上編八十一卷下編二十一卷　(明)鄧元錫撰　明崇禎七年(1634)鄧應瑞刻清乾隆十八年(1753)鄧毓賢補修本(下編卷一至二配清刻本)　六十册

360000－1901－0010455　220096
函史上編八十一卷下編二十一卷　(明)鄧元錫撰　明崇禎七年(1634)鄧應瑞刻清順治十五年(1658)鄧應琚補修本(下編卷十配清乾隆十八年刻本)張梃朱批　八十册

360000－1901－0010456　601310
函史上編八十一卷下編二十一卷　(明)鄧元錫撰　明末刻清乾隆十八年(1753)鄧毓賢遞修本　五十册　存八十六卷(函史上編四至六、十四至六十七、七十一至八十,下編三至二十一)

360000－1901－0010457　601311
函史上編八十一卷下編二十一卷　(明)鄧元錫撰　清刻本　八十一册

360000－1901－0010458　316690
涵芬樓古今文鈔一百卷文體芻言一卷　吳曾祺輯　清宣統二年(1910)上海商務印書館鉛印本　八十八册　存八十八卷(一至八十八)

360000－1901－0010459　409936
涵芬樓古今文鈔一百卷文體芻言一卷　吳曾祺輯　清宣統二年(1910)上海商務印書館鉛印本　三十八册　存四十二卷(二、七至十二、十四、十八至十九、二十一至二十七、二十九、三十一、三十三、三十五至三十七、三十九至四十、四十三至四十五、四十七至四十八、五十至五十五、八十二、八十九、九十三至九十四、九十八,文體芻言一卷)

360000－1901－0010460　406029－1
初學辨體不分卷　(清)徐與喬輯評　清刻本　十一册

360000－1901－0010461　409935
涵通樓師友文鈔九卷附刻詞鈔三卷　(清)唐岳輯　清咸豐四年(1854)臨桂唐氏涵通樓刻本　八册

360000－1901－0010462　902190
涵溪張氏重修祠塾譜不分卷　(清)□□輯　清木活字印本　一册

360000－1901－0010463　240981
涵有堂詩初集不分卷文集不分卷　(清)游紹安撰　稿本　八册

360000－1901－0010464　240906
寒村五丁集二卷　(清)鄭梁撰　清康熙山陽戴氏刻本　二册

360000－1901－0010465　313963
寒灰集五卷　(清)何栻撰　(清)馮詢評　清咸豐九年(1859)刻本　二册

360000－1901－0010466　407913
寒山子詩集一卷　(唐)釋寒山子撰　清宣統二年(1910)雲陽程德全刻本　一册

360000－1901－0010467　240043
寒山子詩集一卷　(唐)釋寒山子撰　**豐干詩一卷**　(唐)釋豐干撰　**拾得詩一卷**　(唐)釋拾得撰　明刻本　一册

360000－1901－0010468　405449
寒松草一卷洪都雜咏一卷雲谷詩餘二卷　(清)熊榮撰　清乾隆刻本　一册

360000－1901－0010469　241304
寒松錄二卷　(清)韓鍵　(清)韓是升輯　清乾隆二十八年(1763)刻本　一册

360000－1901－0010470　240817
寒松堂全集十二卷　(清)魏象樞撰　清康熙刻本　二十四册

360000－1901－0010471　415365
寒松堂全集十二卷　(清)魏象樞撰　清康熙刻本　九册　存九卷(三至十一)

360000－1901－0010472　301801
寒夜叢談三卷　(清)沈赤然撰　清光緒十一年(1885)新陽趙氏刻本　一册

360000－1901－0010473　230425
寒夜錄二卷　(清)陳弘緒撰　清抄本　二册

360000－1901－0010474　301758
寒支初集八卷二集四卷　(清)李世熊撰　清道光八年(1828)木活字印本　十册

360000－1901－0010475　301759
寒支初集十卷首一卷二集四卷　(清)李世熊撰　清同治十三年(1874)刻本　十四册

360000－1901－0010476　301760
寒支初集十卷首一卷二集四卷　(清)李世熊撰　清同治十三年(1874)刻本　十四册

360000－1901－0010477　308257
寒支初集十卷首一卷二集四卷　(清)李世熊撰　清同治十三年(1874)刻本　八册　存八卷(寒支初集一至六、首一卷,二集三)

360000－1901－0010478　240116
韓筆酌蠡三十卷　(唐)韓愈撰　(清)盧軒編　清抄本　十册

360000－1901－0010479　302888
韓筆酌蠡三十卷　(唐)韓愈撰　(清)盧軒編　清刻本　六册

360000－1901－0010480　413944
韓筆酌蠡三十卷　(唐)韓愈撰　(清)盧軒編　清雍正刻本　三册

360000－1901－0010481　413942
韓昌黎詩集編年箋注十二卷　(唐)韓愈撰　(清)方世舉考訂　清春及堂刻本　六册　存十卷(一至四、六至七、九至十二)

360000－1901－0010482　240102
韓昌黎詩集編年箋注十二卷　(唐)韓愈撰　(清)方世舉考訂　清乾隆二十三年(1758)盧見曾雅雨堂刻本　四册

360000－1901－0010483　240103
韓昌黎詩集編年箋注十二卷　(唐)韓愈撰　(清)方世舉考訂　清乾隆二十三年(1758)盧見曾雅雨堂刻本　四册

360000－1901－0010484　240104
韓昌黎詩集編年箋注十二卷　(唐)韓愈撰　(清)方世舉考訂　清乾隆二十三年(1758)盧見曾雅雨堂刻本　六册

360000－1901－0010485　240105
韓昌黎詩集編年箋注十二卷　(唐)韓愈撰　(清)方世舉考訂　清乾隆二十三年(1758)盧見曾雅雨堂刻本　六册

360000－1901－0010486　318267
楚北水利隄防紀要不分卷　(□)□□輯　清抄本　一册

360000－1901－0010487　162742
楚辭評林八卷總評一卷　(宋)朱熹集注　(明)沈雲翔輯評　清乾隆五十三年(1788)文奎堂刻朱墨套印本　八册

360000－1901－0010488　316342
韓昌黎詩集編年箋注十二卷　(唐)韓愈撰　(清)方世舉考訂　清乾隆二十三年(1758)盧見曾雅雨堂刻本　五册

360000－1901－0010489　413958
韓昌黎詩集編年箋注十二卷　(唐)韓愈撰　(清)方世舉考訂　清宣統二年(1910)掃葉山房石印本　一册　存一卷(十二)

360000－1901－0010490　413946
韓昌黎先生文集三十卷外集十卷　(唐)韓愈撰　清宣統石印本　五册　存三十七卷(韓昌黎先生文集四至三十、外集十卷)

360000－1901－0010491　718239
韓非子二十卷　明萬曆刻二十子全書本　八册

360000－1901－0010492　163002
韓非子二十卷　清光緒元年(1875)湖北崇文書局刻子書百家本　四册

360000－1901－0010493　163003
韓非子二十卷　清光緒元年(1875)湖北崇文書局刻子書百家本　四册

360000－1901－0010494　603890
韓非子二十卷　清光緒元年(1875)湖北崇文

書局刻子書百家本　三册　存十五卷(一至十五)

360000－1901－0010495　800164
韓非子二十卷　清光緒元年(1875)湖北崇文書局刻子書百家本　二册　存十卷(十一至二十)

360000－1901－0010496　805362
韓非子二十卷　清光緒元年(1875)湖北崇文書局刻子書百家本　一册　存五卷(一至五)

360000－1901－0010497　302871
韓非子二十卷　清光緒元年(1875)浙江書局刻本　五册

360000－1901－0010498　302859
韓非子二十卷　清嘉慶九年(1804)刻本　三册

360000－1901－0010499　722092
韓非子二十卷　清嘉慶九年(1804)刻本　一册　存五卷(一至五)

360000－1901－0010500　305981
韓非子二十卷　清刻本　二册　存十一卷(五至十五)

360000－1901－0010501　303600
韓非子二十卷　識誤三卷　(清)顧廣圻撰　清光緒二十三年(1897)石印本　二册

360000－1901－0010502　302875
韓非子二十卷　識誤三卷　(清)顧廣圻撰　清嘉慶二十三年(1818)全椒吳氏四世學士祠堂本　四册

360000－1901－0010503　416843
韓非子二十卷　識誤三卷　(清)顧廣圻撰　清嘉慶二十三年(1818)吳鼒刻本　二册　存九卷(韓非子一至六、識誤三卷)

360000－1901－0010504　230173
韓非子二十卷　(明)孫鑛批點　明沈景麟刻本　四册

360000－1901－0010505　416840
韓非子集解二十卷首一卷　(清)王先慎撰　清末上海校經山房成記書局石印本　六册

360000－1901－0010506　302874
韓非子識誤三卷　(清)顧廣圻撰　清嘉慶二十四年(1819)刻本　一册

360000－1901－0010507　302858
韓非子識誤三卷　(清)顧廣圻撰　清嘉慶二十一年(1816)刻本　一册

360000－1901－0010508　302872
韓非子識誤三卷　(清)顧廣圻撰　清刻本　一册

360000－1901－0010509　416842
韓非子識誤三卷　(清)顧廣圻撰　清刻本　一册

360000－1901－0010510　302886
韓集點勘四卷　(清)陳景雲撰　清同治九年(1870)江蘇書局刻本　一册

360000－1901－0010511　302887
韓集點勘四卷　(清)陳景雲撰　清同治九年(1870)江蘇書局刻本　一册

360000－1901－0010512　801879
韓江雜錄一卷　(清)□□輯　清抄本　一册

360000－1901－0010513　302898
韓門綴學五卷續編一卷　(清)汪師韓撰　清刻本　三册

360000－1901－0010514　240162
韓内翰别集一卷補遺一卷　(唐)韓偓撰　明末毛氏汲古閣刻唐六名家集本　一册

360000－1901－0010515　161251
韓詩故二卷　(清)沈清瑞撰　清光緒刻本　一册

360000－1901－0010516　210125
韓詩外傳十卷　(漢)韓嬰撰　明嘉靖十八年(1539)薛來芙蓉泉書屋刻本　一册　存三卷(一至三)

360000－1901－0010517　210126
韓詩外傳十卷　(漢)韓嬰撰　明天啓六年

(1626)唐琳、唐瑜刻本　一冊　存四卷(一至四)

360000－1901－0010518　410380
韓詩外傳十卷　(漢)韓嬰撰　清嘉慶四年(1799)味經堂刻本　二冊

360000－1901－0010519　410381
韓詩外傳十卷　(漢)韓嬰撰　清嘉慶四年(1799)味經堂刻本　二冊

360000－1901－0010520　410382
韓詩外傳十卷　(漢)韓嬰撰　清刻本　一冊　存六卷(三至八)

360000－1901－0010521　410382－1
韓詩外傳十卷　(漢)韓嬰撰　清刻本　一冊　存五卷(六至十)

360000－1901－0010522　410382－2
韓詩外傳十卷　(漢)韓嬰撰　清刻本　一冊　存五卷(六至十)

360000－1901－0010523　603632
韓詩外傳十卷　(漢)韓嬰撰　清刻本　二冊

360000－1901－0010524　418177
韓詩外傳十卷　(漢)韓嬰撰　(明)鍾惺評　明刻本　二冊

360000－1901－0010525　418178
韓詩外傳十卷　(漢)韓嬰撰　(明)鍾惺評　明刻本　二冊

360000－1901－0010526　210127
韓詩外傳十卷　(漢)韓嬰撰　(清)趙懷玉校正　**序説一卷校補一卷補逸一卷**　(清)趙懷玉輯　清乾隆五十五年(1790)趙氏亦有生齋刻本　二冊

360000－1901－0010527　240199
韓魏公集二十卷　(宋)韓琦撰　清康熙四十八年(1709)儀封張伯行正誼堂刻本　四冊

360000－1901－0010528　122475
韓文考異四十卷外集考異十卷遺文考異一卷首一卷末一卷　(宋)朱熹撰　(宋)王伯大音釋　清光緒十八年(1892)傳經堂刻本　十六冊

360000－1901－0010529　302889
韓文類譜七卷柳先生[宗元]年譜一卷　(宋)呂大防撰　清光緒元年(1875)隸釋齋刻本　一冊

360000－1901－0010530　317490
韓文類譜七卷柳先生[宗元]年譜一卷　(宋)呂大防撰　清光緒元年(1875)隸釋齋刻本　三冊

360000－1901－0010531　705399
韓文評林八卷　(明)錢穀撰　明徐挺龍刻本　一冊　存二卷(一至二)

360000－1901－0010532　415917－1
春秋經傳集解三十卷　(晉)杜預撰　(唐)陸德明音義　(宋)林堯叟附注　(清)馮李驊增訂　**左繡三十卷**　(清)馮李驊　(清)陸浩評輯　清刻本　四冊　存二十卷(春秋經傳集解二十一至三十、左繡二十一至三十)

360000－1901－0010533　413947
韓文起十二卷　(唐)韓愈撰　(清)林雲銘評注　清康熙三十二年(1693)刻本　六冊

360000－1901－0010534　413948
韓文起十二卷　(唐)韓愈撰　(清)林雲銘評注　清康熙三十二年(1693)刻本　四冊

360000－1901－0010535　413949
韓文起十二卷　(唐)韓愈撰　(清)林雲銘評注　清刻本　二冊　存五卷(七至八、十至十二)

360000－1901－0010536　240114
韓文起十二卷　(唐)韓愈撰　(清)林雲銘評注　**韓文公年譜一卷**　(清)林雲銘撰　清康熙三十二年(1693)刻本　四冊

360000－1901－0010537　240106
韓文四十卷外集十卷遺集一卷　(唐)韓愈撰　**集傳一卷**　明嘉靖三十五年(1556)莫如士刻韓柳文本　二十冊

360000－1901－0010538　412275

韓五泉詩四卷 (明)韓邦靖撰 **韓安人遺詩一卷** (明)屈淑撰 清初刻本 一册

360000－1901－0010539 240603
韓五泉詩四卷 (明)韓邦靖撰 **韓安人遺詩一卷** (明)屈淑撰 **附錄二卷** 明萬曆四十年(1612)刻本 一册

360000－1901－0010540 164237
韓子粹言一卷 (唐)韓愈撰 (清)李光地輯 清康熙五十二年(1713)刻本 一册

360000－1901－0010541 416848
韓子粹言一卷 (唐)韓愈撰 (清)李光地輯 清康熙五十二年(1713)刻本 一册

360000－1901－0010542 716836
韓子粹言一卷 (唐)韓愈撰 (清)李光地輯 清康熙五十二年(1713)刻本 一册

360000－1901－0010543 716838
韓子粹言一卷 (唐)韓愈撰 (清)李光地輯 清康熙五十二年(1713)刻本 一册

360000－1901－0010544 600327－3
韓子粹言一卷 (唐)韓愈撰 (清)李光地輯 清刻本 一册

360000－1901－0010545 600328－3
韓子粹言一卷 (唐)韓愈撰 (清)李光地輯 清刻本 二册

360000－1901－0010546 716837
韓子粹言一卷 (唐)韓愈撰 (清)李光地輯 清刻本 一册

360000－1901－0010547 309328
韓子二十卷 清刻本 二册 存十卷(六至十五)

360000－1901－0010548 164236
韓子二十卷附錄一卷 (明)趙如源 (明)王道焜校 明天啓五年(1625)趙如源刻本 四册

360000－1901－0010549 240115
韓子文鈔十卷 (唐)韓愈撰 (清)林明倫注 清乾隆二十一年(1756)刻本 四册

360000－1901－0010550 230174
韓子迂評二十卷 (明)門無子撰 **附錄一卷** 明萬曆六年(1578)自刻十一年(1583)重修本 民國胡思敬校 四册

360000－1901－0010551 160410
汗簡七卷 (宋)郭忠恕撰 清光緒五年(1879)上海點石齋書局石印本 一册

360000－1901－0010552 210437
汗簡七卷 (宋)郭忠恕撰 清康熙四十二年(1703)錢塘汪立民一隅草堂刻本 一册

360000－1901－0010553 160409
汗簡七卷 (宋)郭忠恕撰 (清)鄭珍箋正 清光緒十六年(1890)遵義黎氏石印本 四册

360000－1901－0010554 160408
汗簡七卷 (宋)郭忠恕撰 (清)鄭珍箋正 清光緒十五年(1889)廣雅書局刻本 四册

360000－1901－0010555 161921
漢安徵信錄一卷 (清)徐灼撰 清咸豐十一年(1861)金谿周氏刻本 一册

360000－1901－0010556 410351
漢碑引經考六卷漢碑引緯考一卷 (清)皮錫瑞撰 清光緒三十年(1904)刻本 四册

360000－1901－0010557 122025
漢官儀三卷 (宋)劉攽撰 清道光四年(1824)刻本 一册

360000－1901－0010558 220208
漢紀三十卷 (漢)荀悅撰 明正德十六年(1521)何景明、翟清刻本 八册

360000－1901－0010559 400054
漢賈誼政事疏考補一卷 (清)夏炘撰 清道光十四年(1834)刻本 一册

360000－1901－0010560 161922
漢賈誼政事疏考補一卷附明陶主敬先生[安]年譜一卷 (清)夏炘撰 清咸豐三年(1853)當塗夏氏刻本 一册

360000－1901－0010561 123051
漢江紀程一卷 (清)王鳳生撰 清道光十一

年(1831)刻本　一册

360000－1901－0010562　307640
漢雋十卷　(宋)林鉞輯　清道光十年(1830)南城胡氏刻本　四册

360000－1901－0010563　314277
漢雋十卷　(宋)林鉞輯　清刻本　四册

360000－1901－0010564　302013
漢口叢談六卷　(清)范鍇撰　清道光二年(1822)漢口自在庵張明心刻本　三册

360000－1901－0010565　210439
漢隸字源五卷碑目一卷附字一卷　(宋)婁機撰　明末毛氏汲古閣刻本　十二册

360000－1901－0010566　210443
漢隸分韻七卷　(元)□□撰　清乾隆三十七年(1772)九沙萬氏辨志堂刻本　二册

360000－1901－0010567　210444
漢隸分韻七卷　(元)□□撰　清乾隆三十七年(1772)九沙萬氏辨志堂刻本　三册　缺二卷(三至四)

360000－1901－0010568　122027
漢隸異同十二卷　(清)甘揚聲輯　清道光十一年(1831)勤約堂刻本　四册

360000－1901－0010569　122028
漢隸異同十二卷　(清)甘揚聲輯　清道光十一年(1831)勤約堂刻本　四册

360000－1901－0010570　122029
漢隸異同十二卷　(清)甘揚聲輯　清道光十一年(1831)勤約堂刻本　四册

360000－1901－0010571　162770
漢隸源流統畧歌一卷　(清)陳紀校書　(清)鄭漢音譯　清穀口鄭氏刻本　一册

360000－1901－0010572　412555
漢隸源流統畧歌一卷篆灋偏旁點畫辯一卷　(清)陳紀校書　(清)鄭漢音譯　清刻本　一册

360000－1901－0010573　210440
漢隸字源五卷碑目一卷　(宋)婁機撰　明末毛氏汲古閣刻本　六册

360000－1901－0010574　413014
漢隸字源五卷碑目一卷　(宋)婁機撰　清光緒三年(1877)歸安姚氏咫進齋刻本　六册

360000－1901－0010575　603719
漢隸字源五卷碑目一卷　(宋)婁機撰　清光緒三年(1877)歸安姚氏咫進齋刻本　四册　存四卷(一至四)

360000－1901－0010576　313504
漢名臣傳三十二卷　(清)國史館輯　清京都琉璃廠榮錦書坊刻本　三十二册

360000－1901－0010577　165119
漢南春柳詞鈔三卷　(清)龍啓瑞撰　清抄本　一册

360000－1901－0010578　306305
漢儒通義七卷　(清)陳澧撰　清咸豐八年(1858)刻番禺陳氏東塾叢書本　二册

360000－1901－0010579　414918
漢儒易義針度四卷　(清)朱昌壽撰　清道光二十二年(1842)刻本　二册

360000－1901－0010580　414917
漢儒易義針度四卷附近科文式一卷　(清)朱昌壽撰　清道光二十二年(1842)刻本　一册

360000－1901－0010581　414915
漢儒易義針度四卷附近科文式一卷　(清)朱昌壽撰　清同治九年(1870)珍研齋刻本　二册

360000－1901－0010582　414916
漢儒易義針度四卷附近科文式一卷　(清)朱昌壽撰　清同治九年(1870)珍研齋刻本　二册

360000－1901－0010583　241505
漢詩說十卷總說一卷　(清)沈用濟　(清)費錫璜撰　清康熙刻本　二册

360000－1901－0010584　305804
漢詩音註十卷　(清)李因篤撰　清光緒六年

(1880)今雨樓刻本　三冊　存七卷(一至七)

360000－1901－0010585　315932
漢詩音註十卷　(清)李因篤撰　清光緒六年(1880)今雨樓刻本　一冊

360000－1901－0010586　302010
漢書辨疑二十二卷後漢書辨疑十一卷續漢書辨疑九卷　(清)錢大昭撰　清光緒十三年(1887)廣雅書局刻廣雅書局叢書本　八冊

360000－1901－0010587　310472
漢書辨疑二十二卷後漢書辨疑十一卷續漢書辨疑九卷　(清)錢大昭撰　清光緒十三年(1887)廣雅書局刻廣雅書局叢書本　八冊

360000－1901－0010588　402982
漢書辨疑二十二卷後漢書辨疑十一卷續漢書辨疑九卷　(清)錢大昭撰　清光緒十三年(1887)廣雅書局刻廣雅書局叢書本　八冊

360000－1901－0010589　402983
漢書辨疑二十二卷後漢書辨疑十一卷續漢書辨疑九卷　(清)錢大昭撰　清光緒十三年(1887)廣雅書局刻廣雅書局叢書本　九冊

360000－1901－0010590　312919
漢書補注一百卷首一卷　王先謙撰　清光緒二十六年(1900)長沙王氏虛受堂刻本　三冊　存十五卷(五十八至七十二)

360000－1901－0010591　804670
漢書不分卷　(漢)班固撰　清抄本　一冊

360000－1901－0010592　302008
漢書地理志水道圖說七卷　(清)陳澧撰　**考正德清胡氏禹貢圖一卷**　(清)陳宗誼撰　清同治十一年(1872)廣東省城西湖街富文齋刻本　二冊

360000－1901－0010593　313153
漢書地理志水道圖說七卷　(清)陳澧撰　**考正德清胡氏禹貢圖一卷**　(清)陳宗誼撰　清同治十一年(1872)刻番禺陳氏東塾叢書本　二冊

360000－1901－0010594　400055
漢書地理志水道圖說七卷　(清)陳澧撰　**考正德清胡氏禹貢圖一卷**　(清)陳宗誼撰　清同治十一年(1872)刻番禺陳氏東塾叢書本　一冊　存四卷(一至三、考正德清胡氏禹貢圖一卷)

360000－1901－0010595　314603
漢書地理志校本二卷　(清)汪遠孫撰　清道光二十八年(1848)汪氏刻振綺堂遺書本　二冊

360000－1901－0010596　400056
漢書地理志校本二卷　(清)汪遠孫撰　清道光二十八年(1848)汪氏刻振綺堂遺書本　二冊

360000－1901－0010597　400057
漢書地理志校本二卷　(清)汪遠孫撰　清道光二十八年(1848)汪氏刻振綺堂遺書本　一冊

360000－1901－0010598　402805
漢書蒙拾類摘四卷　(清)□□輯　清刻本　二冊

360000－1901－0010599　402806
漢書蒙拾三卷　(清)杭世駿撰　清光緒十年(1884)上海同文書局石印本　一冊

360000－1901－0010600　402807
漢書蒙拾三卷　(清)杭世駿撰　清光緒十年(1884)上海同文書局石印本　一冊

360000－1901－0010601　317874
漢書蒙拾三卷後漢書蒙拾二卷文選課虛四卷　(清)杭世駿撰　清刻本　一冊

360000－1901－0010602　164175
漢書評林一百卷　(明)凌稚隆輯　明刻本　二冊　存七卷(二十至二十一、五十二至五十六)

360000－1901－0010603　418577
漢書評林一百卷　(明)凌稚隆輯　明萬曆九年(1581)烏程淩稚隆刻本　十二冊　存四十三卷(一至四十三)

360000－1901－0010604　220050
漢書評林一百卷　(明)淩稚隆輯　明雲林積秀堂刻本　四十冊

360000－1901－0010605　220051
漢書評林一百卷　(明)淩稚隆輯　明雲林積秀堂刻本　四十冊

360000－1901－0010606　220052
漢書評林一百卷　(明)淩稚隆輯　明雲林積秀堂刻本　二十冊　存四十九卷(一至四十九)

360000－1901－0010607　310524
漢書評林一百卷　(明)淩稚隆輯　清刻本　四十冊　存九十八卷(三至一百)

360000－1901－0010608　400019
漢書評林一百卷　(明)淩稚隆輯　清乾隆十八年(1753)刻本　十六冊　存四十四卷(七至十、十九至二十、二十八至三十六、四十三至五十、五十六至六十、七十一至八十六)

360000－1901－0010609　302002
漢書疏證三十六卷　(清)沈欽韓撰　清光緒二十六年(1900)浙江官書局刻本　二十四冊

360000－1901－0010610　302003
漢書疏證三十六卷　(清)沈欽韓撰　清光緒二十六年(1900)浙江官書局刻本　十六冊

360000－1901－0010611　311852
漢書疏證三十六卷後漢書疏證三十卷　(清)沈欽韓撰　清光緒二十六年(1900)浙江官書局刻本　四十冊

360000－1901－0010612　400064
漢書疏證三十六卷後漢書疏證三十卷　(清)沈欽韓撰　清光緒二十六年(1900)浙江官書局刻本　二十五冊

360000－1901－0010613　302005
漢書西域傳補注二卷　(清)徐松撰　清道光九年(1829)刻本　二冊

360000－1901－0010614　400053
漢書西域傳補注二卷　(清)徐松撰　清光緒十九年(1893)寶善書局石印本　二冊

360000－1901－0010615　164281
漢書一百卷　(漢)班固撰　(明)葛錫璠彙評　明崇禎十二年(1639)葛鼎刻本　二冊　存十二卷(一至十二)

360000－1901－0010616　220045
漢書一百卷　(漢)班固撰　(明)葛錫璠彙評　明崇禎十二年(1639)葛鼎刻本　十六冊

360000－1901－0010617　220046
漢書一百卷　(漢)班固撰　(明)葛錫璠彙評　明崇禎十二年(1639)葛鼎刻本　十二冊　缺三十九卷(一至二十六、二十八至三十八、八十二、八十七)

360000－1901－0010618　220047
漢書一百卷　(漢)班固撰　(明)葛錫璠彙評　明崇禎十二年(1639)葛鼎刻本　五冊　缺四十八卷(一至三十九、七十八至八十四、九十九上、一百)

360000－1901－0010619　220048
漢書一百卷　(漢)班固撰　(明)葛錫璠彙評　明崇禎十二年(1639)葛鼎刻本　十六冊　存十二卷(五十三至五十五、五十八至六十三、八十七至八十九)

360000－1901－0010620　713522
漢書一百卷　(漢)班固撰　(唐)顔師古注　明崇禎十五年(1642)毛氏汲古閣刻十七史本　五冊　存二十卷(七十八至九十七)

360000－1901－0010621　717935
漢書一百卷　(漢)班固撰　(唐)顔師古注　明崇禎十五年(1642)毛氏汲古閣刻十七史本　五冊　存十五卷(八十二至八十九、九十四至一百)

360000－1901－0010622　717936
漢書一百卷　(漢)班固撰　(唐)顔師古注　明崇禎十五年(1642)毛氏汲古閣刻十七史本　三冊　存十一卷(五十七至六十、八十七至九十、九十二至九十四)

360000－1901－0010623　717949
漢書一百卷　（漢）班固撰　（唐）顏師古注　明崇禎十五年（1642）毛氏汲古閣刻十七史本　九冊　存三十三卷（十五、三十四至三十九、五十二至五十六、七十二至八十一、九十至一百）

360000－1901－0010624　717950
漢書一百卷　（漢）班固撰　（唐）顏師古注　明崇禎十五年（1642）毛氏汲古閣刻十七史本　十冊　存四十一卷（一至五、二十七至三十、六十三至七十三、八十至一百）

360000－1901－0010625　717951
漢書一百卷　（漢）班固撰　（唐）顏師古注　明崇禎十五年（1642）毛氏汲古閣刻十七史本　一冊　存四卷（七十至七十三）

360000－1901－0010626　717952
漢書一百卷　（漢）班固撰　（唐）顏師古注　明崇禎十五年（1642）毛氏汲古閣刻十七史本　一冊　存六卷（八十八至九十三）

360000－1901－0010627　718273
漢書一百卷　（漢）班固撰　（唐）顏師古注　明崇禎十五年（1642）毛氏汲古閣刻十七史本　十四冊　存五十五卷（一至三、五至十六、五十一至六十六、七十至八十七、九十五至一百）

360000－1901－0010628　718274
漢書一百卷　（漢）班固撰　（唐）顏師古注　明崇禎十五年（1642）毛氏汲古閣刻十七史本　一冊　存五卷（六十五至六十九）

360000－1901－0010629　722258
漢書一百卷　（漢）班固撰　（唐）顏師古注　明崇禎十五年（1642）毛氏汲古閣刻十七史本　九冊　存四十二卷（十七至二十、二十五至六十二）

360000－1901－0010630　722258－1
漢書一百卷　（漢）班固撰　（唐）顏師古注　明崇禎十五年（1642）毛氏汲古閣刻十七史本　一冊　存三卷（二十一至二十三）

360000－1901－0010631　220044
漢書一百卷　（漢）班固撰　（唐）顏師古注　明刻嘉靖十六年（1537）廣東崇正書院重修本　四十二冊　缺八卷（五十九至六十五、九十八）

360000－1901－0010632　400161
漢書一百卷　（漢）班固撰　（唐）顏師古注　清光緒九年（1883）上海點石齋石印本　三冊　存四十三卷（一至二十、六十一至八十三）

360000－1901－0010633　604063
漢書一百卷　（漢）班固撰　（唐）顏師古注　清光緒九年（1883）上海點石齋石印本　一冊　存五卷（十五至十九）

360000－1901－0010634　308835
漢書一百卷　（漢）班固撰　（唐）顏師古注　清光緒十三年（1887）金陵書局刻本　三十六冊

360000－1901－0010635　312592
漢書一百卷　（漢）班固撰　（唐）顏師古注　清光緒十三年（1887）金陵書局刻本　二十八冊

360000－1901－0010636　164170
漢書一百卷　（漢）班固撰　（唐）顏師古注　清刻本　七冊　存二十六卷（十三至三十八）

360000－1901－0010637　164172
漢書一百卷　（漢）班固撰　（唐）顏師古注　清刻本　十二冊　存五十一卷（二十八至七十八）

360000－1901－0010638　306013
漢書一百卷　（漢）班固撰　（唐）顏師古注　清刻本　十六冊　存七十六卷（二十五至一百）

360000－1901－0010639　309746
漢書一百卷　（漢）班固撰　（唐）顏師古注　清刻本　五冊　存三十一卷（二十一至二十七、五十五至七十二、九十二至九十七）

360000－1901－0010640　306011

漢書一百卷　（漢）班固撰　（唐）顏師古注　清同治八年（1869）金陵書局刻二十四史本　十九册　存八十四卷（六至十二、十八至三十、三十七至一百）

360000－1901－0010641　306014
漢書一百卷　（漢）班固撰　（唐）顏師古注　清同治八年（1869）金陵書局刻二十四史本　三册　存十五卷（一至十五）

360000－1901－0010642　306026
漢書一百卷　（漢）班固撰　（唐）顏師古注　清同治八年（1869）金陵書局刻二十四史本　八册　存三十二卷（一至三十二）

360000－1901－0010643　308341
漢書一百卷　（漢）班固撰　（唐）顏師古注　清同治八年（1869）金陵書局刻二十四史本　六册　存二十四卷（七十七至一百）

360000－1901－0010644　400037
漢書一百卷　（漢）班固撰　（唐）顏師古注　清同治八年（1869）金陵書局刻二十四史本　十六册

360000－1901－0010645　400038
漢書一百卷　（漢）班固撰　（唐）顏師古注　清同治八年（1869）金陵書局刻二十四史本　十六册

360000－1901－0010646　400039
漢書一百卷　（漢）班固撰　（唐）顏師古注　清同治八年（1869）金陵書局刻二十四史本　六册　存四十卷（二十六至二十七、四十五至五十四、七十三至一百）

360000－1901－0010647　400043
漢書一百卷　（漢）班固撰　（唐）顏師古注　清同治八年（1869）金陵書局刻二十四史本　二十三册　存六十四卷（十三至三十、三十五至五十七、六十四至七十一、八十六至一百）

360000－1901－0010648　400044
漢書一百卷　（漢）班固撰　（唐）顏師古注　清同治八年（1869）金陵書局刻二十四史本　二十七册　存九十五卷（一至四、十至一百）

360000－1901－0010649　308007
漢書一百卷　（漢）班固撰　（唐）顏師古注　清同治十二年（1873）嶺東使署刻本　十六册

360000－1901－0010650　220049
漢書一百卷　（漢）班固撰　（唐）顏師古注　（明）陳仁錫評　明崇禎刻本　二十八册

360000－1901－0010651　302011
漢書藝文志考證十卷　（宋）王應麟撰　清光緒十年（1884）成都志古堂刻本　二册

360000－1901－0010652　305535
漢書引經異文錄證六卷　（清）繆祐孫撰　清光緒十一年（1885）刻本　一册　存三卷（四至六）

360000－1901－0010653　316575
漢書摘詠一卷後漢書摘詠一卷　（清）宋湘撰　清嘉慶刻本　一册

360000－1901－0010654　311850
漢書注校補五十六卷　（清）周壽昌撰　清光緒十年（1884）長沙周氏小對竹軒刻思益堂史學本　十三册

360000－1901－0010655　400058
漢唐事箋十二卷　（元）朱禮撰　清道光二年（1822）刻本　四册

360000－1901－0010656　241285
漢魏别解十六卷　（明）黄澍　（明）葉紹泰輯並評　明崇禎十一年（1638）香谷山房刻本　三十二册

360000－1901－0010657　405241
漢魏别解十六卷　（明）黄澍　（明）葉紹泰輯並評　明崇禎十一年（1638）香谷山房刻本　一册　存一卷（八）

360000－1901－0010658　405653
漢魏别解十六卷　（明）黄澍　（明）葉紹泰輯並評　明崇禎十一年（1638）香谷山房刻本　一册　存一卷（六）

360000－1901－0010659　250160
漢魏叢書　（明）程榮輯　明萬曆二十年

(1592)新安程氏刻本　十冊　存九種

360000－1901－0010660　603455－1
漢魏叢書　(明)程榮輯　清刻本　二冊　存二種

360000－1901－0010661　707625
漢魏叢書　(明)程榮輯　清刻本　一冊　存三種

360000－1901－0010662　418568
漢魏六朝百三家集　(明)張溥輯　明婁東張溥刻本　二冊　存三種

360000－1901－0010663　150627
漢魏六朝百三家集　(明)張溥輯　清光緒五年(1879)彭懋謙信述堂刻本　一百冊

360000－1901－0010664　150628
漢魏六朝百三家集　(明)張溥輯　清光緒五年(1879)彭懋謙信述堂刻本　一百冊

360000－1901－0010665　150629
漢魏六朝百三家集　(明)張溥輯　清光緒五年(1879)彭懋謙信述堂刻本　一百冊

360000－1901－0010666　150630－1
漢魏六朝百三家集　(明)張溥輯　清光緒五年(1879)彭懋謙信述堂刻本　一冊　存四種

360000－1901－0010667　150701
漢魏六朝百三家集　(明)張溥輯　清光緒五年(1879)彭懋謙信述堂刻本　一百一冊

360000－1901－0010668　600387
漢魏六朝百三家集　(明)張溥輯　清光緒五年(1879)彭懋謙信述堂刻本　九十五冊　存九十七種

360000－1901－0010669　600392
漢魏六朝百三家集　(明)張溥輯　清光緒五年(1879)彭懋謙信述堂刻本　二冊　存四種

360000－1901－0010670　600386
漢魏六朝百三名家集　(明)張溥輯　明刻本　一百冊

360000－1901－0010671　600388
漢魏六朝百三名家集　(明)張溥輯　明刻本　六十二冊　存八十種

360000－1901－0010672　710344
漢魏六朝百三名家集　(明)張溥輯　清光緒刻本　十四冊　存十種

360000－1901－0010673　722148
漢魏六朝百三名家集　(明)張溥輯　清光緒刻本　二十二冊

360000－1901－0010674　722148－1
漢魏六朝百三名家集　(明)張溥輯　清光緒刻本　二冊　存六種

360000－1901－0010675　722511
漢魏六朝百三名家集　(明)張溥輯　清光緒刻本　七冊　存七種

360000－1901－0010676　150630
漢魏六朝百三名家集　(明)張溥輯　清光緒三年(1877)滇南唐氏壽考堂刻本　七十八冊　存九十九種

360000－1901－0010677　150704
漢魏六朝百三名家集　(明)張溥輯　清光緒三年(1877)滇南唐氏壽考堂刻本　六十八冊

360000－1901－0010678　150705
漢魏六朝百三名家集　(明)張溥輯　清光緒十八年(1892)善化章經濟堂刻本　八十冊

360000－1901－0010679　600390
漢魏六朝百三名家集　(明)張溥輯　清光緒五年(1879)信述堂刻本　一百三冊

360000－1901－0010680　150710
漢魏六朝百三名家集　(明)張溥輯　清刻本　一百二十八冊

360000－1901－0010681　404966
漢魏六朝名家集初刻　丁福保輯　清宣統三年(1911)上海文明書局鉛印本　二冊　存二種

360000－1901－0010682　306251
漢魏六朝名家集初刻　丁福保輯　清宣統三年(1911)無錫丁氏鉛印本　七冊　存八種

360000－1901－0010683　314216
漢魏六朝志墓金石例三卷唐人志墓諸例一卷　(清)吳鎬撰　清嘉慶十七年(1812)太倉張浩三刻光緒十年(1884)常熟鮑廷爵後知不足齋修補刻本　一册

360000－1901－0010684　401373
漢魏名文乘不分卷　(明)張運泰　(明)余元熹輯　明崇禎刻本　二十一册

360000－1901－0010685　401374
漢魏名文乘不分卷　(明)張運泰　(明)余元熹輯　明崇禎刻本　十七册

360000－1901－0010686　241283
漢魏名文乘不分卷　(明)張運泰　(明)余元熹輯　明崇禎十五年(1642)刻清初印本　五十册

360000－1901－0010687　241284
漢魏名文乘不分卷　(明)張運泰　(明)余元熹輯　明崇禎十五年(1642)刻清初印本　二十一册

360000－1901－0010688　416244
漢魏名文乘不分卷　(明)張運泰　(明)余元熹輯　明崇禎十五年(1642)刻清初印本　一册　存申鑒、孔北海文

360000－1901－0010689　310283
漢魏名文乘不分卷　(明)張運泰　(明)余元熹輯　明華文堂刻本　四十四册

360000－1901－0010690　418381
春秋體註大全合參四卷　(清)周熾纂　**春秋經傳參訂讀本四卷**　(宋)胡安國傳　清乾隆五十七年(1792)桂月樓刻本　四册

360000－1901－0010691　241225
漢魏詩乘二十卷吳詩一卷總錄一卷　(明)梅鼎祚輯　明萬曆十一年(1583)劉文顯、徐家慶刻本　八册

360000－1901－0010692　241224
漢魏詩集十四卷　(明)劉成德輯　明正德十二年(1517)何景暘刻本　四册

360000－1901－0010693　160986
漢魏石經考三卷　(清)劉傳瑩撰　清光緒十二年(1886)沌城黄氏試館刻本　一册

360000－1901－0010694　160987
漢魏石經考三卷　(清)劉傳瑩撰　清光緒十二年(1886)沌城黄氏試館刻本　一册

360000－1901－0010695　150394
漢魏遺書鈔　(清)王謨輯　清嘉慶三年至十一年(1798－1806)金谿王氏刻本　二十册

360000－1901－0010696　150395
漢魏遺書鈔　(清)王謨輯　清嘉慶三年至十一年(1798－1806)金谿王氏刻本　十四册　存九十八種

360000－1901－0010697　150396
漢魏遺書鈔　(清)王謨輯　清嘉慶三年至十一年(1798－1806)金谿王氏刻本　十册　存二十六種

360000－1901－0010698　713112
漢魏遺書鈔　(清)王謨輯　清嘉慶三年至十一年(1798－1806)金谿王氏刻本　七册　存二十六種

360000－1901－0010699　804990
漢魏音四卷　(清)洪亮吉撰　清刻本　一册

360000－1901－0010700　241141
漢魏諸名家集　(明)汪士賢輯　明金閶世裕堂刻本　一册　存二種

360000－1901－0010701　417626
漢文歸二十卷　(明)鍾惺輯並評　明末古香齋刻本　八册　存八卷(一至六、十五、十七)

360000－1901－0010702　417627
漢文歸二十卷　(明)鍾惺輯並評　明末古香齋刻本　三册　存五卷(一至三、十六至十七)

360000－1901－0010703　313067
漢西域圖考七卷首一卷　(清)李光廷撰　清同治粤東富文齋刻本　四册

360000－1901－0010704　720187

漢西域圖考七卷圖一卷　(清)李光廷撰　清同治九年(1870)刻本　四冊

360000－1901－0010705　230592
漢溪書法通解八卷　(清)戈守智撰　清乾隆霽雲閣刻本　四冊

360000－1901－0010706　309667
漢學商兌三卷　(清)方東樹撰　清道光十一年(1831)刻本　二冊

360000－1901－0010707　313639
漢學商兌三卷　(清)方東樹撰　清光緒二十六年(1900)浙江書局刻本　四冊

360000－1901－0010708　302014
漢學商兌三卷　(清)方東樹撰　清刻本　三冊

360000－1901－0010709　302015
漢學商兌贅言四卷附識八則　(清)豫師撰　清光緒十四年(1888)會輔堂刻本　四冊

360000－1901－0010710　314165
漢學師承記八卷附經師經義目錄一卷宋學淵源記二卷　(清)江藩撰　清末上海文瑞樓鉛印本　四冊

360000－1901－0010711　314166
漢學師承記八卷附經師經義目錄一卷宋學淵源記二卷　(清)江藩撰　清末上海文瑞樓鉛印本　四冊

360000－1901－0010712　150393
漢學堂叢書　(清)黃奭輯　清道光甘泉黃氏刻光緒印本　六十二冊

360000－1901－0010713　160990
漢學諧聲二十四卷說文補考一卷又考一卷　(清)戚學標撰　清嘉慶九年(1804)陟縣官署刻本　八冊

360000－1901－0010714　220801
漢延熹西嶽華山廟碑□□卷　(清)阮元編　清抄本　一冊

360000－1901－0010715　721774－1
漢藝文志攷證十卷　(宋)王應麟撰　清刻本　一冊　存五卷(二至六)

360000－1901－0010716　722452
漢藝文志攷證十卷　(宋)王應麟撰　清刻本　一冊　存七卷(四至十)

360000－1901－0010717　230460
漢雜事秘辛一卷　(漢)□□撰　明崇禎毛氏汲古閣刻津逮祕書本　一冊

360000－1901－0010718　301993
漢志水道疏證四卷　(清)洪頤煊撰　清光緒十三年(1887)長洲蔣鳳藻心矩齋刻本　一冊

360000－1901－0010719　164171
漢制攷四卷　(宋)王應麟撰　清光緒十年(1884)成都志古堂刻本　二冊

360000－1901－0010720　120462
漢諸葛忠武侯[亮]年譜一卷　(清)楊希閔編　清光緒四年(1878)新城楊氏刻四朝先賢六家年譜本　一冊

360000－1901－0010721　417158
撼龍經批註校補不分卷疑龍經批註校補三卷　題(唐)楊益撰　(清)高其倬批點　(清)榮錫勳校補　清光緒刻本　二冊

360000－1901－0010722　417185
撼龍經批註校補不分卷疑龍經批註校補三卷　題(唐)楊益撰　(清)高其倬批點　(清)榮錫勳校補　清光緒刻本　二冊

360000－1901－0010723　416372
撼龍經批註校補不分卷疑龍經批註校補三卷　題(唐)楊益撰　(清)高其倬批點　(清)榮錫勳校補　清光緒十八年(1892)刻本　一冊　存二卷(疑龍經批註校補上、中)

360000－1901－0010724　804514
撼龍經批註校補不分卷疑龍經批註校補三卷　題(唐)楊益撰　(清)高其倬批點　(清)榮錫勳校補　清末上海江東書局石印本　一冊

360000－1901－0010725　163217
撼山草堂遺稿三卷補錄一卷　(清)陳起書撰

清同治五年(1866)刻本　一册

360000－1901－0010726　303118
翰海十二卷　(明)沈佳胤輯　清光緒二年(1876)上海申報館鉛印本　二册

360000－1901－0010727　404832
翰海十二卷　(明)沈佳胤輯　清光緒二年(1876)上海申報館鉛印本　七册

360000－1901－0010728　404832－1
翰海十二卷　(明)沈佳胤輯　清末鉛印本　一册　存一卷(四)

360000－1901－0010729　240067
翰林考正杜律七言虞註大成二卷　(唐)杜甫撰　(元)虞集注　明萬曆十六年(1588)書林鄭雲竹刻本　二册

360000－1901－0010730　162843
翰墨巵言四卷　(清)胡自治撰　**世恩堂文鈔一卷**　(清)張慶綰撰　清道光二十四年(1844)非能園刻本　一册

360000－1901－0010731　308523
翰苑分書　(清)黄鉦等輯　清光緒刻本　十册　存九種

360000－1901－0010732　713121
翰苑分書　(清)黄鉦等輯　清光緒刻本　七册　存七種

360000－1901－0010733　711393
翰苑十三經集字不分卷　(清)李鴻藻輯　清光緒十四年(1888)刻本　一册

360000－1901－0010734　122302
澣江詩鈔不分卷　(清)李文杰撰　清光緒六年(1880)刻本　一册

360000－1901－0010735　412767
澣雲詩鈔八卷　(清)汪梅鼎撰　清嘉慶二十四年(1819)刻本　一册　存四卷(一至四)

360000－1901－0010736　900789
瀚海集不分卷　(清)□□撰　清抄本　一册

360000－1901－0010737　800365
行集雜錄□□卷　(清)□□輯　清抄本　一册　存一卷(二)

360000－1901－0010738　416506
行軍測繪十卷首一卷圖一卷　(英國)連提撰　(英國)傅蘭雅口譯　(清)趙元益筆述　清同治十年(1871)江南機器製造總局刻本　二册

360000－1901－0010739　122818
行軍臆説三卷　(清)黄秩沖撰　清同治十一年(1872)刻本　二册

360000－1901－0010740　301216
行軍指要六卷　(英國)哈密撰　(美國)金楷理口譯　(清)趙元益筆述　清光緒二十七年(1901)上海製造局刻本　五册

360000－1901－0010741　804018
行鍊秘旨不分卷　(□)□□輯　清紹靈抄本　一册

360000－1901－0010742　414890
行神相法四卷　(清)廖春山撰　清刻本　一册　存二卷(三至四)

360000－1901－0010743　220767
行水金鑑一百七十五卷首一卷　(清)傅澤洪撰　清雍正三年(1725)淮揚官舍刻本　三十二册

360000－1901－0010744　220768
行水金鑑一百七十五卷首一卷　(清)傅澤洪撰　清雍正三年(1725)淮揚官舍刻本　四十册

360000－1901－0010745　220769
行水金鑑一百七十五卷首一卷　(清)傅澤洪撰　清雍正三年(1725)淮揚官舍刻本　三十五册　缺五卷(一百四十一至一百四十五)

360000－1901－0010746　420103
行水金鑑一百七十五卷首一卷　(清)傅澤洪撰　清雍正三年(1725)淮揚官舍刻本　十六册　存七十卷(二至三十一、四十八至七十七、八十四至八十八、一百十七至一百二十

一）

360000－1901－0010747　301215
行素草堂金石叢書　(清)朱記榮輯　清光緒吳縣朱氏刻十四年(1888)彙印本　四十册

360000－1901－0010748　310339
行素草堂金石叢書　(清)朱記榮輯　清光緒吳縣朱氏刻十四年(1888)彙印本　四十册

360000－1901－0010749　314079
行素草堂金石叢書　(清)朱記榮輯　清光緒吳縣朱氏刻十四年(1888)彙印本　十二册　存十種

360000－1901－0010750　314087
行素草堂金石叢書　(清)朱記榮輯　清光緒吳縣朱氏刻十四年(1888)彙印本　三册　存二種

360000－1901－0010751　314088
行素草堂金石叢書　(清)朱記榮輯　清光緒吳縣朱氏刻十四年(1888)彙印本　五册　存二種

360000－1901－0010752　320323
行素堂目睹書録十卷　(清)朱記榮撰　**汲古閣珍藏秘本書目一卷**　(清)毛扆輯　清光緒十年(1884)吳縣朱記榮槐廬刻本　十册

360000－1901－0010753　417451
行素軒算稿　(清)華蘅芳撰　清光緒八年(1882)梁溪華氏刻本　六册　存五種

360000－1901－0010754　305043
行素軒算學　(清)華蘅芳撰　清光緒二十二年(1896)上海文瑞樓石印本　六册

360000－1901－0010755　802562
行文寶笈不分卷　(清)□□輯　清末石印本　一册

360000－1901－0010756　400085－1
杭大宗七種叢書　(清)杭世駿撰　清乾隆杭賓仁羊城刻本　一册　存二種

360000－1901－0010757　420163
航海述奇四卷　(清)張德明撰　清末鉛印本　二册

360000－1901－0010758　305941
蒿庵集三卷附録一卷蒿庵閒話二卷　(清)張爾岐撰　清光緒十五年(1889)山東書局刻本　四册

360000－1901－0010759　301535
蒿庵遺集十二卷　(清)莊棫撰　清光緒十二年(1886)錢唐鄦氏刻本　二册

360000－1901－0010760　302774
蒿庵遺集十二卷　(清)莊棫撰　清光緒十二年(1886)錢唐鄦氏刻本　二册

360000－1901－0010761　302775
蒿庵遺集十二卷　(清)莊棫撰　清光緒十二年(1886)錢唐鄦氏刻本　二册

360000－1901－0010762　420328
好方便録十卷　(清)劉文燮輯　清光緒十三年(1887)萍東蘆溪吳東璧閣刻本　一册

360000－1901－0010763　421472
好逑傳四卷十八回　(清)名教中人編　清刻本　一册

360000－1901－0010764　421472－1
好逑傳四卷十八回　(清)名教中人編　清刻本　一册　存二卷(三至四)九回(十至十八)

360000－1901－0010765　162303
好生救劫編五卷　(清)常存敬畏齋主人輯　清光緒二十二年(1896)天津胡鋆等刻本　一册

360000－1901－0010766　705189
好學爲福齋文鈔二卷　(清)俞樾撰　清咸豐元年(1851)刻本　一册　存一卷(二)

360000－1901－0010767　410981
好雲樓初集二十八卷首一卷二集十六卷首一卷　(清)李聯琇撰　清光緒順德黎兆棠刻本　二册　存九卷(好雲樓初集四至七,二集一至四、首一卷)

360000－1901－0010768　120636
好雲樓初集二十八卷首一卷二集十六卷首一

卷臨川答問一卷四書文一卷試律一卷　(清)李聯琇撰　清同治二年(1863)恩養堂刻本　十六册

360000－1901－0010769　250224
好雲樓雜稿　(清)李聯琇撰　稿本　二十四册

360000－1901－0010770　220529
好雲樓奏稿　(清)李聯琇撰　清咸豐抄本　一册

360000－1901－0010771　406581
郝氏春秋二種十四卷　(清)郝懿行撰　清道光七年(1827)趙銘彝刻本　四册

360000－1901－0010772　150545－2
郝氏遺書　(清)郝懿行撰　清嘉慶至光緒刻本　二十七册　存十四種

360000－1901－0010773　405710
郝文忠公陵川文集三十九卷　(元)郝經撰　清刻本　一册　存五卷(一至五)

360000－1901－0010774　240422
郝文忠公陵川文集三十九卷首一卷附錄一卷　(元)郝經撰　**郝文忠公年譜一卷**　(清)王鏐編　清乾隆三年(1738)鳳臺王鏐刻嘉慶三年(1798)張大紱印本　十册　缺一卷(郝文忠公年譜一卷)

360000－1901－0010775　121657
昊書八卷　(清)揭暄撰　清咸豐九年(1859)濠塘刻本　一册

360000－1901－0010776　121264
浩山詩鈔不分卷　(清)歐陽述撰　清光緒二十九年(1903)刻本　一册

360000－1901－0010777　412745
禾郡五十一家選集一卷　(清)施啓瑞輯　清抄本　一册

360000－1901－0010778　210454
合並字學集韻十卷合並字學集篇十卷拾遺一卷重訂司馬溫公等韻圖經一卷　(明)徐孝編　明萬曆三十四年(1606)張元善刻本　二十册

360000－1901－0010779　803904
合訂能與集讀本不分卷　(清)邢退庵輯　清退省居抄本　一册

360000－1901－0010780　804823
合訂西廂記文機活趣全解八卷　(元)王德信撰　清刻本　一册　存二卷(三至四)

360000－1901－0010781　250039
合訂正續註釋羣書備考原本八卷　(明)袁黃撰　(明)袁儼注　明末刻本　三册　缺一卷(八)

360000－1901－0010782　805266
合訂正續註釋羣書備考原本八卷　(明)袁黃撰　(明)袁儼注　清刻本　一册　存二卷(六至七)

360000－1901－0010783　900907
合肥三家詩錄二卷　(清)譚獻輯　清光緒十二年(1886)安慶刻本　一册

360000－1901－0010784　161680
合肥相國[李鴻章]七十賜壽圖一卷附壽言一卷　(清)楊宗濂　盛宣懷輯　清光緒十八年(1892)海軍石印書局石印本　六册

360000－1901－0010785　802178
合肥相國[李鴻章]七十賜壽圖一卷附壽言一卷　(清)楊宗濂　盛宣懷輯　清末石印本　二册

360000－1901－0010786　304330
合肥學舍劄記十二卷　(清)陸繼輅撰　清光緒四年(1878)興國州署刻本　四册

360000－1901－0010787　805123
合刻黃帝内經靈樞十二卷尉繚子二卷　清光緒十九年(1893)上海鴻文書局石印本　一册

360000－1901－0010788　241150
合刻陸魯望皮襲美二先生集　(明)許自昌編　明萬曆許自昌刻本　十六册

360000－1901－0010789　418316
合刻三先生東坡文匯四十卷　(宋)蘇軾撰

(明)茅坤　(明)錢穀　(明)鍾惺評　明崇禎刻三蘇文匯本　八冊

360000－1901－0010790　240209
合刻三先生老泉文匯十卷　(宋)蘇洵撰　(明)茅坤　(明)錢穀　(明)鍾惺評　明崇禎刻三蘇文匯本　一冊　存五卷(一至五)

360000－1901－0010791　240210
合刻三先生老泉文匯十卷　(宋)蘇洵撰　(明)茅坤　(明)錢穀　(明)鍾惺評　明崇禎刻三蘇文匯本　一冊　存四卷(一至四)

360000－1901－0010792　250159
合刻山海經水經　(明)吴琯編　明萬曆十三年(1585)吴琯刻本　十冊

360000－1901－0010793　803847
合刻註釋張子房解學士千家詩講讀二卷　(明)湯顯祖校釋　清抄本　一冊

360000－1901－0010794　421420
合刻註釋張子房解學士千家詩講讀二卷　(明)湯顯祖校釋　清刻本　一冊

360000－1901－0010795　421422
合刻註釋張子房解學士千家詩講讀二卷　(明)湯顯祖校釋　清刻本　一冊

360000－1901－0010796　421424
合刻註釋張子房解學士千家詩講讀二卷　(明)湯顯祖校釋　清首元堂刻本　一冊

360000－1901－0010797　421425
合刻註釋張子房解學士千家詩講讀二卷　(明)湯顯祖校釋　清首元堂刻本　一冊

360000－1901－0010798　421419
合刻註釋張子房解學士千家詩講讀二卷　(明)湯顯祖校釋　清益善堂刻本　一冊

360000－1901－0010799　421421
合刻註釋張子房解學士千家詩講讀二卷　(明)湯顯祖校釋　清益善堂刻本　一冊

360000－1901－0010800　305404
合數述二卷　(清)林紹清撰　清光緒十四年(1888)刻本　二冊

360000－1901－0010801　901614
合邑義倉公牘一卷　(清)吴鳳樓撰　**七十壽言不分卷**　(清)吕思順輯　清道光十五年(1835)刻本　一冊

360000－1901－0010802　164066
合諸名家批點諸子全書　(明)□□編　明刻本　一冊　存三種

360000－1901－0010803　230008
合諸名家批點諸子全書　(明)□□編　明天啓武林刻本　一冊　存九種

360000－1901－0010804　718243
合諸名家評註三蘇文定十八卷　(宋)蘇洵　(宋)蘇軾　(宋)蘇轍撰　(明)楊慎輯　(明)李維楨評注　明崇禎五年(1632)刻本　二冊　存四卷(一至四)

360000－1901－0010805　163029
何博士備論二卷　(宋)何去非撰　清光緒元年(1875)湖北崇文書局刻子書百家本　一冊

360000－1901－0010806　406600
春秋選讀不分卷　(清)梅軒輯　清抄本　一冊

360000－1901－0010807　240597
何大復先生集三十八卷　(明)何景明撰　**附錄一卷**　清乾隆十五年(1750)何氏賜策堂刻本　八冊

360000－1901－0010808　240598
何大復先生集三十八卷　(明)何景明撰　**附錄一卷**　清乾隆十五年(1750)何氏賜策堂刻本　八冊

360000－1901－0010809　240599
何大復先生集三十八卷　(明)何景明撰　**附錄一卷**　清乾隆十五年(1750)何氏賜策堂刻本　八冊

360000－1901－0010810　317127
何大復先生集三十八卷　(明)何景明撰　**附錄一卷**　清咸豐二年(1852)世守堂刻本　八冊

360000－1901－0010811　150200

何宮贊遺書　（清）何若瑤撰　清光緒八年(1882)何雲旭刻本　四册

360000－1901－0010812　230478

何氏語林三十卷　（明）何良俊撰　明嘉靖二十九年(1550)何氏清森閣、繙經堂刻本　十六册

360000－1901－0010813　230479

何氏語林三十卷　（明）何良俊撰　明嘉靖二十九年(1550)何氏清森閣、繙經堂刻本　八册

360000－1901－0010814　240568

何文定公文集十一卷　（明）何瑭撰　**附傳一卷**　明萬曆四年(1576)賈待問刻本　十册

360000－1901－0010815　721851

何文肅椒丘先生策府羣玉文集三卷　（明）何喬新撰　清康熙三年(1664)平昌四香堂刻本　三册

360000－1901－0010816　250092

何文肅椒丘先生策府羣玉文集三卷　（明）何喬新撰　清乾隆九年(1744)平昌四香堂刻本　四册

360000－1901－0010817　305134

何文貞公遺集二卷首一卷附錄一卷　（清）何桂珍撰　清光緒十年(1884)六安涂氏刻本　一册

360000－1901－0010818　315931

何子清遺文二卷附錄一卷　（清）何忠萬撰　清光緒十年(1884)金陵翁氏茹古閣刻本　二册

360000－1901－0010819　240815

和敬堂全集文部十六卷詩部二十八卷　（清）黄晉良撰　清康熙四十九年(1710)黄覺等刻本　八册

360000－1901－0010820　220452

和圃自述年譜不分卷　（清）萬承風撰　**萬和圃先生暨劉夫人遺物記不分卷**　（清）萬方雍等記錄　清嘉慶十九年(1814)抄本　二册

360000－1901－0010821　301472

和使東雜詠詩不分卷　（清）莊介禕撰　清光緒十年(1884)刻本　一册

360000－1901－0010822　120978

和陶詩一卷　（清）舒夢蘭撰　清嘉慶五年(1800)刻本　一册

360000－1901－0010823　404930

和文漢譯讀本八卷　（日本）坪内雄藏撰　（日本）長尾槙太郎譯　清光緒三十二年(1906)上海商務印書館鉛印本　七册　存七卷(二至八)

360000－1901－0010824　405029

和中峯和尚梅花百詠一卷　（明）王達輯　清刻本　一册

360000－1901－0010825　301476

和珠玉詞不分卷　（清）張祥齡等撰　清光緒二十年(1894)揚州晏氏刻本　一册

360000－1901－0010826　801379

河岸卷宗一卷　（清）□□輯　清光緒刻本　一册

360000－1901－0010827　122970

河北采風錄四卷　（清）王鳳生撰　清道光六年(1826)刻本　四册

360000－1901－0010828　123114

河北采風錄四卷　（清）王鳳生撰　清道光六年(1826)刻本　二册　存二卷(二至三)

360000－1901－0010829　805398

河東先生集十五卷　（宋）柳開撰　**行狀一卷**　（宋）張景撰　清乾隆六十年(1795)蘭溪柳氏刻本　一册　存九卷(八至十五、行狀一卷)

360000－1901－0010830　240132

河東先生集四十五卷外集二卷龍城錄二卷　（唐）柳宗元撰　（唐）劉禹錫編　**附錄二卷集傳一卷**　明萬曆三十八年(1610)呂圖南刻本　二十四册

360000－1901－0010831　163714
河東先生文集六卷　(唐)柳宗元撰　清宣統二年(1910)石印本　六册

360000－1901－0010832　240555
河東重刻陽明先生文錄五卷外集九卷别錄十卷　(明)王守仁撰　明隆慶六年(1572)刻本　二十册

360000－1901－0010833　410586
河防紀畧四卷　(清)孫鼎臣撰　清咸豐八年(1858)刻本　一册

360000－1901－0010834　301879
河防紀畧四卷　(清)孫鼎臣撰　清咸豐刻本　一册

360000－1901－0010835　220724
河防一覽十四卷　(明)潘季馴撰　明萬曆十八年(1590)刻清平治山堂重修本　十二册

360000－1901－0010836　410590
河防一覽十四卷　(明)潘季馴撰　清乾隆十三年(1748)刻本　四册　存五卷(七至九、十一至十二)

360000－1901－0010837　410579
河工策要四卷　(清)□□輯　清光緒石印本　一册

360000－1901－0010838　401860－2
河工策一卷　(美國)李佳白撰　清光緒二十二年(1896)尚賢堂鉛印本　一册

360000－1901－0010839　220722
河工蠡測不分卷　(清)劉永錫撰　清乾隆二年(1737)刻本　一册

360000－1901－0010840　301871
河工器具圖説四卷　(清)麟慶輯　清道光十六年(1836)南河節署刻本　四册

360000－1901－0010841　801689
河間劉守真傷寒直格三卷　(金)劉完素撰　(元)葛雍編　清刻本　一册　存二卷(中、下)

360000－1901－0010842　405596
河例簿一卷　(清)□□撰　清抄本　一册

360000－1901－0010843　601294
河洛精藴九卷　(清)江永撰　清刻本　四册

360000－1901－0010844　210062
河洛精藴九卷　(清)江永撰　清乾隆三十九年(1774)黄聖謙藴真書屋刻本　四册

360000－1901－0010845　210063
河洛精藴九卷　(清)江永撰　清乾隆三十九年(1774)黄聖謙藴真書屋刻本　四册

360000－1901－0010846　210064
河洛精藴九卷　(清)江永撰　清乾隆三十九年(1774)黄聖謙藴真書屋刻本　四册

360000－1901－0010847　417226
河洛精藴九卷　(清)江永撰　清乾隆三十九年(1774)黄聖謙藴真書屋刻本　四册

360000－1901－0010848　417227
河洛精藴九卷　(清)江永撰　清乾隆三十九年(1774)黄聖謙藴真書屋刻本　二册　存三卷(一至三)

360000－1901－0010849　601293
河洛精藴九卷　(清)江永撰　清乾隆三十九年(1774)黄聖謙藴真書屋刻本　四册

360000－1901－0010850　301881
河洛理數七卷　(宋)陳摶撰　清刻本　四册

360000－1901－0010851　417231
河洛理數七卷　(宋)陳摶撰　清刻本　四册　存六卷(二至七)

360000－1901－0010852　717224
河洛理數七卷　(宋)陳摶撰　清刻本　七册

360000－1901－0010853　717225
河洛理數七卷　(宋)陳摶撰　清刻本　一册　存四卷(四至七)

360000－1901－0010854　162382
河洛理數七卷　(宋)陳摶撰　清掃葉山房刻本　七册

360000－1901－0010855　162383

河洛理數七卷　(宋)陳摶撰　清掃葉山房刻本　五册　存五卷(一至三、六至七)

360000－1901－0010856　803774
河洛葬經不分卷　(清)□□輯　清咸豐元年(1851)抄本　一册

360000－1901－0010857　410692
河南程氏全書　(宋)程顥　(宋)程頤撰　(宋)朱熹輯　清康熙石門吕氏寶誥堂刻本　十册

360000－1901－0010858　902346
河南程氏遺書二十五卷　(宋)程顥　(宋)程頤撰　(宋)朱熹輯　清光緒三十四年(1908)澹雅局刻本　二册　存十五卷(一至十五)

360000－1901－0010859　901581
河南固始縣崇祀鄉賢録不分卷　(清)□□輯　清刻本　一册

360000－1901－0010860　900267
河南省城保節堂徵信録一卷　(清)保節堂輯　清光緒刻本　一册

360000－1901－0010861　805287
河南省城普育堂徵信録一卷　(清)普育堂輯　清光緒刻本　一册

360000－1901－0010862　805287－1
河南省城普育堂徵信録一卷　(清)普育堂輯　清光緒刻本　一册

360000－1901－0010863　900739
河南闈墨不分卷　(清)□□輯　清刻本　一册

360000－1901－0010864　305482
河南先生文集二十七卷附録一卷　(宋)尹洙撰　清嘉慶七年(1802)刻本　五册　缺三卷(一至三)

360000－1901－0010865　305100
河南先生文集二十七卷附録一卷　(宋)尹洙撰　清嘉慶十三年(1808)刻本　一册　存三卷(一至三)

360000－1901－0010866　160541
河上易注八卷圖說二卷　(清)黎世序撰　清道光元年(1821)謙豫齋刻本　六册

360000－1901－0010867　901682
河朔書院課藝不分卷　(清)劉毓楠輯　清光緒十年(1884)浚儀劉氏刻本　三册

360000－1901－0010868　901681
河朔書院課藝不分卷　(清)劉毓楠輯　清刻本　四册

360000－1901－0010869　901681－1
河朔書院課藝不分卷　(清)劉毓楠輯　清刻本　一册

360000－1901－0010870　301877
河套圖考一卷　(清)楊江撰　清咸豐七年(1857)關中書院監院官署刻本　一册

360000－1901－0010871　301878
河嶽英靈集二卷　(唐)殷璠輯　清光緒四年(1878)遼陽賴豐烈刻本　二册

360000－1901－0010872　315847
河嶽英靈集二卷　(唐)殷璠輯　清光緒四年(1878)秀水高行篤刻本　一册

360000－1901－0010873　315848
河嶽英靈集二卷　(唐)殷璠輯　清光緒四年(1878)秀水高行篤刻本　一册

360000－1901－0010874　230184
荷鋤雜志十一卷　(清)陳弘緒輯　清抄本　八册

360000－1901－0010875　302776
荷蘭條約不分卷　清末鉛印本　一册

360000－1901－0010876　121694
荷塘夢集一卷　(清)鄒大成撰　清同治六年(1867)蓮香書屋刻本　一册

360000－1901－0010877　900473
荷塘時文不分卷　(清)張五典撰　清刻本　一册　存論語、孟子

360000－1901－0010878　240901
壑雲篇文集十五卷　(清)李伍渶撰　清雍正

九年(1731)刻本　五冊

360000－1901－0010879　410225
鼇舟園題詠二卷　(清)汪申伯輯　清嘉慶十八年(1813)刻本　二冊

360000－1901－0010880　313978
鶡冠子三卷　(宋)陸佃解　清光緒元年(1875)湖北崇文書局刻子書百家本　一冊

360000－1901－0010881　603939
鶡冠子三卷　(宋)陸佃解　清光緒元年(1875)湖北崇文書局刻子書百家本　一冊

360000－1901－0010882　230328
鶡冠子三卷　(宋)陸佃解　清乾隆武英殿木活字印武英殿聚珍版書本　三冊

360000－1901－0010883　230327
鶡冠子三卷　(宋)陸佃解　(明)王宇評　明天啓五年(1625)朱氏花齋刻本　二冊

360000－1901－0010884　303845
鶡冠子三卷　(宋)陸佃解　(明)王宇評　清嘉慶九年(1804)姑蘇聚文堂刻十子全書本　一冊

360000－1901－0010885　800165
鶡冠子三卷　(宋)陸佃解　(明)王宇評　清嘉慶九年(1804)姑蘇聚文堂刻十子全書本　一冊

360000－1901－0010886　303070
鶴巢詩存一卷　(清)顧淳慶撰　**介卿遺艸一卷**　(清)顧家樹撰　清光緒十二年(1886)刻本　一冊

360000－1901－0010887　306266
鶴巢詩存一卷　(清)顧淳慶撰　**介卿遺艸一卷**　(清)顧家樹撰　清光緒十二年(1886)刻本　一冊

360000－1901－0010888　411198
鶴舫詩詞二卷　(清)石芝撰　清道光二十年(1840)掃花山房刻本　一冊

360000－1901－0010889　421416
鶴歸來傳奇二卷　(清)瞿頡撰　(清)周昂評點　清末湖北官書處刻本　一冊　存一卷(下)

360000－1901－0010890　230407
鶴林玉露十六卷　(宋)羅大經撰　明刻本　四冊

360000－1901－0010891　421705
鶴林玉露十六卷　(宋)羅大經撰　明刻本　一冊　存四卷(一至四)

360000－1901－0010892　230404
鶴林玉露十六卷　(宋)羅大經撰　**補八卷**　(明)謝天瑞撰　明萬曆二十九年(1601)謝天瑞刻本　四冊

360000－1901－0010893　230405
鶴林玉露十六卷　(宋)羅大經撰　**補八卷**　(明)謝天瑞撰　明萬曆二十九年(1601)謝天瑞刻本　四冊

360000－1901－0010894　230406
鶴林玉露十六卷補遺一卷　(宋)羅大經撰　明萬曆會稽商濬半埜堂刻稗海本　四冊

360000－1901－0010895　421704
鶴林玉露十六卷補遺一卷　(宋)羅大經撰　明萬曆會稽商濬半埜堂刻稗海本　一冊　存四卷(一至四)

360000－1901－0010896　303071
鶴鳴集六卷　(清)方績撰　清光緒刻本　一冊

360000－1901－0010897　122653
鶴嶠詩鈔二卷　(清)熊爲霖撰　清刻本　一冊

360000－1901－0010898　303072
鶴山文鈔三十二卷　(宋)魏了翁撰　清同治十三年(1874)望三益齋刻本　十三冊

360000－1901－0010899　306150
鶴山文鈔三十二卷周禮折衷四卷師友雅言一卷　(宋)魏了翁撰　清同治十年(1871)望三益齋刻本　十四冊

360000－1901－0010900　306148

鶴聲詩存四卷　(清)劉長謙撰　清光緒二年(1876)刻本　一册　存一卷(三)

360000－1901－0010901　309634
鶴聲詩存四卷　(清)劉長謙撰　清光緒二年(1876)刻本　二册　存二卷(一、四)

360000－1901－0010902　318229
鶴徵錄八卷首一卷　(清)李集輯　(清)李富孫　(清)李遇孫續輯　清嘉慶刻本　一册　存三卷(一至二、首一卷)

360000－1901－0010903　162024
鶴徵錄八卷首一卷　(清)李集輯　(清)李富孫　(清)李遇孫續輯　**鶴徵後錄十二卷首一卷**　(清)李富孫輯　清嘉慶十六年(1811)漾葭老屋刻本　六册

360000－1901－0010904　162025
鶴徵錄八卷首一卷　(清)李集輯　(清)李富孫　(清)李遇孫續輯　**鶴徵後錄十二卷首一卷**　(清)李富孫輯　清嘉慶十六年(1811)漾葭老屋刻本　七册　存十九卷(鶴徵錄三至八,鶴徵後錄十二卷、首一卷)

360000－1901－0010905　303644
黑蠻風土記不分卷　(英國)立溫斯敦撰　史錦鏞譯　沈定年述　清光緒鉛印本　一册

360000－1901－0010906　160656
恒言錄六卷　(清)錢大昕撰　清嘉慶十六年(1811)長沙龍氏家塾刻本　二册

360000－1901－0010907　122348
横戈集二卷　(明)鄧子龍撰　清道光二十三年(1843)刻本　三册

360000－1901－0010908　300536
横塘集二十卷　(宋)許景衡撰　清光緒二年(1876)瑞安孫氏詒善祠塾刻本　三册

360000－1901－0010909　305417
横塘集二十卷　(宋)許景衡撰　清光緒二年(1876)武昌局刻本　二册

360000－1901－0010910　123181
衡廬精舍藏稿三十卷續稿十一卷附一卷　(明)胡直撰　清光緒二十九年(1903)齊思書塾刻本　十二册

360000－1901－0010911　122437
衡廬精舍藏稿三十卷續稿十一卷附一卷　(明)胡直撰　清光緒二十九年(1903)齊思書塾刻民國十三年(1924)補刻本　十二册

360000－1901－0010912　122438
衡廬精舍藏稿三十卷續稿十一卷附一卷　(明)胡直撰　清光緒二十九年(1903)齊思書塾刻民國十三年(1924)補刻本　十二册

360000－1901－0010913　122439
衡廬精舍藏稿三十卷續稿十一卷附一卷　(明)胡直撰　清光緒二十九年(1903)齊思書塾刻民國十三年(1924)補刻本　十二册

360000－1901－0010914　413699
衡廬精舍藏稿三十卷續稿十一卷附一卷　(明)胡直撰　清木活字印本　一册　存四卷(三至六)

360000－1901－0010915　413700
衡廬精舍藏稿三十卷續稿十一卷附一卷　(明)胡直撰　清木活字印本　一册　存一卷(三十)

360000－1901－0010916　405328－1
衡湘泉清集四卷首一卷　(清)李揚華編　清光緒四年(1878)刻本　一册　存一卷(二)

360000－1901－0010917　302640
衡陽彭剛直[玉麟]行狀一卷　王闓運撰　清退省盦刻本　一册

360000－1901－0010918　220754
衡嶽志八卷續刻附錄一卷　(明)鄧雲霄　(明)曾鳳儀撰　明萬曆四十年(1612)刻本　五册　缺四卷(一至三、續刻附錄一卷)

360000－1901－0010919　305136
衡齋算學　(清)汪萊撰　清咸豐四年(1854)當塗夏燮鄱陽縣署刻本　一册

360000－1901－0010920　417444
衡齋算學　(清)汪萊撰　清咸豐四年(1854)

當塗夏燮鄱陽縣署刻本　一册　存三種

360000－1901－0010921　301873
衡齋遺書　（清）汪萊撰　清光緒十八年（1892）汪廷楝聞梅舊塾刻本　一册

360000－1901－0010922　404901
衡齋遺書　（清）汪萊撰　清刻本　二册

360000－1901－0010923　220106
弘簡錄二百五十四卷　（明）邵經邦撰　清康熙二十七年（1688）刻本　六十四册　缺四卷（二十七至三十）

360000－1901－0010924　220107
弘簡錄二百五十四卷　（明）邵經邦撰　清康熙二十七年（1688）刻本　六十册　缺十六卷（二十六至三十三、四十六至五十一、五十七至五十八）

360000－1901－0010925　220108
弘簡錄二百五十四卷　（明）邵經邦撰　清康熙二十七年（1688）刻本　十一册　存六十四卷（六至二十四、六十五至九十八、一百四至一百八、一百十四至一百十九）

360000－1901－0010926　400233
弘簡錄二百五十四卷　（明）邵經邦撰　清康熙二十七年（1688）刻本　三册　存十三卷（三十二至三十七、一百六十至一百六十六）

360000－1901－0010927　312112
弘簡錄二百五十四卷　（明）邵經邦撰　清刻本　八十册

360000－1901－0010928　305011
弘明集十四卷　（南朝梁）釋僧祐輯　清光緒二十二年（1896）金陵刻經處刻本　三册　存十一卷（四至十四）

360000－1901－0010929　309502
弘明集十四卷　（南朝梁）釋僧祐輯　清光緒二十二年（1896）金陵刻經處刻本　一册　存三卷（一至三）

360000－1901－0010930　230623
弘明集十四卷　（南朝梁）釋僧祐輯　**廣弘明集三十卷**　（唐）釋道宣輯　明萬曆十四年（1586）歙縣汪道昆刻本　六册

360000－1901－0010931　150652
弘正四傑詩集　（清）張祖同輯　清光緒二十一年（1895）長沙張氏湘雨樓刻本　二十册

360000－1901－0010932　301008
弘正四傑詩集　（清）張祖同輯　清光緒二十一年（1895）長沙張氏湘雨樓刻本　十六册

360000－1901－0010933　301009
弘正四傑詩集　（清）張祖同輯　清光緒二十一年（1895）長沙張氏湘雨樓刻本　十六册

360000－1901－0010934　407044
宏教真君訓孝歌一卷　（清）沈誠輯　清道光七年（1827）刻本　一册

360000－1901－0010935　303362
虹橋老屋遺稿九卷　（清）秦緗業撰　清光緒十五年（1889）刻本　三册

360000－1901－0010936　150239
洪北江全集　（清）洪亮吉撰　清光緒三年至五年（1877－1879）陽湖洪用懃授經堂刻本　六十四册

360000－1901－0010937　150240
洪北江全集　（清）洪亮吉撰　清光緒三年至五年（1877－1879）陽湖洪用懃授經堂刻本　六十八册

360000－1901－0010938　150678
洪北江全集　（清）洪亮吉撰　清光緒三年至五年（1877－1879）陽湖洪用懃授經堂刻本　二十八册　存十二種

360000－1901－0010939　411100
洪北江全集　（清）洪亮吉撰　清光緒三年至五年（1877－1879）陽湖洪用懃授經堂刻本　五册　存六種

360000－1901－0010940　416389－1
洪北江全集　（清）洪亮吉撰　清光緒三年至五年（1877－1879）陽湖洪用懃授經堂刻本　一册　存二種

360000－1901－0010941　901017
洪北江全集　(清)洪亮吉撰　清光緒三年至五年(1877－1879)陽湖洪用懃授經堂刻本　八冊　存二種

360000－1901－0010942　901018
洪北江全集　(清)洪亮吉撰　清光緒三年至五年(1877－1879)陽湖洪用懃授經堂刻本　五十七冊　存十五種

360000－1901－0010943　901019
洪北江全集　(清)洪亮吉撰　清光緒三年至五年(1877－1879)陽湖洪用懃授經堂刻本　八十冊　存十九種

360000－1901－0010944　901019－1
洪北江全集　(清)洪亮吉撰　清光緒三年至五年(1877－1879)陽湖洪用懃授經堂刻本　十五冊　存二種

360000－1901－0010945　901019－2
洪北江全集　(清)洪亮吉撰　清光緒三年至五年(1877－1879)陽湖洪用懃授經堂刻本　一冊　存二種

360000－1901－0010946　150238
洪北江全集　(清)洪亮吉撰　清光緒三年至五年(1877－1879)陽湖洪用懃授經堂刻十五年(1889)湖北官書處印本　八十五冊

360000－1901－0010947　411097
洪北江全集　(清)洪亮吉撰　清乾隆、嘉慶刻本　十八冊　存七種

360000－1901－0010948　411098
洪北江全集　(清)洪亮吉撰　清乾隆、嘉慶刻本　十一冊　存五種

360000－1901－0010949　411099
洪北江全集　(清)洪亮吉撰　清乾隆、嘉慶刻本　七冊　存三種

360000－1901－0010950　305547
洪北江文集四卷　(清)洪亮吉撰　清宣統二年(1910)鉛印本　二冊

360000－1901－0010951　316426
洪北江文集四卷　(清)洪亮吉撰　清宣統二年(1910)上海國學扶輪社鉛印本　二冊

360000－1901－0010952　210095
洪範傳一卷　(清)崔致遠撰　清康熙五十八年(1719)絳雲樓刻本　一冊

360000－1901－0010953　419352
洪範統一一卷　(宋)趙善湘撰　清道光二十六年(1846)刻本　一冊

360000－1901－0010954　317719
洪福瑱自述一卷　(清)洪天貴福述　**干王洪仁玕親筆供一卷**　(清)洪仁玕撰　清刻本　一冊

360000－1901－0010955　122382
洪氏晦木齋叢書　(清)洪汝奎輯　清同治八年至宣統元年(1869－1909)刻本　二冊　存二種

360000－1901－0010956　163533
詞律二十卷　(清)萬樹撰　清康熙二十六年(1687)萬樹堆絮園刻保滋堂印本　十二冊

360000－1901－0010957　122477
洪氏晦木齋叢書　(清)洪汝奎輯　清同治八年至宣統元年(1869－1909)刻本　八冊　存三種

360000－1901－0010958　122478
洪氏晦木齋叢書　(清)洪汝奎輯　清同治八年至宣統元年(1869－1909)刻本　八冊　存三種

360000－1901－0010959　122479
洪氏晦木齋叢書　(清)洪汝奎輯　清同治八年至宣統元年(1869－1909)刻本　二十冊

360000－1901－0010960　300789
洪氏晦木齋叢書　(清)洪汝奎輯　清同治八年至宣統元年(1869－1909)刻本　四冊　存二種

360000－1901－0010961　803780
洪氏家乘不分卷　(清)□□輯　清抄本　一冊

360000－1901－0010962　718262
洪武正韻牋十卷　(明)楊時偉撰　明崇禎四年(1631)刻本　一冊　存序、凡例

360000－1901－0010963　210458
洪武正韻十六卷　(明)樂韶鳳等撰　明刻本　五冊　缺七卷(二至三、九至十三)

360000－1901－0010964　210459
洪武正韻十六卷　(明)樂韶鳳等撰　明刻本　一冊　存二卷(五至六)

360000－1901－0010965　210457
洪武正韻十六卷　(明)樂韶鳳等撰　明劉以節刻本　五冊

360000－1901－0010966　210456
洪武正韻十六卷　(明)樂韶鳳等撰　明隆慶元年(1567)厚德堂刻本　十冊

360000－1901－0010967　230441
洪陽張先生警心類編四卷　(明)張位撰　明刻本　二冊

360000－1901－0010968　801508
紅白帖式不分卷　(清)□□輯　清抄本　一冊

360000－1901－0010969　803338
紅豆村人詩稿十四卷　(清)袁樹撰　清抄本　二冊

360000－1901－0010970　410640
紅豆村人詩稿十四卷　(清)袁樹撰　清光緒十九年(1893)倉山舊主石印本　一冊

360000－1901－0010971　405564
紅豆村人詩稿十四卷　(清)袁樹撰　清刻本　一冊　存三卷(十至十二)

360000－1901－0010972　411352
紅豆村人詩稿十四卷　(清)袁樹撰　清刻本　一冊　存五卷(五至九)

360000－1901－0010973　241069
紅豆村人詩稿十四卷　(清)袁樹撰　清乾隆刻本　三冊

360000－1901－0010974　411353
紅豆村人詩稿十四卷　(清)袁樹撰　清乾隆刻本　四冊

360000－1901－0010975　411355
紅豆村人詩稿十四卷　(清)袁樹撰　清乾隆刻本　一冊　存七卷(一至七)

360000－1901－0010976　304481
紅豆村人詩稿十四卷　(清)袁樹撰　清隨園刻本　四冊

360000－1901－0010977　411354
紅豆村人詩稿十四卷　(清)袁樹撰　**盈書閣遺稾一卷**　(清)袁棠撰　清乾隆刻本　三冊　存十三卷(一至十二、盈書閣遺稾一卷)

360000－1901－0010978　410477－1
紅豆樹館詞八卷　(清)陶樑撰　清道光十三年(1833)刻本　二冊

360000－1901－0010979　411348
紅豆樹館清芬集一卷　(清)陶懷成撰　清百梅書屋刻本　一冊

360000－1901－0010980　308558－1
紅豆樹館清芬集一卷　(清)陶懷成撰　清刻本　一冊

360000－1901－0010981　308558
紅豆樹館詩稿十四卷詞八卷補遺一卷　(清)陶樑撰　清道光二十三年至咸豐七年(1843－1857)刻本　六冊

360000－1901－0010982　410477
紅豆樹館詩稿十四卷詞八卷補遺一卷　(清)陶樑撰　清道光二十三年至咸豐七年(1843－1857)刻本　四冊　缺八卷(詞八卷)

360000－1901－0010983　313142
紅豆樹館書畫記八卷　(清)陶樑輯　清光緒八年(1882)吳縣潘霨韡園刻本　六冊

360000－1901－0010984　413206
紅蝠山房詩鈔九卷　(清)王乃斌撰　清光緒仁和王氏刻本　六冊

360000－1901－0010985　421844

紅鶴山莊近體詩二卷紅鶴山莊詩二集一卷紅鶴詞一卷 (清)胡慎容撰 (清)蔣士銓 (清)王金英評點 清乾隆刻本 一冊

360000－1901－0010986 163355
紅蘭新體四卷 (清)宗續辰編 清道光二年(1822)文淵堂刻本 四冊

360000－1901－0010987 401409
紅樓復夢一百卷 (清)陳少海撰 清刻本 六冊 存二十卷(二十九至三十一、六十三至七十、八十二至八十四、八十八至九十三)

360000－1901－0010988 803880
紅樓夢本事詩一卷 (清)奕誌撰 清末影印本 一冊

360000－1901－0010989 317395
紅樓夢傳奇八卷 (清)陳鍾麟撰 清刻本 七冊 存七卷(一至七)

360000－1901－0010990 401411
紅樓夢散套十六卷 (清)荆石山民填詞 清末石印本 三冊 存九卷(三至十一)

360000－1901－0010991 312607
紅樓夢圖詠不分卷 (清)改琦繪 清光緒五年(1879)淮浦居士刻本 四冊

360000－1901－0010992 313140
紅樓夢圖詠不分卷 (清)改琦繪 清光緒五年(1879)淮浦居士刻本 四冊

360000－1901－0010993 314948
紅樓夢圖詠不分卷 (清)改琦繪 清光緒五年(1879)淮浦居士刻本 四冊

360000－1901－0010994 162946
紅樓夢一百二十回 (清)曹霑 (清)高鶚撰 清道光二年(1822)東觀閣刻本 二十四冊

360000－1901－0010995 800470
紅樓夢一百二十回 (清)曹霑 (清)高鶚撰 清東觀閣刻本 一冊 存五回(一百十二至一百十六)

360000－1901－0010996 801936
紅樓夢一百二十回 (清)曹霑 (清)高鶚撰 清東觀閣刻本 四冊 存十九回(三十一至三十四、五十四至五十七、七十八至八十八)

360000－1901－0010997 801941
紅樓夢一百二十回 (清)曹霑 (清)高鶚撰 清東觀閣刻本 一冊 存四回(八十六至八十九)

360000－1901－0010998 317317
紅樓夢一百二十回 (清)曹霑 (清)高鶚撰 清嘉慶二十三年(1818)刻本 十二冊

360000－1901－0010999 401399
紅樓夢一百二十回 (清)曹霑 (清)高鶚撰 清刻本 十五冊 存九十二回(十二至四十二、四十五至九十九、一百十五至一百二十)

360000－1901－0011000 401404－2
紅樓夢一百二十回 (清)曹霑 (清)高鶚撰 清刻本 四冊 存二十四回(九十至一百一、一百九至一百二十)

360000－1901－0011001 401404－3
紅樓夢一百二十回 (清)曹霑 (清)高鶚撰 清刻本 七冊 存五十二回(四至八、十五至二十七、三十九至五十、五十二至六十六、一百十四至一百二十)

360000－1901－0011002 401404－4
紅樓夢一百二十回 (清)曹霑 (清)高鶚撰 清刻本 一冊 存五回(一百十一至一百十五)

360000－1901－0011003 603489
紅樓夢一百二十回 (清)曹霑 (清)高鶚撰 清刻本 四冊 存二十三回(三十三至四十三、七十二至七十七、八十四至八十九)

360000－1901－0011004 800471
紅樓夢一百二十回 (清)曹霑 (清)高鶚撰 清刻本 一冊 存七回(十一至十七)

360000－1901－0011005 801937
紅樓夢一百二十回 (清)曹霑 (清)高鶚撰

清刻本　二冊　存十四回（七十二至七十八、九十七至一百三）

360000－1901－0011006　801938
紅樓夢一百二十回　（清）曹霑　（清）高鶚撰　清刻本　三冊　存三十回（五十一至六十二、七十七至八十二、九十一至一百二）

360000－1901－0011007　801939
紅樓夢一百二十回　（清）曹霑　（清）高鶚撰　清刻本　一冊　存五回（一百六至一百十）

360000－1901－0011008　801940
紅樓夢一百二十回　（清）曹霑　（清）高鶚撰　清刻本　一冊　存五回（四十七至五十一）

360000－1901－0011009　801942
紅樓夢一百二十回　（清）曹霑　（清）高鶚撰　清刻本　一冊　存七回（三十一至三十七）

360000－1901－0011010　801943
紅樓夢一百二十回　（清）曹霑　（清）高鶚撰　清刻本　一冊　存七回（四十一至四十七）

360000－1901－0011011　801944
紅樓夢一百二十回　（清）曹霑　（清）高鶚撰　清刻本　一冊　存四回（四至七）

360000－1901－0011012　801945
紅樓夢一百二十回　（清）曹霑　（清）高鶚撰　清刻本　一冊　存七回（四十七至五十三）

360000－1901－0011013　801952
紅樓夢一百二十回　（清）曹霑　（清）高鶚撰　清末鉛印本　二冊　存六回（二十五至二十六、八十一至八十四）

360000－1901－0011014　401403
紅樓夢一百二十回　（清）曹霑　（清）高鶚撰　（清）護花主人評　（清）大某山民加評　清末鉛印本　六冊　存四十回（十七至二十四、三十三至四十八、八十一至八十八、一百五至一百十二）

360000－1901－0011015　401403－1
紅樓夢一百二十回　（清）曹霑　（清）高鶚撰　（清）護花主人評　（清）大某山民加評　清末鉛印本　二冊　存八回（六十一至六十四、八十九至九十二）

360000－1901－0011016　401397
紅樓夢一百二十回　（清）曹霑　（清）高鶚撰　（清）王希廉評　清道光十二年（1832）刻本　三十六冊

360000－1901－0011017　121247
紅藕花莊詩草六卷　（清）白雲章撰　清同治八年（1869）刻本　二冊

360000－1901－0011018　407715
紅藕山莊尺牘十二卷首一卷　（清）治垠散人撰　清道光七年（1827）文德堂刻本　六冊　存九卷（一至三、六至八、十一至十二，首一卷）

360000－1901－0011019　407716
紅藕山莊尺牘十二卷首一卷　（清）治垠散人撰　清嘉慶十七年（1812）紅藕山莊刻本　三冊　存五卷（一、九至十、十二，首一卷）

360000－1901－0011020　411351
紅薔吟館詩稿一卷　（清）鎖瑞芝撰　清光緒六年（1880）刻本　一冊

360000－1901－0011021　402279
紅十字會試辦章程奏摺一卷　（清）呂海寰等撰　清宣統二年（1910）刻本　一冊

360000－1901－0011022　421696
紅樹山莊詩草四卷黔遊草一卷　（清）劉家逵撰　清光緒十一年（1885）刻本　二冊

360000－1901－0011023　163364
紅杏山房詩存四卷附試帖詩草一卷　（清）項兆麟撰　清同治十二年（1873）刻本　一冊

360000－1901－0011024　411349
紅杏山房詩存四卷附試帖詩草一卷　（清）項兆麟撰　清同治十二年（1873）刻本　一冊

360000－1901－0011025　121242
紅杏山房文稿五卷　（清）趙承恩撰　清光緒十八年（1892）刻本　四冊

360000－1901－0011026　121243

紅杏山房文稿五卷 （清）趙承恩撰　清光緒十八年(1892)刻本　四冊

360000－1901－0011027　123278
紅雪樓九種曲 （清）蔣士銓撰　清道光煥乎堂刻本　十冊

360000－1901－0011028　121410
紅雪樓九種曲 （清）蔣士銓撰　清紅雪樓刻本　十二冊

360000－1901－0011029　123277
紅雪樓九種曲 （清）蔣士銓撰　清紅雪樓刻本　十二冊

360000－1901－0011030　410181
紅雪樓九種曲 （清）蔣士銓撰　清紅雪樓刻本　十冊

360000－1901－0011031　410182
紅雪樓九種曲 （清）蔣士銓撰　清紅雪樓刻本　十冊

360000－1901－0011032　410183
紅雪樓九種曲 （清）蔣士銓撰　清紅雪樓刻本　五冊

360000－1901－0011033　710177
紅雪樓九種曲 （清）蔣士銓撰　清立達堂刻本　九冊　存八種

360000－1901－0011034　601499
紅雪樓九種曲 （清）蔣士銓撰　清末刻本　十二冊

360000－1901－0011035　120031
紅雪樓九種曲 （清）蔣士銓撰　清同治十年(1871)刻蔣氏四種本　十二冊

360000－1901－0011036　120032
紅雪樓九種曲 （清）蔣士銓撰　清同治十年(1871)刻蔣氏四種本　十二冊

360000－1901－0011037　122219
紅雪樓九種曲 （清）蔣士銓撰　清同治十年(1871)刻蔣氏四種本　十二冊

360000－1901－0011038　122220
紅雪樓九種曲 （清）蔣士銓撰　清同治十年(1871)刻蔣氏四種本　十二冊

360000－1901－0011039　121246
紅藥山房詩稿十六卷 （清）王先春撰　清刻本　四冊

360000－1901－0011040　121245
紅葉山房稿古文一卷詩一卷 （清）朱嗣韓撰　清嘉慶十六年(1811)刻本　二冊

360000－1901－0011041　411350
紅韻閣學吟小草一卷 （清）闞壽坤撰　清光緒五年(1879)金閶刻本　一冊

360000－1901－0011042　412944
紅竹山房詩草十卷 （清）盧祴撰　清同治八年(1869)木活字印本　三冊

360000－1901－0011043　712945
紅竹山房詩草十卷 （清）盧祴撰　清同治八年(1869)木活字印本　三冊

360000－1901－0011044　712946
紅竹山房詩草十卷 （清）盧祴撰　清同治八年(1869)木活字印本　一冊　存五卷(一至五)

360000－1901－0011045　720604－2
紅竹山房詩草十卷 （清）盧祴撰　清同治八年(1869)木活字印本　一冊　存三卷(八至十)

360000－1901－0011046　712947
紅竹山房試律四卷 （清）盧祴撰　清道光二十年(1840)刻本　二冊

360000－1901－0011047　712948
紅竹山房試律四卷 （清）盧祴撰　清道光二十年(1840)刻本　二冊

360000－1901－0011048　712949
紅竹山房試律四卷 （清）盧祴撰　清道光二十年(1840)刻本　二冊

360000－1901－0011049　712950
紅竹山房試律四卷 （清）盧祴撰　清道光二十年(1840)刻本　一冊

360000－1901－0011050　712951

紅竹山房試律四卷　(清)盧誸撰　清道光二十年(1840)刻本　一册　存二卷(一至二)

360000－1901－0011051　121241

紅竹山房文稿十二卷　(清)盧誸撰　清刻本　三册　存九卷(四至十二)

360000－1901－0011052　412941

紅竹山房文稿十二卷　(清)盧誸撰　清同治八年(1869)木活字印本　四册

360000－1901－0011053　412942

紅竹山房文稿十二卷　(清)盧誸撰　清同治八年(1869)木活字印本　四册

360000－1901－0011054　412943

紅竹山房文稿十二卷　(清)盧誸撰　清同治八年(1869)木活字印本　二册　存六卷(一至二、九至十二)

360000－1901－0011055　302115

鴻桷齋文集初刻一卷　(清)李圖撰　清道光二十七年(1847)刻本　一册

360000－1901－0011056　405764

鴻濛室詩鈔二十卷首一卷末一卷　(清)方玉潤撰　清刻鴻濛室叢書本　一册　存二卷(十八至十九)

360000－1901－0011057　164241

鴻雪聯吟一卷　(清)林昌彝　(清)方浚頤撰　清同治七年(1868)廣州刻本　一册

360000－1901－0011058　405092

鴻雪聯吟一卷　(清)林昌彝　(清)方浚頤撰　清同治七年(1868)廣州刻本　一册

360000－1901－0011059　603878

鴻雪聯吟一卷　(清)林昌彝　(清)方浚頤撰　清同治七年(1868)廣州刻本　一册

360000－1901－0011060　804983

鴻雪聯吟一卷　(清)林昌彝　(清)方浚頤撰　清同治七年(1868)廣州刻本　一册

360000－1901－0011061　805149

鴻雪聯吟一卷　(清)林昌彝　(清)方浚頤撰　清同治七年(1868)廣州刻本　一册

360000－1901－0011062　163219

鴻雪聯吟一卷　(清)林昌彝　(清)方浚頤撰　清同治七年(1868)刻本　一册

360000－1901－0011063　163220

鴻雪聯吟一卷　(清)林昌彝　(清)方浚頤撰　清同治七年(1868)刻本　一册

360000－1901－0011064　405574

鴻雪軒尺牘六卷　(清)瞿澄撰　清道光二十二年(1842)刻本　四册　存四卷(一、三、五至六)

360000－1901－0011065　405647

鴻雪軒尺牘六卷　(清)瞿澄撰　清道光二十二年(1842)刻本　六册

360000－1901－0011066　405647－1

鴻雪軒尺牘六卷　(清)瞿澄撰　清道光二十二年(1842)刻本　一册　存一卷(五)

360000－1901－0011067　309583

鴻雪齋官商便覽五百種不分卷　(清)鴻雪齋編　清光緒上海點石齋石印本　一册

360000－1901－0011068　801390

鴻遺不分卷　(清)□□輯　清抄本　一册

360000－1901－0011069　240820

侯朝宗文鈔八卷　(清)侯方域撰　(清)宋犖　(清)許汝霖選　清康熙三十三年(1694)刻本　一册

360000－1901－0011070　316933

侯官嚴氏叢刻　嚴復撰　清光緒二十七年(1901)南昌讀有用書之齋刻本　七册

360000－1901－0011071　121233

侯鯖集十卷　(清)李友棠撰　清静香閣刻本　三册

360000－1901－0011072　417657

侯鯖集十卷　(清)李友棠撰　清刻本　二册　存九卷(一至九)

360000－1901－0011073　417659

侯鯖集十卷　(清)李友棠撰　清刻本　一册　存五卷(一至五)

360000－1901－0011074　417659－1
侯鯖集十卷　(清)李友棠撰　清刻本　二册　存六卷(三至八)

360000－1901－0011075　601491
侯鯖集十卷　(清)李友棠撰　清刻本　二册

360000－1901－0011076　241057
侯鯖集十卷　(清)李友棠撰　清乾隆靜香閣刻本　三册

360000－1901－0011077　121235
侯鯖集十卷　(清)李友棠撰　清繡谷趙氏刻本　二册

360000－1901－0011078　121234
侯鯖集十卷賞番圖百韻詩一卷　(清)李友棠撰　清靜香閣刻本　四册

360000－1901－0011079　417658
侯鯖集十卷賞番圖百韻詩一卷　(清)李友棠撰　清刻本　三册

360000－1901－0011080　408606
喉科秘授不分卷　(清)□□撰　清夏岐山抄本　一册

360000－1901－0011081　408605
喉科秘鑰二卷　(清)鄭西園輯　(清)許佐廷增訂　清同治十二年(1873)京都善成堂刻本　一册

360000－1901－0011082　408610
喉科杓指四卷　(清)包永泰撰　清道光三年(1823)刻本　一册

360000－1901－0011083　164939
喉科種福五卷首一卷　(清)易方撰　清光緒十四年(1888)刻本　一册

360000－1901－0011084　408607
喉症全科紫珍集二卷　(清)朱翔宇輯　清嘉慶九年(1804)刻本　二册

360000－1901－0011085　121159
厚庵鄧夫子遺書　(清)鄧逢光撰　清道光二十七年(1847)刻本　三十六册

360000－1901－0011086　121160
厚庵鄧夫子遺書　(清)鄧逢光撰　清道光二十七年(1847)刻本　十七册　存六種

360000－1901－0011087　405685
厚庵鄧夫子遺書　(清)鄧逢光撰　清道光二十七年(1847)刻本　五册　存四種

360000－1901－0011088　416348
厚庵鄧夫子遺書　(清)鄧逢光撰　清道光二十七年(1847)刻本　七册　存四種

360000－1901－0011089　416938
厚庵鄧夫子遺書　(清)鄧逢光撰　清道光二十七年(1847)刻本　三册　存二種

360000－1901－0011090　405686
厚庵鄧夫子遺書　(清)鄧逢光撰　清道光刻本　六册　存十三種

360000－1901－0011091　123244
厚庵鄧夫子遺書　(清)鄧逢光撰　清咸豐五年(1855)刻本　四册　存四種

360000－1901－0011092　121156
厚岡文集二十卷詩集四卷　(清)李榮陛撰　清嘉慶二十年(1815)亘古齋刻李厚岡集本　八册　存十六卷(厚岡文集一至十二、十五至十八)

360000－1901－0011093　121157
厚岡文集二十卷詩集四卷　(清)李榮陛撰　清嘉慶二十年(1815)亘古齋刻李厚岡集本　十册

360000－1901－0011094　121158
厚岡文集二十卷詩集四卷　(清)李榮陛撰　清嘉慶二十年(1815)亘古齋刻李厚岡集本　十二册

360000－1901－0011095　601263
厚岡文集二十卷詩集四卷　(清)李榮陛撰　清嘉慶二十年(1815)亘古齋刻李厚岡集本　六册　存十三卷(厚岡文集一至九、詩集四

卷)

360000－1901－0011096　712863
厚岡文集二十卷詩集四卷　(清)李榮陛撰　清嘉慶二十年(1815)亘古齋刻李厚岡集本　五冊　存十卷(厚岡文集一至四、十九至二十,詩集四卷)

360000－1901－0011097　712864
厚岡文集二十卷詩集四卷　(清)李榮陛撰　清嘉慶二十年(1815)亘古齋刻李厚岡集本　八冊　存十八卷(厚岡文集五至十八、詩集四卷)

360000－1901－0011098　721826
厚岡文集二十卷詩集四卷　(清)李榮陛撰　清嘉慶二十年(1815)亘古齋刻李厚岡集本　二冊　存四卷(厚岡文集一至二、詩集二至三)

360000－1901－0011099　721826－1
厚岡文集二十卷詩集四卷　(清)李榮陛撰　清嘉慶二十年(1815)亘古齋刻李厚岡集本　二冊　存四卷(厚岡文集二至五)

360000－1901－0011100　722313
厚岡文集二十卷詩集四卷　(清)李榮陛撰　清嘉慶二十年(1815)亘古齋刻李厚岡集本　三冊　存七卷(厚岡文集三至五、詩集四卷)

360000－1901－0011101　722314
厚岡文集二十卷詩集四卷　(清)李榮陛撰　清嘉慶二十年(1815)亘古齋刻李厚岡集本　一冊　存二卷(厚岡文集一至二)

360000－1901－0011102　722315
厚岡文集二十卷詩集四卷　(清)李榮陛撰　清嘉慶二十年(1815)亘古齋刻李厚岡集本　二冊　存四卷(厚岡文集五至八)

360000－1901－0011103　722316
厚岡文集二十卷詩集四卷　(清)李榮陛撰　清嘉慶二十年(1815)亘古齋刻李厚岡集本　三冊　存十三卷(厚岡文集八至二十)

360000－1901－0011104　722366
厚岡文集二十卷詩集四卷　(清)李榮陛撰　清嘉慶二十年(1815)亘古齋刻李厚岡集本　六冊　存十一卷(厚岡文集五至十、十七至二十,詩集一)

360000－1901－0011105　722367
厚岡文集二十卷詩集四卷　(清)李榮陛撰　清嘉慶二十年(1815)亘古齋刻李厚岡集本　一冊　存二卷(厚岡文集十一至十二)

360000－1901－0011106　241089
厚畲初稿四卷　(清)魯鴻撰　清乾隆五十三年(1788)刻本　四冊

360000－1901－0011107　316126
後八家四六文鈔八卷　(清)□□輯　清光緒七年(1881)刻本　一冊　存三卷(一至三)

360000－1901－0011108　241107
後村詩集七卷　(清)王文治撰　清康熙刻本　四冊　缺一卷(七)

360000－1901－0011109　409792
後村詩集七卷　(清)王文治撰　清康熙刻本　四冊

360000－1901－0011110　121238
後村詩集四卷附錄一卷　(清)喻指撰　清咸豐元年(1851)清溪書堂刻本　二冊

360000－1901－0011111　121239
後村詩集四卷附錄一卷　(清)喻指撰　清咸豐元年(1851)清溪書堂刻本　二冊

360000－1901－0011112　121240
後村詩集四卷附錄一卷　(清)喻指撰　清咸豐元年(1851)清溪書堂刻本　二冊

360000－1901－0011113　121236
後村文鈔二卷　(清)喻指撰　(清)李祖陶評點　清咸豐二年(1852)清溪書堂刻本　二冊

360000－1901－0011114　121237
後村文鈔二卷　(清)喻指撰　(清)李祖陶評點　清咸豐二年(1852)清溪書堂刻本　二冊

360000－1901－0011115　409199
後村文鈔二卷　(清)喻指撰　(清)李祖陶評

點　清咸豐二年(1852)清溪書堂刻本　一册　存一卷(二)

360000－1901－0011116　000528
後漢紀三十卷　(晉)袁宏撰　明萬曆二十六年(1598)南京國子監刻兩漢紀本　四册　存十九卷(七至二十五)

360000－1901－0011117　400151
後漢紀三十卷　(晉)袁宏撰　**兩漢紀校記二卷**　(清)陳璞撰　清光緒二年(1876)嶺南述古堂刻本　八册

360000－1901－0011118　161794
後漢郡國令長考一卷　(清)錢大昭撰　清光緒十七年(1891)刻本　一册

360000－1901－0011119　312120
後漢書辨疑十一卷　(清)錢大昭撰　清光緒十三年(1887)廣雅書局刻廣雅書局叢書本　一册

360000－1901－0011120　400152
後漢書辨疑十一卷　(清)錢大昭撰　清光緒十三年(1887)廣雅書局刻廣雅書局叢書本　二册

360000－1901－0011121　400155
後漢書補表八卷　(清)錢大昭撰　清光緒十七年(1891)廣雅書局刻廣雅書局叢書本　三册

360000－1901－0011122　400154
後漢書補表八卷　(清)錢大昭撰　清嘉慶三年至四年(1798－1799)嘉定秦氏刻汗筠齋叢書本　二册　存三卷(一至三)

360000－1901－0011123　400156
後漢書補逸二十一卷　(清)姚之駰輯　清刻本　二册　存十三卷(九至二十一)

360000－1901－0011124　307743
後漢書補注二十四卷　(清)惠棟撰　清嘉慶九年(1804)刻本　四册

360000－1901－0011125　310877
後漢書補注二十四卷　(清)惠棟撰　清嘉慶九年(1804)刻本　四册

360000－1901－0011126　312119
後漢書補注二十四卷　(清)惠棟撰　清嘉慶九年(1804)刻本　四册

360000－1901－0011127　400162
後漢書補注二十四卷　(清)惠棟撰　**後漢書補表八卷**　(清)錢大昭撰　清刻本　十册

360000－1901－0011128　400163
後漢書補注二十四卷　(清)惠棟撰　**後漢書補表八卷**　(清)錢大昭撰　清刻本　三册　存十六卷(後漢書補注六至十七、後漢書補表一至四)

360000－1901－0011129　805073－1
後漢書彙評□□卷首一卷　(明)沈雲翔撰　清刻本　一册　存一卷(首一卷)

360000－1901－0011130　220063
後漢書九十卷　(南朝宋)范曄撰　(唐)李賢注　(明)陳仁錫評　**志三十卷**　(晉)司馬彪撰　(南朝梁)劉昭注補　(明)陳仁錫評　明天啓七年(1627)雲林積秀堂刻本　三十一册　缺九卷(後漢書二至三、五十至五十三、六十四,志十九至二十)

360000－1901－0011131　164282
後漢書九十卷　(南朝宋)范曄撰　(唐)李賢注　(明)金蟠　(明)葛鼎輯評　**志三十卷**　(晉)司馬彪撰　(南朝梁)劉昭注補　(明)金蟠　(明)葛鼎輯評　明崇禎十六年(1643)刻本　二册　存七卷(後漢書一、志一至六)

360000－1901－0011132　220064
後漢書九十卷　(南朝宋)范曄撰　(唐)李賢注　(明)金蟠　(明)葛鼎輯評　**志三十卷**　(晉)司馬彪撰　(南朝梁)劉昭注補　(明)金蟠　(明)葛鼎輯評　明崇禎十六年(1643)刻本　十一册　缺五十卷(後漢書一至十、十七至十八、七十六至九十,志八至三十)

360000－1901－0011133　220065
後漢書九十卷　(南朝宋)范曄撰　(唐)李賢注　(明)金蟠　(明)葛鼎輯評　**志三十卷**

(晉)司馬彪撰　(南朝梁)劉昭注補　(明)金蟠　(明)葛鼎輯評　明崇禎十六年(1643)刻本　二册　存八卷(二十四至二十八、五十三至五十五)

360000－1901－0011134　220062
後漢書九十卷　(南朝宋)范曄撰　(唐)李賢注　(明)鍾人傑輯評　**志三十卷**　(晉)司馬彪撰　(南朝梁)劉昭注補　(明)鍾人傑輯評　明鍾人傑刻本　二十四册　缺十六卷(志七至二十二)

360000－1901－0011135　220054
後漢書九十卷　(南朝宋)范曄撰　(唐)李賢注　**志三十卷**　(晉)司馬彪撰　(南朝梁)劉昭注補　明崇禎十六年(1643)毛氏汲古閣刻十七史本　二十二册

360000－1901－0011136　220055
後漢書九十卷　(南朝宋)范曄撰　(唐)李賢注　**志三十卷**　(晉)司馬彪撰　(南朝梁)劉昭注補　明崇禎十六年(1643)毛氏汲古閣刻十七史本　十八册

360000－1901－0011137　220057
後漢書九十卷　(南朝宋)范曄撰　(唐)李賢注　**志三十卷**　(晉)司馬彪撰　(南朝梁)劉昭注補　明崇禎十六年(1643)毛氏汲古閣刻十七史本　十三册　缺四十一卷(三十七至六十七、八十一至九十)

360000－1901－0011138　220058
後漢書九十卷　(南朝宋)范曄撰　(唐)李賢注　**志三十卷**　(晉)司馬彪撰　(南朝梁)劉昭注補　明崇禎十六年(1643)毛氏汲古閣刻十七史本　十六册　缺五十七卷(一至六、十六至二十、三十四至四十八、六十至九十)

360000－1901－0011139　220059
後漢書九十卷　(南朝宋)范曄撰　(唐)李賢注　**志三十卷**　(晉)司馬彪撰　(南朝梁)劉昭注補　明崇禎十六年(1643)毛氏汲古閣刻十七史本　六册　存四十五卷(後漢書一至三、十至三十、七十六至八十，志一至十六)

360000－1901－0011140　220060
後漢書九十卷　(南朝宋)范曄撰　(唐)李賢注　**志三十卷**　(晉)司馬彪撰　(南朝梁)劉昭注補　明崇禎十六年(1643)毛氏汲古閣刻十七史本　一册　存一卷(後漢書一)

360000－1901－0011141　220056
後漢書九十卷　(南朝宋)范曄撰　(唐)李賢注　**志三十卷**　(晉)司馬彪撰　(南朝梁)劉昭注補　明崇禎十六年(1643)毛氏汲古閣刻十七史本　佚名批　十四册　缺三十五卷(十一至十三、十九至三十一、三十七至五十二、六十二、八十一至八十二)

360000－1901－0011142　718301
後漢書九十卷　(南朝宋)范曄撰　(唐)李賢注　**志三十卷**　(晉)司馬彪撰　(南朝梁)劉昭注補　明嘉靖七年至九年(1528－1530)刻明萬曆補修本　十三册　存七十六卷(後漢書五至十六、二十三至三十八、四十三至四十八、五十五至七十、七十七至九十，志十九至三十)

360000－1901－0011143　220061
後漢書九十卷　(南朝宋)范曄撰　(唐)李賢注　**志三十卷**　(晉)司馬彪撰　(南朝梁)劉昭注補　明刻本　二十一册　缺四卷(七十至七十三)

360000－1901－0011144　305533
後漢書九十卷　(南朝宋)范曄撰　(唐)李賢注　**志三十卷**　(晉)司馬彪撰　(南朝梁)劉昭注補　清光緒二十年(1894)上海同文書局影印本　六册　存三十二卷(一至三十二)

360000－1901－0011145　306021
後漢書九十卷　(南朝宋)范曄撰　(唐)李賢注　**志三十卷**　(晉)司馬彪撰　(南朝梁)劉昭注補　清光緒二十四年(1898)上海點石齋石印本　五册　存九十卷(後漢書九十卷)

360000－1901－0011146　309048
後漢書九十卷　(南朝宋)范曄撰　(唐)李賢注　**志三十卷**　(晉)司馬彪撰　(南朝梁)劉昭注補　清光緒金陵書局刻四史本　十六册

360000－1901－0011147　309167
後漢書九十卷　(南朝宋)范曄撰　(唐)李賢注　**志三十卷**　(晉)司馬彪撰　(南朝梁)劉昭注補　清光緒十三年(1887)金陵書局刻本　二十冊

360000－1901－0011148　310911
後漢書九十卷　(南朝宋)范曄撰　(唐)李賢注　**志三十卷**　(晉)司馬彪撰　(南朝梁)劉昭注補　清光緒十三年(1887)金陵書局刻本　十六冊　存九十卷(後漢書九十卷)

360000－1901－0011149　312594
後漢書九十卷　(南朝宋)范曄撰　(唐)李賢注　**志三十卷**　(晉)司馬彪撰　(南朝梁)劉昭注補　清光緒十三年(1887)金陵書局刻本　二十四冊

360000－1901－0011150　604066
後漢書九十卷　(南朝宋)范曄撰　(唐)李賢注　**志三十卷**　(晉)司馬彪撰　(南朝梁)劉昭注補　清光緒十三年(1887)金陵書局刻本　十六冊

360000－1901－0011151　604067
後漢書九十卷　(南朝宋)范曄撰　(唐)李賢注　**志三十卷**　(晉)司馬彪撰　(南朝梁)劉昭注補　清光緒十三年(1887)金陵書局刻本　十六冊

360000－1901－0011152　604068
後漢書九十卷　(南朝宋)范曄撰　(唐)李賢注　**志三十卷**　(晉)司馬彪撰　(南朝梁)劉昭注補　清光緒十三年(1887)金陵書局刻本　二十八冊

360000－1901－0011153　306024
後漢書九十卷　(南朝宋)范曄撰　(唐)李賢注　**志三十卷**　(晉)司馬彪撰　(南朝梁)劉昭注補　清刻本　一冊　存八卷(志二十三至三十)

360000－1901－0011154　306025
後漢書九十卷　(南朝宋)范曄撰　(唐)李賢注　**志三十卷**　(晉)司馬彪撰　(南朝梁)劉昭注補　清刻本　七冊　存四十六卷(一至二、三十二至五十四、六十一至八十一)

360000－1901－0011155　306028
後漢書九十卷　(南朝宋)范曄撰　(唐)李賢注　**志三十卷**　(晉)司馬彪撰　(南朝梁)劉昭注補　清刻本　三冊　存十七卷(後漢書一至十七)

360000－1901－0011156　308202
後漢書九十卷　(南朝宋)范曄撰　(唐)李賢注　**志三十卷**　(晉)司馬彪撰　(南朝梁)劉昭注補　清刻本　二十五冊　存一百六卷(後漢書六至五十五、六十至六十二、六十八至九十,志三十卷)

360000－1901－0011157　308266
後漢書九十卷　(南朝宋)范曄撰　(唐)李賢注　**志三十卷**　(晉)司馬彪撰　(南朝梁)劉昭注補　清刻本　二十六冊

360000－1901－0011158　309491
後漢書九十卷　(南朝宋)范曄撰　(唐)李賢注　**志三十卷**　(晉)司馬彪撰　(南朝梁)劉昭注補　清刻本　九冊　存五十六卷(一至十、十八至三十一、四十至五十三、六十八至八十、八十六至九十)

360000－1901－0011159　309747
後漢書九十卷　(南朝宋)范曄撰　(唐)李賢注　**志三十卷**　(晉)司馬彪撰　(南朝梁)劉昭注補　清刻本　三冊　存三十三卷(後漢書四十六至五十三、六十一至六十七,志十三至三十)

360000－1901－0011160　311095
後漢書九十卷　(南朝宋)范曄撰　(唐)李賢注　**志三十卷**　(晉)司馬彪撰　(南朝梁)劉昭注補　清刻本　十六冊

360000－1901－0011161　902448
後漢書九十卷　(南朝宋)范曄撰　(唐)李賢注　**志三十卷**　(晉)司馬彪撰　(南朝梁)劉昭注補　清末石印本　一冊　存十六卷(十七至三十二)

360000－1901－0011162　308335
後漢書九十卷　（南朝宋）范曄撰　（唐）李賢注　**志三十卷**　（晉）司馬彪撰　（南朝梁）劉昭注補　清同治八年（1869）金陵書局刻二十四史本　十五冊　存一百十二卷（後漢書一至十七、二十六至九十，志三十卷）

360000－1901－0011163　308339
後漢書九十卷　（南朝宋）范曄撰　（唐）李賢注　**志三十卷**　（晉）司馬彪撰　（南朝梁）劉昭注補　清同治八年（1869）金陵書局刻二十四史本　十六冊

360000－1901－0011164　308473
後漢書九十卷　（南朝宋）范曄撰　（唐）李賢注　**志三十卷**　（晉）司馬彪撰　（南朝梁）劉昭注補　清同治八年（1869）金陵書局刻二十四史本　十二冊　存八十六卷（五至九十）

360000－1901－0011165　308584
後漢書九十卷　（南朝宋）范曄撰　（唐）李賢注　**志三十卷**　（晉）司馬彪撰　（南朝梁）劉昭注補　清同治八年（1869）金陵書局刻二十四史本　十六冊

360000－1901－0011166　309174
後漢書九十卷　（南朝宋）范曄撰　（唐）李賢注　**志三十卷**　（晉）司馬彪撰　（南朝梁）劉昭注補　清同治八年（1869）金陵書局刻二十四史本　十六冊

360000－1901－0011167　310829
後漢書九十卷　（南朝宋）范曄撰　（唐）李賢注　**志三十卷**　（晉）司馬彪撰　（南朝梁）劉昭注補　清同治八年（1869）金陵書局刻二十四史本　十六冊

360000－1901－0011168　313681
後漢書九十卷　（南朝宋）范曄撰　（唐）李賢注　**志三十卷**　（晉）司馬彪撰　（南朝梁）劉昭注補　清同治八年（1869）金陵書局刻二十四史本　十六冊

360000－1901－0011169　400040
後漢書九十卷　（南朝宋）范曄撰　（唐）李賢注　**志三十卷**　（晉）司馬彪撰　（南朝梁）劉昭注補　清同治八年（1869）金陵書局刻二十四史本　十六冊

360000－1901－0011170　400041
後漢書九十卷　（南朝宋）范曄撰　（唐）李賢注　**志三十卷**　（晉）司馬彪撰　（南朝梁）劉昭注補　清同治八年（1869）金陵書局刻二十四史本　十六冊

360000－1901－0011171　400042
後漢書九十卷　（南朝宋）范曄撰　（唐）李賢注　**志三十卷**　（晉）司馬彪撰　（南朝梁）劉昭注補　清同治八年（1869）金陵書局刻二十四史本　十五冊　存一百八卷（後漢書九十卷、志十三至三十）

360000－1901－0011172　309166
後漢書九十卷　（南朝宋）范曄撰　（唐）李賢注　**志三十卷**　（晉）司馬彪撰　（南朝梁）劉昭注補　清同治八年（1869）金谿三讓堂刻本　二十二冊

360000－1901－0011173　308009
後漢書九十卷　（南朝宋）范曄撰　（唐）李賢注　**志三十卷**　（晉）司馬彪撰　（南朝梁）劉昭注補　清同治十二年（1873）嶺東使署刻本　十一冊　存七十一卷（五至十、十八至三十一、四十至九十）

360000－1901－0011174　309163
後漢書九十卷　（南朝宋）范曄撰　（唐）李賢注　**志三十卷**　（晉）司馬彪撰　（南朝梁）劉昭注補　清同治十二年（1873）嶺東使署刻本　十四冊　存九十卷（後漢書九十卷）

360000－1901－0011175　308271
後漢書九十卷　（南朝宋）范曄撰　（唐）李賢注　**志三十卷**　（晉）司馬彪撰　（南朝梁）劉昭注補　清同治十年（1871）成都書局刻本　二十八冊

360000－1901－0011176　313531
後漢書九十卷附考證　（南朝宋）范曄撰　（唐）李賢注　**志三十卷**　（晉）司馬彪撰

（南朝梁）劉昭注補　清光緒三十四年（1908）上海圖書集成公司鉛印本　十六册

360000 – 1901 – 0011177　308891
後漢書九十卷附考證　（南朝宋）范曄撰　（唐）李賢注　**志三十卷**　（晉）司馬彪撰　（南朝梁）劉昭注補　清光緒十年（1884）上海同文書局影印二十四史本　二十八册

360000 – 1901 – 0011178　309107
後漢書九十卷附考證　（南朝宋）范曄撰　（唐）李賢注　**志三十卷**　（晉）司馬彪撰　（南朝梁）劉昭注補　清光緒十年（1884）上海同文書局影印二十四史本　佚名批校　二十八册

360000 – 1901 – 0011179　309074
後漢書九十卷附考證　（南朝宋）范曄撰　（唐）李賢注　**志三十卷**　（晉）司馬彪撰　（南朝梁）劉昭注補　清光緒十四年（1888）上海圖書集成印書局鉛印二十四史本　十六册

360000 – 1901 – 0011180　310816
後漢書九十卷附考證　（南朝宋）范曄撰　（唐）李賢注　**志三十卷附考證**　（晉）司馬彪撰　（南朝梁）劉昭注補　清同治十年（1871）成都書局刻本　二十八册

360000 – 1901 – 0011181　309175
後漢書九十卷首一卷　（南朝宋）范曄撰　（唐）李賢注　**志三十卷**　（晉）司馬彪撰　（南朝梁）劉昭注補　清光緒五年（1879）長沙王氏刻本　三十册

360000 – 1901 – 0011182　402807 – 1
後漢書蒙拾二卷　（清）杭世駿撰　清光緒十年（1884）上海同文書局石印本　一册

360000 – 1901 – 0011183　220272
後漢書年表十卷　（宋）熊方集補　清抄本　二册

360000 – 1901 – 0011184　400150
後漢書疏證三十卷　（清）沈欽韓撰　清光緒二十六年（1900）浙江官書局刻本　十五册　存二十八卷（一至二、五至三十）

360000 – 1901 – 0011185　801884
後漢書選不分卷　（清）□□輯　清抄本　一册

360000 – 1901 – 0011186　310657
後漢書一百二十卷　（南朝宋）范曄撰　（唐）李賢注　（晉）司馬彪撰志　（南朝梁）劉昭注補　清光緒二十八年（1902）石印本　七册　存一百六卷（一至六十九、八十四至一百二十）

360000 – 1901 – 0011187　306022
後漢書一百二十卷　（南朝宋）范曄撰　（唐）李賢注　（晉）司馬彪撰志　（南朝梁）劉昭注補　清光緒二十八年（1902）竢實齋石印本　七册　存一百六卷（一至六十九、八十四至一百二十）

360000 – 1901 – 0011188　400135 – 1
後漢書一百二十卷　（南朝宋）范曄撰　（唐）李賢注　（晉）司馬彪撰志　（南朝梁）劉昭注補　清光緒二十一年（1895）上海畊餘主人石印四史本　十册　存九十四卷（一至十六、三十三至四十六、五十七至一百二十）

360000 – 1901 – 0011189　400135 – 2
後漢書一百二十卷　（南朝宋）范曄撰　（唐）李賢注　（晉）司馬彪撰志　（南朝梁）劉昭注補　清光緒二十一年（1895）上海畊餘主人石印四史本　十册　存九十七卷（一至十六、三十三至一百四、一百十二至一百二十）

360000 – 1901 – 0011190　310665
後漢書一百二十卷　（南朝宋）范曄撰　（唐）李賢注　（晉）司馬彪撰志　（南朝梁）劉昭注補　清光緒十年（1884）上海同文書局石印本　二十五册　存一百七卷（一至七十六、九十至一百二十）

360000 – 1901 – 0011191　306020
後漢書一百二十卷　（南朝宋）范曄撰　（唐）李賢注　（晉）司馬彪撰志　（南朝梁）劉昭注補　清光緒十年（1884）上海同文書局影印二十四史本　三十三册　存一百十一卷（一至九十、九十四至一百五、一百十二至一百二

十）

360000－1901－0011192　164002
後漢書一百二十卷　（南朝宋）范曄撰　（唐）李賢注　（晉）司馬彪撰志　（南朝梁）劉昭注補　清刻本　十九册　存一百十三卷（二至九十、九十七至一百二十）

360000－1901－0011193　301997
後漢書一百二十卷附考證　（南朝宋）范曄撰　（唐）李賢注　（晉）司馬彪撰志　（南朝梁）劉昭注補　清光緒十四年（1888）上海圖書集成印書局鉛印二十四史本　十二册

360000－1901－0011194　305534
後漢書一百二十卷附考證　（南朝宋）范曄撰　（唐）李賢注　（晉）司馬彪撰志　（南朝梁）劉昭注補　清光緒十四年（1888）上海圖書集成印書局鉛印二十四史本　十四册　存一百五卷（一至六十九、八十五至一百二十）

360000－1901－0011195　309085
後漢書一百二十卷附考證　（南朝宋）范曄撰　（唐）李賢注　（晉）司馬彪撰志　（南朝梁）劉昭注補　清光緒影印二十四史本　二十一册　存八十八卷（三十三至一百二十）

360000－1901－0011196　164001
後漢書注補正八卷　（清）周壽昌撰　清光緒八年（1882）思益堂刻本　四册

360000－1901－0011197　301766
後漢書注又補一卷　（清）沈銘彝撰　清光緒十四年（1888）廣雅書局刻本　一册

360000－1901－0011198　401405
後紅樓夢三十回附刻詩二卷　（清）□□撰　清刻本　六册　存二十五回（一至十、十六至三十）二卷（附刻詩二卷）

360000－1901－0011199　401405－1
後紅樓夢三十回　（清）□□撰　清刻本　一册　存二回（十五至十六）

360000－1901－0011200　401406
後紅樓夢三十回　（清）□□撰　清刻本　一册　存三回（八至十）

360000－1901－0011201　401406－1
後紅樓夢三十回　（清）□□撰　清刻本　二册　存十一回（十五至二十五）

360000－1901－0011202　162508
後紅樓夢三十回附刻詩二卷　（清）逍遙子撰　清末刻本　十二册

360000－1901－0011203　162509
後紅樓夢三十回附刻詩二卷　（清）逍遙子撰　清末刻本　八册

360000－1901－0011204　405073
後九家詩不分卷　（清）高學淇　（清）俞廷簡輯　清刻本　一册

360000－1901－0011205　303971
后山詩十二卷　（宋）陳師道撰　（宋）任淵注　清同治十三年（1874）江西書局刻武英殿聚珍版書本　四册

360000－1901－0011206　417667
后山詩十二卷　（宋）陳師道撰　（宋）任淵注　清同治十三年（1874）江西書局刻武英殿聚珍版書本　四册

360000－1901－0011207　301348
後山先生集二十四卷　（宋）陳師道撰　清光緒十一年（1885）刻本　四册

360000－1901－0011208　308827
後山先生集二十四卷　（宋）陳師道撰　清光緒十一年（1885）番禺陶氏愛廬刻本　一册　存六卷（十二至十七）

360000－1901－0011209　303970
後山先生集二十四卷首一卷　（宋）陳師道撰　清光緒十一年（1885）刻本　四册

360000－1901－0011210　421533
後西遊記四十回　（清）天花才子評點　清刻本　三册　存十七回（十至十九、二十七至二十九、三十七至四十）

360000－1901－0011211　301275
後湘詩集九卷二集五卷　（清）姚瑩撰　清道

光十三年(1833)刻本　二册

360000－1901－0011212　805183
後治堂制藝不分卷　(清)裘尊甫輯　清刻本　四册

360000－1901－0011213　404912
後贈言集三卷　(清)董友筠輯　清道光十八年(1838)刻本　一册

360000－1901－0011214　150267
後知不足齋叢書　(清)鮑廷爵輯　清同治、光緒常熟鮑氏刻本　三十二册　存十六種

360000－1901－0011215　804305
呼龍經一卷　(□)□□輯　清光緒九年(1883)趙培垣抄本　一册

360000－1901－0011216　417442
弧角設如三卷　(清)張作楠撰　(清)江臨泰補　清道光刻本　一册　存二卷(上、中)

360000－1901－0011217　417442－1
弧角設如三卷　(清)張作楠撰　(清)江臨泰補　清道光刻本　一册　存二卷(中、下)

360000－1901－0011218　803218
胡伯午先生先代殘詩不分卷　(清)胡伯午撰　清抄本　一册

360000－1901－0011219　409252
胡曾二公要略四卷　(清)張瑛輯　清光緒十三年(1887)上海大同書局石印本　一册　存三卷(一至三)

360000－1901－0011220　713286
胡澹庵先生文集三十二卷　(宋)胡銓撰　清乾隆二十二年(1757)刻本　十册

360000－1901－0011221　240345
胡澹庵先生文集三十二卷　(宋)胡銓撰　清乾隆二十二年(1757)練月樓刻本　十六册

360000－1901－0011222　240346
胡澹庵先生文集三十二卷　(宋)胡銓撰　清乾隆二十二年(1757)練月樓刻本　八册

360000－1901－0011223　240347
胡澹庵先生文集三十二卷　(宋)胡銓撰　**補遺一卷備考一卷**　清乾隆二十二年(1757)刻光緒二十三年(1897)補刻本　十册

360000－1901－0011224　601432
胡澹庵先生文集三十二卷補遺一卷　(宋)胡銓撰　清道光十三年(1833)刻本　十册　存三十卷(一至二、六至三十二,補遺一卷)

360000－1901－0011225　601434
胡澹庵先生文集三十二卷補遺一卷　(宋)胡銓撰　清道光十三年(1833)刻本　八册

360000－1901－0011226　601435
胡澹庵先生文集三十二卷補遺一卷　(宋)胡銓撰　清道光十三年(1833)刻本　八册

360000－1901－0011227　601436
胡澹庵先生文集三十二卷補遺一卷　(宋)胡銓撰　清道光十三年(1833)刻本　八册

360000－1901－0011228　601437
胡澹庵先生文集三十二卷補遺一卷　(宋)胡銓撰　清道光十三年(1833)刻本　八册

360000－1901－0011229　121138
胡澹庵先生文集三十二卷補遺一卷　(宋)胡銓撰　清道光十三年(1833)歷原胡氏讀書堂刻本　八册

360000－1901－0011230　121139
胡澹庵先生文集三十二卷補遺一卷　(宋)胡銓撰　清道光十三年(1833)歷原胡氏讀書堂刻本　八册

360000－1901－0011231　121140
胡澹庵先生文集三十二卷補遺一卷　(宋)胡銓撰　清道光十三年(1833)歷原胡氏讀書堂刻本　八册

360000－1901－0011232　416742
胡觀察教家二十五條一卷　(清)靳丹書輯　清光緒四年(1878)木活字印本　一册

360000－1901－0011233　710815
胡家鈺自訂年譜一卷　(清)胡家鈺撰　清光緒刻本　一册

360000－1901－0011234　601431
胡敬齋先生居業錄八卷　(明)胡居仁撰　(清)張伯行訂　清同治五年(1866)福州正誼書局刻正誼堂全書本　二冊　存五卷(四至八)

360000－1901－0011235　601429
胡敬齋先生居業錄十二卷　(明)胡居仁撰　(明)余祐輯　清光緒六年(1880)刻本　一冊　存三卷(五至七)

360000－1901－0011236　601430
胡敬齋先生居業錄十二卷　(明)胡居仁撰　(明)余祐輯　清光緒六年(1880)刻本　四冊

360000－1901－0011237　121133
胡敬齋先生居業錄十二卷　(明)胡居仁撰　(明)余祐輯　清乾隆二十二年(1757)胡道儀刻本　四冊

360000－1901－0011238　121132
胡敬齋先生居業錄四卷　(明)胡居仁撰　清同治八年(1869)傳經堂刻本　四冊

360000－1901－0011239　410812
胡敬齋先生居業錄四卷　(明)胡居仁撰　清同治八年(1869)傳經堂刻本　一冊　存一卷(一)

360000－1901－0011240　410814
胡敬齋先生文集三卷　(明)胡居仁撰　清康熙四十七年(1708)張伯行正誼堂刻本　一冊

360000－1901－0011241　121132－2
胡敬齋先生文集三卷　(明)胡居仁撰　清同治八年(1869)傳經堂刻本　二冊

360000－1901－0011242　410813
胡敬齋先生文集三卷　(明)胡居仁撰　清同治八年(1869)傳經堂刻本　一冊　存二卷(二至三)

360000－1901－0011243　163345
胡靜庵先生文不分卷　(清)胡釴撰　清道光六年(1826)泰安張氏刻本　一冊

360000－1901－0011244　803933
胡靜菴文不分卷　(清)胡釴撰　清抄本　一冊

360000－1901－0011245　161790
胡林翼行狀一卷　(清)郭嵩燾撰　清刻本　一冊

360000－1901－0011246　420316
胡慶餘堂丸散膏丹全集不分卷　(清)胡光墉輯　清光緒三年(1877)杭州胡慶餘堂刻本　一冊

360000－1901－0011247　722292
胡慶餘堂丸散膏丹全集不分卷　(清)胡光墉輯　清光緒三年(1877)杭州胡慶餘堂刻本　二冊　，

360000－1901－0011248　162479
胡慶餘堂丸散膏丹全集不分卷　(清)胡光墉輯　清光緒三年(1877)刻本　一冊

360000－1901－0011249　162480
胡慶餘堂丸散膏丹全集不分卷　(清)胡光墉輯　清光緒三年(1877)刻本　一冊

360000－1901－0011250　162481
胡慶餘堂丸散膏丹全集不分卷　(清)胡光墉輯　清光緒三年(1877)刻本　一冊

360000－1901－0011251　407613
胡慶餘堂丸散膏丹全集不分卷　(清)胡光墉輯　清光緒三年(1877)刻本　一冊

360000－1901－0011252　407976
胡慶餘堂丸散膏丹全集不分卷　(清)胡光墉輯　清光緒三年(1877)刻本　一冊

360000－1901－0011253　303087
胡少師總集六卷首一卷附錄一卷　(宋)胡舜陟撰　清道光十九年(1839)金紫家祠刻本　二冊

360000－1901－0011254　303088
胡少師總集六卷首一卷附錄一卷　(宋)胡舜陟撰　清道光十九年(1839)金紫家祠刻本　二冊

360000－1901－0011255　705277

胡少師總集六卷首一卷附錄一卷 （宋）胡舜陟撰 清道光十九年（1839）金紫家祠刻本 一冊 存四卷（一至三、首一卷）

360000－1901－0011256 163344
胡少師總集六卷首一卷附錄一卷 （宋）胡舜陟撰 清同治二年（1863）刻本 二冊

360000－1901－0011257 900464
胡藤圃時文一卷二集一卷三集一卷 （清）胡朝賀撰 清同治元年（1862）刻本 三冊

360000－1901－0011258 407697
胡藤圃雜著二卷 （清）胡朝賀撰 清光緒刻本 一冊 存一卷（下）

360000－1901－0011259 250206
胡維霖集 （明）胡維霖撰 明崇禎刻本 五冊

360000－1901－0011260 318118－15
胡文翰文稿不分卷 （清）胡文翰撰 清光緒二十六年（1900）抄本 一冊

360000－1901－0011261 120127
胡文敬公全集 （明）胡居仁撰 （明）余祐輯 清光緒三十二年（1906）光州胡廷幹南昌刻本 六冊

360000－1901－0011262 121130
胡文敬公全集 （明）胡居仁撰 （明）余祐輯 清光緒三十二年（1906）光州胡廷幹南昌刻本 六冊

360000－1901－0011263 121131
胡文敬公全集 （明）胡居仁撰 （明）余祐輯 清光緒三十二年（1906）光州胡廷幹南昌刻本 六冊

360000－1901－0011264 713772
胡文忠公遺集八十六卷首一卷 （清）胡林翼撰 （清）鄭敦謹 （清）曾國荃輯 清刻本 十二冊 存三十三卷（六至二十五、七十四至八十六）

360000－1901－0011265 413768
胡文忠公遺集八十六卷首一卷 （清）胡林翼撰 （清）鄭敦謹 （清）曾國荃輯 清同治六年（1867）黃鶴樓刻本 三十二冊

360000－1901－0011266 413769
胡文忠公遺集八十六卷首一卷 （清）胡林翼撰 （清）鄭敦謹 （清）曾國荃輯 清同治六年（1867）黃鶴樓刻本 二十九冊 存七十九卷（一至七十一、八十至八十六，首一卷）

360000－1901－0011267 413770
胡文忠公遺集八十六卷首一卷 （清）胡林翼撰 （清）鄭敦謹 （清）曾國荃輯 清同治六年（1867）黃鶴樓刻本 二十九冊 存七十九卷（一至七十一、八十至八十六，首一卷）

360000－1901－0011268 713771
胡文忠公遺集八十六卷首一卷 （清）胡林翼撰 （清）鄭敦謹 （清）曾國荃輯 清同治六年（1867）黃鶴樓刻本 九冊 存二十二卷（一至六、二十四至二十六、六十六至七十七，首一卷）

360000－1901－0011269 307703
胡文忠公遺集八十六卷首一卷 （清）胡林翼撰 （清）鄭敦謹 （清）曾國荃輯 清同治六年（1867）刻本 三十二冊

360000－1901－0011270 308012
胡文忠公遺集八十六卷首一卷 （清）胡林翼撰 （清）鄭敦謹 （清）曾國荃輯 清同治六年（1867）刻本 二十四冊

360000－1901－0011271 316633
胡文忠公遺集八十六卷首一卷 （清）胡林翼撰 （清）鄭敦謹 （清）曾國荃輯 清同治六年（1867）刻本 四十冊

360000－1901－0011272 317239
胡文忠公遺集八十六卷首一卷 （清）胡林翼撰 （清）鄭敦謹 （清）曾國荃輯 清同治六年（1867）刻本 三十二冊

360000－1901－0011273 413793
胡文忠公遺集八十六卷首一卷 （清）胡林翼撰 （清）鄭敦謹 （清）曾國荃輯 （清）胡鳳丹重編 清光緒二十七年（1901）上海圖書

集成印書局鉛印本　八册

360000－1901－0011274　413792
胡文忠公遺集八十六卷首一卷　（清）胡林翼撰　（清）鄭敦謹　（清）曾國荃輯　（清）胡鳳丹重編　清光緒十四年（1888）上海著易堂鉛印本　七册　存六十二卷（一至十九、三十五至五十、六十一至八十六，首一卷）

360000－1901－0011275　303083
胡文忠公遺集八十六卷首一卷　（清）胡林翼撰　（清）鄭敦謹　（清）曾國荃輯　（清）胡鳳丹重編　清光緒元年（1875）湖北崇文書局刻本　三十二册

360000－1901－0011276　303084
胡文忠公遺集八十六卷首一卷　（清）胡林翼撰　（清）鄭敦謹　（清）曾國荃輯　（清）胡鳳丹重編　清光緒元年（1875）湖北崇文書局刻本　三十二册

360000－1901－0011277　316620
胡文忠公遺集八十六卷首一卷　（清）胡林翼撰　（清）鄭敦謹　（清）曾國荃輯　（清）胡鳳丹重編　清光緒元年（1875）湖北崇文書局刻本　三十二册

360000－1901－0011278　303081
胡文忠公遺集十卷首一卷　（清）胡林翼撰　（清）閻敬銘　（清）厲雲官　（清）盛康輯　清光緒八年（1882）紅杏山房刻本　八册

360000－1901－0011279　800871
胡文忠公遺集十卷首一卷　（清）胡林翼撰　（清）閻敬銘　（清）厲雲官　（清）盛康輯　清光緒八年（1882）刻本　八册

360000－1901－0011280　306154
胡文忠公遺集十卷首一卷　（清）胡林翼撰　（清）閻敬銘　（清）厲雲官　（清）盛康輯　清刻本　一册　存二卷（六至七）

360000－1901－0011281　163437
胡文忠公遺集十卷首一卷　（清）胡林翼撰　（清）閻敬銘　（清）厲雲官　（清）盛康輯　清同治七年（1868）醉六堂刻本　八册

360000－1901－0011282　315667
胡文忠公遺集十卷首一卷　（清）胡林翼撰　（清）閻敬銘　（清）厲雲官　（清）盛康輯　清同治三年（1864）武昌節署刻本　八册

360000－1901－0011283　713773
胡文忠公遺集十卷首一卷　（清）胡林翼撰　（清）閻敬銘　（清）厲雲官　（清）盛康輯　清同治三年（1864）武昌節署刻本　八册

360000－1901－0011284　303085
胡文忠公遺集十卷首一卷　（清）胡林翼撰　（清）閻敬銘　（清）厲雲官　（清）盛康輯　清同治五年（1866）刻本　八册

360000－1901－0011285　303080
胡文忠公政書十四卷　（清）胡林翼撰　（清）但湘良輯　清刻本　十四册

360000－1901－0011286　240652
胡象岡先生文集十卷　（明）胡植撰　明萬曆二十六年（1598）胡烶炳刻本　四册

360000－1901－0011287　413285
胡忠簡公經解　（宋）胡銓撰　清乾隆五十二年（1787）餘杭官署刻本　六册

360000－1901－0011288　210372
胡忠簡公經解　（宋）胡銓撰　清乾隆五十三年（1788）餘杭官署刻本　六册

360000－1901－0011289　220437
胡忠烈遺事四卷　（清）史珥編　清乾隆四十年（1775）刻本　一册

360000－1901－0011290　303086
胡仲子集十卷　（明）胡翰撰　清同治十二年（1873）永康胡氏退補齋刻本　四册

360000－1901－0011291　317222
胡仲子集十卷　（明）胡翰撰　清同治十二年（1873）永康胡氏退補齋刻本　四册

360000－1901－0011292　230092
胡子衡齊八卷　（明）胡直撰　明萬曆王繼明刻本　四册

360000－1901－0011293　230076

胡子知言六卷 (宋)胡宏撰 **附錄一卷疑義一卷** (明)程敏政輯 明刻本 一册

360000－1901－0011294 414121
壺山集三卷 (清)陳孝威撰 清刻本 一册

360000－1901－0011295 241122
壺園詩鈔不分卷 (清)徐寶善撰 稿本 清吳嵩粱、鮑桂星評 清熊方受題詩 清陳用光題識 五册

360000－1901－0011296 405425
壺園詩鈔選十卷五代新樂府一卷 (清)徐寶善撰 清道光刻本 二册

360000－1901－0011297 150344
湖北叢書 (清)趙尚輔輯 清光緒十七年(1891)三餘草堂刻本 一百册

360000－1901－0011298 150345
湖北叢書 (清)趙尚輔輯 清光緒十七年(1891)三餘草堂刻本 一百册

360000－1901－0011299 150346
湖北叢書 (清)趙尚輔輯 清光緒十七年(1891)三餘草堂刻本 一百册

360000－1901－0011300 600248
湖北叢書 (清)趙尚輔輯 清光緒十七年(1891)三餘草堂刻本 五册 存三種

360000－1901－0011301 600249
湖北叢書 (清)趙尚輔輯 清光緒十七年(1891)三餘草堂刻本 一百册

360000－1901－0011302 161863
湖北官書處書目一卷 (清)湖北官書處輯 清光緒三年(1877)刻本 一册

360000－1901－0011303 312157
湖北節義錄十二卷補遺一卷 (清)黃昌輔輯 清同治九年(1870)湖北崇文書局刻本 十三册

360000－1901－0011304 317458
湖北農學 (清)湖北農務局譯 清光緒湖北農務局石印本 四册

360000－1901－0011305 415567
湖北詩徵傳略四十卷 (清)丁宿章輯 清光緒七年(1881)孝感丁氏涇北草堂刻本 十七册 存三十三卷(七至二十二、二十四至四十)

360000－1901－0011306 164489
湖北通志凡例一卷 (清)章學誠撰 清光緒八年(1882)武昌官書處鉛印本 一册

360000－1901－0011307 402074
湖北推廣賑捐奏案一卷 (清)譚繼撰 清光緒刻本 一册

360000－1901－0011308 901728
湖北闈墨不分卷 (清)□□輯 清末石印本 一册

360000－1901－0011309 314136
湖北武學 (清)湖北武備學堂輯 清光緒二十六年(1900)湖北官書處刻本 三十一册

360000－1901－0011310 416471
湖北武學 (清)湖北武備學堂輯 清光緒二十六年(1900)湖北官書處刻本 三十一册 存二十四種

360000－1901－0011311 317473
湖蠶述四卷 (清)汪曰楨撰 清光緒六年(1880)刻本 一册

360000－1901－0011312 421587
湖廣黃州府麻城縣葵花寶卷二卷 清刻本 一册 存一卷(上)

360000－1901－0011313 302110
湖海樓詞集二十卷 (清)陳維崧撰 清刻本 五册

360000－1901－0011314 150348
湖海樓叢書 (清)陳春輯 清嘉慶蕭山陳氏刻本(巵林十卷補遺一卷、龍筋鳳髓判四卷配清刻本) 二十七册 存八種

360000－1901－0011315 600250
湖海樓叢書 (清)陳春輯 清嘉慶蕭山陳氏刻二十四年(1819)彙印本 十四册 存五種

360000－1901－0011316　150347
湖海樓叢書　(清)陳春輯　清嘉慶蕭山陳氏刻光緒八年(1882)印本　三十二册

360000－1901－0011317　150349
湖海樓叢書續編　(清)張之洞輯　清光緒刻本　十六册　存十三種

360000－1901－0011318　302103
湖海樓詩集十二卷詞集二十卷文集六卷儷體文集十二卷　(清)陳維崧撰　清光緒十七年至十九年(1891－1893)弇山鐸署刻本　十六册

360000－1901－0011319　240850
湖海樓詩集十二卷詞集二十卷文集六卷儷體文集十二卷　(清)陳維崧撰　清乾隆六十年(1795)刻本　十四册　缺六卷(湖海樓詩集七至九、儷體文集十至十二)

360000－1901－0011320　417584
湖海詩傳四十六卷　(清)王昶輯　清嘉慶八年(1803)青浦王氏三泖漁莊刻本　十六册

360000－1901－0011321　417585
湖海詩傳四十六卷　(清)王昶輯　清嘉慶八年(1803)青浦王氏三泖漁莊刻本　三册　存八卷(十一至十六、三十八至三十九)

360000－1901－0011322　417585－1
湖海詩傳四十六卷　(清)王昶輯　清嘉慶八年(1803)青浦王氏三泖漁莊刻本　二册　存五卷(十四至十六、三十四至三十五)

360000－1901－0011323　302109
湖海詩傳四十六卷　(清)王昶輯　清刻本　十二册

360000－1901－0011324　317205
湖海詩傳四十六卷　(清)王昶輯　清同治四年(1865)綠蔭堂刻本　十六册

360000－1901－0011325　302107
湖海文傳七十五卷　(清)王昶輯　清道光十九年(1839)刻本　二十四册

360000－1901－0011326　307853
湖海文傳七十五卷　(清)王昶輯　清道光十七年(1837)經訓堂刻本　二十册

360000－1901－0011327　317257
湖海文傳七十五卷　(清)王昶輯　清道光十七年(1837)經訓堂刻本　十六册

360000－1901－0011328　417583
湖海文傳七十五卷　(清)王昶輯　清道光十七年(1837)經訓堂刻本　七册　存三十五卷(二十四至三十三、四十至六十四)

360000－1901－0011329　302111
湖海文傳七十五卷　(清)王昶輯　清同治五年(1866)刻本　八册

360000－1901－0011330　302113
湖南褒忠錄初藁五十六卷　(清)郭嵩燾等輯　清同治十二年(1873)木活字印本　十六册

360000－1901－0011331　305587
湖南褒忠錄初藁五十六卷　(清)郭嵩燾等輯　清同治十二年(1873)木活字印本　十四册

360000－1901－0011332　311483
湖南方物志八卷　(清)黄本驥撰　清道光二十六年(1846)寧鄉黄本驥刻三長物齋叢書本　二册　存五卷(四至八)

360000－1901－0011333　164106
湖南疆域驛傳總纂十卷輿圖一卷　(清)慳硿山館輯　清光緒十四年(1888)刻本　十一册

360000－1901－0011334　314390
湖南全省節孝錄十三卷　(清)湖南通志局纂修　清光緒十一年(1885)刻本　六册

360000－1901－0011335　164110
湖南全省輿圖不分卷　(□)□□撰　清末石印本　十五册

360000－1901－0011336　164111
湖南全省輿圖說六卷　(清)彭言孝　(清)左學呂輯　清光緒二十三年(1897)刻本　一册　存三卷(一至三)

360000－1901－0011337　309413
湖南時務學堂初集不分卷　梁啓超撰　清光

緒二十四年(1898)刻本　一冊

360000－1901－0011338　302102
湖南四至水陸程途不分卷　(清)湖南布政按察使司輯　清刻本　二冊

360000－1901－0011339　302099
湖南闈墨不分卷(清光緒二十八年)　(清)賓玉瓚等撰　清光緒二十八年(1902)刻本　一冊

360000－1901－0011340　415058
湖南文徵一百九十卷姓氏傳四卷目錄六卷　(清)羅汝懷輯　清同治八年(1869)刻本　七十五冊　存一百三十六卷(一至一百三十六)

360000－1901－0011341　164114
湖南文徵一百九十卷姓氏傳四卷目錄六卷　(清)羅汝懷輯　清同治十年(1871)刻本　一百一冊

360000－1901－0011342　164115
湖南文徵一百九十卷姓氏傳四卷目錄六卷　(清)羅汝懷輯　清同治十年(1871)刻本　一百冊

360000－1901－0011343　164116
湖南文徵一百九十卷姓氏傳四卷目錄六卷　(清)羅汝懷輯　清同治十年(1871)刻本　一百冊

360000－1901－0011344　715058
湖南文徵一百九十卷姓氏傳四卷目錄六卷　(清)羅汝懷輯　清同治十年(1871)湘潭羅氏刻本　十四冊　存二十九卷(一至十七、三十一至三十二,姓氏傳四卷,目錄六卷)

360000－1901－0011345　220774
湖山便覽十二卷圖説一卷　(清)翟灝　(清)翟瀚輯　清乾隆三十年(1765)刻本　四冊

360000－1901－0011346　420158
湖山便覽十二卷圖説一卷　(清)翟灝　(清)翟瀚輯　清乾隆三十年(1765)刻本　五冊　存十卷(一至十)

360000－1901－0011347　420159
湖山便覽十二卷圖説一卷　(清)翟灝　(清)翟瀚輯　清乾隆三十年(1765)刻本　二冊　存四卷(一至二、七至八)

360000－1901－0011348　309295
湖山靈秀集十六卷　(清)席玕輯　清刻本　三冊　存十一卷(五至十五)

360000－1901－0011349　121594
湖山堂集十六卷　(清)干建邦撰　清康熙五柳齋刻本　六冊

360000－1901－0011350　302996
湖上草一卷　(清)黄媛介撰　清初刻本　一冊

360000－1901－0011351　121595
湖西羅氏文獻志增補三十二卷　(清)羅文瀚輯　清光緒三十年(1904)静遠山房木活字印本　九冊

360000－1901－0011352　317580
湖雅九卷　(清)汪曰楨撰　清光緒六年(1880)刻本　三冊

360000－1901－0011353　712883
湖隱外史一卷　(明)葉紹袁撰　清光緒三十三年(1907)國學保存會鉛印國粹叢書本　一冊

360000－1901－0011354　721693
蝴蝶媒四卷十六回　(清)南嶽道人撰　(清)青谿醉客評　清刻本　一冊　存二卷(三至四)八回(九至十六)

360000－1901－0011355　162434
虎鈐經二十卷　(宋)許洞撰　清刻本　四冊

360000－1901－0011356　416804
虎鈐經二十卷　(宋)許洞撰　清刻本　一冊　存九卷(一至九)

360000－1901－0011357　240734
虎谿詩選四卷　(明)袁懋謙撰　明天啓五年(1625)李得春刻本　二冊

360000－1901－0011358　240971
虎谿漁叟集十八卷　(清)劉命清撰　清康熙

三十八年(1699)帶玉堂刻本　六冊

360000－1901－0011359　720349
許廣和號丸丹集錄不分卷　(清)廣和號主人編　清同治十一年(1872)刻本　一冊

360000－1901－0011360　804439
許氏說文解字雙聲疊韻譜一卷　(清)鄧廷楨撰　清光緒九年(1883)同文書局影印本　一冊

360000－1901－0011361　404135
許氏說文解字雙聲疊韻譜一卷　(清)鄧廷楨撰　清光緒七年(1881)常熟鮑氏刻後知不足齋叢書本　二冊

360000－1901－0011362　404135－1
許氏說文解字雙聲疊韻譜一卷　(清)鄧廷楨撰　清光緒七年(1881)常熟鮑氏刻後知不足齋叢書本　二冊

360000－1901－0011363　404135－2
許氏說文解字雙聲疊韻譜一卷　(清)鄧廷楨撰　清光緒七年(1881)常熟鮑氏刻後知不足齋叢書本　二冊

360000－1901－0011364　404135－3
許氏說文解字雙聲疊韻譜一卷　(清)鄧廷楨撰　清光緒七年(1881)常熟鮑氏刻後知不足齋叢書本　二冊

360000－1901－0011365　163432
許司馬公崇祀鄉賢詩不分卷　(清)宋生等輯　清康熙三十八年(1699)刻本　一冊

360000－1901－0011366　316608
許松濱先生全集四十三卷首一卷末一卷　(清)許錫祺撰　清光緒十七年(1891)刻本　八冊

360000－1901－0011367　250190
許文正公遺書　(元)許衡撰　清乾隆五十五年(1790)刻本　八冊

360000－1901－0011368　801133
許文正公遺書十二卷首一卷末一卷　(元)許衡撰　清刻本　一冊　存一卷(四)

360000－1901－0011369　404940
許真君玉匣記二卷　題(晉)許遜撰　清同治七年(1868)文富堂刻本　一冊　存一卷(上)

360000－1901－0011370　902138
許真君玉匣記通書六卷　題(晉)許遜撰　清刻本　一冊　存三卷(三至五)

360000－1901－0011371　802963
許真君玉匣記一卷　題(晉)許遜撰　清刻本　一冊

360000－1901－0011372　220440
許振禕列傳不分卷　(清)□□輯　清朱絲欄抄本　一冊

360000－1901－0011373　900458－1
許竹篔時文不分卷　(清)許景澄撰　清刻本　一冊

360000－1901－0011374　406414
戶籍法講義十章　(清)甘鵬雲撰　清光緒三十四年(1908)鉛印本　一冊

360000－1901－0011375　802552
滬北廣益善堂安懷捐啓　(清)廣益堂司事撰　清光緒二十年(1894)刻本　一葉

360000－1901－0011376　122024
滬遊脞記不分卷　(清)黄楙材撰　清同治十三年(1874)刻本　一冊

360000－1901－0011377　413118－1
滬遊雜記四卷　(清)葛元煦撰　清光緒二年(1876)刻本　二冊　存二卷(一、三)

360000－1901－0011378　161729
護送越南貢使日記一卷　(清)馬先登撰　清同治八年(1869)刻馬氏叢刻本　一冊

360000－1901－0011379　163928
花間集十卷　(五代)趙崇祚輯　明毛氏汲古閣刻本　一冊

360000－1901－0011380　241548
花間集十卷　(五代)趙崇祚輯　明毛氏汲古閣刻清吳門寒松堂印詞苑英華本　二冊

360000－1901－0011381　302738
花間集十卷　(五代)趙崇祚輯　清光緒十九年(1893)臨桂王氏四印齋刻本　一册

360000－1901－0011382　415231
花間集十卷　(五代)趙崇祚輯　清光緒十九年(1893)臨桂王氏四印齋刻本　一册

360000－1901－0011383　163737
花間集十卷　(五代)趙崇祚輯　清光緒十九年(1893)石印本　一册

360000－1901－0011384　241549
花間集四卷　(五代)趙崇祚輯　(明)湯顯祖評　**音釋四卷**　明萬曆四十八年(1620)烏程閔氏刻朱墨套印本　四册

360000－1901－0011385　415233
花近樓逸社詩存一卷　(清)陳夔龍等撰　清末鉛印本　一册

360000－1901－0011386　803894
花柳毒門經驗良方不分卷　(□)□□輯　清抄本　一册

360000－1901－0011387　415253
花譜移情八卷首一卷　(清)張建鰲撰　清光緒亦古齋刻本　四册　存六卷(一至二、五至七,首一卷)

360000－1901－0011388　415252
花前筆異六卷　(清)掃霞道人撰　清光緒三十三年(1907)刻本　五册　存五卷(一至三、五至六)

360000－1901－0011389　405130
花外集一卷　(清)王沂孫撰　清刻本　一册

360000－1901－0011390　302737
花王閣賸稿一卷　(明)紀坤撰　清嘉慶四年(1799)紀氏閲微草堂刻本　一册

360000－1901－0011391　415232
花隝聯吟四卷　(清)唐仲冕輯　清嘉慶六年(1801)唐氏果克山房刻本　一册　存二卷(一至二)

360000－1901－0011392　302740
花笑軒彙編十八卷　(清)高延福撰　清光緒五年(1879)汝東官舍花笑軒刻本　八册

360000－1901－0011393　415249
花笑軒彙編十八卷　(清)高延福撰　清光緒五年(1879)汝東官舍花笑軒刻本　五册　存十一卷(一至二、五至六、十、十三至十八)

360000－1901－0011394　415250
花笑軒彙編十八卷　(清)高延福撰　清光緒五年(1879)汝東官舍花笑軒刻本　二册　存六卷(七至九、十三至十五)

360000－1901－0011395　415251
花笑軒彙編十八卷　(清)高延福撰　清光緒五年(1879)汝東官舍花笑軒刻本　三册　存十卷(四至七、八至十、十三至十五)

360000－1901－0011396　241550
花菴絕妙詞選十卷中興以來絕妙詞選十卷　(宋)黄昇輯　明毛氏汲古閣刻詞苑英華本　三册　存九卷(花菴絕妙詞選一至五、中興以來絕妙詞選一至四)

360000－1901－0011397　415254
花樣集錦四卷　(清)張鵬翂輯　清刻本　二册　存二卷(二至三)

360000－1901－0011398　415256
花樣集錦四卷　(清)張鵬翂輯　清刻本　四册

360000－1901－0011399　415241
花樣集十二卷　(清)楊昌光輯　清道光四年(1824)會文堂刻本　三册　存九卷(一至六、十至十二)

360000－1901－0011400　415241－1
花樣集十二卷　(清)楊昌光輯　清道光四年(1824)會文堂刻本　一册　存三卷(十至十二)

360000－1901－0011401　415241－2
花樣集十二卷　(清)楊昌光輯　清道光四年(1824)會文堂刻本　一册　存三卷(十至十二)

360000－1901－0011402　415241－3
花様集十二卷　(清)楊昌光輯　清道光四年(1824)會文堂刻本　一册　存三卷(十至十二)

360000－1901－0011403　805379
花様集十二卷　(清)楊昌光輯　清嘉慶二十一年(1816)刻本　四册

360000－1901－0011404　415243
花様集十二卷　(清)楊昌光輯　清嘉慶十八年(1813)紉香書屋刻本　四册　存六卷(一至六)

360000－1901－0011405　415236
花様集十二卷　(清)楊昌光輯　清嘉慶十八年(1813)務本堂刻本　二册

360000－1901－0011406　415237
花様集十二卷　(清)楊昌光輯　清嘉慶十八年(1813)務本堂刻本　二册

360000－1901－0011407　415238
花様集十二卷　(清)楊昌光輯　清嘉慶十八年(1813)務本堂刻本　二册

360000－1901－0011408　415239
花様集十二卷　(清)楊昌光輯　清嘉慶十八年(1813)務本堂刻本　二册

360000－1901－0011409　415240
花様集十二卷　(清)楊昌光輯　清嘉慶十八年(1813)務本堂刻本　一册　存五卷(一至五)

360000－1901－0011410　415240－1
花様集十二卷　(清)楊昌光輯　清嘉慶十八年(1813)務本堂刻本　一册　存六卷(一至六)

360000－1901－0011411　415240－2
花様集十二卷　(清)楊昌光輯　清嘉慶十八年(1813)務本堂刻本　一册　存二卷(一至二)

360000－1901－0011412　415242
花様集十二卷　(清)楊昌光輯　清嘉慶十八年(1813)致和堂刻本　四册　存六卷(一至六)

360000－1901－0011413　150226
花雨樓叢鈔　(清)張壽榮輯　清光緒八年至十四年(1882－1888)蛟川張氏花雨樓刻本　十六册　存十二種

360000－1901－0011414　317346
花月痕全書十六卷五十二回　(清)魏秀仁撰　(清)棲霞居士評　清光緒十八年(1892)上海圖書集成印書局鉛印本　四册

360000－1901－0011415　721286
花月痕全書十六卷五十二回　(清)魏秀仁撰　(清)棲霞居士評　清末鉛印本　二册　存八卷(五至十二)二十五回(十六至四十)

360000－1901－0011416　721284
花月痕全書四卷五十二回　(清)魏秀仁撰　(清)棲霞居士評　清末普新端記書局石印本　二册

360000－1901－0011417　721283
花月痕全書四卷五十二回　(清)魏秀仁撰　(清)棲霞居士評　清末石印本　三册　存三卷(二至四)四十回(十三至五十二)

360000－1901－0011418　415257
花磚新律四卷　(清)薛田玉　(清)吳峻輯　(清)王寬　(清)孫永清注　清乾隆二十四年(1759)刻本　一册

360000－1901－0011419　410642
華北譯箸編□□卷　(清)□□編譯　清光緒北京保定文明書局鉛印本　七册　存七卷(十四至十九、二十一)

360000－1901－0011420　302892
華藏室詩鈔不分卷　(清)許延敬撰　清同治十一年(1872)刻本　一册

360000－1901－0011421　803606
華峯書簿不分卷(清咸豐七年至光緒十四年)　(清)華峰輯　稿本　一册

360000－1901－0011422　163553

華屏倡和集四卷 （清）楊鏡清撰　清道光九年（1829）刻本　三冊

360000－1901－0011423　309658
華盛頓傳八卷 （清）黎汝謙 （清）蔡國昭譯　清光緒十二年（1886）鉛印本　八冊

360000－1901－0011424　900154
華氏義莊課藝初集不分卷 （清）華安愚輯　清嘉慶十二年（1807）刻本　一冊

360000－1901－0011425　420305
華氏中藏經二卷 （漢）華佗撰　清嘉慶五年（1800）掃葉山房刻本　一冊

360000－1901－0011426　408959
華佗秘傳終南預機七種大全一卷 （清）□□撰　清咸豐九年（1859）刻本　一冊

360000－1901－0011427　803980
華佗先生秘傳外科形症湯散諸方不分卷 （清）□□輯　清抄本　一冊

360000－1901－0011428　418431
華洋戰書初編不分卷 （清）留心時事人輯　清光緒十年（1884）刻本　一冊

360000－1901－0011429　121732
華陽館文集十八卷續刻二卷 （明）宋儀望撰　清道光二十二年（1842）永豐宋氏中和堂刻本　六冊

360000－1901－0011430　121733
華陽館文集十八卷續刻二卷 （明）宋儀望撰　清道光二十二年（1842）永豐宋氏中和堂刻本　六冊

360000－1901－0011431　405461
華陽館文集十八卷續刻二卷 （明）宋儀望撰　清道光二十二年（1842）永豐宋氏中和堂刻本　四冊

360000－1901－0011432　302897
華陽國志十二卷 （晉）常璩撰　清嘉慶十九年（1814）刻本　四冊

360000－1901－0011433　419833
華陽國志十二卷 （晉）常璩撰　清刻本　一冊　存五卷（六至十）

360000－1901－0011434　900568
華陽國志十二卷 （晉）常璩撰　清乾隆綿州李氏萬卷樓刻嘉慶十四年（1809）李鼎元重校印函海本　二冊　存九卷（一至九）

360000－1901－0011435　220266
華陽國志十二卷 （晉）常璩撰　**補三州郡縣目錄一卷** （清）廖寅撰　清嘉慶十九年（1814）廖寅題襟館刻本　佚名錄清顧廣圻、清吳翌鳳批校　一冊　存二卷（九至十）

360000－1901－0011436　405458
華陽集四十卷 （宋）王珪撰　清刻本　一冊　存四卷（三十三至三十六）

360000－1901－0011437　407228
華陽金仙證論不分卷 （清）柳華陽撰　清道光二十六年（1846）刻本　一冊

360000－1901－0011438　309674
華陽金仙證論不分卷 （清）柳華陽撰　清宣統三年（1911）上海掃葉山房石印本　一冊

360000－1901－0011439　800335
華陽散稿菁華二卷 （清）史震林撰　清抄本　一冊　存一卷（下）

360000－1901－0011440　802114
華陽散稿菁華二卷 （清）史震林撰　清抄本　一冊　存一卷（上）

360000－1901－0011441　220736
華嶽全集十三卷 （明）張維新撰　明萬曆二十五年（1597）刻大順曹士綸清康熙遞修本　一冊　存三卷（一至三）

360000－1901－0011442　161915
華嶽志八卷首一卷 （清）李榕撰　清道光十一年（1831）刻本　七冊

360000－1901－0011443　311756
華嶽志八卷首一卷 （清）李榕撰　清道光十一年（1831）楊翼武清白別墅刻光緒九年（1883）楊昌濬補刻本　四冊

360000－1901－0011444　309878

華制存考一卷　(清)擷華書局編　清宣統元年(1909)鉛印本　一冊

360000－1901－0011445　302114
滑疑集八卷　(清)韓錫胙撰　清光緒十六年(1890)刻本　四冊

360000－1901－0011446　317804
滑疑集八卷　(清)韓錫胙撰　清同治十三年(1874)浙江處州府署刻本　四冊

360000－1901－0011447　304967
化學大成　(英國)傅蘭雅口譯　(清)徐壽筆述　清光緒二十二年(1896)上洋鴻寶齋石印本　九冊　存四種

360000－1901－0011448　305430
化學大成　(英國)傅蘭雅口譯　(清)徐壽筆述　清光緒二十二年(1896)石印本　十八冊

360000－1901－0011449　402225－1
化學分原八卷　(英國)蒲陸山撰　(英國)傅蘭雅口譯　(清)徐建寅筆述　(清)曹鍾秀繪　清光緒二十三年(1897)新化三味堂刻本　一冊　存三卷(六至八)

360000－1901－0011450　301363
化學工藝二集四卷　(英國)能智撰　(英國)傅蘭雅口譯　(清)汪振聲筆述　清刻本　四冊

360000－1901－0011451　301364
化學鑑原補編六卷附卷一卷　(英國)傅蘭雅口譯　(清)徐壽筆述　清刻本　六冊

360000－1901－0011452　402224
化學鑑原補編六卷附錄一卷　(英國)傅蘭雅口譯　(清)徐壽筆述　清光緒二十五年(1899)石印富強叢書本　一冊　存二卷(二至三)

360000－1901－0011453　313735
化學鑑原補編六卷附錄一卷　(英國)傅蘭雅口譯　(清)徐壽筆述　清刻本　六冊

360000－1901－0011454　301361
化學鑑原二十卷　(英國)傅蘭雅口譯　(清)徐建寅筆述　清光緒二十二年(1896)上海璣衡堂刻本　二十冊

360000－1901－0011455　402225
化學鑑原六卷　(英國)韋而司撰　(英國)傅蘭雅口譯　(清)徐壽筆述　(清)曹鍾秀繪　清光緒二十三年(1897)新化三味堂刻本　四冊

360000－1901－0011456　308468
化學鑑原六卷　(英國)韋而司撰　(英國)傅蘭雅口譯　(清)徐壽筆述　(清)曹鍾秀繪　清光緒江南製造總局刻本　四冊

360000－1901－0011457　313181
化學鑑原六卷　(英國)韋而司撰　(英國)傅蘭雅口譯　(清)徐壽筆述　(清)曹鍾秀繪　清光緒江南製造總局刻本　四冊

360000－1901－0011458　402222
化學考質八卷附表一卷　(德國)富里西尼烏司撰　(英國)傅蘭雅口譯　(清)徐壽筆述　清光緒石印本　二冊　存三卷(三至五)

360000－1901－0011459　162189
化學考質八卷附表一卷　(德國)富里西尼烏司撰　(英國)傅蘭雅口譯　(清)徐壽筆述　清末刻本　六冊

360000－1901－0011460　305254
化學求數十五卷　(德國)富里西尼烏司撰　(英國)傅蘭雅口譯　(清)徐壽筆述　清光緒二十三年(1897)娱萊小築石印本　六冊

360000－1901－0011461　305257
化學求數十五卷　(德國)富里西尼烏司撰　(英國)傅蘭雅口譯　(清)徐壽筆述　清末石印本　一冊　存一卷(四)

360000－1901－0011462　402223
化學須知一卷　(英國)傅蘭雅撰　清光緒十二年(1886)刻本　一冊

360000－1901－0011463　162188
化學一卷　(清)王昭三撰　清光緒二十八年(1902)徽郡抱吟館刻本　一冊

360000－1901－0011464　120297
化愚俗歌一卷　(清)潘先珍撰　清光緒十九年(1893)刻本　一冊

360000－1901－0011465　711370
化愚俗歌一卷　(清)潘先珍撰　清咸豐八年(1858)静香草堂刻本　一冊

360000－1901－0011466　418115
畫禪室隨筆四卷　(明)董其昌撰　清末石印本　四冊

360000－1901－0011467　418450
畫禪室隨筆四卷　(明)董其昌撰　清乾隆董氏刻本　一冊　存三卷(二至四)

360000－1901－0011468　418114
畫禪室隨筆四卷　(明)董其昌撰　清宣統三年(1911)上海掃葉山房石印本　三冊

360000－1901－0011469　230577
畫禪室隨筆四卷　(明)董其昌撰　(清)楊補輯　清康熙刻本　四冊

360000－1901－0011470　230578
畫禪室隨筆四卷　(明)董其昌撰　(清)楊補輯　清康熙刻本　二冊

360000－1901－0011471　603608
畫雨樓稿十卷詞鈔一卷　(清)徐珠撰　清刻本　四冊

360000－1901－0011472　163094
話陶窗遺稿二卷　(清)曾衍先撰　**附樂山堂詩鈔六卷文鈔四卷**　(清)曾興仁撰　清道光十四年(1834)羅卷山房刻本　三冊

360000－1901－0011473　311830
淮北票鹽志略十二卷　(清)許寶書纂　清同治九年(1870)刻本　四冊

360000－1901－0011474　311827
淮北票鹽志略十五卷　(清)童濂等纂　清同治七年(1868)刻本　四冊

360000－1901－0011475　313319
淮北票鹽志略十五卷　(清)童濂等纂　清同治七年(1868)刻本　六冊　存十三卷(三至十五)

360000－1901－0011476　301716
淮鹺駁案類編八卷　(清)陳方坦輯　清光緒十八年(1892)刻本　八冊

360000－1901－0011477　315861
淮海集十七卷後集二卷詞一卷補遺一卷續補遺一卷　(宋)秦觀撰　**淮海文集攷證一卷**　(清)王敬之　(清)茆泮林　(清)金長福撰　**重編淮海先生年譜節要一卷**　(清)秦瀛編　(清)王敬之節要　清道光十七年(1837)王敬之等刻二十一年(1841)增刻本　十二冊

360000－1901－0011478　316259
淮海集十七卷後集二卷詞一卷補遺一卷續補遺一卷　(宋)秦觀撰　**淮海文集攷證一卷**　(清)王敬之　(清)茆泮林　(清)金長福撰　**重編淮海先生年譜節要一卷**　(清)秦瀛編　(清)王敬之節要　清道光十七年(1837)王敬之等刻二十一年(1841)增刻本　六冊

360000－1901－0011479　417484
淮海集十七卷後集二卷詞一卷補遺一卷續補遺一卷　(宋)秦觀撰　**淮海文集攷證一卷**　(清)王敬之　(清)茆泮林　(清)金長福撰　**重編淮海先生年譜節要一卷**　(清)秦瀛編　(清)王敬之節要　清道光十七年(1837)王敬之等刻二十一年(1841)增刻本　六冊

360000－1901－0011480　417485
淮海集十七卷後集二卷詞一卷補遺一卷續補遺一卷　(宋)秦觀撰　**淮海文集攷證一卷**　(清)王敬之　(清)茆泮林　(清)金長福撰　**重編淮海先生年譜節要一卷**　(清)秦瀛編　(清)王敬之節要　清道光十七年(1837)王敬之等刻二十一年(1841)增刻本　六冊　存十八卷(淮海集十七卷、重編淮海先生年譜節要一卷)

360000－1901－0011481　417486
淮海集十七卷後集二卷詞一卷補遺一卷續補遺一卷　(宋)秦觀撰　**淮海文集攷證一卷**　(清)王敬之　(清)茆泮林　(清)金長福撰　**重編淮海先生年譜節要一卷**　(清)秦瀛編

（清）王敬之節要　清道光十七年（1837）王敬之等刻二十一年（1841）增刻本　四冊　存十六卷（淮海集一至十五、重編淮海先生年譜節要一卷）

360000－1901－0011482　316701
淮海集四十卷後集六卷長短句三卷　（宋）秦觀撰　（明）徐渭評　**詩餘一卷**　（宋）秦觀撰　（明）鄧章漢輯　**淮海先生年譜一卷**　（清）秦鏞輯　（清）秦瀛重編　**附錄一卷**　清同治十二年（1873）秦氏家塾刻本　八冊

360000－1901－0011483　240332
淮海集四十卷後集六卷長短句三卷詩餘一卷　（宋）秦觀撰　（明）徐渭評　（明）鄧章漢輯　明末段之錦刻本　四冊

360000－1901－0011484　301717
淮海集四十卷後集六卷長短句三卷詩餘一卷　（宋）秦觀撰　（明）徐渭評　（明）鄧章漢輯　**淮海先生年譜一卷**　（清）秦鏞輯　（清）秦瀛重編　**附錄一卷**　清同治十二年（1873）秦氏家塾刻本　八冊

360000－1901－0011485　315873
淮海英靈集甲集四卷乙集四卷丙集四卷丁集四卷戊集四卷壬集一卷癸集一卷　（清）阮元輯　清嘉慶三年（1798）小琅嬛僊館刻本　十冊　存二十卷（淮海英靈集甲集四卷、乙集四卷、丙集四卷、丁集四卷、戊集四卷）

360000－1901－0011486　312610
淮軍平撚記十二卷　（清）周世澄撰　清刻本　六冊

360000－1901－0011487　401006
淮軍平撚記十二卷　（清）周世澄撰　清末刻本　五冊　存十卷（一至十）

360000－1901－0011488　401005
淮軍平撚記十二卷　（清）周世澄撰　清末鉛印本　二冊

360000－1901－0011489　230380
淮南鴻烈解二十一卷　（漢）劉安撰　（漢）高誘注　明末刻本　六冊

360000－1901－0011490　230378
淮南鴻烈解二十一卷　（漢）劉安撰　（漢）高誘注　明萬曆八年（1580）茅一桂刻本　十冊

360000－1901－0011491　230381
淮南鴻烈解二十一卷　（漢）劉安撰　（漢）高誘注　明萬曆刻本　一冊　存七卷（八至十四）

360000－1901－0011492　162987
淮南鴻烈解二十一卷　（漢）劉安撰　（漢）高誘注　清光緒元年（1875）湖北崇文書局刻子書百家本　四冊

360000－1901－0011493　412968
淮南鴻烈解二十一卷　（漢）劉安撰　（漢）高誘注　清刻本　二冊　存七卷（三至六、十至十二）

360000－1901－0011494　805365
淮南鴻烈解二十一卷　（漢）劉安撰　（漢）高誘注　清刻本　二冊　存十一卷（七至十七）

360000－1901－0011495　230379
淮南鴻烈解二十一卷　（漢）劉安撰　（漢）高誘注　（明）茅坤等評　明萬曆刻本　六冊

360000－1901－0011496　230384
淮南鴻烈解輯畧二卷　（明）張榜等輯　明刻本　一冊

360000－1901－0011497　313663
淮南許注異同詁續補一卷　（清）陶方琦撰　清光緒八年（1882）刻本　一冊

360000－1901－0011498　301730
淮南天文訓補注二卷　（清）錢塘撰　清道光八年（1828）嘉定縣刻本　二冊

360000－1901－0011499　313745
淮南天文訓補注二卷　（清）錢塘撰　清光緒三年（1877）湖北崇文書局刻本　二冊

360000－1901－0011500　603542
淮南天文訓補注二卷　（清）錢塘撰　清光緒三年（1877）湖北崇文書局刻本　二冊

360000－1901－0011501　600221－11

淮南天文訓補注二卷　(清)錢塘撰　清光緒元年(1875)湖北崇文書局刻本　二冊

360000－1901－0011502　416312－1
淮南天文訓補注二卷　(清)錢塘撰　清光緒元年(1875)湖北崇文書局刻崇文書局彙刻書本　二冊

360000－1901－0011503　311825
淮南鹽法紀畧十卷　(清)龐際雲等輯　清同治十二年(1873)淮南書局刻本　六冊

360000－1901－0011504　301718
淮南子二十一卷　(漢)劉安撰　(漢)高誘注　清光緒二年(1876)刻本　六冊

360000－1901－0011505　416220－1
淮南子二十一卷　(漢)劉安撰　(漢)高誘注　清光緒二十三年(1897)上海圖書集成局鉛印子書二十三種本　一冊　存五卷(十七至二十一)

360000－1901－0011506　301723
淮南子二十一卷　(漢)劉安撰　(漢)高誘注　清嘉慶九年(1804)姑蘇王氏聚文堂刻十子全書本　四冊

360000－1901－0011507　301725
淮南子二十一卷　(漢)劉安撰　(漢)高誘注　清嘉慶九年(1804)姑蘇王氏聚文堂刻十子全書本　六冊

360000－1901－0011508　721747
淮南子二十一卷　(漢)劉安撰　(漢)高誘注　清嘉慶九年(1804)姑蘇王氏聚文堂刻十子全書本　六冊

360000－1901－0011509　722093
淮南子二十一卷　(漢)劉安撰　(漢)高誘注　清嘉慶九年(1804)姑蘇王氏聚文堂刻十子全書本　六冊

360000－1901－0011510　803141
淮南子二十一卷　(漢)劉安撰　(漢)高誘注　清刻本　一冊　存十七卷(二至十八)

360000－1901－0011511　230382
淮南子二十一卷　(漢)劉安撰　(漢)高誘注　清乾隆五十三年(1788)莊逵吉刻本　六冊

360000－1901－0011512　230383
淮南子二十一卷　(漢)劉安撰　(漢)高誘注　清乾隆五十三年(1788)莊逵吉刻本　六冊

360000－1901－0011513　161855
淮鹽兩岸認運章程一卷　(清)曾國藩輯　清刻朱墨套印本　一冊

360000－1901－0011514　301731
淮揚水利圖說一卷　(清)馮道立撰　清光緒二年(1876)淮南書局刻本　一冊

360000－1901－0011515　305421
淮揚水利圖說一卷附西園文鈔一卷　(清)馮道立撰　清道光二十年(1840)刻本　一冊

360000－1901－0011516　150429
槐廬叢書　(清)朱記榮輯　清光緒吳縣朱氏槐廬家塾刻本　六十六冊　存四十五種

360000－1901－0011517　150430
槐廬叢書　(清)朱記榮輯　清光緒吳縣朱氏槐廬家塾刻本　三十二冊　存二十二種

360000－1901－0011518　161143
槐廬叢書　(清)朱記榮輯　清光緒吳縣朱氏槐廬家塾刻本　一冊　存二種

360000－1901－0011519　405089
槐卿遺稿六卷　(清)沈衍慶撰　清刻本　一冊　存三卷(一至三)

360000－1901－0011520　405088
槐廳載筆二十卷　(清)法式善撰　清刻本　一冊　存四卷(五至八)

360000－1901－0011521　405090
槐庭古體詩鈔二卷古體文前集一卷　(清)邱植撰　清道光元年至四年(1821－1824)刻本　二冊

360000－1901－0011522　421437
槐軒解湯海若先生纂輯名家詩二卷　(清)夏世欽輯　清道光二十六年(1846)刻本　一冊

360000－1901－0011523　405087
槐軒解湯海若先生纂輯名家詩二卷　（清）夏世欽輯　清刻本　一册

360000－1901－0011524　405087－1
槐軒解湯海若先生纂輯名家詩二卷　（清）夏世欽輯　清刻本　一册

360000－1901－0011525　163151
槐軒解湯海若先生纂輯名家詩二卷續解一卷　（清）夏世欽輯　清愛日堂刻本　一册

360000－1901－0011526　421438－1
槐軒解湯海若先生纂輯名家詩二卷續解一卷　（清）夏世欽輯　清經元升刻本　一册

360000－1901－0011527　421442
槐軒解湯海若先生纂輯名家詩二卷續解一卷　（清）夏世欽輯　清經元升刻本　一册

360000－1901－0011528　421442－1
槐軒解湯海若先生纂輯名家詩二卷續解一卷　（清）夏世欽輯　清經元升刻本　一册

360000－1901－0011529　421432
槐軒解湯海若先生纂輯名家詩二卷續解一卷　（清）夏世欽輯　清刻本　一册

360000－1901－0011530　421433
槐軒解湯海若先生纂輯名家詩二卷續解一卷　（清）夏世欽輯　清刻本　一册

360000－1901－0011531　421433－1
槐軒解湯海若先生纂輯名家詩二卷續解一卷　（清）夏世欽輯　清刻本　一册

360000－1901－0011532　421434
槐軒解湯海若先生纂輯名家詩二卷續解一卷　（清）夏世欽輯　清刻本　一册

360000－1901－0011533　421435
槐軒解湯海若先生纂輯名家詩二卷續解一卷　（清）夏世欽輯　清刻本　一册

360000－1901－0011534　421435－1
槐軒解湯海若先生纂輯名家詩二卷續解一卷　（清）夏世欽輯　清刻本　一册

360000－1901－0011535　421436
槐軒解湯海若先生纂輯名家詩二卷續解一卷　（清）夏世欽輯　清刻本　一册　存一卷（上）

360000－1901－0011536　421439
槐軒解湯海若先生纂輯名家詩二卷續解一卷　（清）夏世欽輯　清刻本　一册

360000－1901－0011537　421440
槐軒解湯海若先生纂輯名家詩二卷續解一卷　（清）夏世欽輯　清刻本　一册　存一卷（上）

360000－1901－0011538　421441
槐軒解湯海若先生纂輯名家詩二卷續解一卷　（清）夏世欽輯　清刻本　一册

360000－1901－0011539　802277
槐軒解湯海若先生纂輯名家詩二卷續解一卷　（清）夏世欽輯　清刻本　一册

360000－1901－0011540　421438
槐軒解湯海若先生纂輯名家詩二卷續解一卷　（清）夏世欽輯　清吴明德刻本　一册

360000－1901－0011541　805086
槐軒千家詩解二卷　（清）夏世欽撰　清刻本　一册　存一卷（上）

360000－1901－0011542　150558
槐軒全書　（清）劉沅撰　清咸豐至民國刻本　七十七册

360000－1901－0011543　411963
槐軒全書　（清）劉沅撰　清咸豐至民國刻本　二十八册　存八種

360000－1901－0011544　313670
槐軒約言一卷　（清）劉沅撰　清刻本　一册

360000－1901－0011545　162699
槐軒約言一卷　（清）劉沅撰　清同治七年（1868）刻本　一册

360000－1901－0011546　164193
槐野先生存笥稿三十八卷附録一卷　（明）王維楨撰　（明）南師仲輯　明萬曆三十四年

(1606)黄陞、王九敘刻本　六册　存十五卷(一至二、十八至三十)

360000－1901－0011547　421502
槐蔭堂第六才子書八卷西廂文一卷　(元)王德信　(元)關漢卿撰　(清)金人瑞評　清槐蔭堂刻本　六册

360000－1901－0011548　421503
槐蔭堂第六才子書八卷西廂文一卷　(元)王德信　(元)關漢卿撰　(清)金人瑞評　清槐蔭堂刻本　五册　存八卷(一至四、六至八,西廂文一卷)

360000－1901－0011549　150494
懷豳雜組　徐乃昌輯　清光緒至宣統南陵徐氏刻本　十册

360000－1901－0011550　150570
懷豳雜組　徐乃昌輯　清光緒至宣統南陵徐氏刻本　七册　存十一種

360000－1901－0011551　250213
懷舫集　(清)魏荔彤撰　清康熙、雍正刻本　六册　存六種

360000－1901－0011552　303810
懷舫雜著一卷　(清)魏荔彤撰　清刻本　一册

360000－1901－0011553　122610
懷葛堂文集八卷附錄一卷　(清)梁份撰　清光緒十三年(1887)木活字印本　四册

360000－1901－0011554　122611
懷葛堂文集八卷附錄一卷　(清)梁份撰　清光緒十三年(1887)木活字印本　四册

360000－1901－0011555　122612
懷葛堂文集八卷附錄一卷　(清)梁份撰　清光緒十三年(1887)木活字印本　四册

360000－1901－0011556　417629
懷葛堂文集八卷附錄一卷　(清)梁份撰　清光緒十三年(1887)木活字印本　四册

360000－1901－0011557　601793
懷葛堂文集八卷附錄一卷　(清)梁份撰　清光緒十三年(1887)木活字印本　四册

360000－1901－0011558　601794
懷葛堂文集八卷附錄一卷　(清)梁份撰　清光緒十三年(1887)木活字印本　四册

360000－1901－0011559　309921
懷古田舍詩節鈔六卷　(清)徐榮撰　清光緒十四年(1888)刻本　五册

360000－1901－0011560　122613
懷舊百一詩八卷　(清)龔鉽撰　清道光十八年(1838)刻本　一册

360000－1901－0011561　303811
懷舊集十二卷續集六卷又續集二卷女士詩錄一卷　(清)吳翌鳳輯　清嘉慶十八年(1813)刻本　十册

360000－1901－0011562　301856
懷麓堂全集一百卷　(明)李東陽撰　清嘉慶八年(1803)茶陵李氏刻本　二十册

360000－1901－0011563　417744
懷麓堂全集一百卷　(明)李東陽撰　清康熙二十一年(1682)茶鐸刻本　十八册　存六十八卷(詩稿一至九,文藁一至十、十二至二十八,詩後稿十卷,文後稿一至十四,文續稿一至八)

360000－1901－0011564　417745
懷麓堂全集一百卷　(明)李東陽撰　清康熙二十一年(1682)茶鐸刻本　十九册　缺六卷(文續稿五至十)

360000－1901－0011565　417744－1
懷麓堂全集一百卷　(明)李東陽撰　清刻本　一册　存三卷(詩稿一至三)

360000－1901－0011566　412830
懷青盦詞一卷　(清)李祖廉撰　清光緒十九年(1893)刻本　一册

360000－1901－0011567　412830－1
懷青盦詞一卷　(清)李祖廉撰　清光緒十九年(1893)刻本　一册

360000－1901－0011568　240935

懷清堂集二十卷 (清)湯右曾撰 清乾隆七年(1742)黄鍾刻本 四冊

360000－1901－0011569 240936
懷清堂詩稿不分卷 (清)湯右曾撰 清抄本 一冊

360000－1901－0011570 163057
懷慶府八縣水道圖一卷 (清)□□輯 清刻本 一冊

360000－1901－0011571 163058
懷慶府八縣水道圖一卷 (清)□□輯 清刻本 一冊

360000－1901－0011572 416504
懷山園武經七書彙解七卷首一卷末一卷 (清)朱墉撰 清康熙懷山園刻本 三冊 存七卷(二至七、末一卷)

360000－1901－0011573 241581
懷永堂繪像第六才子書八卷 (元)王德信 (元)關漢卿撰 (清)金人瑞批點 清康熙三十九年(1700)味蘭軒刻朱墨套印本 六冊

360000－1901－0011574 721561
懷永堂繪像第六才子書八卷 (元)王德信 (元)關漢卿撰 (清)金人瑞批點 清康熙五十九年(1720)懷永堂刻本 二冊 存四卷(一至四)

360000－1901－0011575 801051
懷永堂繪像第六才子書八卷 (元)王德信 (元)關漢卿撰 (清)金人瑞批點 清刻本 十冊

360000－1901－0011576 804810
懷永堂繪像第六才子書八卷 (元)王德信 (元)關漢卿撰 (清)金人瑞批點 清刻本 一冊 存三卷(一至三)

360000－1901－0011577 161432
懷永堂繪像第六才子書西廂記八卷 (元)王德信 (元)關漢卿撰 (清)金人瑞批點 清懷永堂刻本 六冊

360000－1901－0011578 303812
懷園集杜詩八卷 (清)車萬育撰 清刻本 二冊

360000－1901－0011579 241596
懷遠堂批點燕子箋二卷四十二齣 (明)阮大鋮撰 清初刻本 一冊 存一卷(上)二十一齣(一至二十一)

360000－1901－0011580 240579
洹詞十二卷 (明)崔銑撰 明嘉靖二十八年(1549)趙府味經堂刻本 十二冊

360000－1901－0011581 240580
洹詞十二卷 (明)崔銑撰 明嘉靖二十八年(1549)趙府味經堂刻本 六冊

360000－1901－0011582 240581
洹詞十二卷 (明)崔銑撰 明嘉靖二十八年(1549)趙府味經堂刻清乾隆三十六年(1771)彰德黄邦寧重修本 六冊

360000－1901－0011583 240582
洹詞十二卷 (明)崔銑撰 明嘉靖二十八年(1549)趙府味經堂刻清乾隆三十六年(1771)彰德黄邦寧重修本 二冊 存四卷(四至七)

360000－1901－0011584 418570
洹詞十二卷 (明)崔銑撰 明嘉靖二十八年(1549)趙府味經堂刻清乾隆三十六年(1771)彰德黄邦寧重修本 六冊

360000－1901－0011585 303698
圜錐曲線說三卷 (英國)艾約瑟口譯 (清)李善蘭筆述 清刻本 一冊

360000－1901－0011586 314095
寰宇訪碑錄十二卷 (清)孫星衍 (清)邢澍撰 清光緒九年(1883)江蘇書局刻本 三冊 存九卷(一至七、十一至十二)

360000－1901－0011587 409375
寰宇訪碑錄十二卷 (清)孫星衍 (清)邢澍撰 清光緒九年(1883)江蘇書局刻本 四冊

360000－1901－0011588 312606
寰宇訪碑錄十二卷 (清)孫星衍 (清)邢澍撰 清光緒十一年(1885)刻本 六冊

360000－1901－0011589　301785
寰宇訪碑錄十二卷　(清)孫星衍　(清)邢澍撰　清嘉慶七年(1802)刻本　四冊

360000－1901－0011590　314289
寰宇訪碑錄十二卷　(清)孫星衍　(清)邢澍撰　清嘉慶七年(1802)刻本　三冊

360000－1901－0011591　413876
環碧山房詩鈔四卷　(清)辛苹撰　清道光二十一年(1841)刻本　二冊

360000－1901－0011592　413876－1
環碧山房詩鈔四卷　(清)辛苹撰　清道光二十一年(1841)刻本　二冊　存二卷(三至四)

360000－1901－0011593　415142
環碧主人賸稿一卷　(清)沈亨惠撰　清光緒二十三年(1897)小穜字林刻本　一冊

360000－1901－0011594　402853
環地福分類字課圖說八卷　(清)趙金壽輯　清光緒三十二年(1906)上海萃珍石印本　二冊　存二卷(一、四)

360000－1901－0011595　402852
環地福分類字課圖說八卷　(清)趙金壽輯　清光緒三十一年(1905)石印本　四冊　存四卷(一至二、四、七)

360000－1901－0011596　404759
環地福分類字課圖說八卷　(清)趙金壽輯　清末石印本　二冊　存二卷(六、八)

360000－1901－0011597　120245
環滸尹氏歷代詩草二卷　(清)尹繼隆輯　清咸豐三年(1853)遺經堂刻本　一冊

360000－1901－0011598　240983
環石齋詩集八卷　(清)趙知希撰　清乾隆二十五年(1760)刻本　三冊

360000－1901－0011599　241027
環溪草堂文集四卷　(清)聶燾撰　清乾隆三十七年(1772)光裕書林刻本　二冊

360000－1901－0011600　412147
環溪山莊存藁百美圖不分卷　(清)美珂撰　清光緒二十一年(1895)鈐印本　三冊

360000－1901－0011601　307624
環遊地球新錄四卷　(清)李圭撰　清光緒十年(1884)甬上刻本　四冊

360000－1901－0011602　301086
環遊地球新錄四卷　(清)李圭撰　清光緒四年(1878)善成堂刻本　四冊

360000－1901－0011603　420166
環遊地球新錄四卷　(清)李圭撰　清刻本　一冊　存一卷(二)

360000－1901－0011604　407786
宦海浮沈錄一卷　(清)張心泰撰　清光緒三十二年(1906)夢梅仙館刻本　一冊

360000－1901－0011605　150675
宦海指南五種　(清)許乃普輯　清咸豐九年(1859)錢唐許氏刻本　五冊

360000－1901－0011606　601465
宦拾錄十八卷　(清)王子音撰　清嘉慶十一年(1806)京師琉璃廠文會堂穆春園刻本　一冊　存二卷(一至二)

360000－1901－0011607　121058
宦拾錄十八卷　(清)王子音撰　清嘉慶十一年(1806)刻本　十二冊

360000－1901－0011608　401696
宦鄉要則七卷　(清)張鑒瀛輯　清光緒五年(1879)刻本　一冊

360000－1901－0011609　401697
宦鄉要則七卷　(清)張鑒瀛輯　清刻本　二冊　存三卷(一至三)

360000－1901－0011610　401695
宦鄉要則七卷首一卷　(清)張鑒瀛輯　清光緒三十三年(1907)上海育文石印本　二冊

360000－1901－0011611　411022
宦遊草六卷　(清)徐輔忠撰　清道光十年(1830)刻本　四冊

360000－1901－0011612　411023

宦遊草六卷　(清)徐輔忠撰　清道光十年(1830)刻本　三冊　存三卷(一至二、六)

360000－1901－0011613　301800
宦遊紀略二卷　(清)高廷瑤撰　清光緒二十六年(1900)貴筑高氏詒硯堂刻朱印本　一冊

360000－1901－0011614　121059
宦遊小草三卷　(清)鄒大成撰　清咸豐九年(1859)刻本　一冊

360000－1901－0011615　121060
宦遊小草三卷　(清)鄒大成撰　清咸豐九年(1859)刻本　二冊

360000－1901－0011616　411261
宦越草一卷　(清)黄光岳撰　清雍正十三年(1735)刻本　一冊

360000－1901－0011617　413869
宦越草一卷　(清)黄光岳撰　清雍正十三年(1735)刻本　一冊

360000－1901－0011618　413869－1
宦越草一卷　(清)黄光岳撰　清雍正十三年(1735)刻本　一冊

360000－1901－0011619　413869－2
宦越草一卷　(清)黄光岳撰　清雍正十三年(1735)刻本　一冊

360000－1901－0011620　413869－3
宦越草一卷　(清)黄光岳撰　清雍正十三年(1735)刻本　一冊

360000－1901－0011621　405599
浣花樓詩草五卷文集一卷秋尋圖詩一卷　(清)彭舫撰　清道光六年(1826)文陞堂刻本　三冊

360000－1901－0011622　405599－1
浣花樓詩草五卷文集一卷秋尋圖詩一卷　(清)彭舫撰　清道光六年(1826)文陞堂刻本　一冊　存二卷(文集一卷、秋尋圖詩一卷)

360000－1901－0011623　317784
浣霞軒詩稿一卷寓草二卷試帖拾遺一卷　(清)朱驤成撰　清刻本　一冊

360000－1901－0011624　405597
浣香居遺稿一卷　(清)游錫珍撰　清宣統三年(1911)木活字印本　一冊

360000－1901－0011625　163197
浣雲詩鈔八卷　(清)汪梅鼎撰　清嘉慶二十二年(1817)刻本　二冊

360000－1901－0011626　123011
荒政備覽二卷　(清)王鳳生撰　清道光三年(1823)刻本　一冊

360000－1901－0011627　310908
荒政輯要九卷首一卷　(清)汪志伊撰　清道光五年(1825)山陽李氏聞妙香室刻致用叢書本　二冊

360000－1901－0011628　309783
荒政輯要九卷首一卷　(清)汪志伊撰　清同治八年(1869)楚北崇文書局刻本　二冊

360000－1901－0011629　220487
荒政瑣言一卷　(清)萬維翰撰　清乾隆十七年(1752)刻本　一冊

360000－1901－0011630　416614
荒政瑣言一卷　(清)萬維翰撰　清乾隆十七年(1752)刻本　一冊

360000－1901－0011631　308592
皇朝詞林典故六十四卷　(清)朱珪等撰　清嘉慶十年(1805)武英殿刻本　二十五冊　存四十九卷(一至二、五至六、九至十六、二十至二十八、三十三至五十、五十三至五十四、五十七至六十四)

360000－1901－0011632　312190
皇朝詞林典故六十四卷　(清)朱珪等撰　清嘉慶十年(1805)武英殿刻本　三十二冊

360000－1901－0011633　404589
皇朝詞林典故六十四卷　(清)朱珪等撰　清刻本　四冊　存八卷(七至八、五十一至五十六)

360000－1901－0011634　301461
皇朝藩部要略十八卷世系表四卷　(清)祁韻

士纂　清道光二十六年(1846)刻本　四册

360000－1901－0011635　305928

皇朝藩部要略十八卷世系表四卷　(清)祁韻士纂　清光緒十年(1884)浙江書局刻本　五册　存十三卷(皇朝藩部要略十至十八、世系表四卷)

360000－1901－0011636　301471

皇朝紀略不分卷　(清)紹興北鄉義塾編　清光緒二十七年(1901)上海普通學書室鉛印本　一册

360000－1901－0011637　401549

皇朝經濟文編一百二十八卷　(清)求自強齋主人輯　清光緒石印本　六册　存十六卷(二十二至二十三、四十五至四十六、六十四、九十五至九十八、一百至一百六)

360000－1901－0011638　308770

皇朝經濟文新編六十一卷　(清)宜今室主人輯　清光緒二十七年(1901)上海宜今室石印本　二十四册

360000－1901－0011639　164330

皇朝經世文編一百二十卷　(清)賀長齡輯　清道光七年(1827)刻本　八十册

360000－1901－0011640　164331

皇朝經世文編一百二十卷　(清)賀長齡輯　清道光七年(1827)刻本　六十四册

360000－1901－0011641　305168

皇朝經世文編一百二十卷　(清)賀長齡輯　清道光七年(1827)刻本　七十八册　存一百十七卷(一至十四、十七至四十七、四十九至一百二十)

360000－1901－0011642　414239

皇朝經世文編一百二十卷　(清)賀長齡輯　清道光七年(1827)刻本　八十一册

360000－1901－0011643　414240

皇朝經世文編一百二十卷　(清)賀長齡輯　清道光七年(1827)刻本　五十六册　存一百十一卷(二至七十一、七十五至七十七、八十一至一百四、一百六至一百十四、一百十六至一百二十)

360000－1901－0011644　414241

皇朝經世文編一百二十卷　(清)賀長齡輯　清道光七年(1827)刻本　五十七册　存九十四卷(一至十九、二十二至二十五、二十七至三十六、四十至四十九、五十三至八十、八十三至九十、九十三至一百、一百十二至一百十四、一百十六、一百十八至一百二十)

360000－1901－0011645　414242

皇朝經世文編一百二十卷　(清)賀長齡輯　清道光七年(1827)刻本　五十三册　存七十卷(二至二十、二十二至三十八、四十六至五十、五十五至五十八、六十二至六十三、六十七至六十九、七十七至七十九、八十四至八十五、九十三至九十七、九十九、一百六至一百十二、一百十六至一百十七)

360000－1901－0011646　414243

皇朝經世文編一百二十卷　(清)賀長齡輯　清道光七年(1827)刻本　六十七册　存九十九卷(一至十二、十四至二十九、三十一至三十五、三十九至四十、四十九至五十二、五十四至五十五、五十七至六十七、六十九至八十七、八十九至九十六、九十八至一百十三、一百十五至一百十八)

360000－1901－0011647　414244

皇朝經世文編一百二十卷　(清)賀長齡輯　清道光七年(1827)刻本　三十一册　存四十一卷(二至十二、十九至二十、二十二至三十一、三十四至三十五、四十、五十八、六十二、六十六至六十八、七十八、八十四、一百七至一百十三、一百十七)

360000－1901－0011648　414245

皇朝經世文編一百二十卷　(清)賀長齡輯　清道光七年(1827)刻本　三十三册　存四十六卷(二十二至二十五、二十七至二十八、三十六至七十三、一百七至一百八)

360000－1901－0011649　804961

皇朝經世文編一百二十卷　(清)賀長齡輯

清道光七年(1827)刻本　四十八册　存七十五卷(一、四至十四、十七至二十四、二十七至二十八、三十至三十一、三十四、三十六至四十二、五十六至五十九、六十二至六十四、六十八、七十至七十七、八十一至八十二、八十四、八十六至九十三、九十六至九十七、九十九至一百五、一百九至一百十、一百十三至一百十四、一百十八至一百二十)

360000－1901－0011650　805467
皇朝經世文編一百二十卷　(清)賀長齡輯
清道光七年(1827)刻本　二十一册　存三十一卷(四十九、八十八至一百四、一百八至一百二十)

360000－1901－0011651　414166
皇朝經世文編一百二十卷　(清)賀長齡輯
清光緒二十二年(1896)掃葉山房鉛印本　二十四册

360000－1901－0011652　414167
皇朝經世文編一百二十卷　(清)賀長齡輯
清光緒二十二年(1896)掃葉山房鉛印本　二十四册

360000－1901－0011653　414168
皇朝經世文編一百二十卷　(清)賀長齡輯
清光緒二十二年(1896)掃葉山房鉛印本　十九册　存九十三卷(一至九十三)

360000－1901－0011654　414169
皇朝經世文編一百二十卷　(清)賀長齡輯
清光緒二十二年(1896)掃葉山房鉛印本　十四册　存六十二卷(六至十、二十至二十五、三十一至三十五、六十五至七十八、八十九至一百二十)

360000－1901－0011655　164337
皇朝經世文編一百二十卷　(清)賀長齡輯
清光緒二十二年(1896)上海掃葉山房石印本　二十四册

360000－1901－0011656　414180
皇朝經世文編一百二十卷　(清)賀長齡輯
清光緒二十九年(1903)石印本　二十四册

360000－1901－0011657　414189
皇朝經世文編一百二十卷　(清)賀長齡輯
清光緒二十五年(1899)上海中西書局石印本　十二册

360000－1901－0011658　414191
皇朝經世文編一百二十卷　(清)賀長齡輯
清光緒二十五年(1899)上海中西書局石印本　九册　存四十五卷(一至五、二十一至二十五、三十六至五十、六十一至六十五、八十六至九十五、一百一至一百五)

360000－1901－0011659　414171
皇朝經世文編一百二十卷　(清)賀長齡輯
清光緒上海文淵山房書莊鉛印本　二十四册

360000－1901－0011660　164335
皇朝經世文編一百二十卷　(清)賀長齡輯
清光緒十二年(1886)思補樓石印本　三十四册　存六十五卷(七至二十三、二十七至四十二、四十六至五十六、八十二至一百二)

360000－1901－0011661　414194
皇朝經世文編一百二十卷　(清)賀長齡輯
清光緒十二年(1886)思補樓石印本　四十册　存七十八卷(一至十八、六十一至一百二十)

360000－1901－0011662　414195
皇朝經世文編一百二十卷　(清)賀長齡輯
清光緒十二年(1886)思補樓石印本　二十册　存四十卷(六十一至八十二、一百三至一百二十)

360000－1901－0011663　414172
皇朝經世文編一百二十卷　(清)賀長齡輯
清光緒十六年(1890)廣百宋齋鉛印本　二十四册

360000－1901－0011664　414173
皇朝經世文編一百二十卷　(清)賀長齡輯
清光緒十六年(1890)廣百宋齋鉛印本　二十五册

360000－1901－0011665　414174
皇朝經世文編一百二十卷　(清)賀長齡輯

清光緒十六年(1890)廣百宋齋鉛印本　二十四冊　存一百十六卷(一至五十三、五十八至一百二十)

360000－1901－0011666　414175
皇朝經世文編一百二十卷　(清)賀長齡輯
清光緒十六年(1890)廣百宋齋鉛印本　十八冊　存九十二卷(一至十四、二十四至四十五、四十九至六十一、六十八至七十三、八十四至一百二十)

360000－1901－0011667　414176
皇朝經世文編一百二十卷　(清)賀長齡輯
清光緒十六年(1890)廣百宋齋鉛印本　十五冊　存七十五卷(一至十五、十九至三十九、四十九至五十二、六十八至八十三、八十六至八十九、九十四至九十八、一百十一至一百二十)

360000－1901－0011668　414177
皇朝經世文編一百二十卷　(清)賀長齡輯
清光緒十六年(1890)廣百宋齋鉛印本　十四冊　存七十五卷(一至十四、三十二至四十一、四十九至五十二、六十二至七十三、七十六至八十、八十四至九十三、九十六至一百十、一百十六至一百二十)

360000－1901－0011669　414178
皇朝經世文編一百二十卷　(清)賀長齡輯
清光緒十六年(1890)廣百宋齋鉛印本　四冊　存二十卷(六十八至七十五、九十九至一百十)

360000－1901－0011670　414179
皇朝經世文編一百二十卷　(清)賀長齡輯
清光緒十三年(1887)上海廣百宋齋鉛印本　二十四冊

360000－1901－0011671　164336
皇朝經世文編一百二十卷　(清)賀長齡輯
清光緒十五年(1889)廣百宋齋鉛印本　二十四冊

360000－1901－0011672　800168
皇朝經世文編一百二十卷　(清)賀長齡輯
清刻本　二十三冊　存三十二卷(一至二、五十至六十七、七十六至八十七)

360000－1901－0011673　804962
皇朝經世文編一百二十卷　(清)賀長齡輯
清刻本　二十五冊　存三十九卷(三至三十三、四十一至四十八)

360000－1901－0011674　805469
皇朝經世文編一百二十卷　(清)賀長齡輯
清刻本　一冊　存一卷(九十七)

360000－1901－0011675　414178－1
皇朝經世文編一百二十卷　(清)賀長齡輯
清末鉛印本　二冊　存十二卷(六十八至七十三、九十九至一百四)

360000－1901－0011676　714180
皇朝經世文編一百二十卷　(清)賀長齡輯
清末鉛印本　二冊　存九卷(二十二至二十六、五十二至五十五)

360000－1901－0011677　722360
皇朝經世文編一百二十卷　(清)賀長齡輯
清末鉛印本　一冊　存四卷(四十八至五十一)

360000－1901－0011678　800171
皇朝經世文編一百二十卷　(清)賀長齡輯
清末鉛印本　八冊　存四十卷(三至七、二十至四十九、一百十至一百十四)

360000－1901－0011679　800172
皇朝經世文編一百二十卷　(清)賀長齡輯
清末鉛印本　十四冊　存七十卷(四十一至一百十)

360000－1901－0011680　804959
皇朝經世文編一百二十卷　(清)賀長齡輯
清末鉛印本　二十冊　存一百二卷(一至四十、五十至五十三、五十九至八十、八十五至一百二十)

360000－1901－0011681　804960
皇朝經世文編一百二十卷　(清)賀長齡輯
清末鉛印本　二十冊　存一百一卷(一至十

一、十五至四十四、五十至七十四、七十九至八十三、八十五至九十八、一百五至一百二十）

360000－1901－0011682　804960－1
皇朝經世文編一百二十卷　（清）賀長齡輯　清末鉛印本　十四冊　存六十九卷（十三至二十八、三十五至七十八、八十至八十八）

360000－1901－0011683　804963
皇朝經世文編一百二十卷　（清）賀長齡輯　清末鉛印本　一冊　存五卷（十至十四）

360000－1901－0011684　804958
皇朝經世文編一百二十卷　（清）賀長齡輯　清末石印本　二十二冊　存一百十卷（一至一百十）

360000－1901－0011685　407471
皇朝經世文編一百二十卷　（清）賀長齡輯　清藝芸書局刻本　六十七冊　存一百三卷（一至四、六至十二、十八至二十五、二十九至三十三、三十五至三十六、三十九至四十七、四十九、五十一至五十七、六十一至一百二十）

360000－1901－0011686　407472
皇朝經世文編一百二十卷　（清）賀長齡輯　清藝芸書局刻本　九冊　存十四卷（十一至十二、二十二至二十四、六十三至六十四、六十九至七十一、七十八、八十三、一百十四至一百十五）

360000－1901－0011687　312859
皇朝經世文編一百二十卷姓名總目二卷　（清）賀長齡輯　清道光七年（1827）刻本　六十四冊

360000－1901－0011688　714181
皇朝經世文編一百二十卷姓名總目二卷　（清）賀長齡輯　清光緒二十九年（1903）石印本　十八冊　存一百十二卷（一至一百十、姓名總目二卷）

360000－1901－0011689　164334
皇朝經世文編一百二十卷姓名總目二卷　（清）賀長齡輯　清光緒二十四年（1898）上海宏文閣鉛印本　二十四冊

360000－1901－0011690　414165
皇朝經世文編一百二十卷姓名總目二卷　（清）賀長齡輯　清光緒二十四年（1898）上海宏文閣鉛印本　二十四冊

360000－1901－0011691　603487
皇朝經世文編一百二十卷姓名總目二卷　（清）賀長齡輯　清光緒二十四年（1898）上海宏文閣鉛印本　二十四冊

360000－1901－0011692　414201
皇朝經世文三編八十卷　（清）陳忠倚輯　清光緒二十八年（1902）龍文書局石印本　十六冊

360000－1901－0011693　804968
皇朝經世文三編八十卷　（清）陳忠倚輯　清光緒二十八年（1902）上海書局石印本　十六冊

360000－1901－0011694　414202
皇朝經世文三編八十卷　（清）陳忠倚輯　清光緒二十七年（1901）上海書局石印本　十六冊

360000－1901－0011695　414203
皇朝經世文三編八十卷　（清）陳忠倚輯　清光緒二十七年（1901）上海書局石印本　十六冊

360000－1901－0011696　414204
皇朝經世文三編八十卷　（清）陳忠倚輯　清光緒二十七年（1901）上海書局石印本　十六冊

360000－1901－0011697　414205
皇朝經世文三編八十卷　（清）陳忠倚輯　清光緒二十七年（1901）上海書局石印本　九冊

360000－1901－0011698　414206
皇朝經世文三編八十卷　（清）陳忠倚輯　清光緒二十七年（1901）上海書局石印本　十六冊

360000－1901－0011699　414207

皇朝經世文三編八十卷　(清)陳忠倚輯　清光緒二十七年(1901)上海書局石印本　十三冊　存七十卷(一至十、二十一至八十)

360000－1901－0011700　414208

皇朝經世文三編八十卷　(清)陳忠倚輯　清光緒二十七年(1901)上海書局石印本　八冊　存四十卷(六至十、二十一至三十、四十一至四十五、五十一至五十五、六十一至七十五)

360000－1901－0011701　603486

皇朝經世文三編八十卷　(清)陳忠倚輯　清光緒二十七年(1901)上海書局石印本　十六冊

360000－1901－0011702　804969

皇朝經世文三編八十卷　(清)陳忠倚輯　清光緒二十七年(1901)上海書局石印本　十六冊

360000－1901－0011703　804970

皇朝經世文三編八十卷　(清)陳忠倚輯　清光緒二十七年(1901)上海書局石印本　十六冊

360000－1901－0011704　164341

皇朝經世文三編八十卷　(清)陳忠倚輯　清光緒二十三年(1897)寶善書局石印本　十六冊

360000－1901－0011705　414196

皇朝經世文三編八十卷　(清)陳忠倚輯　清光緒二十四年(1898)浙省書局石印本　十六冊

360000－1901－0011706　414197

皇朝經世文三編八十卷　(清)陳忠倚輯　清光緒二十四年(1898)浙省書局石印本　十六冊

360000－1901－0011707　414198

皇朝經世文三編八十卷　(清)陳忠倚輯　清光緒二十四年(1898)浙省書局石印本　十六冊

360000－1901－0011708　414199

皇朝經世文三編八十卷　(清)陳忠倚輯　清光緒二十四年(1898)浙省書局石印本　十六冊

360000－1901－0011709　414200

皇朝經世文三編八十卷　(清)陳忠倚輯　清光緒二十四年(1898)浙省書局石印本　七冊　存六十卷(一至十、二十一至三十、四十一至八十)

360000－1901－0011710　804967

皇朝經世文三編八十卷　(清)陳忠倚輯　清末石印本　五冊　存二十五卷(五十六至八十)

360000－1901－0011711　414235

皇朝經世文四編五十二卷　(清)何良棟輯　清光緒二十八年(1902)鴻寶書局石印本　十二冊

360000－1901－0011712　414236

皇朝經世文四編五十二卷　(清)何良棟輯　清光緒二十八年(1902)鴻寶書局石印本　三冊　存十五卷(十五至十九、二十三至二十七、三十七至四十一)

360000－1901－0011713　164342

皇朝經世文四編五十二卷　(清)何良棟輯　清光緒二十八年(1902)上海書局石印本　十二冊

360000－1901－0011714　804976

皇朝經世文統編一百二十卷　(清)邵之棠輯　清光緒二十七年(1901)上海慎記石印本　三十八冊　存一百十五卷(一至一百十五)

360000－1901－0011715　164345

皇朝經世文統編一百七卷　(清)邵之棠輯　清光緒二十七年(1901)上海寶善齋石印本　三十冊

360000－1901－0011716　414232

皇朝經世文統編一百七卷　(清)邵之棠輯　清光緒二十七年(1901)上海寶善齋石印本　三十八冊　存七十八卷(一至三十、三十五至

三十六、四十三至五十一、五十五至五十八、六十六至七十七、八十至八十六、九十至九十六、一百一至一百七）

360000－1901－0011717　414233
皇朝經世文統編一百七卷　（清）邵之棠輯　清光緒二十七年（1901）上海寶善齋石印本　十八册　存三十三卷（一至六、十二至二十六、四十六至四十八、七十至七十二、八十、九十五、一百二、一百五至一百七）

360000－1901－0011718　714192
皇朝經世文統編一百七卷　（清）邵之棠輯　清光緒二十七年（1901）上海寶善齋石印本　十三册　存二十四卷（八十一至九十六、一百至一百七）

360000－1901－0011719　714193
皇朝經世文統編一百七卷　（清）邵之棠輯　清光緒二十七年（1901）上海寶善齋石印本　三十六册　存七十卷（一至五十九、九十七至一百七）

360000－1901－0011720　714678
皇朝經世文統編一百七卷　（清）邵之棠輯　清光緒石印本　四十六册　存九十九卷（一至九十九）

360000－1901－0011721　714679
皇朝經世文統編一百七卷　（清）邵之棠輯　清光緒石印本　九册　存二十一卷（六十至八十）

360000－1901－0011722　714213
皇朝經世文新編二十二卷　麥仲華輯　清光緒二十七年（1901）上海寶善書局石印本　十六册

360000－1901－0011723　714214
皇朝經世文新編二十二卷　麥仲華輯　清光緒二十七年（1901）上海寶善書局石印本　八册

360000－1901－0011724　804972
皇朝經世文新編二十一卷　麥仲華輯　清光緒二十七年（1901）上海寶善書局石印本　十六册

360000－1901－0011725　804973
皇朝經世文新編二十一卷　麥仲華輯　清光緒二十七年（1901）上海寶善書局石印本　十一册　存十四卷（一上、五至十、十三至十八上、二十上）

360000－1901－0011726　414211
皇朝經世文新編二十一卷　麥仲華輯　清光緒二十七年（1901）上海書局石印本　十二册

360000－1901－0011727　714218
皇朝經世文新編二十一卷　麥仲華輯　清光緒二十七年（1901）上海書局石印本　十三册　存十七卷（一至五、九至十二、十四至二十一）

360000－1901－0011728　164343
皇朝經世文新編二十一卷　麥仲華輯　清光緒二十四年（1898）上海大同譯書局石印本　二十四册

360000－1901－0011729　804974
皇朝經世文新編二十一卷　麥仲華輯　清光緒二十四年（1898）上海大同譯書局石印本　二十四册

360000－1901－0011730　407475
皇朝經世文新編二十一卷　麥仲華輯　清光緒二十四年（1898）石印本　十九册

360000－1901－0011731　407476
皇朝經世文新編二十一卷　麥仲華輯　清光緒二十四年（1898）石印本　十册

360000－1901－0011732　414209
皇朝經世文新編二十一卷　麥仲華輯　清光緒上海大同譯書局石印本　二十四册

360000－1901－0011733　414210
皇朝經世文新編二十一卷　麥仲華輯　清光緒上海大同譯書局石印本　二十四册

360000－1901－0011734　414212
皇朝經世文新編二十一卷　麥仲華輯　清光緒上海書局石印本　十六册

360000－1901－0011735　804971
皇朝經世文新編二十一卷　麥仲華輯　清光緒上海書局石印本　十六册

360000－1901－0011736　414217
皇朝經世文新編二十一卷　麥仲華輯　清光緒石印本　五册　存十四卷(三至五、八至十、十四至二十一)

360000－1901－0011737　714215
皇朝經世文新編二十一卷　麥仲華輯　清末石印本　八册

360000－1901－0011738　714219
皇朝經世文新編二十一卷　麥仲華輯　清末石印本　十册　存十二卷(五至十、十三至十八)

360000－1901－0011739　714220
皇朝經世文新編二十一卷　麥仲華輯　清末石印本　七册　存八卷(一、五至九、十三、十五)

360000－1901－0011740　714230
皇朝經世文新編二十一卷　麥仲華輯　清末石印本　三册　存四卷(九至十二)

360000－1901－0011741　714234
皇朝經世文新編二十一卷　麥仲華輯　清末石印本　四册　存五卷(十一至十四、十八)

360000－1901－0011742　714235
皇朝經世文新編二十一卷　麥仲華輯　清末石印本　四册　存四卷(十、十四、十六、二十)

360000－1901－0011743　714236
皇朝經世文新編二十一卷　麥仲華輯　清末石印本　三册　存七卷(二至四、十四、十六至十八)

360000－1901－0011744　714221
皇朝經世文新編三十二卷　麥仲華輯　清光緒二十七年(1901)上海書局石印本　十册　存二十卷(一至十六、十八至十九、二十九至三十)

360000－1901－0011745　722240
皇朝經世文新編三十二卷　麥仲華輯　清光緒石印本　一册　存四卷(二十九至三十二)

360000－1901－0011746　714217
皇朝經世文新編三十二卷　麥仲華輯　清末石印本　六册　存十四卷(十七至三十)

360000－1901－0011747　714222
皇朝經世文新編三十二卷　麥仲華輯　清末石印本　四册　存十二卷(一至二、五至六、二十一至二十八)

360000－1901－0011748　714227
皇朝經世文新編三十二卷　麥仲華輯　清末石印本　十册　存二十二卷(五至二十六)

360000－1901－0011749　714233
皇朝經世文新編三十二卷　麥仲華輯　清末石印本　三册　存六卷(七至八、十一至十二、二十三至二十四)

360000－1901－0011750　414237
皇朝經世文新增時務續編四十卷洋務八卷　(清)葛士濬輯　清光緒二十三年(1897)掃葉山房鉛印本　六册

360000－1901－0011751　414238
皇朝經世文新增時務續編四十卷洋務八卷　(清)葛士濬輯　清光緒二十三年(1897)掃葉山房鉛印本　五册　存三十九卷(皇朝經世文新增時務續編一至二十六、三十六至四十，洋務八卷)

360000－1901－0011752　164338
皇朝經世文新增續編一百二十卷　(清)葛士濬輯　清光緒二十三年(1897)掃葉山房鉛印本　二十四册

360000－1901－0011753　414192
皇朝經世文新增續編一百二十卷　(清)葛士濬輯　清光緒二十三年(1897)掃葉山房鉛印本　二十四册

360000－1901－0011754　414193
皇朝經世文新增續編一百二十卷　(清)葛士

濬輯　清光緒二十三年(1897)掃葉山房鉛印本　二十一册

360000－1901－0011755　714179
皇朝經世文新增續編一百二十卷　(清)葛士濬輯　清末鉛印本　一册　存十一卷(六十二至七十二)

360000－1901－0011756　714191
皇朝經世文新增續編一百二十卷　(清)葛士濬輯　清末鉛印本　三册　存十九卷(十二至三十)

360000－1901－0011757　722359
皇朝經世文新增續編一百二十卷　(清)葛士濬輯　清末鉛印本　一册　存八卷(四十至四十七)

360000－1901－0011758　414227
皇朝經世文續編一百二十卷　(清)葛士濬輯　清光緒二十二年(1896)寶善書局石印本　十九册　存一百十四卷(七至一百二十)

360000－1901－0011759　714226
皇朝經世文續編一百二十卷　(清)葛士濬輯　清光緒二十二年(1896)寶善書局石印本　十九册

360000－1901－0011760　714228
皇朝經世文續編一百二十卷　(清)葛士濬輯　清光緒二十二年(1896)寶善書局石印本　十六册　存一百四卷(七至八十二、八十九至一百、一百五至一百二十)

360000－1901－0011761　714185
皇朝經世文續編一百二十卷　(清)葛士濬輯　清光緒二十七年(1901)上海久敬齋鉛印本　七册　存三十三卷(一至三十三)

360000－1901－0011762　712870
皇朝經世文續編一百二十卷　(清)葛士濬輯　清光緒二十四年(1898)上海宏文閣鉛印本　一册　存五卷(一至五)

360000－1901－0011763　714182
皇朝經世文續編一百二十卷　(清)葛士濬輯　清光緒二十四年(1898)上海宏文閣鉛印本　二十四册

360000－1901－0011764　164339
皇朝經世文續編一百二十卷　(清)葛士濬輯　清光緒二十四年(1898)上海文盛書局石印本　二十册

360000－1901－0011765　804965
皇朝經世文續編一百二十卷　(清)葛士濬輯　清光緒二十四年(1898)上海文盛書局石印本　十八册　存一百八卷(一至三十二、三十九至七十二、七十九至一百二十)

360000－1901－0011766　714186
皇朝經世文續編一百二十卷　(清)葛士濬輯　清光緒十四年(1888)上海圖書集成局鉛印本　六册　存二十二卷(五至十八、二十八至三十一、四十至四十三)

360000－1901－0011767　714187
皇朝經世文續編一百二十卷　(清)葛士濬輯　清光緒十四年(1888)上海圖書集成局鉛印本　九册　存三十二卷(八至二十二、六十一至七十一、一百十至一百十五)

360000－1901－0011768　714190
皇朝經世文續編一百二十卷　(清)葛士濬輯　清光緒十四年(1888)上海圖書集成局鉛印本　四册　存十四卷(七十二至七十四、一百七至一百九、一百十三至一百二十)

360000－1901－0011769　804966
皇朝經世文續編一百二十卷　(清)葛士濬輯　清光緒十四年(1888)上海圖書集成局鉛印本　八册　存三十一卷(一至三十一)

360000－1901－0011770　414170
皇朝經世文續編一百二十卷　(清)葛士濬輯　清光緒十四年(1888)圖書集成局鉛印本　二十六册

360000－1901－0011771　714184
皇朝經世文續編一百二十卷　(清)葛士濬輯　清末鉛印本　九册　存四十五卷(七十六至一百二十)

360000－1901－0011772　714673

皇朝經世文續編一百二十卷　（清）葛士濬輯　清末鉛印本　十册　存四十四卷（四十至六十、七十九至一百一）

360000－1901－0011773　714673－1

皇朝經世文續編一百二十卷　（清）葛士濬輯　清末鉛印本　一册　存三卷（八十七至八十九）

360000－1901－0011774　714674

皇朝經世文續編一百二十卷　（清）葛士濬輯　清末鉛印本　三册　存十六卷（六十二至七十七）

360000－1901－0011775　722356

皇朝經世文續編一百二十卷　（清）葛士濬輯　清末鉛印本　十二册　存六十二卷（八至三十三、四十至七十五）

360000－1901－0011776　722357

皇朝經世文續編一百二十卷　（清）葛士濬輯　清末鉛印本　五册　存二十一卷（十九至二十三、三十二至三十五、四十至四十三、六十五至六十八、七十九至八十二）

360000－1901－0011777　722358

皇朝經世文續編一百二十卷　（清）葛士濬輯　清末鉛印本　三册　存十三卷（六至七、三十四至三十九、九十八至一百二）

360000－1901－0011778　804964

皇朝經世文續編一百二十卷　（清）葛士濬輯　清末鉛印本　五册　存二十三卷（九十八至一百二十）

360000－1901－0011779　714178

皇朝經世文續編一百二十卷　（清）葛士濬輯　清末石印本　一册　存八卷（三十二至三十九）

360000－1901－0011780　714183

皇朝經世文續編一百二十卷　（清）葛士濬輯　清末石印本　十三册　存八十卷（十一至六十三、七十一至八十二、九十四至一百八）

360000－1901－0011781　714229

皇朝經世文續編一百二十卷　（清）葛士濬輯　清末石印本　四册　存二十二卷（七至十、三十三至四十四、一百九至一百十四）

360000－1901－0011782　714675

皇朝經世文續編一百二十卷　（清）葛士濬輯　清末石印本　七册　存四十五卷（四十五至六十六、七十一至七十五、七十九至九十、一百九至一百十四）

360000－1901－0011783　714676

皇朝經世文續編一百二十卷　（清）葛士濬輯　清末石印本　二册　存十卷（一百十一至一百二十）

360000－1901－0011784　714677

皇朝經世文續編一百二十卷　（清）葛士濬輯　清末石印本　三册　存十卷（九十九至一百八）

360000－1901－0011785　407473

皇朝經世文續編一百二十卷　（清）管窺居士輯　清光緒十七年（1891）邵州經綸書局刻本　三十五册　存一百十二卷（一至四十、四十二至六十九、七十四至九十六、一百至一百二十）

360000－1901－0011786　407474

皇朝經世文續編一百二十卷　（清）管窺居士輯　清光緒十七年（1891）邵州經綸書局刻本　十一册　存三十六卷（二至十五、二十六至二十七、五十至五十一、八十三、八十五、八十九至九十三、九十九至一百九）

360000－1901－0011787　414234

皇朝經世文續編一百二十卷　（清）盛康輯　清光緒二十三年（1897）武進盛氏思補樓刻本　二十二册　存三十一卷（二十六至三十六、七十五至七十七、七十九至八十、八十三、九十二、九十五至一百七）

360000－1901－0011788　164340

皇朝經世文續編一百二十卷　（清）盛康輯　清光緒武進盛氏思補樓刻本　五十四册　存

七十九卷（九至十、十三、十六至十七、三十、三十四至五十九、六十四至七十、七十三至七十七、七十九至九十三、九十五至一百十、一百十七至一百二十）

360000－1901－0011789　164344
皇朝經世文續新編三十卷　（清）儲桂山輯　清光緒二十八年（1902）義記書局石印本　十二册

360000－1901－0011790　714223
皇朝經世文續新編三十卷　（清）儲桂山輯　清光緒二十八年（1902）義記書局石印本　十二册

360000－1901－0011791　714224
皇朝經世文續新編三十卷　（清）儲桂山輯　清光緒二十八年（1902）義記書局石印本　四册　存七卷（一至七）

360000－1901－0011792　714225
皇朝經世文續新編三十卷　（清）儲桂山輯　清光緒二十八年（1902）義記書局石印本　十二册

360000－1901－0011793　804975
皇朝經世文續新編三十卷　（清）儲桂山輯　清光緒二十八年（1902）義記書局石印本　十一册

360000－1901－0011794　714680
皇朝經世文續新編三十卷　（清）儲桂山輯　清末石印本　三册　存十卷（二十一至三十）

360000－1901－0011795　317847
皇朝尚友錄八卷　（清）李佩芳　（清）孫鼎輯　清光緒二十八年（1902）上海書局石印本　四册

360000－1901－0011796　301473
皇朝謚法考五卷續編一卷　（清）鮑康輯　清光緒三年（1877）永康胡氏退補齋刻本　二册

360000－1901－0011797　301474
皇朝謚法考五卷續編一卷　（清）鮑康輯　清光緒十七年（1891）刻本　一册

360000－1901－0011798　161796
皇朝謚法考五卷續編一卷補編一卷　（清）鮑康輯　清光緒三年（1877）永康胡氏退補齋刻本　二册

360000－1901－0011799　600170
皇朝通典一百卷　（清）嵇璜　（清）曹仁虎等纂修　清光緒八年（1882）浙江書局刻九通本　四十册

360000－1901－0011800　600174
皇朝通典一百卷　（清）嵇璜　（清）曹仁虎等纂修　清光緒八年（1882）浙江書局刻九通本　三十六册　存九十三卷（一至三、十至五十二、五十四至一百）

360000－1901－0011801　801037
皇朝通典一百卷　（清）嵇璜　（清）曹仁虎等纂修　清光緒八年（1882）浙江書局刻九通本　二十一册　存五十六卷（一至五十六）

360000－1901－0011802　805336
皇朝通典一百卷　（清）嵇璜　（清）曹仁虎等纂修　清光緒八年（1882）浙江書局刻九通本　十九册　存四十四卷（五十七至一百）

360000－1901－0011803　600179
皇朝通典一百卷　（清）嵇璜　（清）曹仁虎等纂修　清光緒二十八年（1902）貫吾齋石印九通全書本　六册

360000－1901－0011804　600176
皇朝通典一百卷　（清）嵇璜　（清）曹仁虎等纂修　清光緒二十八年（1902）上海鴻寶書局石印本　八册

360000－1901－0011805　600177
皇朝通典一百卷　（清）嵇璜　（清）曹仁虎等纂修　清光緒二十八年（1902）上海鴻寶書局石印本　八册

360000－1901－0011806　600178
皇朝通典一百卷　（清）嵇璜　（清）曹仁虎等纂修　清光緒二十八年（1902）上海鴻寶書局石印本　八册

360000－1901－0011807　600180

皇朝通典一百卷　(清)嵇璜　(清)曹仁虎等纂修　清光緒二十七年(1901)上海圖書集成局鉛印九通本　十册　存九十一卷(十至一百)

360000－1901－0011808　600181

皇朝通典一百卷　(清)嵇璜　(清)曹仁虎等纂修　清光緒二十七年(1901)上海圖書集成局鉛印九通本　十二册

360000－1901－0011809　603485

皇朝通典一百卷　(清)嵇璜　(清)曹仁虎等纂修　清光緒二十七年(1901)上海圖書集成局鉛印九通本　十册

360000－1901－0011810　600171

皇朝通典一百卷　(清)嵇璜　(清)曹仁虎等纂修　清光緒元年(1875)學海堂刻本　四十三册

360000－1901－0011811　600172

皇朝通典一百卷　(清)嵇璜　(清)曹仁虎等纂修　清光緒元年(1875)學海堂刻本　二十册　存四十七卷(五十四至一百)

360000－1901－0011812　600173

皇朝通典一百卷　(清)嵇璜　(清)曹仁虎等纂修　清光緒元年(1875)學海堂刻本　三十五册　存九十五卷(一至七十七、八十至八十五、八十九至一百)

360000－1901－0011813　804100

皇朝通志一百二十六卷　(清)嵇璜　(清)曹仁虎等纂修　清光緒八年(1882)浙江書局刻九通本　二十五册　存八十卷(四十七至一百二十六)

360000－1901－0011814　805197

皇朝通志一百二十六卷　(清)嵇璜　(清)曹仁虎等纂修　清光緒八年(1882)浙江書局刻九通本　一册　存二卷(五十八至五十九)

360000－1901－0011815　805307

皇朝通志一百二十六卷　(清)嵇璜　(清)曹仁虎等纂修　清光緒八年(1882)浙江書局刻九通本　二十六册　存七十八卷(一至七十八)

360000－1901－0011816　805308

皇朝通志一百二十六卷　(清)嵇璜　(清)曹仁虎等纂修　清光緒八年(1882)浙江書局刻九通本　十五册　存四十六卷(一至四十六)

360000－1901－0011817　901028

皇朝通志一百二十六卷　(清)嵇璜　(清)曹仁虎等纂修　清光緒八年(1882)浙江書局刻九通本　四十册

360000－1901－0011818　805324

皇朝通志一百二十六卷　(清)嵇璜　(清)曹仁虎等纂修　清光緒二十八年(1902)貫吾齋石印九通全書本　五册

360000－1901－0011819　901029

皇朝通志一百二十六卷　(清)嵇璜　(清)曹仁虎等纂修　清光緒二十八年(1902)上海鴻寶書局石印本　八册

360000－1901－0011820　805322

皇朝通志一百二十六卷　(清)嵇璜　(清)曹仁虎等纂修　清光緒二十八年(1902)上海鴻寶書局石印九通本　七册　存一百九卷(一至一百九)

360000－1901－0011821　805323

皇朝通志一百二十六卷　(清)嵇璜　(清)曹仁虎等纂修　清光緒二十八年(1902)上海鴻寶書局石印九通本　三册　存五十三卷(一至十七、九十一至一百二十六)

360000－1901－0011822　805319

皇朝通志一百二十六卷　(清)嵇璜　(清)曹仁虎等纂修　清光緒二十七年(1901)上海圖書集成局鉛印九通本　十二册

360000－1901－0011823　805320

皇朝通志一百二十六卷　(清)嵇璜　(清)曹仁虎等纂修　清光緒二十七年(1901)上海圖書集成局鉛印九通本　十二册

360000－1901－0011824　805321

皇朝通志一百二十六卷 (清)嵇璜 (清)曹仁虎等纂修 清光緒二十七年(1901)上海圖書集成局鉛印九通本 十二册

360000－1901－0011825 901032
皇朝通志一百二十六卷 (清)嵇璜 (清)曹仁虎等纂修 清刻本 十四册 存四十八卷(七十九至一百二十六)

360000－1901－0011826 901033
皇朝通志一百二十六卷 (清)嵇璜 (清)曹仁虎等纂修 清刻本 十册 存二十六卷(三十五至六十)

360000－1901－0011827 805224
皇朝通志一百二十六卷 (清)嵇璜 (清)曹仁虎等纂修 清末鉛印本 五册 存七十四卷(十八至九十一)

360000－1901－0011828 413978
皇朝文典七十四卷 (清)李兆洛輯 清嘉慶刻本 十二册 存七十二卷(一至七十二)

360000－1901－0011829 803779
皇朝文典一百卷 (清)李澄輯 清抄本 一册 存目錄

360000－1901－0011830 413974
皇朝文典一百卷 (清)李澄輯 清嘉慶刻本 十六册 存五十卷(四至四十四、四十八至五十、五十七至五十九、七十六至七十八)

360000－1901－0011831 308913
皇朝文獻通考輯要二十六卷 湯壽潛輯 清光緒二十五年(1899)上海圖書集成局鉛印三通考輯要本 十册

360000－1901－0011832 308938
皇朝文獻通考輯要二十六卷 湯壽潛輯 清光緒二十五年(1899)上海圖書集成局鉛印三通考輯要本 六册 存十七卷(十至二十六)

360000－1901－0011833 312692
皇朝文獻通考三百卷 (清)嵇璜 (清)曹仁虎等纂修 清光緒八年(1882)浙江書局刻九通本 二十二册 存三十卷(一百七十九至二百八)

360000－1901－0011834 314013
皇朝文獻通考三百卷 (清)嵇璜 (清)曹仁虎等纂修 清光緒八年(1882)浙江書局刻九通本 一册 存二卷(二百二十至二百二十一)

360000－1901－0011835 800103
皇朝文獻通考三百卷 (清)嵇璜 (清)曹仁虎等纂修 清光緒八年(1882)浙江書局刻九通本 十四册 存四十六卷(二百五十五至三百)

360000－1901－0011836 800162
皇朝文獻通考三百卷 (清)嵇璜 (清)曹仁虎等纂修 清光緒八年(1882)浙江書局刻九通本 三十三册 存六十三卷(一百九十三至二百十三、二百十六至二百五十七)

360000－1901－0011837 805309
皇朝文獻通考三百卷 (清)嵇璜 (清)曹仁虎等纂修 清光緒八年(1882)浙江書局刻九通本 六十二册 存一百八卷(一至四十八、五十一至五十七、一百二十八至一百三十九、一百四十二至一百七十二、一百七十九至一百八十四、一百八十八至一百九十一)

360000－1901－0011838 805310
皇朝文獻通考三百卷 (清)嵇璜 (清)曹仁虎等纂修 清光緒八年(1882)浙江書局刻九通本 二十七册 存五十八卷(一百五十三至一百七十八、二百九至二百四十)

360000－1901－0011839 805311
皇朝文獻通考三百卷 (清)嵇璜 (清)曹仁虎等纂修 清光緒八年(1882)浙江書局刻九通本 九册 存十七卷(三至十九)

360000－1901－0011840 805312
皇朝文獻通考三百卷 (清)嵇璜 (清)曹仁虎等纂修 清光緒八年(1882)浙江書局刻九通本 五十册 存一百四卷(四十五至九十四、一百九十四、二百四十八至三百)

360000－1901－0011841 805313

皇朝文獻通考三百卷　(清)嵇璜　(清)曹仁虎等纂修　清光緒八年(1882)浙江書局刻九通本　一百二册　存二百二十九卷(一至七十、九十六至二百五十四)

360000－1901－0011842　901024
皇朝文獻通考三百卷　(清)嵇璜　(清)曹仁虎等纂修　清光緒八年(1882)浙江書局刻九通本　一百十册　存一百八十三卷(一至四十四、九十五至一百九、一百二十三至一百九十三、一百九十五至二百四十七)

360000－1901－0011843　304602
皇朝文獻通考三百卷　(清)嵇璜　(清)曹仁虎等纂修　清光緒二十八年(1902)鴻寶齋石印本　三十一册　存二百九十一卷(十至三百)

360000－1901－0011844　805315
皇朝文獻通考三百卷　(清)嵇璜　(清)曹仁虎等纂修　清光緒二十八年(1902)上海鴻寶書局石印九通本　三十二册

360000－1901－0011845　805316
皇朝文獻通考三百卷　(清)嵇璜　(清)曹仁虎等纂修　清光緒二十八年(1902)上海鴻寶書局石印九通本　二十六册　存二百四十三卷(三十七至二百七十九)

360000－1901－0011846　805317
皇朝文獻通考三百卷　(清)嵇璜　(清)曹仁虎等纂修　清光緒二十八年(1902)上海鴻寶書局石印九通本　三十二册

360000－1901－0011847　901026
皇朝文獻通考三百卷　(清)嵇璜　(清)曹仁虎等纂修　清光緒二十八年(1902)石印本　十九册　存二百八十五卷(一至二百八十五)

360000－1901－0011848　309007
皇朝文獻通考三百卷　(清)嵇璜　(清)曹仁虎等纂修　清光緒二十七年(1901)上海圖書集成局鉛印九通本　四十八册

360000－1901－0011849　309008
皇朝文獻通考三百卷　(清)嵇璜　(清)曹仁虎等纂修　清光緒二十七年(1901)上海圖書集成局鉛印九通本　四十六册　存二百九十一卷(一至一百八十三、一百八十八至二百四十五、二百五十一至三百)

360000－1901－0011850　400508
皇朝文獻通考三百卷　(清)嵇璜　(清)曹仁虎等纂修　清光緒二十七年(1901)上海圖書集成局鉛印九通本　二册　存十四卷(九十一至九十七、二百三十九至二百四十五)

360000－1901－0011851　603484
皇朝文獻通考三百卷　(清)嵇璜　(清)曹仁虎等纂修　清光緒二十七年(1901)上海圖書集成局鉛印九通本　四十二册

360000－1901－0011852　805318
皇朝文獻通考三百卷　(清)嵇璜　(清)曹仁虎等纂修　清光緒二十七年(1901)上海圖書集成局鉛印九通本　二十四册　存 百五十卷(一至一百四、一百十一至一百三十三、一百四十二至一百五十八、一百六十四至一百六十九)

360000－1901－0011853　805314
皇朝文獻通考三百卷　(清)嵇璜　(清)曹仁虎等纂修　清刻本　九册　存二十六卷(七十一至九十六)

360000－1901－0011854　805468
皇朝文獻通考三百卷　(清)嵇璜　(清)曹仁虎等纂修　清刻本　十八册　存四十一卷(二百五十八至二百八十五、二百八十八至三百)

360000－1901－0011855　901025
皇朝文獻通考三百卷　(清)嵇璜　(清)曹仁虎等纂修　清刻本　三十四册　存六十一卷(五十八至六十五、六十八至一百二十)

360000－1901－0011856　901025－1
皇朝文獻通考三百卷　(清)嵇璜　(清)曹仁虎等纂修　清刻本　十七册　存三十六卷(二百四十一至二百七十六)

360000－1901－0011857　901027

皇朝文獻通考三百卷　(清)嵇璜　(清)曹仁虎等纂修　清末石印本　二十册　存一百二十四卷(一百七十至二百六十一、二百六十七至二百九十八)

360000－1901－0011858　307963
皇朝文獻通考詳節二十六卷　(清)嚴虞惇輯　清光緒二十七年(1901)上海鴻寶齋書局石印三通考詳節本　八册

360000－1901－0011859　307964
皇朝文獻通考詳節二十六卷　(清)嚴虞惇輯　清光緒二十七年(1901)上海鴻寶齋書局石印三通考詳節本　八册

360000－1901－0011860　307965
皇朝文獻通考詳節二十六卷　(清)嚴虞惇輯　清光緒二十七年(1901)上海鴻寶齋書局石印三通考詳節本　八册

360000－1901－0011861　400491
皇朝文獻通考詳節二十六卷　(清)嚴虞惇輯　清光緒二十七年(1901)上海鴻寶齋書局石印三通考詳節本　八册

360000－1901－0011862　400492
皇朝文獻通考詳節二十六卷　(清)嚴虞惇輯　清光緒二十七年(1901)上海鴻寶齋書局石印三通考詳節本　六册　存十九卷(一至六、九至十一、十七至二十六)

360000－1901－0011863　309202
皇朝文獻通考纂二十六卷　(清)葉大綽等纂　清光緒二十八年(1902)上海鴻文書局石印本　八册

360000－1901－0011864　718617
皇朝五經彙解二百七十卷　朱鏡清輯　清光緒十九年(1893)寶文書局石印本　二十八册　存二百三十六卷(一至二十二、三十三至九十二、九十九至一百二十六、一百三十六至一百八十三、一百九十三至二百七十)

360000－1901－0011865　160133
皇朝五經彙解二百七十卷　朱鏡清輯　清光緒十四年(1888)上海鴻文書局石印本　三十二册

360000－1901－0011866　160798
皇朝五經彙解二百七十卷　朱鏡清輯　清光緒十四年(1888)上海鴻文書局石印本　三十二册

360000－1901－0011867　160799
皇朝五經彙解二百七十卷　朱鏡清輯　清光緒十四年(1888)上海鴻文書局石印本　三十二册

360000－1901－0011868　160800
皇朝五經彙解二百七十卷　朱鏡清輯　清光緒十四年(1888)上海鴻文書局石印本　三十二册

360000－1901－0011869　418609
皇朝五經彙解二百七十卷　朱鏡清輯　清光緒十四年(1888)上海鴻文書局石印本　三十二册

360000－1901－0011870　418610
皇朝五經彙解二百七十卷　朱鏡清輯　清光緒十四年(1888)上海鴻文書局石印本　三十二册

360000－1901－0011871　418611
皇朝五經彙解二百七十卷　朱鏡清輯　清光緒十四年(1888)上海鴻文書局石印本　三十二册

360000－1901－0011872　418612
皇朝五經彙解二百七十卷　朱鏡清輯　清光緒十四年(1888)上海鴻文書局石印本　三十二册

360000－1901－0011873　418613
皇朝五經彙解二百七十卷　朱鏡清輯　清光緒十四年(1888)上海鴻文書局石印本　三十二册　存二百六十八卷(一至八十、八十二至一百八十三、一百八十五至二百七十)

360000－1901－0011874　603480
皇朝五經彙解二百七十卷附經解入門一卷　朱鏡清輯　清光緒二十二年(1896)上海書局

石印本　二十八册　存二百四十一卷（一至二百三十三、二百五十八至二百六十五）

360000 - 1901 - 0011875　160801
皇朝五經彙解二百七十卷附經解入門一卷　朱鏡清輯　清光緒十九年（1893）上海蜚英館石印本　十六册

360000 - 1901 - 0011876　418619
皇朝五經彙解二百七十卷附經解入門一卷　朱鏡清輯　清光緒十九年（1893）上海蜚英館石印本　二十五册　存二百十五卷（二十七至四十、五十七至六十八、八十一至一百三、一百五至二百七十）

360000 - 1901 - 0011877　603483
皇朝五經彙解二百七十卷附經解入門一卷　朱鏡清輯　清光緒十九年（1893）上海蜚英館石印本　十六册　存一百三十三卷（八十一至一百四、一百五十九至一百六十八、一百七十三至二百七十，經解入門一卷）

360000 - 1901 - 0011878　418620
皇朝五經彙解二百七十卷附經解入門一卷　朱鏡清輯　清末石印本　四册　存三十六卷（三十二至四十、八十二至九十二、一百十七至一百二十五、二百四十二至二百四十八）

360000 - 1901 - 0011879　418620 - 1
皇朝五經彙解二百七十卷附經解入門一卷　朱鏡清輯　清末石印本　一册　存十卷（一百二十一至一百三十）

360000 - 1901 - 0011880　603481
皇朝五經彙解二百七十卷附經解入門一卷　朱鏡清輯　清末石印本　十九册　存一百六十八卷（十四至九十二、九十九至一百六、一百七十六至二百四十一、二百五十至二百六十四）

360000 - 1901 - 0011881　603482
皇朝五經彙解二百七十卷附經解入門一卷　朱鏡清輯　清末石印本　十二册　存一百四卷（二十三至三十一、一百十七至二百十一）

360000 - 1901 - 0011882　718618
皇朝五經彙解二百七十卷附五經正文一卷　朱鏡清輯　清光緒十九年（1893）上海蜚英館石印本　三十二册

360000 - 1901 - 0011883　718614
皇朝五經彙解二百七十卷附五經正文一卷經解入門一卷　朱鏡清輯　清光緒二十二年（1896）上海書局石印本　三十二册

360000 - 1901 - 0011884　718615
皇朝五經彙解二百七十卷附五經正文一卷經解入門一卷　朱鏡清輯　清光緒二十二年（1896）上海書局石印本　二十一册　存一百四十九卷（五至十二、四十一至五十八、六十至九十二、一百一至一百十、一百十七至一百二十六、一百三十七至一百四十四、一百七十三至一百九十六、二百二十二至二百三十三、二百四十二至二百六十三、二百六十六至二百六十七，五經正文一卷，經解入門一卷）

360000 - 1901 - 0011885　718616
皇朝五經彙解二百七十卷附五經正文一卷經解入門一卷　朱鏡清輯　清光緒十九年（1893）同文書局石印本　二十九册　存二百五十四卷（一至二十、三十三至一百九十六、二百二至二百十一、二百十三至二百七十，五經正文一卷，經解入門一卷）

360000 - 1901 - 0011886　220237
皇朝武功紀盛四卷　（清）趙翼撰　清乾隆五十七年（1792）湛貽堂刻甌北全集本　二册

360000 - 1901 - 0011887　401717
皇朝武功紀盛四卷　（清）趙翼撰　清刻本　一册

360000 - 1901 - 0011888　401718
皇朝武功紀盛四卷　（清）趙翼撰　清刻本　一册

360000 - 1901 - 0011889　220236
皇朝武功紀盛四卷　（清）趙翼撰　清乾隆五十七年（1792）湛貽堂刻甌北全集本　一册

360000 - 1901 - 0011890　421758
皇朝蓄艾文編八十卷　（清）于寶軒輯　清光

緒二十九年(1903)上海官書局鉛印本　一册　存二卷(九至十)

360000－1901－0011891　420147
皇朝一統輿地全圖一卷　(清)欸乃軒主人編繪　清光緒二十年(1894)上海鴻寶齋石印本　二册

360000－1901－0011892　420145
皇朝一統輿地全圖一卷　(清)欸乃軒主人編繪　清光緒二十年(1894)石印本　一册

360000－1901－0011893　420146
皇朝一統輿地全圖一卷　(清)欸乃軒主人編繪　清光緒二十年(1894)石印本　二册

360000－1901－0011894　301475
皇朝輿地畧一卷　(清)六承如輯　清光緒十年(1884)刻本　二册

360000－1901－0011895　304147
皇朝輿地畧一卷　(清)六承如輯　**皇朝輿地韻編一卷**　(清)李兆洛撰　清道光辨志書塾刻本　一册

360000－1901－0011896　305282
皇朝輿地畧一卷　(清)六承如輯　**皇朝輿地韻編一卷**　(清)李兆洛撰　**皇朝内府輿地圖縮摹本一卷**　(清)六嚴繪　清道光刻本　一册　存二卷(皇朝輿地韻編一卷、皇朝内府輿地圖縮摹本一卷)

360000－1901－0011897　305283
皇朝輿地畧一卷　(清)六承如輯　**皇朝輿地韻編一卷**　(清)李兆洛撰　**皇朝内府輿地圖縮摹本一卷**　(清)六嚴繪　清道光刻本　一册　存二卷(皇朝輿地韻編一卷、皇朝内府輿地圖縮摹本一卷)

360000－1901－0011898　420098
皇朝輿地畧一卷　(清)六承如輯　**皇朝輿地韻編一卷**　(清)李兆洛撰　**皇朝内府輿地圖縮摹本一卷**　(清)六嚴繪　清道光刻本　一册　存二卷(皇朝輿地韻編一卷、皇朝内府輿地圖縮摹本一卷)

360000－1901－0011899　420097
皇朝輿地畧一卷　(清)六承如輯　**皇朝輿地韻編一卷**　(清)李兆洛撰　**皇朝内府輿地圖縮摹本一卷**　(清)六嚴繪　清光緒十年(1884)湖北省官書處刻本　二册

360000－1901－0011900　306658
皇朝輿地水道源流五卷　(清)胡宣慶撰　清光緒十七年(1891)長沙胡氏刻本　一册　存二卷(一至二)

360000－1901－0011901　161797
皇朝輿地韻編二卷　(清)李兆洛撰　清光緒十四年(1888)上海掃葉山房刻本　一册

360000－1901－0011902　401540
皇朝掌故二卷　張一鵬撰　(清)陳蔚文注　清光緒二十八年(1902)江右泰和上田趣園刻本　一册

360000－1901－0011903　308562
皇朝掌故彙編内編六十卷首一卷外編四十卷首一卷　張壽鏞等輯　清光緒二十八年(1902)求實書社鉛印本　五十八册

360000－1901－0011904　313412
皇朝掌故彙編内編六十卷首一卷外編四十卷首一卷　張壽鏞等輯　清光緒二十八年(1902)求實書社鉛印本　六十册

360000－1901－0011905　401538
皇朝掌故彙編内編六十卷首一卷外編四十卷首一卷　張壽鏞等輯　清光緒二十八年(1902)求實書社鉛印本　六十册

360000－1901－0011906　401539
皇朝掌故彙編内編六十卷首一卷外編四十卷首一卷　張壽鏞等輯　清光緒二十八年(1902)求實書社鉛印本　十七册　存三十六卷(皇朝掌故彙編内編一、十七至十八、二十一至二十二、二十九至三十四、三十七至三十八、四十四至四十五、四十八至五十三、五十五至五十六,首一卷;外編一至五、十六、二十二至二十六,首一卷)

360000－1901－0011907　401539－1

皇朝掌故彙編内編六十卷首一卷外編四十卷首一卷 張壽鏞等輯 清光緒二十八年(1902)求實書社鉛印本 二冊 存二卷(外編十二、十四)

360000－1901－0011908 900750
皇朝掌故彙編内編六十卷首一卷外編四十卷首一卷 張壽鏞等輯 清光緒二十八年(1902)求實書社鉛印本 三十三冊 存五十四卷(一至三十四、三十七至五十六)

360000－1901－0011909 902000
皇朝掌故彙編内編六十卷首一卷外編四十卷首一卷 張壽鏞等輯 清光緒二十八年(1902)求實書社鉛印本 二十三冊 存三十六卷(皇朝掌故彙編内編五十七至五十八;外編一至二十四、二十七至三十五,首一卷)

360000－1901－0011910 301154
皇朝政典類纂五百卷目錄六卷 席裕福纂 清光緒二十九年(1903)鉛印本 一百二十冊 存五百卷(皇朝政典類纂五百卷)

360000－1901－0011911 305101
皇朝政典類纂五百卷目錄六卷 席裕福纂 清光緒二十九年(1903)上海圖書集成局鉛印本 一冊 存六卷(目錄六卷)

360000－1901－0011912 301485
皇朝政典挈要八卷 (日本)增田貢撰 (清)毛滏補編 清光緒二十八年(1902)鉛印本 二冊

360000－1901－0011913 401530
皇朝政典挈要八卷 (日本)增田貢撰 (清)毛滏補編 清光緒二十八年(1902)鉛印本 一冊

360000－1901－0011914 401531
皇朝政典挈要八卷 (日本)增田貢撰 (清)毛滏補編 清光緒二十八年(1902)鉛印本 四冊

360000－1901－0011915 401532
皇朝政典挈要八卷 (日本)增田貢撰 (清)毛滏補編 清光緒二十八年(1902)鉛印本 四冊

360000－1901－0011916 401533
皇朝政典挈要八卷 (日本)增田貢撰 (清)毛滏補編 清光緒二十八年(1902)鉛印本 四冊

360000－1901－0011917 401534
皇朝政典挈要八卷 (日本)增田貢撰 (清)毛滏補編 清光緒二十八年(1902)鉛印本 四冊

360000－1901－0011918 401535
皇朝政典挈要八卷 (日本)增田貢撰 (清)毛滏補編 清光緒二十八年(1902)鉛印本 一冊 存六卷(一至六)

360000－1901－0011919 401536
皇朝政典挈要八卷 (日本)增田貢撰 (清)毛滏補編 清光緒二十八年(1902)上海書局石印本 四冊

360000－1901－0011920 401537
皇朝政典挈要八卷 (日本)增田貢撰 (清)毛滏補編 清光緒二十八年(1902)上海書局石印本 二冊 存六卷(一至六)

360000－1901－0011921 401535－1
皇朝政典挈要八卷 (日本)增田貢撰 (清)毛滏補編 清末鉛印本 一冊 存三卷(四至六)

360000－1901－0011922 401537－1
皇朝政典挈要八卷 (日本)增田貢撰 (清)毛滏補編 清末石印本 一冊 存四卷(三至六)

360000－1901－0011923 310781
皇朝中外壹統輿圖中一卷南十卷北二十卷首一卷 (清)鄒世詒 (清)晏啓鎮編 (清)李廷簫 (清)汪士鐸增訂 清同治二年(1863)湖北撫署刻本 三十二冊

360000－1901－0011924 313585
皇朝中外壹統輿圖中一卷南十卷北二十卷首一卷 (清)鄒世詒 (清)晏啓鎮編 (清)

李廷簫　(清)汪士鐸增訂　清同治二年(1863)湖北撫署刻本　十二冊

360000－1901－0011925　240139
明末毛氏汲古閣刻三唐人文集本皇甫持正集六卷　(唐)皇甫湜撰　明末毛氏汲古閣刻三唐人集本　二冊

360000－1901－0011926　301481
皇甫持正文集六卷補遺一卷　(唐)皇甫湜撰　清光緒二年(1876)馮焌光讀有用書齋刻三唐人集本　一冊

360000－1901－0011927　316938
皇甫持正文集六卷補遺一卷　(唐)皇甫湜撰　清光緒二年(1876)馮焌光讀有用書齋刻三唐人集本　一冊

360000－1901－0011928　316939
皇甫持正文集六卷補遺一卷　(唐)皇甫湜撰　清光緒二年(1876)馮焌光讀有用書齋刻三唐人集本　一冊

360000－1901－0011929　220776
皇華紀聞四卷　(清)王士禛撰　清康熙刻王漁洋遺書本　一冊　存二卷(一至二)

360000－1901－0011930　305284
皇極經世考三卷　(清)徐文靖撰　清刻本　二冊

360000－1901－0011931　710340
皇極經世六十卷附錄不分卷　(宋)邵雍撰　清咸豐元年(1851)洛陽安樂窩刻本　三冊　存十六卷(十三至十八、二十五至三十四)

360000－1901－0011932　230530
皇極經世書八卷首一卷　(清)王植輯　清乾隆刻本　八冊

360000－1901－0011933　230529
皇極經世書十二卷觀物外篇二卷遺文一卷　(宋)邵雍撰　明刻本　十二冊　缺一卷(遺文一卷)

360000－1901－0011934　305285
皇極經世緒言九卷首二卷　(宋)邵雍撰　(明)黄畿注　(清)劉斯組輯　清刻本　十一冊　存九卷(一至八、首下)

360000－1901－0011935　416652
皇極經世緒言九卷首一卷　(宋)邵雍撰　(明)黄畿注　(清)劉斯組輯　清道光十年(1830)錢塘徐樹堂刻本　十冊

360000－1901－0011936　416653
皇極經世緒言九卷首一卷　(宋)邵雍撰　(明)黄畿注　(清)劉斯組輯　清嘉慶四年(1799)錢塘徐樹堂刻本　十冊

360000－1901－0011937　416655
皇極經世緒言九卷首一卷　(宋)邵雍撰　(明)黄畿注　(清)劉斯組輯　清嘉慶四年(1799)錢塘徐樹堂刻本　十一冊

360000－1901－0011938　416654
皇極經世緒言九卷首一卷　(宋)邵雍撰　(明)黄畿注　(清)劉斯組輯　清刻本　三冊　存三卷(四、七,首一卷)

360000－1901－0011939　416654－1
皇極經世緒言九卷首一卷　(宋)邵雍撰　(明)黄畿注　(清)劉斯組輯　清刻本　三冊　存四卷(三、五至七)

360000－1901－0011940　416656
皇極經世緒言九卷首一卷　(宋)邵雍撰　(明)黄畿注　(清)劉斯組輯　清刻本　七冊　存八卷(二至九)

360000－1901－0011941　220216
皇明從信錄四十卷　(明)陳建撰　(明)沈國元訂補　明末刻本　二十冊

360000－1901－0011942　220213
皇明二祖十四宗增補標題評斷實紀二十七卷　(明)陳建　(明)陳龍可撰　明末刻本　一冊　存三卷(一至三)

360000－1901－0011943　220415
皇明理學名臣言行錄二卷　(明)楊廉輯　**續一卷**　(明)劉涇輯　明萬曆十八年(1590)崔士棨刻本　二冊

360000－1901－0011944　220515

皇明兩朝疏抄二十卷　(明)賈三近輯　明萬曆十四年(1586)蔣科等刻本　二册　存二卷(三、六)

360000－1901－0011945　241396

皇明詩選十三卷　(明)李雯　(明)陳子龍　(明)宋徵輿輯　明崇禎十六年(1643)刻本　五册

360000－1901－0011946　241173

皇明十大家文選　(明)陸弘祚輯　明刻本　十册

360000－1901－0011947　421922

皇明十六家小品三十二卷　(明)丁允和輯　(明)陸雲龍評　明崇禎六年(1633)陸雲龍刻本　十四册　存十六卷(翠娱閣評選屠赤水先生小品二卷、翠娱閣評選黄貞父先生小品二卷、翠娱閣評選董思白先生小品二卷、翠娱閣評選湯若士先生小品二卷、翠娱閣評選張侗初先生小品二卷、翠娱閣評選李本寧先生小品二卷、翠娱閣評選袁中郎先生小品二卷、翠娱閣評選曹能始先生小品二卷)

360000－1901－0011948　220478

皇明世法録九十二卷　(明)陳仁錫撰　明崇禎八年(1635)刻本　四十二册

360000－1901－0011949　163986

皇明世法録九十二卷　(明)陳仁錫撰　明崇禎刻本　三十七册　存四十八卷(七至十六、十八至二十、二十三至四十一、六十六至八十一)

360000－1901－0011950　241401

皇明文範六十八卷目録二卷　(明)張時徹輯　明隆慶刻本　四十册

360000－1901－0011951　401541－1

皇明英烈志傳四卷　(明)徐渭撰　明刻本　一册　存一卷(三)

360000－1901－0011952　721702

皇明諸司廉明奇判公案傳二卷　(明)余象斗撰　明建邑書林余氏雙峰堂刻本　一册　存一卷(上)

360000－1901－0011953　220514

皇明奏疏類鈔六十一卷　(明)汪少泉輯　(明)孫維城　(明)方萬山等重輯　明萬曆十六年(1588)王麟泉等刻本　五十九册　缺一卷(四十九)

360000－1901－0011954　800241

皇木詞式規例不分卷　(清)□□輯　清抄本　一册

360000－1901－0011955　312176

皇清誥封奉政大夫議敘八品大學士邱轂士先生崇祀鄉賢録一卷琴旨申邱一卷　(清)劉人熙撰　清光緒刻本　一册

360000－1901－0011956　405743

皇清誥授資政大夫原任雲南布政使前安邱縣知縣姚公名宦録一卷　(清)王雁超等輯　清同治十一年(1872)刻本　一册

360000－1901－0011957　160790

皇清經解　(清)阮元輯　清道光九年(1829)廣東學海堂刻本　三百六十册

360000－1901－0011958　407478

皇清經解　(清)阮元輯　清道光九年(1829)廣東學海堂刻本　二百四十二册　存一百四十四種

360000－1901－0011959　407479

皇清經解　(清)阮元輯　清道光九年(1829)廣東學海堂刻本　一百三十三册　存一百三種

360000－1901－0011960　407480

皇清經解　(清)阮元輯　清道光九年(1829)廣東學海堂刻本　一百二十册　存一百十八種

360000－1901－0011961　407481

皇清經解　(清)阮元輯　清道光九年(1829)廣東學海堂刻本　六十三册　存三十六種

360000－1901－0011962　407481－2

皇清經解　(清)阮元輯　清道光九年(1829)

廣東學海堂刻本　五册　存五種

360000－1901－0011963　603468
皇清經解　(清)阮元輯　清道光九年(1829)廣東學海堂刻本　三百三册　存一百四十七種

360000－1901－0011964　603475
皇清經解　(清)阮元輯　清道光九年(1829)廣東學海堂刻本　六册　存八種

360000－1901－0011965　603475－1
皇清經解　(清)阮元輯　清道光九年(1829)廣東學海堂刻本　一册　存二種

360000－1901－0011966　707477
皇清經解　(清)阮元輯　清道光九年(1829)廣東學海堂刻本　五十册　存六十八種

360000－1901－0011967　707480
皇清經解　(清)阮元輯　清道光九年(1829)廣東學海堂刻本　二十六册　存十九種

360000－1901－0011968　721094
皇清經解　(清)阮元輯　清道光九年(1829)廣東學海堂刻本　七册　存八種

360000－1901－0011969　721095
皇清經解　(清)阮元輯　清道光九年(1829)廣東學海堂刻本　六册　存三種

360000－1901－0011970　721096
皇清經解　(清)阮元輯　清道光九年(1829)廣東學海堂刻本　十册　存六種

360000－1901－0011971　804219
皇清經解　(清)阮元輯　清道光九年(1829)廣東學海堂刻本　二册　存三種

360000－1901－0011972　160791
皇清經解　(清)阮元輯　清道光九年(1829)廣東學海堂刻咸豐十一年(1861)補刻本　三百六十册

360000－1901－0011973　160792
皇清經解　(清)阮元輯　清道光九年(1829)廣東學海堂刻咸豐十一年(1861)補刻本　三百六十册

360000－1901－0011974　160793
皇清經解　(清)阮元輯　清道光九年(1829)廣東學海堂刻咸豐十一年(1861)補刻本　三百六十册

360000－1901－0011975　160794
皇清經解　(清)阮元輯　清道光九年(1829)廣東學海堂刻咸豐十一年(1861)補刻本　三百九十九册

360000－1901－0011976　407477
皇清經解　(清)阮元輯　清道光九年(1829)廣東學海堂刻咸豐十一年(1861)補刻本　二百七十五册　存一百三十二種

360000－1901－0011977　407481－1
皇清經解　(清)阮元輯　清道光九年(1829)廣東學海堂刻咸豐十一年(1861)補刻本　三十七册　存二十五種

360000－1901－0011978　407481－3
皇清經解　(清)阮元輯　清道光九年(1829)廣東學海堂刻咸豐十一年(1861)補刻本　一册　存二種

360000－1901－0011979　603458
皇清經解　(清)阮元輯　清道光九年(1829)廣東學海堂刻咸豐十一年(1861)補刻本　三百三十八册　存一百五十六種

360000－1901－0011980　603460
皇清經解　(清)阮元輯　清道光九年(1829)廣東學海堂刻咸豐十一年(1861)補刻本　三百六册　存一百四十七種

360000－1901－0011981　603462
皇清經解　(清)阮元輯　清道光九年(1829)廣東學海堂刻咸豐十一年(1861)補刻本　三百五十六册

360000－1901－0011982　603463
皇清經解　(清)阮元輯　清道光九年(1829)廣東學海堂刻咸豐十一年(1861)補刻本　二百六十五册　存一百十八種

360000－1901－0011983　603464

皇清經解　(清)阮元輯　清道光九年(1829)廣東學海堂刻咸豐十一年(1861)補刻本　二百二十五冊　存九十六種

360000－1901－0011984　603464－1
皇清經解　(清)阮元輯　清道光九年(1829)廣東學海堂刻咸豐十一年(1861)補刻本　一百四十九冊　存七十五種

360000－1901－0011985　603465
皇清經解　(清)阮元輯　清道光九年(1829)廣東學海堂刻咸豐十一年(1861)補刻本　三百三十二冊　存一百七十一種

360000－1901－0011986　603467
皇清經解　(清)阮元輯　清道光九年(1829)廣東學海堂刻咸豐十一年(1861)補刻本　六十六冊　存五十種

360000－1901－0011987　603470
皇清經解　(清)阮元輯　清道光九年(1829)廣東學海堂刻咸豐十一年(1861)補刻本　一百十四冊　存六十三種

360000－1901－0011988　603471
皇清經解　(清)阮元輯　清道光九年(1829)廣東學海堂刻咸豐十一年(1861)補刻本　五十八冊　存三十一種

360000－1901－0011989　717501
皇清經解　(清)阮元輯　清道光九年(1829)廣東學海堂刻咸豐十一年(1861)補刻本　一冊　存二種

360000－1901－0011990　800167
皇清經解　(清)阮元輯　清道光九年(1829)廣東學海堂刻咸豐十一年(1861)補刻本　一冊　存二種

360000－1901－0011991　902494
皇清經解　(清)阮元輯　清道光九年(1829)廣東學海堂刻咸豐十一年(1861)補刻本　一冊　存三種

360000－1901－0011992　407487
皇清經解　(清)阮元輯　清光緒十八年(1892)上海古香閣石印本　六十三冊　存一百七十九種

360000－1901－0011993　603473
皇清經解　(清)阮元輯　清光緒十七年(1891)上海鴻寶齋石印本　二十二冊　存一百四十九種

360000－1901－0011994　407484
皇清經解　(清)阮元輯　清光緒十三年(1887)上海書局石印本　六十三冊

360000－1901－0011995　603472
皇清經解　(清)阮元輯　清光緒十三年(1887)上海書局石印本　五十七冊　存一百五十五種

360000－1901－0011996　603474
皇清經解　(清)阮元輯　清光緒十三年(1887)上海書局石印本　二十九冊　存一百十二種

360000－1901－0011997　407492
皇清經解　(清)阮元輯　清光緒石印本　五冊　存五十八種

360000－1901－0011998　150625
皇清經解分經合纂十六卷　(清)□□輯　清光緒二十一年(1895)上洋鴻寶齋石印本　三十二冊

360000－1901－0011999　407491
皇清經解分經合纂十六卷　(清)□□輯　清光緒二十一年(1895)上洋鴻寶齋石印本　二冊　存二卷(六至七)

360000－1901－0012000　407490
皇清經解分經合纂十六卷　(清)□□輯　清光緒十九年(1893)上海袖海山房石印本　三冊　存五卷(六至七、十二至十四)

360000－1901－0012001　160797
皇清經解横直縮編目十六卷　(清)淩忠照輯　(清)張紹銘分輯　清光緒十八年(1892)上海古香閣石印本　四冊

360000－1901－0012002　407488

皇清經解橫直縮編目十六卷　(清)淩忠照輯　(清)張紹銘分輯　清光緒十八年(1892)石印本　三冊　存九卷(一至九)

360000－1901－0012003　603477
皇清經解橫直縮編目十六卷　(清)淩忠照輯　(清)張紹銘分輯　清末石印本　一冊　存十卷(七至十六)

360000－1901－0012004　407489
皇清經解續編　王先謙輯　清光緒刻本　三冊　存九種

360000－1901－0012005　160795
皇清經解續編　王先謙輯　清光緒十四年(1888)南菁書院刻本　三百二十冊

360000－1901－0012006　407483
皇清經解續編　王先謙輯　清光緒十四年(1888)南菁書院刻本　八冊　存二種

360000－1901－0012007　603478
皇清經解續編　王先謙輯　清光緒十四年(1888)南菁書院刻本　二百七十四冊　存一百八十八種

360000－1901－0012008　160796
皇清經解續編　王先謙輯　清光緒十五年(1889)上海蜚英館石印本　三十二冊

360000－1901－0012009　407482
皇清經解依經分訂詩經一百二十卷　(清)阮元輯　清光緒十六年(1890)船山書局刻本　十五冊　存四十九卷(一至五、十一至二十、八十一至一百十、一百十五至一百十六、一百十八至一百十九)

360000－1901－0012010　313492
皇清開國方略三十二卷首一卷　(清)阿桂等修　(清)伯麟　(清)彭紹觀等纂　清光緒十三年(1887)廣百宋齋鉛印本　八冊

360000－1901－0012011　401528
皇清開國方略三十二卷首一卷　(清)阿桂等修　(清)伯麟　(清)彭紹觀等纂　清光緒十三年(1887)廣百宋齋鉛印本　六冊

360000－1901－0012012　401529
皇清開國方略三十二卷首一卷　(清)阿桂等修　(清)伯麟　(清)彭紹觀等纂　清光緒十三年(1887)廣百宋齋鉛印本　三冊　存十六卷(六至二十一)

360000－1901－0012013　220219
皇清開國方略三十二卷首一卷　(清)阿桂等修　(清)伯麟　(清)彭紹觀等纂　清乾隆五十一年(1786)刻本　八冊

360000－1901－0012014　402129
皇清例授奉政大夫工部虞衡司員外郎加三級顯考約齋府君[王廷享]行述一卷　(清)王煊　(清)王炳撰　清刻本　一冊

360000－1901－0012015　402129－1
皇清例授奉政大夫工部虞衡司員外郎加三級顯考約齋府君[王廷享]行述一卷　(清)王煊　(清)王炳撰　清刻本　一冊

360000－1901－0012016　402129－2
皇清例授奉政大夫工部虞衡司員外郎加三級顯考約齋府君[王廷享]行述一卷　(清)王煊　(清)王炳撰　清刻本　一冊

360000－1901－0012017　402129－3
皇清例授奉政大夫工部虞衡司員外郎加三級顯考約齋府君[王廷享]行述一卷　(清)王煊　(清)王炳撰　清刻本　一冊

360000－1901－0012018　402129－4
皇清例授奉政大夫工部虞衡司員外郎加三級顯考約齋府君[王廷享]行述一卷　(清)王煊　(清)王炳撰　清刻本　一冊

360000－1901－0012019　402129－5
皇清例授奉政大夫工部虞衡司員外郎加三級顯考約齋府君[王廷享]行述一卷　(清)王煊　(清)王炳撰　清刻本　一冊

360000－1901－0012020　402129－6
皇清例授奉政大夫工部虞衡司員外郎加三級顯考約齋府君[王廷享]行述一卷　(清)王煊　(清)王炳撰　清刻本　一冊

360000－1901－0012021　402129－7
皇清例授奉政大夫工部虞衡司員外郎加三級顯考約齋府君[王廷享]行述一卷　(清)王煊　(清)王炳撰　清刻本　一冊

360000－1901－0012022　309021
皇清名臣奏議六十八卷首一卷　(清)琴川居士輯　清木活字印本　五十冊

360000－1901－0012023　401953
皇清山西歷科進士錄一卷　(清)王承烈等輯　清刻本　一冊

360000－1901－0012024　413929
皇清詩選三十卷首一卷　(清)孫鋐輯　清康熙刻本　十一冊　存二十八卷(一至四、八至三十,首一卷)

360000－1901－0012025　220133
皇王大紀八十卷　(宋)胡宏撰　明萬曆三十九年(1611)陳邦瞻刻本(卷七十一至七十二、七十六至七十八配清抄本)　二十六冊　缺五卷(七十三至七十五、七十九至八十)

360000－1901－0012026　220134
皇王大紀八十卷　(宋)胡宏撰　明萬曆三十九年(1611)陳邦瞻刻本(卷五十五至五十九、六十一、六十四至六十九配清抄本)　十一冊　缺十四卷(六十、六十二至六十三、七十至八十)

360000－1901－0012027　310745
翠薇山房數學　(清)張作楠撰　清光緒二十三年(1897)上海鴻寶齋石印本　一冊　存十七種

360000－1901－0012028　802377
皇王大紀八十卷　(宋)胡宏撰　清抄本　一冊　存一卷(八十)

360000－1901－0012029　420130
皇輿全圖一卷　(清)鄒伯奇繪　清光緒二十年(1894)浙東同康廬石印本　一冊

360000－1901－0012030　241385
皇元風雅前集六卷後集六卷　(元)傅習　(元)孫存吾輯　清抄本　四冊

360000－1901－0012031　230617
黃檗山斷際禪師傳心錄一卷　(唐)釋希運說　(唐)裴休輯　(明)楊起元選　明新安汪玄極刻本　一冊

360000－1901－0012032　121675
黃村放粥記一卷　(清)李鴻逵撰　清光緒十六年(1890)留餘堂刻本　一冊

360000－1901－0012033　420408－2
黃帝內經靈樞十二卷　(唐)王冰注　清江陰朱文震刻光緒三十三年(1907)京師醫局修補印本　一冊　存六卷(七至十二)

360000－1901－0012034　800018
黃帝內經靈樞十二卷　(唐)王冰注　清刻本　一冊　存四卷(一至四)

360000－1901－0012035　901926
黃帝內經靈樞十二卷　(唐)王冰注　清末鉛印本　一冊　存六卷(七至十二)

360000－1901－0012036　420261
黃帝內經靈樞十二卷　(唐)王冰注　**黃帝內經素問遺篇一卷**　(宋)劉溫舒撰　清刻本　二冊　存八卷(一、七至十二,黃帝內經素問遺篇一卷)

360000－1901－0012037　164065
黃帝內經素問二十四卷　(明)吳崐注　明刻本　一冊　存二卷(二十至二十一)

360000－1901－0012038　230199
黃帝內經素問二十四卷　(明)吳崐注　明刻本　二冊　存九卷(五至八、十五至十九)

360000－1901－0012039　230200
黃帝內經素問二十四卷　(明)吳崐注　明刻本　二冊　存六卷(六至八、十八至二十)

360000－1901－0012040　805124
黃帝內經素問二十四卷　(明)吳崐注　清光緒十九年(1893)上海鴻文書局石印本　一冊　存二十一卷(一至二十一)

360000－1901－0012041　420257

黃帝内經素問二十四卷　(明)吳崐注　清刻本　三册　存十三卷(四至七、十二至二十)

360000－1901－0012042　420271
黃帝内經素問二十四卷　(明)吳崐注　清刻本　三册　存十二卷(一至三、十三至二十一)

360000－1901－0012043　800017
黃帝内經素問集注九卷　(清)張志聰撰　清刻本　一册　存一卷(五)

360000－1901－0012044　420254
黃帝内經素問集注九卷黃帝内經靈樞集注九卷　(清)張志聰撰　清光緒十六年(1890)浙江書局刻本　六册　存九卷(黃帝内經素問集注九卷)

360000－1901－0012045　420255
黃帝内經素問集注九卷黃帝内經靈樞集注九卷　(清)張志聰撰　清刻本　十七册　存十七卷(黃帝内經素問集注九卷、黃帝内經靈樞集注一至八)

360000－1901－0012046　420256
黃帝内經素問集注九卷黃帝内經靈樞集注九卷　(清)張志聰撰　清刻本　二十册

360000－1901－0012047　420258
黃帝内經素問集注九卷黃帝内經靈樞集注九卷　(清)張志聰撰　清刻本　五册　存九卷(黃帝内經素問集注九卷)

360000－1901－0012048　420259
黃帝内經素問集注九卷黃帝内經靈樞集注九卷　(清)張志聰撰　清刻本　五册　存四卷(黃帝内經素問集注五至六、八至九)

360000－1901－0012049　420260
黃帝内經素問集注九卷黃帝内經靈樞集注九卷　(清)張志聰撰　清刻本　四册　存五卷(黃帝内經素問集注三至七)

360000－1901－0012050　164884
黃帝内經素問校義一卷　(清)胡澍撰　清光緒九年(1883)蛟川二仁堂刻本　一册

360000－1901－0012051　164885
黃帝内經素問校義一卷　(清)胡澍撰　清光緒九年(1883)蛟川二仁堂刻本　一册

360000－1901－0012052　162667
黃帝内經素問校義一卷　(清)胡澍撰　清光緒五年(1879)世澤樓刻績溪胡氏叢書本　一册

360000－1901－0012053　415179－1
寸草軒詩存四卷　(清)徐盛持撰　清光緒十九年(1893)東河督署刻本　一册　存二卷(三至四)

360000－1901－0012054　164878
黃帝内經素問註證發微九卷補遺一卷黃帝内經靈樞註證發微九卷　(明)馬蒔撰　清光緒五年(1879)善成堂刻本　二十四册

360000－1901－0012055　164879
黃帝内經素問註證發微九卷補遺一卷黃帝内經靈樞註證發微九卷　(明)馬蒔撰　清光緒五年(1879)善成堂刻本　二十四册

360000－1901－0012056　164880
黃帝内經素問註證發微九卷補遺一卷黃帝内經靈樞註證發微九卷　(明)馬蒔撰　清光緒五年(1879)善成堂刻本　十四册　存十三卷(黃帝内經素問註證發微三至九、黃帝内經靈樞註證發微一至六)

360000－1901－0012057　164881
黃帝内經素問註證發微九卷補遺一卷黃帝内經靈樞註證發微九卷　(明)馬蒔撰　清刻本　二十三册

360000－1901－0012058　420267
黃帝内經素問註證發微九卷補遺一卷黃帝内經靈樞註證發微九卷　(明)馬蒔撰　清刻本　八册　存十卷(黃帝内經素問註證發微三至五、八至九,黃帝内經靈樞註證發微二、四至五、七至八)

360000－1901－0012059　420268－1
黃帝内經素問註證發微九卷補遺一卷黃帝内經靈樞註證發微十卷　(明)馬蒔撰　明萬曆

十四年(1586)天寶堂刻本　十五册　存十三卷(黄帝内經素問註證發微五至七、黄帝内經靈樞註證發微十卷)

360000－1901－0012060　420268
黄帝内經素問註證發微九卷補遺一卷黄帝内經靈樞註證發微十卷　(明)馬蒔撰　清刻本　十二册　存十四卷(黄帝内經素問註證發微二至五、八,黄帝内經靈樞註證發微二至十)

360000－1901－0012061　420269
黄帝内經素問註證發微九卷補遺一卷黄帝内經靈樞註證發微十卷　(明)馬蒔撰　清刻本　十二册　存十六卷(黄帝内經素問註證發微一至五、七至八,黄帝内經靈樞註證發微二至十)

360000－1901－0012062　420270
黄帝内經素問註證發微九卷補遺一卷黄帝内經靈樞註證發微十卷　(明)馬蒔撰　清刻本　五册　存五卷(黄帝内經素問註證發微三至四、八,黄帝内經靈樞註證發微七至八)

360000－1901－0012063　230195
黄帝素問靈樞經十二卷　明萬曆二十九年(1601)新安吴勉學刻清初步月樓重修古今醫統正脈全書本　二册

360000－1901－0012064　230196
黄帝素問靈樞經十二卷　明萬曆刻本　一册　存六卷(七至十二)

360000－1901－0012065　805211
黄帝逸典十三卷　(□)□□撰　清刻本　四册

360000－1901－0012066　420330
黄帝逸典十三卷　(□)□□撰　清乾隆刻本　一册

360000－1901－0012067　241431
黄岡二家詩鈔　(清)陳師晉輯　清乾隆五年(1740)陳氏玉照亭刻本　十一册

360000－1901－0012068　163546
黄海看雲第一圖題辭一卷黄海看雲第二圖題辭一卷　(清)汪廷棟輯　清光緒二十年(1894)古歙汪廷棟刻本　二册

360000－1901－0012069　161213
黄翰林校正禮記大全三十卷　(明)胡廣撰　(明)張瑞圖編纂　清三畏堂刻本　十五册　存二十九卷(二至三十)

360000－1901－0012070　403803
黄翰林校正禮記大全三十卷　(明)胡廣撰　(明)張瑞圖編纂　清三畏堂刻本　八册

360000－1901－0012071　311732
黄鵠山志十二卷首一卷　(清)胡鳳丹撰　清同治十三年(1874)退補齋刻本　六册

360000－1901－0012072　121679
黄淮安瀾編二卷　(清)龔元玠撰　清嘉慶二十三年(1818)環堵山房刻本　一册

360000－1901－0012073　404978
黄皆令詩一卷　(清)黄媛介撰　**吴冰僊詩一卷**　(清)吴綃撰　清順治十二年(1655)鄒氏鶩宜齋刻本　一册

360000－1901－0012074　250214
黄静山所著書　(清)黄永年撰　清乾隆十八年(1753)序集思堂刻希文祠修補本　七册　存四種

360000－1901－0012075　302989
黄梨洲先生[宗羲]年譜三卷　(清)黄炳垕撰　清同治十二年(1873)刻本　一册

360000－1901－0012076　400878
黄梨洲先生[宗羲]年譜三卷　(清)黄炳垕撰　清同治十二年(1873)刻本　一册

360000－1901－0012077　415473
黄梨洲先生南雷文約四卷　(清)黄宗義撰　(清)鄭性訂　清乾隆鄭性刻本　四册

360000－1901－0012078　240803
黄梨洲先生南雷文約四卷　(清)黄宗義撰　(清)鄭性訂　清雍正鄭性刻本　四册

360000－1901－0012079　712810

黃梨洲遺書　(清)黃宗羲撰　清末石印本　一冊　存二種

360000－1901－0012080　405036
黃梅花館詩選一卷　(清)張振翮撰　清咸豐九年(1859)刻本　一冊

360000－1901－0012081　302997
黃門奏疏二卷　(清)楊雍建撰　清道光十四年(1834)刻本　二冊

360000－1901－0012082　405034
黃孀餘話八卷　(清)陳錫路撰　清刻本　一冊　存二卷(一至二)

360000－1901－0012083　603606
黃青社先生伐檀集二卷　(宋)黃庶撰　清乾隆三十年(1765)分寧緝香堂刻本　二冊

360000－1901－0012084　421220
黃山領要錄二卷　(清)汪洪度撰　清乾隆六十年(1795)長塘鮑氏刻知不足齋叢書本　一冊

360000－1901－0012085　220734
黃山志定本七卷首一卷　(清)閔麟嗣撰　清康熙二十五年(1686)刻本　五冊　缺三卷(六至七、首一卷)

360000－1901－0012086　240322
黃詩全集五十八卷　(宋)黃庭堅撰　清乾隆五十四年(1789)南康謝氏樹經堂刻本　二十冊

360000－1901－0012087　240323
黃詩全集五十八卷　(宋)黃庭堅撰　清乾隆五十四年(1789)南康謝氏樹經堂刻本　二十冊

360000－1901－0012088　240324
黃詩全集五十八卷　(宋)黃庭堅撰　清乾隆五十四年(1789)南康謝氏樹經堂刻本　二十冊

360000－1901－0012089　240325
黃詩全集五十八卷　(宋)黃庭堅撰　清乾隆五十四年(1789)南康謝氏樹經堂刻本　二十冊

360000－1901－0012090　240326
黃詩全集五十八卷　(宋)黃庭堅撰　清乾隆五十四年(1789)南康謝氏樹經堂刻本　二十四冊

360000－1901－0012091　240327
黃詩全集五十八卷　(宋)黃庭堅撰　清乾隆五十四年(1789)南康謝氏樹經堂刻本　十九冊

360000－1901－0012092　240752
黃石齋先生大滌函書五卷正命麟書一卷　(明)黃道周撰　(清)呂叔倫　(清)何瑞圖輯　明崇禎十五年(1642)刻清初呂叔倫、何瑞圖增修本　一冊　存一卷(一)

360000－1901－0012093　804787－15
大清光緒三十三年通書一卷　(清)羅傳犍等編　清光緒三十三年(1907)集福堂廣記刻本　一冊

360000－1901－0012094　420566
黃氏醫書　(清)黃元御撰　清望雲草廬刻本　二冊　存二種

360000－1901－0012095　420573
黃氏醫書　(清)黃元御撰　清咸豐十年(1860)長沙燮龢精舍刻本　二冊　存二種

360000－1901－0012096　150721
黃氏醫書　(清)黃元御撰　清燮龢精舍刻本　十冊　存六種

360000－1901－0012097　150723
黃氏遺書　(清)黃元御撰　清同治十一年至光緒六年(1872－1880)陽湖馮承熙刻本　十二冊

360000－1901－0012098　500210
黃氏正宗譜□□卷　(清)□□纂修　清木活字印本　一冊　存一卷(三)

360000－1901－0012099　162612
黃書一卷附噩夢一卷　(清)王夫之撰　清末石印本　一冊

360000－1901－0012100　309850

黄書一卷老子衍一卷　(清)王夫之撰　清同治四年(1865)湘鄉曾氏金陵刻船山遺書本　一冊

360000－1901－0012101　210273

黄太史訂正春秋大全三十七卷首一卷　(明)胡廣等輯　(清)黄越等校　清康熙五十年(1711)郁郁堂刻本　十五冊

360000－1901－0012102　415837

黄太史訂正春秋大全三十七卷首一卷　(明)胡廣等輯　(清)黄越等校　清康熙五十年(1711)郁郁堂刻本　十六冊

360000－1901－0012103　123206

黄堂隆道宫志十四卷　(清)胡執佩編　(清)伍紹詩刪　(清)胡映庚輯　清道光二十年(1840)隆道宫刻本　二冊

360000－1901－0012104　123207

黄堂隆道宫志十四卷　(清)胡執佩編　(清)伍紹詩刪　(清)胡映庚輯　清道光二十年(1840)隆道宫刻本　二冊

360000－1901－0012105　418550

黄陶菴先生文鈔不分卷　(明)黄淳耀撰　(清)王步青評　清嘉慶十三年(1808)大文堂刻本　二冊

360000－1901－0012106　418550－1

黄陶菴先生文鈔不分卷　(明)黄淳耀撰　(清)王步青評　清刻本　一冊

360000－1901－0012107　220444

黄文節公[庭堅]年譜不分卷　(清)楊希閔編　稿本　一冊

360000－1901－0012108　710158

黄葉邨莊詩集八卷續集一卷後集一卷　(清)吳之振撰　清光緒四年(1878)吳氏刻本　十冊

360000－1901－0012109　405037

黄葉山樵詩草四卷　(清)江璧撰　清刻本　一冊

360000－1901－0012110　302993

黄運河口古今圖説一卷　(清)麟慶撰　清道光二十一年(1841)雲蔭閣刻本　一冊

360000－1901－0012111　240762

黄藴生先生陶菴全集十七卷　(明)黄淳耀撰　清康熙十五年(1676)張懿實刻四十二年(1703)陸廷燦增修本　六冊

360000－1901－0012112　240763

黄藴生先生陶菴全集十七卷　(明)黄淳耀撰　清康熙十五年(1676)張懿實刻四十二年(1703)陸廷燦增修本　四冊

360000－1901－0012113　302998

黄漳浦集五十卷　(明)黄道周撰　清道光八年(1828)刻本　十六冊

360000－1901－0012114　711755

黄漳浦集五十卷首一卷末一卷　(明)黄道周撰　(清)陳壽祺重編　**漳浦黄先生年譜二卷**　(明)莊起儔編　清道光九年(1829)福州陳壽祺刻本　一冊　存三卷(三十七至三十九)

360000－1901－0012115　717764

黄漳浦集五十卷首一卷末一卷　(明)黄道周撰　(清)陳壽祺重編　**漳浦黄先生年譜二卷**　(明)莊起儔編　清道光九年(1829)福州陳壽祺刻本　二十二冊　存四十八卷(一至三十六、四十至五十,首一卷)

360000－1901－0012116　316232

黄漳浦集五十卷首一卷目録二卷　(明)黄道周撰　(清)陳壽祺重編　**漳浦黄先生年譜二卷**　(明)莊起儔編　清道光刻本　二十冊　缺十卷(四十一至五十)

360000－1901－0012117　310039

黄忠端公[道周]年譜四卷補遺一卷　(明)莊起儔編　清道光九年(1829)刻本　一冊

360000－1901－0012118　302995

黄忠端公[尊素]年譜二卷　(清)黄炳垕編　清光緒二年(1876)刻本　一冊

360000－1901－0012119　121678

黃忠愨公遺稿二卷 (明)黃子澄撰 (清)袁玉麟輯 清光緒二十六年(1900)刻本 二册

360000－1901－0012120 410157
黃忠壯公遺集九卷首一卷 (清)黃淳熙撰 清光緒元年(1875)安福劉氏刻本 二册 存四卷(三至四、八至九)

360000－1901－0012121 121676
黃忠壯公遺集九卷首一卷 (清)黃淳熙撰 清光緒元年(1875)成都醒予山房刻本 六册

360000－1901－0012122 121677
黃忠壯公遺集九卷首一卷 (清)黃淳熙撰 清光緒元年(1875)成都醒予山房刻本 六册

360000－1901－0012123 410156
黃忠壯公遺集六卷首一卷 (清)黃淳熙撰 清光緒元年(1875)刻本 六册 存六卷(二至六、首一卷)

360000－1901－0012124 162621
黃鐘圖徵一卷 (清)黃承谷撰 清同治二年(1863)半園刻本 一册

360000－1901－0012125 403005
璜川吴氏經學叢書 (清)吴志忠輯 清刻本 十六册 存六種

360000－1901－0012126 403004
璜川吴氏四書學 (清)吴志忠輯 清嘉慶十六年(1811)刻本 一册

360000－1901－0012127 220251
揮麈前録四卷後録十一卷三録三卷餘話二卷 (宋)王明清撰 明崇禎毛氏汲古閣刻津逮祕書本 十册

360000－1901－0012128 405677
輝映集一卷 (明)王綱撰 清同治十一年(1872)木活字印本 一册

360000－1901－0012129 706339
大清律例集註三十三卷 (清)萬維翰輯 (清)胡鈐續輯 清乾隆刻本 七册 存十六卷(二、七至十三、二十一至二十五、二十九至三十一)

360000－1901－0012130 803978
徽臨公灘□□卷 (清)蕪湖徽州會館同人輯 清光緒二十九年(1903)抄本 一册 存一卷(上)

360000－1901－0012131 705750－1
回都驪唱集一卷 (清)陳燦甫撰 清刻本 一册

360000－1901－0012132 407649
回生集二卷 (清)陳杰撰 清道光七年(1827)刻本 一册 存一卷(上)

360000－1901－0012133 407645
回生集二卷 (清)陳杰撰 清道光十七年(1837)湖南省南陽街二觀堂刻本 一册

360000－1901－0012134 407646
回生集二卷 (清)陳杰撰 清嘉慶刻本 一册

360000－1901－0012135 407648
回生集二卷 (清)陳杰撰 清嘉慶刻本 一册

360000－1901－0012136 407647
回生集二卷 (清)陳杰撰 清刻本 二册

360000－1901－0012137 408849
回生集二卷 (清)陳杰撰 清刻本 一册 存一卷(下)

360000－1901－0012138 416647
回頭岸集註二卷 (清)翟步霄撰 清光緒二十年(1894)刻本 一册

360000－1901－0012139 416647－1
回頭岸文二卷 (清)□□輯 清刻本 一册

360000－1901－0012140 407689
回文類聚十卷織錦回文圖一卷 (清)朱象賢撰 清刻本 一册

360000－1901－0012141 404926
回文類聚四卷首一卷 (宋)桑世昌輯 清刻本 一册

360000－1901－0012142 420118

迴瀾紀要二卷　(清)徐端撰　清道光九年(1829)刻本　一冊　存一卷(上)

360000－1901－0012143　407771
洄溪道情一卷　(清)徐大椿撰　清道光四年(1824)徐培刻本　一冊

360000－1901－0012144　164799
洄溪醫案一卷　(清)徐大椿撰　清光緒四年(1878)刻本　二冊

360000－1901－0012145　164838
洄溪醫案一卷附刻許辛木農部劄一卷　(清)徐大椿撰　清咸豐七年(1857)海昌蔣氏衍芬草堂刻本　一冊

360000－1901－0012146　162439
洄溪醫案一卷附慎疾芻言一卷　(清)徐大椿撰　清末鉛印本　一冊

360000－1901－0012147　316973
悔少集一卷　(清)厲鶚撰　清光緒二十二年(1896)刻本　一冊

360000－1901－0012148　316363
悔生文集八卷　(清)王灼撰　清刻本　二冊

360000－1901－0012149　303827
悔菴學文八卷　(清)嚴元照撰　清光緒五年(1879)刻本　二冊

360000－1901－0012150　805156
悔餘菴詩稿十二卷文稿七卷　(清)何栻撰　清同治四年(1865)刻本　四冊　缺六卷(悔餘菴詩稿七至十二)

360000－1901－0012151　163340
悔餘菴詩稿十三卷文稿九卷樂府四卷餘辛集三卷衲蘇集二卷　(清)何栻撰　清同治刻本　九冊

360000－1901－0012152　163339
悔餘菴詩稿十三卷樂府四卷　(清)何栻撰　清咸豐八年(1858)刻本　六冊

360000－1901－0012153　240857
悔齋詩六卷　(清)汪楫撰　清康熙三年(1664)刻本　二冊

360000－1901－0012154　320576
晦庵先生校正周易繫辭精義二卷　(宋)吕祖謙編　清光緒遵義黎氏日本東京使署影刻古逸叢書本　一冊

360000－1901－0012155　123259
晦庵先生朱文公文集一百卷　(宋)朱熹撰　清刻本　四冊　存十一卷(八十七至九十七)

360000－1901－0012156　120602
晦庵先生朱文公文集一百卷續集十一卷别集十卷目錄二卷　(宋)朱熹撰　清同治十二年(1873)六安涂氏求我齋刻本　二十四冊

360000－1901－0012157　722414
晦庵先生朱文公文集一百卷續集十一卷别集十卷目錄二卷　(宋)朱熹撰　清刻本　三冊　存八卷(一至五、五十八至六十)

360000－1901－0012158　120601
晦庵先生朱文公文集一百卷續集十一卷别集十卷目錄二卷　(宋)朱熹撰　清同治十二年(1873)六安涂氏求我齋刻本　八十冊

360000－1901－0012159　601247
晦庵先生朱文公文集一百卷續集十一卷别集十卷目錄二卷　(宋)朱熹撰　清同治十二年(1873)六安涂氏求我齋刻本　四十二冊　存八十二卷(晦庵先生朱文公文集四至六、十一至十七、二十、二十三至二十六、二十九至三十、三十七至三十八、四十四至五十一、五十六至七十、七十五至一百,續集十一卷、别集一至三)

360000－1901－0012160　240371
晦庵先生朱文公文集一百卷續集五卷别集七卷目錄二卷　(宋)朱熹撰　(清)臧眉錫等訂　清康熙二十七年(1688)蔡方炳刻本　四十冊

360000－1901－0012161　240372
晦庵先生朱文公文集一百卷續集五卷别集七卷目錄二卷　(宋)朱熹撰　(清)臧眉錫等訂　清康熙二十七年(1688)蔡方炳刻本　六十五冊　缺二十六卷(晦庵先生朱文公文集一

至二十一、四十至四十一、四十三、四十六至四十七)

360000－1901－0012162　601246
晦庵先生朱文公文集一百卷續集五卷别集七卷目錄二卷　(宋)朱熹撰　(清)臧眉錫等訂　清康熙二十七年(1688)蔡方炳刻本　九册　缺八十一卷(晦庵先生朱文公文集一至八十一)

360000－1901－0012163　704323
晦庵先生朱文公文集一百卷續集五卷别集七卷目錄二卷　(宋)朱熹撰　(清)臧眉錫等訂　清康熙二十七年(1688)蔡方炳刻本　十七册　存三十三卷(晦庵先生朱文公文集六至十、五十七至六十六、六十八至七十、七十三至七十七、八十至八十五、八十七至九十)

360000－1901－0012164　713289
晦庵先生朱文公文集一百卷續集五卷别集七卷目錄二卷　(宋)朱熹撰　(清)臧眉錫等訂　清康熙二十七年(1688)蔡方炳刻本　十一册　存二十七卷(晦庵先生朱文公文集一至十一、十五至十八、二十至二十一、二十四至二十九、三十二至三十三、三十九至四十)

360000－1901－0012165　713290
晦庵先生朱文公文集一百卷續集五卷别集七卷目錄二卷　(宋)朱熹撰　(清)臧眉錫等訂　清康熙二十七年(1688)蔡方炳刻本　四册　存十一卷(晦庵先生朱文公文集十一至十七、四十三至四十四,目錄二卷)

360000－1901－0012166　303839
晦鳴錄二卷　(清)朱克敬輯　清光緒刻挹秀山房叢書本　二册

360000－1901－0012167　309573
晦鳴錄二卷　(清)朱克敬輯　清光緒刻挹秀山房叢書本　一册　存一卷(一)

360000－1901－0012168　314030
惠民門外沿河碼頭店鋪房屋地基清册二卷　(清)勞鼎勛等纂　清光緒三十三年(1907)木活字印本　二册

360000－1901－0012169　303892
匯解經藝羣元十二卷　(清)文匯館輯　清光緒十四年(1888)文匯館石印本　十二册

360000－1901－0012170　420299
會成堂詳校醫宗必讀十卷　(明)李中梓撰　清乾隆四十七年(1782)金相堂刻本　四册

360000－1901－0012171　420300
會成堂詳校醫宗必讀十卷　(明)李中梓撰　清乾隆四十七年(1782)金相堂刻本　四册　存五卷(一、三、七至八、十)

360000－1901－0012172　304245
會典簡明錄一卷　(清)張祥河輯　清道光六年(1826)刻本　一册

360000－1901－0012173　407886
會稽三賦一卷　(宋)王十朋撰　(宋)周世則　(宋)史鑄注　清嘉慶十七年(1812)蕭山陳氏刻湖海樓叢書本　一册

360000－1901－0012174　150389
會稽山齋全集　(清)謝應芝撰　清光緒十四年(1888)刻本　五册　存四種

360000－1901－0012175　407884
會稽山齋文十二卷　(清)謝應芝撰　清光緒十四年(1888)刻會稽山齋全集本　一册　存六卷(一至六)

360000－1901－0012176　900623
會墨萃精不分卷　(清)□□輯　清末石印本　一册

360000－1901－0012177　805167
會試闈墨不分卷　(清)□□輯　清道光二十一年(1841)聚奎堂刻本　一册

360000－1901－0012178　805165
會試闈墨不分卷　(清)□□輯　清光緒十五年(1889)刻本　一册

360000－1901－0012179　805166
會試闈墨不分卷　(清)□□輯　清同治十三年(1874)聚奎堂刻本　一册

360000－1901－0012180　901973

會試硃卷不分卷　(清)□□輯　清刻本　一冊

360000－1901－0012181　901988
會試硃卷不分卷　(清)馬先登撰　清刻本　一冊

360000－1901－0012182　308137
會試硃卷不分卷鄉試硃卷不分卷　(清)□□輯　清刻本　一冊

360000－1901－0012183　401722
會試硃卷一卷　(清)蹇念典撰　清刻本　一冊

360000－1901－0012184　900606
會通譜□□卷　(清)程潛夫輯　清刻本　一冊　存一卷(三)

360000－1901－0012185　413222
會文學社字課圖說八卷　(清)會文學社編　清光緒三十年(1904)上海會文學社石印本　六冊

360000－1901－0012186　411338
會心內集二卷　(清)劉一明撰　清嘉慶二十三年(1818)夏復恒刻本　一冊　存一卷(上)

360000－1901－0012187　413144－3
會心內集二卷　(清)劉一明撰　清嘉慶二十三年(1818)夏復恒刻本　二冊

360000－1901－0012188　404698
滙報不分卷　(清)滙報館編　清末鉛印本　五冊

360000－1901－0012189　230432
滙東手談三十二卷　(清)史珥撰　稿本　八冊

360000－1901－0012190　408802
彙集經驗方一卷怪疾奇方一卷　(清)汪汲輯　清嘉慶六年(1801)汪汲古愚山房刻本　二冊

360000－1901－0012191　414632
彙刻書目初編十卷　(清)顧修輯　**續編二卷**　(清)陳光照輯　清光緒元年(1875)長洲陳氏無夢園刻本　十四冊

360000－1901－0012192　414633
彙刻書目初編十卷　(清)顧修輯　**續編二卷**　(清)陳光照輯　清光緒元年(1875)長洲陳氏無夢園刻本　一冊　存一卷(十)

360000－1901－0012193　800497
彙刻書目初編十卷　(清)顧修輯　**續編二卷**　(清)陳光照輯　清同治九年(1870)崇雅堂木活字印本　十二冊

360000－1901－0012194　320267
彙刻書目初編十卷補編一卷　(清)顧修輯　清光緒元年(1875)長洲陳氏無夢園刻本　十冊

360000－1901－0012195　310679
彙刻書目初編十卷補編一卷　(清)顧修輯　清光緒元年(1875)刻本　十冊

360000－1901－0012196　414623
彙刻書目二十卷　(清)顧修輯　清刻本　六冊

360000－1901－0012197　714828
彙刻書目二十卷　(清)顧修輯　(清)朱學勤補　清光緒十二年至十五年(1886－1889)上海福瀛書局刻本　二十冊

360000－1901－0012198　714860
彙刻書目十卷　(清)顧修輯　清刻本　七冊　存七卷(二至四、六至七、九至十)

360000－1901－0012199　714861
彙刻書目十卷　(清)顧修輯　清刻本　一冊　存一卷(六)

360000－1901－0012200　800118
彙刻書目十卷補編一卷　(清)顧修輯　**續編十二卷續補編一卷**　(清)陳光照輯　清光緒元年(1875)京都琉璃廠刻本　二十二冊

360000－1901－0012201　406482
彙總條例□□卷(清道光二十一年至三十年)　清道光刻本　四冊　存三卷(二、七、十六)

360000－1901－0012202　406393

彙總條例□□卷戶律條例□□卷刑律條例□□卷 清刻本 十九冊 存十九卷(彙總條例嘉慶二至八,戶律條例四至五、九、十一、三十二、三十四,刑律條例三、六至七、九、三十八、四十三)

360000－1901－0012203 401775

彙纂功過格十二卷首一卷末一卷 (□)□□輯 清康熙刻本 十冊

360000－1901－0012204 401774

彙纂功過格十二卷首一卷末一卷 (□)□□輯 清咸豐十年(1860)刻本 十冊

360000－1901－0012205 409714

彙纂詩法度鍼三十三卷首一卷 (清)徐文弼輯 清得月樓刻本 七冊

360000－1901－0012206 409715

彙纂詩法度鍼三十三卷首一卷 (清)徐文弼輯 清得月樓刻本 八冊

360000－1901－0012207 409716

彙纂詩法度鍼三十三卷首一卷 (清)徐文弼輯 清得月樓刻本 四冊

360000－1901－0012208 709722

彙纂詩法度鍼三十三卷首一卷 (清)徐文弼輯 清聚錦堂刻本 七冊

360000－1901－0012209 709723

彙纂詩法度鍼三十三卷首一卷 (清)徐文弼輯 清聚錦堂刻本 三冊 存十卷(二十四至三十三)

360000－1901－0012210 709717

彙纂詩法度鍼三十三卷首一卷 (清)徐文弼輯 清聚文堂刻本 八冊

360000－1901－0012211 409727

彙纂詩法度鍼三十三卷首一卷 (清)徐文弼輯 清刻本 八冊

360000－1901－0012212 409728

彙纂詩法度鍼三十三卷首一卷 (清)徐文弼輯 清刻本 六冊

360000－1901－0012213 409729

彙纂詩法度鍼三十三卷首一卷 (清)徐文弼輯 清刻本 五冊

360000－1901－0012214 409730

彙纂詩法度鍼三十三卷首一卷 (清)徐文弼輯 清刻本 七冊 存二十五卷(一至十、十九至三十三)

360000－1901－0012215 409731

彙纂詩法度鍼三十三卷首一卷 (清)徐文弼輯 清刻本 八冊

360000－1901－0012216 409732

彙纂詩法度鍼三十三卷首一卷 (清)徐文弼輯 清刻本 七冊 存三十二卷(一至三十一、首一卷)

360000－1901－0012217 409732－1

彙纂詩法度鍼三十三卷首一卷 (清)徐文弼輯 清刻本 五冊 存二十五卷(二至二十四、三十至三十一)

360000－1901－0012218 409732－2

彙纂詩法度鍼三十三卷首一卷 (清)徐文弼輯 清刻本 三冊 存二十卷(四至十、十二至十八、二十二至二十七)

360000－1901－0012219 409732－3

彙纂詩法度鍼三十三卷首一卷 (清)徐文弼輯 清刻本 二冊 存十一卷(三至五、十一至十八)

360000－1901－0012220 709715

彙纂詩法度鍼三十三卷首一卷 (清)徐文弼輯 清刻本 七冊 存二十七卷(一至二十一、二十八至三十三)

360000－1901－0012221 709721

彙纂詩法度鍼三十三卷首一卷 (清)徐文弼輯 清刻本 一冊 存五卷(十九至二十三)

360000－1901－0012222 709718

彙纂詩法度鍼三十三卷首一卷 (清)徐文弼輯 清美德堂刻本 五冊

360000－1901－0012223 709720

彙纂詩法度鍼三十三卷首一卷 (清)徐文弼

輯　清美德堂刻本　四册

360000－1901－0012224　121816
彙纂詩法度鍼三十三卷首一卷　(清)徐文弼輯　清乾隆二十七年(1762)聚錦堂刻本　八册

360000－1901－0012225　121817
彙纂詩法度鍼三十三卷首一卷　(清)徐文弼輯　清乾隆二十三年(1758)英德堂刻本　八册

360000－1901－0012226　601585
彙纂詩法度鍼三十三卷首一卷　(清)徐文弼輯　清乾隆二十四年(1759)刻本　八册

360000－1901－0012227　601586
彙纂詩法度鍼三十三卷首一卷　(清)徐文弼輯　清乾隆二十四年(1759)刻本　七册　存三十二卷(二至三十三)

360000－1901－0012228　601587
彙纂詩法度鍼三十三卷首一卷　(清)徐文弼輯　清乾隆二十四年(1759)刻本　六册　存二十六卷(二至四、十一至三十三)

360000－1901－0012229　601588
彙纂詩法度鍼三十三卷首一卷　(清)徐文弼輯　清乾隆二十四年(1759)刻本　八册

360000－1901－0012230　601589
彙纂詩法度鍼三十三卷首一卷　(清)徐文弼輯　清乾隆二十四年(1759)刻本　三册　存十五卷(十九至三十三)

360000－1901－0012231　601590
彙纂詩法度鍼三十三卷首一卷　(清)徐文弼輯　清乾隆二十四年(1759)刻本　六册

360000－1901－0012232　601591
彙纂詩法度鍼三十三卷首一卷　(清)徐文弼輯　清乾隆二十四年(1759)刻本　一册　存六卷(二十四至二十九)

360000－1901－0012233　121815
彙纂詩法度鍼三十三卷首一卷　(清)徐文弼輯　清乾隆二十五年(1760)刻本　八册

360000－1901－0012234　409713
彙纂詩法度鍼三十三卷首一卷　(清)徐文弼輯　清饒城經國堂刻本　八册

360000－1901－0012235　708724
彙纂詩法度鍼三十三卷首一卷　(清)徐文弼輯　清同文堂刻本　八册

360000－1901－0012236　708724－1
彙纂詩法度鍼三十三卷首一卷　(清)徐文弼輯　清同文堂刻本　五册　存二十二卷(一至十八、三十至三十三)

360000－1901－0012237　709716
彙纂詩法度鍼三十三卷首一卷　(清)徐文弼輯　清怡蓮堂刻本　六册　存二十九卷(一至二十九)

360000－1901－0012238　123453
慧力寺志六卷首一卷　(清)趙汝明修　(清)李欽盤等纂　清光緒二十一年(1895)刻本　二册

360000－1901－0012239　123454
慧力寺志六卷首一卷　(清)趙汝明修　(清)李欽盤等纂　清光緒二十一年(1895)刻本　一册　存四卷(一至三、六)

360000－1901－0012240　123531
慧力寺志六卷首一卷　(清)趙汝明修　(清)李欽盤等纂　清光緒二十一年(1895)刻本　二册

360000－1901－0012241　410984
慧命經一卷　(清)柳華陽撰並注　清道光二十六年(1846)刻本　一册

360000－1901－0012242　410984－1
慧命經一卷　(清)柳華陽撰並注　清道光二十六年(1846)刻本　一册

360000－1901－0012243　410983
慧命經一卷　(清)柳華陽撰並注　清光緒二十六年(1900)刻本　一册

360000－1901－0012244　410982
慧命經一卷　(清)柳華陽撰並注　清刻本

一册

360000－1901－0012245　314004
慧因寺志十二卷附錄一卷　（明）李翥撰（清）丁丙輯　**杭郡庠得表忠觀碑記事一卷**（清）余懋棅輯　清光緒七年（1881）錢塘丁丙嘉惠堂刻武林掌故叢編本　一册　存六卷（九至十二、附一卷、杭郡庠得表忠觀碑記事一卷）

360000－1901－0012246　901925
蕙林軒小題不分卷　（清）□□輯　清刻本　一册

360000－1901－0012247　305990
薈蕞編二十卷　（清）俞樾撰　清光緒鉛印本　五册　存十卷（九至十二、十五至二十）

360000－1901－0012248　803027
繪圖包公奇案十卷　（□）□□撰　清末上海天機書局石印本　一册　存三卷（八至十）

360000－1901－0012249　404477
繪圖筆生花十六卷三十二回　（清）邱心如撰　清光緒二十五年（1899）上海書局石印本　四册　存八卷（一至八）十六回（一至十六）

360000－1901－0012250　404478
繪圖筆生花十六卷三十二回　（清）邱心如撰　清光緒二十五年（1899）上海書局石印本　六册　存六卷（一、四、六、十、十三至十四）十二回（一至二、七至八、十一至十二、十九至二十、二十五至二十八）

360000－1901－0012251　803028
繪圖筆生花十六卷三十二回　（清）邱心如撰　清末鉛印本　一册　存一卷（二）二回（三至四）

360000－1901－0012252　404477－1
繪圖筆生花十六卷三十二回　（清）邱心如撰　清末石印本　一册　存一卷（八）二回（十五至十六）

360000－1901－0012253　603614
繪圖筆生花十六卷三十二回　（清）邱心如撰　清末石印本　一册　存一卷（七）二回（十三至十四）

360000－1901－0012254　803038
繪圖蕩寇志八卷一百四十回　（清）俞萬春撰　清末石印本　一册　存一卷（四）九回（二十一至二十九）

360000－1901－0012255　421589－1
繪圖封神傳十二卷一百回　（明）許仲琳撰　清末石印本　一册　存一卷（七）八回（五十二至五十九）

360000－1901－0012256　421590－1
繪圖封神演義八卷一百回　（明）許仲琳撰　清末石印本　三册　存三卷（一、三、五）三十五回（一至十、二十五至三十八、五十七至六十七）

360000－1901－0012257　162804
繪圖鳳凰山十卷七十二回　（□）□□撰　清宣統二年（1910）上海章福記書局石印本　十册

360000－1901－0012258　803032
繪圖古今奇聞二十二卷　（清）王寅撰　清末鉛印本　一册　存六卷（四至九）

360000－1901－0012259　162427
繪圖花月因緣十六卷五十二回　（清）魏秀仁撰　（清）棲霞居士評　清光緒二十九年（1903）上海書局石印本　八册

360000－1901－0012260　801954
繪圖歡喜冤佳四卷十六回　（清）□□撰　清光緒二十一年（1895）上海書局石印本　一册　存一卷（一）四回（一至四）

360000－1901－0012261　421462
繪圖繪芳錄八卷八十回　（清）西泠野樵撰　清光緒二十年（1894）上海書局石印本　九册

360000－1901－0012262　804724
繪圖今古奇觀六卷四十回　（清）抱甕老人輯　清光緒三十年（1904）石印本　一册　存一卷（一）六回（一至六）

360000－1901－0012263　162980
繪圖警世鐘二卷　(清)賈旡西撰　(清)張季直評注　清宣統二年(1910)上海章福記石印本　一册

360000－1901－0012264　900755
繪圖蒙學體操實在易一卷　(清)□□輯　清末上海彪蒙書室石印本　一册

360000－1901－0012265　803039
繪圖蒙學造句實在易一卷　(清)□□輯　清光緒三十一年(1905)上海彪蒙書室石印本　一册

360000－1901－0012266　421478
繪圖批評野叟曝言二十卷一百五十四回　(清)夏敬渠撰　清末石印本　十册　存十卷(二、五、七、九至十二、十四至十六)七十七回(七至十三、二十六至三十二、四十一至四十八、五十七至八十八、九十七至一百十九)

360000－1901－0012267　804123
繪圖平山冷燕四才子書四卷二十回　(清)荻岸散人撰　清末石印本　一册　存一卷(三)五回(十一至十五)

360000－1901－0012268　162972
繪圖評點女仙外史八卷一百回　(清)呂熊撰　清宣統元年(1909)上海章福記石印本　八册

360000－1901－0012269　414698
繪圖七千字文一卷　(清)□□輯　清末石印本　一册

360000－1901－0012270　421513
繪圖情史二十四卷　(清)馮夢龍評輯　清末石印本　三册　存十四卷(四至十七)

360000－1901－0012271　163074
繪圖情史二十四卷　(清)馮夢龍評輯　清宣統元年(1909)自強書局石印本　二册　存五卷(一至三、十九至二十)

360000－1901－0012272　421512
繪圖情史二十四卷　(清)馮夢龍評輯　清宣統元年(1909)自強書局石印本　二册

360000－1901－0012273　900720
繪圖三國演義六十卷一百二十回　(明)羅本撰　(清)毛宗崗評　清末石印本　一册　存六卷(五十五至六十)十二回(一百九至一百二十)

360000－1901－0012274　900718
繪圖三國演義十六卷一百二十回　(明)羅本撰　(清)毛宗崗評　清末上海天寶書局石印本　三册　存六卷(七至十、十三至十四)四十八回(四十一至七十二、八十九至一百四)

360000－1901－0012275　900719
繪圖三國演義十六卷一百二十回　(明)羅本撰　(清)毛宗崗評　清末上海遜記書莊石印本　一册　存一卷(十一)十回(九十九至一百八)

360000－1901－0012276　900721
繪圖三國演義十六卷一百二十回　(明)羅本撰　(清)毛宗崗評　清末石印本　二册　存四卷(三至四、十五至十六)二十九回(九至二十二、一百六至一百二十)

360000－1901－0012277　900722
繪圖三國演義十六卷一百二十回　(明)羅本撰　(清)毛宗崗評　清末石印本　二册　存四卷(五至六、十一至十二)三十二回(二十五至四十、七十三至八十八)

360000－1901－0012278　900723
繪圖三國演義十六卷一百二十回　(明)羅本撰　(清)毛宗崗評　清末育文書局石印本　二册　存四卷(十三至十六)三十二回(八十九至一百二十)

360000－1901－0012279　722484
繪圖神相鐵關刀四卷　(清)□□撰　清末石印本　一册　存一卷(一)

360000－1901－0012280　721652
繪圖施公案十集五百二十八回　(清)□□撰　清宣統三年(1911)章福記書局石印本　一册　存一回(六集一)

360000－1901－0012281　405920
繪圖四千字文不分卷　(清)□□撰　清末石印本　一册

360000－1901－0012282　403336
繪圖四書便蒙課本不分卷　(清)南洋官書局輯　清宣統二年(1910)南洋官書局石印本　四册　存論語、孟子

360000－1901－0012283　801507－1
繪圖四書速成新體讀本不分卷　王有宗　施崇恩校訂　清光緒三十一年(1905)杭州彪蒙書室石印本　一册　存孟子

360000－1901－0012284　804214
繪圖四書速成新體讀本不分卷　王有宗　施崇恩校訂　清光緒三十一年(1905)杭州彪蒙書室石印本　一册

360000－1901－0012285　803022
繪圖四書速成新體讀本不分卷　王有宗　施崇恩校訂　清末石印本　一册　存論語

360000－1901－0012286　406053
繪圖速通虚字法不分卷　施崇恩輯　清光緒三十四年(1908)上海彪蒙書室石印本　一册

360000－1901－0012287　406053－1
繪圖速通虚字法續編不分卷　施崇恩輯　清末鉛印本　一册

360000－1901－0012288　803104
繪圖萬花樓全傳十四卷六十八回　(清)李雨堂撰　清光緒十九年(1893)滬江北鉛印本　一册　存二卷(一至二)八回(一至八)

360000－1901－0012289　803019
繪圖萬花樓全傳十四卷六十八回　(清)李雨堂撰　清刻本　一册　存一卷(十)八回(四十一至四十八)

360000－1901－0012290　421477
繪圖俠義風月傳四卷十八回　(清)名教中人撰　清末石印本　一册　存一卷(四)四回(十一至十四)

360000－1901－0012291　421482
繪圖仙卜奇緣全傳八卷四十回　(清)吴毓昶撰　清光緒二十三年(1897)上海書局石印本　四册　存五卷(三至七)二十五回(十一至三十五)

360000－1901－0012292　804521
繪圖校正相理衡真十卷　(清)陳釗撰　清末石印本　一册　存二卷(九至十)

360000－1901－0012293　800685
繪圖繡像剛直演義新彭公案□□卷□□回　(清)治逸輯　清宣統二年(1910)文奎堂石印本　一册　存一卷(一)十六回(一至十六)

360000－1901－0012294　900757
繪圖繡像儒林外史六卷六十回　(清)吴敬梓撰　清末石印本　二册　存二卷(五至六)十回(四十一至五十)

360000－1901－0012295　803016
繪圖繡像重訂通俗隋唐演義八卷一百回　(清)褚人穫撰　清末石印本　一册　存一卷(五)十回(四十一至五十)

360000－1901－0012296　804725
繪圖繡像重訂通俗隋唐演義八卷一百回　(清)褚人穫撰　清末石印本　一册　存一卷(三)十回(二十一至三十)

360000－1901－0012297　801515
繪圖訓蒙必讀教兒經一卷　(□)□□撰　清末石印本　一册

360000－1901－0012298　803029
繪圖英雄奇緣傳十卷　(清)□□撰　清末石印本　一册　存二卷(三至四)

360000－1901－0012299　164233
繪圖粵東繁華夢三卷四十回　(清)黄小配撰　清末石印本　三册

360000－1901－0012300　163608
繪圖增批古文觀止十二卷　(清)吴乘權　(清)吴大職輯　清宣統元年(1909)上海章福記石印本　六册

360000－1901－0012301　719221

繪圖增批古文觀止十二卷　(清)吳乘權　(清)吳大職輯　清宣統元年(1909)上海章福記石印本　四册

360000－1901－0012302　719221－1

繪圖增批古文觀止十二卷　(清)吳乘權　(清)吳大職輯　清宣統元年(1909)上海章福記石印本　一册　存二卷(十一至十二)

360000－1901－0012303　801094

繪圖增像第五才子書水滸傳八卷七十回　(元)施耐庵撰　(清)金人瑞評　清末石印本　一册　存四卷(五至八)三十八回(三十三至七十)

360000－1901－0012304　421496

繪圖增像第五才子書水滸全傳七十回　(元)施耐庵撰　(清)金人瑞評　清光緒二十四年(1898)上海文盛書局石印本(四至三十一回配清末石印本)　四册　存二十八回(四至三十一)

360000－1901－0012305　801093

繪圖增像第五才子書水滸全傳七十回　(元)施耐庵撰　(清)金人瑞評　清末石印本　一册　存九回(二十六至三十四)

360000－1901－0012306　721727

繪圖增像西遊記八卷一百回　(明)吳承恩撰　(清)陳士斌詮解　清光緒十九年(1893)上海煥文書局石印本　四册　存四卷(一至二、四、六)四十一回(一至十、二十至二十四、三十九至五十二、六十五至七十六)

360000－1901－0012307　800768

繪圖增註歷史三字經一卷　(宋)王應麟撰　清末石印本　一册

360000－1901－0012308　801692

繪圖針灸易學二卷　(清)李守先撰　清末石印本　一册　存一卷(下)

360000－1901－0012309　722205

繪圖中國白話地理七章　(清)彪蒙書室編　清光緒三十一年(1905)上海彪蒙書室石印本　一册　存二章(一至二)

360000－1901－0012310　421485

繪像第七才子書六卷　(元)高明撰　清光緒十九年(1893)上海古香閣石印本　五册　存五卷(一至五)

360000－1901－0012311　421488

繪像第七才子書六卷　(元)高明撰　(清)毛聲山評　清芥子園刻本　四册　存四卷(一至四)

360000－1901－0012312　421588

繪像第七才子書六卷　(元)高明撰　(清)毛聲山評　清映秀堂刻本　一册　存一卷(一)

360000－1901－0012313　421539

繪像鐵花仙史二十六回　(清)雲封山人輯　(清)一嘯居士評點　清光緒十八年(1892)鉛印本　二册　存十二回(一至十二)

360000－1901－0012314　163272

繪真記四卷四十回　(清)邀月樓主人撰　清光緒二十一年(1895)上海書局石印本　二册　存二卷(一、四)二十四回(一至十、三十一至四十四)

360000－1901－0012315　801873

婚禮帖式不分卷　(清)貽經主人撰　清光緒抄本　一册

360000－1901－0012316　230267

活法啓微三卷　(清)何鼎亨撰　清乾隆五十二年(1787)刻本　一册

360000－1901－0012317　164812

活人方彙編七卷　(清)林開燧撰　清同治八年(1869)刻本　七册

360000－1901－0012318　408845

活人方彙編七卷　(清)林開燧撰　清同治八年(1869)刻本　三册　存三卷(四至五、七)

360000－1901－0012319　900779

活人一術不分卷　(清)孫德鍾輯　清抄本　一册

360000－1901－0012320　417235

活世生機四卷　(清)邵紀棠撰　清光緒二十

年(1894)刻本　一冊

360000－1901－0012321　417234
活世生機四卷　(清)邵紀棠撰　清光緒十七年(1891)上海著易堂書局鉛印本　一冊

360000－1901－0012322　301930
活物學二卷　(美國)厚美安撰　清光緒十五年(1889)刻本　一冊

360000－1901－0012323　230262
活幼心法大全九卷　(明)聶尚恒撰　清康熙十五年(1676)刻本　一冊

360000－1901－0012324　230263
活幼心法大全九卷　(明)聶尚恒撰　清康熙四十八年(1709)刻本　一冊

360000－1901－0012325　122987
活幼心法九卷　(明)聶尚恒撰　清嘉慶二十二年(1817)亦政堂刻本　一冊

360000－1901－0012326　408632
活幼心法九卷　(明)聶尚恒撰　清嘉慶二十二年(1817)亦政堂刻本　一冊

360000－1901－0012327　408633
活幼心法九卷　(明)聶尚恒撰　清嘉慶二十二年(1817)亦政堂刻本　一冊

360000－1901－0012328　901859
活幼心法九卷　(明)聶尚恒撰　清刻本　一冊　存四卷(六至九)

360000－1901－0012329　408635
活幼心法九卷　(明)聶尚恒撰　清乾隆二十六年(1761)平昌藜照軒刻本　一冊

360000－1901－0012330　408638
活幼心法九卷　(明)聶尚恒撰　清乾隆四十九年(1784)遠聖堂刻本　一冊

360000－1901－0012331　408639
活幼心法九卷　(明)聶尚恒撰　清乾隆四十九年(1784)遠聖堂刻本　一冊　存五卷(一至五)

360000－1901－0012332　408640
活幼心法九卷　(明)聶尚恒撰　清乾隆四十六年(1781)三樂堂刻本　一冊

360000－1901－0012333　408641
活幼心法九卷　(明)聶尚恒撰　清乾隆四十六年(1781)三樂堂刻本　一冊

360000－1901－0012334　408636
活幼心法九卷　(明)聶尚恒撰　清乾隆四十六年(1781)芸生堂刻本　一冊

360000－1901－0012335　408637
活幼心法九卷　(明)聶尚恒撰　清乾隆四十六年(1781)芸生堂刻本　一冊　存三卷(一至三)

360000－1901－0012336　230264
活幼心法九卷　(明)聶尚恒撰　清乾隆五十九年(1794)皖江李長根刻本　一冊

360000－1901－0012337　408634
活幼心法九卷　(明)聶尚恒撰　清文富堂刻本　二冊

360000－1901－0012338　162269
火攻備要三卷　題(三國蜀)諸葛亮撰　清末石印本　一冊

360000－1901－0012339　162268
火攻挈要三卷　(德國)湯若望授　(明)焦勗纂　清刻本　一冊　存二卷(上、中)

360000－1901－0012340　416515
火攻挈要三卷　(德國)湯若望授　(明)焦勗纂　清刻本　一冊　存一卷(下)

360000－1901－0012341　418393
火攻挈要三卷　(德國)湯若望授　(明)焦勗纂　清刻本　二冊

360000－1901－0012342　416517
火龍經三卷　題(三國蜀)諸葛亮撰　清刻本　一冊

360000－1901－0012343　416517－1
火龍經三卷　題(三國蜀)諸葛亮撰　清刻本　一冊　存一卷(下)

360000－1901－0012344　162270
火珠林一卷　(宋)麻衣道者撰　清道光四年(1824)湖邊程氏刻百二漢鏡齋祕書本　一冊

360000－1901－0012345　417335
火珠林一卷　(宋)麻衣道者撰　清道光四年(1824)湖邊程氏刻百二漢鏡齋祕書本　一冊

360000－1901－0012346　164999
霍亂論二卷　(清)王士雄撰　清光緒二十二年(1896)江右學院前仰奎堂刻本　一冊

360000－1901－0012347　408559
霍亂論二卷　(清)王士雄撰　清光緒二十三年(1897)刻本　一冊

360000－1901－0012348　165000
霍亂論二卷　(清)王士雄撰　清咸豐元年(1851)吟香書屋刻本　一冊

360000－1901－0012349　241090
穫經堂初稿八卷　(清)汪浤撰　清乾隆六十年(1795)刻本　二冊

360000－1901－0012350　802464
嵇叔夜集一卷　(三國魏)嵇康撰　清抄本　一冊

360000－1901－0012351　240022
嵇中散集十卷　(三國魏)嵇康撰　明萬曆、天啓新安汪士賢刻漢魏諸名家集本　二冊

360000－1901－0012352　312654
稽古篇五十五卷　(清)郭之奇撰　清刻本(卷一至三配清抄本)　十二冊

360000－1901－0012353　162869
稽古日鈔八卷　(清)張方湛　(清)王逸虯等輯　清乾隆二十九年(1764)秋曉山房刻本　三冊

360000－1901－0012354　301372
稽古日鈔八卷　(清)張方湛　(清)王逸虯等輯　清乾隆二十九年(1764)秋曉山房刻本　二冊

360000－1901－0012355　803549
稽年錄十二卷　(清)洪騰蛟撰　清抄本　一冊　存三卷(一至三)

360000－1901－0012356　314703
稽瑞一卷　(唐)劉賡撰　清光緒十年(1884)虞山鮑氏後知不足齋刻本　一冊

360000－1901－0012357　417452
緝古算經攷注二卷　(唐)王孝通撰並注　(清)李潢考注　清道光十二年(1832)吳蘭修廣州刻本　二冊

360000－1901－0012358　317684
緝古算經攷注二卷　(唐)王孝通撰並注　(清)李潢考注　清刻本　一冊　存一卷(上)

360000－1901－0012359　301532
緝古算經圖解三卷音義一卷　(清)陳杰撰　清道光三年(1823)敷文閣刻本　一冊

360000－1901－0012360　301531
緝古算經一卷　(唐)王孝通撰並注　**緝古算經細草一卷**　(清)陳杰撰　清道光三年(1823)敷文閣刻本　一冊

360000－1901－0012361　405345
緝雅堂詩話二卷　(清)潘衍桐撰　清光緒十七年(1891)杭州刻本　一冊

360000－1901－0012362　150453
畿輔叢書　(清)王灝輯　清光緒五年至十八年(1879－1892)定州王氏謙德堂刻本　四百四十二冊

360000－1901－0012363　150454
畿輔叢書　(清)王灝輯　清光緒五年至十八年(1879－1892)定州王氏謙德堂刻本　三百七十三冊

360000－1901－0012364　600334
畿輔叢書　(清)王灝輯　清光緒五年至十八年(1879－1892)定州王氏謙德堂刻本　五冊　存三種

360000－1901－0012365　400994
畿輔人物考八卷　(清)孫奇逢輯　清同治八年(1869)刻本　三冊　存二卷(二至三)

360000－1901－0012366　305203

畿輔水利備覽十四卷　（清）唐鑑撰　清刻本　九册　存九卷（四、七至十四）

360000－1901－0012367　410591
畿輔水利四案四卷　（清）潘錫恩輯　清道光刻本　二册　存三卷（一至三）

360000－1901－0012368　410270
積古齋鐘鼎彝器款識十卷　（清）阮元　（清）朱爲弼撰　清光緒八年（1882）常熟抱芳閣刻本　四册

360000－1901－0012369　313942
積古齋鐘鼎彝器款識十卷　（清）阮元　（清）朱爲弼撰　清光緒九年（1883）常熟鮑廷爵後知不足齋刻本　四册

360000－1901－0012370　410271
積古齋鐘鼎彝器款識十卷　（清）阮元　（清）朱爲弼撰　清光緒九年（1883）常熟鮑廷爵後知不足齋刻本　四册

360000－1901－0012371　310334
積古齋鐘鼎彝器款識十卷　（清）阮元　（清）朱爲弼撰　清光緒三十四年（1908）刻本　四册

360000－1901－0012372　301416
積古齋鐘鼎彝器款識十卷　（清）阮元　（清）朱爲弼撰　清光緒五年（1879）武昌刻本　六册

360000－1901－0012373　301419
積古齋鐘鼎彝器款識十卷　（清）阮元　（清）朱爲弼撰　清嘉慶九年（1804）刻本　六册

360000－1901－0012374　314971
積古齋鐘鼎彝器款識十卷　（清）阮元　（清）朱爲弼撰　清嘉慶九年（1804）刻本　四册

360000－1901－0012375　315601
積古齋鐘鼎彝器款識十卷　（清）阮元　（清）朱爲弼撰　清嘉慶九年（1804）阮氏刻文選樓叢書本　四册

360000－1901－0012376　315604
積古齋鐘鼎彝器款識十卷　（清）阮元　（清）朱爲弼撰　清嘉慶九年（1804）阮氏刻文選樓叢書本　四册

360000－1901－0012377　410269
積古齋鐘鼎彝器款識十卷　（清）阮元　（清）朱爲弼撰　清嘉慶九年（1804）阮氏刻文選樓叢書本　八册

360000－1901－0012378　410268
積古齋鐘鼎彝器款識十卷　（清）阮元　（清）朱爲弼撰　清刻本　四册

360000－1901－0012379　301417
積古齋鐘鼎彝器款識十卷　（清）阮元　（清）朱爲弼撰　清末上海中華圖書館石印本　六册

360000－1901－0012380　301415
積石文稿十八卷　（清）張履撰　清光緒二十年（1894）刻本　六册

360000－1901－0012381　414160
積石文稿十八卷詩存四卷　（清）張履撰　清光緒二十年（1894）刻本　八册

360000－1901－0012382　404862
積薪園蒙泉錄三卷　（清）王者瑞撰　清道光十九年（1839）刻本　一册

360000－1901－0012383　404862－1
積薪園蒙泉錄三卷　（清）王者瑞撰　清刻本　一册

360000－1901－0012384　150481
積學齋叢書　徐乃昌輯　清光緒南陵徐氏刻本　十六册

360000－1901－0012385　150482
積學齋叢書　徐乃昌輯　清光緒南陵徐氏刻本　二十册

360000－1901－0012386　417648
積學齋叢書　徐乃昌輯　清光緒南陵徐氏刻本　二十册

360000－1901－0012387　600351
積學齋叢書　徐乃昌輯　清光緒南陵徐氏刻本　四册　存八種

360000－1901－0012388　314115
激素飛青閣摹刻古碑不分卷　楊守敬輯　清光緒刻本　十六册

360000－1901－0012389　405390
擊鉢吟偶存二卷　(清)楊慶琛等輯　清道光二十五年(1845)刻本　一册

360000－1901－0012390　901354
雞蹠賦續刻三十卷　(清)應泰泉輯　清翠筠山房刻本　二册　存十卷(一至三、八至十四)

360000－1901－0012391　901355
雞蹠賦續刻三十卷　(清)應泰泉輯　清刻本　一册　存三卷(八至十)

360000－1901－0012392　901276
雞蹠賦正集三十卷續集三十卷　(清)應泰泉輯　清光緒十二年(1886)上海同文書局石印本　四册

360000－1901－0012393　802650
躋春臺二集□□卷　(清)劉省三輯　清刻本　一册　存一卷(三)

360000－1901－0012394　411196
躋堂雅詠三卷英署聯吟一卷　(清)□□撰　(清)甘學盤等輯　清刻本　一册

360000－1901－0012395　163011
覊所宜改活板説不分卷　(清)劉毓焜撰　清咸豐九年(1859)刻本　一册

360000－1901－0012396　301116
及時山房文草六卷　(清)王熙章撰　清光緒二十六年(1900)泰和王氏及時山房刻本　三册

360000－1901－0012397　301114
及時山房續文草十卷　(清)王熙章撰　清宣統三年(1911)刻本　四册

360000－1901－0012398　413384
吉金齋古銅印譜六卷續一卷　(清)何昆玉輯　清鈐印本　七册

360000－1901－0012399　163865
吉林民政官報　(清)吉林民政司編　清宣統三年(1911)鉛印本　一册

360000－1901－0012400　400981
吉林輿圖一卷　(清)□□輯　清末石印本　一册

360000－1901－0012401　120674
吉水李忠肅公集六卷　(明)李邦華撰　清同治四年(1865)吉水谷平正氣堂木活字印本　八册

360000－1901－0012402　240594
吉水毛襄懋先生全集　(明)毛伯溫撰　清乾隆三十七年(1772)吉水毛綜等刻本　十八册

360000－1901－0012403　123131
吉水上棟胡氏六世同居録一卷附録一卷　(清)曾伯鵬等輯　清光緒刻本　一册

360000－1901－0012404　162211
吉祥花六卷　(清)邵紀棠輯　清同治十年(1871)刻本　一册

360000－1901－0012405　313659
吉祥録一卷　(清)鄔寶珍纂　清宣統元年(1909)刻民國印本　一册

360000－1901－0012406　407683
吉祥如意花一卷　(清)純陽仙卿輯　清光緒十四年(1888)南海六和堂刻本　一册

360000－1901－0012407　800271
吉羊館詞鈔□□卷　(清)王陶孟撰　清抄本　一册　存一卷(一)

360000－1901－0012408　121450
吉永豐鷲溪劉楚奇先生惟實本集四卷外集二卷　(元)劉鶚撰　清咸豐五年(1855)宸章樓刻本　四册

360000－1901－0012409　121451
吉永豐鷲溪劉楚奇先生惟實本集四卷外集二卷　(元)劉鶚撰　清咸豐五年(1855)宸章樓刻本　四册

360000－1901－0012410　121452
吉永豐鷲溪劉楚奇先生惟實本集四卷外集二

卷　(元)劉鶚撰　清咸豐五年(1855)宸章樓刻本　四册

360000－1901－0012411　405039
吉永豐鷲溪劉楚奇先生惟實本集四卷外集二卷　(元)劉鶚撰　清咸豐五年(1855)宸章樓刻本　一册　存二卷(外集二卷)

360000－1901－0012412　160726
汲古閣說文訂一卷　(清)段玉裁撰　清同治十一年(1872)湖北崇文書局刻本　一册

360000－1901－0012413　161015
汲古閣說文訂一卷　(清)段玉裁撰　清同治十一年(1872)湖北崇文書局刻本　一册

360000－1901－0012414　301607
汲冢紀年存真二卷周年表一卷　(清)朱右曾撰　清道光二十六年(1846)歸硯齋刻本　二册

360000－1901－0012415　407931
汲冢周書十卷　(晉)孔晁注　明刻本　一册　存六卷(五至十)

360000－1901－0012416　401325－1
汲冢周書十卷　(晉)孔晁注　清嘉慶六年(1801)刻秘書廿一種本　一册

360000－1901－0012417　401325
汲冢周書十卷　(晉)孔晁注　清嘉慶十年(1805)刻秘書廿一種本　一册

360000－1901－0012418　401325－2
汲冢周書十卷　(晉)孔晁注　清刻秘書廿一種本　一册

360000－1901－0012419　164940
急救喉痧要法一卷　(清)王世雄撰　**白喉治法抉微一卷**　(□)□□輯　**痢症三字訣一卷**　(清)唐容川撰　**喉痧正的一卷**　(清)曹心怡撰　**春溫三字訣一卷**　(清)張子培撰　**救迷良方一卷**　(清)何其偉撰　清光緒十六年(1890)善成堂刻本　一册

360000－1901－0012420　802121
急救良方不分卷　(□)□□輯　清抄本　一册

360000－1901－0012421　408771
急救普濟良方一卷　(清)□□輯　清同治九年(1870)同文堂刻本　一册

360000－1901－0012422　162495
急救須知不分卷　(清)朱本中撰　清刻本　二册

360000－1901－0012423　804948
急救應驗良方三卷　(清)費山壽輯　清光緒七年(1881)江右樹德書屋刻本　三册

360000－1901－0012424　408822
急救應驗良方一卷　(清)費山壽輯　清光緒二十七年(1901)金谿縣署刻本　一册

360000－1901－0012425　408774
急救應驗良方一卷　(清)費山壽輯　清光緒二十三年(1897)江西萬載縣署刻本　一册

360000－1901－0012426　706246
大清律例四十七卷　(清)刑部纂修　清刻本　二册　存八卷(五至七、十三至十七)

360000－1901－0012427　706249
大清律例四十七卷　(清)刑部纂修　清刻本　七册　存十二卷(八至九、十二至十六、二十一、二十六至二十七、三十六、四十五)

360000－1901－0012428　706243
大清律例四十七卷　(清)徐本等修　(清)唐紹祖等纂　清刻本　八册　存十七卷(一至四、二十三至二十六、三十二至三十三、三十六至三十七、三十九至四十、四十二、四十六至四十七)

360000－1901－0012429　120295
大司馬襄懋毛公奏議選二卷補遺一卷附毛詩選一卷平南錄一卷襄懋先生外集二卷　(明)毛伯溫撰　(明)毛懋宗等編　清刻本　四册

360000－1901－0012430　164561
大業雜記一卷　(唐)杜寶撰　**大唐創業起居注三卷**　(唐)溫大雅撰　清抄本　二册

360000－1901－0012431　421976

丹桂籍四卷首一卷末一卷 （明）顔正輯注 清刻本 一册 缺一卷（首一卷）

360000－1901－0012432 404761－3
丹霞山館文集一卷 （清）姚觀撰 清刻本 一册

360000－1901－0012433 404761－2
當山草堂小草一卷 （清）陳瑞元撰 清刻本 一册

360000－1901－0012434 404761－5
悼亡小草一卷 （清）李桓撰 清咸豐九年（1859）江西糧道署刻本 一册

360000－1901－0012435 900673
典林瑯環二十四卷 （清）□□輯 清刻本 二册 存六卷（一至二、十五至十八）

360000－1901－0012436 413306
鼎鐫□□先生重校鵞湖書院講略二卷 （宋）朱熹撰 （宋）徐昭然輯 清乾隆五十三年（1788）刻本 一册

360000－1901－0012437 408773
急救應驗良方一卷 （清）費山壽輯 清光緒十七年（1891）刻本 一册

360000－1901－0012438 408773－1
急救應驗良方一卷 （清）費山壽輯 清光緒十七年（1891）刻本 一册

360000－1901－0012439 408773－2
急救應驗良方一卷 （清）費山壽輯 清光緒十七年（1891）刻本 一册

360000－1901－0012440 408775
急救應驗良方一卷 （清）費山壽輯 清光緒元年（1875）刻本 一册

360000－1901－0012441 316466
急就篇四卷 （漢）史游撰 （唐）顔師古注 （宋）王應麟音釋 明毛氏汲古閣刻本 四册

360000－1901－0012442 412932
急就章攷異一卷 （清）莊世驥撰 清光緒十七年（1891）廣雅書局刻本 一册

360000－1901－0012443 404721
蕀闈奪命錄一卷 （清）汪志伊撰 清光緒十三年（1887）梧州三星堂刻本 一册

360000－1901－0012444 802597
集成塘蔭注册不分卷 （清）黄葆元等撰 清咸豐十年（1860）木活字印本 一册

360000－1901－0012445 901087
集福堂諏吉通書不分卷 （清）羅錫章等撰 清光緒二年（1876）刻本 一册

360000－1901－0012446 901073
集福堂諏吉通書不分卷 （清）羅錫章等撰 清光緒二十八年（1902）刻本 一册

360000－1901－0012447 901075
集福堂諏吉通書不分卷 （清）羅錫章等撰 清光緒二十八年（1902）刻本 一册

360000－1901－0012448 901093
集福堂諏吉通書不分卷 （清）羅錫章等撰 清光緒二十二年（1896）刻本 一册

360000－1901－0012449 901094
集福堂諏吉通書不分卷 （清）羅錫章等撰 清光緒二十二年（1896）刻本 一册

360000－1901－0012450 901076
集福堂諏吉通書不分卷 （清）羅錫章等撰 清光緒二十九年（1903）刻本 一册

360000－1901－0012451 901077
集福堂諏吉通書不分卷 （清）羅錫章等撰 清光緒二十九年（1903）刻本 一册

360000－1901－0012452 901071
集福堂諏吉通書不分卷 （清）羅錫章等撰 清光緒二十六年（1900）刻本 一册

360000－1901－0012453 901070
集福堂諏吉通書不分卷 （清）羅錫章等撰 清光緒二十年（1894）刻本 一册

360000－1901－0012454 901095
集福堂諏吉通書不分卷 （清）羅錫章等撰 清光緒二十三年（1897）刻本 一册

360000－1901－0012455　901096
集福堂諏吉通書不分卷　(清)羅錫章等撰
清光緒二十三年(1897)刻本　一册

360000－1901－0012456　901097
集福堂諏吉通書不分卷　(清)羅錫章等撰
清光緒二十三年(1897)刻本　一册

360000－1901－0012457　901098
集福堂諏吉通書不分卷　(清)羅錫章等撰
清光緒二十五年(1899)刻本　一册

360000－1901－0012458　901091
集福堂諏吉通書不分卷　(清)羅錫章等撰
清光緒二十一年(1895)刻本　一册

360000－1901－0012459　901092
集福堂諏吉通書不分卷　(清)羅錫章等撰
清光緒二十一年(1895)刻本　一册

360000－1901－0012460　901090
集福堂諏吉通書不分卷　(清)羅錫章等撰
清光緒刻本　一册

360000－1901－0012461　901089
集福堂諏吉通書不分卷　(清)羅錫章等撰
清光緒六年(1880)刻本　一册

360000－1901－0012462　800819
集福堂諏吉通書不分卷　(清)羅錫章等撰
清光緒三十年(1904)刻本　一册

360000－1901－0012463　901078
集福堂諏吉通書不分卷　(清)羅錫章等撰
清光緒三十年(1904)刻本　一册

360000－1901－0012464　901080
集福堂諏吉通書不分卷　(清)羅錫章等撰
清光緒三十三年(1907)刻本　一册

360000－1901－0012465　901081
集福堂諏吉通書不分卷　(清)羅錫章等撰
清光緒三十四年(1908)刻本　一册

360000－1901－0012466　901082
集福堂諏吉通書不分卷　(清)羅錫章等撰
清光緒三十四年(1908)刻本　一册

360000－1901－0012467　901079
集福堂諏吉通書不分卷　(清)羅錫章等撰
清光緒三十一年(1905)刻本　一册

360000－1901－0012468　901074
集福堂諏吉通書不分卷　(清)羅錫章等撰
清光緒十八年(1892)刻本　一册

360000－1901－0012469　901068
集福堂諏吉通書不分卷　(清)羅錫章等撰
清光緒十年(1884)刻本　一册

360000－1901－0012470　901069
集福堂諏吉通書不分卷　(清)羅錫章等撰
清光緒十四年(1888)刻本　一册

360000－1901－0012471　901065
集福堂諏吉通書不分卷　(清)羅錫章等撰
清刻本　一册

360000－1901－0012472　901066
集福堂諏吉通書不分卷　(清)羅錫章等撰
清刻本　一册

360000－1901－0012473　901067
集福堂諏吉通書不分卷　(清)羅錫章等撰
清刻本　一册

360000－1901－0012474　901072
集福堂諏吉通書不分卷　(清)羅錫章等撰
清刻本　一册

360000－1901－0012475　901088
集福堂諏吉通書不分卷　(清)羅錫章等撰
清刻本　一册

360000－1901－0012476　901084
集福堂諏吉通書不分卷　(清)羅錫章等撰
清同治九年(1870)刻本　一册

360000－1901－0012477　901085
集福堂諏吉通書不分卷　(清)羅錫章等撰
清同治十三年(1874)刻本　一册

360000－1901－0012478　901083
集福堂諏吉通書不分卷　(清)羅錫章等撰
清同治五年(1866)刻本　一册

360000－1901－0012479　121774
集古録跋尾十卷　(宋)歐陽修撰　清道光二十四年(1844)刻三長物齋叢書本　四册

360000－1901－0012480　121773
集古録目五卷　(宋)歐陽棐撰　(清)黄本驥輯　清道光二十四年(1844)刻三長物齋叢書本　二册

360000－1901－0012481　220789
集古録十卷　(宋)歐陽修撰　清嘉慶二十一年(1816)汪鏞抄本　二册

360000－1901－0012482　121772
集古録十卷　(宋)歐陽修撰　清四留堂刻本　四册

360000－1901－0012483　220799
集古印譜六卷　(明)王常輯　明刻朱印本　六册

360000－1901－0012484　220797
集古印譜六卷　(明)王常輯　明隆慶六年(1572)上海顧氏芸閣刻朱印本　六册

360000－1901－0012485　220798
集古印譜六卷　(明)王常輯　明萬曆三年(1575)顧氏芸閣刻朱印本　一册　存一卷(一)

360000－1901－0012486　405278
集古雜詠詩集八卷春生别集二卷　(清)劉奉朝撰　清刻本　一册　存五卷(集古雜詠詩集四至五、八,春生别集二卷)

360000－1901－0012487　804950
集古雜詠詩集八卷春生别集二卷　(清)劉奉朝撰　清刻本　一册　存四卷(集古雜詠詩集五、八,春生别集二卷)

360000－1901－0012488　407819
集其清英集一卷　(清)許懋和撰　清光緒二年(1876)藜照堂刻本　一册

360000－1901－0012489　240066
集千家註杜工部詩集二十卷文集二卷　(唐)杜甫撰　明萬曆三十年(1602)長洲許自昌刻李杜全集本　五册　缺四卷(集千家註杜工部詩集一至二、文集二卷)

360000－1901－0012490　407792
集聖教字序詩四卷　(清)馬慧裕撰　清嘉慶五年至七年(1800－1802)貽穀堂刻本　一册　存三卷(一至三)

360000－1901－0012491　315980
集説詮真不分卷續編不分卷提要不分卷　(清)黄伯禄輯　清光緒五年(1879)上海慈母堂刻本　六册

360000－1901－0012492　316917
集説詮真不分卷續編不分卷提要不分卷　(清)黄伯禄輯　清光緒五年(1879)上海慈母堂刻本　六册

360000－1901－0012493　301190
集思廣益編二卷　(清)陳選撰　清光緒刻本　一册

360000－1901－0012494　316845
集思堂外集六卷　(清)陳道撰　清道光刻本　一册

360000－1901－0012495　230457
集談偶録四卷　(清)陳星瑞撰　清乾隆四十九年(1784)友竹堂刻本　二册

360000－1901－0012496　121775
集陶詩三卷　(清)蔡澤賓撰　清光緒十三年(1887)刻本　一册

360000－1901－0012497　403367
集閩堂訂正四書述統十九卷　(清)程日弘撰　清刻本　二册　存七卷(論語六至十、孟子六至七)

360000－1901－0012498　403367－1
集閩堂訂正四書述統十九卷　(清)程日弘撰　清刻本　一册　存二卷(孟子六至七)

360000－1901－0012499　900226
集賢書院會册不分卷　(清)宋榮圻編　清宣統元年(1909)木活字印本　一册

360000－1901－0012500　900227

集賢書院會冊不分卷　(清)宋榮圻編　清宣統元年(1909)木活字印本　一冊

360000－1901－0012501　900228
集賢書院會冊不分卷　(清)宋榮圻編　清宣統元年(1909)木活字印本　一冊

360000－1901－0012502　900229
集賢書院會冊不分卷　(清)宋榮圻編　清宣統元年(1909)木活字印本　一冊

360000－1901－0012503　900230
集賢書院會冊不分卷　(清)宋榮圻編　清宣統元年(1909)木活字印本　一冊

360000－1901－0012504　240967
集虚堂小草不分卷　(清)郭雍撰　清康熙五十九年(1720)郭雍刻本　一冊

360000－1901－0012505　407831
集虚齋存續文鈔不分卷　(清)方楘如撰　清刻本　三冊

360000－1901－0012506　405786
集虚齋四書口義十卷　(清)方楘如撰　(清)于光華輯　清刻本　五冊　存八卷(一至二、五至十)

360000－1901－0012507　405787
集虚齋四書口義十卷　(清)方楘如撰　(清)于光華輯　清刻本　二冊　存三卷(一至二、七)

360000－1901－0012508　405787－1
集虚齋四書口義十卷　(清)方楘如撰　(清)于光華輯　清刻本　二冊　存二卷(四、七)

360000－1901－0012509　603219
集虚齋四書口義十卷　(清)方楘如撰　(清)于光華輯　清刻本　一冊　存一卷(八)

360000－1901－0012510　405788
集虚齋四書口義十卷　(清)方楘如撰　(清)于光華輯　清乾隆五十三年(1788)刻本　二冊　存四卷(一至二、七至八)

360000－1901－0012511　407880
集虚齋學古文十二卷　(清)方楘如撰　清乾隆十九年(1754)方氏佩古堂刻本　四冊

360000－1901－0012512　407881
集虚齋學古文十二卷　(清)方楘如撰　清乾隆十九年(1754)方氏佩古堂刻本　五冊　存十卷(一至十)

360000－1901－0012513　407881－1
集虚齋學古文十二卷　(清)方楘如撰　清乾隆十九年(1754)方氏佩古堂刻本　一冊　存四卷(一至四)

360000－1901－0012514　240962
集虚齋學古文十二卷附離騷經解畧一卷　(清)方楘如撰　清乾隆十九年(1754)方氏佩古堂刻本　四冊

360000－1901－0012515　408820
集驗簡易良方四卷　(清)德豐輯　清刻本　三冊　存三卷(一、三至四)

360000－1901－0012516　408821
集驗簡易良方四卷　(清)德豐輯　清刻本　一冊　存二卷(三至四)

360000－1901－0012517　408823
集驗簡易良方四卷　(清)德豐輯　清刻本　二冊

360000－1901－0012518　802113
集驗良方拔萃三卷　(清)恬素氏輯　清同治四年(1865)詹旺亨抄本　一冊

360000－1901－0012519　408816
集驗良方六卷　(清)梁文科輯　(清)年希堯補輯　清刻本　三冊

360000－1901－0012520　408817
集驗良方六卷　(清)梁文科輯　(清)年希堯補輯　清刻本　三冊　存三卷(二至三、五)

360000－1901－0012521　408818
集驗良方六卷　(清)梁文科輯　(清)年希堯補輯　清刻本　四冊　存四卷(二至三、五至六)

360000－1901－0012522　408819
集驗良方六卷　(清)梁文科輯　(清)年希堯

補輯　清刻本　三冊　存三卷(三至五)

360000－1901－0012523　801529
集驗良方三卷　(清)雷遜白重訂　清乾隆寶善堂刻本　一冊　存一卷(下)

360000－1901－0012524　408825
集驗良方三卷　(清)雷遜白重訂　清乾隆二十六年(1761)刻本　一冊　存一卷(上)

360000－1901－0012525　803770
集要治驗不分卷　(清)汪日佳撰　清道光十七年(1837)抄本　一冊

360000－1901－0012526　603769
集異記一卷　(唐)薛用弱撰　清刻本　一冊

360000－1901－0012527　901478
集雲賓興會新老冊七卷首一卷末一卷　(清)□□輯　清光緒十九年(1893)興賢堂刻本　一冊

360000－1901－0012528　901479
集雲采芹會仰山書院總冊四卷首一卷末一卷　(清)黄拱宸輯　清光緒十七年(1891)樂育堂刻本　一冊

360000－1901－0012529　805071
集韻編雅十卷　(清)董文渙輯注　清刻本　一冊　存二卷(九至十)

360000－1901－0012530　160908
集韻編雅十卷　(清)董文渙輯注　清同治十年(1871)刻本　四冊　存八卷(一至八)

360000－1901－0012531　415361
集韻十卷　(宋)丁度等撰　清光緒二年(1876)川東官舍刻本　九冊　存七卷(一至二、四至五、七至八、十)

360000－1901－0012532　405730
集韻十卷　(宋)丁度等撰　清刻本　一冊　存一卷(九)

360000－1901－0012533　400788
蕺山先生人譜一卷人譜類記二卷　(明)劉宗周撰　清道光八年(1828)道古堂刻本　二冊

360000－1901－0012534　162101
蕺山先生人譜一卷人譜類記二卷　(明)劉宗周撰　清咸豐十一年(1861)南城吳氏刻本　二冊

360000－1901－0012535　230131
蕺山先生人譜一卷人譜類記二卷　(明)劉宗周撰　清雍正四年(1726)洪氏教忠堂刻本　二冊

360000－1901－0012536　316576
輯刻琵琶亭詩不分卷　(清)唐英輯　清乾隆十一年(1746)古柏堂刻本　二冊

360000－1901－0012537　900314
己丑新科闈墨不分卷(清光緒十五年)　劉心源等輯　清末石印本　一冊

360000－1901－0012538　300298
己亥雜詩一卷　(清)龔自珍撰　清道光二十年(1840)刻本　一冊

360000－1901－0012539　901131
己卯直墨不分卷　(清)□□輯　清刻本　一冊

360000－1901－0012540　901132
己卯直墨不分卷　(清)□□輯　清刻本　一冊

360000－1901－0012541　408867
己任編　(清)楊乘六輯　清刻本　二冊

360000－1901－0012542　240978
己山先生文集十卷别集四卷　(清)王步青撰　清乾隆十七年(1752)敦德堂刻本　四冊

360000－1901－0012543　414725
己山先生文集十卷别録四卷　(清)王步青撰　清乾隆敦德堂刻本　一冊　存四卷(五至八)

360000－1901－0012544　301150
己未詞科録十二卷(清康熙十八年)　(清)秦瀛撰　清光緒十四年(1888)刻本　六冊

360000－1901－0012545　415326
己吾集十四卷　(明)陳際泰撰　清康熙刻本

一册　存六卷（四至九）

360000－1901－0012546　240727
己吾集十四卷　（明）陳際泰撰　清順治李來泰白下刻本　四册

360000－1901－0012547　240728
己吾集十四卷　（明）陳際泰撰　清順治李來泰白下刻本　四册

360000－1901－0012548　405132
己酉年官商快覽不分卷（清宣統元年）　（清）上海商務總會編　清宣統元年（1909）石印本　一册

360000－1901－0012549　803525
己酉未改稾不分卷　（□）□□輯　清抄本　一册

360000－1901－0012550　301276
畿輔河道水利叢書　（清）吳邦慶輯　清道光四年（1824）益津吳氏刻本　八册

360000－1901－0012551　317683
幾何第十卷釋義二卷　（清）黄慶澄撰　清光緒二十四年（1898）算學報館刻本　二册

360000－1901－0012552　417471
幾何原本六卷首一卷　（意大利）利瑪竇口譯　（明）徐光啓筆受　清光緒二十四年（1898）算學書局石印本　四册

360000－1901－0012553　309593
幾何原本十五卷　（意大利）利瑪竇口譯　（明）徐光啓筆受　（英國）偉烈亞力續譯　（清）李善蘭續筆　清光緒二十二年（1896）上海積山書局石印本　四册

360000－1901－0012554　308474－1
幾何原本十五卷　（意大利）利瑪竇口譯　（明）徐光啓筆受　（英國）偉烈亞力續譯　（清）李善蘭續筆　清刻本　一册　存二卷（十至十一）

360000－1901－0012555　305199
幾何原本十五卷　（意大利）利瑪竇口譯　（明）徐光啓筆受　（英國）偉烈亞力續譯　（清）李善蘭續筆　清末石印本　四册　存十一卷（五至十五）

360000－1901－0012556　305617－2
鼎鍥趙田了凡袁先生編纂古本歷史大方綱鑑補三十九卷卷首一卷　（明）袁黄纂　明刻本　五册　存八卷（五至六、二十六至二十七、三十一至三十二、三十五至三十六）

360000－1901－0012557　317582
幾何原本十五卷　（意大利）利瑪竇口譯　（明）徐光啓筆受　（英國）偉烈亞力續譯　（清）李善蘭續筆　清同治四年（1865）金陵刻本　八册

360000－1901－0012558　417477－1
幾何原本十五卷　（意大利）利瑪竇口譯　（明）徐光啓筆受　（英國）偉烈亞力續譯　（清）李善蘭續筆　清同治四年（1865）金陵刻本　八册

360000－1901－0012559　301281
幾何原本十五卷　（意大利）利瑪竇口譯　（明）徐光啓筆受　（英國）偉烈亞力續譯　（清）李善蘭續筆　清同治四年（1865）刻本　八册

360000－1901－0012560　801420
計開不分卷　（清）□□輯　清劉光永抄本　一册

360000－1901－0012561　601396
計樹園詩存不分卷賸稿一卷　（清）萬廷蘭撰　清光緒五年（1879）刻本　四册

360000－1901－0012562　121069
計樹園詩存不分卷賸稿一卷古文一卷制義一卷　（清）萬廷蘭撰　清光緒五年（1879）萬青刻本　六册

360000－1901－0012563　121070
計樹園詩存四卷　（清）萬廷蘭撰　清嘉慶刻本　六册

360000－1901－0012564　121071
計樹園詩存四卷　（清）萬廷蘭撰　清嘉慶刻

本　六册

360000－1901－0012565　121068
計有餘齋文稿一卷　(清)陳方海撰　清光緒新建陶氏刻豫章叢書本　一册

360000－1901－0012566　240809
紀城文稾四卷　(清)安致遠撰　清康熙三十四年(1695)蘭雪堂刻本　一册　存二卷(一至二)

360000－1901－0012567　241071
紀行詩十卷　(清)熊爲霖撰　清乾隆四十六年(1781)熊氏心松書屋刻本　四册

360000－1901－0012568　241072
紀行詩十卷　(清)熊爲霖撰　清乾隆四十六年(1781)熊氏心松書屋刻本　四册

360000－1901－0012569　241073
紀行詩十卷　(清)熊爲霖撰　清乾隆四十六年(1781)熊氏心松書屋刻本　四册

360000－1901－0012570　413320
紀節編二卷　文廷斅輯　清宣統二年(1910)鉛印本　一册

360000－1901－0012571　405713
紀録彙編　(明)沈節甫輯　清抄本　一册　存二種

360000－1901－0012572　715218
紀慎齋先生祈雨全書二卷　(清)紀大奎撰　清光緒二十四年(1898)杭州刻刻鵠齋叢書本　一册

360000－1901－0012573　715219
紀慎齋先生求雨文一卷　(清)紀大奎撰　清光緒二十五年(1899)刻本　一册

360000－1901－0012574　121250
紀慎齋先生全集　(清)紀大奎撰　清道光二十八年(1848)刻本　三十二册

360000－1901－0012575　601455
紀慎齋先生全集　(清)紀大奎撰　清嘉慶十三年(1808)刻本　二十六册　存十三種

360000－1901－0012576　601456
紀慎齋先生全集　(清)紀大奎撰　清嘉慶十三年(1808)刻本　九册　存五種

360000－1901－0012577　601777
紀慎齋先生全集　(清)紀大奎撰　清嘉慶十三年(1808)刻本　六册　存三種

360000－1901－0012578　121251
紀慎齋先生全集　(清)紀大奎撰　清嘉慶十三年至咸豐二年(1808－1852)刻本　四十六册

360000－1901－0012579　121252
紀慎齋先生全集　(清)紀大奎撰　清嘉慶十三年至咸豐二年(1808－1852)刻本　四十三册

360000－1901－0012580　415276
紀慎齋先生全集　(清)紀大奎撰　清嘉慶十三年至咸豐二年(1808－1852)刻本　二十六册　存七種

360000－1901－0012581　715213
紀慎齋先生全集　(清)紀大奎撰　清嘉慶十三年至咸豐二年(1808－1852)刻本　十五册　存七種

360000－1901－0012582　715214
紀慎齋先生全集　(清)紀大奎撰　清嘉慶十三年至咸豐二年(1808－1852)刻本　十册　存四種

360000－1901－0012583　715215
紀慎齋先生全集　(清)紀大奎撰　清嘉慶十三年至咸豐二年(1808－1852)刻本　九册　存五種

360000－1901－0012584　715216
紀慎齋先生全集　(清)紀大奎撰　清嘉慶十三年至咸豐二年(1808－1852)刻本　三册　存三種

360000－1901－0012585　721751
紀慎齋先生全集　(清)紀大奎撰　清嘉慶十三年至咸豐二年(1808－1852)刻本　九册

存六種

360000－1901－0012586　306529
紀事本末七種　清光緒二十四年(1898)上海文瀾書局石印本　三十七冊　存五種

360000－1901－0012587　400203
紀事本末五種　清同治十二年至十三年(1873－1874)江西書局刻本　四十四冊　存三種

360000－1901－0012588　400204
紀事本末五種　清同治十二年至十三年(1873－1874)江西書局刻本　四十四冊　存三種

360000－1901－0012589　400205
紀事本末五種　清同治十二年至十三年(1873－1874)江西書局刻本　四十三冊　存三種

360000－1901－0012590　400206
紀事本末五種　清同治十二年至十三年(1873－1874)江西書局刻本　四十三冊　存三種

360000－1901－0012591　400207
紀事本末五種　清同治十二年至十三年(1873－1874)江西書局刻本　三十冊　存三種

360000－1901－0012592　400208
紀事本末五種　清同治十二年至十三年(1873－1874)江西書局刻本　九冊　存二種

360000－1901－0012593　161456
紀文達公遺集三十二卷　(清)紀昀撰　(清)紀樹馨編　清嘉慶十七年(1812)刻本　十八冊

360000－1901－0012594　301615
紀文達公遺集三十二卷　(清)紀昀撰　(清)紀樹馨編　清嘉慶十七年(1812)刻本　十六冊

360000－1901－0012595　308284
紀文達公遺集三十二卷　(清)紀昀撰　(清)紀樹馨編　清嘉慶十七年(1812)刻本　十八冊

360000－1901－0012596　316738
紀文達公遺集三十二卷　(清)紀昀撰　(清)紀樹馨編　清嘉慶十七年(1812)刻本　八冊

360000－1901－0012597　717760
紀文達公遺集三十二卷　(清)紀昀撰　(清)紀樹馨編　清嘉慶十七年(1812)刻本　十冊　存十七卷(文一、十一至十六,詩一至十)

360000－1901－0012598　716305
紀文達公遺集三十二卷　(清)紀昀撰　(清)紀樹馨編　清刻本　一冊　存一卷(文十六)

360000－1901－0012599　717709
紀曉嵐詩註釋四卷　(清)紀昀撰　(清)郭斌注　清嘉慶二年(1797)刻朱墨套印本　四冊

360000－1901－0012600　717710
紀曉嵐詩註釋四卷　(清)紀昀撰　(清)郭斌注　清嘉慶二年(1797)刻朱墨套印本　一冊　存二卷(三至四)

360000－1901－0012601　717711
紀曉嵐詩註釋四卷　(清)紀昀撰　(清)郭斌注　清嘉慶二年(1797)刻朱墨套印本　三冊　存三卷(一至三)

360000－1901－0012602　417707
紀曉嵐詩註釋四卷　(清)紀昀撰　(清)郭斌注　清刻本　一冊　存二卷(一至二)

360000－1901－0012603　417708
紀曉嵐詩註釋四卷　(清)紀昀撰　(清)郭斌注　清刻本　二冊

360000－1901－0012604　717708
紀曉嵐詩註釋四卷　(清)紀昀撰　(清)郭斌注　清刻本　三冊　存三卷(一、三至四)

360000－1901－0012605　717712
紀曉嵐詩註釋四卷　(清)紀昀撰　(清)郭斌注　清刻本　一冊　存二卷(三至四)

360000－1901－0012606　717801
紀曉嵐詩註釋四卷　(清)紀昀撰　(清)郭斌

注　清刻本　二冊

360000－1901－0012607　301620
紀效新書十八卷首一卷　（明）戚繼光撰　清道光二十一年(1841)虎林西宗氏刻本　六冊

360000－1901－0012608　416690
紀效新書十八卷首一卷　（明）戚繼光撰　清道光二十一年(1841)虎林西宗氏刻本　六冊

360000－1901－0012609　162504
紀效新書十八卷首一卷　（明）戚繼光撰　清光緒二十一年(1895)醉經樓石印本　四冊

360000－1901－0012610　301613
紀效新書十八卷首一卷　（明）戚繼光撰　清光緒元年(1875)刻本　六冊

360000－1901－0012611　301612
紀效新書十八卷首一卷　（明）戚繼光撰　清嘉慶二十四年(1819)刻本　六冊

360000－1901－0012612　162505
紀效新書十八卷首一卷　（明）戚繼光撰　清嘉慶十年(1805)張氏照曠閣刻學津討原本　四冊

360000－1901－0012613　162506
紀效新書十八卷首一卷　（明）戚繼光撰　清嘉慶十年(1805)張氏照曠閣刻學津討原本　六冊

360000－1901－0012614　413369
紀效新書十八卷首一卷　（明）戚繼光撰　清嘉慶十年(1805)張氏照曠閣刻學津討原本　一冊　存二卷(一、首一卷)

360000－1901－0012615　416688
紀效新書十八卷首一卷　（明）戚繼光撰　清嘉慶十年(1805)張氏照曠閣刻學津討原本　五冊　存十七卷(一至十四、十七至十八,首一卷)

360000－1901－0012616　305345
紀效新書十八卷首一卷　（明）戚繼光撰　清刻本　二冊　存十一卷(一至十、首一卷)

360000－1901－0012617　416687
紀效新書十八卷首一卷　（明）戚繼光撰　清刻本　二冊　存九卷(四至十二)

360000－1901－0012618　416689－3
紀效新書十八卷首一卷　（明）戚繼光撰　清刻本　四冊

360000－1901－0012619　804427
紀效新書十八卷首一卷　（明）戚繼光撰　清末鉛印本　一冊　存五卷(八至十二)

360000－1901－0012620　305343
紀效新書十八卷首一卷　（明）戚繼光撰　清末石印本　三冊　存十卷(九至十八)

360000－1901－0012621　312912
紀效新書十八卷首一卷　（明）戚繼光撰　清咸豐三年(1853)慎德堂刻本　六冊

360000－1901－0012622　310400
紀元編三卷末一卷　（清）李兆洛撰　清光緒十八年(1892)金陵書局刻本　三冊

360000－1901－0012623　309387
紀元編三卷末一卷　（清）李兆洛撰　清光緒十四年(1888)上海蜚英館石印本　三冊

360000－1901－0012624　400406
紀元編三卷末一卷　（清）李兆洛撰　清光緒十四年(1888)上海蜚英館石印本　一冊　存一卷(上)

360000－1901－0012625　400395
紀元通攷十二卷　（清）葉維庚撰　清道光八年(1828)刻本　四冊

360000－1901－0012626　301622
紀元通攷十二卷　（清）葉維庚撰　清道光八年(1828)鍾秀山房刻本　四冊

360000－1901－0012627　313986
紀元通攷十二卷　（清）葉維庚撰　清道光八年(1828)鍾秀山房刻本　四冊

360000－1901－0012628　301623
紀載彙編　（清）□□輯　清光緒都城琉璃廠木活字印本　二冊

360000－1901－0012629　800328
記師口傳堪輿總竅透山肺腑的訣一卷　(明)王志義撰　清抄本　一册

360000－1901－0012630　162533
記事珠十卷　(清)張以謙撰　(清)王燮校　(清)王剛重訂　清嘉慶二十一年(1816)刻本　十册

360000－1901－0012631　162534
記事珠十卷　(清)張以謙撰　(清)王燮校　(清)王剛重訂　清嘉慶二十一年(1816)刻本　十册

360000－1901－0012632　162535
記事珠十卷　(清)張以謙撰　(清)王燮校　(清)王剛重訂　清嘉慶二十一年(1816)刻本　十一册　存九卷(一至九)

360000－1901－0012633　317585
記事珠十卷　(清)張以謙撰　(清)王燮校　(清)王剛重訂　清嘉慶二十一年(1816)刻本　十册

360000－1901－0012634　402021
記事珠十卷　(清)張以謙撰　(清)王燮校　(清)王剛重訂　清刻本　五册　存五卷(二至六)

360000－1901－0012635　402021－1
記事珠十卷　(清)張以謙撰　(清)王燮校　(清)王剛重訂　清刻本　一册　存一卷(六)

360000－1901－0012636　405595
記聞類編十四卷　蔡爾康輯　清光緒三年(1877)上海印書局鉛印本　五册

360000－1901－0012637　801817
祭文一卷　(清)□□輯　清抄本　一册

360000－1901－0012638　404729
祭文一卷　(清)□□輯　清光緒刻本　一册

360000－1901－0012639　403899
寄傲山房塾課新增幼學故事瓊林四卷　(明)程登吉撰　(清)鄒聖脈增補　清會友堂刻本　二册

360000－1901－0012640　403901
寄傲山房塾課新增幼學故事瓊林四卷　(明)程登吉撰　(清)鄒聖脈增補　清刻本　二册

360000－1901－0012641　403902
寄傲山房塾課新增幼學故事瓊林四卷　(明)程登吉撰　(清)鄒聖脈增補　清刻本　二册

360000－1901－0012642　403903
寄傲山房塾課新增幼學故事瓊林四卷　(明)程登吉撰　(清)鄒聖脈增補　清刻本　四册

360000－1901－0012643　403900
寄傲山房塾課新增幼學故事瓊林四卷　(明)程登吉撰　(清)鄒聖脈增補　清務本堂刻本　二册

360000－1901－0012644　120489
寄傲山房塾課新增幼學故事瓊林四卷　(明)程登吉撰　(清)鄒聖脈增補　清光緒十二年(1886)森寶閣刻本　二册

360000－1901－0012645　804156
寄傲山房塾課新增幼學故事瓊林四卷首一卷　(明)程登吉撰　(清)鄒聖脈增補　清光緒六年(1880)紫文閣刻本　一册　存二卷(一、首一卷)

360000－1901－0012646　804153
寄傲山房塾課新增幼學故事瓊林四卷首一卷　(明)程登吉撰　(清)鄒聖脈增補　清恒隆號刻本　一册　存三卷(一至二、首一卷)

360000－1901－0012647　804154
寄傲山房塾課新增幼學故事瓊林四卷首一卷　(明)程登吉撰　(清)鄒聖脈增補　清會友堂刻本　一册　存三卷(一至二、首一卷)

360000－1901－0012648　804155
寄傲山房塾課新增幼學故事瓊林四卷首一卷　(明)程登吉撰　(清)鄒聖脈增補　清會友堂刻本　二册　存二卷(二至三)

360000－1901－0012649　804157
寄傲山房塾課新增幼學故事瓊林四卷首一卷　(明)程登吉撰　(清)鄒聖脈增補　清刻本

一冊　存一卷(三)

360000－1901－0012650　804158

寄傲山房塾課新增幼學故事瓊林四卷首一卷　(明)程登吉撰　(清)鄒聖脈增補　清刻本　一冊　存一卷(四)

360000－1901－0012651　804159

寄傲山房塾課新增幼學故事瓊林四卷首一卷　(明)程登吉撰　(清)鄒聖脈增補　清刻本　一冊　存二卷(一、首一卷)

360000－1901－0012652　804161

寄傲山房塾課新增幼學故事瓊林四卷首一卷　(明)程登吉撰　(清)鄒聖脈增補　清刻本　一冊　存二卷(一、首一卷)

360000－1901－0012653　804162

寄傲山房塾課新增幼學故事瓊林四卷首一卷　(明)程登吉撰　(清)鄒聖脈增補　清刻本　二冊　存三卷(一至二、首一卷)

360000－1901－0012654　804163

寄傲山房塾課新增幼學故事瓊林四卷首一卷　(明)程登吉撰　(清)鄒聖脈增補　清刻本　一冊　存一卷(三)

360000－1901－0012655　804164

寄傲山房塾課新增幼學故事瓊林四卷首一卷　(明)程登吉撰　(清)鄒聖脈增補　清刻本　二冊

360000－1901－0012656　804167

寄傲山房塾課新增幼學故事瓊林四卷首一卷　(明)程登吉撰　(清)鄒聖脈增補　清刻本　二冊　存二卷(二、四)

360000－1901－0012657　402465

寄傲山房塾課纂輯春秋備旨十二卷　(清)鄒聖脈纂輯　清光緒九年(1883)四明珍經閣石印五經備旨本　三冊　存十一卷(一至十一)

360000－1901－0012658　402518

寄傲山房塾課纂輯春秋備旨十二卷　(清)鄒聖脈纂輯　清光緒十三年(1887)上海同文書局石印本　三冊

360000－1901－0012659　402489

寄傲山房塾課纂輯春秋備旨十二卷　(清)鄒聖脈纂輯　清刻本　四冊

360000－1901－0012660　402490

寄傲山房塾課纂輯春秋備旨十二卷　(清)鄒聖脈纂輯　清刻本　三冊

360000－1901－0012661　402494

寄傲山房塾課纂輯春秋備旨十二卷　(清)鄒聖脈纂輯　清刻本　二冊　存六卷(一至三、十至十二)

360000－1901－0012662　402494－1

寄傲山房塾課纂輯春秋備旨十二卷　(清)鄒聖脈纂輯　清刻本　一冊　存三卷(十至十二)

360000－1901－0012663　402495

寄傲山房塾課纂輯春秋備旨十二卷　(清)鄒聖脈纂輯　清刻本　五冊　存十卷(一至五、八至十二)

360000－1901－0012664　402496

寄傲山房塾課纂輯春秋備旨十二卷　(清)鄒聖脈纂輯　清刻本　四冊

360000－1901－0012665　402497

寄傲山房塾課纂輯春秋備旨十二卷　(清)鄒聖脈纂輯　清刻本　四冊

360000－1901－0012666　402498

寄傲山房塾課纂輯春秋備旨十二卷　(清)鄒聖脈纂輯　清刻本　四冊

360000－1901－0012667　402499

寄傲山房塾課纂輯春秋備旨十二卷　(清)鄒聖脈纂輯　清刻本　四冊

360000－1901－0012668　402500

寄傲山房塾課纂輯春秋備旨十二卷　(清)鄒聖脈纂輯　清刻本　四冊

360000－1901－0012669　402501

寄傲山房塾課纂輯春秋備旨十二卷　(清)鄒聖脈纂輯　清刻本　四冊

360000－1901－0012670　402502

寄傲山房塾課纂輯春秋備旨十二卷　（清）鄒聖脈纂輯　清刻本　四册

360000－1901－0012671　402503
寄傲山房塾課纂輯春秋備旨十二卷　（清）鄒聖脈纂輯　清刻本　三册　存十一卷（一至六、八至十二）

360000－1901－0012672　402503－1
寄傲山房塾課纂輯春秋備旨十二卷　（清）鄒聖脈纂輯　清刻本　一册　存五卷（八至十二）

360000－1901－0012673　402504
寄傲山房塾課纂輯春秋備旨十二卷　（清）鄒聖脈纂輯　清刻本　四册

360000－1901－0012674　402505
寄傲山房塾課纂輯春秋備旨十二卷　（清）鄒聖脈纂輯　清刻本　四册

360000－1901－0012675　402506
寄傲山房塾課纂輯春秋備旨十二卷　（清）鄒聖脈纂輯　清刻本　五册

360000－1901－0012676　402507
寄傲山房塾課纂輯春秋備旨十二卷　（清）鄒聖脈纂輯　清刻本　五册

360000－1901－0012677　402511
寄傲山房塾課纂輯春秋備旨十二卷　（清）鄒聖脈纂輯　清刻本　二册

360000－1901－0012678　402512
寄傲山房塾課纂輯春秋備旨十二卷　（清）鄒聖脈纂輯　清刻本　四册　存九卷（一至三、五至六、九至十二）

360000－1901－0012679　402513
寄傲山房塾課纂輯春秋備旨十二卷　（清）鄒聖脈纂輯　清刻本　三册　存九卷（一至六、十至十二）

360000－1901－0012680　402514
寄傲山房塾課纂輯春秋備旨十二卷　（清）鄒聖脈纂輯　清刻本　六册

360000－1901－0012681　402515
寄傲山房塾課纂輯春秋備旨十二卷　（清）鄒聖脈纂輯　清刻本　四册　存九卷（一至六、十至十二）

360000－1901－0012682　402516
寄傲山房塾課纂輯春秋備旨十二卷　（清）鄒聖脈纂輯　清刻本　四册　存十卷（一至六、九至十二）

360000－1901－0012683　402517
寄傲山房塾課纂輯春秋備旨十二卷　（清）鄒聖脈纂輯　清刻本　三册　存十一卷（一至七、九至十二）

360000－1901－0012684　402519
寄傲山房塾課纂輯春秋備旨十二卷　（清）鄒聖脈纂輯　清刻本　三册　存九卷（四至十二）

360000－1901－0012685　402520
寄傲山房塾課纂輯春秋備旨十二卷　（清）鄒聖脈纂輯　清刻本　四册

360000－1901－0012686　402521
寄傲山房塾課纂輯春秋備旨十二卷　（清）鄒聖脈纂輯　清刻本　六册

360000－1901－0012687　402522
寄傲山房塾課纂輯春秋備旨十二卷　（清）鄒聖脈纂輯　清刻本　六册

360000－1901－0012688　402523
寄傲山房塾課纂輯春秋備旨十二卷　（清）鄒聖脈纂輯　清刻本　四册

360000－1901－0012689　801074
寄傲山房塾課纂輯春秋備旨十二卷　（清）鄒聖脈纂輯　清刻本　一册　存四卷（六至九）

360000－1901－0012690　801075
寄傲山房塾課纂輯春秋備旨十二卷　（清）鄒聖脈纂輯　清刻本　一册　存四卷（九至十二）

360000－1901－0012691　801076
寄傲山房塾課纂輯春秋備旨十二卷　（清）鄒聖脈纂輯　清刻本　一册　存四卷（九至十

二）

360000－1901－0012692　801077
寄傲山房塾課纂輯春秋備旨十二卷　（清）鄒聖脈纂輯　清刻本　一册　存四卷（九至十二）

360000－1901－0012693　801088
寄傲山房塾課纂輯春秋備旨十二卷　（清）鄒聖脈纂輯　清刻本　一册　存三卷（六至八）

360000－1901－0012694　803483
寄傲山房塾課纂輯春秋備旨十二卷　（清）鄒聖脈纂輯　清刻本　一册　存四卷（一至四）

360000－1901－0012695　803507
寄傲山房塾課纂輯春秋備旨十二卷　（清）鄒聖脈纂輯　清刻本　二册　存八卷（五至十二）

360000－1901－0012696　803508
寄傲山房塾課纂輯春秋備旨十二卷　（清）鄒聖脈纂輯　清刻本　一册　存四卷（九至十二）

360000－1901－0012697　803509
寄傲山房塾課纂輯春秋備旨十二卷　（清）鄒聖脈纂輯　清刻本　二册　存八卷（五至十二）

360000－1901－0012698　804754
寄傲山房塾課纂輯春秋備旨十二卷　（清）鄒聖脈纂輯　清刻本　一册　存四卷（五至八）

360000－1901－0012699　402432
寄傲山房塾課纂輯春秋備旨十二卷　（清）鄒聖脈纂輯　清刻五經備旨本　三册

360000－1901－0012700　402435
寄傲山房塾課纂輯春秋備旨十二卷　（清）鄒聖脈纂輯　清刻五經備旨本　四册

360000－1901－0012701　402448
寄傲山房塾課纂輯春秋備旨十二卷　（清）鄒聖脈纂輯　清刻五經備旨本　四册

360000－1901－0012702　402449
寄傲山房塾課纂輯春秋備旨十二卷　（清）鄒聖脈纂輯　清刻五經備旨本　二册　存九卷（一至六、十至十二）

360000－1901－0012703　402449－1
寄傲山房塾課纂輯春秋備旨十二卷　（清）鄒聖脈纂輯　清刻五經備旨本　二册　存七卷（一至七）

360000－1901－0012704　402453－1
寄傲山房塾課纂輯春秋備旨十二卷　（清）鄒聖脈纂輯　清刻五經備旨本　二册　存六卷（一至六）

360000－1901－0012705　402483
寄傲山房塾課纂輯春秋備旨十二卷　（清）鄒聖脈纂輯　清務本堂刻本　四册

360000－1901－0012706　402484
寄傲山房塾課纂輯春秋備旨十二卷　（清）鄒聖脈纂輯　清務本堂刻本　四册

360000－1901－0012707　402485
寄傲山房塾課纂輯春秋備旨十二卷　（清）鄒聖脈纂輯　清務本堂刻本　四册

360000－1901－0012708　402486
寄傲山房塾課纂輯春秋備旨十二卷　（清）鄒聖脈纂輯　清務本堂刻本　四册

360000－1901－0012709　402487
寄傲山房塾課纂輯春秋備旨十二卷　（清）鄒聖脈纂輯　清務本堂刻本　四册

360000－1901－0012710　402488
寄傲山房塾課纂輯春秋備旨十二卷　（清）鄒聖脈纂輯　清務本堂刻本　四册

360000－1901－0012711　402491
寄傲山房塾課纂輯春秋備旨十二卷　（清）鄒聖脈纂輯　清務本堂刻本　三册

360000－1901－0012712　402492
寄傲山房塾課纂輯春秋備旨十二卷　（清）鄒聖脈纂輯　清務本堂刻本　四册　存十一卷（一至六、八至十二）

360000－1901－0012713　402493
寄傲山房塾課纂輯春秋備旨十二卷　（清）鄒

聖脈纂輯　清務本堂刻本　五冊

360000－1901－0012714　603894
寄傲山房塾課纂輯禮記全文備旨十一卷
(清)鄒聖脈纂輯　清光緒五年(1879)刻本　二冊　存四卷(一至四)

360000－1901－0012715　402508
寄傲山房塾課纂輯禮記全文備旨十一卷
(清)鄒聖脈纂輯　清刻本　四冊　存九卷(一至三、五至八、十至十一)

360000－1901－0012716　402508－1
寄傲山房塾課纂輯禮記全文備旨十一卷
(清)鄒聖脈纂輯　清刻本　二冊　存四卷(三至四、八至九)

360000－1901－0012717　402509
寄傲山房塾課纂輯禮記全文備旨十一卷
(清)鄒聖脈纂輯　清刻本　三冊　存八卷(一至六、十至十一)

360000－1901－0012718　402510
寄傲山房塾課纂輯禮記全文備旨十一卷
(清)鄒聖脈纂輯　清刻本　二冊　存四卷(四至五、十至十一)

360000－1901－0012719　603895
寄傲山房塾課纂輯禮記全文備旨十一卷
(清)鄒聖脈纂輯　清刻本　十冊

360000－1901－0012720　603907
寄傲山房塾課纂輯禮記全文備旨十一卷
(清)鄒聖脈纂輯　清刻本　一冊　存三卷(四至六)

360000－1901－0012721　164246
寄傲山房塾課纂輯禮記全文備旨十一卷
(清)鄒聖脈纂輯　清刻五經備旨本　三冊

360000－1901－0012722　801089
寄傲山房塾課纂輯書經備旨蔡傳捷錄七卷
(清)鄒聖脈纂輯　清刻本　一冊　存二卷(六至七)

360000－1901－0012723　801553
寄傲山房塾課纂輯書經備旨蔡傳捷錄七卷
(清)鄒聖脈纂輯　清刻本　二冊　存五卷(二至三、五至七)

360000－1901－0012724　419550
寄傲山房塾課纂輯書經備旨蔡註捷錄七卷
(清)鄒聖脈纂輯　清光緒八年(1882)刻本　二冊

360000－1901－0012725　419549
寄傲山房塾課纂輯書經備旨蔡註捷錄七卷
(清)鄒聖脈纂輯　清光緒五年(1879)刻本　二冊

360000－1901－0012726　402506－1
寄傲山房塾課纂輯書經備旨蔡註捷錄七卷
(清)鄒聖脈纂輯　清刻本　一冊　存二卷(六至七)

360000－1901－0012727　419551
寄傲山房塾課纂輯書經備旨蔡註捷錄七卷
(清)鄒聖脈纂輯　清刻本　二冊

360000－1901－0012728　419552
寄傲山房塾課纂輯書經備旨蔡註捷錄七卷
(清)鄒聖脈纂輯　清刻本　二冊

360000－1901－0012729　419553
寄傲山房塾課纂輯書經備旨蔡註捷錄七卷
(清)鄒聖脈纂輯　清刻本　二冊　存五卷(三至七)

360000－1901－0012730　419554
寄傲山房塾課纂輯書經備旨蔡註捷錄七卷
(清)鄒聖脈纂輯　清刻本　三冊

360000－1901－0012731　419560
寄傲山房塾課纂輯書經備旨蔡註捷錄七卷
(清)鄒聖脈纂輯　清刻本　二冊

360000－1901－0012732　419561
寄傲山房塾課纂輯書經備旨蔡註捷錄七卷
(清)鄒聖脈纂輯　清刻本　二冊

360000－1901－0012733　419562
寄傲山房塾課纂輯書經備旨蔡註捷錄七卷
(清)鄒聖脈纂輯　清刻本　三冊　存六卷(一至二、四至七)

360000－1901－0012734　419563
寄傲山房塾課纂輯書經備旨蔡註捷錄七卷
(清)鄒聖脈纂輯　清刻本　三冊

360000－1901－0012735　419564
寄傲山房塾課纂輯書經備旨蔡註捷錄七卷
(清)鄒聖脈纂輯　清刻本　三冊

360000－1901－0012736　419565
寄傲山房塾課纂輯書經備旨蔡註捷錄七卷
(清)鄒聖脈纂輯　清刻本　二冊　存六卷(二至七)

360000－1901－0012737　719538
寄傲山房塾課纂輯書經備旨蔡註捷錄七卷
(清)鄒聖脈纂輯　清刻本　二冊

360000－1901－0012738　719539
寄傲山房塾課纂輯書經備旨蔡註捷錄七卷
(清)鄒聖脈纂輯　清刻本　四冊

360000－1901－0012739　719544
寄傲山房塾課纂輯書經備旨蔡註捷錄七卷
(清)鄒聖脈纂輯　清刻本　三冊　存六卷(二至七)

360000－1901－0012740　719555
寄傲山房塾課纂輯書經備旨蔡註捷錄七卷
(清)鄒聖脈纂輯　清刻本　二冊

360000－1901－0012741　719556
寄傲山房塾課纂輯書經備旨蔡註捷錄七卷
(清)鄒聖脈纂輯　清刻本　二冊

360000－1901－0012742　719557
寄傲山房塾課纂輯書經備旨蔡註捷錄七卷
(清)鄒聖脈纂輯　清刻本　二冊

360000－1901－0012743　719558
寄傲山房塾課纂輯書經備旨蔡註捷錄七卷
(清)鄒聖脈纂輯　清刻本　二冊

360000－1901－0012744　719559
寄傲山房塾課纂輯書經備旨蔡註捷錄七卷
(清)鄒聖脈纂輯　清刻本　二冊

360000－1901－0012745　719961
寄傲山房塾課纂輯書經備旨蔡註捷錄七卷
(清)鄒聖脈纂輯　清刻本　二冊　存五卷(一至五)

360000－1901－0012746　801556
寄傲山房塾課纂輯書經備旨蔡註捷錄七卷
(清)鄒聖脈纂輯　清刻本　一冊　存四卷(一至四)

360000－1901－0012747　801557－1
寄傲山房塾課纂輯書經備旨蔡註捷錄七卷
(清)鄒聖脈纂輯　清刻本　二冊　存四卷(四至七)

360000－1901－0012748　801558
寄傲山房塾課纂輯書經備旨蔡註捷錄七卷
(清)鄒聖脈纂輯　清刻本　一冊　存二卷(四至五)

360000－1901－0012749　801559
寄傲山房塾課纂輯書經備旨蔡註捷錄七卷
(清)鄒聖脈纂輯　清刻本　一冊　存四卷(四至七)

360000－1901－0012750　801563
寄傲山房塾課纂輯書經備旨蔡註捷錄七卷
(清)鄒聖脈纂輯　清刻本　一冊　存一卷(三)

360000－1901－0012751　801565
寄傲山房塾課纂輯書經備旨蔡註捷錄七卷
(清)鄒聖脈纂輯　清刻本　一冊　存二卷(三至四)

360000－1901－0012752　801566
寄傲山房塾課纂輯書經備旨蔡註捷錄七卷
(清)鄒聖脈纂輯　清刻本　一冊　存四卷(四至七)

360000－1901－0012753　801567
寄傲山房塾課纂輯書經備旨蔡註捷錄七卷
(清)鄒聖脈纂輯　清刻本　一冊　存二卷(四至五)

360000－1901－0012754　901786
寄傲山房塾課纂輯書經備旨蔡註捷錄七卷
(清)鄒聖脈纂輯　清刻本　一冊　存三卷

（五至七）

360000－1901－0012755　719545
寄傲山房塾課纂輯書經備旨蔡註捷錄七卷（清）鄒聖脈纂輯　清刻本（卷一配清務本堂刻本）　二册　存三卷（一、六至七）

360000－1901－0012756　719960
寄傲山房塾課纂輯書經備旨蔡註捷錄七卷（清）鄒聖脈纂輯　清刻本（卷一配清芸生堂刻本）　三册

360000－1901－0012757　901785
寄傲山房塾課纂輯書經備旨蔡註捷錄七卷（清）鄒聖脈纂輯　清末石印本　一册　存三卷（五至七）

360000－1901－0012758　719536
寄傲山房塾課纂輯書經備旨蔡註捷錄七卷（清）鄒聖脈纂輯　清務本堂刻本　三册

360000－1901－0012759　719537
寄傲山房塾課纂輯書經備旨蔡註捷錄七卷（清）鄒聖脈纂輯　清務本堂刻本　四册

360000－1901－0012760　719541
寄傲山房塾課纂輯書經備旨蔡註捷錄七卷（清）鄒聖脈纂輯　清芸生堂刻本　三册

360000－1901－0012761　719542
寄傲山房塾課纂輯書經備旨蔡註捷錄七卷（清）鄒聖脈纂輯　清芸生堂刻本　三册

360000－1901－0012762　719543
寄傲山房塾課纂輯書經備旨蔡註捷錄七卷（清）鄒聖脈纂輯　清芸生堂刻本　三册

360000－1901－0012763　800440
寄傲山房塾課纂輯御案易經備旨七卷易經圖案一卷　（清）鄒聖脈纂輯　清刻本　一册　存一卷（四）

360000－1901－0012764　804773
寄傲山房塾課纂輯御案易經備旨七卷易經圖案一卷　（清）鄒聖脈纂輯　清刻本　一册　存四卷（四至七）

360000－1901－0012765　800439
寄傲山房塾課纂輯御案易經備旨七卷易經圖案一卷　（清）鄒聖脈纂輯　清刻五經備旨本　一册　存二卷（一、易經圖案一卷）

360000－1901－0012766　402413
寄傲山房塾課纂輯御案易經備旨七卷易經圖案一卷　（清）鄒聖脈纂輯　清文聚堂刻五經備旨本　三册

360000－1901－0012767　402482
寄傲山房塾課纂輯御案易經備旨七卷易經圖案一卷　（清）鄒聖脈纂輯　清文聚堂刻五經備旨本　三册

360000－1901－0012768　305433
寄鴻堂文集四卷　（清）李宗傳撰　清同治三年（1864）刻本　一册　存二卷（三至四）

360000－1901－0012769　404972
寄龕文存四卷　（清）孫德祖撰　清光緒十年（1884）刻本　一册　存一卷（一）

360000－1901－0012770　301784
寄龕文存四卷　（清）孫德祖撰　清光緒十五年（1889）刻本　四册

360000－1901－0012771　404976
寄漚遺集八卷　（清）何延慶撰　清宣統二年（1910）江寧何氏刻本　四册

360000－1901－0012772　404973
寄圃詩草初集二卷　（清）王庚撰　清同治十三年（1874）刻本　一册

360000－1901－0012773　405020
寄圃詩草次集二卷　（清）王庚撰　清同治十三年（1874）刻本　一册

360000－1901－0012774　121424
寄圃詩稿二十五卷　（清）錢時雍撰　清嘉慶十四年（1809）清江錢氏刻本　十册

360000－1901－0012775　121425
寄圃詩稿二十五卷　（清）錢時雍撰　清嘉慶十四年（1809）清江錢氏刻本　八册

360000－1901－0012776　713644
寄圃詩稿二十五卷　（清）錢時雍撰　清嘉慶

十四年(1809)清江錢氏刻本　二冊　存七卷(四至六、十三至十六)

360000－1901－0012777　714850
寄圃詩稿二十五卷　(清)錢時雍撰　清嘉慶十四年(1809)清江錢氏刻本　三冊　存十卷(十四至二十三)

360000－1901－0012778　121421
寄思齋藏稿十四卷　(清)辛從益撰　(清)辛桂雲　(清)辛辰雲輯　清咸豐元年(1851)萬載辛氏刻本　十四冊

360000－1901－0012779　121422
寄思齋藏稿十四卷　(清)辛從益撰　(清)辛桂雲　(清)辛辰雲輯　清咸豐元年(1851)萬載辛氏刻本　九冊

360000－1901－0012780　121423
寄思齋藏稿十四卷　(清)辛從益撰　(清)辛桂雲　(清)辛辰雲輯　清咸豐元年(1851)萬載辛氏刻本　四冊　存八卷(一至六、九至十)

360000－1901－0012781　409913
寄思齋藏稿十四卷　(清)辛從益撰　(清)辛桂雲　(清)辛辰雲輯　清咸豐元年(1851)萬載辛氏刻本　六冊　存十一卷(一至十一)

360000－1901－0012782　409914
寄思齋藏稿十四卷　(清)辛從益撰　(清)辛桂雲　(清)辛辰雲輯　清咸豐元年(1851)萬載辛氏刻本　四冊　存七卷(三至四、七至十一)

360000－1901－0012783　709912
寄思齋藏稿十四卷　(清)辛從益撰　(清)辛桂雲　(清)辛辰雲輯　清咸豐元年(1851)萬載辛氏刻本　七冊　存十一卷(三至十三)

360000－1901－0012784　722473
寄思齋藏稿十四卷　(清)辛從益撰　(清)辛桂雲　(清)辛辰雲輯　清咸豐元年(1851)萬載辛氏刻本　一冊　存二卷(一至二)

360000－1901－0012785　416731
寄思齋藏稿十四卷補遺一卷公孫龍子注一卷　(清)辛從益撰　**辛筠谷年譜一卷**　(清)辛桂雲等輯　清咸豐元年(1851)萬載辛氏刻本　一冊　存二卷(公孫龍子注一卷、辛筠谷年譜一卷)

360000－1901－0012786　162586
寄蝸殘贅十六卷　(清)汪堃撰　清同治十一年(1872)刻本　四冊

360000－1901－0012787　163422
寄影軒詩鈔十八卷　(清)張觀美撰　清光緒四年(1878)刻本　一冊　存三卷(一至三)

360000－1901－0012788　409767
寄園寄所寄十二卷　(清)趙吉士撰　清康熙三十五年(1696)刻本　十二冊

360000－1901－0012789　409768
寄園寄所寄十二卷　(清)趙吉士撰　清康熙三十五年(1696)刻本　三十二冊

360000－1901－0012790　702256
定例彙編□□卷　(清)□□輯　清刻本　九冊　存九卷(一百三十八至一百四十六)

360000－1901－0012791　304582
寄園寄所寄十二卷　(清)趙吉士撰　清刻本　四冊　存四卷(七至八、十一至十二)

360000－1901－0012792　305435
寄園寄所寄十二卷　(清)趙吉士撰　清刻本　八冊　存十卷(一至六、九至十二)

360000－1901－0012793　409766
寄園寄所寄十二卷　(清)趙吉士撰　清刻本　十二冊

360000－1901－0012794　409772－1
寄園寄所寄十二卷　(清)趙吉士撰　清刻本　三冊　存四卷(九至十二)

360000－1901－0012795　409773
寄園寄所寄十二卷　(清)趙吉士撰　清刻本　七冊　存八卷(一至八)

360000－1901－0012796　409773－1
寄園寄所寄十二卷　(清)趙吉士撰　清刻本

二冊　存三卷(三至五)

360000－1901－0012797　409774
寄園寄所寄十二卷　(清)趙吉士撰　清刻本　六冊　存七卷(一、四至七、九至十)

360000－1901－0012798　409774－1
寄園寄所寄十二卷　(清)趙吉士撰　清刻本　三冊　存五卷(四至八)

360000－1901－0012799　409774－2
寄園寄所寄十二卷　(清)趙吉士撰　清刻本　六冊　存六卷(四至九)

360000－1901－0012800　409774－3
寄園寄所寄十二卷　(清)趙吉士撰　清刻本　五冊　存五卷(四至七、十一)

360000－1901－0012801　409774－4
寄園寄所寄十二卷　(清)趙吉士撰　清刻本　三冊　存三卷(四、六至七)

360000－1901－0012802　409774－5
寄園寄所寄十二卷　(清)趙吉士撰　清刻本　二冊　存二卷(六至七)

360000－1901－0012803　409770
寄園寄所寄十二卷　(清)趙吉士撰　清文德堂刻本　十一冊

360000－1901－0012804　409771
寄園寄所寄十二卷　(清)趙吉士撰　清文德堂刻本　十六冊

360000－1901－0012805　409772
寄園寄所寄十二卷　(清)趙吉士撰　清宣統三年(1911)文盛書局石印本　八冊

360000－1901－0012806　404971
寄園吟草六卷　(清)汪夢雷撰　(清)張應時輯　清道光元年(1821)書三味樓刻書三味樓叢書本　一冊

360000－1901－0012807　407800－3
寄嶽雲齋初稿十卷補遺一卷　(清)聶銑敏撰　清嘉慶二十五年(1820)鳴鳳樓刻本　二冊　存五卷(一至五)

360000－1901－0012808　407800
寄嶽雲齋初稿十卷補遺一卷　(清)聶銑敏撰　清嘉慶二十一年(1816)文德堂刻本　三冊　存五卷(五至九)

360000－1901－0012809　407795
寄嶽雲齋初稿十卷補遺一卷　(清)聶銑敏撰　清嘉慶刻本　五冊

360000－1901－0012810　407796
寄嶽雲齋初稿十卷補遺一卷　(清)聶銑敏撰　清嘉慶刻本　四冊

360000－1901－0012811　407797
寄嶽雲齋初稿十卷補遺一卷　(清)聶銑敏撰　清嘉慶刻本　二冊　存七卷(一至七)

360000－1901－0012812　407800－1
寄嶽雲齋初稿十卷補遺一卷　(清)聶銑敏撰　清嘉慶刻本　五冊

360000－1901－0012813　407800－2
寄嶽雲齋初稿十卷補遺一卷　(清)聶銑敏撰　清嘉慶刻本　二冊　存五卷(三至七)

360000－1901－0012814　407800－5
寄嶽雲齋初稿十卷補遺一卷　(清)聶銑敏撰　清嘉慶刻本　二冊　存五卷(三至七)

360000－1901－0012815　407800－7
寄嶽雲齋初稿十卷補遺一卷　(清)聶銑敏撰　清嘉慶刻本　二冊　存五卷(三至七)

360000－1901－0012816　407799
寄嶽雲齋初稿十卷補遺一卷　(清)聶銑敏撰　清嘉慶十二年(1807)經國堂刻本　五冊

360000－1901－0012817　407798
寄嶽雲齋初稿十卷補遺一卷　(清)聶銑敏撰　清嘉慶十二年(1807)令德堂刻本　四冊

360000－1901－0012818　407793
寄嶽雲齋初稿十卷補遺一卷　(清)聶銑敏撰　清嘉慶十二年(1807)文德堂刻本　四冊

360000－1901－0012819　407794
寄嶽雲齋初稿十卷補遺一卷　(清)聶銑敏撰　清嘉慶十二年(1807)文德堂刻本　六冊

360000－1901－0012820　901893
寄嶽雲齋初稿十卷補遺一卷回文賦一卷　(清)聶銑敏撰　清令德堂刻本　二册　存四卷(六至八、回文賦一卷)

360000－1901－0012821　901891
寄嶽雲齋試體詩選二卷　(清)聶銑敏撰　(清)張學蘇箋　清嘉慶十二年(1807)刻本　一册

360000－1901－0012822　901887
寄嶽雲齋試體詩選二卷　(清)聶銑敏撰　(清)張學蘇箋　清嘉慶十年(1805)刻本　一册

360000－1901－0012823　901888
寄嶽雲齋試體詩選二卷　(清)聶銑敏撰　(清)張學蘇箋　清嘉慶十年(1805)刻本　一册

360000－1901－0012824　901889
寄嶽雲齋試體詩選二卷　(清)聶銑敏撰　(清)張學蘇箋　清嘉慶十年(1805)刻本　一册

360000－1901－0012825　901890
寄嶽雲齋試體詩選二卷　(清)聶銑敏撰　(清)張學蘇箋　清嘉慶十年(1805)刻本　一册

360000－1901－0012826　901892
寄嶽雲齋試體詩選二卷　(清)聶銑敏撰　(清)張學蘇箋　清嘉慶十年(1805)刻本　一册

360000－1901－0012827　901886
寄嶽雲齋試體詩選二卷　(清)聶銑敏撰　(清)張學蘇箋　清刻本　一册

360000－1901－0012828　901877
寄嶽雲齋試體詩選詳註四卷　(清)聶銑敏撰　(清)張學蘇箋　清本立堂刻本　二册

360000－1901－0012829　901884
寄嶽雲齋試體詩選詳註四卷　(清)聶銑敏撰　(清)張學蘇箋　清大文堂刻本　一册

360000－1901－0012830　901897
寄嶽雲齋試體詩選詳註四卷　(清)聶銑敏撰　(清)張學蘇箋　清大文堂刻本　二册

360000－1901－0012831　805432
寄嶽雲齋試體詩選詳註四卷　(清)聶銑敏撰　(清)張學蘇箋　清嘉慶二十一年(1816)刻本　一册

360000－1901－0012832　901894
寄嶽雲齋試體詩選詳註四卷　(清)聶銑敏撰　(清)張學蘇箋　清嘉慶二十一年(1816)刻本　二册

360000－1901－0012833　901903
寄嶽雲齋試體詩選詳註四卷　(清)聶銑敏撰　(清)張學蘇箋　清嘉慶十年(1805)刻本　一册　存一卷(一)

360000－1901－0012834　407800－4
寄嶽雲齋試體詩選詳註四卷　(清)聶銑敏撰　(清)張學蘇箋　清刻本　一册　存一卷(四)

360000－1901－0012835　407800－6
寄嶽雲齋試體詩選詳註四卷　(清)聶銑敏撰　(清)張學蘇箋　清刻本　一册　存二卷(三至四)

360000－1901－0012836　407800－8
寄嶽雲齋試體詩選詳註四卷　(清)聶銑敏撰　(清)張學蘇箋　清刻本　一册　存二卷(三至四)

360000－1901－0012837　603543
寄嶽雲齋試體詩選詳註四卷　(清)聶銑敏撰　(清)張學蘇箋　清刻本　二册　存二卷(三至四)

360000－1901－0012838　805431
寄嶽雲齋試體詩選詳註四卷　(清)聶銑敏撰　(清)張學蘇箋　清刻本　一册

360000－1901－0012839　901876
寄嶽雲齋試體詩選詳註四卷　(清)聶銑敏撰　(清)張學蘇箋　清刻本　二册

360000－1901－0012840　901878
寄嶽雲齋試體詩選詳註四卷　（清）聶銑敏撰（清）張學蘇箋　清刻本　二冊

360000－1901－0012841　901895
寄嶽雲齋試體詩選詳註四卷　（清）聶銑敏撰（清）張學蘇箋　清刻本　二冊

360000－1901－0012842　901896
寄嶽雲齋試體詩選詳註四卷　（清）聶銑敏撰（清）張學蘇箋　清刻本　二冊

360000－1901－0012843　901898
寄嶽雲齋試體詩選詳註四卷　（清）聶銑敏撰（清）張學蘇箋　清刻本　三冊　存三卷（一至二、四）

360000－1901－0012844　901899
寄嶽雲齋試體詩選詳註四卷　（清）聶銑敏撰（清）張學蘇箋　清刻本　二冊

360000－1901－0012845　901902
寄嶽雲齋試體詩選詳註四卷　（清）聶銑敏撰（清）張學蘇箋　清刻本　一冊　存一卷（四）

360000－1901－0012846　901880
寄嶽雲齋試體詩選詳註四卷　（清）聶銑敏撰（清）張學蘇箋　清令德堂刻本　二冊

360000－1901－0012847　901882
寄嶽雲齋試體詩選詳註四卷　（清）聶銑敏撰（清）張學蘇箋　清文秀堂刻本　一冊

360000－1901－0012848　901875
寄嶽雲齋試體詩選詳註四卷　（清）聶銑敏撰（清）張學蘇箋　清務本堂刻本　二冊

360000－1901－0012849　901879
寄嶽雲齋試體詩選詳註四卷　（清）聶銑敏撰（清）張學蘇箋　清務本堂刻本　二冊

360000－1901－0012850　901883
寄嶽雲齋試體詩選詳註四卷　（清）聶銑敏撰（清）張學蘇箋　清務本堂刻本　一冊

360000－1901－0012851　901901
寄嶽雲齋試體詩選詳註四卷　（清）聶銑敏撰（清）張學蘇箋　清務本堂刻本　一冊　存二卷（一至二）

360000－1901－0012852　901885
寄嶽雲齋試體詩選詳註四卷　（清）聶銑敏撰（清）張學蘇箋　清一益堂刻本　一冊

360000－1901－0012853　901881
寄嶽雲齋試體詩選詳註四卷　（清）聶銑敏撰（清）張學蘇箋　清英秀堂刻本　二冊

360000－1901－0012854　901900
寄嶽雲齋試體詩選詳註四卷　（清）聶銑敏撰（清）張學蘇箋　清英秀堂刻本（卷三至四配清刻本）　二冊

360000－1901－0012855　404975
寄雲館詩鈔四卷　（清）史策先撰　清同治四年（1865）刻本　四冊

360000－1901－0012856　803822
際康課草不分卷　（清）□□輯　清抄本　一冊

360000－1901－0012857　900287
濟渴堂冊不分卷　（清）易錫金等編　清道光三十年（1850）木活字印本　一冊

360000－1901－0012858　408769
濟世良方六卷　（清）周其芬輯　清同治元年（1862）刻本　五冊　存五卷（一至四、六）

360000－1901－0012859　720339
濟世良方四卷　（清）□□輯　清刻本　一冊　存二卷（一至二）

360000－1901－0012860　408768
濟世良方四卷　（清）周其芬輯　清刻本　一冊　存二卷（三至四）

360000－1901－0012861　800343
濟世良方一卷　（清）□□輯　清道光十四年（1834）吴茂盛抄本　一冊

360000－1901－0012862　802713
濟水游氏家傳地學何游問答一卷　（清）游丕基校錄　**青囊經一卷**　（唐）楊筠松撰　（清）釋如玉點正　清抄本　一冊

360000－1901－0012863　408249
濟陽綱目一百八卷　(明)武之望撰　(清)張楠注　清咸豐六年(1856)涇陽姚氏刻本　三十一册　存六十九卷(一至七、十三至六十五、六十八至七十六)

360000－1901－0012864　708153
濟陽綱目一百八卷　(明)武之望撰　(清)張楠注　清咸豐六年(1856)涇陽姚氏刻本　十一册　存二十一卷(十七至十八、八十五至九十五、一百一至一百八)

360000－1901－0012865　805215
濟陰綱目十四卷　(明)武之望撰　(清)汪淇箋釋　清抄本　一册　存三卷(七至九)

360000－1901－0012866　708258
濟陰綱目十四卷　(明)武之望撰　(清)汪淇箋釋　清刻本　六册　存九卷(一至三、七至十一、十四)

360000－1901－0012867　708259
濟陰綱目十四卷　(明)武之望撰　(清)汪淇箋釋　清刻本　五册　存九卷(一至四、七至八、十一至十二、十四)

360000－1901－0012868　708260
濟陰綱目十四卷　(明)武之望撰　(清)汪淇箋釋　清刻本　三册　存九卷(二至七、十至十二)

360000－1901－0012869　708261
濟陰綱目十四卷　(明)武之望撰　(清)汪淇箋釋　清刻本　五册　存十卷(二至七、十一至十四)

360000－1901－0012870　162863
濟陰綱目十四卷　(明)武之望撰　(清)汪淇箋釋　清雍正六年(1728)天德堂刻本　八册

360000－1901－0012871　708256
濟陰綱目十四卷　(明)武之望撰　(清)汪淇箋釋　清雍正六年(1728)天德堂刻本　四册

360000－1901－0012872　708257
濟陰綱目十四卷　(明)武之望撰　(清)汪淇箋釋　清雍正六年(1728)天德堂刻本　八册

360000－1901－0012873　408253
濟陰綱目十四卷　(明)武之望撰　(清)汪淇箋釋　**保生碎事一卷**　(清)汪淇輯　清金閶天德堂刻本　四册　存八卷(一、四至六、十一至十四)

360000－1901－0012874　408252
濟陰綱目十四卷　(明)武之望撰　(清)汪淇箋釋　**保生碎事一卷**　(清)汪淇輯　清經綸堂刻本　八册

360000－1901－0012875　408257
濟陰綱目十四卷　(明)武之望撰　(清)汪淇箋釋　**保生碎事一卷**　(清)汪淇輯　清康熙四年(1665)刻本　三册　存八卷(八至十四、保生碎事一卷)

360000－1901－0012876　408254
濟陰綱目十四卷　(明)武之望撰　(清)汪淇箋釋　**保生碎事一卷**　(清)汪淇輯　清刻本　四册　存九卷(一至三、九至十、十二至十四,保生碎事一卷)

360000－1901－0012877　408255
濟陰綱目十四卷　(明)武之望撰　(清)汪淇箋釋　**保生碎事一卷**　(清)汪淇輯　清刻本　四册　存十一卷(一至六、十一至十四,保生碎事一卷)

360000－1901－0012878　408256
濟陰綱目十四卷　(明)武之望撰　(清)汪淇箋釋　**保生碎事一卷**　(清)汪淇輯　清刻本　六册　存十二卷(二至三、六至十四,保生碎事一卷)

360000－1901－0012879　408262
濟陰綱目十四卷　(明)武之望撰　(清)汪淇箋釋　**保生碎事一卷**　(清)汪淇輯　清刻本　五册　存十一卷(三至六、九至十四,保生碎事一卷)

360000－1901－0012880　802592
濟陰綱目十四卷　(明)武之望撰　(清)汪淇箋釋　**保生碎事一卷**　(清)汪淇輯　清刻本

一冊　存一卷(十四)

360000－1901－0012881　413478
績學堂文鈔六卷首一卷　(清)梅文鼎撰　清乾隆宛陵梅縠成刻本　二冊

360000－1901－0012882　900155
繼述堂塾課彙編不分卷　(清)□□輯　清刻本　十六冊

360000－1901－0012883　122699
霽岑詩集四卷　(清)曹奎年撰　清嘉慶三年(1798)七松園刻本　一冊

360000－1901－0012884　805158
加減成案新編六卷　(清)李逢辰輯　清刻本　一冊　存一卷(六)

360000－1901－0012885　161589
加減成案新編六卷兩岐成案二卷　(清)李逢辰輯　清道光十三年(1833)刻本　五冊

360000－1901－0012886　901175
加批細校改良文法筆算數學全部演草二十四章　(美國)狄考文輯　(清)□□演　清末上海震東學社石印本　一冊　存六章(一至六)

360000－1901－0012887　603229
加批增補四書味根錄三十七卷　(清)金澂撰　清光緒十五年(1889)上海蜚英館石印本　三冊　存十四卷(論語味根錄一至十、孟子味根錄十一至十四)

360000－1901－0012888　405322
佳想軒詩鈔二卷　(清)廖文錦撰　清光緒十二年(1886)杭州刻本　一冊

360000－1901－0012889　162527
家寶吉徵不分卷　(清)弈厚輯　清同治十年(1871)刻本　一冊

360000－1901－0012890　803739
家藏一粒金不分卷　(明)汪梅軒輯　清抄本　一冊

360000－1901－0012891　414874
家常要錄瑣言不分卷　(清)汪隱侯撰　清雍正四年(1726)木活字印本　一冊

360000－1901－0012892　408333
家傳痘科醫集不分卷　(□)□□輯　清歐陽濟卿抄本　一冊

360000－1901－0012893　410313
家範十卷　(宋)司馬光撰　(清)朱軾評點　清光緒二十三年(1897)朱衡等刻朱文端公藏書本　一冊　存五卷(一至五)

360000－1901－0012894　230120
家範十卷　(宋)司馬光撰　(清)朱軾評點　清康熙五十八年(1719)高安朱軾刻本　二冊

360000－1901－0012895　410312
家範十卷　(宋)司馬光撰　(清)朱軾評點　清康熙五十八年(1719)高安朱軾刻本　二冊

360000－1901－0012896　305106
家範十卷　(宋)司馬光撰　(清)朱軾評點　清刻本　一冊　存五卷(六至十)

360000－1901－0012897　122988
家禮備要一卷　(清)洪炘輯　清光緒十年(1884)邃園刻本　一冊

360000－1901－0012898　161806
家禮備要一卷　(清)洪炘輯　清光緒十年(1884)邃園刻本　一冊

360000－1901－0012899　416765
家禮備要一卷　(清)洪炘輯　清光緒十年(1884)邃園刻本　一冊

360000－1901－0012900　416765－1
家禮備要一卷　(清)洪炘輯　清光緒十年(1884)邃園刻本　一冊

360000－1901－0012901　416765－2
家禮備要一卷　(清)洪炘輯　清光緒十年(1884)邃園刻本　一冊

360000－1901－0012902　416765－3
家禮備要一卷　(清)洪炘輯　清光緒十年(1884)邃園刻本　一冊

360000－1901－0012903　416765－4
家禮備要一卷　(清)洪炘輯　清光緒十年(1884)邃園刻本　一冊

360000－1901－0012904　416765－5
家禮備要一卷　(清)洪炘輯　清光緒十年(1884)邃園刻本　一册

360000－1901－0012905　416765－6
家禮備要一卷　(清)洪炘輯　清光緒十年(1884)邃園刻本　一册

360000－1901－0012906　416765－7
家禮備要一卷　(清)洪炘輯　清光緒十年(1884)邃園刻本　一册

360000－1901－0012907　416765－8
家禮備要一卷　(清)洪炘輯　清光緒十年(1884)邃園刻本　一册

360000－1901－0012908　416765－9
家禮備要一卷　(清)洪炘輯　清光緒十年(1884)邃園刻本　一册

360000－1901－0012909　804883
家禮備要一卷　(清)洪炘輯　清光緒十年(1884)邃園刻本　一册

360000－1901－0012910　801564
家禮釋要三卷　(清)陳必元撰　清刻本　一册　存二卷(中、下)

360000－1901－0012911　416752
家塾寶訓不分卷　(清)黄鎮輯　清道光二十四年(1844)古疁黄鎮刻本　一册

360000－1901－0012912　301750
家塾邇言六卷　(清)楊汝穀輯　清同治五年(1866)刻本　一册

360000－1901－0012913　416754－1
家塾蒙求五卷　(清)康基淵輯　清道光六年(1826)刻本　一册　存二卷(一至二)

360000－1901－0012914　900738
家塾蒙求五卷　(清)康基淵輯　清刻本　一册　存一卷(三)

360000－1901－0012915　416754
家塾蒙求五卷　(清)康基淵輯　清同治七年(1868)江漢關署刻本　二册

360000－1901－0012916　801591
家庭講話三卷　(清)陸起鯤撰　清刻本　一册

360000－1901－0012917　414873
家庭講話三卷　(清)陸起鯤撰　清同治九年(1870)虞山方際升刻本　一册

360000－1901－0012918　162526
家庭談話不分卷　(清)學部編譯圖書局編　清光緒三十三年(1907)學部編譯圖書局石印本　一册

360000－1901－0012919　803614
家下進出用數不分卷(清光緒三十三年至三十四年)　(清)□□輯　稿本　一册

360000－1901－0012920　803281
家下進出用數不分卷(清宣統二年至三年)　(清)□□輯　稿本　一册

360000－1901－0012921　230013
家語十卷　題(三國魏)王肅注　(明)何棠評　明末刻本　二册

360000－1901－0012922　301029
家語疏證六卷　(清)孫志祖撰　清刻本　一册

360000－1901－0012923　301035
家語疏證六卷　(清)孫志祖撰　清刻本　二册

360000－1901－0012924　121270
家珍集文鈔不分卷　(清)董思盤撰　清同治九年(1870)刻本　一册

360000－1901－0012925　800344
家政不分卷　(清)洪日初輯　稿本　一册

360000－1901－0012926　416760
家政學不分卷　(日本)下田歌子撰　(清)作新社譯　清光緒二十八年(1902)木活字印本　一册

360000－1901－0012927　150438
嘉定錢氏潛研堂全書　(清)錢大昕撰　清光緒十年(1884)長沙龍氏家塾刻本　六十四册

360000－1901－0012928　150439
嘉定錢氏潛研堂全書　(清)錢大昕撰　清光緒十年(1884)長沙龍氏家塾刻本　八十册

360000－1901－0012929　150440
嘉定錢氏潛研堂全書　(清)錢大昕撰　清光緒十年(1884)長沙龍氏家塾刻本　六十册

360000－1901－0012930　417606
嘉定錢氏潛研堂全書　(清)錢大昕撰　清光緒十年(1884)長沙龍氏家塾刻本　二十六册　存二種

360000－1901－0012931　717506
嘉定錢氏潛研堂全書　(清)錢大昕撰　清光緒十年(1884)長沙龍氏家塾刻本　十册　存二種

360000－1901－0012932　717611
嘉定錢氏潛研堂全書　(清)錢大昕撰　清光緒十年(1884)長沙龍氏家塾刻本　二十九册　存十三種

360000－1901－0012933　240976
嘉遁堂遺稿二卷　(清)趙汝顔撰　清乾隆八年(1743)刻本　二册

360000－1901－0012934　163184
嘉禾堂詩集不分卷　(清)宋犖撰　清刻本　四册

360000－1901－0012935　314202
嘉慶丙子科齒録不分卷　(清)□□輯　清刻本　一册

360000－1901－0012936　800249
嘉慶二年戴應元在湖南常德府具控洪光明等索詐木簰一卷　(清)汪節文輯　清嘉慶四年(1799)抄本　一册

360000－1901－0012937　901199
嘉慶己卯科直省墨約續刻不分卷　(清)李秬香輯　清嘉慶二十五年(1820)刻本　一册

360000－1901－0012938　805291
嘉慶甲子科江南鄉試第十三房同門硃卷一卷同門薦卷一卷　(清)瞿雨棠等撰　清嘉慶刻本　一册

360000－1901－0012939　902026
嘉慶辛酉科江南鄉試第貳房同門硃卷一卷　(清)張汝錫等撰　清嘉慶刻本　一册

360000－1901－0012940　805291－1
嘉慶辛酉科江南鄉試第貳房同門硃卷一卷同門薦卷一卷　(清)張汝錫等撰　清嘉慶刻本　一册

360000－1901－0012941　902025
嘉慶辛酉科江南鄉試元卷不分卷硃卷不分卷　(清)崔錫華等撰　清嘉慶刻本　一册

360000－1901－0012942　800925
嘉慶乙卯科江西闈墨一卷　(清)王維屏等撰　清嘉慶奎宿堂刻本　一册

360000－1901－0012943　305808
嘉樹山房集二十卷外集二卷續集二卷　(清)張士元撰　清嘉慶二十四年(1819)震澤張氏刻本　六册

360000－1901－0012944　305809
嘉樹山房集二十卷外集二卷續集二卷　(清)張士元撰　清嘉慶二十四年(1819)震澤張氏刻本　四册　存十六卷(嘉樹山房集一至六、十五至二十,外集二卷,續集二卷)

360000－1901－0012945　405081
嘉樹山房詩集十八卷　(清)李中簡撰　清刻本　二册　存十卷(九至十八)

360000－1901－0012946　415126
嘉懿集初鈔四卷續鈔四卷　(清)高嵣輯　清乾隆五十四年(1789)刻本　六册　存七卷(嘉懿集初鈔四卷,續鈔一、三至四)

360000－1901－0012947　600367－2
嘉蔭簃論泉截句二卷　(清)劉喜海撰　清同治十二年(1873)鮑氏觀古閣刻本　一册

360000－1901－0012948　420153
嘉應平寇紀畧一卷　(清)謝國珍撰　清光緒九年(1883)仁和葛元煦刻嘯園叢書本　一册

360000－1901－0012949　420154

嘉應平寇紀畧一卷　(清)謝國珍撰　清光緒九年(1883)仁和葛元煦刻嘯園叢書本　一册

360000－1901－0012950　420154－1
嘉應平寇紀畧一卷　(清)謝國珍撰　清光緒九年(1883)仁和葛元煦刻嘯園叢書本　一册

360000－1901－0012951　420154－2
嘉應平寇紀畧一卷　(清)謝國珍撰　清光緒九年(1883)仁和葛元煦刻嘯園叢書本　一册

360000－1901－0012952　420154－3
嘉應平寇紀畧一卷　(清)謝國珍撰　清光緒九年(1883)仁和葛元煦刻嘯園叢書本　一册

360000－1901－0012953　420154－4
嘉應平寇紀畧一卷　(清)謝國珍撰　清光緒九年(1883)仁和葛元煦刻嘯園叢書本　一册

360000－1901－0012954　420154－5
嘉應平寇紀畧一卷　(清)謝國珍撰　清光緒九年(1883)仁和葛元煦刻嘯園叢書本　一册

360000－1901－0012955　420154－6
嘉應平寇紀畧一卷　(清)謝國珍撰　清光緒九年(1883)仁和葛元煦刻嘯園叢書本　一册

360000－1901－0012956　241457
嘉樂齋三蘇文範十八卷　(宋)蘇洵　(宋)蘇軾　(宋)蘇轍撰　(明)楊慎輯　(明)袁宏道評釋　明天啓二年(1622)刻本　九册

360000－1901－0012957　241458
嘉樂齋三蘇文範十八卷　(宋)蘇洵　(宋)蘇軾　(宋)蘇轍撰　(明)楊慎輯　(明)袁宏道評釋　明天啓二年(1622)刻本　八册

360000－1901－0012958　718232
嘉樂齋三蘇文範十八卷　(宋)蘇洵　(宋)蘇軾　(宋)蘇轍撰　(明)楊慎輯　(明)袁宏道評釋　明天啓二年(1622)刻本　三册　存五卷(一至五)

360000－1901－0012959　718233
嘉樂齋三蘇文範十八卷　(宋)蘇洵　(宋)蘇軾　(宋)蘇轍撰　(明)楊慎輯　(明)袁宏道評釋　明天啓二年(1622)刻本　五册　存九卷(四至八、十五至十八)

360000－1901－0012960　718244
嘉樂齋三蘇文範十八卷　(宋)蘇洵　(宋)蘇軾　(宋)蘇轍撰　(明)楊慎輯　(明)袁宏道評釋　明天啓二年(1622)刻本　六册　存十五卷(一至十一、十三至十六)

360000－1901－0012961　805172
嘉樂齋三蘇文範十八卷　(宋)蘇洵　(宋)蘇軾　(宋)蘇轍撰　(明)楊慎輯　(明)袁宏道評釋　明天啓二年(1622)刻本　二册　存十一卷(一至七、十一至十二、十五至十六)

360000－1901－0012962　407822
夾竹梅花二卷　(明)何野雲輯　清抄本　一册

360000－1901－0012963　163012
甲班實習教授評案　(清)江蘇通州師範學校編　清光緒三十二年(1907)翰墨林印書局鉛印本　一册

360000－1901－0012964　402211
甲辰年恩科會墨一卷(清光緒三十年)　譚延闓等撰　清光緒三十年(1904)上海商務印書館鉛印本　一册

360000－1901－0012965　161857－13
甲辰歲紅字頭通書大成不分卷　(清)廣州澄天閣書局輯　清光緒三十年(1904)廣州澄天閣書局石印本　一册

360000－1901－0012966　405063
甲癸集不分卷　(□)□□輯　清刻本　一册

360000－1901－0012967　303652
甲申傳信錄十卷　(明)錢䎗撰　清道光二十年(1840)刻本　四册

360000－1901－0012968　901133
甲午直省鄉墨不分卷(清光緒二十年)　(清)李夢瑩輯　清光緒二十一年(1895)上海文盛堂石印本　一册

360000－1901－0012969　120390
甲秀園文集二十八卷　(明)費元禄撰　清道

光四年(1824)刻本　六冊

360000－1901－0012970　150381
賈氏叢書甲集　(清)賈臻輯　清道光至咸豐賈氏躬自厚齋刻本　十冊　存八種

360000－1901－0012971　121913
賈餘草二卷　(清)吳之馨撰　清同治七年(1868)木活字印本　二冊

360000－1901－0012972　300921
賈子次詁十六卷　(清)王耕心撰　清光緒二十九年(1903)正定王氏刻本　二冊

360000－1901－0012973　313786
賈子次詁十六卷　(清)王耕心撰　清光緒二十九年(1903)正定王氏刻本　二冊

360000－1901－0012974　313787
賈子次詁十六卷　(清)王耕心撰　清光緒二十九年(1903)正定王氏刻本　二冊

360000－1901－0012975　716825
賈子新書十卷　(漢)賈誼撰　(清)盧文弨校　清光緒二十三年(1897)文瑞樓鉛印本　一冊

360000－1901－0012976　407907
嫁衣集一卷　(清)沈維材撰　清抄本　一冊

360000－1901－0012977　800376
嫁衣集一卷　(清)沈維材撰　清抄本　一冊

360000－1901－0012978　800377
嫁衣集一卷　(清)沈維材撰　清抄本　一冊

360000－1901－0012979　305250
稼門文鈔七卷詩鈔十卷　(清)汪志伊撰　清嘉慶十五年(1810)刻本　一冊　存十卷(稼門文鈔七卷、詩鈔一至三)

360000－1901－0012980　417860
稼軒集鈔存四卷首一卷末一卷稼軒詞四卷補遺一卷　(宋)辛棄疾撰　**稼軒先生年譜一卷**　(清)辛啓泰編　清嘉慶十六年(1811)萬載辛啓泰刻本　四冊

360000－1901－0012981　417861
稼軒集鈔存四卷首一卷末一卷稼軒詞四卷補遺一卷　(宋)辛棄疾撰　**稼軒先生年譜一卷**　(清)辛啓泰編　清嘉慶十六年(1811)萬載辛啓泰刻本　四冊

360000－1901－0012982　417862
稼軒集鈔存四卷首一卷末一卷稼軒詞四卷補遺一卷　(宋)辛棄疾撰　**稼軒先生年譜一卷**　(清)辛啓泰編　清嘉慶十六年(1811)萬載辛啓泰刻本　一冊　存五卷(稼軒詞四卷、補遺一卷)

360000－1901－0012983　417862－1
稼軒集鈔存四卷首一卷末一卷稼軒詞四卷補遺一卷　(宋)辛棄疾撰　**稼軒先生年譜一卷**　(清)辛啓泰編　清嘉慶十六年(1811)萬載辛啓泰刻本　二冊　存五卷(稼軒集鈔存三至四、稼軒詞一至三)

360000－1901－0012984　900928
駕山鄒氏宗祠記不分卷　(清)□□撰　清刻本　一冊

360000－1901－0012985　306624
駱丞集四卷　(唐)駱賓王撰　清乾隆四十六年(1781)星渚項氏刻本　二冊

360000－1901－0012986　162052
駱公[秉章]年譜一卷　(清)駱秉章撰　清同治六年(1867)刻本　二冊

360000－1901－0012987　304105
駱文忠公自訂年譜二卷　(清)駱秉章撰　清光緒二十一年(1895)思賢書局刻本　二冊

360000－1901－0012988　304106
駱文忠公奏稿十卷　(清)駱秉章撰　清光緒十七年(1891)刻本　十冊

360000－1901－0012989　304295
駱文忠公奏稿十卷　(清)駱秉章撰　清光緒十七年(1891)刻本　十冊

360000－1901－0012990　402267
駱文忠公奏稿十卷　(清)駱秉章撰　清光緒十七年(1891)刻左文襄公全集本　五冊　存

五卷(一至五)

360000－1901－0012991　304101
駱文忠公奏議十六卷續刻四川奏議十一卷附錄三卷　(清)駱秉章撰　清光緒四年(1878)刻本　二十六册

360000－1901－0012992　307991
駱文忠公奏議十六卷續刻四川奏議十一卷附錄三卷　(清)駱秉章撰　清刻本　二十四册

360000－1901－0012993　240816
兼濟堂文選十卷　(清)魏裔介撰　清康熙十三年(1674)刻本　九册　缺一卷(一)

360000－1901－0012994　902437
兼濟堂文選十卷　(清)魏裔介撰　清刻本　一册　存一卷(十)

360000－1901－0012995　717222
兼濟堂纂刻梅勿菴先生曆算全書　(清)梅文鼎撰　(清)魏荔彤輯　(清)楊作枚訂補　清咸豐九年(1859)刻本　二十一册　存十八種

360000－1901－0012996　717223
兼濟堂纂刻梅勿菴先生曆算全書　(清)梅文鼎撰　(清)魏荔彤輯　(清)楊作枚訂補　清咸豐九年(1859)刻本　一册　存二種

360000－1901－0012997　230511
兼濟堂纂刻梅勿菴先生曆算全書　(清)梅文鼎撰　(清)魏荔彤輯　(清)楊作枚訂補　清雍正刻咸豐九年(1859)梅體萱補刻本　二十四册

360000－1901－0012998　230512
兼濟堂纂刻梅勿菴先生曆算全書　(清)梅文鼎撰　(清)魏荔彤輯　(清)楊作枚訂補　清雍正刻咸豐九年(1859)梅體萱補刻本　三十二册

360000－1901－0012999　230513
兼濟堂纂刻梅勿菴先生曆算全書　(清)梅文鼎撰　(清)魏荔彤輯　(清)楊作枚訂補　清雍正刻咸豐九年(1859)梅體萱補刻本　二十三册

360000－1901－0013000　413248
兼山集四卷　(明)楊廷麟撰　清康熙刻本　一册

360000－1901－0013001　306582
堅白齋集駢文存一卷詩存三卷雜稿存四卷　(清)龍汝霖撰　清光緒七年(1881)刻本　四册

360000－1901－0013002　409744
堅瓠集六十六卷　(清)褚人穫撰　清刻本　二十五册　缺十卷(丙集四卷、續集一至二、補集三至六)

360000－1901－0013003　409745
堅瓠集六十六卷　(清)褚人穫撰　清刻本　十五册　存二十六卷(甲集一至二、乙集四卷、戊集一至二、巳集三至四、壬集一至二、癸集四卷、秘集四卷、廣集一至二、餘集四卷)

360000－1901－0013004　406665
監本春秋全文十二卷　(□)□□輯　清刻本　二册

360000－1901－0013005　411698
監本附音春秋公羊注疏二十八卷　(漢)何休注　(唐)徐彦疏　(唐)陸德明音義　清刻本　六册　存十五卷(四至六、八至十四、十八至二十二)

360000－1901－0013006　805223
監本附音春秋公羊注疏二十八卷　(漢)何休注　(唐)徐彦疏　(唐)陸德明音義　**附校勘記二十八卷**　(清)阮元撰　(清)盧宣旬摘錄　清嘉慶二十年(1815)江西南昌府學刻重刊宋本十三經注疏本　六册　存四十四卷(一至十一、十八至二十八,校勘記一至十一、十八至二十八)

360000－1901－0013007　603419
監本附音春秋公羊注疏二十八卷　(漢)何休注　(唐)徐彦疏　(唐)陸德明音義　**附校勘記二十八卷**　(清)阮元撰　(清)盧宣旬摘錄　清嘉慶二十年(1815)南昌府學刻道光六年(1826)重修重刊宋本十三經注疏本　九册

存二十五卷（校勘記一至二十、二十四至二十八）

360000－1901－0013008　417477－9
監本附音春秋公羊注疏二十八卷　（漢）何休注　（唐）徐彥疏　（唐）陸德明音義　**附校勘記二十八卷**　（清）阮元撰　（清）盧宣旬摘錄　清刻本　一冊　存五卷（十二至十四、校勘記十二至十三）

360000－1901－0013009　805341
監本附音春秋公羊注疏二十八卷　（漢）何休注　（唐）徐彥疏　（唐）陸德明音義　**附校勘記二十八卷**　（清）阮元撰　（清）盧宣旬摘錄　清同治十二年（1873）江西書局刻重刊宋本十三經注疏本　八冊　存四十四卷（一至二十二、校勘記一至二十二）

360000－1901－0013010　805342
監本附音春秋公羊注疏二十八卷　（漢）何休注　（唐）徐彥疏　（唐）陸德明音義　**附校勘記二十八卷**　（清）阮元撰　（清）盧宣旬摘錄　清同治十二年（1873）江西書局刻重刊宋本十三經注疏本　七冊　存四十卷（六至二十五、校勘記六至二十五）

360000－1901－0013011　805343
監本附音春秋公羊注疏二十八卷　（漢）何休注　（唐）徐彥疏　（唐）陸德明音義　**附校勘記二十八卷**　（清）阮元撰　（清）盧宣旬摘錄　清同治十二年（1873）江西書局刻重刊宋本十三經注疏本　七冊　存四十卷（三至五、九至二十五，校勘記三至五、九至二十五）

360000－1901－0013012　805056－1
監本附音春秋穀梁注疏二十卷　（晉）范甯集解　（唐）陸德明音義　（唐）楊士勛疏　**附校勘記二十卷**　（清）阮元撰　（清）盧宣旬摘錄　清嘉慶二十年（1815）江西南昌府學刻重刊宋本十三經注疏本　四冊　存二十四卷（五至十六、校勘記五至十六）

360000－1901－0013013　603444
監本附音春秋穀梁注疏二十卷　（晉）范甯集解　（唐）陸德明音義　（唐）楊士勛疏　**附校勘記二十卷**　（清）阮元撰　（清）盧宣旬摘錄　清同治十二年（1873）江西書局刻重刊宋本十三經注疏本　六冊

360000－1901－0013014　402560
監本禮記十卷　（元）陳澔集說　清咸豐六年（1856）五雲樓刻本　四冊　存八卷（一至四、七至十）

360000－1901－0013015　900503
監本詩經八卷　（宋）朱熹集傳　清刻本　一冊　存一卷（一）

360000－1901－0013016　900504
監本詩經八卷　（宋）朱熹集傳　清刻本　一冊　存一卷（一）

360000－1901－0013017　419759
監本詩經解注四卷　（明）徐奮鵬撰　清刻本　四冊

360000－1901－0013018　801647
監本詩經解注四卷　（明）徐奮鵬撰　清刻本　一冊　存一卷（一）

360000－1901－0013019　419758
監本詩經解注四卷　（明）徐奮鵬撰　清三樂堂刻本　三冊

360000－1901－0013020　801646
監本詩經解注四卷　（明）徐奮鵬撰　清三樂堂刻本　一冊　存一卷（一）

360000－1901－0013021　419760
監本詩經解注四卷　（明）徐奮鵬撰　清照天軒刻本　四冊

360000－1901－0013022　419782
監本詩經刪補四卷　（明）徐奮鵬撰　清逢源堂刻本　四冊

360000－1901－0013023　419763
監本詩經刪補四卷　（明）徐奮鵬撰　清刻本　四冊

360000－1901－0013024　419764
監本詩經刪補四卷　（明）徐奮鵬撰　清刻本　三冊

360000－1901－0013025　419765
監本詩經删補四卷　(明)徐奮鵬撰　清刻本　四册

360000－1901－0013026　419766
監本詩經删補四卷　(明)徐奮鵬撰　清刻本　四册

360000－1901－0013027　419767
監本詩經删補四卷　(明)徐奮鵬撰　清刻本　四册

360000－1901－0013028　419769
監本詩經删補四卷　(明)徐奮鵬撰　清刻本　四册

360000－1901－0013029　419770
監本詩經删補四卷　(明)徐奮鵬撰　清刻本　四册

360000－1901－0013030　419771
監本詩經删補四卷　(明)徐奮鵬撰　清刻本　四册

360000－1901－0013031　419772
監本詩經删補四卷　(明)徐奮鵬撰　清刻本　四册

360000－1901－0013032　419774
監本詩經删補四卷　(明)徐奮鵬撰　清刻本　二册

360000－1901－0013033　419775
監本詩經删補四卷　(明)徐奮鵬撰　清刻本　二册

360000－1901－0013034　419776
監本詩經删補四卷　(明)徐奮鵬撰　清刻本　四册

360000－1901－0013035　419777
監本詩經删補四卷　(明)徐奮鵬撰　清刻本　四册

360000－1901－0013036　419778
監本詩經删補四卷　(明)徐奮鵬撰　清刻本　四册

360000－1901－0013037　419779
監本詩經删補四卷　(明)徐奮鵬撰　清刻本　四册

360000－1901－0013038　419780
監本詩經删補四卷　(明)徐奮鵬撰　清刻本　四册

360000－1901－0013039　419783
監本詩經删補四卷　(明)徐奮鵬撰　清刻本　四册

360000－1901－0013040　902278
監本詩經删補四卷　(明)徐奮鵬撰　清刻本　一册　存一卷(二)

360000－1901－0013041　902279
監本詩經删補四卷　(明)徐奮鵬撰　清刻本　一册　存一卷(二)

360000－1901－0013042　902280
監本詩經删補四卷　(明)徐奮鵬撰　清刻本　一册　存一卷(二)

360000－1901－0013043　902281
監本詩經删補四卷　(明)徐奮鵬撰　清刻本　一册　存一卷(二)

360000－1901－0013044　902282
監本詩經删補四卷　(明)徐奮鵬撰　清刻本　一册　存一卷(二)

360000－1901－0013045　902283
監本詩經删補四卷　(明)徐奮鵬撰　清刻本　一册　存一卷(二)

360000－1901－0013046　902284
監本詩經删補四卷　(明)徐奮鵬撰　清刻本　一册　存一卷(二)

360000－1901－0013047　902285
監本詩經删補四卷　(明)徐奮鵬撰　清刻本　一册　存一卷(二)

360000－1901－0013048　902286
監本詩經删補四卷　(明)徐奮鵬撰　清刻本　一册　存一卷(二)

360000－1901－0013049　902287
監本詩經删補四卷　(明)徐奮鵬撰　清刻本　一册　存一卷(二)

360000－1901－0013050　902288
監本詩經删補四卷　(明)徐奮鵬撰　清刻本　一册　存一卷(二)

360000－1901－0013051　902289
監本詩經删補四卷　(明)徐奮鵬撰　清刻本　一册　存一卷(二)

360000－1901－0013052　902290
監本詩經删補四卷　(明)徐奮鵬撰　清刻本　一册　存一卷(二)

360000－1901－0013053　902291
監本詩經删補四卷　(明)徐奮鵬撰　清刻本　一册　存一卷(二)

360000－1901－0013054　902292
監本詩經删補四卷　(明)徐奮鵬撰　清刻本　一册　存一卷(二)

360000－1901－0013055　902293
監本詩經删補四卷　(明)徐奮鵬撰　清刻本　一册　存一卷(二)

360000－1901－0013056　902294
監本詩經删補四卷　(明)徐奮鵬撰　清刻本　一册　存一卷(二)

360000－1901－0013057　902295
監本詩經删補四卷　(明)徐奮鵬撰　清刻本　一册　存一卷(二)

360000－1901－0013058　902296
監本詩經删補四卷　(明)徐奮鵬撰　清刻本　一册　存一卷(二)

360000－1901－0013059　902297
監本詩經删補四卷　(明)徐奮鵬撰　清刻本　一册　存一卷(二)

360000－1901－0013060　902298
監本詩經删補四卷　(明)徐奮鵬撰　清刻本　一册　存一卷(二)

360000－1901－0013061　902299
監本詩經删補四卷　(明)徐奮鵬撰　清刻本　一册　存一卷(二)

360000－1901－0013062　407182
定例彙編□□卷　(清)□□輯　清刻本　一册　存一卷(六)

360000－1901－0013063　419761
監本詩經删補四卷　(明)徐奮鵬撰　清兩儀堂刻本　四册

360000－1901－0013064　419762
監本詩經删補四卷　(明)徐奮鵬撰　清兩儀堂刻本　四册

360000－1901－0013065　419768
監本詩經删補四卷　(明)徐奮鵬撰　清同治二年(1863)英德堂刻本　四册

360000－1901－0013066　419773
監本詩經删補四卷　(明)徐奮鵬撰　清同治元年(1862)崇德堂刻本　四册

360000－1901－0013067　419781
監本詩經删補四卷　(明)徐奮鵬撰　清同治元年(1862)三讓堂刻本　四册

360000－1901－0013068　804890
監本詩經删補四卷首一卷　(明)徐奮鵬撰　清會友堂刻本　一册　存一卷(一)

360000－1901－0013069　801652
監本詩經删補四卷首一卷　(明)徐奮鵬撰　清刻本　一册　存一卷(一)

360000－1901－0013070　804888
監本詩經删補四卷首一卷　(明)徐奮鵬撰　清刻本　四册

360000－1901－0013071　804899
監本詩經删補四卷首一卷　(明)徐奮鵬撰　清刻本　一册　存二卷(三至四)

360000－1901－0013072　804900
監本詩經删補四卷首一卷　(明)徐奮鵬撰　清刻本　一册　存二卷(三至四)

360000－1901－0013073　804901
監本詩經刪補四卷首一卷　(明)徐奮鵬撰
清刻本　一册　存二卷(三至四)

360000－1901－0013074　804902
監本詩經刪補四卷首一卷　(明)徐奮鵬撰
清刻本　一册　存二卷(三至四)

360000－1901－0013075　804903
監本詩經刪補四卷首一卷　(明)徐奮鵬撰
清刻本　一册　存二卷(三至四)

360000－1901－0013076　804904
監本詩經刪補四卷首一卷　(明)徐奮鵬撰
清刻本　一册　存二卷(三至四)

360000－1901－0013077　804905
監本詩經刪補四卷首一卷　(明)徐奮鵬撰
清刻本　一册　存二卷(三至四)

360000－1901－0013078　804906
監本詩經刪補四卷首一卷　(明)徐奮鵬撰
清刻本　一册　存二卷(三至四)

360000－1901－0013079　804907
監本詩經刪補四卷首一卷　(明)徐奮鵬撰
清刻本　一册　存二卷(三至四)

360000－1901－0013080　804908
監本詩經刪補四卷首一卷　(明)徐奮鵬撰
清刻本　一册　存二卷(三至四)

360000－1901－0013081　804909
監本詩經刪補四卷首一卷　(明)徐奮鵬撰
清刻本　一册　存二卷(三至四)

360000－1901－0013082　804910
監本詩經刪補四卷首一卷　(明)徐奮鵬撰
清刻本　一册　存二卷(三至四)

360000－1901－0013083　804912
監本詩經刪補四卷首一卷　(明)徐奮鵬撰
清刻本　一册　存二卷(三至四)

360000－1901－0013084　804913
監本詩經刪補四卷首一卷　(明)徐奮鵬撰
清刻本　一册　存二卷(三至四)

360000－1901－0013085　804914
監本詩經刪補四卷首一卷　(明)徐奮鵬撰
清刻本　一册　存二卷(三至四)

360000－1901－0013086　804915
監本詩經刪補四卷首一卷　(明)徐奮鵬撰
清刻本　一册　存二卷(三至四)

360000－1901－0013087　804916
監本詩經刪補四卷首一卷　(明)徐奮鵬撰
清刻本　一册　存二卷(三至四)

360000－1901－0013088　804917
監本詩經刪補四卷首一卷　(明)徐奮鵬撰
清刻本　一册　存二卷(三至四)

360000－1901－0013089　804918
監本詩經刪補四卷首一卷　(明)徐奮鵬撰
清刻本　一册　存二卷(三至四)

360000－1901－0013090　804919
監本詩經刪補四卷首一卷　(明)徐奮鵬撰
清刻本　一册　存二卷(三至四)

360000－1901－0013091　804920
監本詩經刪補四卷首一卷　(明)徐奮鵬撰
清刻本　一册　存二卷(三至四)

360000－1901－0013092　804920－1
監本詩經刪補四卷首一卷　(明)徐奮鵬撰
清刻本　一册　存二卷(三至四)

360000－1901－0013093　804920－10
監本詩經刪補四卷首一卷　(明)徐奮鵬撰
清刻本　一册　存二卷(三至四)

360000－1901－0013094　804920－11
監本詩經刪補四卷首一卷　(明)徐奮鵬撰
清刻本　一册　存二卷(三至四)

360000－1901－0013095　804920－12
監本詩經刪補四卷首一卷　(明)徐奮鵬撰
清刻本　一册　存二卷(三至四)

360000－1901－0013096　804920－13
監本詩經刪補四卷首一卷　(明)徐奮鵬撰
清刻本　一册　存二卷(三至四)

360000－1901－0013097　804920－14
監本詩經刪補四卷首一卷　（明）徐奮鵬撰
清刻本　一冊　存二卷（三至四）

360000－1901－0013098　804920－15
監本詩經刪補四卷首一卷　（明）徐奮鵬撰
清刻本　一冊　存二卷（三至四）

360000－1901－0013099　804920－16
監本詩經刪補四卷首一卷　（明）徐奮鵬撰
清刻本　一冊　存二卷（三至四）

360000－1901－0013100　804920－17
監本詩經刪補四卷首一卷　（明）徐奮鵬撰
清刻本　一冊　存二卷（三至四）

360000－1901－0013101　804920－18
監本詩經刪補四卷首一卷　（明）徐奮鵬撰
清刻本　一冊　存二卷（三至四）

360000－1901－0013102　804920－19
監本詩經刪補四卷首一卷　（明）徐奮鵬撰
清刻本　一冊　存二卷（三至四）

360000－1901－0013103　804920－2
監本詩經刪補四卷首一卷　（明）徐奮鵬撰
清刻本　一冊　存二卷（三至四）

360000－1901－0013104　804920－20
監本詩經刪補四卷首一卷　（明）徐奮鵬撰
清刻本　一冊　存二卷（三至四）

360000－1901－0013105　804920－21
監本詩經刪補四卷首一卷　（明）徐奮鵬撰
清刻本　一冊　存一卷（二）

360000－1901－0013106　804920－3
監本詩經刪補四卷首一卷　（明）徐奮鵬撰
清刻本　一冊　存二卷（三至四）

360000－1901－0013107　804920－4
監本詩經刪補四卷首一卷　（明）徐奮鵬撰
清刻本　一冊　存二卷（三至四）

360000－1901－0013108　804920－5
監本詩經刪補四卷首一卷　（明）徐奮鵬撰
清刻本　一冊　存三卷（二至四）

360000－1901－0013109　804920－6
監本詩經刪補四卷首一卷　（明）徐奮鵬撰
清刻本　一冊　存二卷（三至四）

360000－1901－0013110　804920－7
監本詩經刪補四卷首一卷　（明）徐奮鵬撰
清刻本　一冊　存二卷（三至四）

360000－1901－0013111　804920－8
監本詩經刪補四卷首一卷　（明）徐奮鵬撰
清刻本　一冊　存二卷（三至四）

360000－1901－0013112　804920－9
監本詩經刪補四卷首一卷　（明）徐奮鵬撰
清刻本　一冊　存二卷（三至四）

360000－1901－0013113　900484
監本詩經刪補四卷首一卷　（明）徐奮鵬撰
清刻本　二冊　存一卷（一）

360000－1901－0013114　900487
監本詩經刪補四卷首一卷　（明）徐奮鵬撰
清刻本　二冊　存三卷（二至四）

360000－1901－0013115　900489
監本詩經刪補四卷首一卷　（明）徐奮鵬撰
清刻本　一冊　存二卷（一、首一卷）

360000－1901－0013116　900490
監本詩經刪補四卷首一卷　（明）徐奮鵬撰
清刻本　二冊　存二卷（一、首一卷）

360000－1901－0013117　900491
監本詩經刪補四卷首一卷　（明）徐奮鵬撰
清刻本　二冊　存一卷（一）

360000－1901－0013118　900492
監本詩經刪補四卷首一卷　（明）徐奮鵬撰
清刻本　一冊　存一卷（一）

360000－1901－0013119　900494
監本詩經刪補四卷首一卷　（明）徐奮鵬撰
清刻本　二冊　存一卷（一）

360000－1901－0013120　900495
監本詩經刪補四卷首一卷　（明）徐奮鵬撰
清刻本　一冊　存一卷（一）

360000－1901－0013121　900486
監本詩經刪補四卷首一卷　(明)徐奮鵬撰　清兩儀堂刻本　一冊　存二卷(一、首一卷)

360000－1901－0013122　804911
監本詩經刪補四卷首一卷　(明)徐奮鵬撰　清四友堂刻本　一冊　存二卷(三至四)

360000－1901－0013123　900488
監本詩經刪補四卷首一卷　(明)徐奮鵬撰　清咸豐二年(1852)刻本　二冊　存二卷(一、首一卷)

360000－1901－0013124　900493
監本詩經刪補四卷首一卷　(明)徐奮鵬撰　清郁文堂刻本　一冊　存二卷(一、首一卷)

360000－1901－0013125　160311
監本四書　(宋)朱熹集注　清道光十三年(1833)婺源一經堂刻本　七冊

360000－1901－0013126　160312
監本四書　(宋)朱熹集注　清道光十三年(1833)婺源一經堂刻本　六冊

360000－1901－0013127　403006
監本四書　(宋)朱熹集注　清道光十三年(1833)婺源一經堂刻本　六冊

360000－1901－0013128　403007
監本四書　(宋)朱熹集注　清道光十三年(1833)婺源一經堂刻本　五冊

360000－1901－0013129　403008
監本四書　(宋)朱熹集注　清道光十三年(1833)婺源一經堂刻本　六冊

360000－1901－0013130　403009
監本四書　(宋)朱熹集注　清道光十三年(1833)婺源一經堂刻本　六冊

360000－1901－0013131　403010
監本四書　(宋)朱熹集注　清道光十三年(1833)婺源一經堂刻本　六冊

360000－1901－0013132　403011
監本四書　(宋)朱熹集注　清道光十三年(1833)婺源一經堂刻本　六冊

360000－1901－0013133　403012
監本四書　(宋)朱熹集注　清道光十三年(1833)婺源一經堂刻本　六冊

360000－1901－0013134　403013
監本四書　(宋)朱熹集注　清道光十三年(1833)婺源一經堂刻本　六冊

360000－1901－0013135　403014
監本四書　(宋)朱熹集注　清道光十三年(1833)婺源一經堂刻本　六冊

360000－1901－0013136　403015
監本四書　(宋)朱熹集注　清道光十三年(1833)婺源一經堂刻本　六冊

360000－1901－0013137　403016
監本四書　(宋)朱熹集注　清道光十三年(1833)婺源一經堂刻本　六冊

360000－1901－0013138　403017
監本四書　(宋)朱熹集注　清道光十三年(1833)婺源一經堂刻本　六冊

360000－1901－0013139　403018
監本四書　(宋)朱熹集注　清道光十三年(1833)婺源一經堂刻本　六冊

360000－1901－0013140　403019
監本四書　(宋)朱熹集注　清道光十三年(1833)婺源一經堂刻本　六冊

360000－1901－0013141　403020
監本四書　(宋)朱熹集注　清道光十三年(1833)婺源一經堂刻本　六冊

360000－1901－0013142　403021
監本四書　(宋)朱熹集注　清道光十三年(1833)婺源一經堂刻本　六冊

360000－1901－0013143　403022
監本四書　(宋)朱熹集注　清道光十三年(1833)婺源一經堂刻本　六冊

360000－1901－0013144　403023
監本四書　(宋)朱熹集注　清道光十三年(1833)婺源一經堂刻本　八冊

360000－1901－0013145　403024
監本四書　(宋)朱熹集注　清道光十三年(1833)婺源一經堂刻本　六冊

360000－1901－0013146　403025
監本四書　(宋)朱熹集注　清道光十三年(1833)婺源一經堂刻本　四冊　存二種

360000－1901－0013147　403026
監本四書　(宋)朱熹集注　清道光十三年(1833)婺源一經堂刻本　四冊　存二種

360000－1901－0013148　403031
監本四書　(宋)朱熹集注　清道光十三年(1833)婺源一經堂刻本　五冊

360000－1901－0013149　403038
監本四書　(宋)朱熹集注　清嘉慶十年(1805)刻本　一冊　存二種

360000－1901－0013150　403032
監本四書　(宋)朱熹集注　清李光明莊刻本　五冊　存三種

360000－1901－0013151　403034
監本四書　(宋)朱熹集注　清乾隆四十四年(1779)徽婺集道堂刻本　三冊　存四種

360000－1901－0013152　403035
監本四書　(宋)朱熹集注　清乾隆四十四年(1779)徽婺集道堂刻本　三冊　存四種

360000－1901－0013153　403036
監本四書　(宋)朱熹集注　清乾隆四十四年(1779)徽婺集道堂刻本(大學一卷配清聚奎樓刻本)　三冊　存三種

360000－1901－0013154　403030
監本四書　(宋)朱熹集注　清乾隆五十九年(1794)刻本　二冊　存三種

360000－1901－0013155　403422－2
監本四書　(宋)朱熹集注　清乾隆五十七年(1792)刻本　一冊　存三種

360000－1901－0013156　800100
監本四書　(宋)朱熹集注　清蘇州懷德堂刻本　一冊　存二種

360000－1901－0013157　403027
監本四書　(宋)朱熹集注　清同治十三年(1874)湖州醉六堂刻本　九冊

360000－1901－0013158　120424
監本四書　(宋)朱熹集注　清同治十三年(1874)江西書局刻本　六冊

360000－1901－0013159　120426
監本四書　(宋)朱熹集注　清同治十三年(1874)江西書局刻本　六冊

360000－1901－0013160　120427
監本四書　(宋)朱熹集注　清同治十三年(1874)江西書局刻本　一冊　存二種

360000－1901－0013161　403028
監本四書　(宋)朱熹集注　清同治十三年(1874)江西書局刻本　六冊

360000－1901－0013162　403029
監本四書　(宋)朱熹集注　清同治十三年(1874)江西書局刻本　六冊

360000－1901－0013163　601183
監本四書　(宋)朱熹集注　清同治十三年(1874)江西書局刻本　五冊

360000－1901－0013164　122978
監本易經四卷　(宋)朱熹本義　清宣統元年(1909)掃葉山房石印本　二冊

360000－1901－0013165　805267
監臨條約不分卷　(清)□□撰　清刻本　一冊

360000－1901－0013166　404536
箋釋梅亭先生四六標準四十卷　(宋)李劉撰　(明)孫雲翼箋　明萬曆刻本　三冊　存六卷(四至九)

360000－1901－0013167　240396
箋釋梅亭先生四六標準四十卷　(宋)李劉撰　(明)孫雲翼箋　明萬曆四十四年(1616)唐鯉飛刻本　四冊　存十七卷(四至七、十五至十八、二十三至二十六、二十九至三十三)

360000－1901－0013168　240397

箋釋梅亭先生四六標準四十卷　(宋)李劉撰　(明)孫雲翼箋　清乾隆六年(1741)李氏刻本　十九冊　缺二卷(十四至十五)

360000－1901－0013169　240398
箋釋梅亭先生四六標準四十卷　(宋)李劉撰　(明)孫雲翼箋　清乾隆六年(1741)李氏刻本　十四冊　缺五卷(二十三至二十七)

360000－1901－0013170　240399
箋釋梅亭先生四六標準四十卷　(宋)李劉撰　(明)孫雲翼箋　清乾隆五年(1740)李氏刻本　六冊　存十七卷(六至十一、二十至二十三、二十七、三十至三十二、三十七至三十九)

360000－1901－0013171　123393
箋注少嵒賦草四卷　(清)夏思沺撰　(清)李之賡箋　清光緒十二年(1886)盱南宜秋館刻本　八冊

360000－1901－0013172　123394
箋注少嵒賦草四卷　(清)夏思沺撰　(清)李之賡箋　清光緒十二年(1886)盱南宜秋館刻本　八冊

360000－1901－0013173　241322
箋注唐賢絶句三體詩法二十卷　(宋)周弼輯　(元)釋圓至注　明刻本　六冊

360000－1901－0013174　240031
箋注陶淵明集六卷總論一卷　(晉)陶潛撰　(宋)湯漢箋注　(明)張自烈評　**和陶一卷**　(宋)蘇軾撰　**律陶一卷**　(明)王思任輯　**敦好齋律陶纂一卷**　(明)黄槐開輯　明崇禎五年(1632)敦化堂刻本　三冊

360000－1901－0013175　801579
箋註繪像第六才子西廂釋解八卷　(元)王德信　(元)關漢卿撰　(清)金人瑞批點　(清)陳同　(清)談則　(清)錢宜評點　清致和堂刻本　一冊　存一卷(六)

360000－1901－0013176　802576
箋註繪像第六才子西廂釋解八卷末一卷　(元)王德信　(元)關漢卿撰　(清)金人瑞批點　(清)陳同　(清)談則　(清)錢宜評點　清刻本　一冊　存三卷(七至八、末一卷)

360000－1901－0013177　413177
麗瀌薈録十四卷　(清)蔣超伯撰　清同治五年(1866)刻本　六冊　存十二卷(一至十、十三至十四)

360000－1901－0013178　405024
剪燈新話四卷附録一卷　(明)瞿祐撰　清嘉慶刻本　一冊　存一卷(一)

360000－1901－0013179　405024－1
剪燈新話四卷附録一卷　(明)瞿祐撰　清嘉慶刻本　一冊　存一卷(一)

360000－1901－0013180　800242
揀抄利器文五卷　(清)□□輯　清抄本　二冊　存二卷(二至三)

360000－1901－0013181　406392
減等條款一卷　(清)刑部編　清同治四年(1865)刻本　一冊

360000－1901－0013182　406392－1
減等條款一卷　(清)刑部編　清同治四年(1865)刻本　一冊

360000－1901－0013183　122273
儉德堂讀書隨筆二卷　(清)劉庠撰　清宣統二年(1910)鉛印本　二冊

360000－1901－0013184　122274
儉德堂讀書隨筆二卷　(清)劉庠撰　清宣統二年(1910)鉛印本　二冊

360000－1901－0013185　415187
儉德堂讀書隨筆二卷　(清)劉庠撰　清宣統二年(1910)鉛印本　二冊

360000－1901－0013186　421833
儉德堂讀書隨筆二卷　(清)劉庠撰　清宣統二年(1910)鉛印本　二冊

360000－1901－0013187　722311
翦水山房詩鈔一卷詩餘一卷　(清)莊燾撰　清乾隆五十年(1785)刻本　一冊

360000－1901－0013188　406418
檢查廳調度司法員警章程不分卷　(清)□□輯　清宣統二年(1910)刻本　一册

360000－1901－0013189　404770
檢身寶訓一卷　(清)王道溥撰　清道光三十年(1850)刻本　一册

360000－1901－0013190　802110
檢驗秘錄一卷　(清)樵僧輯　清樵僧抄本　一册

360000－1901－0013191　408814
檢驗集證一卷檢驗合參一卷　(清)郎錦騏輯　清道光二十七年(1847)刻本　三册

360000－1901－0013192　412762
繭齋詩賦稿六卷　(清)林大謌撰　(清)蘇煒等注　清刻本　一册　存三卷(四至六)

360000－1901－0013193　416460
簡明捕蝗法一卷　(清)顧彥撰　清光緒三年(1877)高儀刻十七年(1891)印本　一册

360000－1901－0013194　164719
簡明中西匯參醫學圖說不分卷　(清)王有忠輯　清光緒三十二年(1906)上海廣益書局石印本　四册

360000－1901－0013195　306610
簡松草堂詩集二十卷　(清)張雲璈撰　清嘉慶十二年(1807)刻本　六册

360000－1901－0013196　900178
簡學齋館課賦存一卷續鈔一卷　(清)陳沆撰　清刻本　一册

360000－1901－0013197　900177
簡學齋館課試律存一卷　(清)陳沆撰　清刻本　一册

360000－1901－0013198　900175
簡學齋詩删四卷　(清)陳沆撰　清刻本　一册

360000－1901－0013199　900176
簡學齋詩删四卷　(清)陳沆撰　清刻本　一册

360000－1901－0013200　404760
簡學齋試帖輯註一卷　(清)陳沆撰　(清)張熙宇輯評　(清)王植桂輯注　清刻本　一册

360000－1901－0013201　900170
簡學齋試帖輯註一卷　(清)陳沆撰　(清)張熙宇輯評　(清)王植桂輯注　清刻本　一册

360000－1901－0013202　900171
簡學齋試帖輯註一卷　(清)陳沆撰　(清)張熙宇輯評　(清)王植桂輯注　清刻本　一册

360000－1901－0013203　900172
簡學齋試帖輯註一卷　(清)陳沆撰　(清)張熙宇輯評　(清)王植桂輯注　清刻本　一册

360000－1901－0013204　408955
簡要醫方一卷附本草備要一卷　(清)胡學峰輯　清文奎堂刻本　一册　存一卷(簡要醫方一卷)

360000－1901－0013205　408955－1
簡要醫方一卷附本草備要一卷　(清)胡學峰輯　清文奎堂刻本　一册　存一卷(簡要醫方一卷)

360000－1901－0013206　408777
簡易方舟車便覽四卷　(清)王約川輯　清刻本　一册　存二卷(一至二)

360000－1901－0013207　800294
簡易方舟車便覽四卷附十二經絡歌一卷　(清)王約川輯　清抄本　一册

360000－1901－0013208　230254
簡易急驗方□□卷　(□)□□撰　明崇禎胡正言十竹齋刻本　一册　存一卷(二)

360000－1901－0013209　805296
簡易明經通譜不分卷　(清)端方等輯　清宣統二年(1910)京師琉璃廠刻本　四册

360000－1901－0013210　901857
簡易神驗方一卷　(清)積善堂輯　清同治十年(1871)刻本　一册

360000－1901－0013211　800617－2
簡易識字課本不分卷　(清)學部編譯圖書局

編　清宣統二年(1910)江西官紙刷印所石印本　一冊

360000－1901－0013212　800617
簡易識字課本不分卷　(清)學部編譯圖書局編　清宣統元年(1909)學部編譯圖書局石印本　二冊

360000－1901－0013213　800617－1
簡易識字課本不分卷　(清)學部編譯圖書局編　清宣統元年(1909)學部編譯圖書局石印本　一冊

360000－1901－0013214　800635
簡易識字課本教授書不分卷　(清)學部編譯圖書局編　清宣統二年(1910)學部編譯圖書局鉛印本　一冊

360000－1901－0013215　408579
簡易醫訣四卷　(清)周雲章撰　清宣統元年(1909)刻本　四冊

360000－1901－0013216　408580
簡易醫訣四卷　(清)周雲章撰　清宣統元年(1909)刻本　四冊

360000－1901－0013217　316358
簡莊綴文六卷　(清)陳鱣撰　清嘉慶十二年(1807)吳中蔣氏心矩齋刻民國十五年(1926)杭州抱經堂書局補刻本　三冊　存五卷(二至六)

360000－1901－0013218　162904
簡字全譜不分卷　(清)王筱航撰　清光緒三十二年(1906)徽州簡字學堂刻本　一冊

360000－1901－0013219　120707
見羅先生斆學錄要十卷　(明)李材撰　(明)涂邦直輯　清宣統二年(1910)刻本　四冊

360000－1901－0013220　122889
見羅先生斆學錄要十卷　(明)李材撰　(明)涂邦直輯　清宣統二年(1910)刻本　四冊

360000－1901－0013221　413788
見羅先生斆學錄要十卷　(明)李材撰　(明)涂邦直輯　清宣統二年(1910)刻本　二冊　存四卷(一至二、六至七)

360000－1901－0013222　418421
見聞隨筆二十六卷　(清)齊學裘撰　清同治十年(1871)天空海闊之居刻本　八冊

360000－1901－0013223　418422
見聞隨筆二十六卷　(清)齊學裘撰　清同治十年(1871)天空海闊之居刻本　三冊　存八卷(一至八)

360000－1901－0013224　316816
見心書屋文集二卷　(清)□□撰　清光緒十三年(1887)木活字印本　二冊

360000－1901－0013225　408791
見症知醫六卷　(清)丁肇鈞撰　清乾隆刻本　一冊

360000－1901－0013226　603410
建炎以來朝野雜記甲集二十卷　(宋)李心傳撰　清刻本　三冊　存九卷(十二至二十)

360000－1901－0013227　603409
建炎以來朝野雜記乙集二十卷　(宋)李心傳撰　清刻本　四冊

360000－1901－0013228　401366－1
建炎以來朝野雜記乙集二十卷　(宋)李心傳撰　清乾隆綿州李氏萬卷樓刻函海本　一冊　存五卷(十六至二十)

360000－1901－0013229　301073
建炎以來繫年要錄二百卷　(宋)李心傳撰　清光緒仁壽蕭氏刻本　六十冊

360000－1901－0013230　313157
建炎以來繫年要錄二百卷　(宋)李心傳撰　清光緒仁壽蕭氏刻本　四十六冊

360000－1901－0013231　400874
建元記二卷　(清)趙紹祖輯　清道光十年(1830)刻本　二冊

360000－1901－0013232　801416
建重熙堂合同一卷　(明)胡應春撰　清抄本　一冊

360000－1901－0013233　301926

漸西村人詩十六卷　（清）袁昶撰　清光緒十六年（1890）鉛印本　五冊　存十四卷（一至十四）

360000－1901－0013234　800495

漸西村人詩十六卷　（清）袁昶撰　清光緒十六年（1890）鉛印本　一冊　存二卷（十五至十六）

360000－1901－0013235　413161

漸西村舍彙刊（漸西村舍叢刻）　（清）袁昶輯　清光緒桐廬袁氏刻本　六冊　存七種

360000－1901－0013236　150408

漸學廬叢書第一集　（清）胡祥鑅輯　清光緒元和胡氏石印本　九冊　存八種

360000－1901－0013237　241474

劍江倡和詩一卷　（明）徐即登等撰　明萬曆四十六年（1618）刻本　一冊

360000－1901－0013238　301169

劍南詩鈔不分卷　（宋）陸游撰　清康熙二十四年（1685）刻本　八冊

360000－1901－0013239　303871

劍南詩鈔不分卷　（宋）陸游撰　清宣統二年（1910）上海掃葉山房石印本　六冊

360000－1901－0013240　240974

劍山詩鈔一卷　（清）盛樂撰　**畲山詩鈔一卷**　（清）雷寅撰　清乾隆九年（1744）武寧盛氏磊思巢刻本　一冊

360000－1901－0013241　305147

劍俠傳四卷　（唐）段成式撰　清刻本　一冊　存三卷（二至四）

360000－1901－0013242　162839

劍俠傳四卷　（唐）段成式撰　（清）任熊繪　清咸豐七年（1857）刻本　二冊

360000－1901－0013243　803330

劍閑齋師門答問一卷　（清）陳瀚　（清）郭嵩燾撰　清宣統二年（1910）石印本　一冊

360000－1901－0013244　308694

劒南詩鈔六卷　（宋）陸游撰　（清）楊大鶴選　清同治八年（1869）愛蓮山房刻本　六冊

360000－1901－0013245　413941

澗東詩鈔二卷　（清）歐陽輅撰　清光緒十五年（1889）長沙王氏刻本　一冊

360000－1901－0013246　900282

薦里雲程堂冊不分卷　（清）□□輯　清光緒九年（1883）薦里雲程堂木活字印本　一冊

360000－1901－0013247　901251

薦里雲程堂冊不分卷　（清）□□輯　清刻本　一冊

360000－1901－0013248　405391

薦香遺稾三卷　（清）秦代馨撰　清光緒四年（1878）彊學簃刻本　一冊

360000－1901－0013249　417901

劒南詩鈔六卷　（宋）陸游撰　（清）楊大鶴選　清敦化堂刻本　四冊　存四卷（五言古一卷、七言律一卷、五言絕一卷、七言絕一卷）

360000－1901－0013250　417888

劒南詩鈔六卷　（宋）陸游撰　（清）楊大鶴選　清光緒五年（1879）刻本　八冊

360000－1901－0013251　417889

劒南詩鈔六卷　（宋）陸游撰　（清）楊大鶴選　清光緒五年（1879）刻本　八冊

360000－1901－0013252　417890

劒南詩鈔六卷　（宋）陸游撰　（清）楊大鶴選　清光緒五年（1879）刻本　八冊

360000－1901－0013253　417891

劒南詩鈔六卷　（宋）陸游撰　（清）楊大鶴選　清光緒五年（1879）刻本　七冊

360000－1901－0013254　417892

劒南詩鈔六卷　（宋）陸游撰　（清）楊大鶴選　清光緒五年（1879）刻本　八冊

360000－1901－0013255　417893

劒南詩鈔六卷　（宋）陸游撰　（清）楊大鶴選　清光緒五年（1879）刻本　八冊

360000－1901－0013256　417894
劒南詩鈔六卷　(宋)陸游撰　(清)楊大鶴選　清光緒五年(1879)刻本　八册

360000－1901－0013257　417895
劒南詩鈔六卷　(宋)陸游撰　(清)楊大鶴選　清光緒五年(1879)刻本　八册

360000－1901－0013258　417896
劒南詩鈔六卷　(宋)陸游撰　(清)楊大鶴選　清光緒五年(1879)刻本　八册

360000－1901－0013259　417897
劒南詩鈔六卷　(宋)陸游撰　(清)楊大鶴選　清光緒五年(1879)刻本　八册

360000－1901－0013260　417898
劒南詩鈔六卷　(宋)陸游撰　(清)楊大鶴選　清光緒五年(1879)刻本　三册　存一卷(七言律一卷)

360000－1901－0013261　417898－1
劒南詩鈔六卷　(宋)陸游撰　(清)楊大鶴選　清光緒五年(1879)刻本　二册　存一卷(七言律一卷)

360000－1901－0013262　240359
劒南詩鈔六卷　(宋)陸游撰　(清)楊大鶴選　清康熙二十四年(1685)昆陵楊氏刻本　四册

360000－1901－0013263　240360
劒南詩鈔六卷　(宋)陸游撰　(清)楊大鶴選　清康熙二十四年(1685)昆陵楊氏刻本　六册

360000－1901－0013264　417899
劒南詩鈔六卷　(宋)陸游撰　(清)楊大鶴選　清刻本　一册　存一卷(五)

360000－1901－0013265　240355
劒南詩稾八十五卷　(宋)陸游撰　明末毛氏汲古閣刻陸放翁全集本　三十二册

360000－1901－0013266　240356
劒南詩稾八十五卷　(宋)陸游撰　明末毛氏汲古閣刻陸放翁全集本　三十册

360000－1901－0013267　240357
劒南詩稾八十五卷　(宋)陸游撰　明末毛氏汲古閣刻陸放翁全集本　四十册　缺二十二卷(七至二十四、四十一、六十至六十一、八十二)

360000－1901－0013268　240358
劒南詩稾八十五卷　(宋)陸游撰　明末毛氏汲古閣刻陸放翁全集本　七册　存十七卷(二十七至四十、四十四至四十六)

360000－1901－0013269　717945
劒南詩稾八十五卷　(宋)陸游撰　明末毛氏汲古閣刻陸放翁全集本　十六册　存三十八卷(三至四、七至十二、十五至十八、二十一至二十二、四十三至四十六、五十六至六十七、七十至七十一、七十四至七十六、八十三至八十五)

360000　1901　0013270　717946
劒南詩稾八十五卷　(宋)陸游撰　明末毛氏汲古閣刻陸放翁全集本　十三册　存四十五卷(三至八、十四至二十一、二十六至二十八、三十七至四十四、四十九至五十二、五十七至六十、六十九至八十)

360000－1901－0013271　717947
劒南詩稾八十五卷　(宋)陸游撰　明末毛氏汲古閣刻陸放翁全集本　三册　存九卷(十六、三十八至四十二、七十二至七十四)

360000－1901－0013272　717948
劒南詩稾八十五卷　(宋)陸游撰　明末毛氏汲古閣刻陸放翁全集本　一册　存四卷(六十九至七十二)

360000－1901－0013273　400742
鑑撮四卷　(清)曠敏本撰　**讀史論畧一卷**　(清)杜詔撰　清道光十九年(1839)陳階平四宜堂刻本　六册　存四卷(鑑撮四卷)

360000－1901－0013274　304422
鑑撮四卷　(清)曠敏本撰　**讀史論畧一卷**　(清)杜詔撰　清刻本　八册

360000－1901－0013275　400743

鑑撮四卷　(清)曠敏本撰　**讀史論畧一卷**　(清)杜詔撰　清刻本　四册　存四卷(鑑撮四卷)

360000－1901－0013276　413785
鑑綱詠略八卷　(清)張應鼎撰　(清)柯龍章輯注　清刻本　一册　存一卷(八)

360000－1901－0013277　307753
鑑綱詠略八卷　(清)張應鼎撰　(清)柯龍章輯注　清同治十二年(1873)刻本　八册

360000－1901－0013278　415812
鑑綱詠略八卷　(清)張應鼎撰　(清)柯龍章輯注　清同治十二年(1873)刻本　七册　存七卷(一至七)

360000－1901－0013279　163009
鑑古人儀輯略一卷　(清)談泉輯　清光緒十一年(1885)南海劉瑞棻刻本　一册

360000－1901－0013280　719995
東萊博議四卷　(宋)吕祖謙撰　(清)王琨箋　清光緒三十一年(1905)開智書局刻本　二册　存二卷(一至二)

360000－1901－0013281　413322
鑑古齋日記四卷　(清)陳紹箕撰　(清)皮錫瑞評　清光緒二十八年(1902)長沙刻本　二册　存二卷(二至三)

360000－1901－0013282　415275
鑑行集三十五卷　(清)唐天培撰　清同治十三年(1874)刻本　十六册

360000－1901－0013283　304421
鑑誡錄十卷　(五代)何光遠撰　清光緒三年(1877)湖北崇文書局刻本　二册

360000－1901－0013284　600221－3
鑑誡錄十卷　(五代)何光遠撰　清光緒元年(1875)湖北崇文書局刻本　一册

360000－1901－0013285　401916
鑑略四字書一卷新鐫鑑略釋義一卷歷代國號歌一卷歷代羣英歌一卷　(清)王仕雲撰　清寶寧堂刻本　一册

360000－1901－0013286　304426
鑑止水齋集二十卷　(清)許宗彥撰　清咸豐八年(1858)刻本　六册

360000－1901－0013287　306632
鑑止水齋集二十卷　(清)許宗彥撰　清咸豐八年(1858)刻本　七册

360000－1901－0013288　307649
鑑止水齋集二十卷　(清)許宗彥撰　清咸豐八年(1858)刻本　六册

360000－1901－0013289　316240
鑑止水齋集二十卷　(清)許宗彥撰　清咸豐八年(1858)刻本　七册

360000－1901－0013290　711188
鑑止水齋集二十卷　(清)許宗彥撰　清咸豐八年(1858)刻本　三册　存十卷(四至十三)

360000－1901－0013291　411102
江北運程四十卷首一卷　(清)董恂輯　清同治六年(1867)刻本　二十五册　存二十五卷(一、三至五、八至九、二十一至二十五、二十七至四十)

360000－1901－0013292　305542
江表忠略二十卷　(清)陳澹然撰　清光緒二十六年(1900)長沙刻本　六册

360000－1901－0013293　418059
江城舊事十六卷　(清)朱欒撰　清道光二十五年(1845)高安朱氏刻本　四册　存九卷(二至四、七至十、十三至十四)

360000－1901－0013294　418059－1
江城舊事十六卷　(清)朱欒撰　清道光二十五年(1845)高安朱氏刻本　一册　存二卷(七至八)

360000－1901－0013295　123436
江城舊事十六卷九芝仙館文鈔一卷詩俠圖題詠一卷　(清)朱欒撰　(清)朱航輯　清道光二十五年(1845)刻本　十六册

360000－1901－0013296　123437
江城舊事十六卷九芝仙館文鈔一卷詩俠圖題

詠一卷　(清)朱樂撰　(清)朱航輯　清道光二十五年(1845)刻本　十六冊

360000－1901－0013297　123510
江城舊事十六卷九芝仙館文鈔一卷詩俠圖題詠一卷　(清)朱樂撰　(清)朱航輯　清道光二十五年(1845)刻本　十二冊

360000－1901－0013298　603260
江城舊事十六卷九芝仙館文鈔一卷詩俠圖題詠一卷　(清)朱樂撰　(清)朱航輯　清道光朱氏刻本　七冊　存十六卷(三至十六、九芝仙館文鈔一卷、詩俠圖題詠一卷)

360000－1901－0013299　421835
江城名蹟記二卷　(清)陳弘緒撰　清光緒九年(1883)刻本　一冊　存一卷(上)

360000－1901－0013300　220694
江城名蹟記二卷　(清)陳弘緒撰　**附古今名詩補一卷**　(清)陳新德輯　清乾隆二十三年(1758)京山堂刻本　二冊

360000－1901－0013301　220695
江城名蹟記二卷　(清)陳弘緒撰　**附古今名詩補一卷**　(清)陳新德輯　清乾隆二十三年(1758)京山堂刻本　四冊

360000－1901－0013302　220696
江城名蹟記二卷　(清)陳弘緒撰　**附古今名詩補一卷**　(清)陳新德輯　清乾隆二十三年(1758)京山堂刻本　四冊

360000－1901－0013303　220697
江城名蹟記二卷　(清)陳弘緒撰　**附古今名詩補一卷**　(清)陳新德輯　清乾隆二十三年(1758)京山堂刻本　一冊　存一卷(古今名詩補一卷)

360000－1901－0013304　123128
江城名蹟記二卷　(清)陳弘緒撰　**附古今名詩補一卷**　(清)陳新德輯　清乾隆三十七年(1772)京山堂刻本　二冊

360000－1901－0013305　123133
江城名聯合璧四卷名蹟詩一卷　(清)楊應星輯　**附宋隱士陳希夷先生心相篇一卷**　(宋)陳文恭撰　清光緒十四年(1888)楊玉成書屋刻本　一冊

360000－1901－0013306　123129
江城模範一卷　(清)舒信怡撰　清同治十二年(1873)刻本　一冊

360000－1901－0013307　123130
江城模範一卷　(清)舒信怡撰　清同治十二年(1873)刻本　一冊

360000－1901－0013308　304192
江楚會奏變法摺三卷　(清)劉坤一　(清)張之洞撰　清光緒二十七年(1901)刻本　一冊

360000－1901－0013309　304193
江楚會奏變法摺三卷　(清)劉坤一　(清)張之洞撰　清光緒二十七年(1901)刻本　一冊

360000－1901－0013310　402281
江楚會奏變法摺三卷　(清)劉坤一　(清)張之洞撰　清光緒刻本　二冊　存二卷(二至三)

360000－1901－0013311　301272
江楚會奏變法摺三卷　(清)劉坤一　(清)張之洞撰　清刻本　一冊

360000－1901－0013312　402283
江楚會奏變法摺三卷附片一卷　(清)劉坤一　(清)張之洞撰　清光緒刻本　二冊　存三卷(一、三,附片一卷)

360000－1901－0013313　402284
江楚會奏變法摺三卷附片一卷　(清)劉坤一　(清)張之洞撰　清光緒刻本　一冊

360000－1901－0013314　402284－1
江楚會奏變法摺三卷附片一卷　(清)劉坤一　(清)張之洞撰　清光緒刻本　一冊

360000－1901－0013315　402284－2
江楚會奏變法摺三卷附片一卷　(清)劉坤一　(清)張之洞撰　清光緒刻本　一冊

360000－1901－0013316　402284－3
江楚會奏變法摺三卷附片一卷　(清)劉坤一

（清）張之洞撰　清光緒刻本　一册

360000－1901－0013317　230579
江邨銷夏錄三卷　（清）高士奇撰　清康熙三十二年（1693）刻本　三册

360000－1901－0013318　407066
江邨銷夏錄三卷　（清）高士奇撰　清康熙三十二年（1693）刻本　四册

360000－1901－0013319　801153
江東堤不分卷　（□）□□輯　清抄本　一册

360000－1901－0013320　313965
江風集五卷　（清）何栻撰　（清）袁翼評　清咸豐八年（1858）刻本　二册

360000－1901－0013321　303829
江風集五卷焦桐集三卷真氣集三卷寒灰集五卷劍光集四卷文波集六卷衲蘇集二卷　（清）何栻撰　清咸豐九年（1859）刻本　十册

360000－1901－0013322　413855
江峰青時務策一卷　江峰青撰　清宣統元年（1909）刻本　一册

360000－1901－0013323　413855－1
江峰青時務策一卷　江峰青撰　清宣統元年（1909）刻本　一册

360000－1901－0013324　711068
江漢炳靈集二卷　（清）張之洞輯　清光緒二十年（1894）復古書齋石印本　二册　存一卷（上）

360000－1901－0013325　711067
江漢炳靈集五卷　（清）張之洞輯　清光緒二十一年（1895）上海書局石印本　三册　存三卷（一至二、四）

360000－1901－0013326　301861
江漢叢談二卷　（明）陳士元撰　清光緒十七年（1891）三餘草堂刻本　一册

360000－1901－0013327　240375
江湖長翁文集四十卷目錄四卷　（宋）陳造撰　明萬曆四十六年（1618）仁和李之藻刻本　十册

360000－1901－0013328　240376
江湖長翁文集四十卷目錄四卷　（宋）陳造撰　明萬曆四十六年（1618）仁和李之藻刻本　二十册　缺八卷（一至四、目錄四卷）

360000－1901－0013329　711072
江湖尺牘分韻撮要合集四卷　（清）虞世英　（清）溫儀鳳輯　清道光十八年（1838）刻本　一册　存一卷（一）

360000－1901－0013330　711074
江湖尺牘分韻撮要合集四卷　（清）虞世英　（清）溫儀鳳輯　清光緒三年（1877）刻本　一册　存一卷（一）

360000－1901－0013331　711073
江湖尺牘分韻撮要合集四卷　（清）虞世英　（清）溫儀鳳輯　清光緒十四年（1888）刻本　一册　存一卷（一）

360000－1901－0013332　901447
江湖尺牘分韻撮要合集四卷　（清）虞世英　（清）溫儀鳳輯　清光緒十四年（1888）刻本　四册

360000－1901－0013333　901450
江湖尺牘分韻撮要合集四卷　（清）虞世英　（清）溫儀鳳輯　清光緒十四年（1888）刻本　一册　存二卷（一至二）

360000－1901－0013334　901449
江湖尺牘分韻撮要合集四卷　（清）虞世英　（清）溫儀鳳輯　清刻本　一册　存一卷（三）

360000－1901－0013335　901448
江湖尺牘分韻撮要合集四卷　（清）虞世英　（清）溫儀鳳輯　清末鉛印本　一册　存一卷（三）

360000－1901－0013336　711077
江湖後集二十四卷　（宋）陳起輯　清讀書齋刻本　一册　存三卷（四至六）

360000－1901－0013337　711078
江湖切分類二卷　（清）卓亭子輯　清光緒十年（1884）吟杏山館刻本　一册　存一卷（上）

360000－1901－0013338　241543
江湖載酒集三卷　(清)朱彝尊撰　清康熙錢塘龔氏玉玲瓏閣刻浙西六家詞本　一冊

360000－1901－0013339　718648
東萊博議四卷　(宋)吕祖謙撰　(清)張文炳點定　**增補虛字註釋一卷**　(清)張文炳點定　清光緒十八年(1892)江西兩儀堂刻本　四冊

360000－1901－0013340　304987
江陵張文忠公文集四十七卷　(明)張居正撰　清刻本　十七冊　存四十五卷(一至三十二、三十五至四十七)

360000－1901－0013341　313690
江南安徽全圖一卷　(清)劉籌纂　清光緒二十二年(1896)點石齋石印本　一冊

360000－1901－0013342　220268
江南別錄一卷　(宋)陳彭年撰　清同治三年(1864)抄本　清劉履芬跋　一冊

360000－1901－0013343　301859
江南長江計里全圖　清光緒二十四年(1898)黄少春長江水師節署刻本　一幅

360000－1901－0013344　805290
江南鐵淚圖新編一卷附編一卷　(清)寄雲山人編　清同治九年(1870)刻本　一冊　存一卷(附編一卷)

360000－1901－0013345　902022
江南鄉試硃卷不分卷　(清)劉邦霖等撰　清光緒刻本　一冊

360000－1901－0013346　804024
江南鄉試硃卷一卷(清光緒二十三年)　(清)俞鍾鑾撰　清光緒刻本　四冊

360000－1901－0013347　805465
江南學堂課藝内編一卷外編一卷　(清)劉坤一鑒定　清末石印本　二冊

360000－1901－0013348　401904
江南賑捐援照直隸等省推廣請獎捐例一卷　(清)戶部編　清光緒刻本　一冊

360000－1901－0013349　411082
江南製造局記十卷首一卷附卷一卷　(清)魏允恭撰　清光緒三十一年(1905)上海文寶書局石印本　十冊

360000－1901－0013350　313890
江南製造局記十卷首一卷附錄一卷　(清)魏允恭撰　清光緒三十一年(1905)上海文寶書局石印本　十冊

360000－1901－0013351　305479
江南製造局譯書　(清)江南製造局輯　清光緒江南製造局刻本　一百十九冊

360000－1901－0013352　305480
江南製造局譯書　(清)江南製造局輯　清光緒江南製造局刻本　一百四十八冊

360000－1901－0013353　305481
江南製造局譯書　(清)江南製造局輯　清光緒江南製造局刻本　六十冊

360000－1901－0013354　310882
江南製造局譯書　(清)江南製造局輯　清光緒江南製造局刻本　八十二冊　存十七種

360000－1901－0013355　311503
江寧府七縣地形考略一卷　(清)□□纂修　清江楚書局刻本　一冊

360000－1901－0013356　220788
江寧金石記八卷待訪目二卷　(清)嚴觀撰　清抄本　六冊

360000－1901－0013357　120491
江人事四卷首一卷末一卷　(清)宋佚輯　(清)吳啓楠補　清咸豐二年(1852)乙藜齋刻本　五冊

360000－1901－0013358　120492
江人事四卷首一卷末一卷　(清)宋佚輯　(清)吳啓楠補　清咸豐二年(1852)乙藜齋刻本　四冊

360000－1901－0013359　120493
江人事四卷首一卷末一卷　(清)宋佚輯　(清)吳啓楠補　清咸豐二年(1852)乙藜齋刻

本　三冊

360000－1901－0013360　411088
江人事四卷首一卷末一卷　(清)宋佚輯　(清)吳啓楠補　清咸豐二年(1852)乙藜齋刻本　三冊　存四卷(一至二、四,首一卷)

360000－1901－0013361　415049
江慎修先生事畧傳一卷　(清)戴震撰　清乾隆刻本　一冊

360000－1901－0013362　801971
江慎修先生音學辨微摘鈔一卷　(清)江永撰　清抄本　一冊

360000－1901－0013363　804276
江慎修先生音學辨微摘鈔一卷　(清)江永撰　清抄本　一冊

360000－1901－0013364　406447
江蘇各級審判廳辦事規則不分卷　(清)□□輯　清末石印本　一冊

360000－1901－0013365　313691
江蘇全省輿圖不分卷　(清)鄧華熙修　(清)諸寶可纂　清光緒二十一年(1895)江蘇書局刻本　三冊

360000－1901－0013366　313692
江蘇全省輿圖不分卷　(清)鄧華熙修　(清)諸寶可纂　清光緒二十一年(1895)江蘇書局刻本　三冊

360000－1901－0013367　306595
江蘇全省輿圖一卷附圖說一卷　(清)曾國藩編　清同治七年(1868)刻本　一冊

360000－1901－0013368　411087
江蘇詩徵一百八十三卷　(清)王豫輯　清道光元年(1821)焦山詩徵閣刻本　十冊　存三十四卷(五十一至五十七、六十一至六十六、七十一至八十一、八十六至八十八、一百六十五至一百七十一)

360000－1901－0013369　401837
江蘇司法研究所第一班同學錄一卷　(清)□□輯　清末木活字印本　一冊

360000－1901－0013370　402245
江蘇校士館變法課藝四卷　(清)鄒福保輯　清光緒二十八年(1902)鎔鑄書齋石印本　三冊　存三卷(一至二、四)

360000－1901－0013371　901968
江蘇選拔貢卷一卷　(清)孫肇圻撰　清宣統元年(1909)刻本　一冊

360000－1901－0013372　301872
江蘇沿海圖說一卷附海島表一卷　(清)朱正元撰　清光緒二十五年(1899)上海鉛印本　一冊

360000－1901－0013373　163858
江蘇沿海圖說一卷附海島表一卷福建沿海圖說一卷附海島表一卷　(清)朱正元撰　清光緒二十五年(1899)鉛印本　二冊

360000－1901－0013374　805281
江灣公立第一初等小學校章程不分卷　江鳴清等撰　清末通州翰墨林書局鉛印本　一冊

360000－1901－0013375　711079
江文通集八卷　(南朝梁)江淹撰　清宣統三年(1911)上海文明書局鉛印本　一冊

360000－1901－0013376　316496
江文通集四卷　(南朝梁)江淹撰　明嘉靖刻本　一冊

360000－1901－0013377　220485
江西漕運備覽不分卷　(清)張雨輯　稿本　一冊

360000－1901－0013378　122924
江西策對詳纂□□卷　(清)饒一夔輯　清刻本　一冊

360000－1901－0013379　800942
江西策對詳纂□□卷　(清)饒一夔輯　清刻本　一冊　存十卷(十一至二十)

360000－1901－0013380　413574－1
江西策學撮要八卷　(清)北湖居士撰　清同治十二年(1873)刻本　一冊

360000－1901－0013381　413574－2

江西策學撮要八卷　(清)北湖居士撰　清同治十二年(1873)刻本　一册

360000－1901－0013382　413574
江西策學撮要八卷　(清)北湖居士撰　清同治十二年(1873)南昌耕禮堂刻本　一册

360000－1901－0013383　413565
江西大學堂教習芻言一卷　(清)劉人熙撰　清刻本　一册

360000－1901－0013384　122948
江西調查局調查民事習慣問題五編　江峰青撰　清宣統二年(1910)鉛印本　一册

360000－1901－0013385　413567
江西法政學堂講義不分卷　(清)江西法政學堂編　清末助進刷印所鉛印本　四册

360000－1901－0013386　406989
江西福主八寶寶訓註證二卷　(清)□□撰　清道光二十六年(1846)刻本　一册

360000－1901－0013387　418057
江西古蹟詩鈔一卷　(清)劉桂芳輯　清嘉慶十二年(1807)寶翰樓刻本　一册

360000－1901－0013388　418057－1
江西古蹟詩鈔一卷　(清)劉桂芳輯　清嘉慶十二年(1807)寶翰樓刻本　一册

360000－1901－0013389　310770
江西官報　(清)江西官報局編　清光緒三十年(1904)石印本　四册

360000－1901－0013390　410990
江西舉人題名錄一卷　(清)□□輯　清刻本　二册

360000－1901－0013391　122785
江西考古錄十卷　(清)王謨撰　清光緒十七年(1891)賦梅書屋刻本　四册

360000－1901－0013392　123488
江西考古錄十卷　(清)王謨撰　清光緒十七年(1891)刻本　四册

360000－1901－0013393　418053
江西考古錄十卷　(清)王謨撰　清光緒十七年(1891)刻本　四册

360000－1901－0013394　418054
江西考古錄十卷　(清)王謨撰　清光緒十七年(1891)刻本　二册　存五卷(一至五)

360000－1901－0013395　418052
江西考古錄十卷　(清)王謨撰　清乾隆三十二年(1767)刻本　二册

360000－1901－0013396　418052－1
江西考古錄十卷　(清)王謨撰　清乾隆三十二年(1767)刻本　一册　存三卷(三至五)

360000－1901－0013397　418052－2
江西考古錄十卷　(清)王謨撰　清乾隆三十二年(1767)刻本　一册　存六卷(五至十)

360000－1901－0013398　220692
江西考古錄十卷　(清)王謨撰　清乾隆三十二年(1767)問松園刻本　二册　存四卷(一至四)

360000－1901－0013399　220693
江西考古錄十卷　(清)王謨撰　清乾隆三十二年(1767)問松園刻本　二册　存四卷(一至四)

360000－1901－0013400　123122
江西歷科進呈策十卷　(清)陳雲階等輯　清光緒二年(1876)刻本　四册

360000－1901－0013401　413569
江西歷科闈策不分卷　(清)譚鑑等撰　清致用堂刻本　一册

360000－1901－0013402　800931
江西歷科闈策不分卷　(清)譚鑑等撰　清致用堂刻本　一册

360000－1901－0013403　713573
江西陸軍小學堂講義不分卷　(清)江西陸軍小學堂編　清刻本　十一册

360000－1901－0013404　413570
江西南昌縣考棚事宜册一卷　(清)周學光等編　清道光二十九年(1849)刻本　一册

360000－1901－0013405　408365
痘科折衷二卷　（明）秦昌遇撰　清抄本　一冊　存一卷（上）

360000－1901－0013406　310041
江西農報不分卷　（清）江西農報社編　清宣統元年（1909）石印本　一冊

360000－1901－0013407　123435
江西農工商礦紀略不分卷　（清）傅春官編　清光緒三十四年（1908）石印本　六冊

360000－1901－0013408　301852
江西農工商礦紀略不分卷　（清）傅春官編　清光緒三十四年（1908）石印本　六冊

360000－1901－0013409　161820
江西全省地方自治研究所講義二種　（清）李宗鑑　（清）蕭紹唐編　清宣統元年（1909）江西地方自治研究所鉛印本　一冊

360000－1901－0013410　123492
江西全省鐵路總局開辦簡明章程一卷　（清）商部訂　清光緒三十一年（1905）木活字印本　一冊

360000－1901－0013411　123463
江西全省圖說一卷　（清）胡緯民撰　清嘉慶十八年（1813）刻本　一冊

360000－1901－0013412　413778－1
江西全省文武同官錄二卷　（清）□□輯　清光緒二十九年（1903）南昌崇善堂刻本　一冊　存一卷（下）

360000－1901－0013413　413778－2
江西全省文武同官錄二卷　（清）□□輯　清光緒二十九年（1903）南昌崇善堂刻本　一冊　存一卷（下）

360000－1901－0013414　123433
江西全省輿圖十四卷附鄱陽湖圖說一卷　（清）朱兆麟校　清光緒二十二年（1896）石印本　十四冊

360000－1901－0013415　123490
江西全省輿圖十四卷附鄱陽湖圖說一卷　（清）朱兆麟校　清光緒二十二年（1896）石印本　十四冊

360000－1901－0013416　123491
江西全省輿圖十四卷附鄱陽湖圖說一卷　（清）朱兆麟校　清宣統元年（1909）江西官紙印刷所石印本　十二冊

360000－1901－0013417　418090
江西全省輿圖十四卷附鄱陽湖圖說一卷　（清）朱兆麟校　清宣統元年（1909）江西官紙印刷所石印本　十四冊

360000－1901－0013418　418091
江西全省輿圖十四卷附鄱陽湖圖說一卷　（清）朱兆麟校　清宣統元年（1909）江西官紙印刷所石印本　六冊　存六卷（五至六、八至十一）

360000－1901－0013419　123431
江西全省輿圖十四卷首一卷　（清）劉坤一等編繪　清同治七年（1868）刻本　十五冊

360000－1901－0013420　123432
江西全省輿圖十四卷首一卷　（清）劉坤一等編繪　清同治七年（1868）刻本　十五冊

360000－1901－0013421　123489
江西全省輿圖十四卷首一卷　（清）劉坤一等編繪　清同治七年（1868）刻本　十五冊

360000－1901－0013422　123137
江西商務總會簡章不分卷　（清）曾秉鈺等訂　清光緒刻本　一冊

360000－1901－0013423　123497
江西省清節堂章程一卷附號規一卷　（清）江西省清節堂編　清刻本　一冊

360000－1901－0013424　123620
江西詩社宗派圖錄一卷　（清）張泰來撰　清康熙三十年（1691）刻本　一冊

360000－1901－0013425　120501
江西詩徵九十四卷補遺一卷　（清）曾燠輯　清嘉慶九年（1804）刻光緒五年（1879）棣華書屋印本　四十八冊

360000－1901－0013426　120502
江西詩徵九十四卷補遺一卷　(清)曾燠輯　清嘉慶九年(1804)刻光緒五年(1879)棣華書屋印本　六十四册

360000－1901－0013427　601211
江西詩徵九十四卷補遺一卷　(清)曾燠輯　清嘉慶九年(1804)刻光緒五年(1879)棣華書屋印本　四十七册　存九十二卷(一至五十、五十三至九十四)

360000－1901－0013428　601212
江西詩徵九十四卷補遺一卷　(清)曾燠輯　清嘉慶九年(1804)刻光緒五年(1879)棣華書屋印本　三十五册　存五十五卷(一至四、十、十三至十六、二十一至二十二、二十四至二十五、二十七至二十八、三十一至三十六、四十至四十一、五十五至五十八、六十至六十二、六十八至七十、七十二至七十五、七十七至七十九、八十一至九十四,補遺一卷)

360000－1901－0013429　120499
江西詩徵九十四卷補遺一卷　(清)曾燠輯　清嘉慶九年(1804)賞雨茅屋刻本　六十四册

360000－1901－0013430　120500
江西詩徵九十四卷補遺一卷　(清)曾燠輯　清嘉慶九年(1804)賞雨茅屋刻本　二十四册

360000－1901－0013431　601213
江西詩徵九十四卷補遺一卷　(清)曾燠輯　清刻本　三册　存四卷(二十七至三十)

360000－1901－0013432　123125
江西試牘□□卷　(清)龍湛霖輯　清光緒十七年(1891)刻本　二册　存一卷(一)

360000－1901－0013433　900644
江西試牘不分卷　(清)□□輯　清刻本　一册

360000－1901－0013434　413563
江西試牘立誠編不分卷　(清)汪廷珍輯　清嘉慶十二年(1807)刻本　一册

360000－1901－0013435　413561
江西試牘立誠編詩鈔□□卷　(清)汪廷珍輯　清嘉慶二十五年(1820)澹寧精舍刻本　一册　存一卷(三)

360000－1901－0013436　413791
江西試牘六卷　(清)許庚身輯　清光緒二年(1876)刻本　六册　存五卷(一至四、六)

360000－1901－0013437　713582
江西試牘四卷　(清)龍湛霖輯　清光緒十七年(1891)江西督學使署刻本　六册

360000－1901－0013438　601878
江西試牘四卷　(清)龍湛霖輯　清光緒十七年(1891)刻本　六册　存三卷(一至三)

360000－1901－0013439　900645
江西試牘四卷　(清)龍湛霖輯　清光緒十七年(1891)刻本　七册

360000－1901－0013440　413581
江西試牘四卷　(清)龍湛霖輯　清刻本　五册

360000－1901－0013441　413575
江西試牘五卷　(清)龍湛霖輯　清刻本　四册　存四卷(二至五)

360000－1901－0013442　123499
江西通省文武同官錄二卷　(清)□□輯　清光緒三十四年(1908)吳慶福堂刻本　一册　存一卷(上)

360000－1901－0013443　123493
江西通省文武同官錄二卷　(清)□□輯　清宣統三年(1911)吳慶福堂刻本　二册

360000－1901－0013444　122805
江西闈墨光緒丁酉正科一卷　(清)宋名璋等撰　清光緒二十三年(1897)奎宿堂刻本　一册

360000－1901－0013445　123123
江西闈墨光緒壬午科一卷　(清)黄英鎮等撰　清光緒八年(1882)奎宿堂刻本　一册

360000－1901－0013446　123132
江西闈墨光緒壬寅年鄉試不分卷　(清)龍元

勛等撰　清光緒二十八年(1902)刻本　一冊

360000－1901－0013447　601879
江西闈墨光緒壬寅年鄉試不分卷　(清)龍元勛等撰　清光緒二十八年(1902)刻本　一冊

360000－1901－0013448　601879－1
江西闈墨光緒壬寅年鄉試不分卷　(清)龍元勛等撰　清光緒二十八年(1902)刻本　一冊

360000－1901－0013449　603259
江西五家稿　(清)呂留良輯　清刻本　一冊　存二種

360000－1901－0013450　123495
江西物産總會説明書不分卷　(清)傅春官輯　清宣統石印本　十六冊

360000－1901－0013451　713572
江西鄉試録□□卷　(清)□□輯　清刻本　十五冊　存十五卷(乾隆四十八年、五十一年、五十三年至五十四年、五十七年、五十九年至六十年,嘉慶三年、五年至六年、九年、二十三年至二十四年,道光元年至二年)

360000－1901－0013452　901413
江西鄉試録不分卷(清光緒元年至二年、五年)　(清)□□輯　清光緒刻本　一冊

360000－1901－0013453　123141
江西鄉試録道光癸卯科一卷　(清)匡源輯　清道光二十三年(1843)刻本　一冊

360000－1901－0013454　722121
江西鄉試録五卷(清嘉慶十二年至十三年、十五年、十八年、二十一年)　(清)□□輯　清刻本　五冊

360000－1901－0013455　301574
江西鄉試硃卷不分卷(清光緒十七年)　(清)□□輯　清光緒刻本　一冊

360000－1901－0013456　123126
江西鄉試硃卷同治壬戌恩科光緒甲午正科不分卷　(清)袁臣逵等撰　清刻本　一冊

360000－1901－0013457　412852
江西校士録六卷　(清)謝遠涵等撰　清刻本　一冊　存一卷(五)

360000－1901－0013458　123500
江西新城保甲圖冊三卷補險要十圖一卷　(明)趙日崇撰　(清)楊希閔重校　清咸豐三年(1853)刻本　四冊

360000－1901－0013459　110046
江西要覽二十卷　(清)陳炳星纂　清光緒二十六年(1900)刻本　四冊

360000－1901－0013460　110047
江西要覽二十卷　(清)陳炳星纂　清光緒二十六年(1900)刻本　三冊　存十七卷(一至十六、二十)

360000－1901－0013461　115050
江西要覽二十卷　(清)陳炳星纂　清光緒二十六年(1900)刻本　二冊

360000－1901－0013462　418039
江西要覽二十卷　(清)陳炳星纂　清光緒五年(1879)刻本　四冊

360000－1901－0013463　418040
江西要覽二十卷　(清)陳炳星纂　清光緒五年(1879)刻本　四冊

360000－1901－0013464　418041
江西要覽二十卷　(清)陳炳星纂　清光緒五年(1879)刻本　三冊

360000－1901－0013465　418041－1
江西要覽二十卷　(清)陳炳星纂　清光緒五年(1879)刻本　二冊　存八卷(六至八、十六至二十)

360000－1901－0013466　418041－2
江西要覽二十卷　(清)陳炳星纂　清光緒五年(1879)刻本　二冊　存八卷(六至八、十六至二十)

360000－1901－0013467　418041－3
江西要覽二十卷　(清)陳炳星纂　清光緒五年(1879)刻本　四冊

360000－1901－0013468　418041－4
江西要覽二十卷　(清)陳炳星纂　清光緒五

年(1879)刻本　二册　存十五卷(六至二十)

360000－1901－0013469　418042
江西要覽二十卷　(清)陳炳星纂　清光緒五年(1879)刻本　二册

360000－1901－0013470　418043
江西要覽二十卷　(清)陳炳星纂　清光緒五年(1879)刻本　四册

360000－1901－0013471　418044
江西要覽二十卷　(清)陳炳星纂　清光緒五年(1879)刻本　三册　存十二卷(一至八、十七至二十)

360000－1901－0013472　418044－1
江西要覽二十卷　(清)陳炳星纂　清光緒五年(1879)刻本　二册　存十一卷(六至十六)

360000－1901－0013473　418044－2
江西要覽二十卷　(清)陳炳星纂　清光緒五年(1879)刻本　二册　存十五卷(六至二十)

360000－1901－0013474　122783
江西要覽二十卷　(清)陳炳星纂　清光緒五年(1879)漱芳齋刻本　四册

360000－1901－0013475　418045
江西要覽二十卷　(清)陳炳星纂　清光緒五年(1879)太乙書屋刻本　三册

360000－1901－0013476　418046
江西要覽二十卷　(清)陳炳星纂　清光緒五年(1879)太乙書屋刻本　四册

360000－1901－0013477　418047
江西要覽二十卷　(清)陳炳星纂　清光緒五年(1879)太乙書屋刻本　二册　存十七卷(一至五、九至二十)

360000－1901－0013478　418047－1
江西要覽二十卷　(清)陳炳星纂　清光緒五年(1879)太乙書屋刻本　一册　存四卷(十七至二十)

360000－1901－0013479　418049
江西要覽二十卷　(清)陳炳星纂　清刻本　一册　存四卷(十七至二十)

360000－1901－0013480　418049－1
江西要覽二十卷　(清)陳炳星纂　清刻本　一册　存四卷(十七至二十)

360000－1901－0013481　418050
江西要覽二十卷　(清)陳炳星纂　清刻本　二册　存十二卷(六至十七)

360000－1901－0013482　123501
江西義莊條規一卷附衆福堂捐本息銀數旅粵一卷　(清)夏修恕撰　清道光刻本　一册

360000－1901－0013483　220804
江西藝文志殘稿□□卷　張劼輯　稿本　散葉

360000－1901－0013484　123434
江西忠義錄十二卷　(清)沈葆楨修　(清)何應祺纂　清同治十二年(1873)刻本　四册

360000－1901－0013485　123494
江西忠義錄十二卷　(清)沈葆楨修　(清)何應祺纂　清同治十二年(1873)刻本　四册

360000－1901－0013486　161651
江西忠義錄十二卷　(清)沈葆楨修　(清)何應祺纂　清同治十二年(1873)刻本　四册

360000－1901－0013487　418055
江西忠義錄十二卷　(清)沈葆楨修　(清)何應祺纂　清同治十二年(1873)刻本　一册　存五卷(八至十二)

360000－1901－0013488　123506
江西諮議局第二次常年會呈報議決案二卷　(清)江西諮議局編　清宣統二年(1910)江西諮議局鉛印本　二册

360000－1901－0013489　123507
江西諮議局第二次常年會議事錄一卷　(清)江西諮議局編　清宣統二年(1910)鉛印本　一册

360000－1901－0013490　123503
江西諮議局宣統二年答覆檔補刊一卷　(清)江西諮議局編　清宣統二年(1910)鉛印本　一册

360000－1901－0013491　123504
江西諮議局宣統二年臨時會呈報議決案一卷　（清）江西諮議局編　清宣統二年（1910）江西諮議局鉛印本　一冊

360000－1901－0013492　123505
江西諮議局宣統二年臨時會議事錄一卷　（清）江西諮議局編　清宣統二年（1910）鉛印本　一冊

360000－1901－0013493　804934
江宜箹先生詩文存略六卷　（清）江球撰　清木活字印本　三冊　存五卷（二至六）

360000－1901－0013494　120503
江宜箹先生詩文存略六卷　（清）江球撰　清同治十年（1871）趙承恩繡谷麗澤書屋木活字印本　一冊

360000－1901－0013495　601200
江右古文選四十卷　（清）應麟輯　清屏山堂刻本　四冊　存六卷（二至七）

360000－1901－0013496　410389
江右古文選四十卷　（清）應麟輯　清乾隆三十一年（1766）刻本　二十冊

360000－1901－0013497　410390
江右古文選四十卷　（清）應麟輯　清乾隆三十一年（1766）刻本　六冊　存十一卷（十五至二十二、三十七至三十九）

360000－1901－0013498　241438
江右古文選四十卷　（清）應麟輯　清乾隆三十一年（1766）屏山堂刻本　二十冊

360000－1901－0013499　241439
江右古文選四十卷　（清）應麟輯　清乾隆三十一年（1766）屏山堂刻本　二十冊

360000－1901－0013500　241440
江右古文選四十卷　（清）應麟輯　清乾隆三十一年（1766）屏山堂刻本　十六冊　缺八卷（十五至十九、二十二至二十四）

360000－1901－0013501　601201
江右古文選四十卷　（清）應麟輯　清乾隆三十一年（1766）屏山堂刻本　四冊　存九卷（一、七至八、三十至三十二、三十六至三十八）

360000－1901－0013502　161652
江右候補同官錄不分卷　（清）□□輯　清刻本　一冊

360000－1901－0013503　414108
江右時文徵略不分卷　（清）龔鉽輯　清道光刻本　二冊

360000－1901－0013504　711081
江右試牘崇雅集一卷　（清）曾怡澤等撰　清刻本　一冊

360000－1901－0013505　120494
江右文鈔不分卷　（清）胡大鴻輯　清光緒元年（1875）存心書屋刻本　八冊

360000－1901－0013506　411090
江月松風集十二卷　（元）錢惟善撰　清光緒十五年（1889）錢塘丁氏刻武林往哲遺著本　一冊　存八卷（一至八）

360000－1901－0013507　711066
江浙四名家稿四卷　（清）馮煦輯　清同治十一年（1872）磨鋉山房刻本　二冊　存二卷（江南春稿一卷、許竹時文一卷）

360000－1901－0013508　413566
江貞女贈詩二卷　（清）劉繹等撰　清光緒二十四年（1898）三近堂刻本　一冊

360000－1901－0013509　301860
江忠烈公後集一卷補遺一卷　（清）江忠源撰　清咸豐七年（1857）湘陰郭氏清聞山館刻本　一冊

360000－1901－0013510　305545
江忠烈公遺集二卷　（清）江忠源撰　**附江忠烈公神道碑一卷**　（清）曾國藩撰　清刻本　一冊

360000－1901－0013511　303607
江忠源行狀一卷　（清）郭嵩燾　（清）左宗棠撰　清刻本　一冊

360000－1901－0013512　411083
江左三大家詩鈔　(清)顧有孝　(清)趙澐編　清康熙刻本　三冊

360000－1901－0013513　411084
江左三大家詩鈔　(清)顧有孝　(清)趙澐編　清康熙刻本　一冊　存二種

360000－1901－0013514　411085
江左三大家詩鈔　(清)顧有孝　(清)趙澐編　清康熙刻本　四冊

360000－1901－0013515　241423
江左三大家詩鈔　(清)顧有孝　(清)趙澐編　清康熙六年(1667)刻本　三冊　存二種

360000－1901－0013516　411086
江左三大家詩鈔　(清)顧有孝　(清)趙澐編　清康熙七年(1668)刻本　三冊　存三種

360000－1901－0013517　241424
江左十五子詩選　(清)宋犖輯　清康熙四十二年(1703)商丘宋氏宛委堂刻本　六冊

360000－1901－0013518　241425
江左十子詩鈔二十卷　(清)王鳴盛編　清乾隆二十九年(1764)刻本　四冊

360000－1901－0013519　713431
江左校士錄二卷　(清)唐景崇輯　清光緒三十年(1904)上海書局石印本　一冊

360000－1901－0013520　713438
江左校士錄二卷　(清)唐景崇輯　清光緒三十年(1904)上海書局石印本　二冊

360000－1901－0013521　713429
江左校士錄六卷　(清)黃體芳輯　清光緒十二年(1886)上洋石印本　一冊　存一卷(一)

360000－1901－0013522　713441
江左校士錄六卷　(清)黃體芳輯　清光緒十二年(1886)上洋石印本　四冊

360000－1901－0013523　713442
江左校士錄六卷　(清)黃體芳輯　清光緒十二年(1886)上洋石印本　一冊　存一卷(一)

360000－1901－0013524　713428
江左校士錄六卷　(清)黃體芳輯　清末鉛印本　二冊　存四卷(二至五)

360000－1901－0013525　713440
江左校士錄四卷　(清)李殿林輯　清光緒二十九年(1903)上海桂記石印本　三冊　存三卷(一至二、四)

360000－1901－0013526　713439
江左校士錄四卷　(清)李殿林輯　清光緒三十年(1904)常州石印本　一冊

360000－1901－0013527　713430
江左校士錄四卷　(清)李殿林輯　清末石印本　一冊　存二卷(三至四)

360000－1901－0013528　220256
姜氏秘史一卷　(明)姜清撰　清抄本　佚名批校　一冊

360000－1901－0013529　408988
姜衍澤堂發記藥目不分卷　(清)姜衍澤堂編　清末石印本　一冊

360000－1901－0013530　230567
將相轉世神機四卷　(明)張皇威輯　明聽月軒刻本　一冊　存二卷(三至四)

360000－1901－0013531　122506
薑廬詩鈔十二卷　(清)曾炎權撰　清宣統三年(1911)刻本　二冊

360000－1901－0013532　163492
薑齋六十自定稿一卷　(清)王夫之撰　清同治四年(1865)湘鄉曾氏金陵刻船山遺書本　一冊

360000－1901－0013533　803302
蔣公陽宅一卷得一錄指南一卷　(□)□□輯　清抄本　一冊

360000－1901－0013534　405667
蔣季眉文稿不分卷　(清)蔣拭之撰　(清)汪遠承評　清雍正三年(1725)文聚堂刻本　三冊

360000－1901－0013535　405668

蔣季眉文稿不分卷　(清)蔣拭之撰　(清)汪遠承評　清雍正三年(1725)文聚堂刻本　二冊

360000－1901－0013536　122216
蔣氏四種　(清)蔣士銓撰　清同治十年(1871)刻本　三十八冊

360000－1901－0013537　122217
蔣氏四種　(清)蔣士銓撰　清同治十年(1871)刻本　四十冊

360000－1901－0013538　122218
蔣氏四種　(清)蔣士銓撰　清同治十年(1871)刻本　四十冊

360000－1901－0013539　308148
蔣氏遺編　(清)蔣鳴奎撰　(清)胡兆春輯　清同治十一年(1872)黄陵磯從善堂刻本　一冊　存二種

360000－1901－0013540　405669
蔣一桂詩一卷　(清)蔣一桂撰　清刻本　一冊

360000－1901－0013541　230568
講武全書兵占二十七卷　(□)□□輯　明崇禎十二年(1639)修德堂刻本　一冊　存二卷(十至十一)

360000－1901－0013542　304671
講筵四世詩鈔十卷　(清)張英撰　清光緒十八年(1892)刻本　二冊　存三卷(一至三)

360000－1901－0013543　307738
講筵四世詩鈔十卷　(清)張英撰　清光緒十八年(1892)刻本　四冊

360000－1901－0013544　307739
講筵四世詩鈔十卷　(清)張英撰　清光緒十八年(1892)刻本　四冊

360000－1901－0013545　413489
講筵四世詩鈔十卷　(清)張英撰　清光緒十八年(1892)刻本　四冊

360000－1901－0013546　407877
絳趺山館詞錄三卷　(清)張金鏞撰　**梅花閣遺詩一卷**　(清)錢蘅生撰　清同治十年至光緒四年(1871－1878)刻本　一冊

360000－1901－0013547　162643
絳雪園古方選注不分卷　(清)王子接撰　清刻本　一冊

360000－1901－0013548　720601
絳雪園古方選注不分卷附得宜本草一卷　(清)王子接撰　清刻本　一冊

360000－1901－0013549　720605
絳雪園古方選注不分卷附得宜本草一卷　(清)王子接撰　清刻本　一冊

360000－1901－0013550　230249
絳雪園古方選注不分卷附得宜本草一卷　(清)王子接撰　清雍正十年(1732)刻本　六冊

360000－1901－0013551　407669
交翠軒筆記四卷　(清)沈濤撰　清道光十八年(1838)刻本　一冊

360000－1901－0013552　407672
交輝園遺稿一卷　(清)允祥撰　清乾隆刻本　一冊

360000－1901－0013553　401955
交涉學三卷　(清)周傳梓撰　清光緒二十四年(1898)勁草主人刻新學分類文編本　一冊

360000－1901－0013554　307938
交涉約案摘要七卷　(清)王鵬九輯　清光緒二十四年(1898)刻本　三冊

360000－1901－0013555　300234
交涉約案摘要七卷首一卷附編一卷　(清)王鵬九輯　清光緒二十六年(1900)刻本　四冊

360000－1901－0013556　300235
交涉約案摘要七卷首一卷附編一卷　(清)王鵬九輯　清光緒二十六年(1900)刻本　四冊

360000－1901－0013557　401869
交涉約案摘要七卷首一卷附編一卷　(清)王鵬九輯　清光緒二十六年(1900)刻本　一冊

360000－1901－0013558　407673
交食蒙求訂補二卷　(清)梅文鼎撰　清雍正刻咸豐九年(1859)梅體萱補刻梅氏叢書本　一冊

360000－1901－0013559　414753
交食細草二卷首一卷　(清)張作楠撰　清嘉慶至道光金華張氏翠微山房刻本　二冊

360000－1901－0013560　410980
椒門詩鈔六卷　(清)潛文曙撰　清刻本　一冊　存二卷(五至六)

360000－1901－0013561　161900
椒山先生自著年譜一卷　(明)楊繼盛撰　清刻本　一冊

360000－1901－0013562　161901
椒山先生自著年譜一卷　(明)楊繼盛撰　清刻本　一冊

360000－1901－0013563　303060
椒山先生自著年譜一卷　(明)楊繼盛撰　清刻本　一冊

360000－1901－0013564　400796
椒山先生自著年譜一卷遺囑一卷　(明)楊繼盛撰　清刻本　一冊

360000－1901－0013565　900561
椒山先生自著年譜一卷遺囑一卷　(明)楊繼盛撰　清刻本　一冊

360000－1901－0013566　407857
椒生隨筆八卷　(清)王之春撰　清光緒七年(1881)上洋文藝齋刻本　四冊

360000－1901－0013567　407857－1
椒生隨筆八卷　(清)王之春撰　清光緒七年(1881)上洋文藝齋刻本　一冊　存四卷(五至八)

360000－1901－0013568　405456
椒園詩鈔七卷雪鴻詞二卷　(清)黎庶蕃撰　清光緒黎庶昌日本使署刻本　一冊　存五卷(椒園詩鈔五至七、雪鴻詞二卷)

360000－1901－0013569　802074
蛟川王紫九秘授痘科不分卷　王紫九輯　清抄本　一冊

360000－1901－0013570　314724
焦山鼎銘考一卷　(清)翁方綱撰　**瘞鶴銘考一卷**　(清)汪士鋐撰　清咸豐二年(1852)漢陽葉志詵粤東督署刻本　一冊

360000－1901－0013571　311715
焦山續志八卷　(清)陳任暘撰　清光緒三十年(1904)刻京口三山志本　一冊　存五卷(一至五)

360000－1901－0013572　420092
焦山續志八卷　(清)陳任暘撰　清光緒三十年(1904)刻京口三山志本　一冊　存三卷(六至八)

360000－1901－0013573　161933
焦山志二十六卷首一卷　(清)吳雲輯　清同治十三年(1874)刻本　八冊

360000－1901－0013574　162064
焦山志二十六卷首一卷　(清)吳雲輯　清同治十三年(1874)刻本　八冊

360000－1901－0013575　164483
焦山志二十六卷首一卷　(清)吳雲輯　清同治十三年(1874)刻本　六冊　存十八卷(一至十四、二十三至二十六)

360000－1901－0013576　311714
焦山志二十六卷首一卷　(清)吳雲輯　清同治十三年(1874)刻本　八冊

360000－1901－0013577　311714－1
焦山志二十六卷首一卷　(清)吳雲輯　清同治十三年(1874)刻本　一冊　存四卷(二十三至二十六)

360000－1901－0013578　420091
焦山志二十六卷首一卷　(清)吳雲輯　清同治十三年(1874)刻京口三山志本　一冊　存三卷(二十至二十二)

360000－1901－0013579　420093
焦山志二十六卷首一卷　(清)吳雲輯　清同

治十三年(1874)刻京口三山志本　九冊　存二十五卷(二至二十六)

360000－1901－0013580　602114
焦山志二十六卷首一卷　(清)吳雲輯　清同治四年(1865)刻本　五冊　存十五卷(一至十、十五至十八,首一卷)

360000－1901－0013581　602115
焦山志二十六卷首一卷　(清)吳雲輯　清同治四年(1865)刻本　七冊　存二十三卷(一至十一、十六至二十六,首一卷)

360000－1901－0013582　230442
焦氏類林八卷　(明)焦竑輯　明萬曆十五年(1587)王元貞刻本　八冊

360000－1901－0013583　230443
焦氏類林八卷　(明)焦竑輯　明萬曆十五年(1587)王元貞刻本　四冊

360000－1901－0013584　150371
焦氏遺書　(清)焦循撰　清嘉慶、道光江都焦氏雕菰樓刻光緒二年(1876)衡陽魏氏補刻本　三十八冊　存二十二種

360000－1901－0013585　150372
焦氏遺書　(清)焦循撰　清嘉慶、道光江都焦氏雕菰樓刻光緒二年(1876)衡陽魏氏補刻本　十六冊　存三種

360000－1901－0013586　417540
焦氏遺書　(清)焦循撰　清嘉慶、道光江都焦氏雕菰樓刻光緒二年(1876)衡陽魏氏補刻本　三十八冊　存十一種

360000－1901－0013587　210067
焦氏易林四卷　(漢)焦贛撰　明崇禎毛氏汲古閣刻津逮祕書本　三冊

360000－1901－0013588　603615
焦氏易林四卷　(漢)焦贛撰　清刻本　三冊　存三卷(二至四)

360000－1901－0013589　121766
焦桐別墅詩草四卷　(清)何元炳撰　清同治九年(1870)刻本　四冊

360000－1901－0013590　317537
蕉庵琴譜四卷　(清)秦維瀚等撰　清光緒三年(1877)刻本　四冊

360000－1901－0013591　122397
蕉窗寄人遺稿一卷　(清)楊是龍撰　清光緒十五年(1889)退思堂刻本　一冊

360000－1901－0013592　122398
蕉窗寄人遺稿一卷　(清)楊是龍撰　清光緒十五年(1889)退思堂刻本　一冊

360000－1901－0013593　412803
蕉鹿吟一卷　(清)勒深之撰　清光緒二十八年(1902)萬松山館刻本　一冊

360000－1901－0013594　165111
蕉鹿吟一卷　(清)勒深之撰　清光緒二十五年(1899)吐華慶抄本　一冊

360000－1901－0013595　414161
蕉聲館文集八卷詩集二十卷補遺四卷續補一卷　(清)朱爲弼撰　清咸豐二年至光緒二十一年(1852－1895)平湖朱氏刻本　九冊　存二十七卷(蕉聲館文集一至六、詩集一至十六、補遺四卷、續補一卷)

360000－1901－0013596　312188
蕉溪揚芬錄二卷首一卷末一卷　(清)沈知肅輯　清道光三十年(1850)東暘沈氏樂耕堂刻本　二冊

360000－1901－0013597　122721
鷦史擷餘二卷　(明)吳廷謨撰　清光緒九年(1883)刻三餘書屋叢書本　一冊

360000－1901－0013598　122664
嚼梅山館詩鈔一卷文鈔七卷　(清)余從龍撰　清光緒二十二年(1896)木活字印本　四冊

360000－1901－0013599　412828
嚼梅吟二卷　(清)釋寄禪撰　(清)白雲禪窟道人評　清光緒七年(1881)刻本　一冊

360000－1901－0013600　413997
角山樓蘇詩評註彙鈔二十卷附錄三卷　(宋)蘇軾撰　(清)趙克宜輯訂　清咸豐二年

(1852)刻本　十一册

360000－1901－0013601　407825－2
角山樓增補類腋六十七卷　(清)姚培謙輯　(清)趙克宜增輯　清末石印本　一册　存十二卷(地部一至十二)

360000－1901－0013602　407825－1
角山樓增補類腋六十七卷　(清)姚培謙輯　(清)趙克宜增輯　清咸豐角山樓刻本　十一册　存三十卷(地部一至十一、十七至十九、二十一至二十四,人部五至七、十一至十四,物部九至十、十八至二十)

360000－1901－0013603　805188
角山樓增補類腋六十七卷　(清)姚培謙輯　(清)趙克宜增輯　清咸豐角山樓刻本　四册　存二十四卷(地部一至二十四)

360000－1901－0013604　162405
角山樓增補類腋六十七卷　(清)姚培謙輯　(清)趙克宜增輯　清咸豐九年(1859)刻本　二十四册

360000－1901－0013605　162794
角山樓增補類腋六十七卷　(清)姚培謙輯　(清)趙克宜增輯　清咸豐九年(1859)刻本　二十四册

360000－1901－0013606　405167
角西吟榭詩鈔一卷　(清)陸超陞撰　清光緒元年(1875)華雲閣鉛印本　一册

360000－1901－0013607　416758
教女遺規三卷　(清)陳弘謀輯　清道光十年(1830)培遠堂刻五種遺規本　一册

360000－1901－0013608　416757
教女遺規三卷　(清)陳弘謀輯　清光緒二十一年(1895)浙江書局刻五種遺規本　一册

360000－1901－0013609　416757－1
教女遺規三卷　(清)陳弘謀輯　清刻本　一册

360000－1901－0013610　416758－1
教女遺規三卷　(清)陳弘謀輯　清刻本　一册

360000－1901－0013611　416758－2
教女遺規三卷　(清)陳弘謀輯　清培遠堂刻五種遺規本　一册

360000－1901－0013612　416756
教女遺規三卷　(清)陳弘謀輯　清乾隆培遠堂刻五種遺規本　一册

360000－1901－0013613　416755
教女遺規三卷　(清)陳弘謀輯　清乾隆三十七年(1772)刻本　二册

360000－1901－0013614　416748
教授法原理一卷　商務印書館編譯所編　清光緒三十二年(1906)商務印書館鉛印本　一册

360000－1901－0013615　307631
教務紀略四卷首一卷末一卷　(清)李剛己輯　清光緒三十一年(1905)南洋官報局刻本　四册

360000－1901－0013616　309608
教務紀略四卷首一卷末一卷　(清)李剛己輯　清光緒三十一年(1905)南洋官報局刻本　五册

360000－1901－0013617　309609
教務紀略四卷首一卷末一卷　(清)李剛己輯　清光緒三十一年(1905)南洋官報局刻本　五册

360000－1901－0013618　309610
教務紀略四卷首一卷末一卷　(清)李剛己輯　清光緒三十一年(1905)南洋官報局刻本　五册

360000－1901－0013619　309611
教務紀略四卷首一卷末一卷　(清)李剛己輯　清光緒三十一年(1905)南洋官報局刻本　五册

360000－1901－0013620　309686
教務紀略四卷首一卷末一卷　(清)李剛己輯　清光緒三十一年(1905)南洋官報局刻本

五冊

360000－1901－0013621　309687

教務紀略四卷首一卷末一卷　（清）李剛己輯　清光緒三十一年（1905）南洋官報局刻本　五冊

360000－1901－0013622　416749

教務紀略四卷首一卷末一卷　（清）李剛己輯　清光緒三十一年（1905）南洋官報局刻本　五冊

360000－1901－0013623　416749－1

教務紀略四卷首一卷末一卷　（清）李剛己輯　清光緒三十一年（1905）南洋官報局刻本　三冊　存四卷（教務紀略四卷）

360000－1901－0013624　802987

教孝三字經一卷　（□）□□輯　清刻本　一冊

360000－1901－0013625　303125

教育叢書初集　（清）教育世界社編譯　清光緒二十七年（1901）教育世界出版所刻本　十冊

360000－1901－0013626　306360

教育叢書三集　（清）教育世界社編譯　清光緒二十七年（1901）教育世界出版所刻本　五冊　存三種

360000－1901－0013627　416740

教育鏡初編一卷　侯鴻鑑輯　清宣統三年（1911）中國圖書公司鉛印本　一冊

360000－1901－0013628　161861

教育史一卷　商務印書館編　清光緒三十三年（1907）上海商務印書館鉛印本　一冊

360000－1901－0013629　416736

教育世界六十八卷　羅振玉輯　清光緒二十八年至二十九年（1902－1903）教育世界社石印本　五十冊　存五十卷（十九至六十八）

360000－1901－0013630　416735

教育學不分卷　（日本）樋口勘次郎　（清）馬鄰翼講授　清光緒三十二年（1906）湖南機器印刷局鉛印本　一冊

360000－1901－0013631　801881

教育原理三章　（清）□□撰　清光緒三十二年（1906）抄本　一冊

360000－1901－0013632　416747

教育原理一卷　（清）□□撰　清抄本　一冊

360000－1901－0013633　122075

較正醫林狀元壽世保元十卷　（明）龔廷賢輯　清嘉慶二十二年（1817）書林廣順堂刻本　十冊

360000－1901－0013634　240769

揭蒿菴先生全集三十二卷　（明）揭重熙撰　清康熙四十四年（1705）刻本　四冊

360000－1901－0013635　240440

揭文安公詩集八卷　（元）揭傒斯撰　清乾隆二十八年（1763）揭仁木活字印本　四冊

360000－1901－0013636　411034

揭文安公詩集六卷補遺一卷文粹二卷　（元）揭傒斯撰　清刻本　一冊　存三卷（五至六、補遺一卷）

360000－1901－0013637　240441

揭文安公詩集六卷補遺一卷文粹二卷　（元）揭傒斯撰　（清）揭大舉輯釋　清乾隆三十四年（1769）揭大舉刻本　四冊

360000－1901－0013638　240442

揭文安公詩集六卷補遺一卷文粹二卷　（元）揭傒斯撰　（清）揭大舉輯釋　清乾隆三十四年（1769）揭大舉刻本　四冊

360000－1901－0013639　240443

揭文安公詩集六卷補遺一卷文粹二卷　（元）揭傒斯撰　（清）揭大舉輯釋　清乾隆三十四年（1769）揭大舉刻本　一冊　存三卷（一至三）

360000－1901－0013640　240445

揭文安公文粹不分卷　（元）揭傒斯撰　清抄本　一冊

360000－1901－0013641　121659

揭文安公文粹六卷　(元)揭傒斯撰　清同治十一年(1872)安徽藩署敬義齋刻本　一册

360000－1901－0013642　121660
揭文安公文粹六卷　(元)揭傒斯撰　清同治十一年(1872)安徽藩署敬義齋刻本　一册

360000－1901－0013643　240444
揭文安公文集十四卷補遺一卷　(元)揭傒斯撰　清抄本　一册　存四卷(六、八至九,補遺一卷)

360000－1901－0013644　161700
劫餘僅存三卷　(清)李承霖撰　清光緒十年(1884)刻本　一册

360000－1901－0013645　407840
絜世正書□□卷　(□)□□撰　清抄本　一册　存一卷(十三)

360000－1901－0013646　316340
絜齋集二十四卷附宋儒袁正獻公從祀錄六卷　(宋)袁燮撰　清同治十一年(1872)四明袁氏進修堂刻本　六册

360000－1901－0013647　317210
絜齋集二十四卷附宋儒袁正獻公從祀錄六卷　(宋)袁燮撰　清同治十一年(1872)四明袁氏進修堂刻本　八册

360000－1901－0013648　410265
絜齋集二十四卷附宋儒袁正獻公從祀錄六卷　(宋)袁燮撰　清同治十一年(1872)四明袁氏進修堂刻本　五册

360000－1901－0013649　210101
絜齋毛詩經筵講義四卷　(宋)袁燮撰　清乾隆刻本　一册

360000－1901－0013650　161435
結水滸全傳七十卷七十回末一卷結子一回　(清)俞萬春撰　清同治十年(1871)刻本　二十册

360000－1901－0013651　421671
結水滸全傳七十卷一百四十回末一卷結子一回　(清)俞萬春撰　清嘉慶二十年(1815)木活字印本　十二册　存三十五卷(十五至二十、三十五至三十八、四十五至五十九、六十二至七十,末一卷)三十五回(八十五至九十、一百五至一百八、一百十五至一百二十九、一百三十二至一百四十,結子一回)

360000－1901－0013652　421672
結水滸全傳七十卷一百四十回末一卷結子一回　(清)俞萬春撰　清刻本　三册　存十卷(二十八至三十四、五十六至五十八)十回(九十八至一百四、一百二十六至一百二十八)

360000－1901－0013653　421673
結水滸全傳七十卷一百四十回末一卷結子一回　(清)俞萬春撰　清刻本　三册　存十五卷(五十三至六十一、六十六至七十,末一卷)十五回(一百二十三至一百三十一、一百三十六至一百四十,結子一回)

360000－1901－0013654　721704
結水滸全傳七十卷一百四十回末一卷結子一回　(清)俞萬春撰　清刻本　一册　存三卷(三十七至三十九)三回(一百七至一百九)

360000－1901－0013655　164218
結水滸全傳七十卷一百四十回末一卷結子一回　(清)俞萬春撰　清咸豐三年(1853)刻本　二十册

360000－1901－0013656　150379
結一廬朱氏賸餘叢書　(清)朱澂輯　清光緒三十一年(1905)仁和朱氏刻本　二十册

360000－1901－0013657　150406
結一廬朱氏賸餘叢書　(清)朱澂輯　清光緒三十一年(1905)仁和朱氏刻本　十三册　存三種

360000－1901－0013658　415203
節庵先生遺詩六卷　梁鼎芬撰　清末慎始基齋刻本　二册

360000－1901－0013659　303217
節本泰西新史攬要八卷　(英國)馬懇西撰　(英國)李提摩泰譯　清光緒二十八年(1902)北洋官報局鉛印本　二册

360000－1901－0013660　401580
節本泰西新史攬要八卷　(英國)馬懇西撰　(英國)李提摩泰譯　清光緒二十八年(1902)還讀書屋刻本　二册

360000－1901－0013661　310465
節本泰西新史攬要八卷　(英國)馬懇西撰　(英國)李提摩泰譯　清光緒二十七年(1901)烏程周慶雲夢坡室刻本　二册

360000－1901－0013662　401582
節本泰西新史攬要八卷　(英國)馬懇西撰　(英國)李提摩泰譯　清光緒二十七年(1901)烏程周慶雲夢坡室刻本　二册

360000－1901－0013663　401582－1
節本泰西新史攬要八卷　(英國)馬懇西撰　(英國)李提摩泰譯　清光緒二十七年(1901)烏程周慶雲夢坡室刻本　一册　存四卷(五至八)

360000－1901－0013664　163076
節本泰西新史攬要八卷　(英國)馬懇西撰　(英國)李提摩泰譯　清光緒二十一年(1895)鉛印本　一册　存五卷(一至五)

360000－1901－0013665　401581
節本泰西新史攬要八卷　(英國)馬懇西撰　(英國)李提摩泰譯　清末鉛印本　二册

360000－1901－0013666　401581－1
節本泰西新史攬要八卷　(英國)馬懇西撰　(英國)李提摩泰譯　清末鉛印本　一册　存三卷(六至八)

360000－1901－0013667　415303
節婦傳十六卷　(清)楊錫紱撰　清光緒二十七年(1901)刻本　五册　存十二卷(一至四、九至十六)

360000－1901－0013668　220423
節婦傳十六卷　(清)楊錫紱撰　清乾隆二十六年(1761)刻本　八册

360000－1901－0013669　220424
節婦傳十六卷　(清)楊錫紱撰　清乾隆二十六年(1761)刻本　五册　缺二卷(十五至十六)

360000－1901－0013670　121296
節刊席文輿先生畜德錄四卷　(清)李開桂撰　清光緒二年(1876)新城賢谿存誠堂刻本　四册

360000－1901－0013671　241597
節俠記二卷三十一齣　(明)許三階撰　明刻本　一册　存一卷(上)十六齣(一至十六)

360000－1901－0013672　308433
節相壯遊日錄二卷(清光緒二十二年)　(清)方受穀　(清)惺新齋主輯　清光緒二十三年(1897)上海石印本　二册

360000－1901－0013673　301700
節孝先生集三十二卷事實一卷　(宋)徐積撰　清刻本　四册

360000－1901－0013674　901400
截搭觀止初集不分卷　(清)徐宗幹輯　清刻本　一册

360000－1901－0013675　901401
截搭觀止初集不分卷　(清)徐宗幹輯　清英德堂刻本　五册

360000－1901－0013676　220253
潔菴選義林遜國全書五卷　(清)劉九嶷撰　清康熙二十四年(1685)刻本　五册

360000－1901－0013677　220254
潔菴選義林遜國全書五卷　(清)劉九嶷撰　清康熙二十四年(1685)刻本　三册　缺二卷(四至五)

360000－1901－0013678　308307
鮚埼亭集三十八卷首一卷　(清)全望祖撰　清刻本　十册

360000－1901－0013679　311059
鮚埼亭集三十八卷首一卷　(清)全祖望撰　清嘉慶九年(1804)刻本　十册

360000－1901－0013680　301383
鮚埼亭集三十八卷首一卷　(清)全祖望撰

清嘉慶九年(1804)史夢蛟借樹山房刻本　八冊

360000－1901－0013681　305252
鮚埼亭集三十八卷首一卷外編五十卷全謝山先生經史問答十卷　(清)全望祖撰　清嘉慶九年(1804)史夢蛟刻同治十一年(1872)印本　十四冊　存八十九卷(一至三十八、首一卷,外編一至四十,全謝山先生經史問答十卷)

360000－1901－0013682　417784
鮚埼亭集三十八卷首一卷外編五十卷全謝山先生經史問答十卷　(清)全祖望撰　清嘉慶九年(1804)史夢蛟借樹山房刻本　十冊　存三十二卷(鮚埼亭集一至三十二)

360000－1901－0013683　717042
鮚埼亭集三十八卷首一卷外編五十卷全謝山先生經史問答十卷　(清)全祖望撰　清嘉慶九年(1804)史夢蛟借樹山房刻本　十四冊　存五十五卷(鮚埼亭集三十三至三十八、外編一至四十九)

360000－1901－0013684　717785
鮚埼亭集三十八卷首一卷外編五十卷全謝山先生經史問答十卷　(清)全祖望撰　清嘉慶九年(1804)史夢蛟借樹山房刻本　十二冊　存五十三卷(鮚埼亭集二至三十四、外編四十一至五十、全謝山先生經史問答十卷)

360000－1901－0013685　301390
鮚埼亭集三十八卷首一卷外編五十卷全謝山先生經史問答十卷　(清)全祖望撰　清嘉慶九年(1804)史夢蛟刻同治十一年(1872)印本　二十七冊

360000－1901－0013686　305262
鮚埼亭集外編五十卷　(清)全望祖撰　清刻本　三冊　存十四卷(八至十二、十八至二十六)

360000－1901－0013687　301389
鮚埼亭詩集十卷　(清)全祖望撰　清光緒十六年(1890)刻本　四冊

360000－1901－0013688　711164
鮚埼亭文錄四卷　(清)全祖望撰　(清)李祖陶輯　清道光十九年(1839)瑞州府鳳儀書院刻國朝文錄本　一冊　存二卷(三至四)

360000－1901－0013689　305031
鬣音一卷　(清)安致遠撰　**綺樹閣賦稿一卷詩稿一卷**　(清)安箕撰　清康熙刻本　一冊

360000－1901－0013690　240932
解舂集文鈔十二卷補遺二卷詩鈔三卷　(清)馮景撰　清乾隆五十七年(1792)抱經堂刻本　六冊

360000－1901－0013691　720338
解毒編一卷　(清)汪汲輯　清乾隆五十九年(1794)古愚山房刻本　一冊

360000－1901－0013692　802782
解悶歌一卷　(□)□□輯　清李耀青抄本　一冊

360000－1901－0013693　800373
解夢應驗一卷　(清)□□撰　清抄本　一冊

360000－1901－0013694　309360
解深密經五卷　(唐)釋玄奘譯　清同治十年(1871)金陵刻經處刻本　一冊

360000－1901－0013695　240731
解脱集四卷瓶史一卷　(明)袁宏道撰　明萬曆三十八年(1610)袁叔度書種堂刻本　一冊

360000－1901－0013696　706253
解文毅公集十六卷後集六卷首一卷附錄一卷目錄二卷　(明)解縉撰　清刻本　一冊　存一卷(後集一)

360000－1901－0013697　121999
解文毅公集十六卷後集六卷首一卷附錄一卷目錄二卷　(明)解縉撰　清乾隆三十二年(1767)解氏敦仁堂刻本　十冊

360000－1901－0013698　122200
解文毅公集十六卷後集六卷首一卷附錄一卷目錄二卷　(明)解縉撰　清乾隆三十二年(1767)解氏敦仁堂刻本　十冊

360000－1901－0013699　240500
解文毅公集十六卷後集六卷首一卷附錄一卷目錄二卷　（明）解縉撰　清乾隆三十二年（1767）解氏敦仁堂刻本　六册　缺六卷（後集六卷）

360000－1901－0013700　706252
解文毅公集十六卷後集六卷首一卷附錄一卷目錄二卷　（明）解縉撰　清乾隆三十二年（1767）解氏敦仁堂刻本　一册　存三卷（解文毅公集一至二、首一卷）

360000－1901－0013701　240501
解文毅公集十六卷後集六卷首一卷附錄一卷目錄二卷　（明）解縉撰　清乾隆三十二年（1767）解氏敦仁堂刻重修本　十册

360000－1901－0013702　240502
解文毅公集十六卷後集六卷首一卷附錄一卷目錄二卷　（明）解縉撰　清乾隆三十二年（1767）解氏敦仁堂刻重修本　十册

360000－1901－0013703　240503
解文毅公集十六卷後集六卷首一卷附錄一卷目錄二卷　（明）解縉撰　清乾隆三十二年（1767）解氏敦仁堂刻重修本　十册

360000－1901－0013704　240504
解文毅公集十六卷後集六卷首一卷附錄一卷目錄二卷　（明）解縉撰　清乾隆三十二年（1767）解氏敦仁堂刻重修本　十册

360000－1901－0013705　240505
解文毅公集十六卷後集六卷首一卷附錄一卷目錄二卷　（明）解縉撰　清乾隆三十二年（1767）解氏敦仁堂刻重修本　六册　缺八卷（後集六卷、目錄二卷）

360000－1901－0013706　240506
解文毅公集十六卷後集六卷首一卷附錄一卷目錄二卷　（明）解縉撰　清乾隆三十二年（1767）解氏敦仁堂刻重修本　六册　缺八卷（後集六卷、目錄二卷）

360000－1901－0013707　240507
解文毅公集十六卷後集六卷首一卷附錄一卷目錄二卷　（明）解縉撰　清乾隆三十二年（1767）解氏敦仁堂刻重修本　六册　缺八卷（後集六卷、目錄二卷）

360000－1901－0013708　240508
解文毅公集十六卷後集六卷首一卷附錄一卷目錄二卷　（明）解縉撰　清乾隆三十二年（1767）解氏敦仁堂刻重修本　六册　缺八卷（後集六卷、目錄二卷）

360000－1901－0013709　240509
解文毅公集十六卷後集六卷首一卷附錄一卷目錄二卷　（明）解縉撰　清乾隆三十二年（1767）解氏敦仁堂刻重修本　八册　缺八卷（後集六卷、目錄二卷）

360000－1901－0013710　240510
解文毅公集十六卷後集六卷首一卷附錄一卷目錄二卷　（明）解縉撰　清乾隆三十二年（1767）解氏敦仁堂刻重修本　一册　存四卷（十四至十六、附錄一卷）

360000－1901－0013711　240499
解學士文集十卷　（明）解縉撰　**解學士年譜一卷**　（明）解桐編　明嘉靖四十一年（1562）遵化古松段刻本　二册　存二卷（五、九）

360000－1901－0013712　240498
解學士文集十卷　（明）解縉撰　**解學士年譜一卷**　（明）解桐編　明嘉靖四十一年（1562）遵化古松段刻本　佚名校　十册　缺一卷（解學士年譜一卷）

360000－1901－0013713　902374
解冤三十六條赦文不分卷　（□）□□撰　清抄本　一册

360000－1901－0013714　304214
介峯劄記四卷　（清）尤珍撰　清刻本　一册

360000－1901－0013715　120281
介圃詩鈔七卷　（清）甯元譢撰　清道光五年（1825）刻本　二册

360000－1901－0013716　413937
介石園餘草一卷　（清）黃家德撰　清同治四

年(1865)羊城效文堂刻本　一册

360000－1901－0013717　410791
介石齋印存一卷　(清)梅廷策撰　清宣統三年(1911)鈐印本　一册

360000－1901－0013718　414012
介軒文鈔八卷詩鈔十卷外集二卷　(清)張振夔撰　清同治九年(1870)刻本　八册

360000－1901－0013719　414013
介軒文鈔八卷詩鈔十卷外集二卷　(清)張振夔撰　清同治九年(1870)刻本　七册　缺二卷(外集二卷)

360000－1901－0013720　705195
戒庵老人漫筆八卷　(明)李翊撰　清光緒二十二年(1896)武進盛氏刻常州先哲遺書本　二册

360000－1901－0013721　416631
戒禮須知一卷　(英國)傅蘭雅撰　清光緒十二年(1886)刻本　一册

360000－1901－0013722　416635
戒溺集説一卷　(清)孫雲鴻撰　清咸豐九年(1859)味古書室刻本　一册

360000－1901－0013723　804217
戒殺牛犬信徵録三卷　(清)汪文玢輯　清嘉慶二十五年(1820)刻本　一册　存二卷(上、中)

360000－1901－0013724　416637
戒世文不分卷　(清)□□輯　清咸豐六年(1856)江右續善堂刻本　一册

360000－1901－0013725　601257
戒煙全法一卷　(清)陳恭敏輯　清光緒十八年(1892)公濟局刻本　一册

360000－1901－0013726　122963
戒煙全法一卷　(清)陳恭敏輯　清光緒十八年(1892)新安屯溪黄淑予刻本　一册

360000－1901－0013727　804312
戒因緣經十卷　(後秦)釋竺佛念譯　清刻本　一册　存一卷(四)

360000－1901－0013728　804239
戒淫功過格一卷戒色良言一卷　(清)常存敬畏齋主人輯　清刻本　一册

360000－1901－0013729　416625
戒淫功過格一卷戒色良言一卷　(清)常存敬畏齋主人輯　清同治五年(1866)刻本　一册

360000－1901－0013730　802279
戒淫功過格一卷戒色良言一卷　(清)常存敬畏齋主人輯　**棉麻事宜不分卷**　(清)張爲輯　清同治五年(1866)刻本　一册

360000－1901－0013731　162345
戒淫詩六十首　(清)滌塵居士撰　清同治十三年(1874)刻本　一册

360000－1901－0013732　416618
戒淫詩三十首一卷　(清)戴蘭芬撰　**和戒淫詩稿一卷**　(清)王德本撰　**續和戒淫詩一卷**　(清)徐廣儀撰　清同治九年(1870)都梁王德本刻本　一册

360000－1901－0013733　412622
芥子園畫傳初集五卷　(清)王槩　(清)王蓍　(清)王臬輯　清光緒十一年(1885)上海寶文書局石印本　一册　存二卷(一至二)

360000－1901－0013734　412326
芥子園畫傳初集五卷　(清)王槩　(清)王蓍　(清)王臬輯　清刻本　四册

360000－1901－0013735　412328
芥子園畫傳初集五卷　(清)王槩　(清)王蓍　(清)王臬輯　清刻本　三册　存四卷(一至四)

360000－1901－0013736　162420
芥子園畫傳初集五卷　(清)王槩　(清)王蓍　(清)王臬輯　清末石印本　一册

360000－1901－0013737　162421
芥子園畫傳初集五卷　(清)王槩　(清)王蓍　(清)王臬輯　清末石印本　五册

360000－1901－0013738　412622－1
芥子園畫傳初集五卷　(清)王槩　(清)王蓍

（清）王臬輯　清末石印本　二冊　存三卷（一至三）

360000－1901－0013739　421919
芥子園畫傳初集五卷二集不分卷三集不分卷四集四卷　（清）王槩　（清）王蓍　（清）王臬輯　清刻本　一冊　存二卷（初集五、四集四）

360000－1901－0013740　421916
芥子園畫傳二集不分卷　（清）王槩　（清）王蓍　（清）王臬輯　清嘉慶五年（1800）芥子園煥記刻彩色套印本　三冊

360000－1901－0013741　421917
芥子園畫傳二集不分卷　（清）王槩　（清）王蓍　（清）王臬輯　清康熙四十年（1701）芥子園甥館刻彩色套印本　二冊

360000－1901－0013742　412626
芥子園畫傳二集九卷三集四卷　（清）王槩　（清）王蓍　（清）王臬輯　清末石印本　二冊　存五卷（二集七至九、三集一至二）

360000－1901－0013743　305933
芥子園畫傳三集二十一卷　（清）王槩　（清）王蓍　（清）王臬輯　清光緒三十二年（1906）上海文興書局石印本　九冊　存十五卷（初集一至四，二集三至九，三集一至三、五）

360000－1901－0013744　421918
芥子園畫傳三集四卷　（清）王槩　（清）王蓍　（清）王臬輯　清刻本　一冊　存一卷（四）

360000－1901－0013745　712324
芥子園畫傳四集四卷　（清）丁臯等輯　**芥子園圖章會纂一卷**　（清）李漁撰　清嘉慶二十三年（1818）刻本　四冊

360000－1901－0013746　712325
芥子園畫傳四集四卷　（清）丁臯等輯　**芥子園圖章會纂一卷**　（清）李漁撰　清嘉慶二十三年（1818）刻本　二冊　存三卷（一、四，芥子園圖章會纂一卷）

360000－1901－0013747　722408
芥子園畫傳四集四卷　（清）丁臯等輯　**芥子園圖章會纂一卷**　（清）李漁撰　清芥子園刻本　三冊　存四卷（二至四、芥子園圖章會纂一卷）

360000－1901－0013748　722409
芥子園畫傳四集四卷　（清）丁臯等輯　**芥子園圖章會纂一卷**　（清）李漁撰　清芥子園刻本　二冊　存三卷（二、四，芥子園圖章會纂一卷）

360000－1901－0013749　722410
芥子園畫傳四集四卷　（清）丁臯等輯　**芥子園圖章會纂一卷**　（清）李漁撰　清芥子園刻本　二冊　存三卷（二、四，芥子園圖章會纂一卷）

360000－1901－0013750　313969
芥子園畫傳五卷　（清）王槩輯　清刻本　三冊　存四卷（一至二、四至五）

360000－1901－0013751　712327
芥子園畫傳五卷　（清）王槩輯　清刻本　二冊　存三卷（一至三）

360000－1901－0013752　712328
芥子園畫傳五卷　（清）王槩輯　清刻本　一冊　存一卷（一）

360000－1901－0013753　712329
芥子園畫傳五卷　（清）王槩輯　清刻本　一冊　存二卷（三至四）

360000－1901－0013754　712326
芥子園畫傳五卷　（清）王槩輯　清刻三色套印本　一冊　存一卷（五）

360000－1901－0013755　712326－1
芥子園畫傳五卷　（清）王槩輯　清刻三色套印本　一冊　存一卷（五）

360000－1901－0013756　314287
芥子園畫傳五卷二集四卷四集四卷　（清）王槩輯　清金文光堂刻本　十二冊

360000－1901－0013757　162418
芥子園畫傳續集三卷三集三卷　（清）王槩

（清）王蓍　（清）王臬輯　清光緒二十九年（1903）上海虹口通文局石印本　四冊

360000－1901－0013758　162417
芥子園畫傳續集三卷三集三卷　（清）王槩　（清）王蓍　（清）王臬輯　清光緒十六年（1890）鴻寶齋石印本　四冊

360000－1901－0013759　317362
芥子園繪像第六才子書八卷　（元）王德信撰　（清）金人瑞評　清芥子園刻本　二冊　存二卷（五、七）

360000－1901－0013760　803492
芥子園繪像第六才子書八卷　（元）王德信撰　（清）金人瑞評　清芥子園刻本　一冊　存一卷（七）

360000－1901－0013761　410563－1
督河奏疏十卷　（清）許振禕撰　清光緒元年（1875）廣州刻本　一冊　存四卷（七至十）

360000－1901－0013762　162419
芥子園書畫競秀不分卷　（清）王槩輯　清嘉慶二十年（1815）九思堂刻本　二冊

360000－1901－0013763　305934－1
芥子園圖章會纂一卷　（清）李漁撰　清刻本　一冊

360000－1901－0013764　721203
界埠萬壽宫及戲臺砧基不分卷　（清）黄汝楫輯　清光緒八年（1882）木活字印本　一冊

360000－1901－0013765　405709
借秋山居詩鈔八卷　（清）汪大經撰　清嘉慶刻本　二冊

360000－1901－0013766　413850
借箸編一卷　江峰青撰　清刻本　一冊

360000－1901－0013767　413850－1
借箸編一卷　江峰青撰　清刻本　一冊

360000－1901－0013768　162778
誡子書一卷　（清）聶繼模撰　清光緒二十三年（1897）刻本　一冊

360000－1901－0013769　230455
巾經纂不分卷　（清）宋宗元撰　清抄本　一冊

360000－1901－0013770　416815
巾經纂二十卷　（清）宋宗元撰　清乾隆十六年（1751）網師園刻本　八冊　存十六卷（一至六、九至十六、十九至二十）

360000－1901－0013771　416815－1
巾經纂二十卷　（清）宋宗元撰　清乾隆十六年（1751）網師園刻本　二冊　存八卷（九至十二、十七至二十）

360000－1901－0013772　800905
巾經纂二十卷　（清）宋宗元撰　清乾隆十六年（1751）網師園刻本　一冊　存二卷（七至八）

360000－1901－0013773　413312
讀禮條考二十卷　（清）王曜南撰　清道光二十九年（1849）刻本　六冊　存十七卷（四至二十）

360000－1901－0013774　317498
巾經纂二十卷　（清）宋宗元撰　清同治十年（1871）陸川李廷樟刻本　五冊

360000－1901－0013775　901750
巾箱試帖不分卷　（清）三十六灣釣徒輯　清道光十四年（1834）刻本　一冊

360000－1901－0013776　110825－1
今古地理述十八卷首三卷末一卷　（清）王子音撰　（清）萬承風等補　（清）顔伯燾等注　清光緒三年（1877）刻本　一冊　存一卷（十八）

360000－1901－0013777　123233
今古地理述十八卷首三卷末一卷　（清）王子音撰　（清）萬承風等補　（清）顔伯燾等注　清光緒三年（1877）刻本　十一冊　存十一卷（一至二、四至五、七至八、十至十三、十六）

360000－1901－0013778　120279
今古地理述十八卷首三卷末一卷　（清）王子

音撰　(清)萬承風等補　(清)顔伯燾等注　清光緒三年(1877)武寧石湖水月清家塾刻本　二十二册

360000－1901－0013779　120280
今古地理述十八卷首三卷末一卷　(清)王子音撰　(清)萬承風等補　(清)顔伯燾等注　清光緒三年(1877)武寧石湖水月清家塾刻本　二十二册

360000－1901－0013780　120278
今古地理述十八卷首三卷末一卷　(清)王子音撰　(清)萬承風等補　(清)顔伯燾等注　清嘉慶十二年(1807)京師文會堂刻本　十二册

360000－1901－0013781　603148
今古地理述十八卷首三卷末一卷　(清)王子音撰　(清)萬承風等補　(清)顔伯燾等注　清刻本　一册　存一卷(首三)

360000－1901－0013782　721683
今古奇觀四十卷　(明)抱甕老人輯　清光緒十四年(1888)鉛印本　四册　存二十六卷(一至七、十五至三十三)

360000－1901－0013783　721683－1
今古奇觀四十卷　(明)抱甕老人輯　清光緒十四年(1888)鉛印本　二册　存十三卷(八至十四、二十一至二十六)

360000－1901－0013784　421675－1
今古奇觀四十卷　(明)抱甕老人輯　清刻本　一册　存二卷(二十八至二十九)

360000－1901－0013785　603149
今古奇觀四十卷　(明)抱甕老人輯　清刻本　三册　存二十卷(十二至二十七、二十九至三十二)

360000－1901－0013786　721680
今古奇觀四十卷　(明)抱甕老人輯　清刻本　九册　存三十六卷(一至三十六)

360000－1901－0013787　721680－1
今古奇觀四十卷　(明)抱甕老人輯　清刻本　一册　存五卷(三十六至四十)

360000－1901－0013788　721681
今古奇觀四十卷　(明)抱甕老人輯　清刻本　五册　存十七卷(四至十四、三十五至四十)

360000－1901－0013789　721681－1
今古奇觀四十卷　(明)抱甕老人輯　清刻本　四册　存二十卷(十一至二十、二十六至三十五)

360000－1901－0013790　721682
今古奇觀四十卷　(明)抱甕老人輯　清刻本　四册　存十五卷(十三至二十七)

360000－1901－0013791　721682－1
今古奇觀四十卷　(明)抱甕老人輯　清刻本　二册　存十三卷(二十八至四十)

360000－1901－0013792　721682－2
今古奇觀四十卷　(明)抱甕老人輯　清刻本　一册　存九卷(一至九)

360000－1901－0013793　721682－3
今古奇觀四十卷　(明)抱甕老人輯　清刻本　一册　存三卷(一至三)

360000－1901－0013794　721682－4
今古奇觀四十卷　(明)抱甕老人輯　清刻本　一册　存五卷(二十一至二十五)

360000－1901－0013795　721692－1
今古奇觀四十卷　(明)抱甕老人輯　清刻本　六册　存二十卷(三、十一至十五、十八至二十四、三十三至三十六、三十八至四十)

360000－1901－0013796　721694
今古奇觀四十卷　(明)抱甕老人輯　清刻本　一册　存五卷(一至五)

360000－1901－0013797　722000
今古奇觀四十卷　(明)抱甕老人輯　清刻本　九册　存三十一卷(五至十七、二十至三十七)

360000－1901－0013798　722000－1
今古奇觀四十卷　(明)抱甕老人輯　清刻本

一冊　存四卷(十六至十九)

360000－1901－0013799　722000－2
今古奇觀四十卷　(明)抱甕老人輯　清刻本　一冊　存四卷(三十七至四十)

360000－1901－0013800　801020
今古奇觀四十卷　(明)抱甕老人輯　清刻本　二冊　存八卷(五至七、三十至三十四)

360000－1901－0013801　801021
今古奇觀四十卷　(明)抱甕老人輯　清刻本　一冊　存五卷(二十至二十四)

360000－1901－0013802　801022
今古奇觀四十卷　(明)抱甕老人輯　清刻本　二冊　存八卷(九至十二、二十一至二十四)

360000－1901－0013803　801254
今古奇觀四十卷　(明)抱甕老人輯　清刻本　一冊　存四卷(三至六)

360000－1901－0013804　421675
今古奇觀四十卷　(明)抱甕老人輯　清乾隆四十九年(1784)刻本　十二冊　存二十九卷(一至七、十一至二十、二十六至三十七)

360000－1901－0013805　721692
今古奇觀四十卷　(明)抱甕老人輯　清英德堂刻本　五冊　存二十卷(一至八、十三至十六、二十五至三十二)

360000－1901－0013806　160178
今古學考二卷　廖平撰　清光緒十二年(1886)成都刻四益館經學叢書本　二冊

360000－1901－0013807　160179
今古學考二卷　廖平撰　清光緒十二年(1886)鉛印本　一冊

360000－1901－0013808　404504
今詩所見集□□卷　(清)劉宜清輯　清乾隆四十一年(1776)刻本　四冊　存八卷(一至二、七至十二)

360000－1901－0013809　304323
今水經一卷表一卷　(清)黃宗羲撰　清光緒三年(1877)湖北崇文書局刻本　一冊

360000－1901－0013810　801485
今體類選□集　(□)□□輯　清抄本　一冊　存一集(禮集)

360000－1901－0013811　804669
今體類選□集　(□)□□輯　清抄本　三冊　存三集(仁集、義集、智集)

360000－1901－0013812　900834
今文大小題商不分卷　(明)黃越　(明)汪壇輯　清刻本　七冊

360000－1901－0013813　900760
今文大小題商不分卷　(明)黃越　(明)汪壇輯　清乾隆四十二年(1777)敦化堂刻本　三冊

360000－1901－0013814　901983
今文大小題商九卷　(明)黃越　(明)汪壇輯　清寶翰樓刻本　十一冊

360000－1901－0013815　160503
今文尚書考證三十卷　(清)皮錫瑞撰　清光緒二十三年(1897)師伏堂刻本　六冊

360000－1901－0013816　160504
今文尚書考證三十卷　(清)皮錫瑞撰　清光緒二十三年(1897)師伏堂刻本　六冊

360000－1901－0013817　160505
今文尚書考證三十卷　(清)皮錫瑞撰　清光緒二十三年(1897)師伏堂刻本　六冊

360000－1901－0013818　220500
今言四卷　(明)鄭曉撰　明萬曆四十二年(1614)彭宗孟刻本　一冊　存二卷(三至四)

360000－1901－0013819　405325
今雨堂詩墨二卷　(清)金甡撰　清乾隆二十三年(1758)刻本　一冊

360000－1901－0013820　900599
今雨堂詩墨二卷　(清)金甡撰　清乾隆六十年(1795)刻本　一冊

360000－1901－0013821　404520

今雨堂詩墨四卷　（清）金甡撰　清刻本　一冊　存二卷（三至四）

360000－1901－0013822　160180
今韻三辨九卷　（清）孫同元輯　清道光十九年至二十三年（1839－1843）刻本　三冊

360000－1901－0013823　803893
金川教案述略一卷附金川唱和詩一卷　江峰青撰　清抄本　一冊

360000－1901－0013824　304221
金冬心先生雜著一卷隨筆一卷　（清）金農撰　清光緒四年（1878）當歸草堂刻本　一冊

360000－1901－0013825　161033
金峨山館叢書　（清）郭傳璞輯　清光緒鄞郭氏刻本　一冊　存二種

360000－1901－0013826　161039
金峨山館叢書　（清）郭傳璞輯　清光緒鄞郭氏刻本　二冊　存二種

360000－1901－0013827　404188
金峨山館叢書　（清）郭傳璞輯　清光緒鄞郭氏刻本　一冊　存二種

360000－1901－0013828　413313
讀禮條考二十卷　（清）王曜南撰　清道光二十九年（1849）刻本　二冊　存八卷（四至六、十三至十七）

360000－1901－0013829　802162
金剛般若波羅蜜經不分卷　（後秦）釋鳩摩羅什譯　清抄本　一冊

360000－1901－0013830　310227
金剛般若波羅蜜經解注一卷　（清）王定柱撰　清同治七年（1868）刻本　一冊

360000－1901－0013831　230612
金剛般若波羅蜜經四卷　（宋）楊圭集注　清順治十七年（1660）刻本　二冊

360000－1901－0013832　406696
金剛般若波羅蜜經一卷　（後秦）釋鳩摩羅什譯　清刻本　一冊

360000－1901－0013833　802160
金剛般若波羅蜜經一卷　（後秦）釋鳩摩羅什譯　清刻本　一冊

360000－1901－0013834　406708
金剛般若波羅蜜經一卷　（後秦）釋鳩摩羅什譯　清乾隆五十六年（1791）定熙抄本　一冊

360000－1901－0013835　406699
金剛般若波羅蜜經一卷附心經一卷呂祖師偈言一卷　（後秦）釋鳩摩羅什譯　清宣統二年（1910）刻本　一冊

360000－1901－0013836　310253
金剛般若波羅蜜經直解一卷　（清）純陽子注　清四香草堂刻本　一冊

360000－1901－0013837　406716
金剛般若波羅蜜經宗通九卷　（後秦）釋鳩摩羅什譯　（明）曾鳳儀注　清光緒十一年（1885）金陵刻經處刻本　二冊

360000－1901－0013838　309501
金剛般若經疏一卷　（隋）釋智者大師説　（唐）釋顯宗會　**般若波羅蜜多心經疏一卷**　（唐）釋玄奘譯　（唐）釋靖邁撰疏　清光緒二十三年（1897）金陵刻經處刻本　一冊

360000－1901－0013839　406709
金剛頂瑜伽中發阿耨多羅三藐三菩提心論一卷　（唐）釋大廣智不空譯　清宣統二年（1910）江西刻經處刻本　一冊

360000－1901－0013840　406718
金剛經讀二卷微言一卷引證一卷　（清）紀壁東撰　清道光四年（1824）刻本　二冊

360000－1901－0013841　120971
金剛經古今三注合編不分卷　（清）盧鶴輯　清光緒三十二年（1906）東璧堂刻本　一冊

360000－1901－0013842　406693
金剛經解義二卷心經解義一卷　（清）徐槐廷撰　清同治十年（1871）浙江薇署刻本　一冊

360000－1901－0013843　406692
金剛經聯語一卷　（清）王定安輯　清光緒十

四年(1888)湘南臬署刻本　一冊

360000－1901－0013844　406717
金剛經偶說二卷　(清)紀壁東撰　清咸豐二年(1852)刻本　二冊

360000－1901－0013845　406714－1
金剛經旁解不分卷　(後秦)釋鳩摩羅什譯(□)□□注　清刻本　一冊

360000－1901－0013846　406711
金剛經因果實錄一卷　(清)樂胥堂主人撰　清光緒二十四年(1898)刻本　一冊

360000－1901－0013847　310214
金剛經治心編一卷　(清)李棻敬輯　清咸豐十年(1860)滋德堂刻本　一冊

360000－1901－0013848　800368
金穀瑣言二卷　(清)朱希孔輯　清抄本　一冊　存一卷(下)

360000－1901－0013849　900784
金穀瑣言二卷　(清)朱希孔輯　清嘉慶九年(1804)抄本　一冊

360000－1901－0013850　409954
金光斗臨經一卷　(清)金文熔注　清刻本　一冊

360000－1901－0013851　160567
金壺精粹五卷　(清)郝在田輯　清光緒二年(1876)京師松竹齋刻本　二冊

360000－1901－0013852　160568
金壺精粹五卷　(清)郝在田輯　清光緒二年(1876)京師松竹齋刻本　二冊

360000－1901－0013853　409452
金壺精粹五卷　(清)郝在田輯　清光緒二年(1876)京師松竹齋刻本　二冊

360000－1901－0013854　150228
金華叢書　(清)胡鳳丹輯　清同治七年至光緒八年(1868－1882)永康胡氏退補齋刻本　二百六十三冊

360000－1901－0013855　304299
金華叢書　(清)胡鳳丹輯　清同治七年至光緒八年(1868－1882)永康胡氏退補齋刻本　八冊　存六種

360000－1901－0013856　417491－1
金華叢書　(清)胡鳳丹輯　清同治七年至光緒八年(1868－1882)永康胡氏退補齋刻本　一冊　存四種

360000－1901－0013857　800145
金華叢書　(清)胡鳳丹輯　清同治七年至光緒八年(1868－1882)永康胡氏退補齋刻本　八冊　存二種

360000－1901－0013858　800146
金華叢書　(清)胡鳳丹輯　清同治七年至光緒八年(1868－1882)永康胡氏退補齋刻本　六冊　存二種

360000－1901－0013859　800147
金華叢書　(清)胡鳳丹輯　清同治七年至光緒八年(1868－1882)永康胡氏退補齋刻本　九冊　存三種

360000－1901－0013860　901001
金華叢書　(清)胡鳳丹輯　清同治七年至光緒八年(1868－1882)永康胡氏退補齋刻本　四十二冊　存二十二種

360000－1901－0013861　416892
金華何北山先生正學編一卷　(宋)何基撰　(明)趙鶴輯　清乾隆十年(1745)刻率祖堂叢書本　一冊

360000－1901－0013862　705729
金華呂東萊先生正學編一卷　(宋)呂祖謙撰　(明)趙鶴輯　清乾隆十年(1745)刻率祖堂叢書本　一冊

360000－1901－0013863　317269
金華詩錄六十卷外集六卷別集四卷書後一卷　(清)黃彬　(清)朱琰輯　清光緒九年(1883)永康胡氏退補齋刻本　十八冊

360000－1901－0013864　416894
金華章楓山先生正學編一卷　(明)章懋撰

(明)趙鶴輯　清乾隆十年(1745)刻率祖堂叢書本　一册

360000－1901－0013865　408164
金精廖公秘授地學心法正傳畫筴扒砂經四卷　(宋)廖禹撰　(宋)彭大雄　(明)江之棟輯　清嘉慶二十二年(1817)經國堂刻本　一册　存一卷(一)

360000－1901－0013866　408165
金精廖公秘授地學心法正傳畫筴扒砂經四卷　(宋)廖禹撰　(宋)彭大雄　(明)江之棟輯　清嘉慶二十五年(1820)大文堂刻本　一册　存一卷(一)

360000－1901－0013867　408166
金精廖公秘授地學心法正傳畫筴扒砂經四卷　(宋)廖禹撰　(宋)彭大雄　(明)江之棟輯　清嘉慶刻本　三册　存三卷(一至二、四)

360000－1901－0013868　405767
金精廖公秘授地學心法正傳畫筴扒砂經四卷　(宋)廖禹撰　(宋)彭大雄　(明)江之棟輯　清刻本　一册　存一卷(三)

360000－1901－0013869　230543
金精廖公秘授地學心法正傳畫筴扒砂經四卷補遺一卷　(宋)廖禹撰　(宋)彭大雄輯　明萬曆四十二年(1614)刻本　五册　存四卷(金精廖公秘授地學心法正傳畫筴扒砂經四卷)

360000－1901－0013870　230544
金精廖公秘授地學心法正傳畫筴扒砂經四卷補遺一卷　(宋)廖禹撰　(宋)彭大雄輯　明萬曆四十二年(1614)刻本　二册　存三卷(一、四,補遺一卷)

360000－1901－0013871　230545
金精廖公秘授地學心法正傳畫筴扒砂經四卷補遺一卷　(宋)廖禹撰　(宋)彭大雄輯　明萬曆四十二年(1614)刻本　一册　存二卷(四、補遺一卷)

360000－1901－0013872　162450
金精廖公秘授地學心法正傳畫筴扒砂經五卷　(宋)廖禹撰　(宋)彭大雄　(明)江之棟輯　清嘉慶二十二年(1817)經國堂刻本　六册

360000－1901－0013873　408019
金匱方歌括六卷　(清)陳念祖撰　清崇英堂刻本　三册

360000－1901－0013874　408023
金匱方歌括六卷　(清)陳念祖撰　清崇英堂刻本　二册　存五卷(一至二、四至六)

360000－1901－0013875　162446
金匱方歌括六卷　(清)陳念祖撰　清光緒三十三年(1907)善成堂刻本　二册

360000－1901－0013876　162445
金匱方歌括六卷　(清)陳念祖撰　清刻本　一册

360000－1901－0013877　408020
金匱方歌括六卷　(清)陳念祖撰　清刻本　三册

360000－1901－0013878　800478
金匱方歌括六卷　(清)陳念祖撰　清刻本　一册　存二卷(五至六)

360000－1901－0013879　805122
金匱方歌括六卷　(清)陳念祖撰　清刻本　一册　存二卷(三至四)

360000－1901－0013880　900986
金匱方歌括六卷　(清)陳念祖撰　清刻本　一册　存二卷(一至二)

360000－1901－0013881　408021
金匱方歌括六卷　(清)陳念祖撰　清南雅堂刻本　四册

360000－1901－0013882　408022
金匱方歌括六卷　(清)陳念祖撰　清南雅堂刻本　三册

360000－1901－0013883　707921
金匱方歌括六卷　(清)陳念祖撰　清南雅堂刻本　三册　存五卷(一至二、四至六)

360000－1901－0013884　802723
金匱方歌括一卷　(清)陳念祖撰　清抄本　一册

360000－1901－0013885　801926
金匱方論三卷　(漢)張機撰　清抄本　一册　存二卷(中、下)

360000－1901－0013886　802359
金匱分門方不分卷　(清)□□輯　清抄本　一册

360000－1901－0013887　805157
金匱鈎玄三卷附醫學發明一卷　(元)朱震亨撰　清二酉堂刻本　一册　存二卷(三、醫學發明一卷)

360000－1901－0013888　164801
金匱啓鑰三十七卷　(清)黄朝坊輯　清咸豐十年(1860)刻本　一册　存一卷(一)

360000－1901－0013889　408559－1
金匱湯頭歌括一卷　(清)戴葆元輯　清光緒四年(1878)刻本　一册

360000－1901－0013890　601369
金匱湯頭歌括一卷　(清)戴葆元輯　清光緒四年(1878)刻本　一册

360000－1901－0013891　120944
金匱湯頭歌括一卷　(清)戴葆元輯　清光緒四年(1878)思補堂刻本　一册

360000－1901－0013892　120945
金匱湯頭歌括一卷　(清)戴葆元輯　清光緒四年(1878)思補堂刻本　一册

360000－1901－0013893　120973
金匱湯頭歌括一卷　(清)戴葆元輯　清光緒四年(1878)思補堂刻本　一册

360000－1901－0013894　120974
金匱湯頭歌括一卷　(清)戴葆元輯　清光緒四年(1878)思補堂刻本　一册

360000－1901－0013895　120975
金匱湯頭歌括一卷　(清)戴葆元輯　清光緒四年(1878)思補堂刻本　一册

360000－1901－0013896　420570
金匱心典三卷　(漢)張機撰　(清)尤怡集注　清刻本　二册　存二卷(中、下)

360000－1901－0013897　230225
金匱新編九卷　謝壺隱撰　稿本　一册

360000－1901－0013898　420567
金匱懸解二十二卷　(清)黄元御撰　清刻本　一册　存四卷(一至四)

360000－1901－0013899　805210
金匱懸解二十二卷　(清)黄元御撰　清刻本　二册

360000－1901－0013900　803839
金匱要略方論三卷　(漢)張機撰　(清)杏林主人注　清咸豐九年(1859)抄本　一册　存一卷(上)

360000－1901－0013901　408028
金匱要略淺註補正九卷　(漢)張機撰　(清)陳念祖淺注　(清)唐宗海補正　清光緒二十年(1894)順成書局石印本　一册　存四卷(一至四)

360000－1901－0013902　408027
金匱要略淺註補正九卷　(漢)張機撰　(清)陳念祖淺注　(清)唐宗海補正　清光緒三十四年(1908)千頃書局石印本　三册

360000－1901－0013903　408029
金匱要略淺註補正九卷　(漢)張機撰　(清)陳念祖淺注　(清)唐宗海補正　清光緒三十四年(1908)千頃書局石印本　一册　存三卷(四至六)

360000－1901－0013904　408029－1
金匱要略淺註補正九卷　(漢)張機撰　(清)陳念祖淺注　(清)唐宗海補正　清光緒三十四年(1908)千頃書局石印本　一册　存三卷(四至六)

360000－1901－0013905　805121
金匱要略淺註補正九卷　(漢)張機撰　(清)陳念祖淺注　(清)唐宗海補正　清刻本　一

册　存二卷(七至八)

360000－1901－0013906　900987
金匱要略淺註補正九卷　(漢)張機撰　(清)陳念祖淺注　(清)唐宗海補正　清刻本　一册　存一卷(八)

360000－1901－0013907　408028－1
金匱要略淺註補正九卷　(漢)張機撰　(清)陳念祖淺注　(清)唐宗海補正　清末石印本　一册　存三卷(四至六)

360000－1901－0013908　162448
金匱要略淺註補正九卷　(漢)張機撰　(清)陳念祖淺注　(清)唐宗海補正　**附血證論八卷**　(清)唐宗海撰　清末千頃堂書局石印本　一册

360000－1901－0013909　162447
金匱要略淺註十卷　(清)陳念祖撰　清道光十年(1830)刻本　六册

360000－1901－0013910　164794
金匱要略淺註十卷　(清)陳念祖撰　清道光十年(1830)刻本　四册　存八卷(一至四、七至十)

360000－1901－0013911　408025
金匱要略淺註十卷　(清)陳念祖撰　清刻本　一册　存三卷(八至十)

360000－1901－0013912　408026
金匱要略淺註十卷　(清)陳念祖撰　清刻本　三册　存八卷(三至十)

360000－1901－0013913　408024
金匱要略淺註十卷　(清)陳念祖撰　清南雅堂刻本　三册　存八卷(三至十)

360000－1901－0013914　707922
金匱要略淺註十卷　(清)陳念祖撰　清咸豐五年(1855)重慶閆書業堂刻本　一册　存二卷(九至十)

360000－1901－0013915　420568
金匱要畧方論本義二十二卷　(清)魏荔彤撰　清雍正刻本　二册　存五卷(一至五)

360000－1901－0013916　420571
金匱翼八卷　(清)尤怡撰　清嘉慶十八年(1813)徐錦心太平軒刻本　四册　存七卷(一至六、八)

360000－1901－0013917　420565
金匱玉函經二註二十二卷　(元)趙良仁衍義　(清)周揚俊補注　清光緒二十四年(1898)養恬齋刻本　五册

360000－1901－0013918　120962
金陵百詠一卷　(宋)曾極撰　清宣統三年(1911)南昌道署刻本　一册

360000－1901－0013919　304315
金陵兵事彙略四卷　(清)李圭撰　清光緒十三年(1887)江寧李圭甬上刻本　二册

360000－1901－0013920　313948
金陵蔡氏五世詩存一卷　(清)蔡祖庚等撰　(清)蔡爲雄　(清)蔡景淇輯　清同治十二年(1873)刻本　一册

360000－1901－0013921　150227
金陵叢刻　(清)傅春官輯　清光緒二十三年至三十一年(1897－1905)江寧傅氏晦齋刻本　十一册　存十一種

360000－1901－0013922　164476
金陵待徵錄十卷　(清)金鰲輯　**金陵詩徵一卷**　(清)朱緒曾輯　清光緒二年(1876)刻本　二册

360000－1901－0013923　304312
金陵先正言行錄六卷　陳作霖撰　清末江楚書局刻本　一册

360000－1901－0013924　307483
金陵雜詠一卷　(清)王友亮撰　清嘉慶九年(1804)雙佩齋刻本　一册

360000－1901－0013925　412776
金陵雜詠一卷　(清)王友亮撰　清乾隆五十年(1785)刻本　一册

360000－1901－0013926　412776－1
金陵雜詠一卷　(清)王友亮撰　清乾隆五十

年(1785)刻本　一册

360000－1901－0013927　304314
金陵朱氏家集　(清)朱緒曾輯　清道光二十年(1840)刻本　一册　存五種

360000－1901－0013928　405317
金鈴集十二卷　(清)張綸輯　(清)張維城箋注　清道光刻本　一册　存六卷(七至十二)

360000－1901－0013929　405317－1
金鈴集十二卷　(清)張綸輯　(清)張維城箋注　清道光刻本　一册　存六卷(七至十二)

360000－1901－0013930　405316
金鈴集十二卷二集四卷　(清)張綸輯　(清)張維城箋注　清道光刻本(二集卷一至二配清刻本)　五册

360000－1901－0013931　603396
金樓子六卷　(南朝梁)元帝蕭繹撰　清光緒元年(1875)湖北崇文書局刻本　一册　存三卷(一至三)

360000－1901－0013932　805252
金臚策楷一卷　(清)陳冕等撰　清光緒十八年(1892)上海鴻寶齋石印本　一册

360000－1901－0013933　407660
金臚策楷一卷　(清)陳冕等撰　清光緒十六年(1890)上海鴻寶齋石印本　一册

360000－1901－0013934　804981
金臚策楷一卷　(清)陳冕等撰　清光緒十六年(1890)上海鴻寶齋石印本　一册

360000－1901－0013935　802623
金臚策楷一卷　(清)陳冕等撰　清末石印本　一册

360000－1901－0013936　163271
金臚精萃五卷　(清)楓橋主人輯　清光緒九年(1883)刻本　二册　存四卷(一至四)

360000－1901－0013937　405082
金山姚氏二先生集　(清)張文虎輯　清光緒二年(1876)刻本　一册

360000－1901－0013938　115228
金山志十卷　(清)盧見曾纂　**續金山志二卷**　(清)釋秋涯纂　清光緒二十六年(1900)刻本　六册

360000－1901－0013939　250154
金聲玉振集　(明)袁褧輯　明嘉靖吳郡袁氏嘉趣堂刻本　十一册　存二十一種

360000－1901－0013940　250155
金聲玉振集　(明)袁褧輯　明嘉靖吳郡袁氏嘉趣堂刻本　三册　存六種

360000－1901－0013941　163628
金詩選四卷　(清)顧奎光輯　(清)陶玉禾評　清刻本　一册　存二卷(三至四)

360000－1901－0013942　241384
金詩選四卷　(清)顧奎光輯　(清)陶玉禾評　清乾隆十六年(1751)刻本　四册

360000－1901－0013943　409441
金石萃編補目三卷　(清)黄本驥撰　清光緒貴池劉世珩刻聚學軒叢書本　一册

360000－1901－0013944　304255
金石萃編校字記一卷　羅振玉撰　清光緒十一年(1885)刻本　一册

360000－1901－0013945　308742
金石萃編一百六十卷　(清)王昶撰　清光緒十九年(1893)上海寶善書局石印本　十七册　存一百五十五卷(一至十九、二十五至一百六十)

360000－1901－0013946　163915
金石萃編一百六十卷　(清)王昶撰　清嘉慶十年(1805)刻本　四十册

360000－1901－0013947　163916
金石萃編一百六十卷　(清)王昶撰　清嘉慶十年(1805)刻本　六十四册

360000－1901－0013948　163917
金石萃編一百六十卷　(清)王昶撰　清嘉慶十年(1805)刻本　七十六册　存一百五十三卷(一至一百五十三)

360000－1901－0013949　163917－1
金石萃編一百六十卷　(清)王昶撰　清嘉慶十年(1805)刻本　二冊　存八卷(一百五十三至一百六十)

360000－1901－0013950　409458
金石萃編一百六十卷　(清)王昶撰　清嘉慶十年(1805)刻本　六十一冊　存一百五十二卷(一至十四、十七至四十二、四十九至一百六十)

360000－1901－0013951　900586
金石萃編一百六十卷　(清)王昶撰　清嘉慶十年(1805)刻本　五十二冊　存一百三十三卷(一至三十七、四十一至一百十一、一百三十六至一百六十)

360000－1901－0013952　161755
金石萃編一百六十卷　(清)王昶撰　清嘉慶十年(1805)青浦王氏經訓堂刻同治十一年(1872)重修本　六十四冊

360000－1901－0013953　161756
金石萃編一百六十卷　(清)王昶撰　清嘉慶十年(1805)青浦王氏經訓堂刻同治十一年(1872)重修本　六十四冊

360000－1901－0013954　161757
金石萃編一百六十卷　(清)王昶撰　清嘉慶十年(1805)青浦王氏經訓堂刻同治十一年(1872)重修本　七十七冊

360000－1901－0013955　800104
金石萃編一百六十卷　(清)王昶撰　清嘉慶十年(1805)青浦王氏經訓堂刻同治十一年(1872)重修本　二十二冊　存四十九卷(一百十二至一百六十)

360000－1901－0013956　805446
金石萃編一百六十卷　(清)王昶撰　清嘉慶十年(1805)青浦王氏經訓堂刻同治十一年(1872)重修本　四十冊　存九十四卷(六十七至一百六十)

360000－1901－0013957　805447
金石萃編一百六十卷　(清)王昶撰　清嘉慶十年(1805)青浦王氏經訓堂刻同治十一年(1872)重修本　四十四冊　存一百十四卷(五至六十六、七十三至一百十八、一百二十一至一百二十六)

360000－1901－0013958　805448
金石萃編一百六十卷　(清)王昶撰　清嘉慶十年(1805)青浦王氏經訓堂刻同治十一年(1872)重修本　二十九冊　存六十七卷(一至二十二、八十二至一百三、一百十三至一百三十五)

360000－1901－0013959　805449
金石萃編一百六十卷　(清)王昶撰　清嘉慶十年(1805)青浦王氏經訓堂刻同治十一年(1872)重修本　四冊　存六卷(六十一至六十六)

360000－1901－0013960　805450
金石萃編一百六十卷　(清)王昶撰　清嘉慶十年(1805)青浦王氏經訓堂刻同治十一年(1872)重修本　二冊　存六卷(二十七至三十二)

360000－1901－0013961　313331
金石萃編一百六十卷　(清)王昶撰　清刻本　六十冊　存一百五十卷(二至二十三、三十三至一百六十)

360000－1901－0013962　804102
金石萃編一百六十卷　(清)王昶撰　清刻本　二十冊　存五十七卷(一至十六、二十至六十)

360000－1901－0013963　312227
金石萃編一百六十卷　(清)王昶撰　**續編二十一卷首一卷**　(清)陸耀遹撰　清光緒十九年(1893)上海寶善書局石印本　二十四冊

360000－1901－0013964　161760
金石存十五卷　(清)吳玉搢撰　清嘉慶二十四年(1819)山陽李氏聞妙香室刻本　四冊

360000－1901－0013965　305490
金石存十五卷　(清)吳玉搢撰　清嘉慶二十四年(1819)山陽李氏聞妙香室刻本　二冊

存五卷(一至五)

360000－1901－0013966　306712
金石存十五卷　(清)吳玉搢撰　清嘉慶二十四年(1819)山陽李氏聞妙香室刻本　七冊　存十三卷(三至十五)

360000－1901－0013967　310354
金石存十五卷　(清)吳玉搢撰　清嘉慶二十四年(1819)山陽李氏聞妙香室刻本　二冊

360000－1901－0013968　603393
金石存十五卷　(清)吳玉搢撰　**金石品二卷**　(清)李調元撰　清刻本　四冊

360000－1901－0013969　314214
金石訂例四卷　(清)鮑振方撰　清光緒十年(1884)常熟鮑廷爵後知不足齋刻本　一冊

360000－1901－0013970　311085
金石古文考一卷　(清)鄭業斅撰　清光緒二十三年(1897)金陵宜春閣石印本　一冊

360000－1901－0013971　307894
金石古文十四卷　(明)楊慎撰　清光緒八年(1882)學古齋刻本　四冊

360000－1901－0013972　306713
金石例十卷　(元)潘昂霄撰　清光緒四年(1878)讀有用書齋刻朱墨套印本　一冊　存六卷(一至六)

360000－1901－0013973　304486
金石錄三十卷　(宋)趙明誠撰　清道光湘陰蔣環刻光緒四年(1878)古香閣印三長物齋叢書本　二冊　存十卷(一至五、二十六至三十)

360000－1901－0013974　220785
金石錄三十卷　(宋)趙明誠撰　清順治七年(1650)謝世箕刻本　六冊

360000－1901－0013975　409444
金石錄三十卷　(宋)趙明誠撰　清順治七年(1650)謝世箕刻本　六冊

360000－1901－0013976　307895
金石略三卷　(宋)鄭樵輯　清光緒學古齋刻本　三冊

360000－1901－0013977　315444
金石三例　(清)盧見曾輯　清光緒馮焌光刻朱墨套印本　四冊

360000－1901－0013978　304265
金石三例　(清)盧見曾輯　清光緒四年(1878)讀有用書齋刻朱墨套印本　四冊

360000－1901－0013979　409459
金石三例　(清)盧見曾輯　清乾隆二十年(1755)盧氏雅雨堂刻本　四冊

360000－1901－0013980　409455
金石三例續編　(清)朱記榮　(清)徐士愷輯　清光緒十二年(1886)觀自得齋刻本　四冊

360000－1901－0013981　304264
金石識別十二卷　(美國)代那撰　(美國)瑪高溫口譯　(清)華蘅芳筆述　清刻本　六冊

360000－1901－0013982　312094
金石識別十二卷　(美國)代那撰　(美國)瑪高溫口譯　(清)華蘅芳筆述　清刻本　六冊

360000－1901－0013983　304252
金石識別十二卷附中西名目表一卷　(美國)代那撰　(美國)瑪高溫口譯　(清)華蘅芳筆述　清光緒二十三年(1897)上海著易堂石印本　三冊

360000－1901－0013984　307893
金石史二卷　(明)郭宗昌撰　清光緒八年(1882)學古齋刻本　一冊

360000－1901－0013985　165108
金石史二卷　(明)郭宗昌撰　清嘉慶二十年(1815)抄本　一冊

360000－1901－0013986　309536
金石索十二卷首一卷　(清)馮雲鵬　(清)馮雲鵷輯　清道光元年(1821)紫琅馮氏邃古齋刻本　十二冊

360000－1901－0013987　313618
金石索十二卷首一卷　(清)馮雲鵬　(清)馮雲鵷輯　清道光元年(1821)紫琅馮氏邃古齋

刻本　十二册

360000－1901－0013988　314708
金石索十二卷首一卷　（清）馮雲鵬　（清）馮雲鵷輯　清道光元年（1821）紫琅馮氏邃古齋刻本　十二册

360000－1901－0013989　314710
金石索十二卷首一卷　（清）馮雲鵬　（清）馮雲鵷輯　清道光元年（1821）紫琅馮氏邃古齋刻本　十二册

360000－1901－0013990　314711
金石索十二卷首一卷　（清）馮雲鵬　（清）馮雲鵷輯　清道光元年（1821）紫琅馮氏邃古齋刻本　十二册

360000－1901－0013991　409576
金石索十二卷首一卷　（清）馮雲鵬　（清）馮雲鵷輯　清道光元年（1821）紫琅馮氏邃古齋刻本　三册　存三卷（金索一卷、石索二卷）

360000－1901－0013992　314665
金石圖説二卷　（清）牛運震集説　（清）褚峻摹圖　劉世珩編補　清光緒二十年（1894）貴池劉世珩聚學軒刻本　四册

360000－1901－0013993　314340
金石文鈔八卷續鈔二卷　（清）趙紹祖輯　清光緒二年（1876）刻本　十册

360000－1901－0013994　314345
金石文鈔八卷續鈔二卷　（清）趙紹祖輯　清光緒二年（1876）刻本　十册

360000－1901－0013995　313967
金石文字辨異十二卷　（清）邢澍撰　清光緒貴池劉世珩刻聚學軒叢書本　九册

360000－1901－0013996　313935
金石屑四卷附編一卷　（清）鮑昌熙摹　清光緒刻本　四册

360000－1901－0013997　409442
金石續編二十一卷首一卷　（清）陸耀遹撰　清光緒二十年（1894）上海文盛堂石印本　四册

360000－1901－0013998　409443
金石續編二十一卷首一卷　（清）陸耀遹撰　清光緒二十年（1894）上海文盛堂石印本　二册　存十二卷（一至十二）

360000－1901－0013999　308742－1
金石續編二十一卷首一卷　（清）陸耀遹撰　清光緒十九年（1893）上海寶善書局石印本　六册

360000－1901－0014000　314295
金石續編二十一卷首一卷　（清）陸耀遹撰　清同治十三年（1874）毘陵雙白燕堂刻本　十册

360000－1901－0014001　304297
金石續鈔二卷　（清）趙紹祖輯　清嘉慶刻本　二册

360000－1901－0014002　220790
金石續録四卷　（清）劉青藜撰　清康熙四十九年（1710）刻本　二册

360000－1901－0014003　304253
金石學録四卷　（清）李遇孫撰　清道光二年（1822）刻本　一册

360000－1901－0014004　721698
金石緣全傳八卷二十四回　（清）省齋主人編　清鴻文堂刻本　一册　存四卷（一至四）十二回（一至十二）

360000－1901－0014005　314620
金石苑六卷　（清）劉喜海輯　清道光刻本　六册

360000－1901－0014006　314976
金石苑六卷　（清）劉喜海輯　清末石印本　五册

360000－1901－0014007　304263
金石綜例四卷　（清）馮登府撰　清光緒十三年（1887）行素草堂刻本　二册

360000－1901－0014008　120959
金史紀事本末五十二卷　（清）李有棠撰　清光緒十九年（1893）刻本　六册

360000－1901－0014009　120960
金史紀事本末五十二卷　(清)李有棠撰　清光緒十九年(1893)刻本　六册

360000－1901－0014010　120956
金史紀事本末五十二卷首一卷末一卷　(清)李有棠撰　清光緒二十九年(1903)刻本　十二册

360000－1901－0014011　120957
金史紀事本末五十二卷首一卷末一卷　(清)李有棠撰　清光緒二十九年(1903)刻本　十二册

360000－1901－0014012　120958
金史紀事本末五十二卷首一卷末一卷　(清)李有棠撰　清光緒二十九年(1903)刻本　十二册

360000－1901－0014013　120961
金史紀事本末五十二卷首一卷末一卷　(清)李有棠撰　清光緒二十九年(1903)刻本　十二册

360000－1901－0014014　601365
金史紀事本末五十二卷首一卷末一卷　(清)李有棠撰　清光緒二十九年(1903)萍鄉李氏移鄂樓刻本　十二册

360000－1901－0014015　601366
金史紀事本末五十二卷首一卷末一卷　(清)李有棠撰　清光緒二十九年(1903)萍鄉李氏移鄂樓刻本　十二册　存五十二卷(一至五十一、首一卷)

360000－1901－0014016　601364
金史紀事本末五十二卷首一卷末一卷　(清)李有棠撰　清光緒十九年(1893)萍鄉李氏移鄂樓刻本　五册　存四十二卷(一至四十二)

360000－1901－0014017　601367
金史紀事本末五十二卷首一卷末一卷　(清)李有棠撰　清光緒十九年(1893)同文書局石印本　六册

360000－1901－0014018　310386
金史詳校十卷首一卷附史論五答一卷　(清)施國祁撰　清光緒六年(1880)會稽章氏刻本　六册

360000－1901－0014019　310387
金史詳校十卷首一卷附史論五答一卷　(清)施國祁撰　清光緒六年(1880)會稽章氏刻本　十二册

360000－1901－0014020　310798
金史詳校十卷首一卷附史論五答一卷　(清)施國祁撰　清光緒六年(1880)會稽章氏刻本　十册

360000－1901－0014021　312664
金史詳校十卷首一卷附史論五答一卷　(清)施國祁撰　清光緒六年(1880)會稽章氏刻本　十二册

360000－1901－0014022　304309
金史一百三十五卷附考證　(元)脱脱等撰　清道光四年(1824)武英殿刻本　三十册

360000－1901－0014023　308921
金史一百三十五卷附考證　(元)脱脱等撰　清光緒二十八年(1902)史學會社石印二十四史本　七册　存一百二十三卷(一至五十、六十三至一百三十五)

360000－1901－0014024　603394
金史一百三十五卷附考證　(元)脱脱等撰　清刻本　一册　存五卷(九至十三)

360000－1901－0014025　801372
金史一百三十五卷附考證　(元)脱脱等撰　清刻本　一册　存五卷(三十二至三十六)

360000－1901－0014026　312271
金史一百三十五卷附考證　(元)脱脱等撰　清末影印本　七册　存四十卷(八十九至一百二十八)

360000－1901－0014027　410564
金史一百三十五卷附考證　(元)脱脱等撰　清同治十三年(1874)江蘇書局刻二十四史本　十五册　存五十九卷(六至十四、十七至二

十一、二十三至三十一、四十一至四十五、四十七至六十一、六十五至六十九、七十四至七十七、九十一至九十三、一百二至一百五）

360000－1901－0014028　310978

金史一百三十五卷附考證　（元）脱脱等撰　清同治十三年（1874）刻本　二十册

360000－1901－0014029　220073

金史一百三十五卷目録二卷　（元）脱脱等撰　明嘉靖八年（1529）南京國子監刻明清遞修二十一史本　二册　存十二卷（五十九至六十二、七十二至七十九）

360000－1901－0014030　804997

金史一百三十五卷目録二卷　（元）脱脱等撰　明嘉靖八年（1529）南京國子監刻明清遞修二十一史本　四册　存二十八卷（六至十九、三十二至三十九、五十三至五十八）

360000－1901－0014031　306099

金史一百三十五卷欽定金國語解一卷　（元）脱脱等撰　清光緒二十九年（1903）五洲同文書局影印二十四史本　十二册　存七十卷（一至四十二、六十九至八十八、一百二十九至一百三十五，欽定金國語解一卷）

360000－1901－0014032　312320

金史一百三十五卷欽定金國語解一卷　（元）脱脱等撰　清光緒十四年（1888）成都尊經書局刻本　二十四册

360000－1901－0014033　304290

金史一百三十五卷欽定金國語解一卷　（元）脱脱等撰　清光緒十四年（1888）上海圖書集成印書局鉛印本　十六册

360000－1901－0014034　313127

金粟箋説一卷　（清）張燕昌撰　清光緒仁和許增刻榆園叢刻本　一册

360000－1901－0014035　315738

金粟山房詩鈔十卷　（清）朱寯瀛撰　清光緒二十七年（1901）刻本　二册

360000－1901－0014036　240455

金臺集二卷　（元）迺賢撰　（明）危素輯　清抄本　一册

360000－1901－0014037　800389

金臺書院課士録一卷　（清）張集馨輯　清抄本　一册

360000－1901－0014038　306708

金湯借箸十二籌十二卷　（明）李盤等撰　清刻本　一册　存一卷（十二）

360000－1901－0014039　314070

金湯借箸十二籌十二卷　（明）李盤等撰　清刻本　八册

360000－1901－0014040　416694

金湯借箸十二籌十二卷　（明）李盤等撰　清刻本　五册　存十卷（一至二、五至十二）

360000－1901－0014041　306715

金湯借箸十二籌十二卷　（明）李盤等撰　清琉璃廠刻本　五册　存十一卷（一至十一）

360000－1901－0014042　240497

金文靖公集十卷　（明）金幼孜撰　明成化四年（1468）金昭伯刻弘治六年（1493）盧淵重修本　六册　缺一卷（十）

360000－1901－0014043　120954

金文靖公集十卷　（明）金幼孜撰　清木活字印本　六册

360000－1901－0014044　120955

金文靖公集十卷　（明）金幼孜撰　清木活字印本　六册

360000－1901－0014045　417521

金文靖公集十卷　（明）金幼孜撰　清木活字印本　七册

360000－1901－0014046　120943

金文靖公集十卷　（明）金幼孜撰　**金文靖公三朝恩榮録一卷**　（明）金昭伯輯　清木活字印本　八册

360000－1901－0014047　304261

金文十法一卷　（清）馬佩玖輯　清同治七年（1868）又一村刻本　一册

360000－1901－0014048　304262

金文十法一卷　(清)馬佩玖輯　清同治七年(1868)又一村刻本　一册

360000－1901－0014049　313825

金仙證論一卷　(清)柳華陽撰　清道光二十八年(1848)菁華堂刻本　一册

360000－1901－0014050　304212

金鄉紀事四卷首一卷　(清)吳堦撰　清嘉慶刻本　一册

360000－1901－0014051　315891

金薤琳琅二十卷　(明)都穆撰　清刻本　一册　存九卷(四至十二)

360000－1901－0014052　161758

金薤琳琅二十卷　(明)都穆撰　**補遺一卷**　(清)宋振譽撰　清光緒三十年(1904)會稽董氏取斯堂刻本　三册

360000－1901－0014053　401793

金軺籌筆四卷　(清)□□撰　清光緒十三年(1887)刻本　四册

360000－1901－0014054　306727

金軺籌筆四卷　(清)□□撰　清新學書局刻挹秀山房叢書本　三册　存三卷(二至四)

360000－1901－0014055　417746

金元明八大家文選　(清)李祖陶輯　清道光二十五年(1845)吉安府署刻本　二十三册

360000－1901－0014056　417747

金元明八大家文選　(清)李祖陶輯　清道光二十五年(1845)吉安府署刻本　二十六册

360000－1901－0014057　417748

金元明八大家文選　(清)李祖陶輯　清道光二十五年(1845)吉安府署刻本　二十三册

360000－1901－0014058　417749

金元明八大家文選　(清)李祖陶輯　清道光二十五年(1845)吉安府署刻本　四册　存二種

360000－1901－0014059　123304

金元明八大家文選　(清)李祖陶輯　清道光二十五年(1845)刻本　二十四册

360000－1901－0014060　123305

金元明八大家文選　(清)李祖陶輯　清道光二十五年(1845)刻本　十六册　存五種

360000－1901－0014061　306702

金元明八大家文選　(清)李祖陶輯　清道光二十五年(1845)刻本　十二册　存四種

360000－1901－0014062　405003

金元明八大家文選　(清)李祖陶輯　清道光二十五年(1845)刻本　七册　存四種

360000－1901－0014063　410230

金元明八大家文選　(清)李祖陶輯　清道光二十五年(1845)刻本　十八册

360000－1901－0014064　410230－1

金元明八大家文選　(清)李祖陶輯　清道光二十五年(1845)刻本　五册　存三種

360000－1901－0014065　410231

金元明八大家文選　(清)李祖陶輯　清道光二十五年(1845)刻本　二十四册

360000－1901－0014066　410232

金元明八大家文選　(清)李祖陶輯　清道光二十五年(1845)刻本　十四册

360000－1901－0014067　410232－1

金元明八大家文選　(清)李祖陶輯　清道光二十五年(1845)刻本　七册　存六種

360000－1901－0014068　410232－2

金元明八大家文選　(清)李祖陶輯　清道光二十五年(1845)刻本　五册　存六種

360000－1901－0014069　413228

金元明八大家文選　(清)李祖陶輯　清道光二十五年(1845)刻本　六册　存四種

360000－1901－0014070　717510

金元明八大家文選　(清)李祖陶輯　清道光二十五年(1845)刻本　十六册　存六種

360000－1901－0014071　307352

金元明八大家文選　(清)李祖陶輯　清道光

二十五年(1845)刻本　二十一册　存六種

360000－1901－0014072　307362
金元明八大家文選　(清)李祖陶輯　清道光二十五年(1845)刻本　十九册

360000－1901－0014073　304305
金源紀事詩八卷　(清)湯運泰撰　(清)湯顯業　(清)湯顯榦注　清嘉慶十八年(1813)刻本　四册

360000－1901－0014074　317208
金源紀事詩八卷　(清)湯運泰撰　(清)湯顯業　(清)湯顯榦注　清同治十二年(1873)淮南書局刻本　四册

360000－1901－0014075　405324
金源紀事詩八卷　(清)湯運泰撰　(清)湯顯業　(清)湯顯榦注　清同治十二年(1873)淮南書局刻本　一册　存二卷(五至六)

360000－1901－0014076　304302
金源劄記二卷　(清)施國祁撰　清嘉慶十七年(1812)吉貝居刻本　一册

360000－1901－0014077　409693
金正希先生文鈔不分卷　(明)金聲撰　(清)王步青評　清映旭齋刻本　四册

360000－1901－0014078　240753
金正希先生文集輯略九卷　(明)金聲撰　明末新安邵鵬程刻本　四册

360000－1901－0014079　304306
金忠節公文集八卷　(明)金聲撰　清道光七年(1827)刻本　四册

360000－1901－0014080　315718
金忠節公文集八卷　(明)金聲撰　清光緒十四年(1888)黟邑李宗媚刻本　四册

360000－1901－0014081　405326
金忠節公文集八卷　(明)金聲撰　清光緒十四年(1888)黟邑李宗媚刻本　一册　存二卷(三至四)

360000－1901－0014082　164163
津逮祕書　(明)毛晉輯　明崇禎毛氏汲古閣刻本　一册　存二種

360000－1901－0014083　250167
津逮祕書　(明)毛晉輯　明崇禎毛氏汲古閣刻本　一百六十册

360000－1901－0014084　250168
津逮祕書　(明)毛晉輯　明崇禎毛氏汲古閣刻本　二十册　存十九種

360000－1901－0014085　718252
津逮祕書　(明)毛晉輯　明崇禎毛氏汲古閣刻本　十六册　存二十四種

360000－1901－0014086　718253
津逮祕書　(明)毛晉輯　明崇禎毛氏汲古閣刻本　三册　存八種

360000－1901－0014087　240730
錦帆集四卷解脱集四卷　(明)袁宏道撰　明萬曆三十八年(1610)袁叔度書種堂刻本　四册

360000－1901－0014088　123074
錦芳醫案初編五卷附誡子八則一卷　(清)黄宮繡撰　清嘉慶四年(1799)刻本　五册

360000－1901－0014089　407973
錦芳醫案初編五卷附誡子八則一卷　(清)黄宮繡撰　清嘉慶四年(1799)刻本　二册　存三卷(一、四,誡子八則一卷)

360000－1901－0014090　420523
錦芳醫案初編五卷附誡子八則一卷　(清)黄宮繡撰　清嘉慶四年(1799)刻本　一册　存一卷(二)

360000－1901－0014091　122409
錦江脞記十五卷　(清)朱航撰　清道光十四年(1834)鹿山精舍刻本　二册

360000－1901－0014092　122410
錦江脞記十五卷　(清)朱航撰　清道光十四年(1834)鹿山精舍刻本　二册

360000－1901－0014093　122411
錦江脞記十五卷　(清)朱航撰　清道光十四年(1834)鹿山精舍刻本　一册　存七卷(七

至十三）

360000－1901－0014094　412710
錦江脞記十五卷　（清）朱航撰　清道光十四年（1834）鹿山精舍刻本　一册　存六卷（一至六）

360000－1901－0014095　241546
錦瑟詞三卷　（清）汪懋麟撰　清康熙十五年（1676）刻本　一册

360000－1901－0014096　313288
錦山初筆一卷　（唐）楊筠松撰　清刻本　一册

360000－1901－0014097　404870
錦堂課草一卷　（清）牛樹桃撰　清同治二年（1863）刻本　一册

360000－1901－0014098　404870－1
錦堂課草一卷　（清）牛樹桃撰　清同治二年（1863）刻本　一册

360000－1901－0014099　603875
錦堂課草一卷　（清）牛樹桃撰　清同治二年（1863）刻本　一册

360000－1901－0014100　250013
錦繡萬花谷前集四十卷後集四十卷續集四十卷　（宋）□□編　明嘉靖十四年（1535）徽藩崇古書院刻本　四十八册

360000－1901－0014101　250016
錦繡萬花谷前集四十卷後集四十卷續集四十卷　（宋）□□編　明刻本　三十二册

360000－1901－0014102　250014
錦繡萬花谷前集四十卷後集四十卷續集四十卷別集三十卷　（宋）□□編　明嘉靖十五年（1536）秦汴繡石書堂刻本　四十册

360000－1901－0014103　250015
錦繡萬花谷前集四十卷後集四十卷續集四十卷別集三十卷　（宋）□□編　明嘉靖十五年（1536）秦汴繡石書堂刻本　二十四册　缺七十卷（續集四十卷、別集三十卷）

360000－1901－0014104　803320
錦要信式不分卷　（□）□□輯　清抄本　一册

360000－1901－0014105　162850
錦字箋四卷　（清）黄澐撰　清刻本　四册

360000－1901－0014106　404013
錦字箋四卷　（清）黄澐撰　清刻本　二册

360000－1901－0014107　404014
錦字箋四卷　（清）黄澐撰　清刻本　四册

360000－1901－0014108　404015
錦字箋四卷　（清）黄澐撰　清刻本　二册

360000－1901－0014109　404020
錦字箋四卷　（清）黄澐撰　清刻本　一册

360000－1901－0014110　404018
錦字箋四卷　（清）黄澐撰　清文秀堂刻本　一册

360000－1901－0014111　404019
錦字箋四卷　（清）黄澐撰　清文秀堂刻本　二册

360000－1901－0014112　404016
錦字箋四卷　（清）黄澐撰　清雍正九年（1731）刻本　四册

360000－1901－0014113　404017
錦字箋四卷　（清）黄澐撰　清雍正九年（1731）刻本　一册　存二卷（三至四）

360000－1901－0014114　406441
謹擬京師大學堂章程不分卷　（清）京師大學堂編　清光緒鉛印本　一册

360000－1901－0014115　163301
近光集二十八卷　（清）汪士鋐輯　（清）徐修仁注　清康熙五十八年（1719）保德堂刻本　六册

360000－1901－0014116　407687
近光集二十八卷　（清）汪士鋐輯　（清）徐修仁注　清康熙五十八年（1719）保德堂刻本　五册　存十六卷（一至六、十一至十七、二十一至二十三）

360000－1901－0014117　407641
近光堂經進初藁十二卷　（清）聶銑敏撰　清刻本　四冊　存十一卷（一至十一）

360000－1901－0014118　404430
近花樓纂釋分類合法百將全傳二卷　（清）陳裕輯　清康熙俞大繙刻本　一冊

360000－1901－0014119　802897
近科策鵠四卷　（清）□□輯　清刻本　一冊　存二卷（三至四）

360000－1901－0014120　407634
近科房行書菁華二集四卷　（清）張發長（清）殷兆燕　（清）紀昀評選　清乾隆四十一年（1776）敬書堂刻本　五冊

360000－1901－0014121　802899
近科館課分韻詩鈔不分卷　王先謙編　（清）范多珏重編　陳漢章增注　清刻本　一冊

360000－1901－0014122　802900
近科館課分韻詩初集□□卷二集□□卷　王先謙編　清光緒鉛印本　二冊　存三卷（近科館課分韻詩初集二、二集三至四）

360000－1901－0014123　802898
近科經文四編不分卷　（清）□□輯　清刻本　一冊

360000－1901－0014124　802917
近科考卷鈎元集不分卷　（清）吳翀　（清）高圖泰評選　清乾隆十年（1745）刻本　三冊

360000－1901－0014125　805015
近科考卷清真集不分卷　（清）彭俊輯　清道光十三年（1833）鳴盛堂刻本　一冊

360000－1901－0014126　802914
近科考卷脫穎集不分卷　（清）□□輯　清刻本　二冊

360000－1901－0014127　318118－5
近科墨卷摘錄不分卷　（清）□□輯　清抄本　一冊

360000－1901－0014128　900318
近科全題新策法程不分卷　（清）劉坦之評點　清道光十二年（1832）刻本　一冊

360000－1901－0014129　802896
近科全題新策法程不分卷　（清）劉坦之評點　清道光四年（1824）務本堂刻本　一冊

360000－1901－0014130　802918
近科全題新策法程不分卷　（清）劉坦之評點　清刻本　一冊

360000－1901－0014131　802919
近科全題新策法程不分卷　（清）劉坦之評點　清刻本　一冊

360000－1901－0014132　802895
近科試策法程不分卷　（清）□□輯　清刻本　一冊

360000－1901－0014133　803515
近科試策法程不分卷　（清）□□輯　清刻本　一冊

360000－1901－0014134　802894
近科鄉會墨僅見不分卷　（清）□□輯　清刻本　一冊

360000－1901－0014135　802916
近科制藝春霆集不分卷　（清）李鳴謙　（清）吳承緒輯　清刻本　二冊

360000－1901－0014136　802915
近科制藝春霆集不分卷　（清）李鳴謙　（清）吳承緒輯　清同治八年（1869）刻本　三冊

360000－1901－0014137　802893
近十科鄉會墨針不分卷　（清）枕經主人輯　清光緒五年（1879）枕經閣鉛印本　二冊

360000－1901－0014138　407711
近事錄真二卷　（清）黃啓衛撰　清道光十九年（1839）刻本　一冊　存一卷（一）

360000－1901－0014139　803135
近思錄集解十四卷　（宋）葉采撰　清刻本　一冊　存五卷（五至九）

360000－1901－0014140　416583
近思錄集解十四卷　（宋）葉采撰　清三多齋

刻本　一册

360000－1901－0014141　416582
近思録集解十四卷　(宋)葉采撰　清雍正五年(1727)哦雲堂刻本　四册

360000－1901－0014142　416576
近思録集注十四卷　(清)江永撰　清道光二十四年(1844)張日晸刻本　三册　存十一卷(一至十一)

360000－1901－0014143　716985
近思録集注十四卷　(清)江永撰　清道光五年(1825)刻本　一册　存二卷(一至二)

360000－1901－0014144　416336－1
近思録集注十四卷　(清)江永撰　清光緒二十五年(1899)贛州三書院刻本　一册　存九卷(六至十四)

360000－1901－0014145　716990
近思録集注十四卷　(清)江永撰　清光緒二十五年(1899)贛州三書院刻本　一册　存五卷(一至五)

360000－1901－0014146　121041
近思録集注十四卷　(清)江永撰　清光緒十四年(1888)山西濬文書局刻本　四册

360000－1901－0014147　121040
近思録集注十四卷　(清)江永撰　清光緒元年(1875)香山何璟刻本　五册

360000－1901－0014148　405762
近思録集注十四卷　(清)江永撰　清刻本　一册　存五卷(一至五)

360000－1901－0014149　716991
近思録集注十四卷　(清)江永撰　清刻本　二册

360000－1901－0014150　716992
近思録集注十四卷　(清)江永撰　清刻本　一册　存五卷(一至五)

360000－1901－0014151　716984
近思録集注十四卷　(清)江永撰　清末石印本　二册　存七卷(二至四、十一至十四)

360000－1901－0014152　416572
近思録集注十四卷　(清)江永撰　清同治八年(1869)江蘇書局刻本　三册

360000－1901－0014153　416573
近思録集注十四卷　(清)江永撰　清同治三年(1864)刻本　二册

360000－1901－0014154　416315
近思録集注十四卷　(清)江永撰　清咸豐三年(1853)刻本　一册　存二卷(一至二)

360000－1901－0014155　416585
近思録集注十四卷考訂朱子世家一卷　(清)江永撰　清光緒十五年(1889)金陵書局刻本　二册　存四卷(一至三、考訂朱子世家一卷)

360000－1901－0014156　416584－1
近思録集注十四卷考訂朱子世家一卷　(清)江永撰　清刻本　三册　存十二卷(四至十四、考訂朱子世家一卷)

360000－1901－0014157　416585－1
近思録集注十四卷考訂朱子世家一卷　(清)江永撰　清刻本　三册　存十三卷(三至十四、考訂朱子世家一卷)

360000－1901－0014158　716976
近思録集注十四卷考訂朱子世家一卷　(清)江永撰　清刻本　二册　存七卷(三至四、十一至十四,考訂朱子世家一卷)

360000－1901－0014159　716993
近思録集注十四卷考訂朱子世家一卷　(清)江永撰　清刻本　二册　存四卷(一至三、考訂朱子世家一卷)

360000－1901－0014160　121042
近思録集注十四卷考訂朱子世家一卷　(清)江永撰　清咸豐三年(1853)刻本　六册

360000－1901－0014161　803824
近思録輯要六卷　(清)程尚友輯　清抄本　一册　存一卷(一)

360000－1901－0014162　417571

近莊樓詩草不分卷　(清)龔春年撰　清光緒二十六年(1900)沃塘龔氏樂春堂刻本　一冊

360000－1901－0014163　802465
晉成公子安集一卷　(晉)成公綏撰　清抄本　一冊

360000－1901－0014164　300897
晉二俊文集　(宋)徐民瞻輯　清光緒四年(1878)長沙寄生草堂刻本　四冊

360000－1901－0014165　400086
晉記六十八卷首一卷　(清)郭倫撰　清刻本　十三冊　存三十三卷(二至三、十五至二十九、五十三至六十八)

360000－1901－0014166　220103
晉記六十八卷首一卷　(清)郭倫撰　清乾隆五十一年(1786)有斐堂刻本　十八冊　缺十六卷(十六至三十一)

360000－1901－0014167　300902
晉畧六十六卷　(清)周濟撰　清光緒二年(1876)味雋齋刻本　十冊

360000－1901－0014168　400085
晉書補傳贊一卷　(清)杭世駿撰　清乾隆五十七年(1792)杭賓仁羊城刻杭大宗七種叢書本　一冊

360000－1901－0014169　220544
晉書地理志新補正五卷　(清)畢沅撰　清乾隆四十九年(1784)鎮洋畢氏靈巖山館刻經訓堂叢書本　一冊

360000－1901－0014170　164035
晉書校勘記四卷　(清)周雲撰　清光緒十四年(1888)廣雅書局刻本　一冊

360000－1901－0014171　400084
晉書校勘記四卷　(清)周雲撰　清光緒十四年(1888)廣雅書局刻本　一冊

360000－1901－0014172　400153
晉書校勘記四卷　(清)周雲撰　清光緒十四年(1888)廣雅書局刻本　一冊

360000－1901－0014173　164027
晉書一百三十卷　(唐)房玄齡等撰　明崇禎元年(1628)毛氏汲古閣刻十七史本　八冊　存五十四卷(六十至一百十三)

360000－1901－0014174　313293
晉書一百三十卷　(唐)房玄齡等撰　明崇禎元年(1628)毛氏汲古閣刻十七史本　八冊　存三十六卷(一至三、十八至四十、四十七至五十一、五十八至六十二)

360000－1901－0014175　164032
晉書一百三十卷　(唐)房玄齡等撰　明刻明清遞修本　二十九冊　存九十八卷(三至一百)

360000－1901－0014176　164033
晉書一百三十卷　(唐)房玄齡等撰　明刻明清遞修本　三十一冊　存一百十三卷(三至十二、二十一至三十、三十八至一百三十)

360000－1901－0014177　410432
晉書一百三十卷　(唐)房玄齡等撰　明鍾人傑刻本　五冊　存十一卷(志一至八、列傳一至三)

360000－1901－0014178　304976
晉書一百三十卷　(唐)房玄齡等撰　清嘉慶、道光古吳書業趙氏刻本　二十五冊　存一百五卷(一至十、十八至一百五、一百十七至一百二十三)

360000－1901－0014179　306076
晉書一百三十卷　(唐)房玄齡等撰　清嘉慶、道光古吳書業趙氏刻本　二冊　存七卷(十一至十七)

360000－1901－0014180　220069
晉書一百三十卷　(唐)房玄齡等撰　(唐)何超音義　明萬曆六年(1578)周若年、丁孟嘉刻本　一冊　存三卷(八十四至八十六)

360000－1901－0014181　306036
晉書一百三十卷　(唐)房玄齡等撰　**晉書音義三卷**　(唐)何超撰　清光緒二十九年(1903)五洲同文書局影印二十四史本　二十一冊　存九十卷(一至九、十三至二十一、二

十八至三十、三十七至五十五、六十五至一百、一百六至一百十一、一百二十六至一百三十，晉書音義三卷）

360000－1901－0014182　306038

晉書一百三十卷　（唐）房玄齡等撰　**晉書音義三卷**　（唐）何超撰　清同治十年（1871）金陵書局刻二十四史本　二十七册　存一百二十五卷（一至一百二十二、晉書音義三卷）

360000－1901－0014183　306039

晉書一百三十卷　（唐）房玄齡等撰　**晉書音義三卷**　（唐）何超撰　清同治十年（1871）金陵書局刻二十四史本　十册　存七十四卷（六十至一百三十、晉書音義三卷）

360000－1901－0014184　308640

晉書一百三十卷　（唐）房玄齡等撰　**晉書音義三卷**　（唐）何超撰　清同治十年（1871）金陵書局刻二十四史本　三十册

360000－1901－0014185　310564

晉書一百三十卷　（唐）房玄齡等撰　**晉書音義三卷**　（唐）何超撰　清同治十年（1871）金陵書局刻二十四史本　十九册　存一百二十七卷（一至四、十一至一百三十，晉書音義三卷）

360000－1901－0014186　310818

晉書一百三十卷　（唐）房玄齡等撰　**晉書音義三卷**　（唐）何超撰　清同治十年（1871）金陵書局刻二十四史本　二十册

360000－1901－0014187　311003

晉書一百三十卷　（唐）房玄齡等撰　**晉書音義三卷**　（唐）何超撰　清同治十年（1871）金陵書局刻二十四史本　十六册

360000－1901－0014188　604069

晉書一百三十卷　（唐）房玄齡等撰　**晉書音義三卷**　（唐）何超撰　清同治十年（1871）金陵書局刻二十四史本　二十册

360000－1901－0014189　220068

晉書一百三十卷　（唐）房玄齡等撰　**音義三卷**　（唐）何超撰　元刻明正德十年（1515）司禮監嘉靖、萬曆南京國子監清順治十六年（1659）遞修本　十三册　存三十六卷（六十一至八十、八十四至九十四、九十九至一百，音義三卷）

360000－1901－0014190　164034

晉書音義三卷　（唐）何超撰　明刻清修補本　一册

360000－1901－0014191　413313－1

讀禮條考二十卷　（清）王曜南撰　清道光二十九年（1849）刻本　一册　存三卷（四至六）

360000－1901－0014192　220070

晉書載記三十卷　（唐）房玄齡等撰　（唐）何超音義　明刻本　一册　存六卷（二十至二十五）

360000－1901－0014193　220297

晉書纂十六卷　（明）錢岱輯　（明）鍾惺纂評　明刻本　一册　存五卷（十一至十五）

360000－1901－0014194　300898

晉宋書故一卷　（清）郝懿行撰　清嘉慶二十一年（1816）刻郝氏遺書本　一册

360000－1901－0014195　300900

晉宋書故一卷　（清）郝懿行撰　清嘉慶二十一年（1816）刻郝氏遺書本　一册

360000－1901－0014196　305323

晉太康三年地記一卷王隱晉書地道記一卷　（清）畢沅輯　清光緒十七年（1891）思賢講舍刻本　一册

360000－1901－0014197　306669

晉五胡表一卷　沈惟賢撰　清光緒十六年至二十二年（1890－1896）刻學古堂日記本　一册

360000－1901－0014198　404880

晉渚賦稿一卷　（清）汪道淳撰　清刻本　一册

360000－1901－0014199　900788

浸園草稿不分卷　（清）□□撰　清抄本　一册

360000－1901－0014200　301749
進呈策十二卷　(清)郭家鏞等撰　清同治九年(1870)京都琉璃廠刻本　二冊

360000－1901－0014201　803745
進出用數不分卷　(清)□□輯　清宣統三年(1911)抄本　一冊

360000－1901－0014202　417003
進化論不分卷　(英國)泰勒撰　(清)任保羅譯　清光緒二十九年(1903)上海美華書館鉛印本　四冊

360000－1901－0014203　417002
進思錄十卷　(清)譚光烈輯　清道光二十九年(1849)刻本　四冊

360000－1901－0014204　722341
進思錄十卷　(清)譚光烈輯　清道光二十九年(1849)刻本　二冊

360000－1901－0014205　220488
進賢縣水災蠲緩撫恤全案不分卷　(清)進賢紳民輯　清道光十四年(1834)抄本　一冊

360000－1901－0014206　230417
進修錄六卷首一卷末一卷　(明)馮渠撰　清乾隆五十二年(1787)刻本　三冊

360000－1901－0014207　407769
進修譜一卷未能錄二卷　(清)方東樹撰　清宣統元年(1909)鉛印本　一冊

360000－1901－0014208　804787－17
搢紳全書不分卷(清宣統二年)　清榮祿堂刻本　一冊

360000－1901－0014209　900979
禁用之方□□卷　(清)高茂森輯　清刻本　一冊　存一卷(七)

360000－1901－0014210　404792
盡勳錄一卷　(清)黃宗炎輯　清光緒二十年(1894)刻本　一冊

360000－1901－0014211　163102
縉山書院文話四卷　(清)孫萬春撰　清光緒十一年(1885)孫氏家塾刻本　四冊

360000－1901－0014212　413393
縉山書院文話四卷　(清)孫萬春撰　清光緒十一年(1885)孫氏家塾刻本　四冊

360000－1901－0014213　122589
燼餘詩草四卷　(清)張景渠撰　清光緒十七年(1891)金陵刻本　二冊

360000－1901－0014214　413364
燼餘詩草四卷　(清)張景渠撰　清光緒十七年(1891)金陵刻本　二冊

360000－1901－0014215　407897
贐詩同人錄五卷　(清)翁方綱等撰　清刻本　一冊

360000－1901－0014216　800530
京板賈公圖像水黃牛經合併大全二卷　(明)喻本元　(明)喻本亨撰　清抄本　一冊

360000－1901－0014217　240134
京本校正音釋唐柳先生集四十三卷別集一卷外集一卷　(唐)柳宗元撰　(宋)童宗說音注　(宋)張敦頤音辯　(宋)潘緯音義　**附錄一卷**　明刻本　佚名批校　十六冊

360000－1901－0014218　413484
京塵雜錄四卷　(清)楊懋建撰　清光緒十二年(1886)上海同文書局石印本　二冊

360000－1901－0014219　805283
京城安徽會館存冊不分卷　(清)□□輯　清刻本　一冊

360000－1901－0014220　805283－1
京城安徽會館存冊不分卷　(清)□□輯　清刻本　一冊

360000－1901－0014221　805283－2
京城安徽會館存冊不分卷　(清)□□輯　清刻本　一冊

360000－1901－0014222　805283－3
京城安徽會館存冊不分卷　(清)□□輯　清刻本　一冊

360000－1901－0014223　805283－4
京城安徽會館存冊不分卷　(清)□□輯　清

刻本　一冊

360000－1901－0014224　805283－5
京城安徽會館存冊不分卷　(清)□□輯　清刻本　一冊

360000－1901－0014225　901960
京城安徽會館存冊不分卷　(清)□□輯　清刻本　一冊

360000－1901－0014226　123205
京都吉安二忠祠紀略一卷　(清)黄贊湯輯　清道光二十九年(1849)刻本　一冊

360000－1901－0014227　240858
京華詩一卷觀海集一卷　(清)汪楫撰　清康熙、雍正刻悔齋集本　二冊

360000－1901－0014228　313966
京畿金石考二卷　(清)孫星衍撰　清道光七年(1827)抱芳閣刻本　二冊

360000－1901－0014229　314089
京畿金石考二卷　(清)孫星衍撰　清光緒十二年(1886)吴縣朱記榮家塾刻本　一冊

360000－1901－0014230　409450
京畿金石考二卷　(清)孫星衍撰　清光緒十二年(1886)吴縣朱記榮家塾刻本　一冊

360000－1901－0014231　409450－1
京畿金石考二卷　(清)孫星衍撰　清乾隆木活字印本　一冊

360000－1901－0014232　314118
京畿金石考二卷　(清)孫星衍撰　清乾隆五十七年(1792)刻本　一冊

360000－1901－0014233　300281
京畿金石考二卷　(清)孫星衍撰　清同治吴縣潘氏京師刻本　一冊

360000－1901－0014234　311702
京口三山志十卷　(明)張萊撰　清宣統三年(1911)横山草堂刻本　二冊

360000－1901－0014235　164493
京口山水志十八卷首一卷末一卷　(清)楊棨撰　清光緒五年(1879)刻本　四冊

360000－1901－0014236　150589
京口掌故叢編　(清)陶駿保輯　清抄本　六冊

360000－1901－0014237　417199－1
京鍥神峯通考闢謬命理正宗大全六卷　(明)張楠撰　清刻本　一冊　存一卷(二)

360000－1901－0014238　220770
京省水道考六卷　(清)汪日暐撰　清乾隆四十八年(1783)刻本　六冊

360000－1901－0014239　406225
京師大學堂講義　(清)京師大學堂輯　清末鉛印本　一冊　存二種

360000－1901－0014240　401929
京師大學堂中國史講義一卷　陳黻宸撰　清末鉛印本　一冊

360000－1901－0014241　400977
京師譯學館輿地學講義一卷　韓樸存編　清光緒三十二年(1906)京師譯學館鉛印本　二冊

360000－1901－0014242　801179
京式靴樣一卷　(□)□□繪　清抄本　一冊

360000－1901－0014243　164022
荆川文集十八卷　(明)唐順之撰　清康熙五十一年(1712)武進唐執玉刻本　一冊　存一卷(一)

360000－1901－0014244　240635
荆川文集十八卷　(明)唐順之撰　清康熙五十一年(1712)武進唐執玉刻本　八冊

360000－1901－0014245　316713
荆川文集十八卷　(明)唐順之撰　清康熙五十一年(1712)武進唐執玉刻本　八冊

360000－1901－0014246　302643
荆川文集十二卷外集三卷補遺五卷　(明)唐順之撰　清光緒三十年(1904)江南書局刻本　十冊

360000－1901－0014247　000572

荆川先生精選批點史記十二卷　(明)唐順之輯　明萬曆刻本　三册

360000－1901－0014248　220288

荆川先生精選批點史記十二卷　(明)唐順之輯　明萬曆刻本(卷二、四配明刻本)　五册　存五卷(一至二、四至五、八)

360000－1901－0014249　220292

荆川先生批點精選漢書六卷　(明)唐順之輯　明刻本　一册

360000－1901－0014250　220293

荆川先生批點精選漢書六卷　(明)唐順之輯　明萬曆刻本　五册　缺一卷(五)

360000－1901－0014251　220517

荆川先生右編四十卷　(明)唐順之輯　(明)劉曰寧補遺　明萬曆刻本　七册　存七卷(十七至十八、三十二至三十六)

360000－1901－0014252　220516

荆川先生右編四十卷　(明)唐順之輯　(明)劉曰寧補遺　明萬曆三十三年(1605)南京國子監刻本　二十九册　缺二卷(十五至十六)

360000－1901－0014253　412200

荆南萃古編一卷　(清)周懋琦　(清)劉瀚輯　清光緒二十年(1894)錢塘周氏鴻寶署齋刻本　一册

360000－1901－0014254　401335

荆駝逸史　(清)陳湖逸士輯　清道光古槐山房木活字印本　九册　存十七種

360000－1901－0014255　302642

荆駝逸史　(清)陳湖逸士輯　清刻本　二十六册

360000－1901－0014256　312342

荆駝逸史　(清)陳湖逸士輯　清刻本　二十四册　存四十四種

360000－1901－0014257　401334

荆駝逸史　(清)陳湖逸士輯　清末石印本　五册　存十一種

360000－1901－0014258　150681

荆駝逸史　(清)陳湖逸士輯　清木活字印本　二十二册　存四十九種

360000－1901－0014259　308374

荆駝逸史　(清)陳湖逸士輯　清木活字印本　二十八册

360000－1901－0014260　121348

荆香齋詩草四卷　(清)甘之仍撰　清嘉慶九年(1804)刻本　二册

360000－1901－0014261　411257

荆香齋詩草四卷　(清)甘之仍撰　清嘉慶九年(1804)刻本　一册　存二卷(三至四)

360000－1901－0014262　161845

荆州記三卷　(南朝宋)盛弘之撰　曹元忠輯　清光緒十九年(1893)刻本　一册

360000－1901－0014263　161996

荆州記三卷　(南朝宋)盛弘之撰　曹元忠輯　清光緒十九年(1893)刻本　一册

360000－1901－0014264　311768

荆州萬城隄志十卷首一卷末一卷　(清)倪文蔚纂　清光緒二年(1876)刻本　二册　存五卷(一至四、首一卷)

360000－1901－0014265　313306

荆州萬城隄志十卷首一卷末一卷　(清)倪文蔚纂　清光緒二年(1876)刻本　五册　存十卷(二至十、末一卷)

360000－1901－0014266　413132

涇川叢書　(清)趙紹祖　(清)趙繩祖輯　清嘉慶、道光涇縣趙氏古墨齋刻本　十三册　存三十二種

360000－1901－0014267　600182

涇川叢書　(清)趙紹祖　(清)趙繩祖輯　清嘉慶、道光涇縣趙氏古墨齋刻本　三册　存六種

360000－1901－0014268　412712

涇野先生五經説　(明)吕柟撰　清咸豐刻惜陰軒叢書本　二册　存二種

360000－1901－0014269　230089
涇野子内篇二十七卷　(明)呂柟撰　明呂昀等刻本　一册　存四卷(十七至二十)

360000－1901－0014270　801399
菁華錄不分卷　(清)□□輯　清抄本　一册

360000－1901－0014271　121589
旌表婺源金氏一門七口殉難案略一卷　(清)婺源縣地方紳士輯　清道光二十五年(1845)刻本　一册

360000－1901－0014272　123116
旌表婺源金氏一門七口殉難案略一卷　(清)婺源縣地方紳士輯　清道光二十五年(1845)刻本　一册

360000－1901－0014273　406061
經場捷訣　(清)呂國鈞撰　清光緒十五年(1889)上海蜚英書局石印本　四册　存五種

360000－1901－0014274　160963
經傳考證八卷　(清)朱彬撰　清道光二年(1822)遊道堂刻本　一册

360000－1901－0014275　416923
讀書管見一卷　(清)陳世倌撰　清康熙六十年(1721)刻本　一册

360000－1901－0014276　706125
經傳繹義五十卷　(清)陳煒撰　清嘉慶九年(1804)刻本　十四册　存二十六卷(五至十、十九至二十六、二十九至三十九、四十三)

360000－1901－0014277　722396
經傳繹義五十卷　(清)陳煒撰　清嘉慶九年(1804)校字齋刻本　四册　存六卷(四十四至四十五、四十七至五十)

360000－1901－0014278　122012
經詞衍釋十卷補遺一卷　(清)吳昌瑩撰　清末上海古書流通處影印本　一册

360000－1901－0014279　241130
經德堂文稿内集三卷别集二卷浣月山房詩内集五卷外集一卷　(清)龍啓瑞撰　清抄本　八册　缺四卷(浣月山房詩内集一至四)

360000－1901－0014280　305141
經德堂文集六卷文别集二卷　(清)龍啓瑞撰　清光緒四年(1878)刻本　三册　存六卷(經德堂文集三至六、文别集二卷)

360000－1901－0014281　802345
經典釋文集證不分卷　(清)□□輯　清抄本　二册

360000－1901－0014282　801430
經典釋文攷證不分卷　(□)□□撰　清抄本　一册

360000－1901－0014283　210399
經典釋文三十卷　(唐)陸德明撰　清康熙十九年(1680)納蘭成德刻通志堂經解本　十册

360000－1901－0014284　603697
經典釋文三十卷　(唐)陸德明撰　清康熙十九年(1680)納蘭成德刻通志堂經解本　七册

360000－1901－0014285　722080
經典釋文三十卷　(唐)陸德明撰　清康熙十九年(1680)納蘭成德刻通志堂經解本　十二册　存十三卷(六至十八)

360000－1901－0014286　721789
經典釋文三十卷　(唐)陸德明撰　清康熙十九年(1680)納蘭成德刻通志堂經解本(卷二十五配抄本)　十册　存十二卷(十九至三十)

360000－1901－0014287　411977
經典釋文三十卷　(唐)陸德明撰　清刻本　四册　存九卷(六至九、二十一至二十三、二十七至二十八)

360000－1901－0014288　603688
經典釋文三十卷　(唐)陸德明撰　清刻本　一册　存三卷(八至十)

360000－1901－0014289　603691－1
經典釋文三十卷　(唐)陸德明撰　清刻本　一册　存二卷(三至四)

360000－1901－0014290　718234
經典釋文三十卷　(唐)陸德明撰　清刻本

四冊　存九卷(八至十三、二十至二十二)

360000－1901－0014291　721767
經典釋文三十卷　(唐)陸德明撰　清刻本　四冊　存十四卷(十一至二十四)

360000－1901－0014292　411983
經典釋文三十卷　(唐)陸德明撰　清乾隆五十六年(1791)常州龍城書院刻本　六冊

360000－1901－0014293　603691
經典釋文三十卷　(唐)陸德明撰　清乾隆五十六年(1791)常州龍城書院刻本　十一冊　存二十八卷(一至四、七至三十)

360000－1901－0014294　603692
經典釋文三十卷　(唐)陸德明撰　清乾隆五十六年(1791)常州龍城書院刻本　十二冊

360000－1901－0014295　160956
經典釋文三十卷　(唐)陸德明撰　清同治八年(1869)湖北崇文書局刻本　十二冊

360000－1901－0014296　411984
經典釋文三十卷　(唐)陸德明撰　清同治八年(1869)湖北崇文書局刻本　六冊　存十三卷(五至十、十四至二十)

360000－1901－0014297　603687
經典釋文三十卷　(唐)陸德明撰　清同治八年(1869)湖北崇文書局刻本　十二冊

360000－1901－0014298　603693
經典釋文三十卷　(唐)陸德明撰　清同治八年(1869)湖北崇文書局刻本　七冊　存十四卷(一至八、二十五至三十)

360000－1901－0014299　603699
經典釋文三十卷　(唐)陸德明撰　清同治八年(1869)湖北崇文書局刻本　九冊　存十九卷(一至十三、二十五至三十)

360000－1901－0014300　411978
經典釋文三十卷　(唐)陸德明撰　清同治刻本　二冊　存八卷(二十三至三十)

360000－1901－0014301　160958
經典釋文三十卷　(唐)陸德明撰　清同治十年(1871)粵秀山文瀾閣刻本　十二冊

360000－1901－0014302　164177
經典釋文三十卷　(唐)陸德明撰　清同治十年(1871)粵秀山文瀾閣刻本　十二冊

360000－1901－0014303　603689
經典釋文三十卷　(唐)陸德明撰　清同治十年(1871)粵秀山文瀾閣刻本　十六冊

360000－1901－0014304　603695
經典釋文三十卷　(唐)陸德明撰　清同治十年(1871)粵秀山文瀾閣刻本　七冊　存十八卷(一至二、十二至二十五、二十九至三十)

360000－1901－0014305　210400
經典釋文三十卷　(唐)陸德明撰　**考證三十卷**　(清)盧文弨撰　清乾隆五十六年(1791)抱經堂刻抱經堂叢書本　十二冊

360000－1901－0014306　410652
經典釋文三十卷　(唐)陸德明撰　**考證三十卷**　(清)盧文弨撰　清乾隆五十六年(1791)抱經堂刻抱經堂叢書本　十冊

360000－1901－0014307　160959
經典釋文三十卷　(唐)陸德明撰　**考證三十卷**　(清)盧文弨撰　**國語補音三卷**　(宋)宋庠撰　**孟子音義二卷**　(宋)孫奭撰　清光緒尊經書院刻本　十二冊

360000－1901－0014308　406069
經讀考異八卷補一卷句讀敘述二卷補一卷附翟晴江四書考異內句讀一卷　(清)武億撰　清乾隆五十四年(1789)小石山房刻本　三冊

360000－1901－0014309　800651
經籍訪古志六卷補遺一卷　(日本)澀江全善　(日本)森立之撰　清光緒十一年(1885)六合徐氏鉛印本　八冊

360000－1901－0014310　706130
經籍訪古志六卷補遺一卷　(日本)澀江全善　(日本)森立之撰　清光緒十一年(1885)鉛印本　五冊　存四卷(一、三、六,補遺一卷)

360000－1901－0014311　706131

經籍訪古志六卷補遺一卷　(日本)澁江全善(日本)森立之撰　清光緒十一年(1885)鉛印本　五册　存五卷(一、四至六,補遺一卷)

360000 – 1901 – 0014312　164192
經籍舉要一卷　(清)龍啓瑞撰　清光緒二十一年(1895)刻本　一册

360000 – 1901 – 0014313　301259
經籍舉要一卷　(清)龍啓瑞撰　清光緒七年(1881)刻本　一册

360000 – 1901 – 0014314　800159
經籍舉要一卷　(清)龍啓瑞撰　清光緒十九年至二十一年(1893 – 1895)中江講院刻本　一册

360000 – 1901 – 0014315　161923
經籍舉要一卷附録一卷　(清)龍啓瑞撰(清)袁昶增訂　清光緒十九年(1893)中江講院刻本　一册

360000 – 1901 – 0014316　406078
經籍舉要一卷附録一卷　(清)龍啓瑞撰(清)袁昶增訂　清光緒十九年(1893)中江講院刻本　一册

360000 – 1901 – 0014317　603710
經籍籑詁一百六卷補遺一百六卷首一卷(清)阮元撰　清嘉慶十七年(1812)刻本　三十四册　存一百二十五卷(四、十五、十七至二十六、三十一至四十三、四十九至一百六,補遺五至四十六)

360000 – 1901 – 0014318　160981
經籍籑詁一百六卷首一卷　(清)阮元撰　清光緒二十年(1894)上海鴻寶齋石印本　十二册

360000 – 1901 – 0014319　603715
經籍籑詁一百六卷首一卷　(清)阮元撰　清光緒二十年(1894)上海鴻寶齋石印本　十册

360000 – 1901 – 0014320　160980
經籍籑詁一百六卷首一卷　(清)阮元撰　清光緒九年(1883)上海點石齋石印本　五册

360000 – 1901 – 0014321　603712
經籍籑詁一百六卷首一卷　(清)阮元撰　清光緒九年(1883)上海點石齋石印本　六册存四十八卷(一至三十、四十一至五十八)

360000 – 1901 – 0014322　603714
經籍籑詁一百六卷首一卷　(清)阮元撰　清光緒九年(1883)上海點石齋石印本　十册

360000 – 1901 – 0014323　603714 – 1
經籍籑詁一百六卷首一卷　(清)阮元撰　清光緒九年(1883)上海點石齋石印本　十册

360000 – 1901 – 0014324　414100
經籍籑詁一百六卷首一卷　(清)阮元撰　清光緒十四年(1888)鴻文石印本　十五册　存一百一卷(一至一百、首一卷)

360000 – 1901 – 0014325　414100 – 1
經籍籑詁一百六卷首一卷　(清)阮元撰　清光緒十四年(1888)鴻文石印本　六册　存三十四卷(五至九、十六至十九、二十四至二十八、七十一至八十、九十一至一百)

360000 – 1901 – 0014326　160978
經籍籑詁一百六卷首一卷　(清)阮元撰　清嘉慶十七年(1812)揚州阮氏琅嬛仙館刻本六十四册

360000 – 1901 – 0014327　160979
經籍籑詁一百六卷首一卷　(清)阮元撰　清嘉慶十七年(1812)揚州阮氏琅嬛仙館刻光緒六年(1880)淮南書局補刻本　四十八册

360000 – 1901 – 0014328　603707
經籍籑詁一百六卷首一卷　(清)阮元撰　清嘉慶十七年(1812)揚州阮氏琅嬛仙館刻光緒六年(1880)淮南書局補刻本　四十八册

360000 – 1901 – 0014329　603708
經籍籑詁一百六卷首一卷　(清)阮元撰　清嘉慶十七年(1812)揚州阮氏琅嬛仙館刻光緒六年(1880)淮南書局補刻本　三十五册　存三十四卷(一至七、九至二十六、九十八至一百六)

360000－1901－0014330　160977
經籍籑詁一百六卷首一卷　（清）阮元撰　清嘉慶十七年（1812）揚州阮元琅嬛仙館刻本　六十四册

360000－1901－0014331　414093
經籍籑詁一百六卷首一卷　（清）阮元撰　清嘉慶十七年（1812）揚州阮元琅嬛仙館刻本　六十四册

360000－1901－0014332　414096
經籍籑詁一百六卷首一卷　（清）阮元撰　清嘉慶十七年（1812）揚州阮元琅嬛仙館刻本　四十八册　存八十四卷（一至十九、二十二至四十九、五十二至七十一、七十五至七十六、八十至八十二、八十五、九十、九十三至一百一，首一卷）

360000－1901－0014333　714094
經籍籑詁一百六卷首一卷　（清）阮元撰　清嘉慶十七年（1812）揚州阮元琅嬛仙館刻本　二十四册　存三十六卷（一至六、七十七至一百六）

360000－1901－0014334　714095
經籍籑詁一百六卷首一卷　（清）阮元撰　清嘉慶十七年（1812）揚州阮元琅嬛仙館刻本　九册　存十七卷（九十至一百六）

360000－1901－0014335　406063
經籍籑詁一百六卷首一卷　（清）阮元撰　清刻本　一册　存二卷（一百五至一百六）

360000－1901－0014336　406063－1
經籍籑詁一百六卷首一卷　（清）阮元撰　清刻本　一册　存二卷（五十至五十一）

360000－1901－0014337　414097
經籍籑詁一百六卷首一卷　（清）阮元撰　清刻本　四十二册　存五十九卷（二至十二、十六至十八、二十二、三十至三十二、三十六至四十二、四十九至六十三、六十五至六十七、七十至七十一、七十五至七十六、八十至八十二、八十五、九十、九十三、九十六至一百一）

360000－1901－0014338　414098
經籍籑詁一百六卷首一卷　（清）阮元撰　清刻本　三十六册　存五十卷（一至四、七至二十一、二十三至三十七、七十七至八十二、九十四至九十五、九十八至一百四，首一卷）

360000－1901－0014339　603707－1
經籍籑詁一百六卷首一卷　（清）阮元撰　清刻本　二十八册　存六十一卷（三十七至九十七）

360000－1901－0014340　603708－1
經籍籑詁一百六卷首一卷　（清）阮元撰　清刻本　一册　存一卷（八）

360000－1901－0014341　603709
經籍籑詁一百六卷首一卷　（清）阮元撰　清刻本　四十八册

360000－1901－0014342　603711
經籍籑詁一百六卷首一卷　（清）阮元撰　清刻本　二十七册　存六十二卷（四十至九十二、九十八至一百六）

360000－1901－0014343　714647
經籍籑詁一百六卷首一卷　（清）阮元撰　清刻本　十五册　存三十五卷（四十二至七十六）

360000－1901－0014344　414099
經籍籑詁一百六卷首一卷　（清）阮元撰　**新輯經籍籑詁檢韻一卷**　清光緒二十七年（1901）上海點石齋石印本　十册

360000－1901－0014345　716946
經濟策論滙參□□卷　（清）□□輯　清末石印本　二册　存二卷（三、八）

360000－1901－0014346　902489
經濟類編一百卷　（明）馮琦撰　明刻本　一册　存二卷（九十九至一百）

360000－1901－0014347　250101
經濟類編一百卷　（明）馮琦撰　明萬曆三十二年（1604）浙虎林郡南屏山刻本　八十册

360000－1901－0014348　401884
經濟類考約編二卷　（清）顧九錫輯　清雍正

九年(1731)六合堂刻本　二冊

360000－1901－0014349　401881
經濟學溉集成四十卷　(清)廣安瀾主人輯　清光緒石印本　九冊　存十五卷(十三至十四、二十三至三十、三十五至三十六、三十八至四十)

360000－1901－0014350　401882
經濟學溉集成四十卷　(清)廣安瀾主人輯　清光緒石印本　七冊　存十一卷(二十二至二十四、二十九至三十五、三十九)

360000－1901－0014351　305166
經濟尋源九卷後集三卷　(清)臥雲輯　清刻本　四冊　存四卷(經濟尋源二、五、七,後集二)

360000－1901－0014352　305200
經鑒一卷　(清)吳世祺撰　清光緒十五年(1889)刻本　一冊

360000－1901－0014353　406090
經解萃精二集十三卷　(□)□□輯　清光緒十九年(1893)上海點石齋石印本　一冊　存三卷(十一至十三)

360000－1901－0014354　406091
經解萃精二集十三卷　(□)□□輯　清光緒十九年(1893)上海點石齋石印本　五冊

360000－1901－0014355　801079
經解蔛十二卷　(清)楊述臣等撰　清刻本　一冊　存一卷(十二)

360000－1901－0014356　901917
經解蔛十二卷　(清)楊述臣等撰　清刻本　一冊　存一卷(十一)

360000－1901－0014357　406152
經解入門八卷　題(清)江藩撰　清光緒二十年(1894)上海宏文書局石印本　二冊

360000－1901－0014358　406153
經解入門八卷　題(清)江藩撰　清光緒二十年(1894)上海宏文書局石印本　二冊

360000－1901－0014359　406066
經窺十六卷　(清)蔡啓盛撰　清光緒十七年(1891)刻本　四冊

360000－1901－0014360　301224
經遼疏牘十卷　(明)熊廷弼撰　清光緒湖北通志書局刻本　八冊

360000－1901－0014361　302545
經綸堂古文析義二編八卷　(清)林雲銘輯並注　清刻本　四冊

360000－1901－0014362　718924
經綸堂重訂古文釋義新編八卷　(清)余誠評注　清文光堂刻本　三冊　存六卷(一至六)

360000－1901－0014363　164946
經絡圖說一卷　(清)高思敬撰　清光緒十五年(1889)刻本　一冊

360000－1901－0014364　161896
經略洪承疇奏對筆記二卷　(清)洪承疇撰　清光緒十五年(1889)上海點石齋石印本　一冊

360000－1901－0014365　409242
經史百家簡編二卷　(清)曾國藩輯　清同治十三年(1874)傳忠書局刻本　二冊

360000－1901－0014366　409300
經史百家雜鈔二十六卷　(清)曾國藩輯　清光緒二十九年(1903)鴻寶書局石印本　十三冊

360000－1901－0014367　600267－1
經史百家雜鈔二十六卷　(清)曾國藩輯　清光緒二十九年(1903)鴻寶書局石印曾文正公全集本　一冊　存四卷(一至四)

360000－1901－0014368　308768
經史百家雜鈔二十六卷　(清)曾國藩輯　清光緒三十二年(1906)上海商務印書館鉛印本　十二冊

360000－1901－0014369　409296
經史百家雜鈔二十六卷　(清)曾國藩輯　清光緒三十二年(1906)上海商務印書館鉛印本　九冊　存二十卷(三至十五、二十至二十

六）

360000－1901－0014370　409296－1
經史百家雜鈔二十六卷　（清）曾國藩輯　清光緒三十二年(1906)上海商務印書館鉛印本　四冊　存八卷（三至四、九至十、二十三至二十六）

360000－1901－0014371　312802－1
讀書雜志八十二卷餘編二卷　（清）王念孫撰　清末上海文瑞樓石印本　十二冊

360000－1901－0014372　409294
經史百家雜鈔二十六卷　（清）曾國藩輯　清光緒三十年(1904)上海商務印書館鉛印本　十二冊

360000－1901－0014373　409295
經史百家雜鈔二十六卷　（清）曾國藩輯　清光緒三十年(1904)上海商務印書館鉛印本　十二冊

360000－1901－0014374　409266
經史百家雜鈔二十六卷　（清）曾國藩輯　清光緒十四年(1888)鴻文書局鉛印本　四冊　存十七卷（一至四、九至十七、二十三至二十六）

360000－1901－0014375　406022
經史辨體不分卷　（清）徐與喬輯評　清康熙敦化堂刻本　二十四冊

360000－1901－0014376　406023
經史辨體不分卷　（清）徐與喬輯評　清康熙敦化堂刻本　十九冊

360000－1901－0014377　406024
經史辨體不分卷　（清）徐與喬輯評　清康熙敦化堂刻本　四冊

360000－1901－0014378　406025
經史辨體不分卷　（清）徐與喬輯評　清康熙敦化堂刻本　三冊

360000－1901－0014379　406083－2
經史鈔不分卷　（清）徐與喬輯　清刻本　三冊

360000－1901－0014380　406083
經史鈔不分卷　（清）徐與喬輯　清紉芳齋刻本　九冊

360000－1901－0014381　406083－1
經史鈔不分卷　（清）徐與喬輯　清紉芳齋刻本　三冊

360000－1901－0014382　406081
經史感應錄三卷　（□）□□輯　清刻本　三冊

360000－1901－0014383　406080
經史精華二卷　（□）□□輯　清道光十四年(1834)京都琉璃廠刻本　二冊

360000－1901－0014384　406079
經史子集題解韻府二十卷　（清）徐時棟撰　清光緒十六年(1890)上海積山書局石印本　七冊　存十四卷（一至四、七至十、十五至二十）

360000－1901－0014385　411269
經世學引初編一卷　（清）陳聯元輯　清光緒二十四年(1898)經世文社刻本　一冊

360000－1901－0014386　161258
經書算學天文攷一卷　（清）陳懋齡撰　清嘉慶二年(1797)刻本　一冊

360000－1901－0014387　165132
經笥堂文鈔二卷　（清）雷鋐撰　清抄本　二冊

360000－1901－0014388　411271
經笥堂文鈔二卷　（清）雷鋐撰　清嘉慶十六年(1811)刻本　二冊

360000－1901－0014389　421695
經天該一卷　（意大利）利瑪竇撰　清嘉慶五年(1800)志學齋刻本　一冊

360000－1901－0014390　150392
經圖彙考　（清）毛應觀撰　清道光十九年(1839)江陵劉氏刻本　四冊

360000－1901－0014391　802816
經文典括不分卷　（清）□□輯　清刻本　一

冊

360000－1901－0014392　406005
經文戛造不分卷　（清）藜光閣主人輯　清光緒十九年（1893）上海積石書屋石印本　十八冊

360000－1901－0014393　802820
經文戛造不分卷　（清）藜光閣主人輯　清末石印本　二冊

360000－1901－0014394　406006
經文囊括統編十卷　（□）□□撰　清同治元年（1862）京都刻本　六冊

360000－1901－0014395　801283
經文新編一卷二編一卷三編一卷　（清）顧達尊輯　清刻本　三冊

360000－1901－0014396　220309
經幄管見四卷　（宋）曹彦約撰　民國抄本（豫章叢書底本）　二冊

360000－1901－0014397　901593
經心書院經藝不分卷　（清）經心書院輯　清刻本　一冊

360000－1901－0014398　309193
經心書院續集十二卷　（清）譚獻輯　清光緒二十一年（1895）湖北官書處刻本　六冊

360000－1901－0014399　160973
經學輯要二十四卷　（清）吳潁炎輯　清光緒十九年（1893）上海點石齋石印本　三十冊　缺二卷（十七至十八）

360000－1901－0014400　406104
經學輯要二十四卷　（清）吳潁炎輯　清光緒十三年（1887）上海點石齋石印本　七冊　存九卷（二至三、六至七、十一至十二、十八至十九、二十四）

360000－1901－0014401　805264
經學輯要二十四卷首一卷　（清）吳潁炎輯　清光緒十三年（1887）上海點石齋石印本　二冊　存二卷（十七至十八）

360000－1901－0014402　404241
經學輯要二十四卷首一卷　（清）吳潁炎輯　清光緒十四年（1888）上海點石齋石印本　三十二冊

360000－1901－0014403　404242
經學輯要二十四卷首一卷　（清）吳潁炎輯　清光緒十四年（1888）上海點石齋石印本　二十七冊　存十八卷（四至五、九至二十四）

360000－1901－0014404　404243
經學輯要二十四卷首一卷　（清）吳潁炎輯　清光緒十四年（1888）上海點石齋石印本　十二冊　存十一卷（五、九至十、十三至十九、二十三）

360000－1901－0014405　406065
經學提要十五卷　（清）蔡孔炘撰　清道光七年（1827）刻本　四冊

360000－1901－0014406　406074
經學通論五卷　（清）皮錫瑞撰　清光緒三十三年（1907）思賢書局刻本　五冊

360000－1901－0014407　410659
經學文鈔十四卷首三卷　梁鼎芬　曹元弼輯　清光緒三十四年（1908）江蘇存古學堂木活字印本　七冊　存五卷（一至二、首三卷）

360000－1901－0014408　305137
經訓書院課藝四卷　（清）經訓書院輯　清光緒二十二年（1896）江西書局刻本　二冊　存二卷（壬辰上、癸巳上）

360000－1901－0014409　313971
經訓書院課藝四卷　（清）經訓書院輯　清光緒二十二年（1896）江西書局刻本　二冊　存二卷（壬辰上、下）

360000－1901－0014410　305321
經訓書院課藝四卷　（清）經訓書院輯　清光緒江西書局刻本　四冊　存四卷（壬辰一至二、癸巳二、甲午二）

360000－1901－0014411　308520
經訓書院課藝四卷　（清）經訓書院輯　清光緒十三年（1887）江西書局刻本　四冊

360000－1901－0014412　305320
經訓書院課藝四卷　(清)經訓書院輯　清刻本　一册　存二卷(一至二)

360000－1901－0014413　410657
經訓書院課藝四卷　(清)經訓書院輯　清刻本　一册

360000－1901－0014414　308529
經訓書院課藝四卷文集□□卷　(清)經訓書院輯　清刻本　七册　存十卷(經訓書院課藝四卷,文集三、七至九、十一至十二)

360000－1901－0014415　305319
經訓書院文集□□卷　(清)經訓書院輯　清光緒九年(1883)江西書局刻本　四册　存八卷(一至二、五至八、十一至十二)

360000－1901－0014416　316248
經訓書院文集八卷　(清)經訓書院輯　清光緒九年(1883)江西書局刻本　四册

360000－1901－0014417　305138
經訓書院文集六卷　(清)經訓書院輯　清光緒九年(1883)江西書局刻本　三册

360000－1901－0014418　316830
經訓書院文集六卷　(清)經訓書院輯　清光緒九年(1883)江西書局刻本　三册

360000－1901－0014419　410658
經訓書院文集六卷　(清)經訓書院輯　清光緒九年(1883)江西書局刻本　一册　存二卷(一至二)

360000－1901－0014420　150390
經訓堂叢書　(清)畢沅輯　清乾隆、嘉慶鎮洋畢氏刻彙印本　二十五册　存十七種

360000－1901－0014421　150391
經訓堂叢書　(清)畢沅輯　清乾隆、嘉慶鎮洋畢氏刻彙印本　十册　存九種

360000－1901－0014422　407036
經訓堂叢書　(清)畢沅輯　清乾隆、嘉慶鎮洋畢氏刻彙印本　一册　存二種

360000－1901－0014423　710678
經訓堂叢書　(清)畢沅輯　清乾隆、嘉慶鎮洋畢氏刻彙印本　十四册　存八種

360000－1901－0014424　722068
經訓堂叢書　(清)畢沅輯　清乾隆、嘉慶鎮洋畢氏刻彙印本　八册　存七種

360000－1901－0014425　418379
杜工部集二十卷首一卷　(唐)杜甫撰　(明)王世貞等評　清道光十四年(1834)盧氏芸葉盦刻六色套印本　五册　存十二卷(一至十一、首一卷)

360000－1901－0014426　411268
經訓堂稿二集不分卷　(清)王士杰撰　清刻本　二册

360000－1901－0014427　805168
經訓堂時文不分卷　(清)程理源輯　清刻本　五册

360000－1901－0014428　706127
經訓約編　(清)盛元珍撰　清乾隆四十二年(1777)刻本　七册

360000－1901－0014429　706128
經訓約編　(清)盛元珍撰　清乾隆四十二年(1777)刻本　一册　存二種

360000－1901－0014430　706129
經訓約編　(清)盛元珍撰　清乾隆四十二年(1777)刻本　一册　存二種

360000－1901－0014431　720340
經驗單方彙編一卷　(清)錢峻輯　清餘愛堂、裕麟堂刻本　一册

360000－1901－0014432　802593
經驗單方彙編一卷　(清)錢峻輯　清餘愛堂刻本　一册

360000－1901－0014433　162627
經驗痘疹不求人方論一卷　(明)朱楝隆撰　清刻本　一册

360000－1901－0014434　164948
經驗方鈔四卷　(清)陸言輯　清道光八年(1828)保康堂刻本　四册

360000－1901－0014435　122019
經驗方彙一卷　(清)熊家驥撰　(清)沈壽初輯　清光緒十九年(1893)刻本　一冊

360000－1901－0014436　122020
經驗方彙一卷　(清)熊家驥撰　(清)沈壽初輯　清光緒十九年(1893)刻本　一冊

360000－1901－0014437　408826
經驗良方六卷　(清)陸成本輯　清道光十年(1830)刻本　六冊

360000－1901－0014438　162767
經驗良方四卷　(清)姚俊編　清同治四年(1865)惠謙堂刻本　八冊

360000－1901－0014439　408828
經驗良方一卷　(清)□□輯　清刻本　一冊

360000－1901－0014440　408832
經驗秘方一卷　(清)楊馥蕉　(清)潘之偉輯　清光緒二十年(1894)刻本　一冊

360000－1901－0014441　408830
經驗藥方一卷　(清)□□輯　清抄本　一冊

360000－1901－0014442　406113
經義標新　(清)古草堂主人輯　清光緒刻本　六冊　存四種

360000－1901－0014443　802271
經義不分卷　(□)□□輯　清刻本　一冊

360000－1901－0014444　800688
經義叢鈔三十卷　(清)嚴杰輯　清道光九年(1829)廣東學海堂刻咸豐十一年(1861)補刻皇清經解本　一冊　存二卷(十三至十四)

360000－1901－0014445　406114
經義大醇初編　(清)黃彝輯　清刻本　八冊　存五種

360000－1901－0014446　804776
經義大醇初編　(清)黃彝輯　清刻本　二冊　存二種

360000－1901－0014447　801953
經義大醇春秋不分卷　(清)黃彝輯　清刻本　一冊

360000－1901－0014448　406115－2
經義大醇二編　(清)黃彝輯　清刻本　一冊　存二種

360000－1901－0014449　406116
經義大醇二編　(清)黃彝輯　清刻本　七冊　存四種

360000－1901－0014450　406115
經義大醇二編　(清)黃彝輯　清同治元年(1862)刻本　四冊　存三種

360000－1901－0014451　406115－1
經義大醇二編　(清)黃彝輯　清同治元年(1862)刻本　一冊　存二種

360000－1901－0014452　305191
經義考三百卷目錄二卷　(清)朱彝尊撰　清光緒二十三年(1897)浙江書局刻本　二十三冊　存一百三十九卷(一至七十九、八十七至一百四十四,目錄二卷)

360000－1901－0014453　220814
經義考三百卷目錄二卷　(清)朱彝尊撰　清康熙秀水朱氏曝書亭刻乾隆二十年(1755)盧見曾續刻本　四十八冊

360000－1901－0014454　220815
經義考三百卷目錄二卷　(清)朱彝尊撰　清康熙秀水朱氏曝書亭刻乾隆二十年(1755)盧見曾續刻本　三十五冊　缺一百四十八卷(十至一百五十七)

360000－1901－0014455　312717
經義考三百卷目錄二卷　(清)朱彝尊撰　清康熙秀水朱氏曝書亭刻乾隆二十年(1755)盧見曾續刻本　四十七冊　存二百九十八卷(一至二百九十六、目錄二卷)

360000－1901－0014456　314010
經義考三百卷目錄二卷　(清)朱彝尊撰　清康熙秀水朱氏曝書亭刻乾隆二十年(1755)盧見曾續刻本　一冊　存二卷(二百九十七至二百九十八)

360000－1901－0014457　417524
經義考三百卷目錄二卷　（清）朱彝尊撰　清康熙秀水朱氏曝書亭刻乾隆二十年（1755）盧見曾續刻本　四十冊

360000－1901－0014458　417525
經義考三百卷目錄二卷　（清）朱彝尊撰　清康熙秀水朱氏曝書亭刻乾隆二十年（1755）盧見曾續刻本　二十三冊　存一百九卷（一百八十九至二百八十五、二百八十七至二百九十八）

360000－1901－0014459　417528
經義考三百卷目錄二卷　（清）朱彝尊撰　清康熙秀水朱氏曝書亭刻乾隆二十年（1755）盧見曾續刻本　三十一冊　存一百六十二卷（一至一百二十三、一百二十九至一百六十七）

360000－1901－0014460　417529
經義考三百卷目錄二卷　（清）朱彝尊撰　清康熙秀水朱氏曝書亭刻乾隆二十年（1755）盧見曾續刻本　二十七冊　存二百二十八卷（十一至一百五十、一百六十一至二百五、二百五十六至二百九十八）

360000－1901－0014461　417530
經義考三百卷目錄二卷　（清）朱彝尊撰　清康熙秀水朱氏曝書亭刻乾隆二十年（1755）盧見曾續刻本　二十三冊　存一百四十四卷（一百三十五至一百七十七、一百八十七至二百六十五、二百七十一至二百八十、二百八十七至二百九十八）

360000－1901－0014462　417530－1
經義考三百卷目錄二卷　（清）朱彝尊撰　清康熙秀水朱氏曝書亭刻乾隆二十年（1755）盧見曾續刻本　五十冊　存二百三十卷（十五至二十二、三十六至五十五、六十至一百四十三、一百五十至一百九十、二百十五至二百二十一、二百二十九至二百九十八）

360000－1901－0014463　417530－2
經義考三百卷目錄二卷　（清）朱彝尊撰　清康熙秀水朱氏曝書亭刻乾隆二十年（1755）盧見曾續刻本　七冊　存四十二卷（十五至十九、五十三至五十七、七十至七十四、八十二至八十七、一百四十至一百四十六、二百五十至二百五十七、二百七十至二百七十五）

360000－1901－0014464　417530－3
經義考三百卷目錄二卷　（清）朱彝尊撰　清康熙秀水朱氏曝書亭刻乾隆二十年（1755）盧見曾續刻本　十一冊　存七十卷（一至三、三十四至三十八、一百二十一至一百三十五、一百九十四至二百八、二百三十九至二百五十三、二百六十至二百六十五、二百七十一至二百七十五、二百八十四至二百八十七，目錄二卷）

360000－1901－0014465　417530－4
經義考三百卷目錄二卷　（清）朱彝尊撰　清康熙秀水朱氏曝書亭刻乾隆二十年（1755）盧見曾續刻本　七冊　存四十卷（十至十八、四十五至五十、七十二至七十七、一百三十六至一百四十八、二百九至二百十四）

360000－1901－0014466　417530－5
經義考三百卷目錄二卷　（清）朱彝尊撰　清康熙秀水朱氏曝書亭刻乾隆二十年（1755）盧見曾續刻本　四冊　存二十三卷（四十九至五十八、二百至二百三、二百十五至二百二十三）

360000－1901－0014467　417530－6
經義考三百卷目錄二卷　（清）朱彝尊撰　清康熙秀水朱氏曝書亭刻乾隆二十年（1755）盧見曾續刻本　二冊　存十一卷（一百五十八至一百六十二、一百九十九至二百四）

360000－1901－0014468　417530－7
經義考三百卷目錄二卷　（清）朱彝尊撰　清康熙秀水朱氏曝書亭刻乾隆二十年（1755）盧見曾續刻本　二冊　存十五卷（一至三、四十二至五十一，目錄二卷）

360000－1901－0014469　220816
經義考三百卷目錄二卷　（清）朱彝尊撰　清康熙秀水朱氏曝書亭刻乾隆二十年（1755）盧見曾續刻乾隆四十二年（1777）汪汝瑮重印本

八十冊

360000－1901－0014470　220817
經義考三百卷目録二卷　(清)朱彝尊撰　清康熙秀水朱氏曝書亭刻乾隆二十年(1755)盧見曾續刻乾隆四十二年(1777)汪汝瑮重印本　四十冊

360000－1901－0014471　220818
經義考三百卷目録二卷　(清)朱彝尊撰　清康熙秀水朱氏曝書亭刻乾隆二十年(1755)盧見曾續刻乾隆四十二年(1777)汪汝瑮重印本　四十三冊　缺三十一卷(十至二十六、一百八十一至一百九十四)

360000－1901－0014472　417526
經義考三百卷目録二卷　(清)朱彝尊撰　清康熙秀水朱氏曝書亭刻乾隆二十年(1755)盧見曾續刻乾隆四十二年(1777)汪汝瑮重印本　四十八冊

360000－1901－0014473　417527
經義考三百卷目録二卷　(清)朱彝尊撰　清康熙秀水朱氏曝書亭刻乾隆二十年(1755)盧見曾續刻乾隆四十二年(1777)汪汝瑮重印本　二十六冊　存一百五十八卷(一至十九、二十六至三十七、四十三至四十八、五十一至五十五、五十九至九十五、一百四十四至一百五十、一百五十八至一百七十八、一百八十六至一百九十二、二百七至二百十二、二百四十一至二百五十四、二百六十一至二百八十二,目録二卷)

360000－1901－0014474　406068
經義考三百卷目録二卷　(清)朱彝尊撰　清刻本　一冊　存五卷(二百八十一至二百八十五)

360000－1901－0014475　406097
經義聯珠二十卷　(清)郭檽撰　清嘉慶十八年(1813)同人堂刻本　三冊　存八卷(一至三、七至八、十八至二十)

360000－1901－0014476　406062
經義聯珠二十卷　(清)郭檽撰　清嘉慶十九年(1814)庚捧樓刻本　一冊　存六卷(一至六)

360000－1901－0014477　163045
經義聯珠二十卷　(清)郭檽撰　清嘉慶十九年(1814)刻本　四冊　缺七卷(十四至二十)

360000－1901－0014478　406062－1
經義聯珠二十卷　(清)郭檽撰　清刻本　一冊　存二卷(九至十)

360000－1901－0014479　603702
經義聯珠二十卷　(清)郭檽撰　清刻本　二冊　存七卷(八至九、十六至二十)

360000－1901－0014480　406067
經義模範一卷　(明)□□輯　清光緒江陰繆氏雲自在龕刻本　一冊

360000－1901－0014481　163150
經義模範一卷　(明)□□輯　**作義要訣一卷**　(元)倪士毅撰　**四六金鍼一卷**　(清)陳維崧撰　清光緒江陰繆氏雲自在龕刻本　一冊

360000－1901－0014482　706119
經義塾鈔一卷　(清)俞樾撰　清光緒二十七年(1901)吳下刻本　一冊

360000－1901－0014483　161259
經義述聞三十二卷　(清)王引之撰　清光緒七年(1881)上海文瑞樓鉛印本　十二冊

360000－1901－0014484　722426
經義述聞三十二卷　(清)王引之撰　清光緒上海文瑞樓石印本　三冊　存六卷(二至七)

360000－1901－0014485　161260
經義述聞三十二卷　(清)王引之撰　清刻本　八冊　存十五卷(十八至三十二)

360000－1901－0014486　406154
經義述聞三十二卷　(清)王引之撰　清刻本　十四冊　存二十九卷(二至八、十一至三十二)

360000－1901－0014487　160962
經義圖說八卷　(清)吳寶謨輯　清嘉慶二十四年(1819)寰露軒刻本　九冊

360000－1901－0014488　240892
經義齋集十八卷　（清）熊賜履撰　清康熙二十九年(1690)刻本　十冊

360000－1901－0014489　122013
經義正宗全集不分卷　（清）徐璇輯　清光緒二十四年(1898)刻本　二冊

360000－1901－0014490　122014
經義質疑一卷楚辭串解一卷　（清）陳大文撰　清光緒十八年(1892)一得齋刻本　一冊

360000－1901－0014491　406098
經義質疑一卷楚辭串解一卷　（清）陳大文撰　清光緒十八年(1892)一得齋刻本　一冊

360000－1901－0014492　406107
經藝宏括　（清）同文書局編譯所編　清末同文書局石印本　九冊　存四種

360000－1901－0014493　406107－1
經藝宏括　（清）同文書局編譯所編　清末同文書局石印本　三冊　存二種

360000－1901－0014494　406108
經藝宏括　（清）同文書局編譯所編　清末同文書局石印本　八冊　存四種

360000－1901－0014495　406109
經藝宏括　（清）同文書局編譯所編　清末同文書局石印本　四冊　存二種

360000－1901－0014496　406117
經藝懷新初集　（清）吳銘輯　清同治十二年(1873)刻本　三冊　存三種

360000－1901－0014497　406118
經藝菁華二十卷　（清）陳慶松撰　清刻本　二冊

360000－1901－0014498　722105
經藝精純一卷　（清）劉炳棨輯　清光緒十五年(1889)三友書屋刻本　一冊

360000－1901－0014499　406112－2
經藝選腴初編　（清）浣溪主人輯　清咸豐七年(1857)浣溪草舍刻本　一冊　存二種

360000－1901－0014500　406111
經藝選腴三編　（清）浣溪主人輯　清道光二十五年(1845)浣溪草舍刻本　六冊　存四種

360000－1901－0014501　406112－1
經藝選腴三編　（清）浣溪主人輯　清道光二十五年(1845)浣溪草舍刻本　三冊　存三種

360000－1901－0014502　802180
經藝選腴四編　（清）浣溪主人輯　清刻本　一冊　存二種

360000－1901－0014503　406112
經藝選腴續編　（清）浣溪主人輯　清道光二十四年(1844)浣溪草舍刻本　三冊　存三種

360000－1901－0014504　406110
經藝選腴續編　（清）浣溪主人輯　清刻本　四冊　存三種

360000－1901－0014505　406106
經藝淵海　（清）常安室主人輯　清光緒十三年(1887)上海點石齋石印本　六冊　存四種

360000－1901－0014506　406105
經藝淵海　（清）常安室主人輯　清光緒十一年(1885)上海點石齋石印本　十冊

360000－1901－0014507　801511
經藝淵海　（清）常安室主人輯　清光緒石印本　一冊　存二種

360000－1901－0014508　411267
經畬堂課孫草一卷　（清）儲在文撰　清三益堂刻本　三冊

360000－1901－0014509　413134－2
經腴類纂二卷　（清）孫顔輯　清同治六年(1867)刻羣玉閣彙刊類書本　一冊

360000－1901－0014510　160961
經腴類纂二卷　（清）孫顔輯　清咸豐元年(1851)刻小嫏嬛山館彙刊類書本　一冊

360000－1901－0014511　406096
經腴類纂二卷　（清）孫顔輯　清咸豐元年(1851)刻小嫏嬛山館彙刊類書本　一冊

360000－1901－0014512　406137
經餘必讀八卷　(清)雷琳等輯　清光緒二十年(1894)尚德堂刻本　七冊　存六卷(一至六)

360000－1901－0014513　406132
經餘必讀八卷　(清)雷琳等輯　清嘉慶八年(1803)大中堂刻本　二冊

360000－1901－0014514　406133
經餘必讀八卷　(清)雷琳等輯　清嘉慶八年(1803)大中堂刻本　二冊

360000－1901－0014515　406134
經餘必讀八卷　(清)雷琳等輯　清嘉慶八年(1803)刻本　四冊

360000－1901－0014516　406141
經餘必讀八卷　(清)雷琳等輯　清嘉慶十年(1805)刻本　四冊

360000－1901－0014517　406150
經餘必讀八卷　(清)雷琳等輯　清嘉慶十一年(1806)聚秀堂刻本　三冊　存六卷(一至二、五至八)

360000－1901－0014518　406135
經餘必讀八卷　(清)雷琳等輯　清刻本　三冊　存六卷(三至八)

360000－1901－0014519　406146
經餘必讀八卷　(清)雷琳等輯　清刻本　一冊　存四卷(一至四)

360000－1901－0014520　406146－1
經餘必讀八卷　(清)雷琳等輯　清刻本　一冊　存二卷(五至六)

360000－1901－0014521　406146－3
經餘必讀八卷　(清)雷琳等輯　清刻本　二冊　存五卷(四至八)

360000－1901－0014522　406150－1
經餘必讀八卷　(清)雷琳等輯　清刻本　一冊　存二卷(一至二)

360000－1901－0014523　406151
經餘必讀八卷　(清)雷琳等輯　清刻本　三冊　存六卷(一至四、七至八)

360000－1901－0014524　406151－1
經餘必讀八卷　(清)雷琳等輯　清刻本　一冊　存二卷(七至八)

360000－1901－0014525　406145
經餘必讀八卷續編八卷三編四卷　(清)雷琳等輯　清光緒二年(1876)汲綆齋刻本　四冊　存八卷(經餘必讀一至二、七至八,續編一至四)

360000－1901－0014526　406143
經餘必讀八卷續編八卷三編四卷　(清)雷琳等輯　清光緒二年(1876)汲綆齋刻本　九冊

360000－1901－0014527　301258
經餘必讀八卷續編八卷三編四卷　(清)雷琳等輯　清光緒二十年(1894)尚德堂刻本　六冊

360000－1901－0014528　315802
經餘必讀八卷續編八卷三編四卷　(清)雷琳等輯　清光緒十一年(1885)刻本　八冊

360000－1901－0014529　406138
經餘必讀八卷續編八卷三編四卷　(清)雷琳等輯　清光緒十一年(1885)刻本　五冊

360000－1901－0014530　307901
經餘必讀八卷續編八卷三編四卷　(清)雷琳等輯　清嘉慶二十一年(1816)西山堂刻本　六冊

360000－1901－0014531　301263
經餘必讀八卷續編八卷三編四卷　(清)雷琳等輯　清嘉慶十一年(1806)經術堂刻本　十冊

360000－1901－0014532　301265
經餘必讀八卷續編八卷三編四卷　(清)雷琳等輯　清刻本　五冊

360000－1901－0014533　406148
經餘必讀八卷續編八卷三編四卷　(清)雷琳等輯　清刻本　八冊

360000－1901－0014534　406139

經餘必讀八卷續編八卷三編四卷　(清)雷琳等輯　清同治十一年(1872)善成堂刻本　六冊　存十四卷(經餘必讀一至四、七至八,續編八卷)

360000－1901－0014535　406147
經餘必讀二卷續編二卷三集二卷　(清)雷琳等輯　清光緒十八年(1892)上海五彩書局石印本　一冊　存二卷(經餘必讀二卷)

360000－1901－0014536　406147－1
經餘必讀二卷續編二卷三集二卷　(清)雷琳等輯　清光緒十八年(1892)上海五彩書局石印本　一冊　存二卷(經餘必讀二卷)

360000－1901－0014537　406141－2
經餘必讀三編四卷　(清)雷琳等輯　清刻本　二冊

360000－1901－0014538　406136
經餘必讀續編八卷　(清)雷琳等輯　清大德堂刻本　二冊

360000－1901－0014539　406141－1
經餘必讀續編八卷　(清)雷琳等輯　清嘉慶十二年(1807)刻本　四冊

360000－1901－0014540　406144
經餘必讀續編八卷　(清)雷琳等輯　清嘉慶十二年(1807)玉軸樓刻本　一冊　存二卷(一至二)

360000－1901－0014541　802261
經餘必讀續編八卷　(清)雷琳等輯　清嘉慶十三年(1808)刻本　一冊　存二卷(一至二)

360000－1901－0014542　406136－1
經餘必讀續編八卷　(清)雷琳等輯　清嘉慶十四年(1809)大中堂刻本　二冊　存四卷(一至二、五至六)

360000－1901－0014543　406142
經餘必讀續編八卷　(清)雷琳等輯　清刻本　二冊

360000－1901－0014544　406146－2
經餘必讀續編八卷　(清)雷琳等輯　清刻本　一冊　存四卷(五至八)

360000－1901－0014545　406149－1
經餘必讀續編八卷　(清)雷琳等輯　清刻本　一冊　存四卷(五至八)

360000－1901－0014546　406140
經餘必讀續編八卷　(清)雷琳等輯　清善成堂刻本　四冊

360000－1901－0014547　406149
經餘必讀續編八卷　(清)雷琳等輯　清文英堂刻本　一冊　存二卷(一至二)

360000－1901－0014548　161256
經苑　(清)錢儀吉輯　清道光二十五年至咸豐元年(1845－1851)大梁書院刻同治七年(1868)王儒行等印本　七十七冊　存十種

360000－1901－0014549　161257
經苑　(清)錢儀吉輯　清道光二十五年至咸豐元年(1845－1851)大梁書院刻同治七年(1868)王儒行等印本　七十七冊　存十種

360000－1901－0014550　122016
經韻集字析解二卷拾遺補注一卷附編一卷　(清)熊守謙撰　(清)彭良敞集注　清光緒三年(1877)柳陰書舍刻本　二冊

360000－1901－0014551　122017
經韻集字析解二卷拾遺補注一卷附編一卷　(清)熊守謙撰　(清)彭良敞集注　清光緒三年(1877)柳陰書舍刻本　四冊

360000－1901－0014552　413731
經韻集字析解二卷拾遺補注一卷附編一卷　(清)熊守謙撰　(清)彭良敞集注　清刻本　二冊

360000－1901－0014553　722149
經韻樓叢書　(清)段玉裁撰　清乾隆至道光金壇段氏刻本　八冊　存五種

360000－1901－0014554　717499
經韻樓集十二卷　(清)段玉裁撰　清道光元年(1821)七葉衍祥堂刻經韻樓叢書本　一冊　存三卷(一至三)

360000－1901－0014555　417481
經韻樓集十二卷　（清）段玉裁撰　清光緒十年（1884）樹根齋刻本　六冊

360000－1901－0014556　401415－1
精訂綱鑑二十四史通俗衍義六卷四十四回　（清）呂撫輯　清末鉛印本　一冊　存一卷（四）四回（二十九至三十二回

360000－1901－0014557　401415
精訂綱鑑廿四史通俗衍義二十六卷四十四回　（清）呂撫輯　清光緒十六年（1890）廣百宋齋鉛印本　五冊　存二十一卷（一至二十一）三十二回（一至三十二）

360000－1901－0014558　400198
精訂綱鑑廿四史通俗衍義六卷四十四回　（清）呂撫撰　清光緒二十一年（1895）珍藝書局石印本　五冊　存五卷（一、三至六）三十三回（一至十、二十二至四十四）

360000－1901－0014559　400198－1
精訂綱鑑廿四史通俗衍義六卷四十四回　（清）呂撫撰　清末鉛印本　二冊　存二卷（二至三）十七回（十二至二十八）

360000－1901－0014560　721280
精訂綱鑑廿四史通俗衍義六卷四十四回　（清）呂撫撰　清末鉛印本　一冊　存一卷（二）十一回（十一至二十一）

360000－1901－0014561　721280－1
精訂綱鑑廿四史通俗衍義六卷四十四回　（清）呂撫撰　清末鉛印本　一冊　存一卷（六）七回（三十八至四十四）

360000－1901－0014562　421418
精刻千家詩二卷附新增門類對語一卷　（宋）謝枋得輯　清光緒十二年（1886）刻本　一冊　存二卷（上、新增門類對語一卷）

360000－1901－0014563　802813
精鋭觀止合選不分卷　（清）□□輯　清刻本　一冊

360000－1901－0014564　721546
精繡通俗全像梁武帝西來演義四十回　（清）天花藏主人編　清刻本　二冊　存六回（十八至二十、二十八至三十）

360000－1901－0014565　721545
精繡通俗全像梁武帝西來演義四十回　（清）天花藏主人編　清咸豐元年（1851）刻本　六冊　存二十八回（一至十九、二十六至二十九、三十六至四十）

360000－1901－0014566　308453
精選策學四百卷　（清）□□輯　清光緒二十年（1894）文盛堂石印本　四十四冊

360000－1901－0014567　416956
精選策學四百卷　（清）□□輯　清末石印本　二十五冊　存二百三十九卷（十一至四十、五十一至七十、九十八至一百六十五、二百九至二百十七、二百二十六至二百七十四、三百五至三百四十一、三百七十五至四百）

360000－1901－0014568　416957
精選策學四百卷　（清）□□輯　清末石印本　十二冊　存一百七卷（一百五十七至一百六十三、一百七十四至一百八十二、二百三十六至二百七十四、二百九十五至三百三十一、三百三十七至三百四十一、三百五十四至三百六十三）

360000－1901－0014569　716957
精選策學四百卷　（清）□□輯　清末石印本　四十三冊

360000－1901－0014570　804500
精選策學四百卷　（清）□□輯　清末石印本　一冊　存十卷（二百七十五至二百八十四）

360000－1901－0014571　800281
精選讀本不分卷　（清）□□輯　清抄本　二冊

360000－1901－0014572　161379
精選二十四史政治新論二十四卷　（清）袁紹隨輯　清光緒二十八年（1902）文盛堂石印本　十六冊　存十九卷（一至二、四至五、七至十四、十七、十九至二十四）

360000－1901－0014573　161692
精選各國政治考四卷　(清)張之洞輯　清光緒二十八年(1902)刻本　一册

360000－1901－0014574　241490
精選古今名賢叢話詩林廣記十卷後集十卷　(宋)蔡正孫輯　明刻本　八册

360000－1901－0014575　404882
精選故事黃眉十卷　(明)鄧志謨輯　明末刻本　二册　存五卷(一至五)

360000－1901－0014576　404884
精選故事黃眉十卷　(明)鄧志謨輯　明萬曆刻本　二册　存八卷(一至五、八至十)

360000－1901－0014577　250103
精選故事黃眉十卷　(明)鄧志謨輯　明萬曆四十四年(1616)刻本　六册

360000－1901－0014578　408589
精選喉科秘要諸方一卷　(□)□□輯　清光緒二十七年(1901)刻本　一册

360000－1901－0014579　800895
精選畫譜采新初集不分卷附西湖十八景不分卷　(清)畲經堂輯　清光緒二十九年(1903)宏文閣石印本　二册

360000－1901－0014580　800896
精選畫譜采新初集不分卷附西湖十八景不分卷　(清)畲經堂輯　清光緒二十九年(1903)宏文閣石印本　一册

360000－1901－0014581　800897
精選畫譜采新初集不分卷附西湖十八景不分卷　(清)畲經堂輯　清光緒二十九年(1903)宏文閣石印本　一册

360000－1901－0014582　802133
精選皇朝經世文編四卷　(清)賀長齡輯　清抄本　二册　存二卷(三至四)

360000－1901－0014583　801853
精選近科鄉會墨卷不分卷　(清)□□輯　清抄本　一册

360000－1901－0014584　800259
精選劉香寶卷一卷　清抄本　一册

360000－1901－0014585　800566
精選律賦二集一卷　(清)□□輯　清抄本　一册

360000－1901－0014586　402973
精選廿四史政治新論二十四卷　(清)袁紹隨輯　清光緒二十八年(1902)文盛堂石印本　十三册　存十六卷(一至六、八至九、十一至十二、十八至二十一、二十三至二十四)

360000－1901－0014587　402973－1
精選廿四史政治新論二十四卷　(清)袁紹隨輯　清光緒二十八年(1902)文盛堂石印本　二册　存三卷(十九至二十一)

360000－1901－0014588　419164
精選評註玉堂古文四卷　(清)杭永年評解　清同光堂刻本　二册

360000－1901－0014589　901918
精選巧搭大觀不分卷　(清)□□輯　清末石印本　一册

360000－1901－0014590　318117－4
精選時文不分卷　(清)□□輯　清抄本　一册

360000－1901－0014591　800243
精選四六啓一卷　(清)□□輯　清抄本　一册

360000－1901－0014592　402554
精選五經義不分卷　(清)俞樾輯　清光緒二十八年(1902)上海書局石印本　二册

360000－1901－0014593　401795
精選政治策論新編五十二卷首一卷　(清)葉耀元輯　清光緒石印本　三册　存十卷(四至六、二十二至二十四、四十二至四十五)

360000－1901－0014594　901673
精選直省課藝大全不分卷　(清)□□輯　清末鉛印本　一册

360000－1901－0014595　302441
精選直省闈藝不分卷　(清)時中書局輯　清

光緒二十九年(1903)時中書局鉛印本　四册

360000－1901－0014596　306196
精選中外時務文編四十四卷　(清)養晦生輯　清光緒二十三年(1897)石印本　十二册　存三十八卷(二至二十二、二十七至四十三)

360000－1901－0014597　405550
精義彙選六卷　(清)陳春甲輯　清刻本　四册　存四卷(一至四)

360000－1901－0014598　801335
精義彙選六卷　(清)陳春甲輯　清刻本　二册　存二卷(五至六)

360000－1901－0014599　165010
驚風辨證必讀書二卷　(清)劉德馨輯　清光緒二十七年(1901)上元江氏刻本　一册

360000－1901－0014600　309923
井礦工程三卷　(英國)白爾捺輯　(英國)傅蘭雅口譯　(清)趙元益筆述　清末江南機器製造總局刻本　二册

360000－1901－0014601　416400
井礦工程三卷　(英國)白爾捺輯　(英國)傅蘭雅口譯　(清)趙元益筆述　清末江南機器製造總局刻本　二册

360000－1901－0014602　123109
井蛙錄四卷　(清)宋韻山撰　清刻本　二册

360000－1901－0014603　711380
井蛙錄四卷　(清)宋韻山撰　清刻本　二册

360000－1901－0014604　711381
井蛙雜記十卷　(清)李調元撰　清光緒七年至八年(1881－1882)廣漢鍾登甲樂道齋刻函海本　三册

360000－1901－0014605　121742
景德鎮陶錄十卷　(清)藍浦撰　(清)鄭廷桂補輯　清光緒十七年(1891)書業堂刻本　四册

360000－1901－0014606　123272
景德鎮陶錄十卷　(清)藍浦撰　(清)鄭廷桂補輯　清光緒石印本　二册

360000－1901－0014607　121743
景德鎮陶錄十卷　(清)藍浦撰　(清)鄭廷桂補輯　清嘉慶二十年(1815)翼經堂刻本　四册

360000－1901－0014608　412444
景德鎮陶錄十卷　(清)藍浦撰　(清)鄭廷桂補輯　清嘉慶二十年(1815)翼經堂刻本　四册

360000－1901－0014609　308825
景教碑文紀事攷正一卷　(清)楊榮鋕撰　清光緒二十七年(1901)思賢書局刻本　一册

360000－1901－0014610　722477
景岳便覽不分卷　(明)張介賓撰　清刻本　二册

360000－1901－0014611　722478
景岳便覽不分卷　(明)張介賓撰　清刻本　二册

360000－1901－0014612　722479
景岳便覽不分卷　(明)張介賓撰　清刻本　一册

360000－1901－0014613　708752
景岳方書便覽不分卷　(明)張介賓撰　(清)鄺靄堂輯　清道光十五年(1835)袁州立本堂刻本　九册

360000－1901－0014614　230193
景岳全書　(明)張介賓撰　清康熙三十九年(1700)會稽魯超寅畏堂刻本　三十七册　存十五種

360000－1901－0014615　230194
景岳全書　(明)張介賓撰　清乾隆三十三年(1768)吳郡藜照樓刻本　八册　存八種

360000－1901－0014616　408750
景岳全書發揮四卷　(清)葉桂撰　清刻本　一册　存一卷(三)

360000－1901－0014617　708729
景岳全書六十四卷　(明)張介賓撰　明刻本　二册　存四卷(六十一至六十四)

360000－1901－0014618　801602－3
景岳全書六十四卷　(明)張介賓撰　清抄本　一冊　存二卷(七至八)

360000－1901－0014619　408704
景岳全書六十四卷　(明)張介賓撰　清道光元年(1821)刻本　三十冊

360000－1901－0014620　708742
景岳全書六十四卷　(明)張介賓撰　清嘉慶二十一年(1816)集古堂刻本　二冊　存六卷(一至六)

360000－1901－0014621　708720
景岳全書六十四卷　(明)張介賓撰　清嘉興九思堂刻本　二十二冊　存四十四卷(一至二、七至十三、十六至二十六、三十至三十四、三十七至四十八、五十二至五十六、六十、六十四)

360000－1901－0014622　164899
景岳全書六十四卷　(明)張介賓撰　清刻本　十九冊　存六卷(四十八至五十一、五十四、六十四)

360000－1901－0014623　408703
景岳全書六十四卷　(明)張介賓撰　清刻本　二十四冊

360000－1901－0014624　408707
景岳全書六十四卷　(明)張介賓撰　清刻本　三十七冊　存六十二卷(一至十二、十五至六十四)

360000－1901－0014625　408708
景岳全書六十四卷　(明)張介賓撰　清刻本　二十二冊

360000－1901－0014626　408709
景岳全書六十四卷　(明)張介賓撰　清刻本　十一冊

360000－1901－0014627　408711
景岳全書六十四卷　(明)張介賓撰　清刻本　二十四冊

360000－1901－0014628　408712
景岳全書六十四卷　(明)張介賓撰　清刻本　二十冊　存五十九卷(三至四十五、四十八至六十三)

360000－1901－0014629　408713
景岳全書六十四卷　(明)張介賓撰　清刻本　二十四冊

360000－1901－0014630　408714
景岳全書六十四卷　(明)張介賓撰　清刻本　二十三冊

360000－1901－0014631　408715
景岳全書六十四卷　(明)張介賓撰　清刻本　二十二冊　存六十二卷(一至四十九、五十二至六十四)

360000－1901－0014632　408716
景岳全書六十四卷　(明)張介賓撰　清刻本　十九冊　存四十九卷(一至二、四至七、十九至三十九、四十三至六十四)

360000－1901－0014633　408717
景岳全書六十四卷　(明)張介賓撰　清刻本　二十三冊　存六十一卷(一至六十、六十四)

360000－1901－0014634　408718
景岳全書六十四卷　(明)張介賓撰　清刻本　二十八冊　存四十六卷(一至十九、二十三至二十五、二十八至四十九、五十二至五十三)

360000－1901－0014635　408719
景岳全書六十四卷　(明)張介賓撰　清刻本　二十冊　存四十三卷(一至二、八至十六、二十至二十六、三十至三十三、三十八至四十八、五十二、五十四、五十七至六十四)

360000－1901－0014636　408723
景岳全書六十四卷　(明)張介賓撰　清刻本　二十三冊

360000－1901－0014637　408724－1
景岳全書六十四卷　(明)張介賓撰　清刻本　四冊　存七卷(五十一、五十三至五十四、

六十一至六十四）

360000－1901－0014638　408725
景岳全書六十四卷　（明）張介賓撰　清刻本　四册　存十五卷（十三至十六、三十五至三十九、五十三至五十四、六十一至六十四）

360000－1901－0014639　421774
景岳全書六十四卷　（明）張介賓撰　清刻本　二册　存七卷（二十六至二十九、四十至四十二）

360000－1901－0014640　603610
景岳全書六十四卷　（明）張介賓撰　清刻本　二册　存五卷（十九至二十一、三十八至三十九）

360000－1901－0014641　603610－1
景岳全書六十四卷　（明）張介賓撰　清刻本　一册　存二卷（十二至十三）

360000－1901－0014642　603610－2
景岳全書六十四卷　（明）張介賓撰　清刻本　一册　存三卷（十三至十五）

360000－1901－0014643　706659
景岳全書六十四卷　（明）張介賓撰　清刻本　七册　存二十三卷（十五至十七、十九至二十一、二十六至四十、四十六至四十七）

360000－1901－0014644　708719
景岳全書六十四卷　（明）張介賓撰　清刻本　二册　存五卷（四至七、四十七）

360000－1901－0014645　708722
景岳全書六十四卷　（明）張介賓撰　清刻本　十一册　存三十二卷（十三至二十一、二十六至三十九、四十三至四十六、五十二至五十六）

360000－1901－0014646　708723
景岳全書六十四卷　（明）張介賓撰　清刻本　三册　存十卷（二十六至二十九、四十至四十二、六十二至六十四）

360000－1901－0014647　708725
景岳全書六十四卷　（明）張介賓撰　清刻本　九册　存十九卷（四十三至四十六、五十至六十四）

360000－1901－0014648　708726
景岳全書六十四卷　（明）張介賓撰　清刻本　三册　存十一卷（三至六、十至十六）

360000－1901－0014649　708727
景岳全書六十四卷　（明）張介賓撰　清刻本　六册　存十二卷（六至八、十九至二十、二十四至二十六、四十至四十三）

360000－1901－0014650　708728
景岳全書六十四卷　（明）張介賓撰　清刻本　三册　存八卷（十六至二十一、三十八至三十九）

360000－1901－0014651　708731
景岳全書六十四卷　（明）張介賓撰　清刻本　八册　存二十六卷（三至六、九至十二、十九至二十、二十五至三十九、四十七）

360000－1901－0014652　708732
景岳全書六十四卷　（明）張介賓撰　清刻本　四册　存十一卷（七至十二、四十三至四十五、四十八至四十九）

360000－1901－0014653　708735
景岳全書六十四卷　（明）張介賓撰　清刻本　十二册　存三十三卷（三至八、十三至十五、二十六至二十九、三十四至四十二、四十八至五十一、五十四至五十七、六十一至六十三）

360000－1901－0014654　708736
景岳全書六十四卷　（明）張介賓撰　清刻本　一册　存二卷（一至二）

360000－1901－0014655　708738
景岳全書六十四卷　（明）張介賓撰　清刻本　九册　存十九卷（十五、十八至二十六、三十九至四十五、五十二至五十三）

360000－1901－0014656　708739
景岳全書六十四卷　（明）張介賓撰　清刻本　五册　存十四卷（三十一至三十四、三十九

至四十八)

360000－1901－0014657　708740
景岳全書六十四卷　(明)張介賓撰　清刻本　六册　存二十卷(七至二十三、五十六至五十八)

360000－1901－0014658　708741
景岳全書六十四卷　(明)張介賓撰　清刻本　五册　存十二卷(十九至二十一、三十八至四十二、四十六、六十一至六十三)

360000－1901－0014659　708745
景岳全書六十四卷　(明)張介賓撰　清刻本　三册　存七卷(七至八、十六至十七、二十至二十二)

360000－1901－0014660　708747
景岳全書六十四卷　(明)張介賓撰　清刻本　四册　存十一卷(九至十二、二十至二十二、五十至五十一、五十九至六十)

360000－1901－0014661　708750
景岳全書六十四卷　(明)張介賓撰　清刻本　六册　存十八卷(三十至三十三、四十六、四十八至五十一、五十五至六十三)

360000－1901－0014662　719983
景岳全書六十四卷　(明)張介賓撰　清刻本　十册　存二十四卷(二十七至三十、三十九至四十六、四十八至五十一、五十三至五十七、六十至六十一、六十四)

360000－1901－0014663　719984
景岳全書六十四卷　(明)張介賓撰　清刻本　一册　存一卷(六十四)

360000－1901－0014664　721818
景岳全書六十四卷　(明)張介賓撰　清刻本　三册　存九卷(三十一至三十九)

360000－1901－0014665　721818－1
景岳全書六十四卷　(明)張介賓撰　清刻本　一册　存四卷(三十至三十三)

360000－1901－0014666　721819
景岳全書六十四卷　(明)張介賓撰　清刻本　二册　存四卷(三十八至三十九、四十八至四十九)

360000－1901－0014667　721819－1
景岳全書六十四卷　(明)張介賓撰　清刻本　一册　存一卷(四十七)

360000－1901－0014668　722008
景岳全書六十四卷　(明)張介賓撰　清刻本　九册　存十七卷(四十六至四十九、五十二至六十四)

360000－1901－0014669　722008－1
景岳全書六十四卷　(明)張介賓撰　清刻本　一册　存一卷(五十)

360000－1901－0014670　801602
景岳全書六十四卷　(明)張介賓撰　清刻本　三册　存十卷(九至十二、二十至二十一、二十六至二十九)

360000－1901－0014671　801602－1
景岳全書六十四卷　(明)張介賓撰　清刻本　二册　存五卷(七至八、十九至二十一)

360000－1901－0014672　801602－10
景岳全書六十四卷　(明)張介賓撰　清刻本　五册　存十四卷(九至十一、十七至十八、三十至三十六、四十九至五十)

360000－1901－0014673　801602－2
景岳全書六十四卷　(明)張介賓撰　清刻本　二册　存五卷(三十八至三十九、五十八至六十)

360000－1901－0014674　801602－4
景岳全書六十四卷　(明)張介賓撰　清刻本　三册　存十一卷(五十三至六十三)

360000－1901－0014675　801602－5
景岳全書六十四卷　(明)張介賓撰　清刻本　二册　存二卷(四十七、五十七)

360000－1901－0014676　801602－6
景岳全書六十四卷　(明)張介賓撰　清刻本　六册　存十四卷(七至八、十至十一、三十八至四十二、四十八至四十九、五十五至五十

七）

360000－1901－0014677　801602－7
景岳全書六十四卷　(明)張介賓撰　清刻本　三册　存九卷(六至七、九至十二、十六至十八)

360000－1901－0014678　801602－8
景岳全書六十四卷　(明)張介賓撰　清刻本　七册　存二十一卷(一、九至十五、十八至十九、三十至三十八、五十至五十一)

360000－1901－0014679　801602－9
景岳全書六十四卷　(明)張介賓撰　清刻本　一册　存四卷(三十五至三十八)

360000－1901－0014680　805208
景岳全書六十四卷　(明)張介賓撰　清刻本　一册　存三卷(四十至四十二)

360000－1901－0014681　901606
景岳全書六十四卷　(明)張介賓撰　清刻本　十六册　存三十五卷(二至三、七至八、十五至十六、十九至二十、二十二至三十一、四十至四十一、四十三至四十八、五十至五十二、五十五至六十)

360000－1901－0014682　901607
景岳全書六十四卷　(明)張介賓撰　清刻本　十六册　存三十五卷(一至二、八至九、十九至二十、二十二至二十八、三十八至四十、四十三至四十九、五十一至五十三、五十五至六十、六十二至六十四)

360000－1901－0014683　901608
景岳全書六十四卷　(明)張介賓撰　清刻本　六册　存十三卷(七至八、二十七至三十、四十五至四十九、五十九至六十)

360000－1901－0014684　901609
景岳全書六十四卷　(明)張介賓撰　清刻本　二册　存五卷(三十至三十三、四十七)

360000－1901－0014685　901862
景岳全書六十四卷　(明)張介賓撰　清刻本　四册　存九卷(四十七、五十至五十一、五十五至六十)

360000－1901－0014686　901863
景岳全書六十四卷　(明)張介賓撰　清刻本　一册　存一卷(六十)

360000－1901－0014687　901864
景岳全書六十四卷　(明)張介賓撰　清刻本　二册　存三卷(五十二至五十三、六十四)

360000－1901－0014688　901865
景岳全書六十四卷　(明)張介賓撰　清刻本　二册　存三卷(四十四至四十五、五十二)

360000－1901－0014689　901866
景岳全書六十四卷　(明)張介賓撰　清刻本　二册　存三卷(十六至十七、五十一)

360000－1901－0014690　901867
景岳全書六十四卷　(明)張介賓撰　清刻本　一册　存三卷(三十五至三十七)

360000－1901－0014691　901868
景岳全書六十四卷　(明)張介賓撰　清刻本　一册　存二卷(三十五至三十六)

360000－1901－0014692　901869
景岳全書六十四卷　(明)張介賓撰　清刻本　一册　存二卷(三十五至三十六)

360000－1901－0014693　901870
景岳全書六十四卷　(明)張介賓撰　清刻本　一册　存一卷(六十四)

360000－1901－0014694　901871
景岳全書六十四卷　(明)張介賓撰　清刻本　一册　存三卷(五十五至五十七)

360000－1901－0014695　901872
景岳全書六十四卷　(明)張介賓撰　清刻本　一册　存三卷(六十一至六十三)

360000－1901－0014696　901873
景岳全書六十四卷　(明)張介賓撰　清刻本　一册　存二卷(二十至二十一)

360000－1901－0014697　901874
景岳全書六十四卷　(明)張介賓撰　清刻本

一册　存一卷(六十四)

360000－1901－0014698　708721
景岳全書六十四卷　(明)張介賓撰　清乾隆三十三年(1768)浙江藜照樓刻本　十二册　存三十八卷(一至二十五、三十至三十九、四十三至四十五)

360000－1901－0014699　408724
景岳全書六十四卷　(明)張介賓撰　清乾隆十五年(1750)刻本　二十四册

360000－1901－0014700　408706
景岳全書六十四卷　(明)張介賓撰　清乾隆五十五年(1790)莆田書屋刻本　二十一册

360000－1901－0014701　408710
景岳全書六十四卷　(明)張介賓撰　清同治十一年(1872)刻本　二十三册

360000－1901－0014702　708737
景岳全書六十四卷　(明)張介賓撰　清同治十一年(1872)刻本　五册　存十七卷(一至六、九至十二、十六至十八、二十二至二十五)

360000－1901－0014703　800411
景岳全書小兒則一卷　(明)張介賓撰　清嘉慶十年(1805)桃溪潘聖禎隨遇館抄本　一册

360000－1901－0014704　802095
景岳全書摘要不分卷　(明)張介賓撰　清抄本　二册

360000－1901－0014705　803539
景岳湯頭附補陣不分卷　(明)張介賓撰　清李麗廷抄本　一册

360000－1901－0014706　408017
景岳新方砭四卷　(清)陳念祖撰　清光緒二十六年(1900)新化三味書局刻本　二册

360000－1901－0014707　164896
景岳新方砭四卷　(清)陳念祖撰　清嘉慶九年(1804)兩儀堂刻本　一册

360000－1901－0014708　164897
景岳新方砭四卷　(清)陳念祖撰　清善成堂刻本　一册

360000－1901－0014709　408748
景岳新方湯頭歌括一卷　(清)吴宏定輯　清嘉慶二年(1797)刻本　一册

360000－1901－0014710　408749
景岳新方湯頭歌括一卷　(清)吴宏定輯　清嘉慶二年(1797)刻本　一册

360000－1901－0014711　408747
景岳新方湯頭歌括一卷　(清)吴宏定輯　清刻本　一册

360000－1901－0014712　408746
景岳新方湯頭歌括一卷　(清)吴宏定輯　清同治六年(1867)刻本　二册

360000－1901－0014713　803856
景岳新方湯頭一卷　(清)吴宏定輯　清道光二十一年(1841)抄本　一册

360000－1901－0014714　902212
景岳新方湯頭一卷　(清)吴宏定輯　清嘉慶二年(1797)刻本　一册

360000－1901－0014715　801484
景岳新方一卷　(□)□□撰　清抄本　一册

360000－1901－0014716　801237
景岳新方一卷　(□)□□撰　清刻本　一册

360000－1901－0014717　403833
景紫堂全書　(清)夏炘撰　清刻本　十一册　存六種

360000－1901－0014718　403834
景紫堂全書　(清)夏炘撰　清刻本　九册　存四種

360000－1901－0014719　403835
景紫堂全書　(清)夏炘撰　清刻本　五册　存二種

360000－1901－0014720　403832
景紫堂全書　(清)夏炘撰　清咸豐、同治刻本　十八册　存七種

360000－1901－0014721　407888
景紫堂全書　(清)夏炘撰　清咸豐、同治刻

同治元年(1862)王光甲等彙印本　一冊　存四種

360000－1901－0014722　407888－1
景紫堂全書　(清)夏炘撰　清咸豐、同治刻同治元年(1862)王光甲等彙印本　一冊　存四種

360000－1901－0014723　407888－3
景紫堂勸讀書七則一卷　(清)夏炘撰　清刻本　一冊

360000－1901－0014724　800304
景紫堂主人自訂年譜一卷　(清)夏炘撰　清抄本　一冊

360000－1901－0014725　304275
警石府君[錢泰吉]年譜一卷　(清)錢應溥撰　**郃農偶吟稿一卷**　(清)錢炳森撰　清同治十一年(1872)刻本　一冊

360000－1901－0014726　805145
徑中徑又徑四卷　(清)張師誠輯　清刻本　二冊

360000－1901－0014727　162580
徑中徑又徑四卷　(清)張師誠輯　清同治七年(1868)刻本　二冊

360000－1901－0014728　405362
徑中徑又徑徵義三卷　(清)張師誠輯　(清)徐槐廷注　清光緒二十五年(1899)刻本　一冊

360000－1901－0014729　414862
竟山樂錄四卷　(清)毛奇齡撰　**八紘譯史四卷**　(清)陸次雲撰　清刻本　二冊

360000－1901－0014730　805221
淨德集三十八卷　(宋)呂陶撰　清刻本　二冊　存十卷(十五至十八、三十三至三十八)

360000－1901－0014731　230622
淨土晨鐘十卷　(清)周克復撰　清乾隆五十七年(1792)刻本　二冊

360000－1901－0014732　310245
淨土捷要一卷　(明)釋德清撰　清宣統二年(1910)刻本　一冊

360000－1901－0014733　421964
杜詩論文五十六卷　(清)吳見思撰　(清)潘眉評　清康熙十一年(1672)岱淵堂刻本　一冊　存序、凡例、目錄

360000－1901－0014734　406789
淨土聖賢錄九卷　(清)彭希涑撰　清刻本　三冊　存七卷(三至九)

360000－1901－0014735　310228
淨土四經四卷　(清)魏源輯　清同治八年(1869)皖城撫署刻本　一冊

360000－1901－0014736　310197
淨土四經四卷　(清)魏源輯　清同治五年(1866)刻本　一冊

360000－1901－0014737　162594
淨業知津一卷　(清)釋悟開撰　清同治十三年(1874)金陵刻經處刻本　一冊

360000－1901－0014738　406787
淨業知津一卷　(清)釋悟開撰　清同治十三年(1874)金陵刻經處刻本　一冊

360000－1901－0014739　421816
敬避字様不分卷　(清)□□輯　清刻本　一冊

360000－1901－0014740　303131
敬孚類稿十六卷　(清)蕭穆撰　清光緒三十二年至三十三年(1906－1907)刻本　四冊

360000－1901－0014741　411342
敬公遺集一卷　(清)郭錫紱撰　清嘉慶元年(1796)白良山房刻本　一冊

360000－1901－0014742　316530
敬恕堂文集紀年十卷紀事畧一卷附耿嵩陽先生傳一卷　(清)耿介等撰　清道光二十五年(1845)刻本　八冊

360000－1901－0014743　315331
敬恕堂文集紀年十卷紀事畧一卷附耿嵩陽先生傳一卷　(清)耿介等撰　清道光刻本　八冊

360000－1901－0014744　413172
敬恕堂文集紀年十卷紀事畧一卷附耿嵩陽先生傳一卷　(清)耿介等撰　清刻本　四册　存六卷(一、七、九至十,紀事畧一卷,耿嵩陽先生傳一卷)

360000－1901－0014745　804424
敬堂訂補萬寶全書二十四卷　(清)煙水山人撰　清刻本　一册　存十一卷(十四至二十四)

360000－1901－0014746　413348
敬堂詩稿二卷　(清)辛紹業撰　清嘉慶二十一年(1816)經笥齋刻敬堂遺書本　一册

360000－1901－0014747　413348－1
敬堂詩稿二卷　(清)辛紹業撰　清嘉慶二十一年(1816)經笥齋刻敬堂遺書本　一册

360000－1901－0014748　413348－2
敬堂詩稿二卷　(清)辛紹業撰　清嘉慶二十一年(1816)經笥齋刻敬堂遺書本　一册

360000－1901－0014749　413348－3
敬堂詩稿二卷　(清)辛紹業撰　清嘉慶二十一年(1816)經笥齋刻敬堂遺書本　一册

360000－1901－0014750　413349
敬堂詩稿二卷　(清)辛紹業撰　**趨庭詩草二卷**　(清)辛僎撰　清嘉慶二十一年(1816)經笥齋刻敬堂遺書本　一册

360000－1901－0014751　413347
敬堂文稿二卷　(清)辛紹業撰　清嘉慶二十一年(1816)經笥齋刻敬堂遺書本　二册

360000－1901－0014752　413347－1
敬堂文稿二卷　(清)辛紹業撰　清嘉慶二十一年(1816)經笥齋刻敬堂遺書本　二册

360000－1901－0014753　121983
敬堂遺書　(清)辛紹業撰　清嘉慶二十一年(1816)經笥齋刻本　二册　存三種

360000－1901－0014754　413346
敬堂遺書　(清)辛紹業撰　清嘉慶二十一年(1816)經笥齋刻本　二册　存三種

360000－1901－0014755　306168
敬亭集十卷補遺一卷附録一卷　(明)姜埰撰　清光緒十五年(1889)山東書局刻本　二册　存七卷(三至九)

360000－1901－0014756　316882
敬亭集十卷補遺一卷附録一卷　(明)姜埰撰　清光緒十五年(1889)山東書局刻本　四册

360000－1901－0014757　306695
敬亭集十卷補遺一卷附録一卷姜貞毅先生自著年譜一卷　(明)姜埰撰　**墓誌銘一卷**　清光緒十五年(1889)山東書局刻本　二册　存七卷(一至二、十,補遺一卷,附録一卷,姜貞毅先生自著年譜一卷,墓誌銘一卷)

360000－1901－0014758　303132
敬亭文稿八卷　(清)沈起元撰　清刻本　六册

360000－1901－0014759　801885
敬通程法不分卷　(□)□□撰　清抄本　一册

360000－1901－0014760　417361
敬惜字紙一卷　(□)□□輯　清刻本　一册

360000－1901－0014761　417353
敬信録訓言一卷　(清)俞孔昭輯　清同治五年(1866)婺東雞田俞玉珊堂刻本　一册

360000－1901－0014762　417353－1
敬信録訓言一卷　(清)俞孔昭輯　清同治五年(1866)婺東雞田俞玉珊堂刻本　一册

360000－1901－0014763　417353－2
敬信録訓言一卷　(清)俞孔昭輯　清同治五年(1866)婺東雞田俞玉珊堂刻本　一册

360000－1901－0014764　417363
敬信録一卷　(清)周鼎臣輯　清光緒五年(1879)刻本　一册

360000－1901－0014765　417377
敬信録一卷　(清)周鼎臣輯　清刻本　一册

360000－1901－0014766　162754
敬信録一卷　(清)周鼎臣輯　清乾隆四十六

年(1781)協成堂刻本　一冊

360000－1901－0014767　417352
敬信錄一卷　(清)周鼎臣輯　清同治五年(1866)莊茂春刻本　一冊

360000－1901－0014768　123050
敬修堂稿一卷　(清)汪青萍撰　清道光十九年(1839)刻本　一冊

360000－1901－0014769　408982
敬修堂藥說二卷　(清)錢澍田撰　清嘉慶十年(1805)粵東敬修堂刻本　一冊

360000－1901－0014770　720347
敬修堂藥說二卷　(清)錢澍田撰　清嘉慶十年(1805)粵東敬修堂刻本　一冊

360000－1901－0014771　722385
敬修堂藥說二卷　(清)錢澍田撰　清嘉慶十年(1805)粵東敬修堂刻本　一冊

360000－1901－0014772　722386
敬修堂藥說二卷　(清)錢澍田撰　清嘉慶十年(1805)粵東敬修堂刻本　一冊

360000－1901－0014773　240516
敬軒薛先生文集二十四卷　(明)薛瑄撰　(明)張鼎輯　明弘治十六年(1503)李越刻遞修本　八冊

360000－1901－0014774　121984
敬業錄十卷　(清)羅玉藻輯　清道光十三年(1833)刻本　四冊

360000－1901－0014775　901672
敬業書院課藝不分卷　(清)敬業書院輯　清同治刻本　一冊

360000－1901－0014776　240930
敬業堂詩集四十八卷　(清)查慎行撰　清康熙五十八年(1719)刻本　十七冊　缺十八卷(三十一至四十八)

360000－1901－0014777　902017
敬業堂詩集四十八卷續集六卷　(清)查慎行撰　清康熙刻本　十五冊　存二十四卷(敬業堂詩集三十一至四十八、續集六卷)

360000－1901－0014778　413171
敬業堂詩集五十卷　(清)查慎行撰　清康熙刻本　三冊　存九卷(二十八至三十四、四十九至五十)

360000－1901－0014779　240929
敬業堂詩集五十卷　(清)查慎行撰　清康熙五十八年(1719)刻雍正增刻本　五冊　缺二十四卷(一至二十四)

360000－1901－0014780　121985
敬義堂家訓三卷　(清)紀大奎撰　清嘉慶十三年(1808)刻紀慎齋先生全集本　一冊

360000－1901－0014781　121986
敬義堂家訓三卷　(清)紀大奎撰　清嘉慶十三年(1808)刻紀慎齋先生全集本　一冊

360000－1901－0014782　601635
敬義堂家訓三卷　(清)紀大奎撰　清嘉慶十三年(1808)刻紀慎齋先生全集本　一冊

360000－1901－0014783　601636
敬義堂家訓三卷　(清)紀大奎撰　清嘉慶十三年(1808)刻紀慎齋先生全集本　一冊

360000－1901－0014784　417318
敬竈全書二卷　(清)惕心憫世道人輯　清光緒十年(1884)瑪瑙經房刻本　一冊

360000－1901－0014785　803405
敬竈全書一卷　(清)惕心憫世道人輯　清抄本　一冊

360000－1901－0014786　417321
敬竈全書一卷　(清)惕心憫世道人輯　清道光刻本　一冊

360000－1901－0014787　417322
敬竈全書一卷　(清)惕心憫世道人輯　清光緒三十一年(1905)上海同文新譯書局石印本　一冊

360000－1901－0014788　417319
敬竈全書一卷　(清)惕心憫世道人輯　清刻本　一冊

360000－1901－0014789　900963

敬竈神書一卷　(清)□□撰　清刻本　一冊

360000－1901－0014790　417341
敬竈章不分卷　(□)□□撰　清同治刻本　一冊

360000－1901－0014791　230357
敬齋古今黈八卷　(元)李治撰　清乾隆武英殿木活字印武英殿聚珍版書本　二冊

360000－1901－0014792　240683
敬止堂緒鈔十一卷　(明)賀沚撰　明抄本　十一冊

360000－1901－0014793　300243
靖海紀事二卷　(清)施琅撰　(清)施世驃輯　清光緒元年(1875)施葆修刻本　二冊

360000－1901－0014794　121789
靖節先生集十卷首一卷末一卷　(晉)陶潛撰　(清)陶澍集注　清光緒元年(1875)江蘇書局刻本　四冊

360000－1901－0014795　410618
靖節先生集十卷首一卷末一卷　(晉)陶潛撰　(清)陶澍集注　清刻本　一冊

360000－1901－0014796　417792
靖節先生集十卷首一卷末一卷諸本評陶彙集一卷　(晉)陶潛撰　(清)陶澍集注　**靖節先生年譜攷異二卷**　(清)陶澍撰　清道光二十年(1840)刻本　四冊

360000－1901－0014797　410621
靖節先生年譜攷異二卷　(清)陶澍撰　清刻本　一冊

360000－1901－0014798　161931
靖逆記六卷　(清)盛大士撰　清道光二年(1822)刻本　一冊

360000－1901－0014799　162062
靖逆記六卷　(清)盛大士撰　清道光二年(1822)刻本　一冊

360000－1901－0014800　300442
靖逆記六卷　(清)盛大士撰　清嘉慶二十五年(1820)寶華樓刻本　一冊

360000－1901－0014801　300441
靖逆記六卷　(清)盛大士撰　清嘉慶二十五年(1820)文盛堂刻本　二冊

360000－1901－0014802　410968
靜存齋賦二卷　(清)萬立鈞撰　(清)萬世霖輯注　清光緒七年(1881)畊心草堂刻本　二冊

360000－1901－0014803　410969－1
靜存齋賦二卷　(清)萬立鈞撰　(清)萬世霖輯注　清光緒七年(1881)畊心草堂刻本　二冊

360000－1901－0014804　410969
靜存齋賦二卷　(清)萬立鈞撰　(清)萬世霖輯注　清光緒四年(1878)畊心草堂刻本　二冊

360000－1901－0014805　122898
靜存齋賦二卷　(清)萬立鈞撰　(清)萬世霖輯注　清光緒四年(1878)刻本　二冊

360000－1901－0014806　241459
靜觀室三蘇文選十六卷　(明)錢穀輯　明刻本　一冊　存四卷(九至十二)

360000－1901－0014807　601907
靜寄軒詩鈔十六卷　(清)江南春撰　清道光二十九年(1849)刻本　四冊

360000－1901－0014808　122332
靜儉堂集十卷　(明)熊化撰　清光緒二十年(1894)刻本　六冊

360000－1901－0014809　122333
靜儉堂集十卷　(明)熊化撰　清光緒二十年(1894)刻本　六冊

360000－1901－0014810　601827
靜儉堂集十卷　(明)熊化撰　清光緒二十年(1894)刻本　一冊　存一卷(一)

360000－1901－0014811　713520
靜儉堂集十卷　(明)熊化撰　清光緒二十年(1894)刻本　五冊　存八卷(一至八)

360000－1901－0014812　722343

靜儉堂集十卷 （明）熊化撰　清光緒二十年(1894)刻本　三册　存六卷(三至六、九至十)

360000－1901－0014813　413511－1
靜儉堂集十卷 （明）熊化撰　清刻本　一册　存二卷(七至八)

360000－1901－0014814　421468
靜淨齋第八才子書花箋記六卷 （清）鍾戴蒼撰　（清）靜淨齋評　清刻本　一册　存三卷(一至三)

360000－1901－0014815　163191
靜山堂遺詩一卷 （清）汪昌撰　清乾隆五十八年(1793)刻本　一册

360000－1901－0014816　122328
靜思先生詩集二卷 （元）郭鈺撰　清康熙五十三年(1714)刻本　二册

360000－1901－0014817　240807
靜惕堂詩集四十四卷 （清）曹溶撰　清雍正三年(1725)李維鈞刻本　八册

360000－1901－0014818　163683
杜詩詳注二十五卷首一卷附編二卷 （唐）杜甫撰　（清）仇兆鰲輯注　清刻本　一册　存二卷(附編二卷)

360000－1901－0014819　122327
靜宜室詩集八卷 （清）裘行簡撰　清刻本　四册

360000－1901－0014820　122330
靜娱室偶存稿二卷首一卷末一卷 （清）李宗瀚撰　清道光十六年(1836)刻本　二册

360000－1901－0014821　601826
靜娱室偶存稿二卷首一卷末一卷 （清）李宗瀚撰　清道光十六年(1836)刻本　一册　存二卷(上、首一卷)

360000－1901－0014822　230255
靜耘齋集驗方八卷 （清）黄元基輯　清乾隆二十八年(1763)刻本　八册

360000－1901－0014823　315372
靜志居詩話二十四卷 （清）朱彝尊撰　（清）姚祖恩輯　清嘉慶二十四年(1819)錢塘姚祖恩扶荔山房刻本　十四册

360000－1901－0014824　315944
靜志居詩話二十四卷 （清）朱彝尊撰　（清）姚祖恩輯　清嘉慶二十四年(1819)錢塘姚祖恩扶荔山房刻本　十六册

360000－1901－0014825　230111
靜子日記一卷 （清）黄永年撰　清抄本　一册

360000－1901－0014826　413341
靜子日記一卷 （清）黄永年撰　清刻本　一册

360000－1901－0014827　800534
靜坐要訣一卷 （明）袁黄撰　清抄本　一册

360000－1901－0014828　712942
鏡芙軒集四卷 （清）喻增偉撰　清末刻本　一册　存一卷(詩鈔一卷)

360000－1901－0014829　712943
鏡芙軒集四卷 （清）喻增偉撰　清末刻本　一册　存一卷(詩鈔一卷)

360000－1901－0014830　162929
鏡花緣二十卷一百回 （清）李汝珍撰　清刻本　十二册　存十二卷(一至四、九至十、十二至十七)六十回(一至二十、四十一至五十、五十六至八十五)

360000－1901－0014831　721637－1
鏡花緣二十卷一百回 （清）李汝珍撰　清刻本　三册　存六卷(五至十)三十回(二十一至五十)

360000－1901－0014832　721638
鏡花緣二十卷一百回 （清）李汝珍撰　清刻本　十六册　存十六卷(二至五、八至十四、十六至二十)八十回(六至二十五、三十六至七十、七十六至一百)

360000－1901－0014833　721640－1
鏡花緣二十卷一百回 （清）李汝珍撰　清刻

本　一册　存二卷(十二至十三)八回(五十六至六十三)

360000－1901－0014834　721641
鏡花緣二十卷一百回　(清)李汝珍撰　清刻本　六册　存六卷(九、十三、十七至二十)三十回(四十一至四十五、六十一至六十五、八十一至一百)

360000－1901－0014835　722212
鏡花緣二十卷一百回　(清)李汝珍撰　清刻本　三册　存六卷(十五至二十)三十回(七十一至一百)

360000－1901－0014836　721637
鏡花緣二十卷一百回　(清)李汝珍撰　(清)謝葉梅繪像　清光緒十四年(1888)刻本　五册　存八卷(一至四、十一至十四)四十回(一至二十、五十一至七十)

360000－1901－0014837　721640
鏡花緣二十卷一百回　(清)李汝珍撰　(清)謝葉梅繪像　清同治八年(1869)翠筠山房刻本　一册　存一卷(一)五回(一至五)

360000－1901－0014838　421586－1
鏡香園毛聲山評第七才子書十二卷首一卷　(元)高明撰　(清)毛宗崗評　清刻本　一册　存二卷(八至九)

360000－1901－0014839　805294
鏡香園毛聲山評第七才子書十二卷首一卷　(元)高明撰　(清)毛宗崗評　清刻本　一册　存二卷(四至五)

360000－1901－0014840　150500
鏡烟堂十種　(清)紀昀撰　清刻本　三册　存五種

360000－1901－0014841　413176
鏡源遺照集二十卷首一卷　(清)張均撰　清光緒十五年(1889)大文堂刻本　四册

360000－1901－0014842　413176－1
鏡源遺照集二十卷首一卷　(清)張均撰　清刻本　一册　存五卷(一至五)

360000－1901－0014843　122634
鏡真山房詩鈔六卷　(清)張鳳翥撰　清同治二年(1863)刻本　二册

360000－1901－0014844　122635
鏡真山房詩鈔六卷試帖二卷　(清)張鳳翥撰　清同治二年(1863)皖上軍幕刻本　四册

360000－1901－0014845　310521
九朝東華錄一百二十卷　王先謙編　清末鉛印本　十三册　存二十七卷(嘉慶朝十四卷、道光朝十三卷)

360000－1901－0014846　313416
九朝東華錄一百二十卷　王先謙編　清末鉛印本　二十八册

360000－1901－0014847　418129
九朝野記四卷　(明)祝允明撰　清宣統三年(1911)時中書局鉛印本　二册

360000－1901－0014848　316050
九公山房詩稿二十二卷目錄二卷　(明)郝錦撰　清刻本　八册

360000－1901－0014849　804940
九國志十二卷　(宋)路振撰　(宋)張唐英補　清道光二十七年(1847)刻海山仙館叢書本　二册

360000－1901－0014850　163762
九華山志十卷　(清)周贇纂　清光緒二十八年(1902)刻本　七册

360000－1901－0014851　407038
九皇尊經註解三卷首一卷　題(唐)呂嵒撰　清光緒二十一年(1895)安成李一念堂刻本　三册

360000－1901－0014852　302307
九家合刻試帖詩課合存九卷題目一卷　(清)王芑孫等撰　清刻本　四册

360000－1901－0014853　800691
九家詩詳註七卷　(清)毛履謙　(清)吳涵一注　清刻本　二册　存三卷(三至五)

360000－1901－0014854　402648

九經補注　(清)姜兆錫撰　清雍正、乾隆寅清樓刻本　四十四册

360000－1901－0014855　402649
九經補注　(清)姜兆錫撰　清雍正、乾隆寅清樓刻本　十五册　存五種

360000－1901－0014856　402649－1
九經補注　(清)姜兆錫撰　清雍正、乾隆寅清樓刻本　五册　存二種

360000－1901－0014857　160020
九經古義十六卷　(清)惠棟撰　清嘉慶至道光蔣氏省吾堂刻本　五册

360000－1901－0014858　402653
九經古義十六卷　(清)惠棟撰　清乾隆三十年(1765)李文藻刻貸園叢書初集本　四册

360000－1901－0014859　402650
九經今義二十八卷　成本璞撰　清光緒三十一年(1905)鉛印本　二册

360000－1901－0014860　162862
九經堂增訂詳註廣日記故事不分卷　(清)王相增注　清金陵九經堂刻本　一册

360000－1901－0014861　210398
九經圖不分卷　(清)楊魁植輯　(清)楊文源增訂　清乾隆三十七年(1772)刻本　十册

360000－1901－0014862　150087
九經五十一卷附四卷　(明)秦鏷訂正　清刻本　十五册　存四十七卷(周易三卷、圖說一卷,書經四卷,詩經四卷,周禮五至六,禮記六卷,春秋十七卷,論語二卷,孝經一卷,孟子七卷)

360000－1901－0014863　411050
九九銷夏錄十四卷　(清)俞樾撰　清光緒刻本　一册

360000－1901－0014864　306710
九靈山房集三十卷補編二卷　(元)戴良撰　清同治九年(1870)永康胡氏退補齋刻金華叢書本　五册　存十六卷(一至三、七至十九)

360000－1901－0014865　411056
九靈山房集三十卷補編二卷　(元)戴良撰　清同治九年(1870)永康胡氏退補齋刻金華叢書本　一册　存三卷(四至六)

360000－1901－0014866　302302
九靈山房集三十卷補編二卷遺藁詩四卷文一卷首一卷補編一卷　(元)戴良撰　清同治永康胡氏退補齋刻金華叢書本　十二册

360000－1901－0014867　312093
九靈山房集三十卷補編二卷遺藁詩四卷文一卷首一卷補編一卷　(元)戴良撰　清同治永康胡氏退補齋刻金華叢書本　十册

360000－1901－0014868　401903
九卿議定物料價值八卷　(清)邁柱等撰　清刻本　三册　存四卷(一至四)

360000－1901－0014869　417282
九數通考十一卷首一卷末一卷　(清)屈曾發撰　清光緒十四年(1888)上海點石齋石印本　五册

360000－1901－0014870　230516
九數通考十一卷首一卷末一卷　(清)屈曾發撰　清末抄本　四册　存六卷(三、五至九)

360000－1901－0014871　804811
九數通考十一卷首一卷末一卷　(清)屈曾發撰　清末鉛印本　一册　存四卷(五至八)

360000－1901－0014872　900360
九數通考十一卷首一卷末一卷　(清)屈曾發撰　清末石印本　一册　存四卷(五至八)

360000－1901－0014873　417288
九數通考十一卷首一卷末一卷　(清)屈曾發撰　清乾隆三十七年(1772)豫簪堂刻本　二册　存五卷(一至四、首一卷)

360000－1901－0014874　163763
九數通考十一卷首一卷末一卷　(清)屈曾發撰　清同治十一年(1872)刻本　五册

360000－1901－0014875　801956
九數通考續集十卷　(清)顧觀光撰　清光緒二十四年(1898)復古書齋石印本　三册　存

六卷(一至四、九至十)

360000－1901－0014876　804814
九數通考續集十卷　(清)顧觀光撰　清光緒二十四年(1898)復古書齋石印本　一册　存四卷(一至四)

360000－1901－0014877　804841
九數通考續集十卷　(清)顧觀光撰　清刻本　一册　存一卷(十)

360000－1901－0014878　417286
九數外録一卷　(清)顧觀光撰　**顧尚之別傳一卷**　(清)張文虎撰　清刻本　一册

360000－1901－0014879　804622
九天珠玉不分卷　(清)小蓬萊居士輯　清抄本　一册

360000－1901－0014880　163457
九天珠玉三卷　(清)小蓬萊居士輯　清刻本　一册

360000－1901－0014881　161427
九通　清光緒八年至二十二年(1882－1896)浙江書局刻本　九百九十七册

360000－1901－0014882　161428
九通　清光緒八年至二十二年(1882－1896)浙江書局刻本　九百九十六册

360000－1901－0014883　161429
九通　清光緒八年至二十二年(1882－1896)浙江書局刻本　一千册

360000－1901－0014884　400496
九通　清光緒八年至二十二年(1882－1896)浙江書局刻本　一千册

360000－1901－0014885　400497
九通　清光緒八年至二十二年(1882－1896)浙江書局刻本　四十四册　存六種

360000－1901－0014886　161423
九通　清光緒二十七年(1901)貫吾齋石印本　一百二十七册

360000－1901－0014887　161424
九通　清光緒二十七年(1901)上海圖書集成局鉛印本　三百册

360000－1901－0014888　161425
九通　清光緒二十七年(1901)上海圖書集成局鉛印本　三百册

360000－1901－0014889　161426
九通　清光緒二十七年(1901)上海圖書集成局鉛印本　二百九十九册

360000－1901－0014890　400499
九通　清光緒二十七年(1901)上海圖書集成局鉛印本　二百九十九册

360000－1901－0014891　400500
九通　清光緒二十七年(1901)上海圖書集成局鉛印本　二百八十四册

360000－1901－0014892　400501
九通　清光緒二十七年(1901)上海圖書集成局鉛印本　一百八十八册

360000－1901－0014893　400501－1
九通　清光緒二十七年(1901)上海圖書集成局鉛印本　一百三册　存六種

360000－1901－0014894　400504
九通　清光緒二十七年(1901)上海圖書集成局鉛印本　二十二册　存三種

360000－1901－0014895　406007
九通分類總纂二百四十卷　(清)汪鍾霖輯　清光緒二十八年(1902)上海文瀾書局石印本　四十六册　存一百二十八卷(四至十四、十八至三十一、三十四至四十一、四十四至四十五、四十九至六十四、一百二十四、一百三十四至一百三十五、一百三十八至一百四十、一百四十三至一百五十二、一百五十八至一百六十三、一百七十至二百、二百四至二百五、二百八至二百十一、二百十四至二百十五、二百二十一至二百二十三、二百二十五至二百三十四、二百三十八至二百四十)

360000－1901－0014896　406008
九通分類總纂二百四十卷　(清)汪鍾霖輯

清光緒二十八年(1902)上海文瀾書局石印本　二十一册　存五十八卷(四至十、十五至十七、四十七至四十八、七十至七十三、一百三十八至一百四十、一百四十六至一百五十二、一百八十一至一百八十八、一百九十一、一百九十七至二百、二百四至二百七、二百十至二百十一、二百十六至二百二十四、二百三十一至二百三十四)

360000－1901－0014897　721854
九通分類總纂二百四十卷　(清)汪鍾霖輯　清光緒二十八年(1902)上海文瀾書局石印本　十四册　存五十一卷(六十五至七十三、八十至一百十、一百十五至一百十七、一百二十一至一百二十八)

360000－1901－0014898　161561
九通分類總纂二百四十卷　(清)汪鍾霖輯　清光緒二十八年(1902)文瀾書局石印本　八十册

360000－1901－0014899　162010
九通分類總纂二百四十卷　(清)汪鍾霖輯　清光緒二十八年(1902)文瀾書局石印本　六十二册　存四十七卷(七十至八十四、九十九至一百四、一百三十二至一百三十七、一百四十四至一百四十五、一百五十至一百五十二、一百七十七至一百八十四、一百八十七至一百九十、二百、二百六至二百七)

360000－1901－0014900　604060
九通分類總纂二百四十卷　(清)汪鍾霖輯　清光緒二十八年(1902)文瀾書局石印本　二十册　存六十六卷(四至十四、二十至二十二、三十二至六十九、八十五至八十九、一百十五至一百二十三)

360000－1901－0014901　313429
九通目錄四十卷　(清)雷君彦輯　清光緒二十九年(1903)圖書集成局石印本　十二册

360000－1901－0014902　400502
九通全書　清光緒二十七年至二十八年(1901－1902)貫吾齋石印本　一百二十册　存八種

360000－1901－0014903　400503
九通全書　清光緒二十七年至二十八年(1901－1902)貫吾齋石印本　三十七册　存五種

360000－1901－0014904　805326
九通全書　清光緒二十七年至二十八年(1901－1902)貫吾齋石印本　一百一册　存七種

360000－1901－0014905　805327
九通全書　清光緒二十七年至二十八年(1901－1902)貫吾齋石印本　七十五册　存六種

360000－1901－0014906　400550
九通提要十二卷　(清)柴紹炳纂　清光緒二十八年(1902)鴻寶齋石印本　三册　存六卷(一至三、八至九、十二)

360000－1901－0014907　163711
九通提要十二卷　(清)柴紹炳纂　清光緒二十八年(1902)鉛印本　六册

360000－1901－0014908　163712
九通提要十二卷　(清)柴紹炳纂　清光緒二十八年(1902)鉛印本　六册

360000－1901－0014909　305734
九通提要十二卷　(清)柴紹炳纂　清光緒二十八年(1902)上海泰東時務譯印局鉛印本　三册　存九卷(一至六、十至十二)

360000－1901－0014910　302312
九通通二百四十八卷首一卷　(清)劉可毅輯　清光緒二十八年(1902)武進劉氏石印本　六十册

360000－1901－0014911　312769
九通通二百四十八卷首一卷　(清)劉可毅輯　清光緒二十八年(1902)武進劉氏石印本　六十册

360000－1901－0014912　400548
九通通二百四十八卷首一卷　(清)劉可毅輯　清光緒二十八年(1902)武進劉氏石印本

四冊　存十五卷(五十至五十四、一百五十至一百五十三、一百六十一至一百六十六)

360000－1901－0014913　302313
九通序錄四卷　(唐)杜佑等撰　清光緒二十八年(1902)石印本　四冊

360000－1901－0014914　309751
九通序錄四卷　(唐)杜佑等撰　清光緒二十八年(1902)石印本　四冊

360000－1901－0014915　309752
九通序錄四卷　(唐)杜佑等撰　清光緒二十八年(1902)石印本　四冊

360000－1901－0014916　400547
九通序錄四卷　(唐)杜佑等撰　清光緒二十八年(1902)石印經史百家序錄本　三冊　存三卷(一至三)

360000－1901－0014917　900453
九畹山房制義不分卷　(清)龔宸聘撰　清乾隆二十七年(1762)刻本　一冊　存論語

360000－1901－0014918　230564
九星水法不分卷　(□)□□編　清光緒十一年(1885)抄本　一冊

360000－1901－0014919　421963
杜詩選讀六卷　(唐)杜甫撰　(清)何化南　(清)朱煜編　清乾隆二十四年(1759)逸園刻本　一冊　存二卷(一至二)

360000－1901－0014920　411055
九葉芸香館吟草一卷　(清)孫式榮撰　清刻本　一冊

360000－1901－0014921　311597
九疑山志四卷　(清)吳繩祖纂　清嘉慶元年(1796)刻本　二冊

360000－1901－0014922　417447
九章算術九卷　(三國魏)劉徽注　(唐)李淳風等注釋　**音義一卷**　(宋)李籍撰　清刻本　一冊　存二卷(一至二)

360000－1901－0014923　230509
九章算術九卷　(三國魏)劉徽注　(唐)李淳風等注釋　**音義一卷**　(宋)李籍撰　清乾隆武英殿木活字印武英殿聚珍版書本　五冊

360000－1901－0014924　417287
九章算術九卷　(三國魏)劉徽注　(唐)李淳風等注釋　**音義一卷**　(宋)李籍撰　**策算一卷**　(清)戴震撰　清刻算經十書本　一冊　存四卷(一至四)

360000－1901－0014925　803794
九章算術細草圖說九卷海島算經細草圖說一卷　(三國魏)劉徽注　(唐)李淳風等注釋　(清)李潢細草　清抄本　一冊

360000－1901－0014926　302305
九章算術細草圖說九卷海島算經細草圖說一卷　(三國魏)劉徽注　(唐)李淳風等注釋　(清)李潢細草　清光緒二十二年(1896)上海文淵山房石印本　四冊

360000－1901－0014927　317677
九章算術細草圖說九卷海島算經細草圖說一卷　(三國魏)劉徽注　(唐)李淳風等注釋　(清)李潢細草　清光緒二十二年(1896)上海文淵山房石印本　四冊

360000－1901－0014928　417284
九章算術細草圖說九卷海島算經細草圖說一卷　(三國魏)劉徽注　(唐)李淳風等注釋　(清)李潢細草　清光緒二十二年(1896)上海文淵山房石印本　二冊

360000－1901－0014929　310539
九章算術細草圖說九卷海島算經細草圖說一卷　(三國魏)劉徽注　(唐)李淳風等注釋　(清)李潢細草　清刻本　八冊

360000－1901－0014930　417285
九章算術細草圖說九卷海島算經細草圖說一卷　(三國魏)劉徽注　(唐)李淳風等注釋　(清)李潢細草　清刻本　四冊　存五卷(二至六)

360000－1901－0014931　120029
九芝仙館文鈔一卷　(清)朱振采撰　清道光三十年(1850)刻本　一冊

360000－1901－0014932　412709
九芝仙館文鈔一卷　(清)朱振采撰　清道光三十年(1850)刻本　一冊

360000－1901－0014933　302311
九鐘精舍金石跋尾甲編一卷　吳士鑑撰　清宣統二年(1910)刻本　一冊

360000－1901－0014934　714642
久誦延年一卷　(清)澹園主人輯　清光緒七年(1881)湘鄉澹園刻本　一冊

360000－1901－0014935　712957
酒概四卷　(明)沈沈撰　明刻本　二冊

360000－1901－0014936　301884
酒令叢鈔四卷　(清)俞敦培輯　清光緒四年(1878)藝雲軒刻本　二冊

360000－1901－0014937　309888
救荒百策不分卷　(清)寄湘漁父輯　清光緒三十三年(1907)劉氏刻本　一冊

360000－1901－0014938　121472
救荒補遺二卷　(宋)董煟撰　(元)張光大增　(明)朱熊補　(明)王崇慶釋斷　清同治八年(1869)湖北崇文書局刻本　二冊

360000－1901－0014939　121473
救荒補遺二卷　(宋)董煟撰　(元)張光大增　(明)朱熊補　(明)王崇慶釋斷　清同治八年(1869)湖北崇文書局刻本　二冊

360000－1901－0014940　121474
救荒補遺二卷　(宋)董煟撰　(元)張光大增　(明)朱熊補　(明)王崇慶釋斷　清同治八年(1869)湖北崇文書局刻本　二冊

360000－1901－0014941　401902
救荒活民類要不分卷　(元)張光大撰　清光緒三年(1877)刻本　一冊

360000－1901－0014942　121471
救荒活民書三卷拾遺一卷　(宋)董煟撰　**捕蝗考一卷**　(清)陳芳生撰　清刻本　二冊

360000－1901－0014943　161862
救荒六十策一卷　(清)寄湘漁父輯　清光緒五年(1879)甘肅皋蘭縣署刻本　一冊

360000－1901－0014944　416634
救溺管見錄二卷　(清)志范居士輯　清道光二十九年(1849)刻本　一冊

360000－1901－0014945　407611
救偏瑣言十卷備用良方一卷　(清)費啓泰撰　清刻本　一冊　存三卷(三至五)

360000－1901－0014946　407612
救偏瑣言十卷備用良方一卷　(清)費啓泰撰　清刻本　二冊　存二卷(二至三)

360000－1901－0014947　722293
救偏瑣言十卷備用良方一卷　(清)費啓泰撰　清刻本　一冊　存二卷(四至五)

360000－1901－0014948　722293－1
救偏瑣言十卷備用良方一卷　(清)費啓泰撰　清刻本　一冊　存二卷(四至五)

360000－1901－0014949　407253
救貧宅經一卷附陽宅經驗一卷　(清)綠衣子撰　清道光三年至八年(1823－1828)刻本　一冊

360000－1901－0014950　804843
救善經一卷看破塵緣一卷　(□)□□輯　清刻本　一冊

360000－1901－0014951　804844
救善經一卷看破塵緣一卷　(□)□□輯　清刻本　一冊

360000－1901－0014952　408810
救生集四卷　(清)虛白主人輯　清道光十三年(1833)刻本　三冊　存三卷(一至二、四)

360000－1901－0014953　408811－1
救生集四卷　(清)虛白主人輯　清道光十三年(1833)刻本　一冊　存一卷(二)

360000－1901－0014954　408811
救生集四卷　(清)虛白主人輯　清刻本　一冊　存二卷(一至二)

360000－1901－0014955　804837

救生集四卷　(清)虛白主人輯　清刻本　一冊　存一卷(三)

360000－1901－0014956　123267
救生集一卷跌打大全一卷　(清)李□□輯　清道光二十二年(1842)文昌宫集裕堂刻本　一冊

360000－1901－0014957　162593
救吞生煙奇效方一卷附戒煙方一卷　(清)魏綸先撰　清光緒十一年(1885)揚州刻本　一冊

360000－1901－0014958　408962
救嬰編不分卷　(清)□□輯　清光緒五年(1879)刻本　一冊

360000－1901－0014959　121624
就正草不分卷　(清)趙汝明撰　清光緒十九年(1893)臨陽郡齋刻本　二冊

360000－1901－0014960　311008
舊唐書二百卷　(五代)劉昫等撰　清刻本　三十七冊　存一百八十八卷(十三至二百)

360000－1901－0014961　300101
舊唐書二百卷　(五代)劉昫等撰　清同治十一年(1872)浙江書局刻二十四史本　三十二冊

360000－1901－0014962　310035
舊唐書二百卷　(五代)劉昫等撰　清同治十一年(1872)浙江書局刻二十四史本　二十八冊

360000－1901－0014963　313624
舊唐書二百卷　(五代)劉昫等撰　清同治十一年(1872)浙江書局刻二十四史本　四十冊

360000－1901－0014964　603924
舊唐書二百卷　(五代)劉昫等撰　清同治十一年(1872)浙江書局刻二十四史本　三十九冊　存一百九十六卷(一至八、十三至二百)

360000－1901－0014965　308582
舊唐書二百卷附考證　(五代)劉昫等撰　清光緒二十八年(1902)上海文瀾書局影印二十四史本　九冊　存一百八十一卷(一至一百七十、一百九十至二百)

360000－1901－0014966　802776－1
舊唐書二百卷附考證　(五代)劉昫等撰　清光緒十四年(1888)上海圖書集成印書局鉛印二十四史本　一冊　存三卷(四十四至四十六)

360000－1901－0014967　400016
舊唐書二百卷附考證　(五代)劉昫等撰　清光緒影印二十四史本　四冊　存六十二卷(二十八至三十七、六十四至九十七、一百十八至一百三十五)

360000－1901－0014968　312775
舊唐書二百卷附考證　(五代)劉昫等撰　清末影印二十四史本　一冊

360000－1901－0014969　308346
舊唐書二百卷附考證　(五代)劉昫等撰　清乾隆武英殿刻二十四史本　十一冊　存二十四卷(一至十三、十七至二十七)

360000－1901－0014970　400123
舊唐書二百卷附考證　(五代)劉昫等撰　清乾隆武英殿刻二十四史本　六十冊

360000－1901－0014971　400123－1
舊唐書二百卷附考證　(五代)劉昫等撰　清乾隆武英殿刻二十四史本　一冊　存三卷(十四至十六)

360000－1901－0014972　300110
舊唐書逸文十二卷　(清)岑建功輯　清道光二十九年(1849)懼盈齋刻本　四冊

360000－1901－0014973　400148
舊五代史一百五十卷附考證　(宋)薛居正等撰　(清)邵晉涵等輯　清光緒二十九年(1903)五洲同文書局影印二十四史本　七冊　存四十二卷(一至四十二)

360000－1901－0014974　805171
舊五代史一百五十卷附考證　(宋)薛居正等撰　(清)邵晉涵等輯　清刻本　一冊　存七

卷(一百三十二至一百三十八)

360000－1901－0014975　800464
舊五代史一百五十卷附考證　(宋)薛居正等撰　(清)邵晉涵等輯　清末影印本　一冊　存三卷(三十三至三十五)

360000－1901－0014976　400017
舊五代史一百五十卷附考證　(宋)薛居正等撰　(清)邵晉涵等輯　清掃葉山房刻本　八冊　存一百二卷(四十九至一百五十)

360000－1901－0014977　400018
舊五代史一百五十卷附考證　(宋)薛居正等撰　(清)邵晉涵等輯　清掃葉山房刻本　三冊　存二十五卷(二十五至三十二、九十一至一百七)

360000－1901－0014978　800756
舊五代史一百五十卷附考證　(宋)薛居正等撰　(清)邵晉涵等輯　清掃葉山房刻本　一冊　存六卷(二十八至三十三)

360000－1901－0014979　164261
舊五代史一百五十卷附考證　(宋)薛居正等撰　(清)邵晉涵等輯　清同治十一年(1872)湖北崇文書局刻二十四史本　十六冊

360000－1901－0014980　164262
舊五代史一百五十卷附考證　(宋)薛居正等撰　(清)邵晉涵等輯　清同治十一年(1872)湖北崇文書局刻二十四史本　十五冊　缺七卷(一百三十二至一百三十八)

360000－1901－0014981　164263
舊五代史一百五十卷附考證　(宋)薛居正等撰　(清)邵晉涵等輯　清同治十一年(1872)湖北崇文書局刻二十四史本　十三冊　缺十九卷(一百三十二至一百五十)

360000－1901－0014982　308696
舊五代史一百五十卷附考證　(宋)薛居正等撰　(清)邵晉涵等輯　清同治十一年(1872)湖北崇文書局刻二十四史本　十六冊

360000－1901－0014983　306085
舊五代史一百五十卷目錄二卷　(宋)薛居正等撰　(清)邵晉涵等輯　清光緒十八年(1892)竹簡齋影印二十四史本　六冊　存一百五十卷(舊五代史一百五十卷)

360000－1901－0014984　300690
舊五代史一百五十卷目錄二卷　(宋)薛居正等撰　(清)邵晉涵等輯　清光緒十四年(1888)上海圖書集成印書局鉛印二十四史本　十二冊

360000－1901－0014985　306088
舊五代史一百五十卷目錄二卷　(宋)薛居正等撰　(清)邵晉涵等輯　清末石印本　五冊　存三十六卷(一百十五至一百五十)

360000－1901－0014986　220037
舊五代史一百五十卷目錄二卷　(宋)薛居正等撰　(清)邵晉涵等輯　清乾隆翰林院抄本　六十冊

360000－1901－0014987　300688
舊五代史一百五十卷目錄二卷　(宋)薛居正等撰　(清)邵晉涵等輯　清咸豐元年(1851)新會陳氏刻本　二十三冊

360000－1901－0014988　302977
舊言集不分卷　(清)李兆洛輯　清刻本　四冊

360000－1901－0014989　900458
舊雨草堂時文不分卷　(清)陳康祺撰　清同治九年(1870)刻本　二冊

360000－1901－0014990　801957
舊約聖書□□章　(清)□□譯　清末鉛印本　一冊　存五十章(一至五十)

360000－1901－0014991　417083
居官圭臬二卷　(清)沈葆楨輯　清三巖鄭佳波刻本　一冊　存一卷(上)

360000－1901－0014992　416999
居官日省錄六卷　(清)覺羅烏爾通阿撰　清光緒七年(1881)刻本　一冊　存一卷(一)

360000－1901－0014993　220728

居濟一得八卷　(清)張伯行撰　清康熙四十七年(1708)刻本　四册

360000－1901－0014994　230084
居業錄四卷　(明)胡居仁撰　明萬曆二十八年(1600)刻本　二册　存二卷(三至四)

360000－1901－0014995　306618
居業堂文集二十卷　(清)王源撰　(清)趙培元編訂　清光緒十一年(1885)刻畿輔叢書本　三册　存十五卷(六至二十)

360000－1901－0014996　230426
居易錄三十四卷　(清)王士禛撰　清康熙刻本　七册　存三十卷(一至四、九至三十四)

360000－1901－0014997　230427
居易錄三十四卷　(清)王士禛撰　清康熙刻本　六册　存二十四卷(五至二十八)

360000－1901－0014998　308803
居易錄三十四卷　(清)王士禛撰　清康熙刻王漁洋遺書本　二册　存六卷(四至九)

360000－1901－0014999　404786
居易軒詩遺鈔一卷　(清)趙炳龍撰　清光緒十四年(1888)刻本　一册

360000－1901－0015000　241095
娵隅集十卷　(清)趙文哲撰　清乾隆五十四年(1789)刻本　二册

360000－1901－0015001　407742－1
菊部羣英二卷　(清)小遊仙客撰　清同治十二年(1873)刻本　一册

360000－1901－0015002　162675
菊逸山房地理正書　(清)寇宗輯　清道光十四年(1834)京都琉璃廠刻本　四册

360000－1901－0015003　121737
菊莊集二卷　(清)饒宇樸撰　清刻本　一册

360000－1901－0015004　163218
橘天園詩鈔四卷　(清)招茂章撰　清道光元年(1821)刻本　一册　存二卷(一至二)

360000－1901－0015005　120767
弆劍草廬存稿四卷　(清)楊夢龍撰　清光緒六年(1880)刻本　二册

360000－1901－0015006　705276
弆劍草廬存稿四卷　(清)楊夢龍撰　清光緒六年(1880)刻本　二册

360000－1901－0015007　800237
舉業辨體不分卷　(清)余從周輯　清光緒七年(1881)余從周抄本　一册

360000－1901－0015008　401330
舉業前模八卷　(清)周百順輯　清道光二十年(1840)英德堂刻本　二册

360000－1901－0015009　603868
舉業筌蹄不分卷　(明)李廷機撰　(清)張緒新　(清)黄越重訂　清光裕堂刻本　一册

360000－1901－0015010　163224
舉業新編不分卷　(清)黄蘭方輯　清光緒二十八年(1902)青雲社木活字印本　四册

360000－1901－0015011　401332
舉業要言三卷　(清)梁葆慶輯　清刻本　一册

360000－1901－0015012　401333
舉業要言三卷墨選觀止一卷　(清)梁葆慶輯　清務本堂刻本　一册

360000－1901－0015013　401331
舉業淵源一卷　(清)樓㵀撰　清同治九年(1870)英德堂刻本　一册

360000－1901－0015014　401331－1
舉業淵源一卷明文小題貫一卷　(清)樓㵀撰　清同治九年(1870)英德堂刻本　一册

360000－1901－0015015　230515
句股引蒙不分卷　(清)陳訏撰　清康熙六十一年(1722)刻本　二册

360000－1901－0015016　300953
句曲外史集三卷　(元)張雨撰　明崇禎十一年(1638)毛氏汲古閣刻本　二册

360000－1901－0015017　301602

句容金石記十卷附録一卷　楊世沅輯　清光緒三十四年(1908)鉛印本　十冊

360000－1901－0015018　420167
句餘土音三卷附全謝山先生遺詩一卷　(清)全祖望撰　清宣統三年(1911)上海國學扶輪社鉛印張氏適園叢書本　一冊

360000－1901－0015019　418101
鉅鹿東觀集十卷補遺一卷　(宋)魏野撰　清宣統三年(1911)新陽趙氏峭帆樓刻本　一冊

360000－1901－0015020　403181
聚文堂較正監韻分章分節四書正文不分卷　(清)顏茂猷等校正　清聚文堂刻本　六冊

360000－1901－0015021　150423
聚學軒叢書　劉世珩輯　清光緒貴池劉氏刻本　四十三冊　存十八種

360000－1901－0015022　419178
聚瀛堂古文觀止十二卷　(清)吳乘權　(清)吳大職輯　清聚瀛堂刻本　六冊

360000－1901－0015023　122101
思菴遺集不分卷　(清)黃震象撰　清同治五年(1866)刻本　二冊

360000－1901－0015024　220319
鐫陳明卿先生彙訂歷朝捷録四卷　(明)顧充撰　**元朝捷録一卷**　(明)張四知撰　**國朝捷録一卷**　(明)李良翰撰　明崇禎三年(1630)刻本　二冊

360000－1901－0015025　802822
鐫蘇紫溪先生歷朝綱鑑紀要十六卷首一卷　(明)蘇濬輯　清刻本　一冊　存三卷(一至二、首一卷)

360000－1901－0015026　421267
鐫余元素先生國朝禮際往復各箋八卷　(明)余應灝輯　明雙峰堂刻本　一冊

360000－1901－0015027　421464
鐫玉茗堂批點殘唐五代史演義傳六卷六十回　(明)羅本輯　(明)湯顯祖批評　清會文堂刻本　二冊

360000－1901－0015028　410410
鐫張太史評選古文十卷　(明)張鼐評選　清刻本　三冊　存五卷(六至十)

360000－1901－0015029　900794
蠲卹不分卷　(清)□□撰　清抄本　一冊

360000－1901－0015030　411099－1
卷施閣詩二十卷　(清)洪亮吉撰　清乾隆六十年(1795)貴陽節署刻本　三冊　存十卷(十一至二十)

360000－1901－0015031　802253
卷施閣文甲集十卷　(清)洪亮吉撰　清刻本　一冊　存四卷(七至十)

360000－1901－0015032　162341
卷石河印草不分卷　(清)張叔木篆刻　清光緒二十五年(1899)鈐印本　一冊

360000－1901－0015033　120949
卷石山房詩鈔一卷　(清)董思盤撰　清同治九年(1870)刻本　一冊

360000－1901－0015034　407906
雋秀快編不分卷　(清)劉琪等撰　清刻本　一冊

360000－1901－0015035　410958
呋僉詞一卷　夏敬觀撰　清光緒三十三年(1907)刻本　一冊

360000－1901－0015036　302069
決事餘譚一卷　(清)冒澄撰　清光緒八年(1882)刻本　一冊

360000－1901－0015037　417438
決疑數學十卷首一卷　(英國)傅蘭雅口譯　(清)華蘅芳筆述　清末鉛印本　一冊　存二卷(九至十)

360000－1901－0015038　900791
厥後克昌一卷　(清)柳志赫撰　清道光二十年(1840)抄本　一冊

360000－1901－0015039　122860
絕句詩選三卷續選三卷　(清)楊希閔評選　清光緒二十七年(1901)知聖教齋刻本　二冊

360000－1901－0015040　122861

絕句詩選三卷續選三卷　(清)楊希閔評選　清光緒二十七年(1901)知聖教齋刻本　二册

360000－1901－0015041　413377

絕妙好詞箋七卷續鈔二卷　(宋)周密輯　(清)查爲仁　(清)厲鶚箋　清道光八年(1828)杭州愛日軒刻本　四册

360000－1901－0015042　413378

絕妙好詞箋七卷續鈔二卷　(宋)周密輯　(清)查爲仁　(清)厲鶚箋　清同治十一年(1872)會稽章氏刻本　一册　存四卷(一至四)

360000－1901－0015043　000693

絕妙好詞箋七卷續鈔一卷　(宋)周密輯　(清)查爲仁　(清)厲鶚箋　清乾隆十五年(1750)查氏澹宜書屋刻本　四册

360000－1901－0015044　241551

絕妙好詞七卷　(宋)周密輯　清康熙二十四年(1685)柯崇樸刻三十七年(1698)高士奇清吟堂印本　清赤霞跋並錄清朱彝尊題識　一册

360000－1901－0015045　301619

絕妙好詞續鈔一卷　(清)余集輯　**絕妙好詞又續鈔一卷**　(清)徐楙補錄　清同治十一年(1872)會稽章氏刻本　一册

360000－1901－0015046　401666－1

爵秩全函不分卷　(清)□□輯　清刻本　二册

360000－1901－0015047　401666－2

爵秩全函不分卷　(清)□□輯　清刻本　二册

360000－1901－0015048　401666

爵秩全函不分卷(清光緒十八年)　(清)□□輯　清榮祿堂刻本　一册

360000－1901－0015049　401665

爵秩全函不分卷附大清中樞備覽不分卷(清光緒二十八年)　(清)□□輯　清榮祿堂刻本　六册

360000－1901－0015050　220394

爵秩新本不分卷　(清)□□輯　清乾隆刻本　民國胡思敬、周樹模、陶葆廉、陳曾壽、左紹佐、陳衍等題　八册

360000－1901－0015051　303999

覺迷要錄四卷　葉德輝輯　清光緒三十一年(1905)刻本　二册

360000－1901－0015052　413356

覺生賦鈔一卷　(清)鮑桂星撰　清刻本　一册

360000－1901－0015053　413361

覺生賦鈔一卷　(清)鮑桂星撰　清刻本　一册

360000－1901－0015054　800825

覺生賦鈔一卷試律鈔一卷　(清)鮑桂星撰　清刻本　一册

360000－1901－0015055　303998

覺生詩鈔十卷　(清)鮑桂星撰　清嘉慶二十五年(1820)刻本　二册

360000－1901－0015056　900437

覺生時文鈔一卷試律鈔一卷　(清)鮑桂星撰　清刻本　一册

360000－1901－0015057　313979

覺生自訂年譜一卷　(清)鮑桂星撰　清嘉慶歙縣鮑氏刻本　一册

360000－1901－0015058　407249

覺世新新集八卷　(清)蓮城公善社輯　清光緒二十五年(1899)鉛印本　二册　存四卷(一至二、五至六)

360000－1901－0015059　407233

覺世真經排律詩箋一卷　(清)□□輯　清咸豐二年(1852)刻本　一册

360000－1901－0015060　407211

覺世真經説證彙纂八卷首一卷　(□)□□輯　清咸豐六年(1856)長春行善所刻本　七册　存八卷(一至七、首一卷)

360000－1901－0015061　407229
覺世正宗省心經十卷　題(唐)吕嵓撰　清光緒五年(1879)誼雲壇刻本　一册　存一卷(十)

360000－1901－0015062　241065
覺莊初集文稿一卷詩稿一卷　(清)張夢龍撰　清乾隆三十七年(1772)刻光緒元年(1875)補修本　二册

360000－1901－0015063　305205
均藻五卷　(明)楊慎輯　清刻小嫏嬛山館彙刊類書本　一册

360000－1901－0015064　405925
均藻五卷　(明)楊慎輯　清刻小嫏嬛山館彙刊類書本　一册

360000－1901－0015065　405925－1
均藻五卷　(明)楊慎輯　清刻小嫏嬛山館彙刊類書本　一册

360000－1901－0015066　418506
君子堂日詢手鏡一卷　(明)王濟撰　明嘉靖元年(1522)刻顧氏明朝四十家小説本　一册

360000－1901－0015067　163551
鈞天樂二卷三十二齣　(清)尤侗撰　清刻本　一册

360000－1901－0015068　163552
鈞天樂二卷三十二齣　(清)尤侗撰　清刻本　二册

360000－1901－0015069　241070
筠瀾詩草十二卷補編一卷和蘇詩四卷附風月餘談一卷　(清)吴森撰　清乾隆五十八年(1793)秋聲閣刻本　四册

360000－1901－0015070　417799
筠瀾詩草十二卷補編一卷和蘇詩四卷附風月餘談一卷　(清)吴森撰　清乾隆五十八年(1793)秋聲閣刻本　五册

360000－1901－0015071　230481
筠廊二筆二卷　(清)宋犖撰　清康熙刻本　二册

360000－1901－0015072　240431
筠谿牧潛集七卷　(元)釋圓至撰　明崇禎十二年(1639)毛氏汲古閣刻本　一册

360000－1901－0015073　304434
筠軒文鈔八卷　(清)洪頤煊撰　清嘉慶十一年(1806)刻本　四册

360000－1901－0015074　121345
郡邑拾遺正編二卷附編二卷　(清)張宿煌撰　清光緒十八年(1892)刻本　二册

360000－1901－0015075　162055
攈古録二十卷　(清)吴式芬撰　清道光刻本　二十册

360000－1901－0015076　162654
開地道轟藥法三卷圖一卷　(英國)英國武備工程學堂編　(英國)傅蘭雅譯　(清)汪振聲筆述　清末石印本　一册

360000－1901－0015077　317867
開方提要一卷　(清)黄慶澄撰　清光緒二十三年(1897)算學報館刻本　一册

360000－1901－0015078　805099
開化警世詩詞録不分卷　(清)□□撰　清光緒二十四年(1898)刻本　二册

360000－1901－0015079　407764
開化録一卷　(清)鄭智真輯　清光緒二十四年(1898)安徽海陽潛溪臨川書屋刻本　一册

360000－1901－0015080　313889
開卷偶得十卷　(清)林春溥撰　清道光二十九年(1849)竹柏山房刻本　四册

360000－1901－0015081　304120
開墾水田圖説一卷　(清)施彦士　(清)倪承弼撰　**營田四局摘要一卷**　(清)陳儀撰　(清)倪承弼輯　清道光十八年(1838)刻本　一册

360000－1901－0015082　313617
開礦器法圖説十卷　(美國)俺特累撰　(英國)傅蘭雅口譯　(清)王樹善筆述　清光緒二十五年(1899)江南製造局石印本　六册

360000－1901－0015083　302508
開縣李尚書政書八卷首一卷　(清)李宗羲撰　清光緒十一年(1885)武昌刻本　五冊

360000－1901－0015084　304119
開縣李尚書政書八卷首一卷　(清)李宗羲撰　清光緒十一年(1885)武昌刻本　五冊

360000－1901－0015085　302314
開印九通全書招股啓一卷　(清)上海圖書集成局輯　清末鉛印本　一冊

360000－1901－0015086　400545
開印九通全書招股啓一卷　(清)上海圖書集成局輯　清末鉛印本　一冊

360000－1901－0015087　304118
開有益齋讀書志六卷續志一卷金石文字記一卷　(清)朱緒曾撰　清光緒六年(1880)金陵翁氏茹古閣刻本　六冊

360000－1901－0015088　415149
開有益齋讀書志六卷續志一卷金石文字記一卷　(清)朱緒曾撰　清光緒六年(1880)金陵翁氏茹古閣刻本　四冊

360000－1901－0015089　800324
開有益齋讀書志六卷續志一卷金石文字記一卷　(清)朱緒曾撰　清光緒六年(1880)金陵翁氏茹古閣刻本　五冊

360000－1901－0015090　314301
開有益齋金石文字記一卷　(清)朱緒曾撰　清刻本　一冊

360000－1901－0015091　404735
開知錄十四卷　(清)張秉直撰　清光緒元年(1875)刻西京清麓叢書本　四冊

360000－1901－0015092　318504
楷法溯源十四卷目錄一卷　(清)潘存輯　楊守敬編　清光緒三年(1877)刻本　十五冊

360000－1901－0015093　318695
楷法溯源十四卷目錄一卷　(清)潘存輯　楊守敬編　清光緒三年(1877)刻本　十五冊

360000－1901－0015094　301376
楷法溯源十四卷目錄一卷　(清)潘存輯　楊守敬編　清光緒三年至四年(1877－1878)刻本　十五冊

360000－1901－0015095　318378
鈍吟集二卷　(清)馮班撰　民國問影樓抄本　一冊

360000－1901－0015096　318468
楷帖四十種　(清)王存善輯　清宣統元年(1909)文明書局影印本　四冊

360000－1901－0015097　416254
刊謬正俗八卷　(唐)顔師古撰　清光緒三年(1877)湖北崇文書局刻崇文書局彙刻書本　一冊

360000－1901－0015098　600221－20
刊謬正俗八卷　(唐)顔師古撰　清光緒元年(1875)湖北崇文書局刻本　一冊

360000－1901－0015099　603257
刊謬正俗八卷　(唐)顔師古撰　清光緒元年(1875)湖北崇文書局刻子書百家本　一冊

360000－1901－0015100　302676
勘靖教匪述編十二卷　(清)石香村居士編　清京都琉璃廠刻本　三冊

360000－1901－0015101　404432
看鴛集初編一卷　(清)王國棟評　清敬修堂刻本　一冊

360000－1901－0015102　301231
衎石齋記事稿十卷續稿十卷刻楮集四卷旅逸小稿二卷　(清)錢儀吉撰　清光緒六年(1880)錢彝甫刻本　二十冊

360000－1901－0015103　301232
衎石齋續良吏述一卷　(清)錢儀吉撰　清光緒三年(1877)刻本　一冊

360000－1901－0015104　240569
康對山先生集四十五卷首一卷　(明)康海撰　清康熙五十一年(1712)馬逸姿貽穀堂刻本　十二冊

360000－1901－0015105　240570

康對山先生集四十五卷首一卷　(明)康海撰　清康熙五十一年(1712)馬逸姿貽穀堂刻本　十二册

360000－1901－0015106　316346
康對山先生文集十卷　(明)康海撰　(清)孫景烈選　清乾隆二十六年(1761)刻本　六册

360000－1901－0015107　240571
康對山先生文集十卷　(明)康海撰　(清)孫景烈選　**諸家評語一卷**　清乾隆二十六年(1761)長白瑪興阿武功縣署刻本　六册

360000－1901－0015108　802787
康公主師菩薩度世寶訓一卷　清光緒二十五年(1899)洪得其抄本　一册

360000－1901－0015109　705612
康濟譜二十五卷　(明)潘游龍撰　(明)金俊明參評　明刻本　一册　存四卷(七至十)

360000－1901－0015110　722353
康濟譜二十五卷　(明)潘游龍撰　(明)金俊明參評　明刻本　一册　存四卷(二十二至二十五)

360000－1901－0015111　801840
康節先生觀物篇解不分卷　(宋)祝泌撰　清抄本　一册

360000－1901－0015112　803810
康節先生觀物篇解五卷斷決一卷附錄皇極數起例一卷　(宋)祝泌撰　清抄本　一册　存二卷(斷決一卷、附錄皇極數起例一卷)

360000－1901－0015113　900785
康郎山功臣廟歌不分卷　(□)□□撰　清抄本　一册

360000－1901－0015114　309891
康熙幾暇格物編二卷　(清)聖祖玄燁撰　(清)盛昱錄　清光緒石印本　二册

360000－1901－0015115　300053
康熙政要二十四卷　章梫撰　清宣統二年(1910)鉛印本　十二册

360000－1901－0015116　160887
康熙字典考證十二集　(清)奕繪等撰　清光緒二年(1876)湖北崇文書局刻本　六册

360000－1901－0015117　160888
康熙字典考證十二集　(清)奕繪等撰　清光緒二年(1876)湖北崇文書局刻本　六册

360000－1901－0015118　210434
康熙字典十二集三十六卷總目一卷檢字一卷辨似一卷等韻一卷補遺一卷備考一卷　(清)張玉書等纂修　清康熙五十五年(1716)內府刻本　四十册

360000－1901－0015119　210435
康熙字典十二集三十六卷總目一卷檢字一卷辨似一卷等韻一卷補遺一卷備考一卷　(清)張玉書等纂修　清康熙五十五年(1716)內府刻本　四十册

360000－1901－0015120　210436
康熙字典十二集三十六卷總目一卷檢字一卷辨似一卷等韻一卷補遺一卷備考一卷　(清)張玉書等纂修　清康熙五十五年(1716)內府刻本　四十册

360000－1901－0015121　603552
康熙字典十二集三十六卷總目一卷檢字一卷辨似一卷等韻一卷補遺一卷備考一卷　(清)張玉書等纂修　清刻本　十一册　存十九卷(子集上下、寅集下、卯集上下、申集中下、酉集上中下、戌集上下、亥集上中下,總目一卷,檢字一卷,辨似一卷,等韻一卷)

360000－1901－0015122　902166－1
青雲集分韻試帖詳注四卷　(清)楊逢春　(清)蕭應櫆輯　清刻本　一册　存一卷(二)

360000－1901－0015123　300052
康輶紀行十六卷　(清)姚瑩撰　清同治六年(1867)桐城姚濬昌安福縣署刻中復堂全集本　六册

360000－1901－0015124　318378－1
鈍吟老人文稿一卷　(清)馮班撰　民國問影樓抄本　一册

360000－1901－0015125　121447
康齋先生集十二卷首一卷　(明)吴與弼撰　清道光十五年(1835)尊經閣刻本　六册

360000－1901－0015126　121448
康齋先生集十二卷首一卷　(明)吴與弼撰　清道光十五年(1835)尊經閣刻本　六册

360000－1901－0015127　413406
康齋先生集十二卷首一卷　(明)吴與弼撰　清道光十五年(1835)尊經閣刻本　五册　存十一卷(一至十、首一卷)

360000－1901－0015128　413407
康齋先生集十二卷首一卷　(明)吴與弼撰　清道光十五年(1835)尊經閣刻本　二册　存四卷(一至二、六至七)

360000－1901－0015129　415353
抗希堂稿不分卷　(清)方苞撰　清刻本　四册

360000－1901－0015130　150195
抗希堂十六種　(清)方苞撰　清康熙至嘉慶刻彙印本　四十册

360000－1901－0015131　150196
抗希堂十六種　(清)方苞撰　清康熙至嘉慶刻彙印本　五十一册　存十三種

360000－1901－0015132　413144
抗希堂十六種　(清)方苞撰　清康熙至嘉慶刻彙印本　十六册

360000－1901－0015133　413144－1
抗希堂十六種　(清)方苞撰　清康熙至嘉慶刻彙印本　十二册

360000－1901－0015134　413144－2
抗希堂十六種　(清)方苞撰　清康熙至嘉慶刻彙印本　八册　存四種

360000－1901－0015135　415306
抗希堂十六種　(清)方苞撰　清康熙至嘉慶刻彙印本　三十九册

360000－1901－0015136　415314
抗希堂十六種　(清)方苞撰　清康熙至嘉慶刻彙印本　一册　存二種

360000－1901－0015137　416253
抗希堂十六種　(清)方苞撰　清康熙至嘉慶刻彙印本　一册　存二種

360000－1901－0015138　161675
考查臺灣行政事件報告不分卷　(清)劉慶鏜撰　清光緒廣東學務公所印刷處鉛印本　一册

360000－1901－0015139　302719
考察政治日記一卷　(清)載澤撰　清宣統元年(1909)上海商務印書館鉛印本　一册

360000－1901－0015140　122971
考訂河洛理數便覽一卷　(清)紀大奎撰　清咸豐二年(1852)刻紀慎齋先生全集本　一册

360000－1901－0015141　160439
考工記補疏一卷　陳衍撰　清光緒至民國刻石遺室叢書本　一册

360000－1901－0015142　210147
考工記二卷　(漢)鄭玄注　(明)郭正域批點　(明)盧之頤校　明天啓盧之頤溪香書屋刻合刻周秦經書本　一册

360000－1901－0015143　210148
考工記輯注二卷　(明)陳與郊輯　明萬曆三十二年(1604)刻本　一册　存一卷(上)

360000－1901－0015144　402764
考工記論文一卷　(清)牛運震撰　清刻本　一册

360000－1901－0015145　210149
考工記通二卷　(明)徐昭慶撰　明刻本　二册

360000－1901－0015146　402763
考工記圖二卷　(清)戴震撰　清刻本　一册　存一卷(上)

360000－1901－0015147　210150
考工記圖二卷　(清)戴震撰　清乾隆四十四年(1779)孔氏微波榭刻戴氏遺書本　一册

360000－1901－0015148　402765
考工記析疑四卷　(清)方苞撰　清刻本　一冊　存三卷(一至三)

360000－1901－0015149　313746
考工記要十七卷附圖一卷　(英國)瑪體生撰　(清)鍾天緯等譯　清光緒七年(1881)江南製造總局刻本　八冊

360000－1901－0015150　402766
考工記要十七卷附圖一卷　(英國)瑪體生撰　(清)鍾天緯等譯　清光緒七年(1881)江南製造總局刻本　八冊

360000－1901－0015151　405353－1
遯窟讕言十二卷　(清)王韜撰　清末石印本　二冊　存六卷(五至六、九至十二)

360000－1901－0015152　240856
考功集選四卷　(清)王士禄撰　(清)王士禛批點　清康熙四十年(1701)新城王氏刻本　二冊

360000－1901－0015153　900295
考古必要賦四卷附試賦分論一卷擬題分類備覽一卷　(清)江家春　(清)邱景岳輯　清道光七年(1827)刻本　三冊

360000－1901－0015154　900296
考古必要賦四卷附試賦分論一卷擬題分類備覽一卷　(清)江家春　(清)邱景岳輯　清道光七年(1827)刻本　二冊　存三卷(一至二、擬題分類備覽一卷)

360000－1901－0015155　900294
考古必要賦四卷附試賦分論一卷擬題分類備覽一卷　(清)江家春　(清)邱景岳輯　清刻本　二冊

360000－1901－0015156　900296－1
考古必要賦四卷附試賦分論一卷擬題分類備覽一卷　(清)江家春　(清)邱景岳輯　清刻本　一冊　存二卷(二至三)

360000－1901－0015157　900292
考古必要賦四卷附試賦分論一卷擬題分類備覽一卷　(清)江家春　(清)邱景岳輯　清同治十一年(1872)刻本　二冊　存五卷(考古必要賦四卷、試賦分論一卷)

360000－1901－0015158　900293
考古必要賦四卷附試賦分論一卷擬題分類備覽一卷　(清)江家春　(清)邱景岳輯　清同治十一年(1872)刻本　三冊　存五卷(一至三、試賦分論一卷、擬題分類備覽一卷)

360000－1901－0015159　230433
考古便讀二十二卷　(清)周壽撰　清乾隆五十九年(1794)刻本　五冊

360000－1901－0015160　230343
考古質疑六卷　(宋)葉大慶撰　清乾隆武英殿木活字印武英殿聚珍版書本　一冊

360000－1901－0015161　801008
考卷截搭新編不分卷　(清)□□輯　清道光七年(1827)刻本　一冊

360000－1901－0015162　302727
考卷雋快初編不分卷二編不分卷三編不分卷　(清)季成銑等輯　清道光二十六年(1846)務本堂刻本　六冊

360000－1901－0015163　305925
考卷雋快初編不分卷二編不分卷三編不分卷　(清)季成銑等輯　清道光二十六年(1846)務本堂刻本　四冊

360000－1901－0015164　901557
考卷雋快初編不分卷二編不分卷三編不分卷　(清)季成銑等輯　清道光二十六年(1846)務本堂刻本　六冊

360000－1901－0015165　901558
考卷雋快二編不分卷　(清)季成銑等輯　清刻本　一冊

360000－1901－0015166　305117
考卷雋快新編不分卷　(清)季成銑等輯　清刻本　一冊

360000－1901－0015167　900297
考卷十集　(清)陳夔槐輯　清同治十三年

(1874)刻本　二冊　存二集(初集、二集)

360000－1901－0015168　901562－1
考卷脱穎集不分卷　(清)李錫瓚輯　清刻本　一冊

360000－1901－0015169　901564
考卷雅正集不分卷　(清)□□輯　清刻本　三冊

360000－1901－0015170　805371
考卷約選不分卷　(清)李錫瓚輯　清道光十三年(1833)刻本　二冊

360000－1901－0015171　603275
考卷約選不分卷　(清)李錫瓚輯　清刻本　三冊

360000－1901－0015172　901563
考卷約選不分卷　(清)李錫瓚輯　清刻本　八冊

360000－1901－0015173　901565
考卷約選不分卷　(清)李錫瓚輯　清刻本　二冊

360000－1901－0015174　901566
考卷約選二集不分卷補編一卷　(清)李錫瓚輯　清道光五年(1825)刻本　二冊

360000－1901－0015175　901567
考卷約選二集不分卷補編一卷　(清)李錫瓚輯　清道光五年(1825)刻本　三冊

360000－1901－0015176　901559
考卷約選六集不分卷　(清)李錫瓚輯　清道光二十一年(1841)同文堂刻本　一冊

360000－1901－0015177　901560
考卷約選六集不分卷　(清)李錫瓚輯　清道光四年(1824)刻本　一冊

360000－1901－0015178　901561
考卷約選七集不分卷　(清)李錫瓚輯　清刻本　二冊

360000－1901－0015179　901569
考卷約選三集不分卷　(清)李錫瓚輯　清道光五年(1825)刻本　三冊

360000－1901－0015180　901562
考卷約選三集不分卷　(清)李錫瓚輯　清嘉慶十五年(1810)映雪齋刻本　一冊

360000－1901－0015181　901568
考卷約選三集不分卷　(清)李錫瓚輯　清刻本　二冊

360000－1901－0015182　901572
考卷約選四集不分卷　(清)李錫瓚輯　清刻本　二冊

360000－1901－0015183　901573
考卷約選四集不分卷　(清)李錫瓚輯　清刻本　二冊

360000－1901－0015184　901570
考卷約選四集不分卷附補編一卷　(清)李錫瓚輯　清道光五年(1825)刻本　二冊

360000－1901－0015185　901571
考卷約選四集不分卷附補編一卷　(清)李錫瓚輯　清道光五年(1825)刻本　三冊

360000－1901－0015186　901574
考卷約選五集不分卷　(清)李錫瓚輯　清道光五年(1825)刻本　二冊

360000－1901－0015187　901575
考卷約選五集不分卷　(清)李錫瓚輯　清刻本　一冊

360000－1901－0015188　901753
考卷註釋采精集不分卷　(清)□□輯　清刻本　一冊

360000－1901－0015189　900286
考棚文昌會冊一卷　(清)辛植槐等輯　清宣統二年(1910)木活字印本　一冊

360000－1901－0015190　412773
考棚總冊一卷　(清)□□輯　清嘉慶九年(1804)木活字印本　一冊

360000－1901－0015191　305938
考史拾遺十卷　(清)錢大昕撰　清嘉慶十二

年(1807)嘉興郡齋刻本　三冊　存七卷(三史拾遺一至二、諸史拾遺一至五)

360000－1901－0015192　310537
考史拾遺十卷　(清)錢大昕撰　清嘉慶十二年(1807)嘉興郡齋刻本　四冊

360000－1901－0015193　307937
考試司機七卷首一卷　(英國)拖爾那撰　(英國)傅蘭雅口譯　(清)徐華封筆述　清刻本　六冊

360000－1901－0015194　415133
考試司機七卷首一卷　(英國)拖爾那撰　(英國)傅蘭雅口譯　(清)徐華封筆述　清刻本　六冊

360000－1901－0015195　120563
考試新章備體不分卷　(清)徐常珏輯　清光緒二十七年(1901)刻本　二冊

360000－1901－0015196　415107
考試新章義不分卷　(清)□□輯　清刻本　一冊

360000－1901－0015197　407231－1
考正資治救劫感應篇不分卷　(清)非有道士撰　清道光十一年(1831)刻本　一冊

360000－1901－0015198　160418
考正字彙二卷　(清)鑒古齋輯　清光緒十七年(1891)上海書局石印本　一冊

360000－1901－0015199　313636
攷辨隨筆二卷　(清)黄定宜撰　清道光二十七年(1847)萍鄉文晟刻本　一冊

360000－1901－0015200　419825
攷古質疑六卷　(宋)葉大慶撰　清光緒四年(1878)仁和葛氏嘯園刻本　二冊

360000－1901－0015201　301157
攷槃集文錄十二卷　(清)方東樹撰　**年譜一卷**　(清)鄭福照輯　清光緒四年(1878)刻本　六冊

360000－1901－0015202　401948
攷正玉堂字彙不分卷　(清)知足子編　清光緒十二年(1886)鉛印本　二冊

360000－1901－0015203　801099
攷正字彙二卷　(清)陳淏子撰　清末石印本　一冊

360000－1901－0015204　901468
攷正字彙唐著寫信必讀合璧□□卷　(□)□□撰　清末石印本　二冊　存六卷(三至五、七至九)

360000－1901－0015205　801049
攷正字彙摘要□□卷　(清)唐再豐輯　清末石印本　一冊　存一卷(八)

360000－1901－0015206　241545
珂雪詞二卷補遺一卷　(清)曹貞吉撰　清康熙刻本　四冊

360000－1901－0015207　163318
柯山集五十卷　(宋)張耒撰　清刻本　七冊　存四十一卷(八至二十七、三十至五十)

360000－1901－0015208　413243
柯山集五十卷　(宋)張耒撰　清刻本　三冊　存十七卷(一至七、十一至十五、二十八至三十二)

360000－1901－0015209　805243
柯山集五十卷　(宋)張耒撰　清刻本　三冊　存十一卷(三十三至四十三)

360000－1901－0015210　803962
科名捷訣一卷　(清)丁守存撰　清光緒三年(1877)梯雲氏抄本　一冊

360000－1901－0015211　162490
科名金鍼一卷　(清)毛昶熙輯　清光緒四年(1878)刻本　一冊

360000－1901－0015212　402249
科名顯報一卷　(清)淡友居士輯　(清)滌凡居士增訂　清道光二十九年(1849)刻本　一冊

360000－1901－0015213　307655
科名顯報一卷　(清)淡友居士輯　(清)滌凡居士增訂　清道光十二年(1832)好善堂刻本

一册

360000－1901－0015214　402250
科名顯報一卷　（清）淡友居士輯　（清）滌凡居士增訂　清道光十二年（1832）刻本　一册

360000－1901－0015215　402251
科名顯報一卷　（清）淡友居士輯　（清）滌凡居士增訂　清光緒十一年（1885）好善堂刻本　一册

360000－1901－0015216　305259
科學叢書第一集　（清）樊炳清譯　清光緒二十七年（1901）教育世界出版所石印本　六册

360000－1901－0015217　302786
薖園文鈔一卷　（清）楊金監撰　清光緒十六年（1890）毗陵楊氏世承堂木活字印本　一册

360000－1901－0015218　805178
可乎可不可乎不可軒詩草二卷　程道存撰　清末鉛印本　二册

360000－1901－0015219　805179
可乎可不可乎不可軒詩草二卷　程道存撰　清末鉛印本　二册

360000－1901－0015220　413556
可乎可不可乎不可軒詩草二卷　程道存撰　清宣統二年（1910）武昌鉛印本　二册

360000－1901－0015221　300926
可廬著述十種敘例一卷　（清）錢大昭撰　**既勤七種敘例一卷**　（清）錢東垣撰　清嘉慶錢氏得自怡齋刻道光二十年（1840）補刻本　一册

360000－1901－0015222　120333
可青山館詩存二卷　（清）雷維翰撰　清光緒十二年（1886）福州刻本　二册

360000－1901－0015223　240586
可泉擬涯翁擬古樂府二卷　（明）胡纘宗撰　（明）胡統宗注　（明）張光孝評　明嘉靖刻本　一册　存一卷（二）

360000－1901－0015224　401359
可儀堂一百二十名家制義不分卷　（清）俞長城輯　清康熙刻本　十五册

360000－1901－0015225　802679
可儀堂一百二十名家制義不分卷　（清）俞長城輯　清可儀堂刻本　一册

360000－1901－0015226　401357
可儀堂一百二十名家制義四十八卷　（清）俞長城輯　清康熙刻本　三十六册　存四十四卷（二至十六、十八至四十六）

360000－1901－0015227　401358
可儀堂一百二十名家制義四十八卷　（清）俞長城輯　清康熙刻本　十三册　存二十四卷（二至五、九至十二、十八至二十、三十三至三十七、三十九至四十六）

360000－1901－0015228　411150
可儀堂一百二十名家制義四十八卷　（清）俞長城輯　清可儀堂刻本　一册　存二卷（一至二）

360000－1901－0015229　603101
可儀堂一百二十名家制義四十八卷　（清）俞長城輯　清可儀堂刻本　一册　存一卷（二十八）

360000－1901－0015230　902116
克虜伯礮彈造法三卷圖一卷附二種　（美國）金楷理口譯　（清）李鳳苞筆述　清刻本　四册

360000－1901－0015231　902117
克虜伯礮彈造法三卷圖一卷附二種　（美國）金楷理口譯　（清）李鳳苞筆述　清刻本　一册

360000－1901－0015232　902119
克虜伯礮說四卷操法四卷　（美國）金楷理口譯　（清）李鳳苞筆述　清刻本　一册

360000－1901－0015233　902111
克鹿卜演礮彙譯不分卷　（英國）泰晤士新報編　清末鉛印本　一册

360000－1901－0015234　240511
刻曾西墅先生集十卷　（明）曾棨撰　明萬曆

十九年(1591)吳期炤刻本　四冊

360000－1901－0015235　300314
刻鵠集三卷　沈同芳撰　清宣統三年(1911)鉛印本　一冊　存一卷(萬物炊累室類稿乙編)

360000－1901－0015236　404929
刻鵠集三卷　沈同芳撰　清宣統三年(1911)鉛印本　一冊　存一卷(萬物炊累室類稿乙編)

360000－1901－0015237　411491
刻會魁紫溪蘇先生心傳易經講意兒說四卷　(明)蘇濬撰　清刻本　一冊　存二卷(三至四)

360000－1901－0015238　240038
刻梅太史評釋駱賓王文抄神駒四卷　(唐)駱賓王撰　(明)梅之煥釋　明萬曆三十五年(1607)劉大易閩書林刻本　二冊

360000－1901－0015239　120199
刻天仙正理直論增註二卷　(明)伍守陽撰並注　(明)伍守虛注　清光緒八年(1882)天祿閣刻本　一冊

360000－1901－0015240　407091－1
刻天仙正理直論增註二卷　(明)伍守陽撰並注　(明)伍守虛注　清嘉慶二十四年(1819)泰和堂刻本　二冊

360000－1901－0015241　230627
刻天仙正理直論增註二卷　(明)伍守陽撰並注　(明)伍守虛注　清康熙五十八年(1719)謝嗣芳等姑蘇老君堂刻乾隆二十九年(1764)晉陽申兆定補刻本　二冊

360000－1901－0015242　230628
刻天仙正理直論增註二卷　(明)伍守陽撰並注　(明)伍守虛注　清康熙五十八年(1719)謝嗣芳等姑蘇老君堂刻乾隆二十九年(1764)晉陽申兆定補刻本　二冊

360000－1901－0015243　407091
刻天仙正理直論增註二卷　(明)伍守陽撰並注　(明)伍守虛注　清康熙五十八年(1719)謝嗣芳等姑蘇老君堂刻乾隆二十九年(1764)晉陽申兆定補刻本　一冊　存一卷(一)

360000－1901－0015244　407091－2
刻天仙正理直論增註二卷　(明)伍守陽撰並注　(明)伍守虛注　清刻本　二冊

360000－1901－0015245　210086
刻夏先生書經不分卷　(明)夏允彝撰　**書經六卷**　(漢)孔安國傳　明蘊古堂刻本　二冊

360000－1901－0015246　230311
刻醫無間子醫貫六卷　(明)趙獻可撰　明書林張起鵬刻本　二冊　存三卷(四至六)

360000－1901－0015247　404877－1
刻註釋藝林聚錦故事白眉十卷　(明)鄧志謨輯　明萬曆刻本　一冊　存二卷(三至四)

360000－1901－0015248　314201
恪靖侯盾鼻餘瀋一卷　(清)左宗棠撰　清光緒八年(1882)刻本　一冊

360000－1901－0015249　304475
恪靖侯盾鼻餘瀋一卷附聯語一卷　(清)左宗棠撰　清光緒十三年(1887)鉛印本　一冊

360000－1901－0015250　805029
客山堂稿不分卷　(清)毛俟園撰　清嘉慶六年(1801)刻本　二冊

360000－1901－0015251　230480
客舍偶聞一卷　(清)彭孫貽撰　清乾隆五十二年(1787)彭暐抄本　一冊

360000－1901－0015252　230458
客中隨記八卷　(清)楊希閔輯　稿本　八冊

360000－1901－0015253　803276
課藝不分卷　(□)□□輯　清抄本　三冊

360000－1901－0015254　304714
課子隨筆節鈔六卷續編一卷　(清)張師載輯　(清)徐桐續輯　清同治十二年(1873)刻本　四冊

360000－1901－0015255　404827

課子隨筆節鈔六卷續編一卷　(清)張師載輯　(清)徐桐續輯　清同治十年(1871)刻本　三册　存五卷(課子隨筆節鈔一至四、續編一卷)

360000－1901－0015256　313970
課子遺編一卷　(清)紀應鋸撰　清嘉慶十三年(1808)刻本　一册

360000－1901－0015257　407239
空道教寶卷不分卷　清抄本　一册

360000－1901－0015258　421932
空谷香傳奇二卷　(清)蔣士銓撰　清刻本　一册　存一卷(下)

360000－1901－0015259　601299
空谷香傳奇二卷　(清)蔣士銓撰　清刻本　二册

360000－1901－0015260　120948
空谷香傳奇二卷　(清)蔣士銓撰　清乾隆三十六年(1771)蔣氏紅雪樓刻紅雪樓九種本　二册

360000－1901－0015261　305395
空山堂全集　(清)牛運震撰　清乾隆、嘉慶空山堂刻本　五册　存二種

360000－1901－0015262　316906
空山堂全集　(清)牛運震撰　清乾隆、嘉慶空山堂刻本　二十二册　存六種

360000－1901－0015263　301713
空山堂文集　(清)牛運震撰　清嘉慶八年(1803)刻本　六册

360000－1901－0015264　302495
空同詩鈔十六卷附錄一卷　(明)李夢陽撰　(清)桑調元輯　清刻本　四册

360000－1901－0015265　240559
空同詩選一卷　(明)李夢陽撰　(明)楊慎評選　明萬曆四十六年(1618)烏程閔齊伋刻朱墨套印本　一册

360000－1901－0015266　240560
空同先生集六十三卷　(明)李夢陽撰　明嘉靖刻本　十七册

360000－1901－0015267　240561
空同先生集六十三卷　(明)李夢陽撰　明嘉靖刻本　六册

360000－1901－0015268　240562
空同先生集六十三卷　(明)李夢陽撰　明嘉靖刻本　十六册　缺十四卷(三十七至四十二、五十六至六十三)

360000－1901－0015269　240563
空同子集六十六卷目錄三卷　(明)李夢陽撰　**附錄二卷**　(明)鄧雲霄輯　明萬曆三十年至三十一年(1602－1603)鄧雲霄長洲刻本　十一册　缺三卷(目錄三卷)

360000－1901－0015270　240564
空同子集六十六卷目錄三卷　(明)李夢陽撰　**附錄二卷**　(明)鄧雲霄輯　明萬曆三十年至三十一年(1602－1603)鄧雲霄長洲刻本　十四册　缺七卷(六十五至六十六、目錄三卷、附錄二卷)

360000－1901－0015271　240565
空同子集六十六卷目錄三卷　(明)李夢陽撰　**附錄二卷**　(明)鄧雲霄輯　明萬曆三十年至三十一年(1602－1603)鄧雲霄長洲刻本　二册　存七卷(五十五至五十九,目錄上、中)

360000－1901－0015272　160161
孔叢伯說經五稿　(清)孔廣林撰　清光緒十六年(1890)山東書局刻本　五册　存五種

360000－1901－0015273　416249－1
孔叢四卷　題(漢)孔鮒撰　(明)鍾惺評　清刻本　一册　存三卷(一至三)

360000－1901－0015274　230020
孔叢子三卷　題(漢)孔鮒撰　明萬曆二十年(1592)程榮刻漢魏叢書本　二册

360000－1901－0015275　301025
孔叢子三卷　題(漢)孔鮒撰　清雍正孔毓圻、孔毓埏刻本　二册

360000－1901－0015276　400227

孔門師弟年表一卷後說一卷孟子時事年表一卷後說一卷 (清)林春溥撰 清嘉慶二十一年(1816)刻本 一册

360000－1901－0015277 305016
孔門實紀十二卷首一卷 (清)邱慶善 (清)黎定攀輯 清道光二十二年(1842)刻本 二册 存三卷(一至二、首一卷)

360000－1901－0015278 210065
孔門易緒十六卷首一卷 (清)張德純撰 稿本 四册

360000－1901－0015279 230011
孔氏家語十卷 題(三國魏)王肅注 明崇禎毛氏汲古閣刻本 四册

360000－1901－0015280 308733
孔氏家語十卷 題(三國魏)王肅注 清光緒上海同文書局石印本 五册

360000－1901－0015281 416241
孔氏家語十卷 題(三國魏)王肅注 清刻本 一册

360000－1901－0015282 416239
孔氏家語十卷 題(三國魏)王肅注 清乾隆四十五年(1780)刻本 二册

360000－1901－0015283 416240
孔氏家語十卷 題(三國魏)王肅注 清乾隆四十五年(1780)刻本 一册

360000－1901－0015284 230012
孔氏家語十卷 題(三國魏)王肅注 清乾隆四十五年(1780)錢塘李容刻本 一册 存五卷(一至五)

360000－1901－0015285 416238
孔氏家語十卷 題(三國魏)王肅注 清乾隆五十四年(1789)刻本 一册

360000－1901－0015286 313570
孔氏家語十卷 題(三國魏)王肅注 **札記一卷** 劉世珩撰 清光緒至民國貴池劉氏影宋刻玉海堂景宋元本叢書本 四册

360000－1901－0015287 315617
孔氏家語十卷 題(三國魏)王肅注 **札記一卷** 劉世珩撰 清光緒至民國貴池劉氏影宋刻玉海堂景宋元本叢書本 四册

360000－1901－0015288 240308
孔武仲集十七卷 (宋)孔武仲撰 清抄本 三册

360000－1901－0015289 160160
孔易闡真二卷 (清)劉一明撰 清嘉慶、道光刻本 一册

360000－1901－0015290 301020
孔子編年四卷 (清)狄子奇撰 清光緒十三年(1887)浙江書局刻孔孟編年本 一册

360000－1901－0015291 400231
孔子編年四卷 (清)狄子奇撰 清光緒十三年(1887)浙江書局刻孔孟編年本 一册

360000－1901－0015292 400231－1
孔子編年四卷 (清)狄子奇撰 清光緒十三年(1887)浙江書局刻孔孟編年本 一册

360000－1901－0015293 161591
孔子編年五卷 (宋)胡仔編 清嘉慶二十三年(1818)耕經軒刻本 一册

360000－1901－0015294 400230
孔子編年五卷 (宋)胡仔編 清嘉慶二十三年(1818)胡培翬金紫家祠刻本 一册

360000－1901－0015295 400228
孔子編年五卷 (宋)胡仔編 清同治九年(1870)胡湛刻本 二册

360000－1901－0015296 400229
孔子編年五卷 (宋)胡仔編 清同治九年(1870)胡湛刻本 二册

360000－1901－0015297 230017
孔子集語二卷 (宋)薛據輯 清乾隆二年(1737)孔廣棨刻本 二册

360000－1901－0015298 230018
孔子集語二卷 (宋)薛據輯 清乾隆二年(1737)孔廣棨刻本 一册

360000－1901－0015299　301015
孔子集語十七卷　(清)孫星衍輯　清光緒二十三年(1897)文瑞樓鉛印本　一册　存九卷(一至九)

360000－1901－0015300　416242
孔子集語十七卷　(清)孫星衍輯　清光緒三年(1877)浙江書局刻二十二子本　一册　存五卷(一至五)

360000－1901－0015301　418393－1
孔子集語十七卷　(清)孫星衍輯　清光緒三年(1877)浙江書局刻二十二子本　三册　存十二卷(六至十七)

360000－1901－0015302　418393－2
孔子集語十七卷　(清)孫星衍輯　清光緒三年(1877)浙江書局刻二十二子本　一册　存四卷(十四至十七)

360000－1901－0015303　304939
孔子集語十七卷　(清)孫星衍輯　清光緒十一年(1885)吴縣朱氏槐廬家塾刻本　四册

360000－1901－0015304　301019
孔子集語十七卷　(清)孫星衍輯　清嘉慶二十年(1815)蘭陵孫氏刻平津館叢書本　三册

360000－1901－0015305　230015
孔子家語八卷　題(三國魏)王肅注　(明)何孟春補注　明永明書院刻本　四册

360000－1901－0015306　305015
孔子家語八卷　題(三國魏)王肅注　(明)何孟春補注　清刻本　一册　存二卷(七至八)

360000－1901－0015307　301030
孔子家語十卷　題(三國魏)王肅注　清光緒二十三年(1897)新化三味書屋刻本　四册

360000－1901－0015308　162284
孔子家語十卷　題(三國魏)王肅注　清光緒十四年(1888)江左書林刻本　二册

360000－1901－0015309　307726
孔子家語十卷　題(三國魏)王肅注　清刻本　二册

360000－1901－0015310　162285
孔子家語十卷　題(三國魏)王肅注　(明)金蟠　(明)葛鼒訂　明永懷堂刻本　一册　存二卷(一至二)

360000－1901－0015311　230014
孔子家語十卷　題(三國魏)王肅注　(明)金蟠　(明)葛鼒訂　明永懷堂刻本　民國胡思敬校　三册　缺二卷(一至二)

360000－1901－0015312　301028
孔子家語四卷　題(三國魏)王肅注　(明)金蟠　(明)葛鼒訂　清卓觀樓刻本　二册

360000－1901－0015313　804248
孔子家語四卷　題(三國魏)王肅注　(明)金蟠　(明)葛鼒訂　清卓觀樓刻本　一册　存二卷(三至四)

360000－1901－0015314　301021
孔子年譜輯註一卷　(清)江永撰　(清)黄定宜輯注　清道光二十七年(1847)萍鄉文晟刻本　一册

360000－1901－0015315　120248
孔子年譜一卷　(清)張宿煌編　清光緒二十三年(1897)清江東齋刻本　一册

360000－1901－0015316　161518
孔子聖跡圖不分卷　(□)□□繪　清刻本　一册

360000－1901－0015317　601473
恐懼修省録四卷　(清)徐謙撰　清道光二十九年(1849)刻本　二册

360000－1901－0015318　123002
恐懼修省録四卷　(清)徐謙撰　清道光二十九年(1849)思果齋刻本　二册

360000－1901－0015319　123003
恐懼修省録四卷　(清)徐謙撰　清道光二十九年(1849)思果齋刻本　二册

360000－1901－0015320　123159
恐懼修省録四卷　(清)徐謙撰　清道光二十九年(1849)四香草堂刻本　二册

360000－1901－0015321　416629

恐懼修省錄四卷　(清)徐謙撰　清道光二十九年(1849)四香草堂刻本　二册

360000－1901－0015322　404371
口碑錄一卷　(清)楊德祥輯　清咸豐十年(1860)茶陽士民刻本　一册

360000－1901－0015323　408888
口齒類要一卷　(明)薛己撰　清刻本　一册

360000－1901－0015324　163316
叩鉢齋纂行廚集十七卷　(清)李之澎　(清)汪建封輯　(清)汪志瑞等注　清康熙三十五年(1696)學山堂刻本　二十四册

360000－1901－0015325　404496
叩鉢齋纂行廚集十七卷　(清)李之澎　(清)汪建封輯　(清)汪志瑞等注　清刻本　九册　存十一卷(四至十三、十七)

360000－1901－0015326　404497
叩鉢齋纂行廚集十七卷　(清)李之澎　(清)汪建封輯　(清)汪志瑞等注　清刻本　五册　存七卷(七、十至十三、十六至十七)

360000－1901－0015327　404497－1
叩鉢齋纂行廚集十七卷　(清)李之澎　(清)汪建封輯　(清)汪志瑞等注　清刻本　一册　存一卷(十三)

360000－1901－0015328　303773
叩囊韻語一卷　(清)徐伯宏撰　清咸豐四年(1854)刻本　一册

360000－1901－0015329　165109
寇忠愍公詩集三卷　(宋)寇準撰　清抄本　一册

360000－1901－0015330　163996
快閣藏書　(明)唐琳輯　明天啓武林唐氏快閣刻本　二册　存二種

360000－1901－0015331　804231
快看看不分卷　(□)□□撰　清蘇城元妙觀內得見齋刻本　一册

360000－1901－0015332　250165
快書　(明)閔景賢輯　明天啓快堂刻本　十二册

360000－1901－0015333　804231－1
快聽聽不分卷　(□)□□撰　清蘇城元妙觀內得見齋刻本　一册

360000－1901－0015334　317330
快心編初集五卷十回二集五卷十回三集六卷十二回　(清)天花才子編輯　(清)四橋居士評點　清刻本　十五册　存十五卷(初集五卷、二集二至五、三集六卷)三十回(初集十回、二集三至十、三集十二回)

360000－1901－0015335　309582
快雪齋官商備覽八百種不分卷　(清)□□輯　清光緒三十二年(1906)求學齋石印本　一册

360000－1901－0015336　412714
匡謬正俗八卷　(唐)顔師古撰　清乾隆二十一年(1756)德州盧見曾雅雨堂刻本　一册

360000－1901－0015337　314622
匡喆刻經頌十二卷　楊守敬輯　清光緒三十三年(1907)宜都楊守敬刻本　六册

360000－1901－0015338　120753
況靖安集八卷首一卷末一卷　(明)況鍾撰　(清)陳永懋編　清光緒十七年(1891)雙溪陳氏刻本　四册

360000－1901－0015339　123260
況靖安集八卷首一卷末一卷　(明)況鍾撰　(清)陳永懋編　清光緒十七年(1891)雙溪陳氏刻本　四册

360000－1901－0015340　900422
曠視山房大題一卷　(清)丁守存撰　清同治十二年(1873)楚北登雅堂刻本　二册

360000－1901－0015341　900421
曠視山房小題一卷　(清)丁守存撰　清同治十二年(1873)楚北登雅堂刻本　二册

360000－1901－0015342　900419
曠視山房制藝二集一卷　(清)丁守存撰　清刻本　一册

360000－1901－0015343　900420

曠視山房制藝一卷　(清)丁守存撰　清同治四年(1865)楚北登雅堂刻本　二册

360000－1901－0015344　416396
礦務五種　(清)上海宜今室輯　清光緒二十三年(1897)上海宜今室石印本　四册

360000－1901－0015345　416201
礦務新論二卷　(清)浙東宜今室輯　清末石印本　一册

360000－1901－0015346　416395
礦務新論二卷　(清)浙東宜今室輯　清末石印本　一册

360000－1901－0015347　900615
奎光書院册□□卷　(清)□□輯　清光緒二十八年(1902)木活字印本　八册　存八卷(一至八)

360000－1901－0015348　900614
奎光書院册□□卷　(清)□□輯　清刻本　三册　存三卷(三至五)

360000－1901－0015349　900616
奎光書院册□□卷　(清)□□輯　清刻本　一册　存一卷(三)

360000－1901－0015350　900617
奎光書院册□□卷　(清)□□輯　清刻本　一册　存一卷(七)

360000－1901－0015351　900613
奎光書院册□□卷　(清)□□輯　清同治元年(1862)奎光書院刻本　七册　存七卷(一至七)

360000－1901－0015352　240838
奎光書院稿五卷　(清)傅銓彦撰　清順治九年(1652)刻本　一册

360000－1901－0015353　901411
魁卷不分卷　(清)□□輯　清刻本　一册

360000－1901－0015354　315916
夔門送行詩二卷　(清)曾福謙輯　清光緒二十八年(1902)鉛印本　一册

360000－1901－0015355　417949
愧訥集十二卷　(清)朱用純撰　清光緒八年(1882)津河廣仁堂刻本　四册

360000－1901－0015356　417950
愧訥集十二卷　(清)朱用純撰　清光緒八年(1882)津河廣仁堂刻本　四册

360000－1901－0015357　306667
簣山堂詩鈔二十一卷　(清)王賡言撰　清嘉慶十六年(1811)刻本　二册　存四卷(一至二、十三至十四)

360000－1901－0015358　405062
簣山堂詩鈔十六卷　(清)王賡言撰　清嘉慶刻本　一册　存四卷(九至十二)

360000－1901－0015359　410822
崑山玉六卷　(清)李道輯　清嘉慶十二年(1807)崇德堂刻本　三册

360000－1901－0015360　410823
崑山玉六卷　(清)李道輯　清嘉慶十二年(1807)崇德堂刻本　六册

360000－1901－0015361　410824
崑山玉六卷　(清)李道輯　清同治九年(1870)劉文煊刻本　四册　存三卷(一、三、五)

360000－1901－0015362　240659
鯤溟先生詩集四卷奏疏一卷　(明)郭諫臣撰　清康熙五十二年(1713)吳郡郭鸞刻本　二册

360000－1901－0015363　230112
困勉齋私記四卷　(清)閻循觀撰　清乾隆三十八年(1773)刻西澗草堂全集本　一册

360000－1901－0015364　230351
困學紀聞二十卷　(宋)王應麟撰　明初刻本　四册　存四卷(一至二、七至八)

360000－1901－0015365　312773
困學紀聞二十卷　(宋)王應麟撰　清光緒三十年(1904)四川官書局刻本　八册

360000－1901－0015366　303692

困學紀聞二十卷 (宋)王應麟撰 清刻本 四冊

360000－1901－0015367 303693
困學紀聞二十卷 (宋)王應麟撰 清刻本 六冊

360000－1901－0015368 417593
困學紀聞二十卷 (宋)王應麟撰 清刻本 一冊 存三卷(六至八)

360000－1901－0015369 417593－1
困學紀聞二十卷 (宋)王應麟撰 清刻本 一冊 存五卷(十六至二十)

360000－1901－0015370 417602
困學紀聞二十卷 (宋)王應麟撰 (清)閻若璩箋 清道光二年(1822)刻本 七冊 存十三卷(一至十三)

360000－1901－0015371 162357
困學紀聞二十卷 (宋)王應麟撰 (清)閻若璩箋 清乾隆三年(1738)馬曰璐叢書樓刻本 八冊

360000－1901－0015372 162358
困學紀聞二十卷 (宋)王應麟撰 (清)閻若璩箋 清乾隆三年(1738)馬曰璐叢書樓刻本 十二冊

360000－1901－0015373 230352
困學紀聞二十卷 (宋)王應麟撰 (清)閻若璩箋 清乾隆三年(1738)馬曰璐叢書樓刻本 六冊

360000－1901－0015374 230353
困學紀聞二十卷 (宋)王應麟撰 (清)閻若璩箋 清乾隆三年(1738)馬曰璐叢書樓刻本 八冊

360000－1901－0015375 417600
困學紀聞二十卷 (宋)王應麟撰 (清)閻若璩箋 清乾隆三年(1738)馬曰璐叢書樓刻本 八冊

360000－1901－0015376 417601
困學紀聞二十卷 (宋)王應麟撰 (清)閻若璩箋 清乾隆三年(1738)馬曰璐叢書樓刻本 七冊 存十七卷(一至十七)

360000－1901－0015377 417601－1
困學紀聞二十卷 (宋)王應麟撰 (清)閻若璩箋 清乾隆三年(1738)馬曰璐叢書樓刻本 二冊 存六卷(一至六)

360000－1901－0015378 303694
困學紀聞二十卷 (宋)王應麟撰 (清)閻若璩箋 清同治九年(1870)揚州書局刻本 六冊

360000－1901－0015379 313863
困學紀聞二十卷 (宋)王應麟撰 (清)閻若璩箋 清同治九年(1870)揚州書局刻本 六冊

360000－1901－0015380 417603
困學紀聞二十卷 (宋)王應麟撰 (清)閻若璩箋 清同治九年(1870)揚州書局刻本 六冊

360000－1901－0015381 230354
困學紀聞二十卷 (宋)王應麟撰 (清)閻若璩箋 (清)何焯評 清乾隆桐鄉汪垕桐華書塾刻本 六冊

360000－1901－0015382 230355
困學紀聞二十卷 (宋)王應麟撰 (清)閻若璩箋 (清)何焯評 清乾隆桐鄉汪垕桐華書塾刻本 四冊

360000－1901－0015383 230356
困學紀聞二十卷 (宋)王應麟撰 (清)閻若璩箋 (清)何焯評 清乾隆桐鄉汪垕桐華書塾刻本 十四冊

360000－1901－0015384 314056
困學紀聞二十卷 (宋)王應麟撰 (清)閻若璩箋 (清)何焯評 清乾隆桐鄉汪垕桐華書塾刻本 六冊

360000－1901－0015385 313094
困學紀聞集證二十卷首一卷末一卷 (宋)王應麟撰 (清)萬希槐集證 清嘉慶刻本 十

二册

360000－1901－0015386　308134
困學紀聞集證二十卷首一卷末一卷　（宋）王應麟撰　（清）萬希槐集證　清刻本　三册　存六卷（五至十）

360000－1901－0015387　303687
困學紀聞注二十卷　（清）翁元圻撰　清道光五年（1825）餘姚守福堂刻本　十二册

360000－1901－0015388　303704
困學紀聞注二十卷　（清）翁元圻撰　清道光五年（1825）餘姚守福堂刻本　十六册

360000－1901－0015389　306460
困學紀聞注二十卷　（清）翁元圻撰　清道光五年（1825）餘姚守福堂刻本　五册　存十六卷（一至十二、十七至二十）

360000－1901－0015390　308110
困學紀聞注二十卷　（清）翁元圻撰　清道光五年（1825）餘姚守福堂刻本　八册

360000－1901－0015391　314049
困學紀聞注二十卷　（清）翁元圻撰　清道光五年（1825）餘姚守福堂刻本　十六册

360000－1901－0015392　417599
困學紀聞注二十卷　（清）翁元圻撰　清道光五年（1825）餘姚守福堂刻本　三册　存六卷（一、四至五、十五至十七）

360000－1901－0015393　415220
困學紀聞注二十卷　（清）翁元圻撰　清光緒三年（1877）京都善成堂刻本　十一册　存十三卷（一、五至十、十三、十五至十七、十九至二十）

360000－1901－0015394　308455
困學紀聞注二十卷　（清）翁元圻撰　清光緒十五年（1889）上海積山書局石印本　六册

360000－1901－0015395　417589－1
困學紀聞注二十卷　（清）翁元圻撰　清刻本　二册　存五卷（一至二、十八至二十）

360000－1901－0015396　421754
困學紀聞注二十卷　（清）翁元圻撰　清末石印本　二册　存八卷（五至七、十二至十六）

360000－1901－0015397　603974
困學紀聞注二十卷　（清）翁元圻撰　清末石印本　一册　存一卷（五）

360000－1901－0015398　721829
困學紀聞注二十卷　（清）翁元圻撰　清末石印本　一册　存四卷（八至十一）

360000－1901－0015399　309208
困學紀聞注二十卷　（清）翁元圻撰　清咸豐元年（1851）刻本　七册　存十六卷（一至十三、十六至十八）

360000－1901－0015400　303689
困學紀聞注二十卷　（清）翁元圻撰　清咸豐元年（1851）小鄉嬛山館刻本　八册

360000－1901－0015401　417589
困學紀聞注二十卷　（清）翁元圻撰　清咸豐元年（1851）小鄉嬛山館刻本　八册

360000－1901－0015402　303697
困學録集粹八卷　（清）張伯行撰　清同治五年（1866）福州正誼書局刻本　二册

360000－1901－0015403　230113
困學録四卷　（清）汪瑤撰　清乾隆九年（1744）汪世麟刻本　四册

360000－1901－0015404　120711
困學録四卷　張諧之撰　清光緒二年（1876）刻本　二册

360000－1901－0015405　230085
困知記二卷續二卷附録二卷續補一卷外編一卷　（明）羅欽順撰　明天啓三年（1623）羅珽仕、羅琁仕刻本　四册

360000－1901－0015406　230086
困知記二卷續二卷三續一卷四續一卷續補一卷外編一卷附録一卷　（明）羅欽順撰　明刻清康熙補刻本　四册

360000－1901－0015407　230087
困知記二卷續二卷三續一卷四續一卷續補一

卷外編一卷附錄一卷 (明)羅欽順撰 清乾隆二十一年(1756)刻嘉慶四年(1799)補刻本 四冊

360000－1901－0015408 230088
困知記二卷續二卷三續一卷四續一卷續補一卷外編一卷附錄一卷 (明)羅欽順撰 清乾隆二十一年(1756)刻嘉慶四年(1799)補刻本 四冊

360000－1901－0015409 413870
困知記二卷續二卷三續一卷四續一卷續補一卷外編一卷附錄一卷 (明)羅欽順撰 清乾隆二十一年(1756)刻嘉慶四年(1799)闕城房補刻本 一冊 存四卷(困知記二卷、續二卷)

360000－1901－0015410 413870－1
困知記二卷續二卷三續一卷四續一卷續補一卷外編一卷附錄一卷 (明)羅欽順撰 清乾隆二十一年(1756)刻嘉慶四年(1799)闕城房補刻本 一冊 存二卷(困知記二卷)

360000－1901－0015411 601269
困知記二卷續二卷三續一卷四續一卷續補一卷外編一卷附錄一卷 (明)羅欽順撰 清乾隆二十一年(1756)刻嘉慶四年(1799)闕城房補刻本 四冊

360000－1901－0015412 601270
困知記二卷續二卷三續一卷四續一卷續補一卷外編一卷附錄一卷 (明)羅欽順撰 清乾隆二十一年(1756)刻嘉慶四年(1799)闕城房補刻本 四冊

360000－1901－0015413 601271
困知記二卷續二卷三續一卷四續一卷續補一卷外編一卷附錄一卷 (明)羅欽順撰 清乾隆二十一年(1756)刻嘉慶四年(1799)闕城房補刻本 四冊

360000－1901－0015414 601272
困知記二卷續二卷三續一卷四續一卷續補一卷外編一卷附錄一卷 (明)羅欽順撰 清乾隆二十一年(1756)刻嘉慶四年(1799)闕城房補刻本 三冊 缺一卷(附錄一卷)

360000－1901－0015415 601273
困知記二卷續二卷三續一卷四續一卷續補一卷外編一卷附錄一卷 (明)羅欽順撰 清乾隆二十一年(1756)刻嘉慶四年(1799)闕城房補刻本 三冊 缺一卷(困知記上)

360000－1901－0015416 601274
困知記二卷續二卷三續一卷四續一卷續補一卷外編一卷附錄一卷 (明)羅欽順撰 清乾隆二十一年(1756)刻嘉慶四年(1799)闕城房補刻本 一冊 存五卷(續下、三續一卷、四續一卷、續補一卷、外編一卷)

360000－1901－0015417 601275
困知記二卷續二卷三續一卷四續一卷續補一卷外編一卷附錄一卷 (明)羅欽順撰 清乾隆二十一年(1756)刻嘉慶四年(1799)闕城房補刻本 二冊 存三卷(困知記二卷、續上)

360000－1901－0015418 601276
困知記二卷續二卷三續一卷四續一卷續補一卷外編一卷附錄一卷 (明)羅欽順撰 清乾隆二十一年(1756)刻嘉慶四年(1799)闕城房補刻本 三冊

360000－1901－0015419 601277
困知記二卷續二卷三續一卷四續一卷續補一卷外編一卷附錄一卷 (明)羅欽順撰 清乾隆二十一年(1756)刻嘉慶四年(1799)闕城房補刻本 四冊 缺一卷(困知記下)

360000－1901－0015420 314293
括蒼金石志補遺四卷 (清)鄒柏森撰 清光緒貴池劉世珩刻聚學軒叢書本 二冊

360000－1901－0015421 802283
括地畧一卷 (清)□□撰 **各國路程日記一卷** (清)李圭撰 **萬國公法一卷** (清)朱克敬撰 清末石印本 一冊

360000－1901－0015422 306211
括地志八卷補遺一卷 (唐)李泰等撰 (清)孫星衍輯 (清)陳其榮重訂 清光緒十二年(1886)吳縣朱氏槐廬家塾刻槐廬叢書本 二

册

360000－1901－0015423　240704
來禽館集二十九卷　（明）邢侗撰　（明）史以明重訂　明崇禎十年（1637）留都書肆刻本　十二册

360000－1901－0015424　120808
來青草堂詩鈔二卷　（清）楊式坊撰　清道光二十六年（1846）遂初堂刻本　一册

360000－1901－0015425　162988
來瞿唐先生日錄内篇六卷外篇七卷　（明）來知德撰　清道光十一年（1831）刻本　十四册

360000－1901－0015426　400879
來瞿唐先生日錄内篇六卷外篇七卷　（明）來知德撰　**太史來瞿唐先生年譜一卷**　（清）古之賢等編　清道光十一年（1831）刻本　十册

360000－1901－0015427　160539
來瞿唐先生易注十五卷首一卷末一卷圖一卷　（明）來知德撰　（明）淩夫惇圈點　（明）高奣映校　清遼遠堂刻本　十五册

360000－1901－0015428　405253
來山堂詩不分卷　（清）芮廣森撰　清康熙二十七年（1688）刻本　一册

360000－1901－0015429　721597
來生福彈詞三十六回　（清）橘中逸叟撰　清刻本　二十册

360000－1901－0015430　721598
來生福彈詞三十六回　（清）橘中逸叟撰　清刻本　十三册　存二十一回（一至四、十至十三、十七至十九、二十一至二十二、二十五至二十六、二十八至二十九、三十二、三十四至三十六）

360000－1901－0015431　415357
來泰詩草三卷　（清）湯應祥撰　清嘉慶二十年（1815）刻本　一册

360000－1901－0015432　801418
來往尺牘一卷　（清）子遠輯　清光緒抄本　一册

360000－1901－0015433　314137
來齋金石刻考略三卷　（清）林侗撰　清道光二十一年（1841）上海徐渭仁刻本　三册

360000－1901－0015434　230615
勅修百丈清規八卷　（唐）釋懷海撰　（元）釋德煇重輯　明刻徑山藏本　三册　存五卷（一至五）

360000－1901－0015435　230616
勅修百丈清規八卷　（唐）釋懷海撰　（元）釋德煇重輯　明刻徑山藏本　一册　存二卷（二至三）

360000－1901－0015436　303420
賴古堂尺牘新鈔二選藏弆集十六卷　（清）周在浚　（清）周在梁　（清）周在延輯　清道光十九年（1839）賴古堂刻本　六册

360000－1901－0015437　303424
賴古堂尺牘新鈔二選藏弆集十六卷　（清）周在浚　（清）周在梁　（清）周在延輯　清道光十九年（1839）賴古堂刻本　十六册

360000－1901－0015438　306348
賴古堂尺牘新鈔二選藏弆集十六卷　（清）周在浚　（清）周在梁　（清）周在延輯　清道光十九年（1839）賴古堂刻本　三册　存九卷（八至十六）

360000－1901－0015439　409697
賴古堂尺牘新鈔二選藏弆集十六卷　（清）周在浚　（清）周在梁　（清）周在延輯　清道光十九年（1839）賴古堂刻本　一册　存二卷（九至十）

360000－1901－0015440　306346
賴古堂尺牘新鈔二選藏弆集十六卷　（清）周在浚　（清）周在梁　（清）周在延輯　清道光十九年（1839）雷學淦刻本　四册　存十卷（一至七、十四至十六）

360000－1901－0015441　409698
賴古堂尺牘新鈔三選結鄰集十六卷　（清）周在浚　（清）周在梁　（清）周在延輯　清康熙九年（1670）周氏賴古堂刻本　十六册

360000－1901－0015442　240804
賴古堂集二十四卷　(清)周亮工撰　**附錄一卷**　清康熙十四年(1675)周在浚刻本　六冊　缺一卷(附錄一卷)

360000－1901－0015443　316085
賴古堂集二十四卷附賴古堂藏書甲集十種不分卷　(清)周亮工撰　清道光九年(1829)刻本　十二冊

360000－1901－0015444　414914
賴古堂名賢尺牘新鈔十二卷　(清)周亮工輯　清宣統元年(1909)鉛印本　七冊

360000－1901－0015445　303456
賴古齋文集八卷　(清)湯脩葉撰　清道光九年(1829)武進宛鄰書屋刻本　二冊

360000－1901－0015446　241111
嵐漪小艸一卷　(清)翁方綱撰　清乾隆刻本　一冊

360000－1901－0015447　240986
藍戶部集二十八卷　(清)藍千秋撰　清乾隆十八年(1753)東塘書屋刻本(卷二十七至二十八未刻)　六冊

360000－1901－0015448　240987
藍戶部集二十八卷　(清)藍千秋撰　清乾隆十八年(1753)東塘書屋刻本(卷二十七至二十八未刻)　六冊

360000－1901－0015449　302687
藍澗集六卷　(明)藍智撰　清光緒十年(1884)侯官郭柏蒼枕石草堂刻二藍集本　二冊

360000－1901－0015450　302688
藍山集六卷　(明)藍仁撰　清光緒四年(1878)侯官郭柏蒼枕石草堂刻二藍集本　二冊

360000－1901－0015451　220322
蘭曹讀史日記四卷　(明)熊尚文撰　明萬曆四十三年(1615)刻本　一冊　存一卷(四)

360000－1901－0015452　411200
蘭陔詩集四卷　(清)周大業撰　**笛君詩稿一卷**　(清)□□撰　清抄本　二冊

360000－1901－0015453　710365
蘭閨寶錄六卷　(清)惲珠輯　清道光十一年(1831)紅香館刻本　六冊

360000－1901－0015454　411195
蘭桂編不分卷　(清)劉維廣輯　清同治八年(1869)刻本　一冊

360000－1901－0015455　163278
蘭行草一卷　(清)陳祁撰　清嘉慶九年(1804)刻本　一冊

360000－1901－0015456　901417
蘭山課業風騷補編不分卷　(清)周樽輯並評　清刻本　一冊

360000－1901－0015457　316844
蘭山課業風騷補編不分卷　(清)周樽輯並評　清木活字印本　二冊

360000－1901－0015458　402929－1
蘭山課業風騷補編不分卷　(清)周樽輯並評　清乾隆五十七年(1792)洮陽吳鎮刻本　二冊

360000－1901－0015459　402929－2
蘭山課業風騷補編不分卷　(清)周樽輯並評　清乾隆五十七年(1792)洮陽吳鎮刻本　一冊

360000－1901－0015460　411194
蘭山詩草一卷　(清)吳鎮撰　(清)楊芳燦等選　清乾隆五十五年(1790)刻本　一冊

360000－1901－0015461　230323
蘭室秘藏三卷　(金)李杲撰　明刻本　三冊

360000－1901－0015462　165009
蘭室秘藏三卷　(金)李杲撰　清刻本　一冊

360000－1901－0015463　421819
蘭臺軌範八卷　(清)徐大椿撰　清光緒鉛印徐氏醫書本　一冊　存三卷(四至六)

360000－1901－0015464　804825

蘭臺軌範八卷　(清)徐大椿撰　清光緒鉛印徐氏醫書本　一册　存二卷(七至八)

360000－1901－0015465　162976
蘭臺軌範八卷　(清)徐大椿撰　清乾隆二十九年(1764)刻本　四册

360000－1901－0015466　162977
蘭臺軌範八卷　(清)徐大椿撰　清乾隆二十九年(1764)刻本　四册

360000－1901－0015467　411193
蘭香草堂賦二卷　(清)楊昌光撰　(清)黄瀚注　清刻本　一册　存一卷(二)

360000－1901－0015468　409763
蘭脩館賦稿一卷　(清)顧元熙撰　清刻本　一册

360000－1901－0015469　250050
蘭雪堂古事苑定本十二卷　(明)鄧志謨輯　清康熙二十五年(1686)蘭雪堂刻本　六册

360000－1901－0015470　250051
蘭雪堂古事苑定本十二卷　(明)鄧志謨輯　清康熙二十五年(1686)蘭雪堂刻本　四册

360000－1901－0015471　710180
蘭雪堂古事苑定本十二卷　(明)鄧志謨輯　清康熙二十五年(1686)蘭雪堂刻本　二册　存六卷(一至三、十至十二)

360000－1901－0015472　710181
蘭雪堂古事苑定本十二卷　(明)鄧志謨輯　清康熙二十五年(1686)蘭雪堂刻本　一册　存二卷(一至二)

360000－1901－0015473　710182
蘭雪堂古事苑定本十二卷　(明)鄧志謨輯　清康熙二十五年(1686)蘭雪堂刻本　二册　存四卷(一至四)

360000－1901－0015474　710183
蘭雪堂古事苑定本十二卷　(明)鄧志謨輯　清康熙二十五年(1686)蘭雪堂刻本　二册　存六卷(一至六)

360000－1901－0015475　710184
蘭雪堂古事苑定本十二卷　(明)鄧志謨輯　清康熙二十五年(1686)蘭雪堂刻本　四册　存七卷(一至七)

360000－1901－0015476　710185
蘭雪堂古事苑定本十二卷　(明)鄧志謨輯　清康熙二十五年(1686)蘭雪堂刻本　六册

360000－1901－0015477　710186
蘭雪堂古事苑定本十二卷　(明)鄧志謨輯　清蘭雪堂刻本　四册　存八卷(三至十)

360000－1901－0015478　710187
蘭雪堂古事苑定本十二卷　(明)鄧志謨輯　清蘭雪堂刻本　二册　存六卷(一至六)

360000－1901－0015479　710188
蘭雪堂古事苑定本十二卷　(明)鄧志謨輯　清蘭雪堂刻本　四册　存七卷(四至六、八至十一)

360000－1901－0015480　710188－1
蘭雪堂古事苑定本十二卷　(明)鄧志謨輯　清蘭雪堂刻本　三册　存六卷(二至三、五至六、九至十)

360000－1901－0015481　710188－2
蘭雪堂古事苑定本十二卷　(明)鄧志謨輯　清蘭雪堂刻本　一册　存二卷(五至六)

360000－1901－0015482　710188－3
蘭雪堂古事苑定本十二卷　(明)鄧志謨輯　清蘭雪堂刻本　一册　存二卷(六至七)

360000－1901－0015483　710188－4
蘭雪堂古事苑定本十二卷　(明)鄧志謨輯　清蘭雪堂刻本　一册　存二卷(五至六)

360000－1901－0015484　710188－5
蘭雪堂古事苑定本十二卷　(明)鄧志謨輯　清蘭雪堂刻本　一册　存二卷(二至三)

360000－1901－0015485　721853
蘭雪堂古事苑定本十二卷　(明)鄧志謨輯　清蘭雪堂刻本　一册　存三卷(七至九)

360000－1901－0015486　410184
蘭雪堂古事苑定本十二卷　(明)鄧志謨輯

清康熙蘭雪堂刻本　六冊

360000－1901－0015487　405615
蘭雪堂古事苑定本十二卷　(明)鄧志謨輯　清蘭雪堂刻本　一冊　存二卷(三至四)

360000－1901－0015488　304183
蘭言集四卷　(清)胡欽　(清)王以敏輯　清刻本　一冊

360000－1901－0015489　710555
蘭因集二卷　(清)陳文述輯　清光緒七年(1881)錢塘丁氏刻本　一冊

360000－1901－0015490　407682
蘭因一卷仇情記一卷　(清)神州日報社輯　清光緒神州日報社鉛印本　一冊

360000－1901－0015491　122661
蘭韻山房詩鈔二卷　(清)盧擇元撰　清嘉慶二十三年(1818)浦城刻本　二冊

360000－1901－0015492　122662
蘭韻山房詩鈔二卷　(清)盧擇元撰　清嘉慶二十三年(1818)浦城刻本　二冊

360000－1901－0015493　410372
蘭韻山房詩鈔二卷　(清)盧擇元撰　清嘉慶二十三年(1818)浦城刻本　二冊

360000－1901－0015494　410371
蘭韻堂詩集八卷　(清)沈初撰　清乾隆刻本　三冊

360000－1901－0015495　408590
爛喉痧痧輯要一卷　(清)金德鑑撰　清木活字印本　一冊

360000－1901－0015496　305652
郎潛紀聞十四卷　(清)陳康祺撰　清光緒六年(1880)刻本　三冊　存八卷(一至六、九至十)

360000－1901－0015497　315603
瑯嬛記三卷　題(元)伊世珍撰　明崇禎毛氏汲古閣刻津逮祕書本　二冊

360000－1901－0015498　162532
浪跡叢談十一卷續談八卷　(清)梁章鉅撰　清道光二十七年至二十八年(1847－1848)亦東園刻本　八冊

360000－1901－0015499　123000
浪游浪墨一卷　江峰青撰　清光緒三十三年(1907)石印本　一冊

360000－1901－0015500　413854
浪游浪墨一卷　江峰青撰　清光緒三十三年(1907)石印本　一冊

360000－1901－0015501　413854－1
浪游浪墨一卷　江峰青撰　清光緒三十三年(1907)石印本　一冊

360000－1901－0015502　403315
老會賢四書體註合講十九卷　(清)翁復編　清嘉慶三年(1798)酌雅齋刻本　三冊　存九卷(大學一、中庸一、論語六至十、孟子四至五)

360000－1901－0015503　164760
老老橫言五卷　(清)曹廷棟撰　清同治九年(1870)刻本　二冊

360000－1901－0015504　601219
老樹軒詩集五卷　(清)帥光祖撰　清光緒十二年(1886)帥之憲綠滿牕刻帥氏清芬集本　二冊

360000－1901－0015505　302798
老學庵筆記二卷　(宋)陸游撰　清宣統三年(1911)上海掃葉山房石印本　二冊

360000－1901－0015506　415045
老學庵筆記二卷　(宋)陸游撰　清宣統三年(1911)上海掃葉山房石印本　二冊

360000－1901－0015507　415048
老學庵筆記十卷　(宋)陸游撰　清光緒三年(1877)湖北崇文書局刻崇文書局彙刻書本　二冊

360000－1901－0015508　415048－1
老學庵筆記十卷　(宋)陸游撰　清光緒三年(1877)湖北崇文書局刻崇文書局彙刻書本

二册

360000－1901－0015509　415047
老學庵筆記十卷　(宋)陸游撰　清刻本　三册

360000－1901－0015510　302973
老子本義二卷　(清)鄭環撰　清嘉慶七年(1802)甘泉尋樂堂刻本　一册

360000－1901－0015511　302971
老子道德經二卷　(三國魏)王弼注　清光緒元年(1875)湖北崇文書局刻子書百家本　一册

360000－1901－0015512　407075
老子道德經二卷　(三國魏)王弼注　清光緒元年(1875)湖北崇文書局刻子書百家本　一册

360000－1901－0015513　309954
老子道德經二卷　(三國魏)王弼注　清光緒元年(1875)浙江書局刻二十二子本　一册

360000－1901－0015514　162221
老子道德經二卷　(三國魏)王弼注　清嘉慶二十二年(1817)明新堂刻本　一册

360000－1901－0015515　707179
老子道德經二卷　(三國魏)王弼注　清刻本　一册

360000－1901－0015516　407073
老子道德經二卷　(三國魏)王弼注　(明)孫鑛評　明末刻本　一册

360000－1901－0015517　230137
老子道德經二卷　題(漢)河上公注　明萬曆七年(1579)朱東光刻中都四子集本　一册

360000－1901－0015518　121888
老子道德經輯注二卷首一卷　(清)鄧晅撰　清嘉慶刻本　二册

360000－1901－0015519　230142
老子道德經解二卷　(明)釋德清撰　明抄本　二册

360000－1901－0015520　302963
老子道德經解二卷首一卷　(明)釋德清撰　清光緒十二年(1886)金陵刻經處刻本　二册

360000－1901－0015521　302966
老子道德經解二卷首一卷　(明)釋德清撰　清光緒十二年(1886)金陵刻經處刻本　二册

360000－1901－0015522　307766
老子道德經解二卷首一卷莊子内篇註四卷　(明)釋德清撰　清光緒十四年(1888)金陵刻經處刻本　四册

360000－1901－0015523　230143
老子道德經考異二卷　(清)畢沅撰　清乾隆四十八年(1783)畢氏靈巖山館刻經訓堂叢書本　一册

360000－1901－0015524　413745－1
鄂渚同聲集三編八卷　(清)胡鳳丹輯　清同治退補齋刻本　一册

360000－1901－0015525　230138
老子道德真經二卷　題(漢)河上公章句　**音義一卷**　(唐)陸德明撰　明閔齊伋刻朱墨套印三子合刻本　一册

360000－1901－0015526　407074
老子集解二卷考異一卷　(明)薛蕙撰　清刻惜陰軒叢書本　二册

360000－1901－0015527　302960
老子說畧二卷　(清)張爾岐撰　清嘉慶十三年(1808)南城吴熙小蓬萊館刻本　一册

360000－1901－0015528　407072
老子說畧二卷　(清)張爾岐撰　清嘉慶十三年(1808)南城吴熙小蓬萊館刻本　一册

360000－1901－0015529　302964
老子翼八卷　(明)焦竑撰　清光緒二十一年(1895)桐廬袁氏刻漸西村舍彙刊本　四册

360000－1901－0015530　407071
老子翼八卷　(明)焦竑撰　清光緒二十一年(1895)桐廬袁氏刻漸西村舍彙刊本　四册

360000－1901－0015531　802606－1

老子翼八卷　(明)焦竑撰　清光緒二十一年(1895)桐廬袁氏刻漸西村舍彙刊本　一冊　存二卷(五至六)

360000－1901－0015532　230141
老子翼三卷　(明)焦竑撰　明長庚館刻本　一冊

360000－1901－0015533　802606
老子翼三卷　(明)焦竑撰　明萬曆十六年(1588)王元貞刻老莊翼本　一冊　存二卷(二至三)

360000－1901－0015534　230140
老子翼三卷　(明)焦竑撰　明萬曆王元貞刻老莊翼本　二冊

360000－1901－0015535　122953
老子約說四卷　(清)紀大奎撰　(清)紀大婁評注　清嘉慶十三年(1808)刻紀慎齋先生全集本　一冊

360000－1901－0015536　407070
老子約說四卷　(清)紀大奎撰　(清)紀大婁評注　清嘉慶十三年(1808)刻紀慎齋先生全集本　一冊

360000－1901－0015537　601217
老子約說四卷　(清)紀大奎撰　(清)紀大婁評注　清刻本　一冊

360000－1901－0015538　162223
老子章義二卷　(清)姚鼐撰　清同治九年(1870)安徽桐城吳氏刻本　一冊

360000－1901－0015539　162224
老子章義二卷　(清)姚鼐撰　清同治九年(1870)安徽桐城吳氏刻本　一冊

360000－1901－0015540　302974
老子證義二卷　(清)高延第撰　清光緒十二年(1886)涌翠山房刻本　一冊

360000－1901－0015541　407067
老子證義二卷　(清)高延第撰　清末影印本　一冊

360000－1901－0015542　301111
了凡四訓一卷　(明)袁黃撰　清光緒十五年(1889)湖北官書處刻本　一冊

360000－1901－0015543　304433
了凡四訓一卷　(明)袁黃撰　清光緒十五年(1889)湖北官書處刻本　一冊

360000－1901－0015544　300906
雷波瑣記一卷　(清)劉文蔚撰　清道光十一年(1831)刻本　二冊

360000－1901－0015545　162725
雷公炮製藥性解六卷　(明)李中梓輯　(清)王子接重訂　清刻本　一冊

360000－1901－0015546　164985
雷公炮製藥性解六卷　(明)李中梓輯　(清)王子接重訂　清桂華樓刻本　一冊

360000－1901－0015547　407520－1
雷公炮製藥性解六卷　(明)李中梓輯　(清)王子接重訂　清會文堂刻本　二冊

360000－1901－0015548　407513－1
雷公炮製藥性解六卷　(明)李中梓輯　(清)王子接重訂　清刻本　一冊　存三卷(四至六)

360000－1901－0015549　407521－1
雷公炮製藥性解六卷　(明)李中梓輯　(清)王子接重訂　清文盛堂刻本　一冊

360000－1901－0015550　160946
雷刻四種　(清)雷浚撰　清光緒十年(1884)吳縣雷氏刻本　六冊

360000－1901－0015551　160947
雷刻四種　(清)雷浚撰　清光緒十年(1884)吳縣雷氏刻本　五冊

360000－1901－0015552　160948
雷刻四種　(清)雷浚撰　清光緒十年(1884)吳縣雷氏刻本　四冊

360000－1901－0015553　416777
雷塘庵主弟子記八卷　(清)張鑑等編　清儀徵阮氏嫏嬛仙館刻本　二冊　存四卷(一至四)

360000－1901－0015554　162724
雷小峯札記三卷　(清)雷琳撰　清光緒二十一年(1895)鴻文書局石印本　三册

360000－1901－0015555　411206
淚花集二卷　(清)裘廷楨撰　清光緒十二年(1886)刻本　一册

360000－1901－0015556　411207
淚墨草三卷　(清)鄧珏撰　清道光二十九年(1849)擁城書屋刻本　一册

360000－1901－0015557　411207－1
淚墨草三卷　(清)鄧珏撰　清道光二十九年(1849)擁城書屋刻本　一册

360000－1901－0015558　230032
類編標註文公先生經濟文衡前集二十五卷後集二十五卷續集二十二卷　(宋)朱熹撰　(宋)滕珙輯　明正德四年(1509)趙俊刻本　十二册

360000－1901－0015559　241552
類編草堂詩餘四卷　(明)顧從敬編　明嘉靖二十九年(1550)顧從敬刻本　一册　存一卷(一)

360000－1901－0015560　802655
類編四韻鄉音釋義四卷　(清)□□輯　清抄本　一册

360000－1901－0015561　123279
類編唐詩絶句不分卷　(明)敖英輯　清刻本　一册

360000－1901－0015562　241291
類編諸儒性理文錦八卷　(宋)常挺輯　明刻本　八册

360000－1901－0015563　713029
類編諸儒性理文錦八卷　(宋)常挺輯　清刻本　一册　存一卷(二)

360000－1901－0015564　713030
類編諸儒性理文錦八卷　(宋)常挺輯　清刻本　五册　存六卷(二至四、六至八)

360000－1901－0015565　420076
類編諸儒性理文錦八卷　(宋)常挺輯　清咸豐二年(1852)刻本　八册

360000－1901－0015566　404776
類典精華六卷　(□)□□輯　清刻本　一册　存二卷(一至二)

360000－1901－0015567　405645
類典精華六卷　(□)□□輯　清刻本　二册　存四卷(三至六)

360000－1901－0015568　230251
類方五卷　(清)柴國璉輯　清乾隆裔德堂柴國璉抄本　五册

360000－1901－0015569　408440
類方證治準繩八卷　(明)王肯堂輯　清康熙五十年(1711)金壇虞氏刻本　十四册　存六卷(一至六)

360000－1901－0015570　408440－1
類方證治準繩八卷　(明)王肯堂輯　清康熙五十年(1711)金壇虞氏刻本　十二册

360000－1901－0015571　408444
類方證治準繩八卷　(明)王肯堂輯　清刻本　九册　存六卷(一至五、七)

360000－1901－0015572　165001
類方準繩八卷　(明)王肯堂輯　清九思堂刻本　十一册

360000－1901－0015573　314146
類賦玉盆珠不分卷　(清)梁樹輯　清光緒十二年(1886)上海同文書局石印本　二册

360000－1901－0015574　413462
類薈詩標二卷　(清)伍斯琳　(清)伍永譽輯　清乾隆刻本　二册

360000－1901－0015575　230201
類經三十二卷　(明)張介賓類注　**圖翼十一卷附翼四卷**　(明)張介賓撰　明天啓四年(1624)自刻本　三十二册

360000－1901－0015576　230202
類經三十二卷　(明)張介賓類注　**圖翼十一卷附翼四卷**　(明)張介賓撰　明天啓四年

(1624)自刻本　十五冊

360000－1901－0015577　230203
類經三十二卷　(明)張介賓類注　**圖翼十一卷附翼四卷**　(明)張介賓撰　明天啓四年(1624)自刻本　二十四冊

360000－1901－0015578　230204
類經三十二卷　(明)張介賓類注　**圖翼十一卷附翼四卷**　(明)張介賓撰　明天啓四年(1624)自刻本　三十冊　缺一卷(類經四)

360000－1901－0015579　722214
類經三十二卷　(明)張介賓類注　**圖翼十一卷附翼四卷**　(明)張介賓撰　清刻本　二冊　存五卷(類經三十一至三十二、圖翼三至五)

360000－1901－0015580　722215
類經三十二卷　(明)張介賓類注　**圖翼十一卷附翼四卷**　(明)張介賓撰　清刻本　一冊　存二卷(圖翼一至二)

360000－1901－0015581　603928
類經圖翼十一卷　(明)張介賓撰　明刻本　四冊　存七卷(五至十一)

360000－1901－0015582　303599
類類聯珠初編三十二卷二編十二卷　(清)李堃編　(清)李椿林增補　清同治九年(1870)刻本　四冊

360000－1901－0015583　410713
類類聯珠三十二卷　(清)李堃編　(清)李椿林增補　清刻本　一冊　存六卷(七至十二)

360000－1901－0015584　410713－1
類類聯珠三十二卷　(清)李堃編　(清)李椿林增補　清刻本　一冊　存六卷(七至十二)

360000－1901－0015585　410714
類類聯珠三十二卷續編十二卷　(清)李堃編　(清)李椿林增補　清同治九年(1870)刻本　六冊

360000－1901－0015586　410715
類類聯珠三十二卷續編十二卷　(清)李堃編　(清)李椿林增補　清同治九年(1870)刻本　七冊　存三十九卷(類類聯珠一至五、十二至三十四,續編一至十一)

360000－1901－0015587　800813
類聯藏珍四卷　(清)王葉園輯　清嘉慶十八年(1813)集古堂刻本　一冊　存二卷(一至二)

360000－1901－0015588　410718
類聯藏珍四卷補遺一卷　(清)王葉園輯　清贛州集古堂刻本　一冊

360000－1901－0015589　801973
類聯大全初集四卷　(清)嚴雪樵輯　清抄本　一冊

360000－1901－0015590　803364
類聯鴻裁二卷　(□)□□輯　清光緒十年(1884)李經炆抄本　一冊

360000－1901－0015591　410703
類聯集古二編十二卷　(清)劉慶觀輯　清乾隆三十五年(1770)九如堂刻本　二冊

360000－1901－0015592　410702
類聯集錦八卷　(清)張宗濤輯　清乾隆三十八年(1773)刻本　二冊

360000－1901－0015593　410717
類聯雅品四卷祭文類選一卷　(清)王退補輯　清嘉慶九年(1804)松鶴堂刻本　一冊

360000－1901－0015594　404021
類林新咏三十六卷　(清)姚之駰撰　清康熙刻乾隆二十六年(1761)印本　十五冊

360000－1901－0015595　404022
類林新咏三十六卷　(清)姚之駰撰　清康熙刻乾隆二十六年(1761)印本　十二冊

360000－1901－0015596　404023
類林新咏三十六卷　(清)姚之駰撰　清康熙刻乾隆二十六年(1761)印本　十二冊

360000－1901－0015597　404025
類林新咏三十六卷　(清)姚之駰撰　清康熙刻乾隆二十六年(1761)印本　十冊　存二十

八卷(四至十二、十四至二十二、二十五至二十九、三十二至三十六)

360000－1901－0015598　308704
類林新咏三十六卷　(清)姚之駰撰　清康熙四十七年(1708)刻本　十二册

360000－1901－0015599　308047
類林新咏三十六卷　(清)姚之駰撰　清刻本　六册　存二十八卷(六至三十三)

360000－1901－0015600　404024
類林新咏三十六卷　(清)姚之駰撰　清刻本　九册　存二十八卷(二、四至十三、十五至二十三、二十五至三十二)

360000－1901－0015601　404026
類林新咏三十六卷　(清)姚之駰撰　清刻本　四册　存十卷(七至十二、十五至十八)

360000－1901－0015602　404026－1
類林新咏三十六卷　(清)姚之駰撰　清刻本　二册　存六卷(八至十一、十六至十七)

360000－1901－0015603　404026－2
類林新咏三十六卷　(清)姚之駰撰　清刻本　一册　存三卷(十一至十三)

360000－1901－0015604　404027
類林新咏三十六卷　(清)姚之駰撰　清刻本　十册

360000－1901－0015605　404028
類林新咏三十六卷　(清)姚之駰撰　清刻本　七册

360000－1901－0015606　250062
類書纂要三十六卷　(清)周魯輯　清康熙三年(1664)姑蘇三槐堂刻本　二十二册　缺三卷(三十四至三十六)

360000－1901－0015607　162989
類書纂要三十三卷　(清)周魯輯　清康熙刻本　二十四册

360000－1901－0015608　404873
類書纂要三十三卷　(清)周魯輯　清康熙刻本　十二册　存二十二卷(三至十一、十四至十五、十八至二十、二十四至二十七、三十至三十三)

360000－1901－0015609　404871
類書纂要三十三卷　(清)周魯輯　清康熙三年(1664)刻本　九册　存二十三卷(一至十四、十七至十八、二十至二十一、二十六至二十八、三十二至三十三)

360000－1901－0015610　404872
類書纂要三十三卷　(清)周魯輯　清刻本　四册　存八卷(二至三、十二至十三、二十九至三十、三十二至三十三)

360000－1901－0015611　308754
類腋五十五卷補遺一卷　(清)姚培謙輯　清道光二十四年(1844)瞻雲閣刻本　十六册

360000－1901－0015612　404803
類腋五十五卷補遺一卷　(清)姚培謙輯　清檢香齋刻本　十五册

360000－1901－0015613　404808
類腋五十五卷補遺一卷　(清)姚培謙輯　清刻本　二册　存九卷(地部一至九)

360000－1901－0015614　404808－1
類腋五十五卷補遺一卷　(清)姚培謙輯　清刻本　一册　存四卷(天部一至四)

360000－1901－0015615　404808－2
類腋五十五卷補遺一卷　(清)姚培謙輯　清刻本　一册　存二卷(物部一至二)

360000－1901－0015616　404808－3
類腋五十五卷補遺一卷　(清)姚培謙輯　清刻本　一册　存十一卷(人部一至十一)

360000－1901－0015617　717175
類腋五十五卷補遺一卷　(清)姚培謙輯　清刻本　一册　存三卷(三至五)

360000－1901－0015618　404806
類腋五十五卷補遺一卷　(清)姚培謙輯　清妙軒刻本　十二册　存四十七卷(天部五至八,地部一至二、五至十六,人部一至十五,物部一至十四)

360000－1901－0015619　404807
類腋五十五卷補遺一卷　(清)姚培謙輯　清妙軒刻本　二十一册　存四十九卷(天部一至八,地部一至九、十四至十六,人部一至十五,物部一至十四)

360000－1901－0015620　162928
類腋五十五卷補遺一卷　(清)姚培謙輯　清乾隆七年(1742)聚業堂刻本　十册

360000－1901－0015621　404804
類腋五十五卷補遺一卷　(清)姚培謙輯　清務本齋刻本　八册

360000－1901－0015622　404805
類腋五十五卷補遺一卷　(清)姚培謙輯　清務本齋刻本　六册　存三十八卷(地部一至六、人部一至十五、物部一至十六,補遺一卷)

360000－1901－0015623　421319
類證普濟本事方十卷　(宋)許叔微撰　清王陳梁刻本　四册

360000－1901－0015624　408759
類證普濟本事方十卷　(宋)許叔微撰　(清)葉桂釋義　清掃葉山房刻本　五册　存八卷(一至二、五至十)

360000－1901－0015625　165002
類證治裁八卷首一卷　(清)林珮琴撰　清同治七年(1868)刻本　十册

360000－1901－0015626　413609
類字蒙求不分卷　(清)燕毅編　清光緒元年(1875)燕氏亦政書齋刻本　二册

360000－1901－0015627　304382
類字蒙求不分卷　(清)燕毅編　(清)師竹齋主人重訂　清光緒六年(1880)刻本　二册

360000－1901－0015628　413619－1
類字蒙求不分卷　(清)燕毅編　(清)師竹齋主人重訂　清光緒六年(1880)刻本　一册　存首册

360000－1901－0015629　164242
類字蒙求不分卷　(清)燕毅編　(清)師竹齋主人重訂　清光緒南昌廣文書店刻本　二册

360000－1901－0015630　164243
類字蒙求不分卷　(清)燕毅編　(清)師竹齋主人重訂　清光緒南昌廣文書店刻本　二册

360000－1901－0015631　164244
類字蒙求不分卷　(清)燕毅編　(清)師竹齋主人重訂　清光緒南昌廣文書店刻本　二册

360000－1901－0015632　164245
類字蒙求不分卷　(清)燕毅編　(清)師竹齋主人重訂　清光緒南昌廣文書店刻本　二册

360000－1901－0015633　309735
類字蒙求不分卷　(清)燕毅編　(清)師竹齋主人重訂　清光緒南昌廣文書店刻本　二册

360000－1901－0015634　309970
類字蒙求不分卷　(清)燕毅編　(清)師竹齋主人重訂　清光緒南昌廣文書店刻本　二册

360000－1901－0015635　413619
類字蒙求不分卷　(清)燕毅編　(清)師竹齋主人重訂　清光緒南昌廣文書店刻本　二册

360000－1901－0015636　804954
類字蒙求不分卷　(清)燕毅編　(清)師竹齋主人重訂　清光緒南昌廣文書店刻本　二册

360000－1901－0015637　804954－1
類字蒙求不分卷　(清)燕毅編　(清)師竹齋主人重訂　清光緒南昌廣文書店刻本　二册

360000－1901－0015638　804954－2
類字蒙求不分卷　(清)燕毅編　(清)師竹齋主人重訂　清光緒南昌廣文書店刻本　二册

360000－1901－0015639　122876
類纂古文雲蒸六卷　(清)燕毅輯　清光緒三年(1877)南州燕氏亦政書齋刻本　六册

360000－1901－0015640　122877
類纂古文雲蒸六卷　(清)燕毅輯　清光緒三年(1877)南州燕氏亦政書齋刻本　六册

360000－1901－0015641　122878
類纂古文雲蒸六卷　(清)燕毅輯　清光緒三

年(1877)南州燕氏亦政書齋刻本　六册

360000－1901－0015642　413599
類纂古文雲蒸六卷　(清)燕毅輯　清光緒三年(1877)南州燕氏亦政書齋刻本　六册

360000－1901－0015643　413600
類纂古文雲蒸六卷　(清)燕毅輯　清光緒三年(1877)南州燕氏亦政書齋刻本　六册

360000－1901－0015644　413601
類纂古文雲蒸六卷　(清)燕毅輯　清光緒三年(1877)南州燕氏亦政書齋刻本　六册

360000－1901－0015645　413602
類纂古文雲蒸六卷　(清)燕毅輯　清光緒三年(1877)南州燕氏亦政書齋刻本　六册

360000－1901－0015646　413603
類纂古文雲蒸六卷　(清)燕毅輯　清光緒三年(1877)南州燕氏亦政書齋刻本　七册　存五卷(一至四、六)

360000－1901－0015647　410716
類纂精華十四卷　(清)高大爵　(清)吴壽國　(清)吴壽昌纂　清刻本　二册　存六卷(九至十四)

360000－1901－0015648　307684
楞伽阿跋多羅寶經會譯四卷　(南朝宋)釋求那跋陀羅初譯　(北魏)釋菩提流支再譯　(唐)釋實叉難陀後譯　(明)釋員珂會合　清光緒三十四年(1908)金陵刻經處刻本　四册

360000－1901－0015649　309424
楞伽阿跋多羅寶經四卷　(南朝宋)釋求那跋陀羅譯　清同治九年(1870)金陵刻經處刻本　二册

360000－1901－0015650　310118
楞嚴摸象記一卷　(明)釋袾宏撰　清光緒二十四年(1898)金陵刻經處刻本　一册

360000－1901－0015651　150012
二十四史　清同治至光緒五省官書局合刻光緒五年(1879)湖北書局彙印本　六百四十四册

360000－1901－0015652　230613
楞嚴説通十卷　(清)劉道開撰　清乾隆五十年(1785)宣武門外善果寺刻本　十册

360000－1901－0015653　240733
梨雲館類定袁中郎全集二十四卷　(明)袁宏道撰　明末南雍周文煒刻本　十一册　缺一卷(六)

360000－1901－0015654　405498
梨雲館類定袁中郎先生全集二十四卷　(清)袁宏道撰　清刻本　三册　存二卷(十、二十一)

360000－1901－0015655　307129
棃雲館類定袁中郎先生全集二十四卷　(清)袁宏道撰　清道光九年(1829)培原書屋刻本　十六册

360000－1901－0015656　241448
黎川文載二十四卷　(清)馮行輯　清乾隆二十一年(1756)刻本　十二册

360000－1901－0015657　240418
黎芳洲先生詩集三卷　(宋)黎廷瑞撰　(清)史簡選　清刻本　一册

360000－1901－0015658　417537
黎氏家集　(清)黎庶昌輯　清光緒十四年至十五年(1888－1889)黎庶昌日本使署刻本　八册　存十四種

360000－1901－0015659　413455
黎氏世美内集不分卷　(元)黎祥輯　清光緒二十一年(1895)木活字印本　一册

360000－1901－0015660　411472
黎氏學易五卷首一卷　(清)黎定攀撰　清同治二年(1863)木活字印本　一册　存一卷(一)

360000－1901－0015661　405401
蕃錦集二卷　(清)朱彝尊集句　(清)柯維楨編　清刻本　一册

360000－1901－0015662　240868
離六堂集十二卷　(清)釋大汕撰　清康熙三

十八年(1699)刻本　三册　缺三卷(三至五)

360000－1901－0015663　406217
離騷草木疏四卷　(宋)吳仁傑撰　清光緒三年(1877)湖北崇文書局刻本　一册

360000－1901－0015664　406218
離騷草木疏四卷　(宋)吳仁傑撰　清光緒三年(1877)湖北崇文書局刻本　一册

360000－1901－0015665　600221－17
離騷草木疏四卷　(宋)吳仁傑撰　清光緒元年(1875)湖北崇文書局刻本　一册

360000－1901－0015666　309920
離騷集傳一卷　(宋)錢杲之撰　清光緒三年(1877)湖北崇文書局刻本　一册

360000－1901－0015667　600221－15
離騷集傳一卷　(宋)錢杲之撰　清光緒元年(1875)湖北崇文書局刻本　一册

360000－1901－0015668　600221－16
離騷集傳一卷　(宋)錢杲之撰　清光緒元年(1875)湖北崇文書局刻本　一册

360000－1901－0015669　406216
離騷箋二卷　(清)龔景翰撰　清光緒三年(1877)湖北崇文書局刻本　一册

360000－1901－0015670　163229
離騷經一卷　(戰國)屈原撰　清咸豐九年(1859)刻本　一册

360000－1901－0015671　406215
離騷正義不分卷　(清)方苞撰　清刻本　一册

360000－1901－0015672　412059
灕江泛棹圖五集一卷　(清)張寶繪　清道光刻本　一册

360000－1901－0015673　314938
蠡海集一卷　(明)王逵撰　明刻本　一册

360000－1901－0015674　800270
蠡黿遺詞二卷　(清)岑應麐撰　清光緒元年(1875)抄本　一册

360000－1901－0015675　410576
籬隱園刪存詩七卷　(清)汪浩然撰　清康熙刻本　一册　存三卷(一至三)

360000－1901－0015676　412850
驪珠百篇不分卷　(清)吕朝颺輯　清道光十三年(1833)鄂拊堂刻本　一册

360000－1901－0015677　900475
李堡墅時文不分卷　(清)李僊枝撰　清刻本　一册

360000－1901－0015678　302505
李長吉歌詩四卷外集一卷首一卷　(唐)李賀撰　(清)王琦彙解　清光緒四年(1878)宏達堂刻本　四册

360000－1901－0015679　415234
李長吉歌詩四卷外集一卷首一卷　(唐)李賀撰　(清)王琦彙解　清光緒四年(1878)宏達堂刻本　四册　存五卷(李長吉歌詩四卷、首一卷)

360000－1901－0015680　415235
李長吉歌詩四卷外集一卷首一卷　(唐)李賀撰　(清)王琦彙解　清光緒四年(1878)宏達堂刻本　二册　存五卷(李長吉歌詩四卷、首一卷)

360000－1901－0015681　302503
李長吉歌詩四卷外集一卷首一卷　(唐)李賀撰　(清)王琦彙解　清刻本　四册

360000－1901－0015682　315557
李長吉集四卷外卷一卷　(唐)李賀撰　(明)黄淳耀評點　(清)黎簡批點　清光緒十八年(1892)廣州葉衍蘭刻朱墨套印本　二册

360000－1901－0015683　315576
李長吉集四卷外卷一卷　(唐)李賀撰　(明)黄淳耀評點　(清)黎簡批點　清光緒十八年(1892)廣州葉衍蘭刻朱墨套印本　二册

360000－1901－0015684　803342
李戴祖莫宋時合葬空被胡姓冒占訟案一卷　(□)□□輯　清嘉慶十八年(1813)抄本　一

册

360000－1901－0015685　241148
李杜全集　(明)許自昌輯　明萬曆三十年(1602)許自昌刻本　十册

360000－1901－0015686　150197
李二曲先生全集　(清)李顒撰　清光緒三年(1877)石陽彭家麟刻本　八册

360000－1901－0015687　316343
李二曲先生全集二十六卷　(清)李顒撰　清道光八年(1828)雲蔭堂刻本　八册

360000－1901－0015688　150745
李果先生此事難知集□□卷　(金)李杲撰　清刻本　一册　存二卷(十二至十三)

360000－1901－0015689　240050
李翰林集二十五卷　(唐)李白撰　(宋)楊齊賢集注　(元)蕭士贇補注　明刻崇禎三年(1630)毛氏汲古閣重修本　十八册

360000－1901－0015690　302498
李翰林集三十卷　(唐)李白撰　清光緒三十二年(1906)西泠印社影宋刻本　六册

360000－1901－0015691　161704
李鴻章不分卷　梁啓超撰　清光緒二十七年(1901)鉛印本　一册

360000－1901－0015692　161705
李鴻章不分卷　梁啓超撰　清光緒二十七年(1901)鉛印本　一册

360000－1901－0015693　407708
李鴻章七十壽辰文輯不分卷　盛宣懷等撰　清光緒十九年(1893)刻本　二册

360000－1901－0015694　309943
李鴻章事畧一卷　(清)李經方輯　清刻本　一册

360000－1901－0015695　120677
李厚岡集　(清)李榮陛撰　清嘉慶二十年(1815)亘古齋刻本　二十册

360000－1901－0015696　120678
李厚岡集　(清)李榮陛撰　清嘉慶二十年(1815)亘古齋刻本　十册

360000－1901－0015697　120679
李厚岡集　(清)李榮陛撰　清嘉慶二十年(1815)亘古齋刻本　七册　存四種

360000－1901－0015698　120837
李厚岡集　(清)李榮陛撰　清嘉慶二十年(1815)亘古齋刻本　四册　存三種

360000－1901－0015699　412692
李厚岡集　(清)李榮陛撰　清嘉慶二十年(1815)亘古齋刻本　二十册

360000－1901－0015700　412693
李厚岡集　(清)李榮陛撰　清嘉慶二十年(1815)亘古齋刻本　十八册　存五種

360000－1901－0015701　412694
李厚岡集　(清)李榮陛撰　清嘉慶二十年(1815)亘古齋刻本　二十册

360000－1901－0015702　412695
李厚岡集　(清)李榮陛撰　清嘉慶二十年(1815)亘古齋刻本　十五册

360000－1901－0015703　412696
李厚岡集　(清)李榮陛撰　清嘉慶二十年(1815)亘古齋刻本　十九册

360000－1901－0015704　412697
李厚岡集　(清)李榮陛撰　清嘉慶二十年(1815)亘古齋刻本　九册

360000－1901－0015705　412698
李厚岡集　(清)李榮陛撰　清嘉慶二十年(1815)亘古齋刻本　九册　存三種

360000－1901－0015706　412698－1
李厚岡集　(清)李榮陛撰　清嘉慶二十年(1815)亘古齋刻本　三册

360000－1901－0015707　412698－2
李厚岡集　(清)李榮陛撰　清嘉慶二十年(1815)亘古齋刻本　三册

360000－1901－0015708　122890

李及泉先生奏議二卷首一卷末一卷 (明)李頤撰 清咸豐六年(1856)刻本 二册

360000－1901－0015709 122891
李及泉先生奏議二卷首一卷末一卷 (明)李頤撰 清咸豐六年(1856)刻民國四年(1915)印本 二册

360000－1901－0015710 411281
李駕部前集四卷後集二卷青霞漫稿一卷附錄一卷 (明)李時行撰 清道光二十年(1840)南海伍氏詩雪軒刻粵十三家集本 一册

360000－1901－0015711 210106
李九我先生詩經備旨能解原本二卷 (明)李廷機撰 明萬曆刻本 一册 存一卷(下)

360000－1901－0015712 710553
李空同詩集三十三卷附錄一卷 (明)李夢陽撰 清宣統二年(1910)上海掃葉山房石印本 二册 存七卷(十一至十四、三十一至三十三)

360000－1901－0015713 240964
李鷺洲詩集二十卷文集十卷 (清)李茹旻撰 清乾隆十三年(1748)無逸軒木活字印本 八册

360000－1901－0015714 302456
李愍肅[卿穀]武愍[孟羣]二公父子列傳不分卷 (清)李孟平等輯 清光緒二十九年(1903)金陵刻本 一册

360000－1901－0015715 402127
李愍肅[卿穀]武愍[孟羣]二公父子列傳不分卷 (清)李孟平等輯 清光緒二十九年(1903)金陵刻本 一册

360000－1901－0015716 122433
李穆堂詩文全集一百卷 (清)李紱撰 清道光十一年(1831)奉國堂刻本 二十八册

360000－1901－0015717 122435
李穆堂詩文全集一百卷 (清)李紱撰 清道光十一年(1831)奉國堂刻本 二十四册 缺十一卷(初稿四十至五十)

360000－1901－0015718 122434
李穆堂詩文全集一百卷 (清)李紱撰 清道光十一年(1831)珊城阜祺堂刻本 二十五册 缺九卷(初稿三十七至三十八、四十一至四十五、四十九至五十)

360000－1901－0015719 240703
李榕崖白雲窗草四卷 (明)李廷謨撰 明萬曆刻本 四册

360000－1901－0015720 407700
李榮陛崇祀鄉賢祠實錄一卷 (清)李福祥彙錄 清光緒三十一年(1905)種德堂刻本 一册

360000－1901－0015721 302509
李商隱詩集三卷 (唐)李商隱撰 清宣統元年(1909)石印本 二册

360000－1901－0015722 120676
李舍人遺集不分卷 (清)李結撰 清光緒三十年(1904)鉛印本 一册

360000－1901－0015723 120675
李舍人遺集文一卷詩一卷 (清)李結撰 清光緒二十年(1894)刻本 一册

360000－1901－0015724 411282
李石臺稿不分卷 (清)李來泰撰 (清)張景陽輯 清嘉慶十八年(1813)文聚堂刻本 二册

360000－1901－0015725 411283
李石臺先生傳稿不分卷 (清)李來泰撰 清乾隆四十九年(1784)三桂堂刻本 一册

360000－1901－0015726 240675
李氏焚書六卷 (明)李贄撰 明萬曆蘇州閶門刻本 四册

360000－1901－0015727 161708
李氏歷代輿地沿革圖校勘記一卷 (清)惲毓嘉等撰 清光緒十四年(1888)毘陵惲氏家塾刻本 二册

360000－1901－0015728 416695
李氏蒙求補注六卷 (唐)李瀚撰 (清)金三

俊補注　清道光九年(1829)京口敦經堂刻本　一册　存三卷(一至三)

360000－1901－0015729　416695－1

李氏蒙求補注六卷　(唐)李瀚撰　(清)金三俊補注　清道光九年(1829)京口敦經堂刻本　一册　存三卷(一至三)

360000－1901－0015730　417081

李氏蒙求補注六卷　(唐)李瀚撰　(清)金三俊補注　清道光九年(1829)京口敦經堂刻本　四册

360000－1901－0015731　162351

李氏蒙求補注六卷　(唐)李瀚撰　(清)金三俊補注　清道光九年(1829)刻本　二册

360000－1901－0015732　417082

李氏蒙求補注六卷　(唐)李瀚撰　(清)金三俊補注　清乾隆四十八年(1783)仁和金三俊刻本　二册

360000－1901－0015733　417080

李氏蒙求詳註四卷　(唐)李瀚撰　清嘉慶二十年(1815)刻陳氏叢書本　四册

360000－1901－0015734　150206

李氏五種　(清)李兆洛撰　清光緒二十四年(1898)掃葉山房石印本　八册

360000－1901－0015735　400584

李氏五種　(清)李兆洛撰　清光緒二十四年(1898)掃葉山房石印本　六册　存二種

360000－1901－0015736　305800

李氏五種　(清)李兆洛撰　清光緒二十四年(1898)上海掃葉山房石印本　七册　存四種

360000－1901－0015737　302502

李氏五種　(清)李兆洛撰　清光緒十八年至二十二年(1892－1896)金陵書局刻本　十六册

360000－1901－0015738　305801

李氏五種　(清)李兆洛撰　清同治九年至十一年(1870－1872)李鴻章刻本　八册　存二種

360000－1901－0015739　305801－1

李氏五種　(清)李兆洛撰　清同治九年至十一年(1870－1872)李鴻章刻本　六册　存二種

360000－1901－0015740　305802

李氏五種　(清)李兆洛撰　清同治九年至十一年(1870－1872)李鴻章刻本　七册　存二種

360000－1901－0015741　305803

李氏五種　(清)李兆洛撰　清同治九年至十一年(1870－1872)李鴻章刻本　六册　存二種

360000－1901－0015742　312676

李氏五種　(清)李兆洛撰　清同治九年至十一年(1870－1872)李鴻章刻本　十册　存四種

360000－1901－0015743　312680

李氏五種　(清)李兆洛撰　清同治九年至十一年(1870－1872)李鴻章刻本　九册　存三種

360000－1901－0015744　312694

李氏五種　(清)李兆洛撰　清同治九年至十一年(1870－1872)李鴻章刻本　十二册　存四種

360000－1901－0015745　313072

李氏五種　(清)李兆洛撰　清同治九年至十一年(1870－1872)李鴻章刻本　八册　存二種

360000－1901－0015746　400585

李氏五種　(清)李兆洛撰　清同治九年至十一年(1870－1872)李鴻章刻本　八册　存二種

360000－1901－0015747　309235

李氏五種合刊　(清)李兆洛撰　清光緒十八年(1892)長沙竹素書局刻本　十六册

360000－1901－0015748　312689

李氏五種合刊　(清)李兆洛撰　清光緒十六

年(1890)金陵書局刻本　十二册

360000－1901－0015749　310557
李氏五種合刊　(清)李兆洛撰　清光緒元年(1875)羊城馬氏集益堂刻本　十册

360000－1901－0015750　310644
李氏五種合刊　(清)李兆洛撰　清同治九年至十一年(1870－1872)李鴻章刻本　八册　存二種

360000－1901－0015751　210007
李氏易傳十七卷　(唐)李鼎祚集解　**附周易音義一卷**　(唐)陸德明撰　清乾隆二十一年(1756)德州盧氏雅雨堂刻本　六册

360000－1901－0015752　413030
李氏易傳十七卷　(唐)李鼎祚集解　**附周易音義一卷**　(唐)陸德明撰　清乾隆二十一年(1756)德州盧氏雅雨堂刻本　二册　存六卷(一至六)

360000－1901－0015753　713688
李氏易傳十七卷　(唐)李鼎祚集解　**附周易音義一卷**　(唐)陸德明撰　清乾隆二十一年(1756)德州盧氏雅雨堂刻本　三册　存八卷(七至九、十三至十七)

360000－1901－0015754　160545
李氏易解剩義三卷　(清)李富孫輯　清光緒十三年(1887)朱氏槐廬刻本　一册

360000－1901－0015755　401949
李氏音鑑六卷　(清)李汝珍撰　清光緒十四年(1888)寶善堂刻本　四册

360000－1901－0015756　801271
李氏族譜一卷　(清)□□纂修　清光緒二年(1876)抄本　一册

360000－1901－0015757　161706
李恕谷先生[塨]年譜五卷　(清)馮辰撰　清光緒三十四年(1908)國學保存會鉛印本　一册

360000－1901－0015758　400805
李恕谷先生[塨]年譜五卷　(清)馮辰撰　(清)劉調贊續　清刻本　二册　存二卷(三、五)

360000－1901－0015759　402273
李肅毅伯奏議二十卷　(清)李鴻章撰　(清)章洪鈞　(清)吳汝綸輯　清光緒二十五年(1899)上海鴻文書局石印本　二十册

360000－1901－0015760　161707
李肅毅伯奏議十三卷　(清)李鴻章撰　(清)章洪鈞　(清)吳汝綸編　清末石印本　十三册

360000－1901－0015761　161989
李肅毅伯奏議十三卷　(清)李鴻章撰　(清)章洪鈞　(清)吳汝綸編　清末石印本　十一册　存十一卷(二至十、十二至十三)

360000－1901－0015762　803881
李太白集摘錄二卷　(□)□□輯　清抄本　一册

360000－1901－0015763　163665
李太白文集三十卷　(唐)李白撰　清光緒十四年(1888)湖北官書處刻本　四册

360000－1901－0015764　309264
李太白文集三十卷　(唐)李白撰　清光緒十四年(1888)湖北官書局刻本　二册　存十七卷(六至二十二)

360000－1901－0015765　163662
李太白文集三十卷　(唐)李白撰　清光緒元年(1875)湖北崇文書局刻本　四册

360000－1901－0015766　315835
李太白文集三十卷　(唐)李白撰　清光緒元年(1875)湖北崇文書局刻本　四册

360000－1901－0015767　315838
李太白文集三十卷　(唐)李白撰　清光緒元年(1875)湖北崇文書局刻本　四册

360000－1901－0015768　415554
李太白文集三十卷　(唐)李白撰　清康熙五十六年(1717)吳門繆氏家塾刻本　一册　存六卷(二十五至三十)

360000－1901－0015769　240054
李太白文集三十卷　(唐)李白撰　清康熙五十六年(1717)吳門繆曰芑雙泉草堂刻本　六冊

360000－1901－0015770　240055
李太白文集三十卷　(唐)李白撰　清康熙五十六年(1717)吳門繆曰芑雙泉草堂刻本　八冊　缺二卷(二十五至二十六)

360000－1901－0015771　305796
李太白文集三十卷　(唐)李白撰　清刻本　七冊　存二十卷(四至六、十至二十三、二十八至三十)

360000－1901－0015772　305796－1
李太白文集三十卷　(唐)李白撰　清刻本　三冊　存二十五卷(六至三十)

360000－1901－0015773　316228
李太白文集三十六卷　(唐)李白撰　(清)王琦輯注　清寶笏樓刻本　二十冊

360000－1901－0015774　163909
李太白文集三十六卷　(唐)李白撰　(清)王琦輯注　清聚錦堂刻本　十六冊

360000－1901－0015775　163910
李太白文集三十六卷　(唐)李白撰　(清)王琦輯注　清聚錦堂刻本　九冊

360000－1901－0015776　415553
李太白文集三十六卷　(唐)李白撰　(清)王琦輯注　清聚錦堂刻本　十二冊

360000－1901－0015777　302494
李太白文集三十六卷　(唐)李白撰　(清)王琦輯注　清刻本　十六冊

360000－1901－0015778　302496
李太白文集三十六卷　(唐)李白撰　(清)王琦輯注　清刻本　二十冊

360000－1901－0015779　308817
李太白文集三十六卷　(唐)李白撰　(清)王琦輯注　清刻本　十冊　存二十五卷(六至二十、二十四至三十三)

360000－1901－0015780　316303
李太白文集三十六卷　(唐)李白撰　(清)王琦輯注　清刻本　三冊　存六卷(三十一至三十六)

360000－1901－0015781　305797
李太白文集三十六卷　(唐)李白撰　(清)王琦輯注　清乾隆寶笏樓刻本　七冊　存三十二卷(一至二十四、二十九至三十六)

360000－1901－0015782　415555
李太白文集三十六卷　(唐)李白撰　(清)王琦輯注　清乾隆寶笏樓刻本　八冊

360000－1901－0015783　415556
李太白文集三十六卷　(唐)李白撰　(清)王琦輯注　清乾隆寶笏樓刻本　十二冊

360000－1901－0015784　415557
李太白文集三十六卷　(唐)李白撰　(清)王琦輯注　清乾隆寶笏樓刻本　十二冊

360000－1901－0015785　415558
李太白文集三十六卷　(唐)李白撰　(清)王琦輯注　清乾隆寶笏樓刻本　十五冊

360000－1901－0015786　415559
李太白文集三十六卷　(唐)李白撰　(清)王琦輯注　清乾隆寶笏樓刻本　九冊　存二十八卷(一、六至七、十一至十三、十五至三十六)

360000－1901－0015787　415560
李太白文集三十六卷　(唐)李白撰　(清)王琦輯注　清乾隆寶笏樓刻本　十三冊　存二十一卷(一至三、七至九、二十二至三十六)

360000－1901－0015788　415561
李太白文集三十六卷　(唐)李白撰　(清)王琦輯注　清乾隆寶笏樓刻本　十一冊　存九卷(十三、二十三至二十六、三十、三十四至三十六)

360000－1901－0015789　240058
李太白文集三十六卷　(唐)李白撰　(清)王琦輯注　清乾隆寶笏樓刻二十五年(1760)增

刻本　十六册

360000－1901－0015790　240059
李太白文集三十六卷　（唐）李白撰　（清）王琦輯注　清乾隆寶笏樓刻二十五年（1760）增刻本　八册

360000－1901－0015791　240060
李太白文集三十六卷　（唐）李白撰　（清）王琦輯注　清乾隆寶笏樓刻二十五年（1760）增刻本　十八册　缺五卷（十至十一、三十一至三十三）

360000－1901－0015792　240056
李太白文集三十六卷　（唐）李白撰　（清）王琦輯注　清乾隆二十四年（1759）文聚堂刻本　十二册

360000－1901－0015793　240057
李太白文集三十六卷　（唐）李白撰　（清）王琦輯注　清乾隆二十四年（1759）文聚堂刻本　十六册

360000－1901－0015794　240061
李太白文集三十六卷　（唐）李白撰　（清）王琦輯注　清乾隆刻本　十一册　缺六卷（三十一至三十六）

360000－1901－0015795　302490
李衛公文集二十卷別集十卷外集四卷補遺一卷　（唐）李德裕撰　清光緒十六年（1890）常慊慊齋刻本　六册

360000－1901－0015796　305792
李衛公文集二十卷別集十卷外集四卷補遺一卷　（唐）李德裕撰　清光緒十六年（1890）常慊慊齋刻本　七册　存三十一卷（李衛公文集一至八、十三至二十，別集十卷，外集四卷，補遺一卷）

360000－1901－0015797　240131
李文公集十八卷　（唐）李翺撰　明末毛氏汲古閣刻三唐人文集本　二册

360000－1901－0015798　316823
李文公集十八卷補遺一卷附錄一卷　（唐）李翺撰　清光緒元年（1875）南海馮氏讀有用書齋刻三唐人集本　四册

360000－1901－0015799　316824
李文公集十八卷補遺一卷附錄一卷　（唐）李翺撰　清光緒元年（1875）南海馮氏讀有用書齋刻三唐人集本　四册

360000－1901－0015800　302482
李文恭公詩集八卷文集十六卷　（清）李星沅撰　清同治四年（1865）芋香山館刻李文恭公遺集本　八册

360000－1901－0015801　413550
李文恭公詩集八卷文集十六卷　（清）李星沅撰　清同治四年（1865）芋香山館刻李文恭公遺集本　一册　存二卷（文集一至二）

360000－1901－0015802　713492
李文恭公詩集八卷文集十六卷　（清）李星沅撰　清同治四年（1865）芋香山館刻李文恭公遺集本　四册　存十三卷（李文恭公詩集一、六至八，文集三至六、十二至十六）

360000－1901－0015803　402262
李文恭公奏議二十二卷　（清）李星沅撰　清同治四年（1865）芋香山館刻李文恭公遺集本　十四册　存十二卷（一至二、四至九、十八至二十一）

360000－1901－0015804　415305
李文清公遺書　（清）李棠階撰　清光緒八年（1882）河北道署刻本　四册

360000－1901－0015805　400806
李文襄公［之芳］年譜一卷　（清）程光禋撰　清康熙刻本　一册

360000－1901－0015806　402269
李文襄公奏議二卷奏疏十卷首一卷別錄六卷　（清）李之芳撰　（清）李鍾麟輯　清康熙刻彤錫堂彙印李文襄公文集本　九册

360000－1901－0015807　305787
李文忠公電稿四十卷　（清）李鴻章撰　（清）吳汝綸輯　清光緒刻本　三册　存四卷（四、

二十二至二十四)

360000－1901－0015808　302485
李文忠公海軍函稿四卷　(清)李鴻章撰　(清)吳汝綸輯　清光緒二十八年(1902)蓮池書社鉛印本　二冊

360000－1901－0015809　302486
李文忠公海軍函稿四卷　(清)李鴻章撰　(清)吳汝綸輯　清光緒二十八年(1902)蓮池書社鉛印本　二冊

360000－1901－0015810　417761
李文忠公朋僚函稿二十四卷　(清)李鴻章撰　(清)吳汝綸輯　清光緒二十八年(1902)蓮池書社鉛印本　三冊　存六卷(十九至二十四)

360000－1901－0015811　805388
李文忠公朋僚函稿二十四卷　(清)李鴻章撰　(清)吳汝綸輯　清光緒二十八年(1902)蓮池書社鉛印本　十二冊

360000－1901－0015812　805426
李文忠公朋僚函稿二十四卷　(清)李鴻章撰　(清)吳汝綸輯　清光緒二十八年(1902)蓮池書社鉛印本　十一冊　存二十二卷(一至二十二)

360000－1901－0015813　805427
李文忠公朋僚函稿二十四卷　(清)李鴻章撰　(清)吳汝綸輯　清光緒二十八年(1902)蓮池書社鉛印本　七冊　存十四卷(一至二、五至六、九至十八)

360000－1901－0015814　163675
李文忠公朋僚函稿二十四卷海軍函稿四卷　(清)李鴻章撰　(清)吳汝綸輯　清光緒二十八年(1902)蓮池書社鉛印本　十四冊

360000－1901－0015815　163676
李文忠公朋僚函稿二十四卷海軍函稿四卷　(清)李鴻章撰　(清)吳汝綸輯　清光緒二十八年(1902)蓮池書社鉛印本　十二冊　缺四卷(海軍函稿四卷)

360000－1901－0015816　302484
李文忠公遷移蠶池口教堂函稿二卷　(清)李鴻章撰　(清)吳汝綸輯　清光緒二十八年(1902)蓮池書社鉛印本　一冊

360000－1901－0015817　417763
李文忠公全集一百六十五卷首一卷　(清)李鴻章撰　(清)吳汝綸輯　清光緒三十一年(1905)金陵刻本　二十九冊　存四十六卷(李文忠公電稿四十卷、李文忠公譯署函稿一至六)

360000－1901－0015818　402270
李文忠公事畧四卷　(清)吳汝綸撰　清光緒石印本　一冊　存二卷(三至四)

360000－1901－0015819　402272
李文忠公事畧一卷　(清)吳汝綸撰　清光緒二十八年(1902)刻本　一冊

360000－1901－0015820　402272－1
李文忠公事畧一卷　(清)吳汝綸撰　清光緒二十八年(1902)刻本　一冊

360000－1901－0015821　302483
李文忠公外部函稿二十八卷　(清)李鴻章撰　(清)吳汝綸輯　清光緒二十八年(1902)蓮池書社鉛印本　十三冊　存二十六卷(一至六、九至二十八)

360000－1901－0015822　417762
李文忠公外部函稿二十八卷　(清)李鴻章撰　(清)吳汝綸輯　清光緒二十八年(1902)蓮池書社鉛印本　二冊　存四卷(十七至十八、二十五至二十六)

360000－1901－0015823　718302
李文忠公譯署函稿二十卷首一卷　(清)李鴻章撰　(清)吳汝綸輯　清光緒三十一年(1905)金陵刻三十四年(1908)印李文忠公全集本　十冊　存十七卷(三至四、七至二十，首一卷)

360000－1901－0015824　402271
李文忠公奏議二十卷　(清)李鴻章撰　(清)章洪鈞　(清)吳汝綸輯　清光緒石印本　一

冊　存一卷(十三)

360000－1901－0015825　220439
李秀成供狀不分卷　(清)李秀成撰　**曾國藩奏摺一卷**　(清)曾國藩撰　清抄本　二冊

360000－1901－0015826　240614
李虛庵先生遺稿不分卷　(明)李元芳撰　清康熙二十一年(1682)八卦山房刻本　一冊

360000－1901－0015827　306817
李延平先生文集五卷　(宋)李侗撰　(清)張伯行重訂　清同治五年(1866)福州正誼書局刻正誼堂全書本　一冊　存二卷(三至四)

360000－1901－0015828　240143
李義山詩集三卷　(唐)李商隱撰　(清)朱鶴齡箋注　清乾隆光霽堂刻本　四冊

360000－1901－0015829　415541
李義山詩集三卷　(唐)李商隱撰　(清)朱鶴齡箋注　清乾隆五十八年(1793)三多齋刻本　四冊

360000－1901－0015830　302510
李義山詩集三卷李義山詩譜一卷諸家詩評一卷　(唐)李商隱撰　(清)朱鶴齡箋注　清金沙繼溪山房刻本　二冊

360000－1901－0015831　240141
李義山詩集三卷李義山詩譜一卷諸家詩評一卷　(唐)李商隱撰　(清)朱鶴齡箋注　清順治十六年(1659)刻乾隆十五年(1750)懷德堂印本　四冊

360000－1901－0015832　240142
李義山詩集三卷李義山詩譜一卷諸家詩評一卷　(唐)李商隱撰　(清)朱鶴齡箋注　清素位堂刻本　四冊

360000－1901－0015833　415542
李義山詩集三卷李義山詩譜一卷諸家詩評一卷　(唐)李商隱撰　(清)朱鶴齡箋注　(清)沈厚塽輯評　清刻本　一冊

360000－1901－0015834　415544
李義山詩集三卷李義山詩譜一卷諸家詩評一卷　(唐)李商隱撰　(清)朱鶴齡箋注　(清)沈厚塽輯評　清刻本　二冊　存二卷(中、下)

360000－1901－0015835　415544－1
李義山詩集三卷李義山詩譜一卷諸家詩評一卷　(唐)李商隱撰　(清)朱鶴齡箋注　(清)沈厚塽輯評　清刻本　一冊　存二卷(中、下)

360000－1901－0015836　603307
李義山詩集三卷李義山詩譜一卷諸家詩評一卷　(唐)李商隱撰　(清)朱鶴齡箋注　(清)沈厚塽輯評　清刻本　三冊

360000－1901－0015837　302511
李義山詩集三卷李義山詩譜一卷諸家詩評一卷　(唐)李商隱撰　(清)朱鶴齡箋注　(清)沈厚塽輯評　清刻三色套印本　四冊

360000－1901－0015838　415543
李義山詩集三卷李義山詩譜一卷諸家詩評一卷　(唐)李商隱撰　(清)朱鶴齡箋注　(清)沈厚塽輯評　清素位堂刻本　五冊

360000－1901－0015839　308034
李義山詩集三卷李義山詩譜一卷諸家詩評一卷　(唐)李商隱撰　(清)朱鶴齡箋注　(清)沈厚塽輯評　清同治九年(1870)廣州萃文堂刻本　四冊

360000－1901－0015840　417926
李義山詩集三卷李義山詩譜一卷諸家詩評一卷　(唐)李商隱撰　(清)朱鶴齡箋注　(清)沈厚塽輯評　清同治九年(1870)廣州萃文堂刻三色套印本　四冊

360000－1901－0015841　417926－1
李義山詩集三卷李義山詩譜一卷諸家詩評一卷　(唐)李商隱撰　(清)朱鶴齡箋注　(清)沈厚塽輯評　清同治九年(1870)廣州萃文堂刻三色套印本　一冊　存一卷(上)

360000－1901－0015842　316695
李義山詩集三卷李義山詩譜一卷諸家詩評一卷　(唐)李商隱撰　(清)朱鶴齡箋注

（清）沈厚塽輯評　清同治九年（1870）廣州倅署刻三色套印本　四册

360000－1901－0015843　317270
李義山詩集三卷李義山詩譜一卷諸家詩評一卷　（唐）李商隱撰　（清）朱鶴齡箋注　（清）沈厚塽輯評　清同治九年（1870）刻三色套印本　二册

360000－1901－0015844　240144
李義山詩集十六卷　（唐）李商隱撰　（清）姚培謙箋　清乾隆五年（1740）姚氏松桂讀書堂刻本　二册　存八卷（一至六、十三至十四）

360000－1901－0015845　415540
李義山詩集十六卷　（唐）李商隱撰　（清）姚培謙箋　清乾隆五年（1740）姚氏松桂讀書堂刻本　二册　存十二卷（五至十六）

360000－1901－0015846　240149
李義山文集十卷　（唐）李商隱撰　（清）徐樹穀箋　（清）徐炯注　清康熙四十七年（1708）刻本　四册

360000－1901－0015847　240150
李義山文集十卷　（唐）李商隱撰　（清）徐樹穀箋　（清）徐炯注　清康熙四十七年（1708）刻本　八册

360000－1901－0015848　240151
李義山文集十卷　（唐）李商隱撰　（清）徐樹穀箋　（清）徐炯注　清康熙四十七年（1708）刻本　三册

360000－1901－0015849　417887
李義山文集十卷　（唐）李商隱撰　（清）徐樹穀箋　（清）徐炯注　清康熙四十七年（1708）崑山徐氏花谿草堂刻本　四册

360000－1901－0015850　210100
李迂仲黄實夫毛詩集解四十二卷首一卷　（宋）李樗　（宋）黄櫄講義　（宋）呂祖謙釋音　清康熙十九年（1680）納蘭成德刻通志堂經解本　九册　缺十二卷（二十一至三十二）

360000－1901－0015851　412101
李躍門百蝶圖四卷　（清）李國龍繪並輯　清道光刻本　一册

360000－1901－0015852　240453
李雲陽文集四卷　（元）李祁撰　清抄本　二册

360000－1901－0015853　800506
李振英讀本一卷　（清）□□輯　清抄本　一册

360000－1901－0015854　120670
李忠定公[綱]年譜一卷　（清）楊希閔編　清同治五年（1866）福州吴玉田遐憩山房刻本　一册

360000－1901－0015855　313098
李忠定公別集十卷　（宋）李綱撰　清光緒十年（1884）邵武徐氏刻邵武徐氏叢書本　二册

360000－1901－0015856　304218
李忠武公事實一卷　（清）王必達撰　清同治十二年（1873）江西糧署刻本　一册

360000－1901－0015857　304219
李忠武公事實一卷　（清）王必達撰　清同治十二年（1873）江西糧署刻本　一册

360000－1901－0015858　304220
李忠武公事實一卷　（清）王必達撰　清同治十二年（1873）江西糧署刻本　一册

360000－1901－0015859　407725
李忠武公書牘二卷附錄一卷　（清）李續賓撰　清光緒十七年（1891）甌江巡署刻本　二册

360000－1901－0015860　305795
李忠武公奏疏一卷書牘二卷　（清）李續賓撰　清光緒十七年（1891）甌江巡署刻本　三册

360000－1901－0015861　308049
李忠武公奏疏一卷書牘二卷　（清）李續賓撰　清光緒十七年（1891）甌江巡署刻本　三册

360000－1901－0015862　230469
李卓吾批點世說新語補二十卷　（南朝宋）劉義慶撰　（南朝梁）劉孝標注　（宋）劉辰翁批　（明）何良俊增　（明）王世貞删定　（明）

王世懋批釋　(明)李贄批點　(明)張文柱校注　明萬曆十四年(1586)刻本　三冊　存十四卷(七至二十)

360000－1901－0015863　230470
李卓吾批點世說新語補二十卷　(南朝宋)劉義慶撰　(南朝梁)劉孝標注　(宋)劉辰翁批　(明)何良俊增　(明)王世貞刪定　(明)王世懋批釋　(明)李贄批點　(明)張文柱校注　明萬曆十四年(1586)刻本　七冊　存九卷(七、十一至十八)

360000－1901－0015864　407736
里乘十卷　(清)許奉恩撰　清光緒五年(1879)常熟抱芳閣刻本　二冊　存九卷(一至三、五至十)

360000－1901－0015865　407736－1
里乘十卷　(清)許奉恩撰　清光緒五年(1879)常熟抱芳閣刻本　一冊　存一卷(十)

360000－1901－0015866　802682
里村派新傳不分卷　(清)□□撰　清抄本　一冊

360000－1901－0015867　122967
里居楹語錄存一卷　江峰青撰　清刻本　一冊

360000－1901－0015868　122968
里居楹語錄存一卷　江峰青撰　清刻本　一冊

360000－1901－0015869　122969
里居楹語錄存一卷　江峰青撰　清刻本　一冊

360000－1901－0015870　413852
里居楹語錄存一卷　江峰青撰　清刻本　一冊

360000－1901－0015871　413852－1
里居楹語錄存一卷　江峰青撰　清刻本　一冊

360000－1901－0015872　413852－2
里居楹語錄存一卷　江峰青撰　清刻本　一冊

360000－1901－0015873　601264
里居楹語錄存一卷　江峰青撰　清刻本　一冊

360000－1901－0015874　601265
里居楹語錄存一卷　江峰青撰　清刻本　一冊

360000－1901－0015875　407813
里語徵實三卷　(清)唐訓方撰　清光緒十七年(1891)歸吾廬刻唐中丞遺集本　四冊

360000－1901－0015876　722006－1
理財新策一卷　(清)書室主人輯　清光緒二十七年(1901)刻本　一冊

360000－1901－0015877　401849
理財新義三卷附一卷　(法國)戈利撰　清光緒三十三年(1907)上海商務印書館鉛印本　一冊

360000－1901－0015878　416369
理氣溯源六卷　(清)陳啓沅撰　清光緒十二年(1886)刻本　七冊

360000－1901－0015879　416370
理氣圖說四卷　(清)周惇庸撰　清嘉慶二年(1797)刻本　一冊　存二卷(三至四)

360000－1901－0015880　121465
理氣圖說四卷　(清)周惇庸撰　清嘉慶十六年(1811)大文堂刻本　三冊　缺一卷(四)

360000－1901－0015881　000986
理氣圖說四卷　(清)周惇庸撰　清嘉慶二年(1797)刻本　一冊　存一卷(四)

360000－1901－0015882　800272
理數溯源不分卷　(□)□□撰　清抄本　一冊

360000－1901－0015883　305067
理堂文集十卷外集一卷附錄一卷詩集四卷日記八卷　(清)韓夢周撰　清道光三年至四年(1823－1824)刻本　七冊　存二十卷(理堂文集一至六、九至十,詩集四卷,日記八卷)

360000－1901－0015884　317259
理堂文集十卷外集一卷附錄一卷詩集四卷日記八卷　（清）韓夢周撰　清道光三年至四年（1823－1824）刻本　八册

360000－1901－0015885　804665
理學逢源十二卷　（清）汪紱撰　清抄本　一册　存一卷（八）

360000－1901－0015886　804666
理學逢源十二卷　（清）汪紱撰　清抄本　四册　存四卷（八至十、十二）

360000－1901－0015887　123018
理學逢源十二卷　（清）汪紱撰　清道光十八年（1838）俞氏敬業堂刻本　十二册

360000－1901－0015888　123019
理學逢源十二卷　（清）汪紱撰　清道光十八年（1838）俞氏敬業堂刻本　十二册

360000－1901－0015889　710865
理學逢源十二卷　（清）汪紱撰　清道光十八年（1838）俞氏敬業堂刻本　一册　存一卷（十）

360000－1901－0015890　722291
理學逢源十二卷　（清）汪紱撰　清道光十八年（1838）俞氏敬業堂刻本　十二册

360000－1901－0015891　123376
理學逢源十二卷　（清）汪紱撰　清光緒二十三年（1897）刻汪雙池先生叢書本　十二册

360000－1901－0015892　416351
理學正宗十五卷　（清）竇克勤撰　清刻本　二册　存三卷（一、十四至十五）

360000－1901－0015893　416351－1
理學正宗十五卷　（清）竇克勤撰　清刻本　一册　存一卷（一）

360000－1901－0015894　313709
理學宗傳辨正十六卷　（清）劉廷詔撰　清同治十一年（1872）六安涂宗瀛求我齋刻本　六册

360000－1901－0015895　301081
理學宗傳二十六卷　（清）孫奇逢輯　清光緒六年（1880）浙江書局刻孫夏峯全集本　十二册

360000－1901－0015896　301082
理學宗傳二十六卷　（清）孫奇逢輯　清光緒六年（1880）浙江書局刻孫夏峯全集本　十二册

360000－1901－0015897　308395
理學宗傳二十六卷　（清）孫奇逢輯　清光緒六年（1880）浙江書局刻孫夏峯全集本　十二册

360000－1901－0015898　313725
理學宗傳二十六卷　（清）孫奇逢輯　清光緒六年（1880）浙江書局刻孫夏峯全集本　十二册

360000－1901－0015899　220412
理學宗傳二十六卷　（清）孫奇逢輯　清康熙六年（1667）刻道光補刻孫夏峯全集本　十二册

360000－1901－0015900　416352
理學宗傳二十六卷　（清）孫奇逢輯　清康熙六年（1667）刻孫夏峯全集本　十册　存二十一卷（一至二、八至二十六）

360000－1901－0015901　309709
理學宗傳二十六卷　（清）孫奇逢輯　清刻本　十二册

360000－1901－0015902　163435
理瀹駢文一卷　（清）吳師機撰　清光緒五年（1879）刻本　三册

360000－1901－0015903　163436
理瀹駢文一卷　（清）吳師機撰　清光緒五年（1879）刻本　三册

360000－1901－0015904　408065
理瀹駢文一卷廿一膏良方一卷略言一卷續增略言三卷　（清）吳師機撰　清光緒六年（1880）刻本　四册

360000－1901－0015905　408066

理瀹騈文一卷廿一膏良方一卷略言一卷續增略言三卷　（清）吳師機撰　清光緒六年(1880)刻本　四冊

360000－1901－0015906　408067

理瀹騈文一卷廿一膏良方一卷略言一卷續增略言三卷　（清）吳師機撰　清光緒六年(1880)刻本　四冊

360000－1901－0015907　408068

理瀹騈文一卷廿一膏良方一卷略言一卷續增略言三卷　（清）吳師機撰　清光緒六年(1880)刻本　三冊

360000－1901－0015908　408805

理瀹騈文一卷廿一膏良方一卷略言一卷續增略言三卷　（清）吳師機撰　清光緒五年(1879)刻本　一冊　存三卷(略言一卷、續增略言一至二)

360000－1901－0015909　900289

裏陂會砧記一卷　（清）裏陂會輯　清木活字印本　一冊

360000－1901－0015910　801215

禮記備解二卷　（清）周封魯輯　清道光二十七年(1847)刻本　一冊　存一卷(上)

360000－1901－0015911　403847

禮記備解二卷　（清）周封魯輯　清咸豐十年(1860)刻本　二冊

360000－1901－0015912　402460

禮記備旨萃精十一卷　（清）鄒聖脈纂輯　清刻本　三冊　存五卷(一至二、九至十一)

360000－1901－0015913　402361

禮記便讀二卷　（明）王一清輯　清刻本　一冊

360000－1901－0015914　402362－1

禮記便讀二卷　（明）王一清輯　清刻本　一冊

360000－1901－0015915　803773

禮記不分卷　（□）□□輯　清抄本　一冊

360000－1901－0015916　901654

禮記不分卷　（□）□□輯　清抄本　一冊

360000－1901－0015917　804775

禮記不分卷　（清）浣溪主人輯　清刻本　一冊

360000－1901－0015918　717504

禮記二十卷　（漢）鄭玄注　（唐）陸德明音義　清刻本　一冊　存一卷(八)

360000－1901－0015919　210161

禮記二十卷　（漢）鄭玄注　（唐）陸德明音義　清乾隆四十八年(1783)武英殿刻仿宋相臺五經本　十冊

360000－1901－0015920　403797

禮記章義十卷　（清）姜兆錫撰　清雍正十年(1732)寅清樓刻九經補注本　五冊

360000－1901－0015921　161206

禮記二十卷　（漢）鄭玄注　**釋文一卷**　（唐）陸德明撰　**撫本禮記鄭注考異二卷**　（清）張敦仁撰　清嘉慶十一年(1806)陽城張氏刻本　八冊

360000－1901－0015922　161207

禮記二十卷　（漢）鄭玄注　**釋文一卷**　（唐）陸德明撰　**撫本禮記鄭注考異二卷**　（清）張敦仁撰　清嘉慶十一年(1806)陽城張氏刻本　八冊

360000－1901－0015923　161208

禮記二十卷　（漢）鄭玄注　**釋文一卷**　（唐）陸德明撰　**撫本禮記鄭注考異二卷**　（清）張敦仁撰　清嘉慶十一年(1806)陽城張氏刻本　十冊

360000－1901－0015924　403799

禮記二十卷　（漢）鄭玄注　**釋文一卷**　（唐）陸德明撰　**撫本禮記鄭注考異二卷**　（清）張敦仁撰　清嘉慶十一年(1806)陽城張氏刻本　四冊　存十一卷(一至六、十一至十三,撫本禮記鄭注考異二卷)

360000－1901－0015925　403795

禮記二十卷附考證　（漢）鄭玄注　（唐）陸德

明音義　清刻仿宋相臺五經本　二冊　存六卷(十二至十七)

360000－1901－0015926　403795－1

禮記二十卷附考證　(漢)鄭玄注　(唐)陸德明音義　清刻仿宋相臺五經本　一冊　存二卷(十三至十四)

360000－1901－0015927　403794

禮記二十卷附考證　(漢)鄭玄注　(唐)陸德明音義　清刻仿宋相臺五經本(卷十八至二十配清刻本)　八冊

360000－1901－0015928　402476－1

禮記合纂大成十卷　(清)同文書局輯　清光緒十一年(1885)上海同文書局石印五經合纂大成本　三冊　存五卷(三、七至十)

360000－1901－0015929　710927

禮記或問八卷　(清)汪紱撰　清光緒二十二年(1896)刻汪雙池先生叢書本　四冊

360000－1901－0015930　403800

禮記集解六十一卷　(清)孫希旦撰　清咸豐十年至同治七年(1860－1868)瑞安孫氏盤谷草堂刻本　十冊

360000－1901－0015931　403801

禮記集解六十一卷　(清)孫希旦撰　清咸豐十年至同治七年(1860－1868)瑞安孫氏盤谷草堂刻本　五冊　存十三卷(一至十三)

360000－1901－0015932　161233

禮記集解六十一卷附尚書顧命解一卷　(清)孫希旦撰　清咸豐十年至同治三年(1860－1864)瑞安孫氏盤谷草堂刻本　十六冊

360000－1901－0015933　603905

禮記集解六十一卷附尚書顧命解一卷　(清)孫希旦撰　清咸豐十年至同治三年(1860－1864)瑞安孫氏盤谷草堂刻本　十六冊

360000－1901－0015934　210169

禮記集說大全三十卷　(明)胡廣等輯　明永樂十三年(1415)內府刻本　十八冊

360000－1901－0015935　210166

禮記集說三十卷　(元)陳澔撰　明刻本　八冊

360000－1901－0015936　210165

禮記集說三十卷　(元)陳澔撰　明萬曆二十四年(1596)陳堯中刻本　六冊

360000－1901－0015937　122570

禮記集說三十卷　(元)陳澔撰　清豹變齋刻本　六冊

360000－1901－0015938　403844

禮記集說三十卷　(元)陳澔撰　清初刻本　五冊　存十八卷(五至九、十一至十七、二十一至二十二、二十四至二十七)

360000－1901－0015939　722305

禮記集說三十卷　(元)陳澔撰　清刻本　一冊　存一卷(十四)

360000－1901－0015940　164537

禮記集說十卷　(元)陳澔撰　明刻本　八冊

360000－1901－0015941　804674

禮記集說十卷　(元)陳澔撰　清抄本　三冊　存八卷(一至八)

360000－1901－0015942　403768

禮記集說十卷　(元)陳澔撰　清大經堂刻本　五冊

360000－1901－0015943　703752

禮記集說十卷　(元)陳澔撰　清大文堂刻本　五冊

360000－1901－0015944　703753

禮記集說十卷　(元)陳澔撰　清大文堂刻本　六冊　存六卷(一至六)

360000－1901－0015945　403769

禮記集說十卷　(元)陳澔撰　清道光二十三年(1843)申江文海堂刻本(卷四配清刻本)　十冊

360000－1901－0015946　403720

禮記集說十卷　(元)陳澔撰　清道光十八年(1838)刻本　十冊

360000－1901－0015947　122558
禮記集說十卷　(元)陳澔撰　清道光十六年(1836)刻本　十冊

360000－1901－0015948　405796
禮記集說十卷　(元)陳澔撰　清光緒八年(1882)山西濬文書局刻本　十冊

360000－1901－0015949　122567
禮記集說十卷　(元)陳澔撰　清光緒三年(1877)永康胡氏退補齋刻本　十冊

360000－1901－0015950　703755
禮記集說十卷　(元)陳澔撰　清光緒三年(1877)永康胡氏退補齋刻本　十冊

360000－1901－0015951　122568
禮記集說十卷　(元)陳澔撰　清光緒十二年(1886)湖北官書局刻本　十冊

360000－1901－0015952　703730
禮記集說十卷　(元)陳澔撰　清光緒十二年(1886)湖北官書處刻本　六冊

360000－1901－0015953　403747
禮記集說十卷　(元)陳澔撰　清光緒十九年(1893)江南書局刻本　十冊

360000－1901－0015954　122569
禮記集說十卷　(元)陳澔撰　清光緒十九年(1893)浙江書局刻本　十冊

360000－1901－0015955　804640
禮記集說十卷　(元)陳澔撰　清光緒十三年(1887)抄本　一冊

360000－1901－0015956　403813
禮記集說十卷　(元)陳澔撰　清桂月樓刻本　十冊

360000－1901－0015957　403745
禮記集說十卷　(元)陳澔撰　清嘉慶八年(1803)刻本　五冊

360000－1901－0015958　122555
禮記集說十卷　(元)陳澔撰　清嘉慶七年(1802)錫環堂刻本　四冊　存四卷(一至三、十)

360000－1901－0015959　122553
禮記集說十卷　(元)陳澔撰　清嘉慶十年(1805)刻本　十冊

360000－1901－0015960　122554
禮記集說十卷　(元)陳澔撰　清嘉慶十年(1805)刻本　十冊

360000－1901－0015961　403773
禮記集說十卷　(元)陳澔撰　清嘉慶十年(1805)刻本(卷三至四配清汲古閣刻本)　六冊　存七卷(一至五、七、十)

360000－1901－0015962　403746
禮記集說十卷　(元)陳澔撰　清聚錦堂刻本　十冊

360000－1901－0015963　122556
禮記集說十卷　(元)陳澔撰　清刻本　七冊

360000－1901－0015964　122557
禮記集說十卷　(元)陳澔撰　清刻本　三冊　缺三卷(二至三、六)

360000－1901－0015965　122571
禮記集說十卷　(元)陳澔撰　清刻本　十冊

360000－1901－0015966　122572
禮記集說十卷　(元)陳澔撰　清刻本　十冊

360000－1901－0015967　122576
禮記集說十卷　(元)陳澔撰　清刻本　四冊　存八卷(三至十)

360000－1901－0015968　122577
禮記集說十卷　(元)陳澔撰　清刻本　九冊　存九卷(一至九)

360000－1901－0015969　122580
禮記集說十卷　(元)陳澔撰　清刻本　九冊　存九卷(一至二、四至十)

360000－1901－0015970　403712
禮記集說十卷　(元)陳澔撰　清刻本　十冊

360000－1901－0015971　403736
禮記集說十卷　(元)陳澔撰　清刻本　十冊

360000－1901－0015972　403737

禮記集說十卷　(元)陳澔撰　清刻本　十冊

360000－1901－0015973　403738
禮記集說十卷　(元)陳澔撰　清刻本　十冊

360000－1901－0015974　403739
禮記集說十卷　(元)陳澔撰　清刻本　十冊

360000－1901－0015975　403740
禮記集說十卷　(元)陳澔撰　清刻本　十冊

360000－1901－0015976　403741
禮記集說十卷　(元)陳澔撰　清刻本　十冊

360000－1901－0015977　403742
禮記集說十卷　(元)陳澔撰　清刻本　十冊

360000－1901－0015978　403743
禮記集說十卷　(元)陳澔撰　清刻本　十冊

360000－1901－0015979　403744
禮記集說十卷　(元)陳澔撰　清刻本　十冊

360000－1901－0015980　403766
禮記集說十卷　(元)陳澔撰　清刻本　十冊

360000－1901－0015981　403771
禮記集說十卷　(元)陳澔撰　清刻本　十冊

360000－1901－0015982　403772
禮記集說十卷　(元)陳澔撰　清刻本　十冊

360000－1901－0015983　403774
禮記集說十卷　(元)陳澔撰　清刻本　六冊
存六卷(一、三至七)

360000－1901－0015984　403777
禮記集說十卷　(元)陳澔撰　清刻本　五冊

360000－1901－0015985　403778
禮記集說十卷　(元)陳澔撰　清刻本　十冊

360000－1901－0015986　403779
禮記集說十卷　(元)陳澔撰　清刻本　十冊

360000－1901－0015987　403780
禮記集說十卷　(元)陳澔撰　清刻本　五冊
存五卷(一、六至七、九至十)

360000－1901－0015988　403781
禮記集說十卷　(元)陳澔撰　清刻本　十冊

360000－1901－0015989　403782
禮記集說十卷　(元)陳澔撰　清刻本　十冊

360000－1901－0015990　403786
禮記集說十卷　(元)陳澔撰　清刻本　十冊

360000－1901－0015991　403787
禮記集說十卷　(元)陳澔撰　清刻本　九冊
存九卷(二至十)

360000－1901－0015992　403788
禮記集說十卷　(元)陳澔撰　清刻本　九冊
存九卷(二至十)

360000－1901－0015993　403789
禮記集說十卷　(元)陳澔撰　清刻本　九冊
存九卷(二至十)

360000－1901－0015994　403790
禮記集說十卷　(元)陳澔撰　清刻本　七冊
存七卷(三至七、九至十)

360000－1901－0015995　403791
禮記集說十卷　(元)陳澔撰　清刻本　五冊
存五卷(三、六至八、十)

360000－1901－0015996　403792
禮記集說十卷　(元)陳澔撰　清刻本　十冊

360000－1901－0015997　403792－1
禮記集說十卷　(元)陳澔撰　清刻本　一冊
存一卷(十)

360000－1901－0015998　403793
禮記集說十卷　(元)陳澔撰　清刻本　十冊

360000－1901－0015999　403814
禮記集說十卷　(元)陳澔撰　清刻本　十冊

360000－1901－0016000　403815
禮記集說十卷　(元)陳澔撰　清刻本　十冊

360000－1901－0016001　403817
禮記集說十卷　(元)陳澔撰　清刻本　八冊
缺一卷(四)

360000－1901－0016002　403818

禮記集說十卷　(元)陳澔撰　清刻本　九冊
缺一卷(四)

360000－1901－0016003　403819
禮記集說十卷　(元)陳澔撰　清刻本　六冊
存七卷(一至三、六至七、九至十)

360000－1901－0016004　403820
禮記集說十卷　(元)陳澔撰　清刻本　四冊
存四卷(二至三、六、九)

360000－1901－0016005　417729－1
禮記集說十卷　(元)陳澔撰　清刻本　五冊
存五卷(四、六、八至十)

360000－1901－0016006　417729－2
禮記集說十卷　(元)陳澔撰　清刻本　一冊
存一卷(五)

360000－1901－0016007　417729－3
禮記集說十卷　(元)陳澔撰　清刻本　一冊
存一卷(七)

360000－1901－0016008　707488
禮記集說十卷　(元)陳澔撰　清刻本　九冊
存九卷(二至十)

360000－1901－0016009　707489
禮記集說十卷　(元)陳澔撰　清刻本　五冊
存五卷(一、七至十)

360000－1901－0016010　718204
禮記集說十卷　(元)陳澔撰　清刻本　四冊
存四卷(七至十)

360000－1901－0016011　718299
禮記集說十卷　(元)陳澔撰　清刻本　三冊
存三卷(一至二、十)

360000－1901－0016012　718300
禮記集說十卷　(元)陳澔撰　清刻本　三冊
存三卷(一至二、六)

360000－1901－0016013　719800
禮記集說十卷　(元)陳澔撰　清刻本　二冊
存二卷(二、八)

360000－1901－0016014　719801
禮記集說十卷　(元)陳澔撰　清刻本　一冊
存一卷(八)

360000－1901－0016015　719803
禮記集說十卷　(元)陳澔撰　清刻本　二冊
存二卷(四至五)

360000－1901－0016016　721812
禮記集說十卷　(元)陳澔撰　清刻本　八冊
存八卷(三至十)

360000－1901－0016017　722456
禮記集說十卷　(元)陳澔撰　清刻本　一冊
存一卷(六)

360000－1901－0016018　722509
禮記集說十卷　(元)陳澔撰　清刻本　一冊
存一卷(六)

360000－1901－0016019　800499
禮記集說十卷　(元)陳澔撰　清刻本　一冊
存一卷(三)

360000－1901－0016020　800499－1
禮記集說十卷　(元)陳澔撰　清刻本　一冊
存一卷(九)

360000－1901－0016021　801715
禮記集說十卷　(元)陳澔撰　清刻本　一冊
存一卷(四)

360000－1901－0016022　801716
禮記集說十卷　(元)陳澔撰　清刻本　二冊
存二卷(五、七)

360000－1901－0016023　801717
禮記集說十卷　(元)陳澔撰　清刻本　一冊
存一卷(六)

360000－1901－0016024　801718
禮記集說十卷　(元)陳澔撰　清刻本　一冊
存一卷(八)

360000－1901－0016025　801718－1
禮記集說十卷　(元)陳澔撰　清刻本　三冊
存三卷(七至九)

360000－1901－0016026　801719

禮記集説十卷　(元)陳澔撰　清刻本　二册　存二卷(一、九)

360000－1901－0016027　801719－1

禮記集説十卷　(元)陳澔撰　清刻本　一册　存一卷(六)

360000－1901－0016028　801720

禮記集説十卷　(元)陳澔撰　清刻本　二册　存二卷(二至三)

360000－1901－0016029　801720－1

禮記集説十卷　(元)陳澔撰　清刻本　一册　存一卷(十)

360000－1901－0016030　801720－2

禮記集説十卷　(元)陳澔撰　清刻本　三册　存三卷(五、八、十)

360000－1901－0016031　801720－3

禮記集説十卷　(元)陳澔撰　清刻本　二册　存二卷(六至七)

360000－1901－0016032　801720－4

禮記集説十卷　(元)陳澔撰　清刻本　二册　存二卷(四、七)

360000－1901－0016033　801721

禮記集説十卷　(元)陳澔撰　清刻本　二册　存二卷(四至五)

360000－1901－0016034　801721－1

禮記集説十卷　(元)陳澔撰　清刻本　三册　存三卷(四、六、九)

360000－1901－0016035　801721－2

禮記集説十卷　(元)陳澔撰　清刻本　二册　存二卷(七至八)

360000－1901－0016036　802849

禮記集説十卷　(元)陳澔撰　清刻本　一册　存一卷(六)

360000－1901－0016037　804712

禮記集説十卷　(元)陳澔撰　清刻本　三册　存三卷(五至七)

360000－1901－0016038　902261

禮記集説十卷　(元)陳澔撰　清刻本　一册　存一卷(四)

360000－1901－0016039　902262

禮記集説十卷　(元)陳澔撰　清刻本　一册　存一卷(四)

360000－1901－0016040　902262－1

禮記集説十卷　(元)陳澔撰　清刻本　一册　存一卷(七)

360000－1901－0016041　902263

禮記集説十卷　(元)陳澔撰　清刻本　三册　存三卷(四、六至七)

360000－1901－0016042　902264

禮記集説十卷　(元)陳澔撰　清刻本　三册　存三卷(四、六至七)

360000－1901－0016043　902265

禮記集説十卷　(元)陳澔撰　清刻本　三册　存三卷(四、六至七)

360000－1901－0016044　902266

禮記集説十卷　(元)陳澔撰　清刻本　五册　存五卷(四至七、九)

360000－1901－0016045　902267

禮記集説十卷　(元)陳澔撰　清刻本　六册　存七卷(三至九)

360000－1901－0016046　902268

禮記集説十卷　(元)陳澔撰　清刻本　七册　存七卷(三至九)

360000－1901－0016047　902269

禮記集説十卷　(元)陳澔撰　清刻本　七册　存八卷(二至八、十)

360000－1901－0016048　122573

禮記集説十卷　(元)陳澔撰　清兩儀堂刻本　十册

360000－1901－0016049　603520－3

禮記集説十卷　(元)陳澔撰　清兩儀堂刻本　十册

360000－1901－0016050　703828

禮記集說十卷　(元)陳澔撰　清兩儀堂刻本　十册

360000－1901－0016051　403764
禮記集說十卷　(元)陳澔撰　清末李光明莊刻本　十册

360000－1901－0016052　403718
禮記集說十卷　(元)陳澔撰　清乾隆六十年(1795)刻本　十册

360000－1901－0016053　210168
禮記集說十卷　(元)陳澔撰　清乾隆恕堂刻本　一册　存一卷(一)

360000－1901－0016054　403711
禮記集說十卷　(元)陳澔撰　清乾隆四十六年(1781)刻本　十册

360000－1901－0016055　403767
禮記集說十卷　(元)陳澔撰　清乾隆四十六年(1781)刻本(卷二、七至八、十配清刻本)　十册

360000－1901－0016056　403717
禮記集說十卷　(元)陳澔撰　清乾隆五十七年(1792)刻本　十册

360000－1901－0016057　403765
禮記集說十卷　(元)陳澔撰　清乾隆五十七年(1792)刻本　十册

360000－1901－0016058　403713
禮記集說十卷　(元)陳澔撰　清乾隆五十四年(1789)刻本　十册

360000－1901－0016059　403714
禮記集說十卷　(元)陳澔撰　清乾隆五十五年(1790)芥子園刻本　十册

360000－1901－0016060　403715
禮記集說十卷　(元)陳澔撰　清乾隆五十五年(1790)芥子園刻本　十册

360000－1901－0016061　403721
禮記集說十卷　(元)陳澔撰　清青蓮書屋刻本　十册

360000－1901－0016062　403722
禮記集說十卷　(元)陳澔撰　清青蓮書屋刻本　十册

360000－1901－0016063　403775
禮記集說十卷　(元)陳澔撰　清青蓮書屋刻本　三册　存三卷(一至二、十)

360000－1901－0016064　403776
禮記集說十卷　(元)陳澔撰　清青蓮書屋刻本(卷二配清刻本)　三册　存五卷(二、五至六、九至十)

360000－1901－0016065　703729
禮記集說十卷　(元)陳澔撰　清三益堂刻本　十册

360000－1901－0016066　403719
禮記集說十卷　(元)陳澔撰　清慎詒堂刻本　十册

360000－1901－0016067　403770
禮記集說十卷　(元)陳澔撰　清慎詒堂刻本(卷一配清同治十三年湖南書局刻本、卷二配清李光明莊刻本、卷十配清刻本)　十册

360000－1901－0016068　122579
禮記集說十卷　(元)陳澔撰　清恕堂刻本　十册

360000－1901－0016069　403783
禮記集說十卷　(元)陳澔撰　清恕堂刻本　十册

360000－1901－0016070　403784
禮記集說十卷　(元)陳澔撰　清恕堂刻本　十册

360000－1901－0016071　403785
禮記集說十卷　(元)陳澔撰　清恕堂刻本　十册

360000－1901－0016072　122562
禮記集說十卷　(元)陳澔撰　清同治七年(1868)崇文書局刻本　十册

360000－1901－0016073　122563
禮記集說十卷　(元)陳澔撰　清同治七年

(1868)崇文書局刻本　十册

360000－1901－0016074　414956
禮記集説十卷　(元)陳澔撰　清同治三年(1864)浙江撫署刻本　十册

360000－1901－0016075　414957
禮記集説十卷　(元)陳澔撰　清同治三年(1864)浙江撫署刻本　十册

360000－1901－0016076　414958
禮記集説十卷　(元)陳澔撰　清同治三年(1864)浙江撫署刻本　七册　存七卷(二至八)

360000－1901－0016077　122564
禮記集説十卷　(元)陳澔撰　清同治十三年(1874)江西書局刻本　十册

360000－1901－0016078　122565
禮記集説十卷　(元)陳澔撰　清同治十三年(1874)江西書局刻本　十册

360000－1901－0016079　122566
禮記集説十卷　(元)陳澔撰　清同治十三年(1874)江西書局刻本　十册

360000－1901－0016080　161210
禮記集説十卷　(元)陳澔撰　清同治十三年(1874)江西書局刻本　十册

360000－1901－0016081　161211
禮記集説十卷　(元)陳澔撰　清同治十三年(1874)江西書局刻本　十册

360000－1901－0016082　161212
禮記集説十卷　(元)陳澔撰　清同治十三年(1874)江西書局刻本　十册

360000－1901－0016083　403723
禮記集説十卷　(元)陳澔撰　清同治十三年(1874)江西書局刻本　十册

360000－1901－0016084　601755
禮記集説十卷　(元)陳澔撰　清同治十三年(1874)江西書局刻本　十册

360000－1901－0016085　601756
禮記集説十卷　(元)陳澔撰　清同治十三年(1874)江西書局刻本　十册

360000－1901－0016086　601757
禮記集説十卷　(元)陳澔撰　清同治十三年(1874)江西書局刻本　十册

360000－1901－0016087　601758
禮記集説十卷　(元)陳澔撰　清同治十三年(1874)江西書局刻本　十册

360000－1901－0016088　601759
禮記集説十卷　(元)陳澔撰　清同治十三年(1874)江西書局刻本　十册

360000－1901－0016089　601760
禮記集説十卷　(元)陳澔撰　清同治十三年(1874)江西書局刻本　十册

360000－1901－0016090　601761
禮記集説十卷　(元)陳澔撰　清同治十三年(1874)江西書局刻本　十册

360000－1901－0016091　601762
禮記集説十卷　(元)陳澔撰　清同治十三年(1874)江西書局刻本　十册

360000－1901－0016092　601763
禮記集説十卷　(元)陳澔撰　清同治十三年(1874)江西書局刻本　十册

360000－1901－0016093　601764
禮記集説十卷　(元)陳澔撰　清同治十三年(1874)江西書局刻本　十册

360000－1901－0016094　601765
禮記集説十卷　(元)陳澔撰　清同治十三年(1874)江西書局刻本　十册

360000－1901－0016095　601766
禮記集説十卷　(元)陳澔撰　清同治十三年(1874)江西書局刻本　十册

360000－1901－0016096　601767
禮記集説十卷　(元)陳澔撰　清同治十三年(1874)江西書局刻本　八册　存七卷(一、四、六至十)

360000－1901－0016097　603904
禮記集說十卷　(元)陳澔撰　清同治十三年(1874)江西書局刻本　十册

360000－1901－0016098　703725
禮記集說十卷　(元)陳澔撰　清同治十三年(1874)江西書局刻本　八册　存八卷(一、四至十)

360000－1901－0016099　703726
禮記集說十卷　(元)陳澔撰　清同治十三年(1874)江西書局刻本　七册　存七卷(一至七)

360000－1901－0016100　721817
禮記集說十卷　(元)陳澔撰　清同治十三年(1874)江西書局刻本　三册　存三卷(一至三)

360000－1901－0016101　722454
禮記集說十卷　(元)陳澔撰　清同治十三年(1874)江西書局刻本　七册　存七卷(二至五、七至九)

360000－1901－0016102　722455
禮記集說十卷　(元)陳澔撰　清同治十三年(1874)江西書局刻本　一册　存一卷(十)

360000－1901－0016103　122560
禮記集說十卷　(元)陳澔撰　清同治五年(1866)金陵書局刻本　十册

360000－1901－0016104　122561
禮記集說十卷　(元)陳澔撰　清同治五年(1866)金陵書局刻本　十册

360000－1901－0016105　403748
禮記集說十卷　(元)陳澔撰　清同治五年(1866)金陵書局刻十三經讀本本　十册

360000－1901－0016106　403716
禮記集說十卷　(元)陳澔撰　清咸豐元年(1851)刻本　十册

360000－1901－0016107　703754
禮記集說十卷　(元)陳澔撰　清咸豐元年(1851)邵州濂溪講院刻本　十册

360000－1901－0016108　122559
禮記集說十卷　(元)陳澔撰　清咸豐元年(1851)新化鄧氏刻本　十册

360000－1901－0016109　122551
禮記集說十卷　(元)陳澔撰　清鄭元美奎壁齋刻本　十册

360000－1901－0016110　122552
禮記集說十卷　(元)陳澔撰　清鄭元美奎壁齋刻本　十册

360000－1901－0016111　122574
禮記集說十卷　(元)陳澔撰　**附禮記劄記一卷**　(明)萬衣撰　清鴻文齋刻本　十册

360000－1901－0016112　122575
禮記集說十卷　(元)陳澔撰　**附禮記劄記一卷**　(明)萬衣撰　清鴻文齋刻本　九册　缺一卷(五)

360000－1901－0016113　210167
禮記集說十六卷　(元)陳澔撰　明刻本　九册　缺二卷(十三至十四)

360000－1901－0016114　719802
禮記集說十六卷　(元)陳澔撰　明刻本　一册　存二卷(十三至十四)

360000－1901－0016115　718293
禮記集說十六卷　(元)陳澔撰　明末刻本　一册　存二卷(十三至十四)

360000－1901－0016116　703749
禮記集註十卷　(元)陳澔撰　明刻本　十册

360000－1901－0016117　161283
禮記箋四十六卷　王闓運撰　清光緒十一年(1885)四川尊經書局刻本　八册

360000－1901－0016118　803491
禮記揭要六卷　(清)許寶善編　清刻本　一册　存一卷(六)

360000－1901－0016119　210179
禮記揭要六卷　(清)許寶善編　(清)周蕙田輯　清乾隆五十四年(1789)自怡軒刻本　清王昶批點　六册

360000－1901－0016120　703760
禮記節本十卷　(清)汪基撰　清末石印本　六冊

360000－1901－0016121　703762
禮記節本十卷　(清)汪基撰　清末石印本　三冊　存八卷(二至九)

360000－1901－0016122　703763
禮記節本十卷　(清)汪基撰　清末石印本　三冊　存六卷(二至三、七至十)

360000－1901－0016123　703761
禮記節本十卷　(清)汪基撰　清宣統二年(1910)上海文盛堂石印本　二冊　存五卷(一至二、五至七)

360000－1901－0016124　902260
禮記精華不分卷　(清)江永等輯　清刻本　一冊

360000－1901－0016125　210170
禮記偶箋三卷　(清)萬斯大撰　清乾隆二十四年(1759)刻本　一冊

360000－1901－0016126　402585－1
禮記旁訓辨體合訂六卷　(清)徐立綱輯　清刻五經旁訓辨體合訂本　一冊　存一卷(六)

360000－1901－0016127　402595－1
禮記旁訓辨體合訂六卷　(清)徐立綱輯　清循陔堂刻五經旁訓辨體合訂本　一冊　存二卷(一至二)

360000－1901－0016128　402595－2
禮記旁訓辨體合訂六卷　(清)徐立綱輯　清循陔堂刻五經旁訓辨體合訂本　一冊　存一卷(二)

360000－1901－0016129　402586－1
禮記旁訓辨體合訂六卷　(清)徐立綱輯　清裕文堂刻五經旁訓辨體合訂本　一冊　存二卷(三至四)

360000－1901－0016130　804169
禮記旁訓六卷　(清)徐立綱輯　清刻本　一冊　存二卷(三至四)

360000－1901－0016131　804172
禮記旁訓六卷　(清)徐立綱輯　清刻五經旁訓本　二冊　存二卷(一至二)

360000－1901－0016132　804171
禮記旁訓六卷　(清)徐立綱輯　清乾隆四十七年(1782)吳郡張氏匠門書屋刻五經旁訓本　二冊　存二卷(三至四)

360000－1901－0016133　603896
禮記全書彙纂豁解十二卷　(清)嚴校　(清)嚴槐撰　清刻本　一冊　存二卷(四至五)

360000－1901－0016134　403806
禮記全書彙纂豁解十二卷　(清)嚴校　(清)嚴槐撰　清乾隆三十九年(1774)刻帶經堂印本　八冊　存十卷(一至三、六至十二)

360000－1901－0016135　403812
禮記省度四卷　(清)彭頤撰　清光緒六年(1880)文奎堂刻朱墨套印本　四冊

360000－1901－0016136　161221
禮記省度四卷　(清)彭頤撰　清嘉慶十四年(1809)金閶大業堂刻朱墨套印本　四冊

360000－1901－0016137　161223
禮記省度四卷　(清)彭頤撰　清嘉慶十四年(1809)金閶大業堂刻朱墨套印本　四冊

360000－1901－0016138　210171
禮記省度四卷　(清)彭頤撰　清康熙十一年(1672)金閶書業堂刻朱墨套印本　四冊

360000－1901－0016139　210172
禮記省度四卷　(清)彭頤撰　清康熙十一年(1672)金閶書業堂刻朱墨套印本　四冊

360000－1901－0016140　210173
禮記省度四卷　(清)彭頤撰　清康熙十一年(1672)金閶書業堂刻朱墨套印本　四冊

360000－1901－0016141　210174
禮記省度四卷　(清)彭頤撰　清康熙十一年(1672)金閶書業堂刻朱墨套印本　四冊

360000－1901－0016142　603901
禮記省度四卷　(清)彭頤撰　清康熙十一年

(1672)金閶書業堂刻朱墨套印本　四冊

360000－1901－0016143　603902
禮記省度四卷　(清)彭頤撰　清康熙十一年(1672)金閶書業堂刻朱墨套印本　四冊

360000－1901－0016144　161222
禮記省度四卷　(清)彭頤撰　清刻本　四冊

360000－1901－0016145　210177
禮記省度四卷　(清)彭頤撰　清乾隆四十五年(1780)金閶書業堂刻朱墨套印本　四冊

360000－1901－0016146　210176
禮記省度四卷　(清)彭頤撰　清乾隆元年(1736)刻朱墨套印本　一冊　存二卷(三至四)

360000－1901－0016147　210175
禮記省度四卷　(清)彭頤撰　清乾隆元年(1736)武林文治堂刻朱墨套印本　二冊

360000－1901－0016148　405940
禮記十卷首一卷　(漢)鄭玄注　清同治十二年(1873)稽古樓刻本　一冊　存一卷(二)

360000－1901－0016149　405941
禮記十卷首一卷　(漢)鄭玄注　清同治十二年(1873)稽古樓刻本　四冊　存七卷(四至十)

360000－1901－0016150　161288
禮記釋注四卷　(清)丁晏撰　清咸豐二年(1852)山陽丁氏六藝堂刻本　二冊

360000－1901－0016151　403804
禮記疏意大全二十八卷　(清)秦繼宗撰　清刻本　八冊

360000－1901－0016152　403805
禮記疏意大全二十八卷　(清)秦繼宗撰　清刻本　六冊　存二十三卷(一至二十三)

360000－1901－0016153　161219
禮記述注二十八卷　(清)李光坡撰　清光緒八年(1882)刻本　六冊

360000－1901－0016154　803486
禮記四卷　(清)□□輯　清刻五經鴻裁本　一冊　存一卷(二)

360000－1901－0016155　161289
禮記體注四卷　(清)范翔撰　清嘉慶二十二年(1817)文奎堂刻本　四冊

360000－1901－0016156　161214
禮記天算釋一卷　(清)孔廣牧撰　清光緒十五年(1889)上海廣雅書局刻本　一冊

360000－1901－0016157　804709
禮記文通一卷　(清)□□輯　清刻本　一冊

360000－1901－0016158　804710
禮記文通一卷　(清)□□輯　清刻本　一冊

360000－1901－0016159　415307
禮記析疑四十八卷　(清)方苞撰　清康熙、嘉慶刻抗希堂十六種本　一冊　存二十二卷(二十七至四十八)

360000－1901－0016160　403845
禮記心典傳本三卷　(清)胡瑤光輯　清刻本　二冊　存二卷(二至三)

360000－1901－0016161　161226
禮記訓纂四十九卷　(清)朱彬撰　清咸豐元年(1851)宜祿堂刻本　十冊

360000－1901－0016162　161227
禮記訓纂四十九卷　(清)朱彬撰　清咸豐元年(1851)宜祿堂刻本　十冊

360000－1901－0016163　161225
禮記訓纂四十九卷　(清)朱彬撰　清宣統元年(1909)學部圖書局石印本　十冊

360000－1901－0016164　161218
禮記要義三十三卷　(宋)魏了翁撰　清光緒十二年(1886)江蘇書局刻本　八冊

360000－1901－0016165　210180
禮記一說不分卷　(□)□□撰　清抄本　十二冊

360000－1901－0016166　403840
禮記易讀二卷　(清)志遠堂主人輯　清道光

三十年(1850)來鹿堂刻本　四冊

360000－1901－0016167　161220
禮記易讀二卷　(清)志遠堂主人輯　清刻本　二冊

360000－1901－0016168　800414
禮記異文考六卷　(清)程履豐輯　清抄本　一冊

360000－1901－0016169　403846
禮記音義辨讀□□卷　(清)徐進穆輯　清刻本　一冊　存一卷(八)

360000－1901－0016170　402368－2
禮記約編十卷　(清)汪基撰　清嘉慶九年(1804)汪氏敬堂家塾刻三禮約編喈鳳本　三冊　存九卷(一至五、七至十)

360000－1901－0016171　402368－3
禮記約編十卷　(清)汪基撰　清嘉慶九年(1804)汪氏敬堂家塾刻三禮約編喈鳳本　三冊　存七卷(一至二、五至七、九至十)

360000－1901－0016172　402368－4
禮記約編十卷　(清)汪基撰　清嘉慶九年(1804)汪氏敬堂家塾刻三禮約編喈鳳本　二冊　存六卷(五至十)

360000－1901－0016173　402368－5
禮記約編十卷　(清)汪基撰　清嘉慶九年(1804)汪氏敬堂家塾刻三禮約編喈鳳本　一冊　存二卷(五至六)

360000－1901－0016174　703748
禮記約編十卷　(清)汪基撰　清末石印本　一冊　存二卷(八至九)

360000－1901－0016175　703765
禮記約編十卷　(清)汪基撰　清末石印本　二冊　存三卷(八至十)

360000－1901－0016176　801098
禮記約編十卷　(清)汪基撰　清末石印本　一冊　存二卷(四至五)

360000－1901－0016177　402372－2
禮記約編十卷　(清)汪基撰　清宣統三年(1911)太稐書局刻本　二冊　存四卷(一至二、六至七)

360000－1901－0016178　161224
禮記約編十卷附圖說五卷　(清)汪基撰　清光緒三十四年(1908)上海廣益書局石印本　六冊

360000－1901－0016179　804713
禮記擇粹□□卷　(□)□□輯　清道光二十三年(1843)刻本　二冊　存二卷(一至二)

360000－1901－0016180　801128
禮記增訂旁訓六卷　(清)徐立綱撰　清匠門書屋刻五經旁訓本　一冊　存一卷(四)

360000－1901－0016181　320562
禮記增訂旁訓六卷　(清)徐立綱撰　清刻本　六冊

360000－1901－0016182　402570－2
禮記增訂旁訓六卷　(清)徐立綱撰　清同治七年(1868)掃葉山房刻本　三冊　存三卷(一、三至四)

360000－1901－0016183　122578
禮記章句十卷　(清)汪紱撰　清光緒二十一年(1895)刻汪雙池先生叢書本　十冊

360000－1901－0016184　603291－3
禮記章句十卷或問八卷　(清)汪紱撰　清同治十二年(1873)曲水書局木活字印重訂汪子遺書本　一冊　存一卷(禮記章句三)

360000－1901－0016185　710943
禮記章句十卷或問八卷　(清)汪紱撰　清同治十二年(1873)曲水書局木活字印重訂汪子遺書本　十三冊　存十三卷(禮記章句一至八、或問一至五)

360000－1901－0016186　710944
禮記章句十卷或問八卷　(清)汪紱撰　清同治十二年(1873)曲水書局木活字印重訂汪子遺書本　九冊　存九卷(禮記章句三至七,或問一至三、五)

360000－1901－0016187　710945

禮記章句十卷或問八卷　(清)汪紱撰　清同治十二年(1873)曲水書局木活字印重訂汪子遺書本　二冊　存二卷(禮記章句三、或問一)

360000－1901－0016188　722170
禮記章句十卷或問八卷　(清)汪紱撰　清同治十二年(1873)曲水書局木活字印重訂汪子遺書本　四冊　存四卷(禮記章句九,或問二至三、五)

360000－1901－0016189　722170－1
禮記章句十卷或問八卷　(清)汪紱撰　清同治十二年(1873)曲水書局木活字印重訂汪子遺書本　五冊　存五卷(禮記章句七至十、或問四)

360000－1901－0016190　722170－2
禮記章句十卷或問八卷　(清)汪紱撰　清同治十二年(1873)曲水書局木活字印重訂汪子遺書本　一冊　存一卷(禮記章句十)

360000－1901－0016191　600234－1
禮記章句四十九卷　(清)王夫之撰　清同治四年(1865)湘鄉曾氏金陵刻光緒十三年(1887)船山書院補刻船山遺書本　六冊　存二十八卷(八至十、十六至十九、二十九至四十九)

360000－1901－0016192　600234－2
禮記章句四十九卷　(清)王夫之撰　清同治四年(1865)湘鄉曾氏金陵刻光緒十三年(1887)船山書院補刻船山遺書本　一冊　存十卷(四十至四十九)

360000－1901－0016193　161228
禮記章義十卷　(清)姜兆錫撰　清雍正十年(1732)寅清樓刻九經補注本　五冊

360000－1901－0016194　403796
禮記章義十卷　(清)姜兆錫撰　清雍正十年(1732)寅清樓刻九經補注本　八冊

360000－1901－0016195　161216
禮記正義七十卷　(唐)孔穎達撰　清刻本　二十三冊　存六十六卷(五至七十)

360000－1901－0016196　161285
禮記鄭讀考六卷　(清)陳壽祺撰　(清)陳喬樅輯補　清道光十二年(1832)刻本　六冊

360000－1901－0016197　161286
禮記鄭讀考六卷　(清)陳壽祺撰　(清)陳喬樅輯補　清道光十二年(1832)刻本　六冊

360000－1901－0016198　210162
禮記註疏六十三卷　(漢)鄭玄注　(唐)陸德明音義　(唐)孔穎達疏　明嘉靖李元陽刻十三經注疏本　十八冊　缺九卷(十二至十七、二十八至三十)

360000－1901－0016199　210163
禮記註疏六十三卷　(漢)鄭玄注　(唐)陸德明音義　(唐)孔穎達疏　明萬曆十六年(1588)北京國子監刻十三經注疏本　二十一冊　缺十九卷(一至四、十、十二至十七、二十、五十五至五十九、六十二至六十三)

360000－1901－0016200　801134
禮記註疏六十三卷　(漢)鄭玄注　(唐)陸德明音義　(唐)孔穎達疏　明萬曆十六年(1588)北京國子監刻十三經注疏本　一冊　存一卷(十)

360000－1901－0016201　603897
禮記註疏六十三卷　(漢)鄭玄注　(唐)陸德明音義　(唐)孔穎達疏　清刻本　三冊　存十一卷(二十七至二十九、四十一至四十四、五十二至五十五)

360000－1901－0016202　720807
禮記註疏六十三卷　(漢)鄭玄注　(唐)陸德明音義　(唐)孔穎達疏　清刻本　十冊　存二十五卷(八至三十二)

360000－1901－0016203　720811
禮記註疏六十三卷　(漢)鄭玄注　(唐)陸德明音義　(唐)孔穎達疏　清刻本　一冊　存三卷(四至六)

360000－1901－0016204　720824
禮記註疏六十三卷　(漢)鄭玄注　(唐)陸德明音義　(唐)孔穎達疏　清刻本　七冊　存

二十卷(四十四至六十三)

360000－1901－0016205　122583
禮記纂言三十六卷　(元)吳澄撰　(清)朱軾校補　清光緒二十三年(1897)朱衡等刻朱文端公藏書本　十五册

360000－1901－0016206　122584
禮記纂言三十六卷　(元)吳澄撰　(清)朱軾校補　清光緒二十三年(1897)朱衡等刻朱文端公藏書本　十五册

360000－1901－0016207　122585
禮記纂言三十六卷　(元)吳澄撰　(清)朱軾校補　清光緒二十三年(1897)朱衡等刻朱文端公藏書本　十六册

360000－1901－0016208　710287
禮記纂言三十六卷　(元)吳澄撰　(清)朱軾校補　清光緒二十三年(1897)朱衡等刻朱文端公藏書本　七册　存十三卷(一、六至八、二十三至二十七、三十三至三十六)

360000－1901－0016209　715958
禮記纂言三十六卷　(元)吳澄撰　(清)朱軾校補　清光緒二十三年(1897)朱衡等刻朱文端公藏書本　二册　存四卷(一至四)

360000－1901－0016210　722231
禮記纂言三十六卷　(元)吳澄撰　(清)朱軾校補　清光緒二十三年(1897)朱衡等刻朱文端公藏書本　四册　存十四卷(十四至二十二、二十八至三十二)

360000－1901－0016211　722234
禮記纂言三十六卷　(元)吳澄撰　(清)朱軾校補　清光緒二十三年(1897)朱衡等刻朱文端公藏書本　一册　存四卷(三十三至三十六)

360000－1901－0016212　722370
禮記纂言三十六卷　(元)吳澄撰　(清)朱軾校補　清光緒二十三年(1897)朱衡等刻朱文端公藏書本　六册　存十四卷(十三至十四、十六至十九、二十三至三十)

360000－1901－0016213　722371
禮記纂言三十六卷　(元)吳澄撰　(清)朱軾校補　清光緒二十三年(1897)朱衡等刻朱文端公藏書本　五册　存十三卷(五至十二、十九至二十三)

360000－1901－0016214　722372
禮記纂言三十六卷　(元)吳澄撰　(清)朱軾校補　清光緒二十三年(1897)朱衡等刻朱文端公藏書本　二册　存五卷(三十二至三十六)

360000－1901－0016215　722373
禮記纂言三十六卷　(元)吳澄撰　(清)朱軾校補　清光緒二十三年(1897)朱衡等刻朱文端公藏書本　二册　存四卷(十至十三)

360000－1901－0016216　164318
禮記纂言三十六卷　(元)吳澄撰　(清)朱軾校補　清雍正刻朱文端公藏書本　十三册　存三十三卷(一至十、十四至三十六)

360000－1901－0016217　710286
禮記纂言三十六卷　(元)吳澄撰　(清)朱軾校補　清雍正刻朱文端公藏書本　三册　存四卷(一至四)

360000－1901－0016218　722232
禮記纂言三十六卷　(元)吳澄撰　(清)朱軾校補　清雍正刻朱文端公藏書本　一册　存二卷(二十一至二十二)

360000－1901－0016219　722233
禮記纂言三十六卷　(元)吳澄撰　(清)朱軾校補　清雍正刻朱文端公藏書本　一册　存二卷(十三至十四)

360000－1901－0016220　403829
禮經箋十七卷　王闓運撰　清光緒二十二年(1896)東洲講舍刻湘綺樓全書本　四册　存十二卷(一至六、十二至十七)

360000－1901－0016221　161297
禮經箋十七卷　王闓運撰　清光緒十一年(1885)成都尊經書局刻本　四册

360000－1901－0016222　161298
禮經釋例十三卷首一卷　（清）淩廷堪撰　清嘉慶十四年（1809）揚州阮氏文選樓刻本　十四冊

360000－1901－0016223　403828
禮經通論一卷　（清）邵懿辰撰　清宣統三年（1911）上海國學扶輪社鉛印張氏適園叢書初集本　一冊

360000－1901－0016224　210186
禮經外解四卷　（明）徐鑾輯　明萬曆四十二年（1614）刻本　二冊

360000－1901－0016225　412763
禮書初編一卷　（清）江永撰　**附小兒語一卷**　（明）呂得勝撰　**續小兒語一卷**　（明）呂坤撰　清光緒三十二年（1906）南洋官書局石印本　一冊

360000－1901－0016226　403822
禮書附錄十二卷　（清）陳鳳泉輯　清嘉慶二十五年（1820）含暉閣刻本　六冊

360000－1901－0016227　122587
禮書綱目八十五卷首三卷　（清）江永撰　清嘉慶十五年（1810）刻本　三十二冊

360000－1901－0016228　403823
禮書綱目八十五卷首三卷　（清）江永撰　清嘉慶十五年（1810）刻本　十六冊

360000－1901－0016229　410383－1
禮書綱目八十五卷首三卷　（清）江永撰　清嘉慶十五年（1810）刻本　六冊　存三十卷（七至十四、二十一至二十六、三十二至三十八、四十五至四十八、五十三至五十七）

360000－1901－0016230　410383－2
禮書綱目八十五卷首三卷　（清）江永撰　清嘉慶十五年（1810）刻本　五冊　存十五卷（一至三、三十至三十五、四十三至四十五、五十四至五十六）

360000－1901－0016231　410383－3
禮書綱目八十五卷首三卷　（清）江永撰　清嘉慶十五年（1810）刻本　五冊　存二十二卷（二十八至三十五、七十二至八十五）

360000－1901－0016232　710384
禮書綱目八十五卷首三卷　（清）江永撰　清嘉慶十五年（1810）刻本　二十二冊　存五十九卷（一至十四、三十二至七十三，首三卷）

360000－1901－0016233　710385
禮書綱目八十五卷首三卷　（清）江永撰　清嘉慶十五年（1810）刻本　二十四冊

360000－1901－0016234　710386
禮書綱目八十五卷首三卷　（清）江永撰　清嘉慶十五年（1810）刻本　十冊　存三十四卷（一至四、十至十四、二十四至二十七、三十六至四十八、六十二至六十三、七十六至七十八，首三卷）

360000－1901－0016235　710387
禮書綱目八十五卷首三卷　（清）江永撰　清嘉慶十五年（1810）刻本　二十冊　存七十九卷（一、六至七十一、七十七至八十五，首三卷）

360000－1901－0016236　403824
禮書綱目八十五卷首三卷　（清）江永撰　清刻本　三冊　存五卷（二十七至二十八、七十四至七十六）

360000－1901－0016237　410383
禮書綱目八十五卷首三卷　（清）江永撰　清刻本　十五冊　存四十八卷（十五至二十五、四十六至七十三、七十七至八十五）

360000－1901－0016238　410383－4
禮書綱目八十五卷首三卷　（清）江永撰　清刻本　六冊　存十九卷（七至十、十三至十四、三十二至三十五、五十二至五十八、七十二至七十三）

360000－1901－0016239　802808
禮書條述十三卷　（清）王曜南撰　清抄本　一冊　存二卷（一至二）

360000－1901－0016240　161291

禮書一百五十卷 (宋)陳祥道撰 清嘉慶九年(1804)福清郭氏校經堂刻本 二十二冊 存一百三十三卷(一至三、十六至五十二、五十八至一百五十)

360000－1901－0016241 403821
禮書一百五十卷 (宋)陳祥道撰 清嘉慶九年(1804)福清郭氏校經堂刻本 十八冊

360000－1901－0016242 603914
禮書一百五十卷 (宋)陳祥道撰 清刻本 二冊 存八卷(一至八)

360000－1901－0016243 161300
禮說十四卷 (清)惠士奇撰 清乾隆惠氏紅豆齋刻本 五冊

360000－1901－0016244 161299
禮說十四卷大學說一卷 (清)惠士奇撰 清嘉慶三年(1798)上海彭霖蘭陔書屋刻本 六冊

360000－1901－0016245 161293
禮堂經說二卷 (清)陳喬樅撰 清道光十年(1830)刻小琅嬛館叢書本 一冊

360000－1901－0016246 403842
禮文備錄十三卷 (清)管窺居士輯 清光緒六年(1880)刻本 八冊

360000－1901－0016247 403841
禮文匯十四卷 (清)愚谷居士輯 清光緒十二年(1886)黎滙源堂刻本 七冊 存十二卷(一至十二)

360000－1901－0016248 403841－1
禮文匯十四卷 (清)愚谷居士輯 清光緒十二年(1886)黎滙源堂刻本 一冊

360000－1901－0016249 900733
禮文匯十四卷 (清)愚谷居士輯 清刻本 一冊 存二卷(五至六)

360000－1901－0016250 804714
禮文匯十四卷 (清)愚谷居士輯 清末石印本 四冊 存五卷(七、十至十一、十三至十四)

360000－1901－0016251 804715
禮文匯十四卷 (清)愚谷居士輯 清末石印本 五冊 存八卷(五至六、八至十、十二至十四)

360000－1901－0016252 800285
力本文集十三卷 (清)馬榮祖撰 清抄本 一冊 存三卷(文頌二卷、演連珠一卷)

360000－1901－0016253 414713
力本文集十三卷 (清)馬榮祖撰 清乾隆十七年(1752)馬氏石蓮堂刻本 一冊 存七卷(七至十三)

360000－1901－0016254 416509
力學不分卷 (清)王昭三撰 清光緒二十八年(1902)徽郡屯鎮抱吟館刻本 一冊

360000－1901－0016255 803705
力學須知一卷 (英國)傅蘭雅撰 清刻本 一冊

360000－1901－0016256 803871
立誠編賦選不分卷 (清)汪廷珍輯 清抄本 一冊

360000－1901－0016257 710780
立誠編詩選不分卷 (清)汪廷珍輯 清抄本 一冊

360000－1901－0016258 120302
立誠軒錄十三卷 (清)余日孜撰 清道光二十四年(1844)刻本 四冊

360000－1901－0016259 900795
立分關書不分卷 (清)□□撰 清抄本 一冊

360000－1901－0016260 414887
立命舉隅一卷 (清)□□輯 清光緒十七年(1891)鉛印本 一冊

360000－1901－0016261 164716
立命驗方揀編一卷 (清)初醒子輯 清光緒七年(1881)刻本 一冊

360000－1901－0016262 407969
立命驗方揀編一卷 (清)初醒子輯 清光緒

七年(1881)刻本　一册

360000－1901－0016263　407969－1
立命驗方揀編一卷　(清)初醒子輯　清光緒七年(1881)刻本　一册

360000－1901－0016264　407969－2
立命驗方揀編一卷　(清)初醒子輯　清光緒七年(1881)刻本　一册

360000－1901－0016265　407969－3
立命驗方揀編一卷　(清)初醒子輯　清光緒七年(1881)刻本　一册

360000－1901－0016266　413227
立崖先生文集八卷　(清)宋華國撰　清道光十六年(1836)刻本　三册

360000－1901－0016267　403300
立言堂四書體註合講十九卷　(清)翁復編　清立言堂刻本　三册　存十二卷(論語一至十、孟子六至七)

360000－1901－0016268　801815
吏部則例不分卷　(清)□□輯　清抄本　一册

360000－1901－0016269　413616
吏事識小錄四卷　(清)楊士達撰　清同治八年(1869)動巽齋刻本　一册　存二卷(三至四)

360000－1901－0016270　804717
利試文鈔二集二卷　(清)徐啓中　(清)徐崇慶輯　清光緒四年(1878)如是堂刻本　二册

360000－1901－0016271　802435
例門不分卷　(清)□□輯　清抄本　一册

360000－1901－0016272　304990
栗香室叢書　金武祥輯　清光緒至民國江陰金氏刻本　一册　存二種

360000－1901－0016273　712819
笠東草堂遺稿二卷附文集補遺一卷　(清)俞岳撰　清光緒十七年(1891)刻本　二册

360000－1901－0016274　405401－1
蕃錦集二卷　(清)朱彝尊集句　(清)柯維楨編　清刻本　一册

360000－1901－0016275　413828
笠翁傳奇十二種曲二十四卷　(清)李漁撰　清刻本　七册

360000－1901－0016276　413829
笠翁傳奇十二種曲二十四卷　(清)李漁撰　清刻本　十六册

360000－1901－0016277　413829－1
笠翁傳奇十二種曲二十四卷　(清)李漁撰　清刻本　三册

360000－1901－0016278　413830
笠翁傳奇十二種曲二十四卷　(清)李漁撰　清刻本　十一册

360000－1901－0016279　413829－2
笠翁偶集□□卷　(清)李漁撰　清刻本　二册　存二卷(十四至十五)

360000－1901－0016280　413827
笠翁詩法窮□□卷　(清)游藝輯　(清)李漁訂　清刻本　一册　存五卷(一至五)

360000－1901－0016281　413826
笠翁詩韻五卷　(清)李漁撰　清刻本　一册

360000－1901－0016282　305452
笠翁十種曲　(清)李漁撰　清刻本　五册　存五種

360000－1901－0016283　150683
笠翁十種曲　(清)李漁撰　清大文堂刻本　十册

360000－1901－0016284　150644
笠翁十種曲　(清)李漁撰　清藻文堂刻本　十册

360000－1901－0016285　410357
笠翁一家言全集十六卷　(清)李漁撰　清芥子園刻本　七册　存五卷(一、五、九、十一至十二)

360000－1901－0016286　413839

笠翁一家言全集十六卷　(清)李漁撰　清芥子園刻本　十八冊

360000－1901－0016287　413840
笠翁一家言全集十六卷　(清)李漁撰　清芥子園刻本　十六冊　存十三卷(一至八、十一、十三至十六)

360000－1901－0016288　413841
笠翁一家言全集十六卷　(清)李漁撰　清芥子園刻本　十四冊　存十五卷(一至十、十一、十三至十六)

360000－1901－0016289　413842
笠翁一家言全集十六卷　(清)李漁撰　清芥子園刻本　十四冊　存十三卷(一至三、五至八、十至十一、十三至十六)

360000－1901－0016290　413842－1
笠翁一家言全集十六卷　(清)李漁撰　清芥子園刻本　九冊　存九卷(一至三、五至八、十、十三)

360000－1901－0016291　413842－2
笠翁一家言全集十六卷　(清)李漁撰　清芥子園刻本　四冊　存四卷(二至三、五、七)

360000－1901－0016292　413842－3
笠翁一家言全集十六卷　(清)李漁撰　清芥子園刻本　七冊　存七卷(二至三、五、八、十、十三至十四)

360000－1901－0016293　413842－4
笠翁一家言全集十六卷　(清)李漁撰　清芥子園刻本　四冊　存五卷(五至八、十三)

360000－1901－0016294　413842－5
笠翁一家言全集十六卷　(清)李漁撰　清芥子園刻本　二冊　存二卷(五、十一)

360000－1901－0016295　413842－6
笠翁一家言全集十六卷　(清)李漁撰　清芥子園刻本　一冊　存一卷(五)

360000－1901－0016296　413837
笠翁一家言全集十六卷　(清)李漁撰　清康熙芥子園刻本　八冊

360000－1901－0016297　413838
笠翁一家言全集十六卷　(清)李漁撰　清康熙芥子園刻本　十六冊

360000－1901－0016298　150326
笠翁一家言全集十六卷　(清)李漁撰　清刻本　十六冊

360000－1901－0016299　308423
笠翁一家言全集十六卷　(清)李漁撰　清刻本　六冊　存六卷(五至六、十三至十六)

360000－1901－0016300　413831
笠翁一家言全集十六卷　(清)李漁撰　清刻本　十四冊

360000－1901－0016301　413832
笠翁一家言全集十六卷　(清)李漁撰　清刻本　十六冊

360000－1901－0016302　413833
笠翁一家言全集十六卷　(清)李漁撰　清刻本　五冊　存五卷(二、八、十、十二、十四)

360000－1901－0016303　413834
笠翁一家言全集十六卷　(清)李漁撰　清刻本　六冊　存六卷(二、八至十、十五至十六)

360000－1901－0016304　413835
笠翁一家言全集十六卷　(清)李漁撰　清刻本　六冊　存九卷(一至六、八至十)

360000－1901－0016305　410356
笠翁一家言全集十六卷　(清)李漁撰　清雍正八年(1730)錢塘李氏芥子園刻本　六冊　存五卷(一至五)

360000－1901－0016306　315516
笠澤叢書九卷　(唐)陸龜蒙撰　**附考一卷**　(清)許槤撰　清嘉慶二十四年(1819)許氏古韻閣刻本　二冊

360000－1901－0016307　315517
笠澤叢書九卷　(唐)陸龜蒙撰　**附考一卷**　(清)許槤撰　清嘉慶二十四年(1819)許氏古韻閣刻本　二冊

360000－1901－0016308　315936

笠澤叢書九卷　(唐)陸龜蒙撰　**附考一卷**　(清)許槤撰　清嘉慶二十四年(1819)許氏古韻閣刻本　二册

360000 - 1901 - 0016309　716975 - 1
笠澤叢書四卷補遺詩一卷續補遺一卷　(唐)陸龜蒙撰　清雍正九年(1731)江都陸鍾輝水雲漁屋刻本　一册　存一卷(補遺詩一卷)

360000 - 1901 - 0016310　164102
笠澤叢書四卷補遺一卷　(唐)陸龜蒙撰　清末石印本　二册

360000 - 1901 - 0016311　164103
笠澤叢書四卷補遺一卷　(唐)陸龜蒙撰　清末石印本　二册

360000 - 1901 - 0016312　164104
笠澤叢書四卷補遺一卷　(唐)陸龜蒙撰　清末石印本　二册

360000 - 1901 - 0016313　240979
笠洲文集十卷雜志一卷補遺一卷　(清)瞿源洙撰　清乾隆十九年(1754)刻本　十册

360000 - 1901 - 0016314　408518
痢疾論四卷　(清)孔毓禮輯　清刻本　二册

360000 - 1901 - 0016315　408519
痢疾論四卷　(清)孔毓禮輯　清刻本　二册

360000 - 1901 - 0016316　408520
痢疾論四卷　(清)孔毓禮輯　清刻本　二册

360000 - 1901 - 0016317　408521
痢疾論四卷　(清)孔毓禮輯　清刻本　一册

360000 - 1901 - 0016318　408522
痢疾論四卷　(清)孔毓禮輯　清刻本　二册

360000 - 1901 - 0016319　804515
痢疾論四卷　(清)孔毓禮輯　清刻本　一册　存二卷(三至四)

360000 - 1901 - 0016320　420473 - 1
痢疾論四卷　(清)孔毓禮輯　清謙益堂刻本　一册　存二卷(一至二)

360000 - 1901 - 0016321　420473 - 2
痢疾論四卷　(清)孔毓禮輯　清謙益堂刻本　一册　存二卷(一至二)

360000 - 1901 - 0016322　802598
痢疾論四卷　(清)孔毓禮輯　清謙益堂刻本　一册　存一卷(四)

360000 - 1901 - 0016323　408523
痢疾論四卷　(清)孔毓禮輯　清乾隆三十七年(1772)謙益堂刻本　二册

360000 - 1901 - 0016324　408524
痢疾論四卷　(清)孔毓禮輯　清乾隆三十七年(1772)謙益堂刻本　二册

360000 - 1901 - 0016325　408525
痢疾論四卷　(清)孔毓禮輯　清乾隆三十七年(1772)謙益堂刻本　二册

360000 - 1901 - 0016326　408526
痢疾論四卷　(清)孔毓禮輯　清乾隆三十七年(1772)謙益堂刻本　二册

360000 - 1901 - 0016327　420471
痢疾論四卷　(清)孔毓禮輯　清乾隆三十七年(1772)謙益堂刻本　二册

360000 - 1901 - 0016328　420472
痢疾論四卷　(清)孔毓禮輯　清乾隆三十七年(1772)謙益堂刻本　二册

360000 - 1901 - 0016329　420473
痢疾論四卷　(清)孔毓禮輯　清乾隆三十七年(1772)謙益堂刻本　二册

360000 - 1901 - 0016330　408517
痢疾論四卷附劉宏璧先生集補瘟方一卷　(清)孔毓禮輯　清刻本　二册

360000 - 1901 - 0016331　164935
痢門挈綱不分卷　(清)李榮達撰　清光緒十六年(1890)琴城徐寅生堂刻本　二册

360000 - 1901 - 0016332　408513
痢症要録一卷時疫要録一卷救劫編一卷救嬰編一卷　(清)李笏堂輯　清同治元年(1862)經元堂刻本　一册

360000－1901－0016333　720334
痸証特啓論一卷　(清)熊家驥撰　清刻本　一冊

360000－1901－0016334　309910
勵志錄二卷　(清)沈近思撰　清光緒二十二年(1896)江蘇書局刻本　一冊

360000－1901－0016335　303943
勵志錄二卷　(清)沈近思撰　清刻本　一冊

360000－1901－0016336　416697
勵志錄二卷　(清)沈近思撰　清刻本　一冊

360000－1901－0016337　416696
勵志錄二卷　(清)沈近思撰　清同治十二年(1873)浙江書局刻沈端恪公遺書本　一冊

360000－1901－0016338　411016
歷朝賦鈔十九卷首一卷　(清)沈鈞德輯　清乾隆三十年(1765)然藜閣刻本　七冊　存十七卷(一至二、五至十九)

360000－1901－0016339　413584
歷朝賦格三集十五卷　(清)陸棻輯並評　清康熙刻本　一冊　存三卷(一至三)

360000－1901－0016340　413585
歷朝賦楷八卷首一卷　(清)王修玉輯　清康熙刻本　三冊　存七卷(一至二、五至八,首一卷)

360000－1901－0016341　241245
歷朝賦楷八卷首一卷　(清)王修玉輯　清康熙尚德堂刻本　一冊　存三卷(一至二、首一卷)

360000－1901－0016342　163241
歷朝賦楷八卷首一卷　(清)王修玉輯　清泰山堂刻本　五冊

360000－1901－0016343　163242
歷朝賦楷八卷首一卷　(清)王修玉輯　清泰山堂刻本　六冊

360000－1901－0016344　163243
歷朝賦楷八卷首一卷　(清)王修玉輯　清文盛堂刻本　四冊

360000－1901－0016345　415819
歷朝綱鑑輯畧五十六卷　(清)朱璘撰　清康熙古虞朱氏萬卷堂刻本　十二冊　存二十二卷(三十至三十六、三十八至四十二、四十五至五十、五十三至五十六)

360000－1901－0016346　803021
歷朝綱鑑輯畧五十六卷　(清)朱璘撰　清刻本　一冊　存二卷(四十八至四十九)

360000－1901－0016347　421900
歷朝閨雅十二卷　(清)揆敘輯　清抄本　十二冊

360000－1901－0016348　308855
歷朝紀事本末　(清)陳如升　(清)朱記榮輯　清光緒二十九年(1903)文林書局石印本　三十二冊　存八種

360000－1901－0016349　308854
歷朝紀事本末　(清)陳如升　(清)朱記榮輯　清光緒二十一年(1895)上海積山書局石印本　五十六冊

360000－1901－0016350　308553
歷朝紀事本末　(清)陳如升　(清)朱記榮輯　清光緒十四年(1888)上海書業公所鉛印本　四十四冊　存六種

360000－1901－0016351　400668
歷朝紀事本末　(清)陳如升　(清)朱記榮輯　(清)慎記主人增輯　清光緒二十八年(1902)上海捷記書局石印本　三十五冊

360000－1901－0016352　402769
歷朝紀事本末　(清)陳如升　(清)朱記榮輯　(清)慎記主人增輯　清光緒二十八年(1902)上海捷記書局石印本　二十二冊　存八種

360000－1901－0016353　402770
歷朝紀事本末　(清)陳如升　(清)朱記榮輯　(清)慎記主人增輯　清光緒二十八年(1902)上海捷記書局石印本　十二冊　存七種

360000－1901－0016354　400672
歷朝紀事本末　(清)陳如升　(清)朱記榮輯　(清)慎記主人增輯　清光緒二十八年(1902)上海捷記書局石印本(遼史紀事本末、金史紀事本末配清光緒二十八年上海書局石印本)　九册　存四種

360000－1901－0016355　400666
歷朝紀事本末　(清)陳如升　(清)朱記榮輯　(清)慎記主人增輯　清光緒二十八年(1902)上海書局石印本　五十五册

360000－1901－0016356　306527
歷朝紀事本末　(清)陳如升　(清)朱記榮輯　(清)慎記主人增輯　清光緒二十五年(1899)上海慎記書莊石印本　四十八册

360000－1901－0016357　308876
歷朝紀事本末　(清)陳如升　(清)朱記榮輯　(清)慎記主人增輯　清光緒二十五年(1899)上海慎記書莊石印本　三十七册　存八種

360000－1901－0016358　310447
歷朝紀事本末　(清)陳如升　(清)朱記榮輯　(清)慎記主人增輯　清光緒二十五年(1899)上海慎記書莊石印本　五十五册

360000－1901－0016359　400667
歷朝紀事本末　(清)陳如升　(清)朱記榮輯　(清)慎記主人增輯　清光緒二十五年(1899)上海慎記書莊石印本　十五册

360000－1901－0016360　400669
歷朝紀事本末　(清)陳如升　(清)朱記榮輯　(清)慎記主人增輯　清光緒二十五年(1899)上海慎記書莊石印本　二十七册　存七種

360000－1901－0016361　400670
歷朝紀事本末　(清)陳如升　(清)朱記榮輯　(清)慎記主人增輯　清光緒二十五年(1899)上海慎記書莊石印本　二十五册　存七種

360000－1901－0016362　400671
歷朝紀事本末　(清)陳如升　(清)朱記榮輯　(清)慎記主人增輯　清光緒二十五年(1899)上海慎記書莊石印本　二十三册　存七種

360000－1901－0016363　300370
歷朝詩約選九十二卷　(清)劉大櫆輯　清光緒二十一年至二十三年(1895－1897)文徵閣刻本　二十二册

360000－1901－0016364　315672
歷朝詩約選九十二卷　(清)劉大櫆輯　清光緒二十一年至二十三年(1895－1897)文徵閣刻本　十八册

360000－1901－0016365　316323
歷朝詩約選九十二卷　(清)劉大櫆輯　清光緒二十一年至二十三年(1895－1897)文徵閣刻本　二十四册

360000－1901－0016366　409749
歷朝詩約選九十二卷　(清)劉大櫆輯　清光緒二十一年至二十三年(1895－1897)文徵閣刻本　二十二册

360000－1901－0016367　313493
歷朝文學史四卷　(日本)笹川種郎撰　(清)中西書局榖譯生譯　清光緒二十九年(1903)上海中西書局鉛印本　四册

360000－1901－0016368　161688
歷朝印識一卷補遺一卷國朝印識二卷近編一卷　(清)馮承輝撰　清道光十七年(1837)文學山房木活字印本　二册

360000－1901－0016369　317579
歷朝忠臣義士卓行錄八卷　(清)戴作銘輯　清光緒二年(1876)大文堂刻本　八册

360000－1901－0016370　421817
歷次禁燬書目不分卷　(清)英廉等輯　清刻本　一册

360000－1901－0016371　317560
歷代長術輯要十卷附古今推步諸術攷二卷　(清)汪曰楨撰　清同治六年(1867)刻本　八

册

360000－1901－0016372　315485
歷代大儒詩鈔六十卷首一卷　（清）谷際岐輯　清嘉慶十八年（1813）采蘭堂刻本　二十四册

360000－1901－0016373　312196
歷代地理沿革圖一卷　（清）六嚴繪　（清）馬徵麐增輯　清光緒二十二年（1896）金陵書局刻朱墨套印本　一册

360000－1901－0016374　161812
歷代地理沿革圖一卷　（清）六嚴繪　（清）馬徵麐增輯　清同治十一年（1872）刻本　一册

360000－1901－0016375　308066
歷代地理志韻編今釋二十卷　（清）李兆洛撰　清道光十七年（1837）輩學齋木活字印本　七册

360000－1901－0016376　400583
歷代地理志韻編今釋二十卷　（清）李兆洛撰　清光緒二十四年（1898）掃葉山房石印李氏五種本　一册　存四卷（四至七）

360000－1901－0016377　309955
歷代地理志韻編今釋二十卷　（清）李兆洛撰　清光緒十四年（1888）掃葉山房刻李氏五種本　十册

360000－1901－0016378　309234
歷代地理志韻編今釋二十卷　（清）李兆洛撰　清光緒元年（1875）羊城馬氏集益堂刻本　十册

360000－1901－0016379　400586
歷代地理志韻編今釋二十卷　（清）李兆洛撰　清同治九年（1870）合肥李鴻章刻李氏五種本　四册　存十卷（一至二、六至九、十三至十六）

360000－1901－0016380　400582
歷代地理志韻編今釋二十卷皇朝輿地韻編二卷　（清）李兆洛撰　清末上海蜚英館石印本　二册　存十卷（歷代地理志韻編今釋一至五、十八至二十，皇朝輿地韻編二卷）

360000－1901－0016381　410081
歷代帝王法帖釋文考異十卷　（明）顧從義撰　（明）吳之芳輯　清初香雪齋刻本　二册

360000－1901－0016382　309419
歷代帝王法帖釋文十卷　（清）徐朝弼撰　清嘉慶十七年（1812）刻本　一册

360000－1901－0016383　410353
歷代帝王法帖釋文十卷　（清）徐朝弼撰　清嘉慶十七年（1812）刻本　一册

360000－1901－0016384　304197
歷代帝王年表八卷　（清）齊召南編　（清）阮福續　清光緒二十九年（1903）寶慶勸學書舍刻本　四册

360000－1901－0016385　303858
歷代帝王年表不分卷　（清）齊召南編　（清）阮福續　清道光四年（1824）儀徵阮氏小琅嬛仙館刻本　四册

360000－1901－0016386　307648
歷代帝王年表不分卷　（清）齊召南編　（清）阮福續　清道光四年（1824）儀徵阮氏小琅嬛仙館刻本　四册

360000－1901－0016387　400570
歷代帝王年表不分卷　（清）齊召南編　（清）阮福續　清道光四年（1824）儀徵阮氏小琅嬛仙館刻本　四册

360000－1901－0016388　161490
歷代帝王年表不分卷　（清）齊召南編　（清）阮福續　**歷代帝王廟謚年諱譜一卷**　（清）陸費墀撰　清道光四年（1824）儀徵阮氏小琅嬛仙館刻本　四册

360000－1901－0016389　400569
歷代帝王年表三卷　（清）齊召南編　（清）阮福續　清光緒十二年（1886）蘇州掃葉山房刻本　三册

360000－1901－0016390　122373
歷代帝王年表圖歌一卷　（清）萬本儀編　清

同治十年(1871)芋栗園刻本　一冊

360000－1901－0016391　400568

歷代帝王年表一卷　(清)萬本儀編　清同治十一年(1872)芋栗園刻本　一冊

360000－1901－0016392　400572

歷代帝王年表一卷附紀元同異考畧一卷　黄大華撰　清光緒二十六年(1900)夢紅豆邨刻本　一冊

360000－1901－0016393　400571

歷代帝王世次紀一卷　(清)□□輯　清同治十年(1871)安徽藩署敬義齋刻半畝園叢書本　一冊

360000－1901－0016394　400576

歷代帝王世系紀元攷一卷　(清)陳夔齡輯　清光緒十一年(1885)江陰季綸全刻本　一冊

360000－1901－0016395　802068

歷代帝王世系曆數一卷　(清)□□輯　清末抄本　一冊

360000－1901－0016396　803978－1

歷代帝王世系統紀一卷　(清)汪星亮輯　清同治四年(1865)抄本　一冊

360000－1901－0016397　801145

歷代帝王統紀一卷　(清)□□輯　清余漢雲抄本　一冊

360000－1901－0016398　220483

歷代帝系年號考二十卷附汲冢周書謚法解一卷　(清)劉宗魏撰　清乾隆二十八年(1763)刻本　六冊

360000－1901－0016399　413342

歷代帝系年號考二十卷附汲冢周書謚法解一卷　(清)劉宗魏撰　清乾隆二十八年(1763)刻本　一冊　存三卷(一至三)

360000－1901－0016400　421688

歷代帝系年號考二十卷附汲冢周書謚法解一卷　(清)劉宗魏撰　清乾隆二十八年(1763)刻本　二冊　存八卷(七至十四)

360000－1901－0016401　713444

歷代都江堰功小傳二卷　(清)王人文等撰　清宣統三年(1911)四川督院刻本　一冊

360000－1901－0016402　409878

歷代宮閨文選二十六卷　(清)許家怡校勘　清宣統三年(1911)存古書社鉛印本　一冊　存四卷(二十三至二十六)

360000－1901－0016403　401957

歷代國號總言一卷　(清)□□輯　清刻本　一冊

360000－1901－0016404　303882

歷代河防類要六卷圖一卷　(清)徐璈輯　清道光元年(1821)臥雲書屋刻本　二冊

360000－1901－0016405　410580

歷代河防統纂二十八卷　(清)陳璜輯　清光緒十四年(1888)鴻寶齋石印本　四冊

360000－1901－0016406　312253

歷代畫史彙傳七十二卷首一卷目錄三卷附錄二卷　(清)彭蘊璨撰　清道光五年(1825)吳門尚志堂彭氏刻本　三十冊

360000－1901－0016407　418209

歷代畫史彙傳七十二卷首一卷目錄三卷附錄二卷　(清)彭蘊璨撰　清道光五年(1825)吳門尚志堂彭氏刻本　二十一冊　存六十七卷(五至十三、十七至七十二,附錄二卷)

360000－1901－0016408　303204

歷代畫史彙傳七十二卷首一卷目錄三卷附錄二卷　(清)彭蘊璨撰　清光緒八年(1882)掃葉山房刻本　二十四冊

360000－1901－0016409　312214

歷代畫史彙傳七十二卷首一卷目錄三卷附錄二卷　(清)彭蘊璨撰　清光緒八年(1882)掃葉山房刻本　三十二冊

360000－1901－0016410　418210

歷代畫史彙傳七十二卷首一卷目錄三卷附錄二卷　(清)彭蘊璨撰　清光緒八年(1882)掃葉山房刻本　六冊　存二十卷(三十四至五十三)

360000－1901－0016411　312224

歷代畫史彙傳七十二卷首一卷目錄三卷附錄二卷　（清）彭藴璨撰　清刻本　二十四册

360000－1901－0016412　418212

歷代畫史彙傳七十二卷首一卷目錄三卷附錄二卷　（清）彭藴璨撰　清宣統二年（1910）上海文瑞樓書局石印本　十二册

360000－1901－0016413　400579

歷代皇紀一卷　（清）森乘輯　清道光木活字印本　一册

360000－1901－0016414　303879

歷代黄河變遷圖考十卷　（清）劉鶚撰　清光緒十九年（1893）袖海山房石印本　四册

360000－1901－0016415　303880

歷代黄河變遷圖考十卷　（清）劉鶚撰　清光緒十九年（1893）袖海山房石印本　四册

360000－1901－0016416　303883

歷代諱名考一卷　（清）劉錫信撰　清嘉慶八年（1803）刻本　一册

360000－1901－0016417　313204

歷代紀元部表二卷　（清）□□輯　清乾隆二十年（1755）刻本　二册

360000－1901－0016418　801877

歷代紀元纂要不分卷　（□）□□輯　清抄本　一册

360000－1901－0016419　400590

歷代甲子編年全圖一卷列國統系一卷歷代帝王統系一卷　（明）夏洪基編　清抄本　一册

360000－1901－0016420　410257

歷代疆域表三卷　（清）段長基撰　（清）段搢書參注　清嘉慶二十二年（1817）小西山房刻本　一册　存一卷（上）

360000－1901－0016421　402247

歷代經濟文統三十二卷　（清）顧炎武輯　清光緒二十八年（1902）上海廣益書局石印本　二册　存十一卷（一至十一）

360000－1901－0016422　162020

歷代陵寢備考五十卷附歷代宗廟附考八卷　（清）朱孔陽輯　清光緒三年（1877）上海申報館鉛印本　十四册

360000－1901－0016423　162021

歷代陵寢備考五十卷附歷代宗廟附考八卷　（清）朱孔陽輯　清光緒三年（1877）上海申報館鉛印本　十四册

360000－1901－0016424　405679

歷代蒙求一卷　（元）陳櫟撰　清道光刻本　一册

360000－1901－0016425　122361

歷代名臣傳三十五卷　（清）朱軾　（清）蔡世遠輯　清古唐朱氏古懽齋刻本　十六册

360000－1901－0016426　410293

歷代名臣傳三十五卷　（清）朱軾　（清）蔡世遠輯　清古唐朱氏古懽齋刻本　十六册　存三十三卷（一至二十八、三十一至三十五）

360000－1901－0016427　410294

歷代名臣傳三十五卷　（清）朱軾　（清）蔡世遠輯　清古唐朱氏古懽齋刻本　四册　存九卷（一至三、二十至二十一、二十三至二十六）

360000－1901－0016428　410294－1

歷代名臣傳三十五卷　（清）朱軾　（清）蔡世遠輯　清古唐朱氏古懽齋刻本　八册　存十六卷（一至四、六至七、十至十一、二十一至二十五、三十一至三十三）

360000－1901－0016429　410294－2

歷代名臣傳三十五卷　（清）朱軾　（清）蔡世遠輯　清古唐朱氏古懽齋刻本　十五册　存二十三卷（一至四、六至七、九至十、十六至二十一、二十三至二十四、二十七至二十八、三十一至三十五）

360000－1901－0016430　410328

歷代名臣傳三十五卷　（清）朱軾　（清）蔡世遠輯　清光緒二十三年（1897）朱衡等刻朱文端公藏書本　六册　存十二卷（二十四至三十五）

360000－1901－0016431　410329
歷代名臣傳三十五卷　(清)朱軾　(清)蔡世遠輯　清雍正刻朱文端公藏書本　十二册　存二十六卷(一至十五、十八至二十一、二十四至二十七、三十至三十二)

360000－1901－0016432　410330
歷代名臣傳三十五卷　(清)朱軾　(清)蔡世遠輯　清雍正刻朱文端公藏書本　五册　存十九卷(一至三、八至十五、二十至二十七)

360000－1901－0016433　410330－1
歷代名臣傳三十五卷　(清)朱軾　(清)蔡世遠輯　清雍正刻朱文端公藏書本　三册　存六卷(五至八、二十六至二十七)

360000－1901－0016434　410330－2
歷代名臣傳三十五卷　(清)朱軾　(清)蔡世遠輯　清雍正刻朱文端公藏書本　一册　存二卷(八至九)

360000－1901－0016435　220397
歷代名臣傳三十五卷首一卷續編五卷首一卷　(清)朱軾　(清)蔡世遠輯　清雍正七年(1729)刻朱文端公藏書本　十五册

360000－1901－0016436　601833
歷代名臣傳三十五卷續編五卷　(清)朱軾　(清)蔡世遠輯　清光緒二十三年(1897)朱衡等刻朱文端公藏書本　二册　存五卷(續編五卷)

360000－1901－0016437　722235
歷代名臣傳三十五卷續編五卷　(清)朱軾　(清)蔡世遠輯　清光緒二十三年(1897)朱衡等刻朱文端公藏書本　六册　存十六卷(歷代名臣傳十九至三十一、續編一至三)

360000－1901－0016438　722397
歷代名臣傳三十五卷續編五卷　(清)朱軾　(清)蔡世遠輯　清光緒二十三年(1897)朱衡等刻朱文端公藏書本　五册　存十二卷(五至十四、十七至十八)

360000－1901－0016439　122363
歷代名臣傳三十五卷續編五卷　(清)朱軾　(清)蔡世遠輯　清光緒十八年(1892)刻本　二十册

360000－1901－0016440　601238－2
歷代名臣傳三十五卷續編五卷　(清)朱軾　(清)蔡世遠輯　清刻本　一册　存四卷(十六至十九)

360000－1901－0016441　601238－3
歷代名臣傳三十五卷續編五卷　(清)朱軾　(清)蔡世遠輯　清刻本　一册　存三卷(續編三至五)

360000－1901－0016442　601832
歷代名臣傳三十五卷續編五卷　(清)朱軾　(清)蔡世遠輯　清雍正刻朱文端公藏書本　六册　存二十卷(四至二十三)

360000－1901－0016443　410326
歷代名臣傳續編五卷　(清)朱軾　(清)蔡世遠輯　清光緒二十三年(1897)朱衡等刻朱文端公藏書本　二册

360000－1901－0016444　410304
歷代名臣傳續編五卷　(清)朱軾　(清)蔡世遠輯　清光緒十八年(1892)刻本　二册　存三卷(一至三)

360000－1901－0016445　410305
歷代名臣傳續編五卷　(清)朱軾　(清)蔡世遠輯　清光緒十八年(1892)刻本　二册　存三卷(一至三)

360000－1901－0016446　410306
歷代名臣傳續編五卷　(清)朱軾　(清)蔡世遠輯　清光緒十八年(1892)刻本　二册　存三卷(一至三)

360000－1901－0016447　410303
歷代名臣傳續編五卷　(清)朱軾　(清)蔡世遠輯　清康熙刻本　一册

360000－1901－0016448　122364
歷代名臣傳續編五卷　(清)朱軾　(清)蔡世遠輯　清刻本　二册

360000－1901－0016449　410327

歷代名臣傳續編五卷　（清）朱軾　（清）蔡世遠輯　清雍正刻朱文端公藏書本　一冊　存二卷（四至五）

360000－1901－0016450　410327－1
歷代名臣傳續編五卷　（清）朱軾　（清）蔡世遠輯　清雍正刻朱文端公藏書本　一冊　存二卷（四至五）

360000－1901－0016451　305328
歷代名臣言行錄二十四卷　（清）朱桓輯　清光緒二十八年（1902）寸園主人石印本　九冊　存二十二卷（一至十七、二十至二十四）

360000－1901－0016452　400645
歷代名臣言行錄二十四卷　（清）朱桓輯　清光緒二十八年（1902）鴻寶書局鉛印本　十二冊

360000－1901－0016453　900558
歷代名臣言行錄二十四卷　（清）朱桓輯　清光緒二十八年（1902）仁昌成記石印本　八冊

360000－1901－0016454　309614
歷代名臣言行錄二十四卷　（清）朱桓輯　清光緒二十八年（1902）上海寶善書局石印本　七冊　存二十一卷（一至二十一）

360000－1901－0016455　400647
歷代名臣言行錄二十四卷　（清）朱桓輯　清光緒二十八年（1902）上海寶善書局石印本　六冊

360000－1901－0016456　400648
歷代名臣言行錄二十四卷　（清）朱桓輯　清光緒二十八年（1902）上海寶善書局石印本　八冊

360000－1901－0016457　400649
歷代名臣言行錄二十四卷　（清）朱桓輯　清光緒二十八年（1902）上海寶善書局石印本　八冊

360000－1901－0016458　400650
歷代名臣言行錄二十四卷　（清）朱桓輯　清光緒二十八年（1902）上海寶善書局石印本　七冊　存二十卷（一至四、九至二十四）

360000－1901－0016459　400661
歷代名臣言行錄二十四卷　（清）朱桓輯　清光緒二十八年（1902）上海雙桂軒石印本　八冊

360000－1901－0016460　309613
歷代名臣言行錄二十四卷　（清）朱桓輯　清光緒二十八年（1902）上海天章書局石印本　六冊　存十九卷（一至十九）

360000－1901－0016461　400640
歷代名臣言行錄二十四卷　（清）朱桓輯　清光緒二十八年（1902）上海文林局石印本　四冊

360000－1901－0016462　303865
歷代名臣言行錄二十四卷　（清）朱桓輯　清光緒二十八年（1902）上海文盛堂書局石印本　八冊

360000－1901－0016463　400651
歷代名臣言行錄二十四卷　（清）朱桓輯　清光緒二十八年（1902）上海文盛堂書局石印本　八冊

360000－1901－0016464　400646
歷代名臣言行錄二十四卷　（清）朱桓輯　清光緒二十八年（1902）自強學齋石印本　八冊

360000－1901－0016465　400636
歷代名臣言行錄二十四卷　（清）朱桓輯　清光緒二十二年（1896）上海廣百宋齋鉛印本　十二冊

360000－1901－0016466　312161
歷代名臣言行錄二十四卷　（清）朱桓輯　清光緒二十六年（1900）湖南書局刻本　二十九冊

360000－1901－0016467　303864
歷代名臣言行錄二十四卷　（清）朱桓輯　清光緒二十三年（1897）上海晏文盛堂石印本　八冊

360000－1901－0016468　400658

歷代名臣言行錄二十四卷　(清)朱桓輯　清光緒二十四年(1898)聚興書局石印本　七冊　存二十一卷(一至二十一)

360000－1901－0016469　805439
歷代名臣言行錄二十四卷　(清)朱桓輯　清光緒二十四年(1898)聚興書局石印本　二冊　存六卷(一至六)

360000－1901－0016470　303862
歷代名臣言行錄二十四卷　(清)朱桓輯　清光緒二十四年(1898)掃葉山房石印本　八冊

360000－1901－0016471　900560
歷代名臣言行錄二十四卷　(清)朱桓輯　清光緒二十五年(1899)求新書局石印本　八冊

360000－1901－0016472　900557
歷代名臣言行錄二十四卷　(清)朱桓輯　清光緒二十一年(1895)文海書局石印本　八冊

360000－1901－0016473　400634
歷代名臣言行錄二十四卷　(清)朱桓輯　清光緒刻本　七冊　存八卷(三、八至九、十一至十四、二十一)

360000－1901－0016474　400634－1
歷代名臣言行錄二十四卷　(清)朱桓輯　清光緒刻本　一冊　存一卷(十一)

360000－1901－0016475　400652
歷代名臣言行錄二十四卷　(清)朱桓輯　清光緒三十年(1904)上海錦章書局石印本　八冊

360000－1901－0016476　400653
歷代名臣言行錄二十四卷　(清)朱桓輯　清光緒三十年(1904)上海錦章書局石印本　八冊

360000－1901－0016477　400644
歷代名臣言行錄二十四卷　(清)朱桓輯　清光緒三十年(1904)上海商務印書館鉛印本　八冊

360000－1901－0016478　400642
歷代名臣言行錄二十四卷　(清)朱桓輯　清光緒三十年(1904)上海同文升記書局鉛印本　十二冊

360000－1901－0016479　400643
歷代名臣言行錄二十四卷　(清)朱桓輯　清光緒三十年(1904)上海同文升記書局鉛印本　十二冊

360000－1901－0016480　400656
歷代名臣言行錄二十四卷　(清)朱桓輯　清光緒三十一年(1905)上海久敬齋石印本　七冊　存十九卷(一至三、七至十三、十六至二十四)

360000－1901－0016481　400635
歷代名臣言行錄二十四卷　(清)朱桓輯　清光緒十二年(1886)鉛印本　十二冊

360000－1901－0016482　400660
歷代名臣言行錄二十四卷　(清)朱桓輯　清光緒十二年(1886)鉛印本　六冊　存十二卷(五至八、十三至十六、十九至二十二)

360000－1901－0016483　306530
歷代名臣言行錄二十四卷　(清)朱桓輯　清光緒十二年(1886)上海文盛書局石印本　七冊　存二十一卷(一至十六、二十至二十四)

360000－1901－0016484　308880
歷代名臣言行錄二十四卷　(清)朱桓輯　清光緒十七年(1891)上海廣百宋齋鉛印本　十二冊

360000－1901－0016485　400637
歷代名臣言行錄二十四卷　(清)朱桓輯　清光緒十七年(1891)上海廣百宋齋鉛印本　十二冊

360000－1901－0016486　400638
歷代名臣言行錄二十四卷　(清)朱桓輯　清光緒十七年(1891)上海廣百宋齋鉛印本　十二冊

360000－1901－0016487　400639
歷代名臣言行錄二十四卷　(清)朱桓輯　清光緒十七年(1891)上海廣百宋齋鉛印本　十

二册

360000－1901－0016488　300305
歷代名臣言行錄二十四卷　(清)朱桓輯　清光緒十一年(1885)刻本　三十二册

360000－1901－0016489　400629
歷代名臣言行錄二十四卷　(清)朱桓輯　清光緒十一年(1885)刻本　二十八册　存二十二卷(一至十六、十八至二十二、二十四)

360000－1901－0016490　303867
歷代名臣言行錄二十四卷　(清)朱桓輯　清光緒元年(1875)刻本　三十册

360000－1901－0016491　400627
歷代名臣言行錄二十四卷　(清)朱桓輯　清光緒元年(1875)刻本　三十二册

360000－1901－0016492　400630
歷代名臣言行錄二十四卷　(清)朱桓輯　清光緒元年(1875)刻本　二十四册

360000－1901－0016493　400631
歷代名臣言行錄二十四卷　(清)朱桓輯　清光緒元年(1875)刻本　二十一册　存十四卷(二、十至十六、十八至二十三)

360000－1901－0016494　400633
歷代名臣言行錄二十四卷　(清)朱桓輯　清光緒元年(1875)刻本　十一册　存十一卷(三、五、九、十一至十五、二十至二十二)

360000－1901－0016495　312160
歷代名臣言行錄二十四卷　(清)朱桓輯　清嘉慶二年(1797)刻本　四十册

360000－1901－0016496　400626
歷代名臣言行錄二十四卷　(清)朱桓輯　清嘉慶二年(1797)刻本　三十二册

360000－1901－0016497　400628
歷代名臣言行錄二十四卷　(清)朱桓輯　清嘉慶二年(1797)刻本　三十一册　存二十三卷(一至十六、十八至二十四)

360000－1901－0016498　303319
歷代名臣言行錄二十四卷　(清)朱桓輯　清嘉慶十二年(1807)刻本　三十二册

360000－1901－0016499　312159
歷代名臣言行錄二十四卷　(清)朱桓輯　清嘉慶十二年(1807)刻本　三十二册

360000－1901－0016500　400634－2
歷代名臣言行錄二十四卷　(清)朱桓輯　清刻本　一册　存一卷(十三)

360000－1901－0016501　400662
歷代名臣言行錄二十四卷　(清)朱桓輯　清末廣益書局石印本(卷一至三配清光緒三十一年育文書局石印本)　八册

360000－1901－0016502　900559
歷代名臣言行錄二十四卷　(清)朱桓輯　清末上海文盛書局石印本　八册

360000－1901－0016503　400641
歷代名臣言行錄二十四卷　(清)朱桓輯　清末石印本　八册

360000－1901－0016504　400654
歷代名臣言行錄二十四卷　(清)朱桓輯　清末石印本　三册　存九卷(四至六、十一至十三、十七至十九)

360000－1901－0016505　400655
歷代名臣言行錄二十四卷　(清)朱桓輯　清末石印本　三册　存十卷(四至十一、二十至二十一)

360000－1901－0016506　400657
歷代名臣言行錄二十四卷　(清)朱桓輯　清末石印本　四册　存十二卷(八至十一、十三至十八、二十一至二十二)

360000－1901－0016507　400659
歷代名臣言行錄二十四卷　(清)朱桓輯　清末石印本　五册　存十五卷(四至十一、十五至二十一)

360000－1901－0016508　400663
歷代名臣言行錄二十四卷　(清)朱桓輯　清末石印本　八册　存二十卷(二至十九、二十一至二十二)

360000－1901－0016509　400664

歷代名臣言行錄二十四卷　(清)朱桓輯　清末石印本　二冊　存六卷(九至十一、十七至十九)

360000－1901－0016510　400632

歷代名臣言行錄二十四卷　(清)朱桓輯　清同治四年(1865)刻本　十七冊　存十七卷(一、三、七至八、十至二十二)

360000－1901－0016511　803020

歷代名臣奏議策論二十卷　(清)恥不逮齋主人輯　清末石印本　一冊　存二卷(十九至二十)

360000－1901－0016512　164586

歷代名臣奏議三百十九卷　(明)黄淮　(明)楊士奇等輯　(明)張溥删正　明崇禎刻本　五十冊

360000－1901－0016513　164592

歷代名臣奏議三百十九卷　(明)黄淮　(明)楊士奇等輯　(明)張溥删正　明崇禎刻本　四十冊

360000－1901－0016514　164593

歷代名臣奏議三百十九卷　(明)黄淮　(明)楊士奇等輯　(明)張溥删正　明崇禎刻本　八十冊

360000－1901－0016515　220513

歷代名臣奏議三百五十卷　(明)黄淮　(明)楊士奇等輯　(明)張溥删正　明崇禎東觀閣刻本　十五冊　存七十四卷(一至二十三、一百五至一百十九、三百五至三百四十)

360000－1901－0016516　220512

歷代名臣奏議三百五十卷　(明)黄淮　(明)楊士奇等輯　(明)張溥删正　明永樂内府刻本　二冊　存五卷(三百九至三百十三)

360000－1901－0016517　418581

歷代名臣奏議三百五十卷　(明)黄淮　(明)楊士奇等輯　(明)張溥删正　明崇禎刻本　八冊　存三十卷(三十四至三十六、四十七至五十二、七十四至七十六、八十一至八十四、一百二十二至一百二十五、一百六十三至一百六十四、二百五十一至二百五十三、二百六十二至二百六十六)

360000－1901－0016518　418582

歷代名臣奏議三百五十卷　(明)黄淮　(明)楊士奇等輯　(明)張溥删正　明永樂内府刻本　三冊　存七卷(四十八至四十九、五十六至五十八、一百八十九至一百九十)

360000－1901－0016519　407805

歷代名臣奏議選三十卷　(清)趙承恩輯　清末石印本　三冊　存十二卷(宋名臣奏議選五至六、金名臣奏議選一、元名臣奏議選一、明名臣奏議選一至八)

360000－1901－0016520　122359

歷代名臣奏議選三十卷　(清)趙承恩輯　清同治十三年(1874)紅杏山房刻本　二十冊

360000－1901－0016521　122360

歷代名臣奏議選三十卷　(清)趙承恩輯　清同治十三年(1874)紅杏山房刻本　二十二冊　缺五卷(唐名臣奏議選三卷、五代名臣奏議選一卷、宋代名臣奏議選一卷)

360000－1901－0016522　400581

歷代名吏錄四卷　(清)張星徽撰　清雍正十一年(1733)湖山草堂刻本　二冊　存二卷(一至二)

360000－1901－0016523　301220

歷代名人年譜十卷附一卷　(清)吳榮光撰　清光緒元年(1875)南海張蔭桓刻本　十冊

360000－1901－0016524　314238

歷代名人年譜十卷附一卷　(清)吳榮光撰　清光緒元年(1875)南海張蔭桓刻本　十冊

360000－1901－0016525　307721

歷代名人年譜十卷附一卷　(清)吳榮光撰　清光緒元年(1875)樵山草堂刻本　七冊　存八卷(一至七、附一卷)

360000－1901－0016526　163240

歷代名人書劄二卷　吳曾祺輯　清光緒三十

四年(1908)上海商務印書館鉛印本　二册

360000－1901－0016527　163235
歷代名人小簡二卷　吴曾祺輯　清光緒三十四年(1908)上海商務印書館鉛印本　二册

360000－1901－0016528　418140
歷代名人小簡二卷　吴曾祺輯　清宣統三年(1911)上海商務印書館鉛印本　七册

360000－1901－0016529　123398
歷代名儒傳八卷　(清)朱軾　(清)蔡世遠輯　清古唐朱氏古懽齋刻本　四册

360000－1901－0016530　410290
歷代名儒傳八卷　(清)朱軾　(清)蔡世遠輯　清古唐朱氏古懽齋刻本　二册　存四卷(一至二、五至六)

360000－1901－0016531　410290－1
歷代名儒傳八卷　(清)朱軾　(清)蔡世遠輯　清古唐朱氏古懽齋刻本　一册　存二卷(一至二)

360000－1901－0016532　122365
歷代名儒傳八卷　(清)朱軾　(清)蔡世遠輯　清古塘朱氏古懽齋刻本　四册

360000－1901－0016533　410320
歷代名儒傳八卷　(清)朱軾　(清)蔡世遠輯　清光緒二十三年(1897)朱衡等刻朱文端公藏書本　四册

360000－1901－0016534　410321
歷代名儒傳八卷　(清)朱軾　(清)蔡世遠輯　清光緒二十三年(1897)朱衡等刻朱文端公藏書本　二册

360000－1901－0016535　410319
歷代名儒傳八卷　(清)朱軾　(清)蔡世遠輯　清雍正刻朱文端公藏書本　三册

360000－1901－0016536　601835
歷代名儒傳八卷　(清)朱軾　(清)蔡世遠輯　清雍正刻朱文端公藏書本　三册

360000－1901－0016537　220409
歷代名儒傳八卷　(清)朱軾　(清)蔡世遠輯　清雍正七年(1729)刻朱文端公藏書本　二册

360000－1901－0016538　220410
歷代名儒傳八卷　(清)朱軾　(清)蔡世遠輯　清雍正七年(1729)刻朱文端公藏書本　四册

360000－1901－0016539　220411
歷代名儒傳八卷　(清)朱軾　(清)蔡世遠輯　清雍正七年(1729)刻朱文端公藏書本　四册

360000－1901－0016540　410287
歷代名儒傳八卷歷代名臣傳三十五卷續編五卷歷代循吏傳八卷　(清)朱軾　(清)蔡世遠輯　清古唐朱氏古懽齋刻本　二十四册　缺五卷(續編五卷)

360000－1901－0016541　410288
歷代名儒傳八卷歷代名臣傳三十五卷續編五卷歷代循吏傳八卷　(清)朱軾　(清)蔡世遠輯　清古唐朱氏古懽齋刻本　十八册　缺五卷(續編五卷)

360000－1901－0016542　410289
歷代名儒傳八卷歷代名臣傳三十五卷續編五卷歷代循吏傳八卷　(清)朱軾　(清)蔡世遠輯　清古唐朱氏古懽齋刻本　二十五册　缺十二卷(歷代名臣傳二十八至三十四、續編五卷)

360000－1901－0016543　312650
歷代名賢齒譜九卷　(清)易宗涒輯　清雍正三年(1725)賜書堂刻本　九册

360000－1901－0016544　220341
歷代名賢齒譜九卷歷代名媛齒譜三卷　(清)易宗涒輯　清雍正三年(1725)賜書堂刻乾隆六十年(1795)補刻本　二十册

360000－1901－0016545　220342
歷代名賢齒譜九卷歷代名媛齒譜三卷　(清)易宗涒輯　清雍正三年(1725)賜書堂刻乾隆六十年(1795)補刻本　五册　存五卷(歷代名賢齒譜八至九、歷代名媛齒譜三卷)

360000－1901－0016546　400574
歷代名賢齒譜九卷歷代名媛齒譜三卷　(清)易宗涒輯　清雍正三年(1725)賜書堂刻乾隆六十年(1795)補刻本　十八冊

360000－1901－0016547　400575
歷代名賢齒譜九卷歷代名媛齒譜三卷　(清)易宗涒輯　清雍正三年(1725)賜書堂刻乾隆六十年(1795)補刻本　七冊　存四卷(二至五)

360000－1901－0016548　400587
歷代名賢列女氏姓譜一百五十七卷　(清)蕭智漢輯　清嘉慶二十年(1815)刻本　五十一冊　存七十二卷(三至六、十四至二十六、三十至三十五、五十七至六十一、六十四至六十五、六十八至七十三、七十六至八十五、八十七至八十八、九十四至九十五、九十七至一百、一百三至一百四、一百六至一百七、一百九至一百十、一百十二至一百十九、一百二十三、一百五十三至一百五十五)

360000－1901－0016549　400588
歷代名賢列女氏姓譜一百五十七卷　(清)蕭智漢輯　清嘉慶二十年(1815)刻本　十五冊　存二十三卷(十七至二十二、六十三至六十四、六十九至七十、七十八至七十九、九十、一百十一、一百十五、一百二十二、一百三十四、一百四十六至一百四十九、一百五十六至一百五十七)

360000－1901－0016550　400624
歷代名賢列女氏姓譜一百五十七卷　(清)蕭智漢輯　清嘉慶二十年(1815)刻本　五十四冊　存八十五卷(十四至十六、二十三至三十六、六十五至六十六、七十一至七十六、八十至八十九、九十一至九十八、一百四、一百八至一百十、一百十二至一百十四、一百十六至一百三十三、一百三十五至一百四十五、一百五十至一百五十五)

360000－1901－0016551　309313
歷代名賢列女氏姓譜一百五十七卷　(清)蕭智漢輯　清刻本　八十九冊　存七十六卷(二至五、十、十三至十四、十七、二十九至三十、三十二、三十四、四十四至四十八、五十一至五十二、五十四、五十六、五十九至六十、六十四至七十五、七十七至八十九、九十二、九十六至九十七、一百至一百一、一百九至一百十、一百十二、一百十六至一百十七、一百二十二、一百二十五至一百二十七、一百四十三至一百五十六)

360000－1901－0016552　220343
歷代名賢列女氏姓譜一百五十七卷　(清)蕭智漢輯　清乾隆五十七年(1792)刻本　六十冊　存七十二卷(二十至九十一)

360000－1901－0016553　400589
歷代名賢史論統編五十卷　(清)李祓輯　清光緒二十八年(1902)上海石印書局石印本　十五冊　存四十八卷(一至九、十二至五十)

360000－1901－0016554　409881
歷代名媛尺牘二卷　(清)陳詔輯　清水鏡山房刻本　二冊

360000－1901－0016555　312173
歷代名媛圖說二卷　(漢)劉向撰　(明)汪氏輯　(明)仇英繪圖　清光緒五年(1879)點石齋石印本　二冊

360000－1901－0016556　400591
歷代女才子手簡二卷　(清)明明學社編　清宣統元年(1909)鴻寶齋石印本　二冊

360000－1901－0016557　400578
歷代神仙史八卷　(清)王建章輯　清末江左書林石印本　一冊　存二卷(三至四)

360000－1901－0016558　230636
歷代神仙通鑑三集二十二卷像一卷　(清)徐衜等撰　清康熙刻本　十一冊　存十一卷(二至八、十至十一、十八,像一卷)

360000－1901－0016559　316546
歷代詩發四十二卷　(清)范大士評選　(清)王仲儒評　(清)邵幹輯　清康熙慮白山房刻本　六冊　存二十二卷(一至二十二)

360000－1901－0016560　400567

歷代史表五十九卷　(清)萬斯同撰　清光緒十九年(1893)上海古香閣石印本　四册　存二十七卷(一至四、十八至四十)

360000－1901－0016561　161978

歷代史表五十九卷　(清)萬斯同撰　清光緒十五年(1889)廣雅書局刻本　六册

360000－1901－0016562　308815

歷代史論十二卷　(明)張溥撰　清光緒刻本　一册　存二卷(九至十)

360000－1901－0016563　304348

歷代史論十二卷　(明)張溥撰　清光緒五年(1879)刻本　四册

360000－1901－0016564　306537

歷代史論十二卷　(明)張溥撰　清光緒五年(1879)上洋珍藝書局鉛印本　二册　存五卷(一至二、十至十二)

360000－1901－0016565　400265

歷代史論十二卷宋史論三卷元史論一卷　(明)張溥撰　**左傳史論二卷**　(清)高士奇撰　**明史論四卷**　(清)谷應泰撰　清光緒二十四年(1898)圖書集成局鉛印本　六册　存二十卷(歷代史論三至十二、宋史論三卷、元史論一卷、左傳史論二卷、明史論四卷)

360000－1901－0016566　303874

歷代史論十二卷宋史論三卷元史論一卷　(明)張溥撰　**左傳史論二卷**　(清)高士奇撰　**明史論四卷**　(清)谷應泰撰　清光緒二十四年(1898)圖書集成局石印本　六册　缺二卷(左傳史論二卷)

360000－1901－0016567　309619

歷代史論十二卷宋史論三卷元史論一卷　(明)張溥撰　**左傳史論二卷**　(清)高士奇撰　**明史論四卷**　(清)谷應泰撰　清光緒二十四年(1898)圖書集成局石印本　三册　存十卷(歷代史論一至六、宋史論三卷、元史論一卷)

360000－1901－0016568　400250－2

歷代史論十二卷宋史論三卷元史論一卷　(明)張溥撰　**左傳史論二卷**　(清)高士奇撰　**明史論四卷**　(清)谷應泰撰　清光緒十八年(1892)紫文書局刻本　九册　缺二卷(宋史論一至二)

360000－1901－0016569　400255

歷代史論十二卷宋史論三卷元史論一卷　(明)張溥撰　**左傳史論二卷**　(清)高士奇撰　**明史論四卷**　(清)谷應泰撰　清光緒十二年(1886)刻本　八册

360000－1901－0016570　400256

歷代史論十二卷宋史論三卷元史論一卷　(明)張溥撰　**左傳史論二卷**　(清)高士奇撰　**明史論四卷**　(清)谷應泰撰　清光緒十二年(1886)刻本　六册　存十八卷(歷代史論十二卷、宋史論一至二、元史論一卷、明史論一至三)

360000－1901－0016571　400257

歷代史論十二卷宋史論三卷元史論一卷　(明)張溥撰　**左傳史論二卷**　(清)高士奇撰　**明史論四卷**　(清)谷應泰撰　清光緒十二年(1886)刻本　六册　存十三卷(歷代史論一至七、十一至十二,宋史論三卷,元史論一卷)

360000－1901－0016572　400258

歷代史論十二卷宋史論三卷元史論一卷　(明)張溥撰　**左傳史論二卷**　(清)高士奇撰　**明史論四卷**　(清)谷應泰撰　清光緒十二年(1886)刻本　四册　存九卷(歷代史論一至三、七至十,明史論一至二)

360000－1901－0016573　400259

歷代史論十二卷宋史論三卷元史論一卷　(明)張溥撰　**左傳史論二卷**　(清)高士奇撰　**明史論四卷**　(清)谷應泰撰　清光緒十二年(1886)刻本　五册　存十二卷(歷代史論五至十二、宋史論一至二、左傳史論二卷)

360000－1901－0016574　400260

歷代史論十二卷宋史論三卷元史論一卷　(明)張溥撰　**左傳史論二卷**　(清)高士奇撰

明史論四卷　(清)谷應泰撰　清光緒十二年(1886)刻本　二册　存五卷(元史論一卷、明史論四卷)

360000－1901－0016575　306533
歷代史論十二卷宋史論三卷元史論一卷　(明)張溥撰　**左傳史論二卷**　(清)高士奇撰　**明史論四卷**　(清)谷應泰撰　清光緒十二年(1886)兩儀堂刻本　九册

360000－1901－0016576　400261
歷代史論十二卷宋史論三卷元史論一卷　(明)張溥撰　**左傳史論二卷**　(清)高士奇撰　**明史論四卷**　(清)谷應泰撰　清光緒十三年(1887)刻朱墨套印本　八册

360000－1901－0016577　400262
歷代史論十二卷宋史論三卷元史論一卷　(明)張溥撰　**左傳史論二卷**　(清)高士奇撰　**明史論四卷**　(清)谷應泰撰　清光緒十三年(1887)刻朱墨套印本　四册　存十二卷(歷代史論十二卷)

360000－1901－0016578　400264
歷代史論十二卷宋史論三卷元史論一卷　(明)張溥撰　**左傳史論二卷**　(清)高士奇撰　**明史論四卷**　(清)谷應泰撰　清光緒十一年(1885)粤東文陞閣刻本　七册　存十六卷(歷代史論一至三、七至八、十至十二,宋史論三卷,元史論一卷,明史論四卷)

360000－1901－0016579　400251
歷代史論十二卷宋史論三卷元史論一卷　(明)張溥撰　**左傳史論二卷**　(清)高士奇撰　**明史論四卷**　(清)谷應泰撰　清光緒文餘堂刻本　十二册

360000－1901－0016580　400252
歷代史論十二卷宋史論三卷元史論一卷　(明)張溥撰　**左傳史論二卷**　(清)高士奇撰　**明史論四卷**　(清)谷應泰撰　清光緒文餘堂刻本　十册　存十六卷(歷代史論一至七、九至十二,宋史論三,明史論四卷)

360000－1901－0016581　400253
歷代史論十二卷宋史論三卷元史論一卷　(明)張溥撰　**左傳史論二卷**　(清)高士奇撰　**明史論四卷**　(清)谷應泰撰　清光緒文餘堂刻本　九册　存十八卷(歷代史論十二卷、宋史論三、元史論一卷、明史論四卷)

360000－1901－0016582　400254
歷代史論十二卷宋史論三卷元史論一卷　(明)張溥撰　**左傳史論二卷**　(清)高士奇撰　**明史論四卷**　(清)谷應泰撰　清光緒文餘堂刻本　六册　存十七卷(歷代史論十二卷、宋史論三卷、元史論一卷、明史論一)

360000－1901－0016583　312326
歷代史論十二卷宋史論三卷元史論一卷　(明)張溥撰　**左傳史論二卷**　(清)高士奇撰　**明史論四卷**　(清)谷應泰撰　清光緒五年(1879)吉安裴氏成都文餘堂刻本　十册

360000－1901－0016584　308089
歷代史論十二卷宋史論三卷元史論一卷　(明)張溥撰　**左傳史論二卷**　(清)高士奇撰　**明史論四卷**　(清)谷應泰撰　清光緒五年(1879)刻本　七册

360000－1901－0016585　307954
歷代史論十二卷宋史論三卷元史論一卷　(明)張溥撰　**左傳史論二卷**　(清)高士奇撰　**明史論四卷**　(清)谷應泰撰　清刻本　七册　缺二卷(左傳史論二卷)

360000－1901－0016586　400263
歷代史論十二卷宋史論三卷元史論一卷　(明)張溥撰　**左傳史論二卷**　(清)高士奇撰　**明史論四卷**　(清)谷應泰撰　清刻本　四册　存七卷(歷代史論四至八、明史論二至三)

360000－1901－0016587　303830
歷代史論十二卷宋史論三卷元史論一卷　(明)張溥撰　**左傳史論二卷**　(清)高士奇撰　**明史論四卷**　(清)谷應泰撰　清刻朱墨套印本　四册　存十卷(歷代史論四至五、八至十,元史論一卷,明史論四卷)

360000－1901－0016588　400271
歷代史論十二卷宋史論三卷元史論一卷　(明)張溥撰　**左傳史論二卷**　(清)高士奇撰　**明史論四卷**　(清)谷應泰撰　清末鉛印本　一冊　存五卷(元史論一卷、明史論四卷)

360000－1901－0016589　400268
歷代史論十二卷宋史論三卷元史論一卷附史論一編四卷　(明)張溥撰　**左傳史論二卷**　(清)高士奇撰　**明史論四卷**　(清)谷應泰撰　清光緒二十四年(1898)上海書局石印本　一冊　存四卷(元史論一卷、明史論一至三)

360000－1901－0016590　400269
歷代史論十二卷宋史論三卷元史論一卷附史論一編四卷　(明)張溥撰　**左傳史論二卷**　(清)高士奇撰　**明史論四卷**　(清)谷應泰撰　清光緒二十四年(1898)上海書局石印本　六冊

360000－1901－0016591　400270
歷代史論十二卷宋史論三卷元史論一卷附史論一編四卷　(明)張溥撰　**左傳史論二卷**　(清)高士奇撰　**明史論四卷**　(清)谷應泰撰　清光緒二十四年(1898)上海書局石印本　四冊　存十九卷(歷代史論十二卷、元史論一卷、左傳史論二卷、明史論四卷)

360000－1901－0016592　400270－1
歷代史論十二卷宋史論三卷元史論一卷附史論一編四卷　(明)張溥撰　**左傳史論二卷**　(清)高士奇撰　**明史論四卷**　(清)谷應泰撰　清光緒二十四年(1898)上海書局石印本　一冊　存五卷(元史論一卷、明史論四卷)

360000－1901－0016593　900567
歷代史論一編四卷　(明)張溥撰　清光緒五年(1879)敏德堂刻本　四冊

360000－1901－0016594　310042
歷代史略鼓詞一卷　(明)賈鳧西撰　清同治九年(1870)刻本　一冊

360000－1901－0016595　164227
歷代史略六卷　柳詒徵撰　清光緒二十八年(1902)江楚書局刻本　八冊

360000－1901－0016596　164228
歷代史略六卷　柳詒徵撰　清光緒二十八年(1902)江楚書局刻本　八冊

360000－1901－0016597　162037
歷代史略六卷　柳詒徵撰　清光緒二十八年(1902)江楚書局刻本　八冊

360000－1901－0016598　162038
歷代史略六卷　柳詒徵撰　清光緒二十八年(1902)江楚書局刻本　八冊

360000－1901－0016599　162039
歷代史略六卷　柳詒徵撰　清光緒二十八年(1902)江楚書局刻本　八冊

360000－1901－0016600　900537
歷代史略六卷　柳詒徵撰　清光緒二十八年(1902)江楚書局刻本　八冊

360000－1901－0016601　900538
歷代史略六卷　柳詒徵撰　清光緒二十八年(1902)江楚書局刻本　八冊

360000－1901－0016602　900539
歷代史略六卷　柳詒徵撰　清光緒二十八年(1902)江楚書局刻本　八冊

360000－1901－0016603　900540
歷代史略六卷　柳詒徵撰　清光緒二十八年(1902)江楚書局刻本　八冊

360000－1901－0016604　900541
歷代史略六卷　柳詒徵撰　清光緒二十八年(1902)江楚書局刻本　五冊　存五卷(一至二、四至六)

360000－1901－0016605　900541－1
歷代史略六卷　柳詒徵撰　清光緒二十八年(1902)江楚書局刻本　一冊　存一卷(四)

360000－1901－0016606　805251
歷代史略六卷　柳詒徵撰　清刻本　二冊　存一卷(三)

360000－1901－0016607　220276

歷代史纂左編一百四十二卷 （明）唐順之輯 明萬曆三十九年（1611）吳用先等刻本（卷三十三至三十四、三十七、八十六、一百十八至一百二十四配明抄本） 六十九册 缺三十三卷（十七、二十二、三十五至三十六、三十八、四十一至四十四、五十六、六十四至七十、七十七至七十八、八十一、八十四至八十五、九十二、九十五至九十六、一百二、一百十一至一百十三、一百二十六至一百二十九）

360000－1901－0016608 161848
歷代世系紀年編一卷 （清）姚文田輯 清光緒三十二年（1906）豐城高等小學堂刻本 一册

360000－1901－0016609 162011
歷代世系紀年編一卷 （清）姚文田輯 清光緒三十二年（1906）豐城高等小學堂刻本 一册

360000－1901－0016610 400409
歷代通鑑紀畧便讀一卷 （清）田宗淵輯 清光緒二十八年（1902）新雅書局刻本 二册

360000－1901－0016611 220178
歷代通鑑纂要九十二卷 （明）李東陽 （明）劉機等撰 明刻本 二册 存五卷（九至十、六十至六十二）

360000－1901－0016612 220177
歷代通鑑纂要九十二卷 （明）李東陽 （明）劉機等撰 明正德二年（1507）内府刻本 六十册

360000－1901－0016613 311789
歷代通鑑纂要九十二卷 （明）李東陽 （明）劉機等撰 清光緒二十三年（1897）廣雅書局刻本 四十八册

360000－1901－0016614 415750
歷代通鑑纂要九十二卷 （明）李東陽 （明）劉機等撰 清光緒二十三年（1897）廣雅書局刻本 十七册 存三十卷（一至十四、四十九至六十四）

360000－1901－0016615 162058
歷代統紀表十三卷 （清）段長基撰 清同治四年（1865）味古山房刻本 十二册

360000－1901－0016616 241264
歷代文選十四卷 （明）淩雲翼輯 明嘉靖四十年（1561）淩雲翼刻本 二十册

360000－1901－0016617 220396
歷代相臣傳一百六十八卷 （明）魏顯國撰 明萬曆三十四年（1606）鄧以誥刻本 三册 存十八卷（北齊相臣傳六、北周相臣傳七、隋相臣傳一至二、唐相臣傳三十九至四十二、五季梁唐相臣傳一至二、宋相臣傳九至十六）

360000－1901－0016618 220239
歷代小史 （明）李栻輯 明萬曆十二年（1584）趙氏刻本 三十册

360000－1901－0016619 410291
歷代循吏傳八卷 （清）朱軾 （清）蔡世遠輯 清古唐朱氏古懽齋刻本 四册 存七卷（一、三至八）

360000－1901－0016620 410292
歷代循吏傳八卷 （清）朱軾 （清）蔡世遠輯 清古唐朱氏古懽齋刻本 三册 存六卷（一至六）

360000－1901－0016621 410292－1
歷代循吏傳八卷 （清）朱軾 （清）蔡世遠輯 清古唐朱氏古懽齋刻本 一册 存二卷（三至四）

360000－1901－0016622 122371
歷代循吏傳八卷 （清）朱軾 （清）蔡世遠輯 清光緒二十三年（1897）朱衡等刻朱文端公藏書本 四册

360000－1901－0016623 122372
歷代循吏傳八卷 （清）朱軾 （清）蔡世遠輯 清光緒二十三年（1897）朱衡等刻朱文端公藏書本 四册

360000－1901－0016624 410325
歷代循吏傳八卷 （清）朱軾 （清）蔡世遠輯 清光緒二十三年（1897）朱衡等刻朱文端公

藏書本　四册　存六卷(一至二、五至八)

360000－1901－0016625　122369
歷代循吏傳八卷　(清)朱軾　(清)蔡世遠輯　清同治刻本　六册

360000－1901－0016626　122370
歷代循吏傳八卷　(清)朱軾　(清)蔡世遠輯　清同治刻本　四册

360000－1901－0016627　123399
歷代循吏傳八卷　(清)朱軾　(清)蔡世遠輯　清同治刻本　四册

360000－1901－0016628　410322
歷代循吏傳八卷　(清)朱軾　(清)蔡世遠輯　清雍正刻朱文端公藏書本　二册

360000－1901－0016629　410323
歷代循吏傳八卷　(清)朱軾　(清)蔡世遠輯　清雍正刻朱文端公藏書本　二册

360000－1901－0016630　410324
歷代循吏傳八卷　(清)朱軾　(清)蔡世遠輯　清雍正刻朱文端公藏書本　二册　存四卷(一至二、七至八)

360000－1901－0016631　410324－1
歷代循吏傳八卷　(清)朱軾　(清)蔡世遠輯　清雍正刻朱文端公藏書本　一册　存二卷(二至三)

360000－1901－0016632　601837
歷代循吏傳八卷　(清)朱軾　(清)蔡世遠輯　清雍正刻朱文端公藏書本　一册　存四卷(五至八)

360000－1901－0016633　601838
歷代循吏傳八卷　(清)朱軾　(清)蔡世遠輯　清雍正刻朱文端公藏書本　一册　存三卷(六至八)

360000－1901－0016634　410258
歷代沿革表三卷　(清)段長基撰　(清)段搢書參注　清嘉慶二十二年(1817)小酉山房刻本　二册

360000－1901－0016635　314706
歷代沿革表三卷　(清)段長基撰　(清)段搢書參注　清嘉慶二十年(1815)味古山房刻本　十册

360000－1901－0016636　162057
歷代輿地圖　楊守敬　饒敦秩撰　熊會貞繪　清光緒三十二年(1906)觀海堂刻朱墨套印本　三十四册

360000－1901－0016637　162056
歷代輿地沿革險要圖一卷　楊守敬　饒敦秩撰　熊會貞繪　清光緒二十二年(1896)石印本　一册

360000－1901－0016638　416703
歷代輿地沿革險要圖一卷　楊守敬　饒敦秩撰　熊會貞繪　清光緒三十二年(1906)觀海堂刻朱墨套印歷代輿地圖本　一册

360000－1901－0016639　164258
歷代輿地沿革險要圖一卷　楊守敬　饒敦秩撰　熊會貞繪　清光緒五年(1879)東湖饒氏刻本　一册

360000－1901－0016640　303863
歷代政治類編十二卷　(清)柴紹炳纂　清光緒二十七年(1901)上海自強局石印本　六册

360000－1901－0016641　302935
歷代鐘鼎彝器欵識法帖二十卷　(宋)薛尚功撰　清嘉慶二年(1797)儀徵阮元刻本　四册

360000－1901－0016642　315606
歷代鐘鼎彝器欵識法帖二十卷　(宋)薛尚功撰　清嘉慶二年(1797)儀徵阮元刻本　四册

360000－1901－0016643　410275
歷代鐘鼎彝器欵識法帖二十卷　(宋)薛尚功撰　清嘉慶二年(1797)儀徵阮元刻本　五册

360000－1901－0016644　410273
歷代鐘鼎彝器欵識法帖二十卷　(宋)薛尚功撰　清末石印本　一册　存五卷(六至十)

360000－1901－0016645　900974－1
歷代鐘鼎彝器欵識法帖十九卷　(宋)薛尚功撰　清末上海書局影印本　一册　存三卷

(一至三)

360000－1901－0016646　164524
歷代鐘鼎彝器欵識法帖摘錄一卷　(□)□□輯　清抄本　一冊

360000－1901－0016647　122376
歷官表奏十六卷　(明)嚴嵩撰　清嘉慶十七年(1812)嚴秉章刻本　四冊

360000－1901－0016648　307181
歷科策選類編不分卷　(清)張鶴齡輯　清光緒八年(1882)青選書屋刻本　十冊

360000－1901－0016649　901745
歷科程墨所見集不分卷　(清)王步青輯　清乾隆十年(1745)刻本　二冊

360000－1901－0016650　901748
歷科程墨文室十帙　(清)韓敬輯　清刻本　一冊　存一帙(八)

360000－1901－0016651　120937
歷科典試題名鼎甲錄清朝四卷明朝二卷　(清)饒玉成輯　清光緒元年(1875)撫州新泉饒氏雙峰書屋刻本　二冊　存二卷(明朝二卷)

360000－1901－0016652　308828
歷科殿試策不分卷　(清)黃思永等撰　清光緒刻本　一冊

360000－1901－0016653　901746
歷科房考酌雅集不分卷　(清)夏之蓉輯　清刻本　二冊

360000－1901－0016654　416354
歷科後場文性理論啃鳳六卷　(清)吳濯泉(清)汪敬堂輯並注　清刻本　三冊

360000－1901－0016655　416354－1
歷科後場文性理論啃鳳六卷　(清)吳濯泉(清)汪敬堂輯並注　清刻本　一冊　存二卷(一至二)

360000－1901－0016656　900824
歷科會試詩三卷　(清)任以治輯　清嘉慶二十一年(1816)刻本　一冊

360000－1901－0016657　900827
歷科試策大成二編不分卷　(清)□□輯　清光緒十四年(1888)石印本　六冊

360000－1901－0016658　900826
歷科試策類編不分卷　(清)□□輯　清刻本　六冊

360000－1901－0016659　901760
歷科廷試狀元策十卷總考一卷　(明)焦竑輯　清雍正刻本　七冊　存八卷(一、三、五、七至十,總考一卷)

360000－1901－0016660　900820
歷科鄉會經藝精純不分卷　(清)吳癸生等撰　清刻本　八冊

360000－1901－0016661　900825
歷科鄉墨彙選不分卷　(清)蕭全等撰　清刻本　二冊

360000－1901－0016662　900823
歷科直省策備八卷　(清)林汝翼　(清)黃苐林輯　清光緒二年(1876)刻本　一冊　存三卷(一至三)

360000－1901－0016663　803524
歷科狀元不分卷附榜眼探花不分卷(明洪武四年至清道光二十年)　(清)□□輯　清抄本　一冊

360000－1901－0016664　122374
歷科狀元事考三元鼎甲策論考官試題錄八卷　(清)饒玉成輯　清光緒二年(1876)撫州新泉饒氏雙峰書屋刻本　八冊

360000－1901－0016665　711817
歷史綱鑑補四十卷首一卷　(明)袁黄纂　清刻本　一冊　存三卷(三十八至四十)

360000－1901－0016666　220304
歷史稿本不分卷　(□)□□輯　稿本　四冊

360000－1901－0016667　804269
歷史論斷不分卷　(□)□□輯　清董鍾瑞抄本　一冊

360000－1901－0016668　603863

歷陽典録三十四卷補編六卷　（清）陳廷桂纂　清同治六年（1867）和州官舍刻本　八册　存二十八卷（歷陽典録一至十二、十六至十九、二十六至三十四，補編四至六）

360000－1901－0016669　110796
歷陽典録三十四卷補編六卷　（清）陳廷桂纂　清同治六年（1867）刻光緒十二年（1886）印本　十二册

360000－1901－0016670　110797
歷陽典録三十四卷補編六卷　（清）陳廷桂纂　清同治六年（1867）刻光緒十二年（1886）印本　十二册

360000－1901－0016671　110798
歷陽典録三十四卷補編六卷　（清）陳廷桂纂　清同治六年（1867）刻光緒十二年（1886）印本　十二册

360000－1901－0016672　803058
曆府鉤圓不分卷　（明）宋安雅撰　清刻本　一册

360000－1901－0016673　401866
曆象本要一卷　（清）李光地撰　清刻本　一册

360000－1901－0016674　401865
曆學疑問三卷補二卷　（清）梅文鼎撰　清雍正元年（1723）魏荔彤刻本　一册　存三卷（曆學疑問三卷）

360000－1901－0016675　230510
曆學資考一卷算學拾遺一卷　（清）□□撰　清抄本　一册

360000－1901－0016676　161274
隸辨八卷　（清）顧藹吉撰　清光緒十三年（1887）上海蜚英館石印本　八册

360000－1901－0016677　210447
隸辨八卷　（清）顧藹吉撰　清康熙五十七年（1718）項氏玉淵堂刻本　八册

360000－1901－0016678　409683
隸辨八卷　（清）顧藹吉撰　清康熙五十七年（1718）項氏玉淵堂刻本　八册

360000－1901－0016679　603886
隸辨八卷　（清）顧藹吉撰　清刻本　七册　存七卷（二至八）

360000－1901－0016680　800908
隸辨八卷　（清）顧藹吉撰　清刻本　一册

360000－1901－0016681　414913
隸辨八卷　（清）顧藹吉撰　清末影印本　一册　存一卷（二）

360000－1901－0016682　161268
隸辨八卷　（清）顧藹吉撰　清乾隆八年（1743）天都黄晟刻本　八册

360000－1901－0016683　409684
隸辨八卷　（清）顧藹吉撰　清乾隆八年（1743）天都黄晟刻本　八册

360000－1901－0016684　409685
隸辨八卷　（清）顧藹吉撰　清乾隆八年（1743）天都黄晟刻本　八册

360000－1901－0016685　409686
隸辨八卷　（清）顧藹吉撰　清乾隆八年（1743）天都黄晟刻本　六册　存六卷（一至六）

360000－1901－0016686　409686－1
隸辨八卷　（清）顧藹吉撰　清乾隆八年（1743）天都黄晟刻本　三册　存三卷（三至五）

360000－1901－0016687　409688
隸辨八卷　（清）顧藹吉撰　清同治十二年（1873）古漁山房刻本　八册

360000－1901－0016688　409689
隸辨八卷　（清）顧藹吉撰　清同治十二年（1873）古漁山房刻本　八册

360000－1901－0016689　603887
隸辨八卷　（清）顧藹吉撰　清同治十二年（1873）古漁山房刻本　八册

360000－1901－0016690　161273

隸辨八卷　(清)顧藹吉撰　清同治十二年(1873)聚賢齋刻本　八册

360000－1901－0016691　161270
隸辨八卷　(清)顧藹吉撰　清同治十二年(1873)漁古山房刻本　八册

360000－1901－0016692　161271
隸辨八卷　(清)顧藹吉撰　清同治十二年(1873)漁古山房刻本　八册

360000－1901－0016693　161272
隸辨八卷　(清)顧藹吉撰　清同治十二年(1873)漁古山房刻本　八册

360000－1901－0016694　308748
隸法彙纂十卷　(清)項懷述編　清乾隆四十五年(1780)小西山房刻本　四册

360000－1901－0016695　308750
隸法彙纂十卷　(清)項懷述編　清乾隆四十五年(1780)小西山房刻本　四册

360000－1901－0016696　314529
隸篇十五卷續十五卷再續十五卷　(清)翟云升撰　清道光十八年(1838)東萊翟云升刻本　九册　存四十四卷(隸篇二至十五、續十五卷、再續十五卷)

360000－1901－0016697　409691
隸篇十五卷續十五卷再續十五卷　(清)翟云升撰　清道光十八年(1838)東萊翟云升刻本　十册

360000－1901－0016698　409692
隸篇十五卷續十五卷再續十五卷　(清)翟云升撰　清道光十八年(1838)東萊翟云升刻本　十一册

360000－1901－0016699　164219
隸釋二十七卷　(宋)洪适撰　清抄本　一册　存目録

360000－1901－0016700　409690
隸釋二十七卷　(宋)洪适撰　清乾隆四十二年至四十三年(1777－1778)汪日秀樓松書屋刻本　八册

360000－1901－0016701　220800
隸釋二十七卷隸續二十一卷　(宋)洪适撰　清乾隆四十二年至四十三年(1777－1778)汪日秀樓松書屋刻本　十一册

360000－1901－0016702　414895
隸書十法一卷　(明)王世茂撰　清刻本　一册

360000－1901－0016703　161278
隸韻十卷　(宋)劉球撰　**隸韻考證二卷碑目考證一卷**　(清)翁方綱撰　清嘉慶十五年(1810)秦恩復刻本　六册

360000－1901－0016704　161279
隸韻十卷　(宋)劉球撰　**隸韻考證二卷碑目考證一卷**　(清)翁方綱撰　清嘉慶十五年(1810)秦恩復刻本　十二册

360000－1901－0016705　409687
隸韻十卷　(宋)劉球撰　**隸韻考證二卷碑目考證一卷**　(清)翁方綱撰　清嘉慶十五年(1810)秦恩復刻本　六册

360000－1901－0016706　417576
麗句集不分卷　(明)許之吉輯　清初刻本　五册

360000－1901－0016707　250113
麗句集六卷　(明)許之吉輯　明天啓五年(1625)刻本　十二册

360000－1901－0016708　902341
麗澤堂試草不分卷　(清)□□撰　清刻本　一册

360000－1901－0016709　316424
櫪園詩集六卷續集二卷三集二卷　(清)李俊撰　**存齋遺詩一卷**　(清)李大仁撰　**松窗吟稿一卷**　(清)李智澄撰　清乾隆刻本　四册

360000－1901－0016710　150305
連筠簃叢書　(清)楊尚文輯　清道光二十八年(1848)靈石楊氏刻本　六十册　存四種

360000－1901－0016711　901599
連章文萃不分卷　(清)□□撰　清刻本　一

册

360000－1901－0016712　901598
連章新鵠不分卷　(清)古桃源小山氏輯　清同治六年(1867)刻本　四册

360000－1901－0016713　310254
蓮池戒殺文注一卷　(明)釋袾宏撰　清四香草堂刻本　一册

360000－1901－0016714　240844
蓮龕集十六卷首一卷　(清)李來泰撰　(清)李盛泰輯　清雍正十三年(1735)刻本　六册

360000－1901－0016715　240845
蓮龕集十六卷首一卷　(清)李來泰撰　(清)李盛泰輯　清雍正十三年(1735)刻本　六册

360000－1901－0016716　240846
蓮龕集十六卷首一卷　(清)李來泰撰　(清)李盛泰輯　清雍正十三年(1735)刻本　八册

360000－1901－0016717　405662
蓮龕集十六卷首一卷　(清)李來泰撰　(清)李盛泰輯　清雍正十三年(1735)刻本　五册　存十二卷(一至九、十四至十六)

360000－1901－0016718　601719
蓮龕集十六卷首一卷　(清)李來泰撰　(清)李盛泰輯　清雍正十三年(1735)刻本　六册

360000－1901－0016719　601720
蓮龕集十六卷首一卷　(清)李來泰撰　(清)李盛泰輯　清雍正十三年(1735)刻本　五册　存十四卷(三至十六)

360000－1901－0016720　601721
蓮龕集十六卷首一卷　(清)李來泰撰　(清)李盛泰輯　清雍正十三年(1735)刻本　五册

360000－1901－0016721　163066
蓮廊雅集一卷　江峰青撰　清光緒二十年(1894)刻本　一册

360000－1901－0016722　413857
蓮廊雅集一卷　江峰青撰　清光緒二十年(1894)刻本　一册

360000－1901－0016723　405660
蓮社詞二卷　(清)雷葆廉撰　清道光二十四年(1844)華亭雷氏詩窠刻本　一册　存一卷(一)

360000－1901－0016724　405663
蓮洋集十二卷首一卷　(清)吳雯撰　清刻本　一册　存二卷(十一至十二)

360000－1901－0016725　164216
樊山集　樊增祥撰　清光緒十九年(1893)渭南縣署刻續集二十八年(1902)西安臬署刻本　二十四册　存四十七種

360000－1901－0016726　317118
蓮洋集十二卷首一卷補遺一卷　(清)吳雯撰　清乾隆十五年(1750)劉組曾刻十六年(1751)宋弼增修本　六册

360000－1901－0016727　240922
蓮洋集十二卷首一卷補遺一卷　(清)吳雯撰　清乾隆十五年(1750)劉組曾刻十六年(1751)宋弼增修本　七册

360000－1901－0016728　803211
蓮隱居士詩稿不分卷　(清)張承綸撰　清抄本　一册

360000－1901－0016729　405658
蓮友齋詩鈔二卷　(清)王希曾撰　清宣統二年(1910)漢口書局鉛印本　二册

360000－1901－0016730　405661
蓮子居詞話四卷　(清)吳衡照輯　清道光十二年(1832)錢塘汪氏振綺堂刻本　一册　存二卷(一至二)

360000－1901－0016731　804932
濂洛風雅九卷　(清)張伯行輯　清同治五年(1866)福州正誼書院刻八年至九年(1869－1870)續刻正誼堂全書本　一册　存二卷(五至六)

360000－1901－0016732　161969
濂洛關閩六先生傳一卷　(清)羅惇衍撰　清道光二十七年(1847)金陵劉炳章刻本　一册

360000－1901－0016733　412804
濂墨軒文集一卷　崔炳炎撰　清光緒三十四年(1908)廣東學務公所印刷處鉛印本　一册

360000－1901－0016734　316320
濂亭文集八卷　(清)張裕釗撰　清光緒八年(1882)查氏木漸齋蘇州刻本　二册

360000－1901－0016735　301738
濂亭文集八卷　(清)張裕釗撰　(清)查燕緒編　清光緒八年(1882)查氏木漸齋蘇州刻本　二册

360000－1901－0016736　301740
濂亭文集八卷　(清)張裕釗撰　(清)查燕緒編　清光緒八年(1882)查氏木漸齋蘇州刻本　二册

360000－1901－0016737　412911
濂亭遺詩二卷　(清)張裕釗撰　清光緒二十一年(1895)遵義黎氏刻本　一册

360000－1901－0016738　316801
濂亭遺詩二卷遺文五卷　(清)張裕釗撰　清光緒二十一年(1895)遵義黎氏刻本　二册

360000－1901－0016739　316802
濂亭遺詩二卷遺文五卷　(清)張裕釗撰　清光緒二十一年(1895)遵義黎氏刻本　二册

360000－1901－0016740　301739
濂溪志七卷濂溪遺芳集一卷　(清)周誥輯　清道光十九年(1839)愛蓮堂刻本　四册

360000－1901－0016741　309398
濂溪志七卷濂溪遺芳集一卷　(清)周誥輯　清道光十九年(1839)刻本　四册　存七卷(濂溪志一至三、五至七,濂溪遺芳集一卷)

360000－1901－0016742　800253
聯璧詩鈔二卷　(清)舒亮衮　(清)舒亮袠撰　清刻本　一册

360000－1901－0016743　405654
聯璧詩鈔二卷　(清)舒亮衮　(清)舒亮袠撰　清乾隆刻本　一册

360000－1901－0016744　410709
聯對新紀二卷　(明)吴從先輯　明刻本　一册

360000－1901－0016745　900110
聯記樂英堂補刊案文一卷　(清)□□輯　清同治八年(1869)刻本　一册

360000－1901－0016746　711743
聯業堂綱鑑易知録九十二卷明鑑易知録十五卷　(清)吴乘權等輯　清刻本　五册　存十五卷(明鑑易知録十五卷)

360000－1901－0016747　721576
聯業堂綱鑑易知録九十二卷明鑑易知録十五卷　(清)吴乘權等輯　清刻本　一册　存三卷(六十一至六十三)

360000－1901－0016748　318132
聯珠經不分卷　(宋)司馬頭陀撰　(清)江夢得氏注　(清)湯惧其釋　清道光二年(1822)抄本　一册

360000－1901－0016749　418024
楝亭藏書十二種　(清)曹寅輯　清康熙四十五年(1706)揚州詩局刻本　二册　存四種

360000－1901－0016750　712940
楝亭藏書十二種　(清)曹寅輯　清康熙四十五年(1706)揚州詩局刻本　一册　存二種

360000－1901－0016751　800296
煉靈通功經不分卷　(□)□□撰　清抄本　一册

360000－1901－0016752　301410
練兵實紀九卷雜集六卷　(明)戚繼光撰　清道光二十三年(1843)河南聚文齋朱刻字店刻本　四册

360000－1901－0016753　308519
練兵實紀九卷雜集六卷　(明)戚繼光撰　清道光二十四年(1844)金山錢氏刻本　六册

360000－1901－0016754　416480
練兵實紀九卷雜集六卷　(明)戚繼光撰　清光緒二十一年(1895)上海醉經廔石印本　一册　存四卷(練兵實紀五至六、雜集四至五)

360000－1901－0016755　416495

練兵實紀九卷雜集六卷　（明）戚繼光撰　清光緒二十一年（1895）上海醉經樓石印本　四冊

360000－1901－0016756　301411

練兵實紀九卷雜集六卷　（明）戚繼光撰　清嘉慶二十四年（1819）刻本　六冊

360000－1901－0016757　307749

練兵實紀九卷雜集六卷　（明）戚繼光撰　清京都琉璃廠刻本　四冊

360000－1901－0016758　308039

練兵實紀九卷雜集六卷　（明）戚繼光撰　清京都琉璃廠刻本　十冊

360000－1901－0016759　314112

練兵實紀九卷雜集六卷　（明）戚繼光撰　清京都琉璃廠刻本　十冊

360000－1901－0016760　314113

練兵實紀九卷雜集六卷　（明）戚繼光撰　清京都琉璃廠刻本　四冊

360000－1901－0016761　301412

練兵實紀九卷雜集六卷　（明）戚繼光撰　清刻本　六冊

360000－1901－0016762　416689－2

練兵實紀九卷雜集六卷　（明）戚繼光撰　清無棣吳之勷刻本　六冊

360000－1901－0016763　240491

練公文集二卷首一卷練公手蹟一卷　（明）練安撰　（明）練綺增輯　**崇祀實紀一卷**　（明）王佐輯　（明）練綺增輯　**練中丞遺事一卷**　（明）郭子章輯　（明）練綺增輯　明萬曆四十一年（1613）刻清康熙補刻雍正增刻同治遞刻本　二冊

360000－1901－0016764　122299

練公文集一卷首一卷附一卷　（明）練安撰　清同治八年（1869）木活字印本　一冊

360000－1901－0016765　601737

練公文集一卷首一卷詩集一卷附一卷　（明）練安撰　清同治八年（1869）峽江學木活字印本　一冊

360000－1901－0016766　122296

練中丞集二卷附錄一卷　（明）練安撰　清光緒九年（1883）杏影園刻本　二冊

360000－1901－0016767　122297

練中丞集二卷附錄一卷　（明）練安撰　清光緒九年（1883）杏影園刻本　二冊

360000－1901－0016768　122298

練中丞集二卷附錄一卷　（明）練安撰　清光緒九年（1883）杏影園刻本　三冊

360000－1901－0016769　601735

練中丞集二卷附錄一卷遺事錄一卷雜錄一卷　（明）練安撰　清光緒九年（1883）古香齋刻本　二冊

360000－1901－0016770　601736

練中丞集二卷附錄一卷遺事錄一卷雜錄一卷　（明）練安撰　清光緒九年（1883）古香齋刻本　二冊

360000－1901－0016771　413519

練中丞集二卷附錄一卷遺事錄一卷雜錄一卷　（明）練安撰　清光緒九年（1883）刻本　二冊　缺一卷（練中丞集一）

360000－1901－0016772　413518

練中丞集二卷附錄一卷遺事錄一卷雜錄一卷　（明）練安撰　清光緒九年（1883）杏影園刻本　二冊

360000－1901－0016773　122867

練中丞金川集二卷　（明）練安撰　**遺事錄一卷雜錄一卷**　清道光二十八年（1848）刻本　二冊

360000－1901－0016774　240489

練中丞金川集二卷　（明）練安撰　**遺事錄一卷雜錄一卷**　清康熙二年（1663）高檠刻雍正增刻本　一冊

360000－1901－0016775　122294

練中丞金川集二卷　（明）練安撰　**遺事錄一**

卷雜録一卷　清乾隆二十七年(1762)刻本　二冊

360000－1901－0016776　240490
練中丞金川集二卷　(明)練安撰　**遺事録一卷雜録一卷**　清乾隆二十七年(1762)刻本　二冊

360000－1901－0016777　314134
鍊金新語不分卷　(英國)奧斯吞撰　舒高第　(清)鄭昌棪譯　清宣統三年(1911)鉛印本　三冊

360000－1901－0016778　416401
鍊石編三卷圖一卷　(英國)亨利黎特撰　舒高第　(清)鄭昌棪譯　清末上海江南製造總局鉛印本　二冊

360000－1901－0016779　802807
良方不分卷　(清)□□輯　清抄本　一冊

360000－1901－0016780　408785
良方集腋二卷　(清)謝元慶輯　清道光二十八年(1848)刻本　二冊

360000－1901－0016781　162308
良方集腋合璧一卷　(清)謝元慶輯　清刻本　一冊

360000－1901－0016782　162309
良方集腋合璧一卷　(清)謝元慶輯　清刻本　一冊

360000－1901－0016783　408841
良方一卷　(清)□□輯　清刻本　一冊

360000－1901－0016784　316759
梁簡文帝集二卷　(南朝梁)簡文帝蕭綱撰　明嘉靖刻六朝詩集本　一冊　存一卷(下)

360000－1901－0016785　411419
梁山來知德先生易經集註十六卷　(明)來知德撰　(清)崔華重訂　清刻本　六冊　存九卷(八至十六)

360000－1901－0016786　411465
梁山來知德先生易經集註十六卷首一卷　(明)來知德撰　(清)崔華重訂　清刻本　六冊　存八卷(三至六、十一至十二、十五,首一卷)

360000－1901－0016787　164136
梁書五十六卷　(唐)姚思廉撰　明崇禎六年(1633)毛氏汲古閣刻十七史本　五冊

360000－1901－0016788　717953
梁書五十六卷　(唐)姚思廉撰　明崇禎六年(1633)毛氏汲古閣刻十七史本　五冊

360000－1901－0016789　717954
梁書五十六卷　(唐)姚思廉撰　明崇禎六年(1633)毛氏汲古閣刻十七史本　六冊　存四十八卷(一至七、十至十三、二十至五十六)

360000－1901－0016790　717955
梁書五十六卷　(唐)姚思廉撰　明崇禎六年(1633)毛氏汲古閣刻十七史本　一冊　存七卷(四至十)

360000－1901－0016791　421974
分類緘腋四卷　(清)涂謙撰　清刻本　一冊　存一卷(二)

360000－1901－0016792　164017
梁書五十六卷　(唐)姚思廉撰　明萬曆三十三年(1605)北京國子監刻二十一史本　十冊

360000－1901－0016793　301955
梁書五十六卷　(唐)姚思廉撰　清初古吳趙氏刻本　八冊

360000－1901－0016794　301957
梁書五十六卷　(唐)姚思廉撰　清同治十三年(1874)金陵書局刻二十四史本　六冊

360000－1901－0016795　306046
梁書五十六卷　(唐)姚思廉撰　清同治十三年(1874)金陵書局刻二十四史本　四冊　存三十一卷(二十二至五十二)

360000－1901－0016796　308342
梁書五十六卷　(唐)姚思廉撰　清同治十三年(1874)金陵書局刻二十四史本　六冊

360000－1901－0016797　310821
梁書五十六卷　(唐)姚思廉撰　清同治十三

年(1874)金陵書局刻二十四史本　六冊

360000－1901－0016798　902493
梁谿漫志十卷　(宋)費衮撰　清光緒二十二年(1896)影宋刻本　一冊

360000－1901－0016799　164018
梁昭明文選二十四卷　(南朝梁)蕭統輯　(明)張鳳翼纂注　明刻本　六冊

360000－1901－0016800　401233
梁昭明文選二十四卷　(南朝梁)蕭統輯　(明)張鳳翼纂注　(明)路雲龍評　明紅蘭署刻本　六冊　存八卷(一、五、八至十一、十四至十五)

360000－1901－0016801　241196
梁昭明文選十二卷　(南朝梁)蕭統輯　(明)張鳳翼纂注　清康熙十一年(1672)願好堂刻本　十一冊　缺一卷(十二)

360000－1901－0016802　801461
梁昭明文選纂註評林十二卷　(南朝梁)蕭統輯　(明)張鳳翼纂注　清抄本　一冊　存一卷(四)

360000－1901－0016803　304923
兩般秋雨盦隨筆八卷　(清)梁紹壬撰　清道光十七年(1837)錢塘汪氏振綺堂刻本　六冊　存六卷(一、三至四、六至八)

360000－1901－0016804　409557
兩般秋雨盦隨筆八卷　(清)梁紹壬撰　清刻本　四冊　存四卷(一至二、七至八)

360000－1901－0016805　300751
兩般秋雨盦隨筆八卷　(清)梁紹壬撰　清文德堂刻本　八冊

360000－1901－0016806　409557－1
兩般秋雨盦隨筆八卷　(清)梁紹壬撰　清文德堂刻本　二冊　存二卷(一、八)

360000－1901－0016807　409558
兩般秋雨盦隨筆八卷　(清)梁紹壬撰　清文德堂刻本　四冊

360000－1901－0016808　300745
兩朝剝復錄六卷　(明)吳應箕撰　清同治二年(1863)江西省寓刻樓山堂遺書本　四冊

360000－1901－0016809　300754
兩朝剝復錄六卷　(明)吳應箕撰　清同治二年(1863)江西省寓刻樓山堂遺書本　四冊

360000－1901－0016810　304925
兩朝剝復錄六卷　(明)吳應箕撰　清同治二年(1863)江西省寓刻樓山堂遺書本　四冊

360000－1901－0016811　311084
兩朝剝復錄六卷　(明)吳應箕撰　清同治二年(1863)江西省寓刻樓山堂遺書本　六冊

360000－1901－0016812　220218
兩朝從信錄三十五卷　(明)沈國元撰　明崇禎刻本　八冊

360000－1901－0016813　312852
兩朝御批正續通鑑類纂二十卷　(清)松椿撰　清末和記書莊石印本　十二冊

360000－1901－0016814　316304
兩當軒集二十二卷附錄四卷　(清)黄景仁撰　**攷異二卷**　(清)黄志述撰　清光緒二年(1876)刻本　六冊

360000－1901－0016815　316542
兩當軒集二十二卷附錄四卷　(清)黄景仁撰　**攷異二卷**　(清)黄志述撰　清光緒二年(1876)刻本　六冊

360000－1901－0016816　413931
兩當軒集二十二卷附錄四卷　(清)黄景仁撰　**攷異二卷**　(清)黄志述撰　清宣統二年(1910)掃葉山房石印本　六冊

360000－1901－0016817　413932
兩當軒集二十二卷附錄四卷　(清)黄景仁撰　**攷異二卷**　(清)黄志述撰　清宣統二年(1910)掃葉山房石印本　六冊

360000－1901－0016818　413933
兩當軒集二十二卷附錄四卷　(清)黄景仁撰　**攷異二卷**　(清)黄志述撰　清宣統二年(1910)掃葉山房石印本　三冊　存十四卷

（一至四、十九至二十二，附錄四卷，攷異二卷）

360000－1901－0016819　305502
兩當軒集二十卷附錄六卷補遺二卷　（清）黄景仁撰　**攷異二卷**　（清）黄志述撰　清光緒二年（1876）刻本　四册　存十八卷（一至十八）

360000－1901－0016820　304927
兩當軒詩鈔十四卷　（清）黄景仁撰　清道光十三年（1833）廣州刻本　三册

360000－1901－0016821　413934
兩當軒詩鈔十四卷悔存詞鈔二卷　（清）黄景仁撰　清嘉慶二十二年（1817）刻本　四册

360000－1901－0016822　413935
兩當軒詩鈔十四卷悔存詞鈔二卷　（清）黄景仁撰　清嘉慶二十二年（1817）刻本　三册　存十二卷（兩當軒詩鈔一至七、十二至十四，悔存詞鈔二卷）

360000－1901－0016823　220291
兩漢博聞十二卷　（宋）楊侃輯　明嘉靖三十七年（1558）黄魯曾刻本　十册　缺二卷（十一至十二）

360000－1901－0016824　400221
兩漢策要十二卷　（宋）陶叔獻輯　清光緒二十四年（1898）上海古香閣石印本　二册　存九卷（一至二、四至十）

360000－1901－0016825　400222
兩漢策要十二卷　（宋）陶叔獻輯　清光緒十三年（1887）上海同文書局石印本　六册　存八卷（一至二、四至八、十二）

360000－1901－0016826　400223
兩漢策要十二卷　（宋）陶叔獻輯　清光緒十三年（1887）上海同文書局石印本　一册　存一卷（一）

360000－1901－0016827　802443－1
兩漢策要十二卷　（宋）陶叔獻輯　清末石印本　一册　存二卷（十一至十二）

360000－1901－0016828　241308
兩漢策要十二卷　（宋）陶叔獻輯　清乾隆五十六年（1791）如臯張朝樂刻本（卷三未刻）　八册

360000－1901－0016829　400224
兩漢策要十二卷　（宋）陶叔獻輯　清乾隆五十六年（1791）如臯張朝樂刻本（卷三未刻）　六册　存十卷（一至二、四至十、十二）

360000－1901－0016830　400875
兩漢會要一百十卷　（宋）徐天麟撰　清刻本　一册　存七卷（四十三至四十九）

360000－1901－0016831　220204
兩漢紀六十卷　（宋）王銍輯　明嘉靖二十七年（1548）黄姬水刻本　二十册

360000－1901－0016832　220205
兩漢紀六十卷　（宋）王銍輯　明萬曆二十六年（1598）南京國子監刻本　二十四册

360000－1901－0016833　220206
兩漢紀六十卷　（宋）王銍輯　清康熙三十五年（1696）襄平蔣氏樂三堂刻五十年（1711）郎廷極印本　佚名批　十六册

360000－1901－0016834　220787
兩漢金石記二十二卷　（清）翁方綱撰　清乾隆五十四年（1789）刻蘇齋叢書本　六册

360000－1901－0016835　161736
兩漢金石記二十二卷　（清）翁方綱撰　清乾隆五十四年（1789）翁方綱南昌使院刻本　六册

360000－1901－0016836　409456
兩漢金石記二十二卷　（清）翁方綱撰　清乾隆五十四年（1789）翁方綱南昌使院刻本　八册

360000－1901－0016837　409457
兩漢金石記二十二卷　（清）翁方綱撰　清乾隆五十四年（1789）翁方綱南昌使院刻本　六册

360000－1901－0016838　402922－1

兩漢雋言十六卷　（宋）林越　（明）淩迪知輯　清光緒十九年（1893）上洋鴻寶齋石印文林綺繡本　一册

360000－1901－0016839　300757
兩漢刊誤補遺十卷附錄一卷　（宋）吳仁傑撰　清同治七年（1868）金陵書局木活字印本　二册

360000－1901－0016840　300758
兩漢刊誤補遺十卷附錄一卷　（宋）吳仁傑撰　清同治七年（1868）金陵書局木活字印本　二册

360000－1901－0016841　220273
兩漢書抄十六卷　（明）王廷輯　明嘉靖四十三年（1564）錢之選刻本　十六册

360000－1901－0016842　304924
兩漢碎金一卷　（清）侯登岸輯　清刻本　二册

360000－1901－0016843　722310
兩漢文刪二十四卷　（清）宗元豫輯　清康熙刻本　三册　存十二卷（八至十五、二十一至二十四）

360000－1901－0016844　712889
兩漢文刪二十四卷　（清）宗元豫輯　清康熙十五年（1676）宛委山房刻本　一册　存四卷（四至七）

360000－1901－0016845　241309
兩漢文選四十卷　（明）張采輯　明崇禎刻本　十三册

360000－1901－0016846　163939
兩漢韻珠十卷　（清）吳章澧輯　清光緒十八年（1892）刻本　九册　存九卷（一至九）

360000－1901－0016847　311832
兩淮鹽法志五十六卷首四卷　（清）佶山修　（清）單渠纂　清嘉慶十年（1805）刻本　二十八册

360000－1901－0016848　311829
兩淮鹽法志五十六卷首四卷　（清）佶山修　（清）單渠纂　清同治九年（1870）揚州書局刻本　二十册

360000－1901－0016849　313320
兩淮鹽法志五十六卷首四卷　（清）佶山修　（清）單渠纂　清同治九年（1870）揚州書局刻本　二十册

360000－1901－0016850　300755
兩淮鹽法撰要二卷　陳慶年撰　清光緒十八年（1892）刻本　一册

360000－1901－0016851　418007
兩彊勉齋古今體詩存四卷　（清）倪文蔚撰　清光緒九年（1883）桂林節署刻本　二册

360000－1901－0016852　418007－1
兩彊勉齋古今體詩存四卷　（清）倪文蔚撰　清光緒九年（1883）桂林節署刻本　二册

360000－1901－0016853　418007－2
兩彊勉齋古今體詩存四卷　（清）倪文蔚撰　清光緒九年（1883）桂林節署刻本　一册　存二卷（一至二）

360000－1901－0016854　418008
兩彊勉齋館課詩賦存二卷　（清）倪文蔚撰　清光緒九年（1883）桂林節署刻本　一册

360000－1901－0016855　418008－1
兩彊勉齋館課詩賦存二卷　（清）倪文蔚撰　清光緒九年（1883）桂林節署刻本　一册

360000－1901－0016856　418008－2
兩彊勉齋館課詩賦存二卷　（清）倪文蔚撰　清光緒九年（1883）桂林節署刻本　一册

360000－1901－0016857　418006
兩彊勉齋文存二卷　（清）倪文蔚撰　清光緒十一年（1885）羊城節署刻本　二册

360000－1901－0016858　418006－1
兩彊勉齋文存二卷　（清）倪文蔚撰　清光緒十一年（1885）羊城節署刻本　二册

360000－1901－0016859　418006－2
兩彊勉齋文存二卷　（清）倪文蔚撰　清光緒十一年（1885）羊城節署刻本　二册

360000－1901－0016860　316179
兩罍軒尺牘十二卷　(清)吳雲撰　清宣統二年(1910)上海時中書局石印本　四冊

360000－1901－0016861　407737
兩罍軒尺牘十二卷　(清)吳雲撰　清宣統二年(1910)上海時中書局石印本　二冊　存七卷(一至七)

360000－1901－0016862　722331
兩罍軒尺牘十二卷　(清)吳雲撰　清宣統二年(1910)上海時中書局石印本　一冊　存三卷(十至十二)

360000－1901－0016863　314138
兩罍軒彝器圖釋十二卷　(清)吳雲撰　清同治十二年(1873)刻本　六冊

360000－1901－0016864　120797
兩龍瑣志八卷　(清)何品玉撰　清光緒二十六年(1900)刻本　五冊

360000－1901－0016865　407654
兩論聯章合璧四卷　(清)樹蘭主人輯　清同治十二年(1873)樹蘭書屋刻本　三冊　存三卷(一至二、四)

360000－1901－0016866　805060
兩歧成案新編二卷　(清)李逢成輯　清道光十三年(1833)刻本　二冊

360000－1901－0016867　415068
兩髯提倡集一卷　(清)王廷鼎輯　清光緒七年(1881)刻本　一冊

360000－1901－0016868　301054
兩同書二卷　(唐)羅隱撰　清刻本　一冊

360000－1901－0016869　240518
兩谿文集二十四卷　(明)劉球撰　清長州沈氏宛委山堂抄本　八冊

360000－1901－0016870　601308
兩谿文集二十四卷附錄一卷補遺一卷　(明)劉球撰　清乾隆三十五年(1770)刻本　五冊

360000－1901－0016871　240519
兩谿文集二十四卷詩集四卷　(明)劉球撰　清乾隆三十五年(1770)、三十八年(1773)安成劉氏刻本　八冊

360000－1901－0016872　240520
兩谿文集二十四卷詩集四卷　(明)劉球撰　清乾隆三十五年(1770)、三十八年(1773)安成劉氏刻本　七冊

360000－1901－0016873　403320－3
兩儀堂四書體註合講論語十卷　(清)翁復編　清刻本　一冊　存五卷(一至五)

360000－1901－0016874　419010－7
兩儀堂重訂古文釋義新編八卷　(清)余誠評注　清刻本　二冊　存四卷(五至八)

360000－1901－0016875　419007
兩儀堂重訂古文釋義新編八卷　(清)余誠評注　清刻本(卷一至二配清兩儀堂刻本)　三冊　存六卷(一至六)

360000－1901－0016876　419009
兩儀堂重訂古文釋義新編八卷　(清)余誠評注　清刻本(卷一至二配清兩儀堂刻本)　三冊　存四卷(一至二、五至六)

360000－1901－0016877　418998
兩儀堂重訂古文釋義新編八卷　(清)余誠評注　清兩儀堂刻本　四冊

360000－1901－0016878　419000
兩儀堂重訂古文釋義新編八卷　(清)余誠評注　清兩儀堂刻本　六冊

360000－1901－0016879　419003
兩儀堂重訂古文釋義新編八卷　(清)余誠評注　清兩儀堂刻本　四冊

360000－1901－0016880　419004
兩儀堂重訂古文釋義新編八卷　(清)余誠評注　清兩儀堂刻本　三冊　存四卷(一、四至六)

360000－1901－0016881　419006
兩儀堂重訂古文釋義新編八卷　(清)余誠評注　清兩儀堂刻本　二冊　存四卷(一至二、四至五)

360000－1901－0016882　419010
兩儀堂重訂古文釋義新編八卷　（清）余誠評注　清兩儀堂刻本　一册　存二卷（一至二）

360000－1901－0016883　419002
兩儀堂重訂古文釋義新編八卷　（清）余誠評注　清兩儀堂刻本（卷五至六配清刻本）　四册

360000－1901－0016884　419005
兩儀堂重訂古文釋義新編八卷　（清）余誠評注　清兩儀堂刻本（卷五至六配清刻本）　四册

360000－1901－0016885　300756
兩浙宦遊記畧不分卷　（清）戴槃撰　清同治五年（1866）刻本　二册

360000－1901－0016886　161735
兩浙金石志十八卷補遺一卷　（清）阮元撰　清光緒十六年（1890）浙江書局刻本　十二册

360000－1901－0016887　162014
兩浙金石志十八卷補遺一卷　（清）阮元撰　清光緒十六年（1890）浙江書局刻本　十二册

360000－1901－0016888　409454
兩浙金石志十八卷補遺一卷　（清）阮元撰　清光緒十六年（1890）浙江書局刻本　三册　存六卷（一至二、五至八）

360000－1901－0016889　900570
兩浙金石志十八卷補遺一卷　（清）阮元撰　清光緒十六年（1890）浙江書局刻本　七册　存十卷（三至四、十二至十八，補遺一卷）

360000－1901－0016890　311881
兩浙名賢録六十二卷　（明）徐象梅撰　清光緒二十六年（1900）浙江書局刻本　六十二册

360000－1901－0016891　311826
兩浙鹽法續纂備考十二卷　（清）楊昌濬等纂修　清同治十三年（1874）刻本　十二册

360000－1901－0016892　317226
兩浙輶軒録四十卷　（清）阮元輯　清光緒十六年（1890）浙江書局刻本　六册

360000－1901－0016893　416715
兩浙輶軒録四十卷　（清）阮元輯　清光緒十六年（1890）浙江書局刻本　八册　存十六卷（五至六、二十一至二十二、二十五至三十、三十三至三十六、三十九至四十）

360000－1901－0016894　315669
兩浙輶軒録四十卷補遺十卷　（清）阮元輯　**續録五十四卷補遺六卷**　（清）潘衍桐輯　清光緒十六年（1890）浙江書局刻本　六十六册　存一百卷（兩浙輶軒録四十卷、續録五十四卷、續録補遺六卷）

360000－1901－0016895　716702
兩浙輶軒續録五十四卷補遺六卷　（清）潘衍桐輯　清光緒十七年（1891）浙江書局刻本　二十八册　存三十九卷（二十至四十四、四十七至五十四，補遺六卷）

360000－1901－0016896　417374
量倉通法五卷　（清）張作楠撰　（清）江臨泰補圖　清刻本　二册　存二卷（四至五）

360000－1901－0016897　409406
聊復軒詩存一卷　（清）施贇唐撰　清宣統三年（1911）木活字印本　一册

360000－1901－0016898　164056
聊齋文集二卷　（清）蒲松齡撰　清宣統二年（1910）國學扶輪社鉛印本　二册

360000－1901－0016899　721633
聊齋續編八卷　（清）青城子撰　清道光十年（1830）錢塘洪氏揚州秋聲館刻本　一册　存一卷（一）

360000－1901－0016900　721635
聊齋志異二十四卷　（清）蒲松齡撰　清刻本　二册　存五卷（十四至十八）

360000－1901－0016901　164057
聊齋志異評註十六卷　（清）蒲松齡撰　（清）王士禛評　（清）呂湛恩注　（清）但明倫批　清道光二十六年（1846）刻本　十六册

360000－1901－0016902　721604

聊齋志異評註十六卷　(清)蒲松齡撰　(清)王士禛評　(清)呂湛恩注　(清)但明倫批　清刻本　六冊　存六卷(三至四、七、九、十二至十三)

360000 – 1901 – 0016903　721605
聊齋志異評註十六卷　(清)蒲松齡撰　(清)王士禛評　(清)呂湛恩注　(清)但明倫批　清刻本　六冊　存六卷(二、五至六、十四至十六)

360000 – 1901 – 0016904　421622
聊齋志異評註十六卷　(清)蒲松齡撰　(清)王士禛評　(清)呂湛恩注　(清)但明倫批　清刻朱墨套印本　七冊　存七卷(二、四、七、九至十、十二、十四)

360000 – 1901 – 0016905　900379
聊齋志異評註十六卷　(清)蒲松齡撰　(清)王士禛評　(清)呂湛恩注　(清)但明倫批　清末上海商務印書館鉛印本　一冊　存二卷(十三至十四)

360000 – 1901 – 0016906　900380
聊齋志異評註十六卷　(清)蒲松齡撰　(清)王士禛評　(清)呂湛恩注　(清)但明倫批　清末上海商務印書館鉛印本　一冊　存二卷(十三至十四)

360000 – 1901 – 0016907　164055
聊齋志異評註十六卷　(清)蒲松齡撰　(清)王士禛評　(清)呂湛恩注　(清)但明倫批　清咸豐刻朱墨套印本　十六冊

360000 – 1901 – 0016908　421625
聊齋志異十六卷　(清)蒲松齡撰　(清)何垠注　清道光十九年(1839)南陵何彤文刻本　六冊　存十一卷(一至二、五、七至十二、十五至十六)

360000 – 1901 – 0016909　721602
聊齋志異十六卷　(清)蒲松齡撰　(清)王士禛評　清嘉慶二十三年(1818)英德堂刻本　六冊　存十二卷(一至六、九至十四)

360000 – 1901 – 0016910　317415
聊齋志異十六卷　(清)蒲松齡撰　(清)王士禛評　清刻本　十四冊　存十四卷(一至三、五至七、九至十六)

360000 – 1901 – 0016911　721599
聊齋志異十六卷　(清)蒲松齡撰　(清)王士禛評　清刻本　八冊

360000 – 1901 – 0016912　721600
聊齋志異十六卷　(清)蒲松齡撰　(清)王士禛評　清刻本　七冊　存七卷(一至二、六至十)

360000 – 1901 – 0016913　721601
聊齋志異十六卷　(清)蒲松齡撰　(清)王士禛評　清刻本　八冊　存八卷(二、四至五、七、九至十、十二、十四)

360000 – 1901 – 0016914　721602 – 1
聊齋志異十六卷　(清)蒲松齡撰　(清)王士禛評　清刻本　三冊　存三卷(七至八、十六)

360000 – 1901 – 0016915　722044
聊齋志異十六卷　(清)蒲松齡撰　(清)王士禛評　清刻本　一冊　存一卷(十五)

360000 – 1901 – 0016916　421604
聊齋志異十六卷　(清)蒲松齡撰　(清)王士禛評　清青柯亭刻本　十六冊

360000 – 1901 – 0016917　421605
聊齋志異十六卷　(清)蒲松齡撰　(清)王士禛評　清青柯亭刻本　十六冊

360000 – 1901 – 0016918　421606
聊齋志異十六卷　(清)蒲松齡撰　(清)王士禛評　清青柯亭刻本　八冊　存十五卷(一至十、十二至十六)

360000 – 1901 – 0016919　421614
聊齋志異十六卷　(清)蒲松齡撰　(清)王士禛評　清青柯亭刻本　六冊　存六卷(一至四、七至八)

360000 – 1901 – 0016920　721603
聊齋志異十六卷　(清)蒲松齡撰　(清)王士

禛評　清青柯亭刻本　十六冊

360000－1901－0016921　421620
聊齋志異詳註十六卷　(清)蒲松齡撰　(清)王士禛評　(清)呂湛恩注　清道光二十六年(1846)刻本　十四冊　存十四卷(一至六、八至十四、十六)

360000－1901－0016922　721626
聊齋志異詳註十六卷　(清)蒲松齡撰　(清)王士禛評　(清)呂湛恩注　清同治六年(1867)刻本　一冊　存一卷(一)

360000－1901－0016923　421621
聊齋志異新評全註十六卷　(清)蒲松齡撰　(清)王士禛評　(清)但明倫新評　(清)呂湛恩注　(清)何垠補注　(清)李璞山輯　清刻本　九冊　存九卷(三至五、七至九、十二至十三、十六)

360000－1901－0016924　421607
聊齋志異新評十六卷　(清)蒲松齡撰　(清)王士禛評　(清)呂湛恩注　(清)但明倫新評　清道光二十二年(1842)廣順但氏刻朱墨套印本　十六冊

360000－1901－0016925　421608
聊齋志異新評十六卷　(清)蒲松齡撰　(清)王士禛評　(清)呂湛恩注　(清)但明倫新評　清道光二十二年(1842)廣順但氏刻朱墨套印本　十四冊　存十四卷(一至九、十一至十二、十四至十六)

360000－1901－0016926　421609
聊齋志異新評十六卷　(清)蒲松齡撰　(清)王士禛評　(清)呂湛恩注　(清)但明倫新評　清道光二十二年(1842)廣順但氏刻朱墨套印本　十六冊

360000－1901－0016927　421610
聊齋志異新評十六卷　(清)蒲松齡撰　(清)王士禛評　(清)呂湛恩注　(清)但明倫新評　清道光二十二年(1842)廣順但氏刻朱墨套印本　十四冊　存十四卷(一至七、九、十一至十六)

360000－1901－0016928　421611
聊齋志異新評十六卷　(清)蒲松齡撰　(清)王士禛評　(清)呂湛恩注　(清)但明倫新評　清道光二十二年(1842)廣順但氏刻朱墨套印本　十五冊　存十五卷(一至七、九至十六)

360000－1901－0016929　421611－1
聊齋志異新評十六卷　(清)蒲松齡撰　(清)王士禛評　(清)呂湛恩注　(清)但明倫新評　清道光二十二年(1842)廣順但氏刻朱墨套印本　二冊　存二卷(二、十五)

360000－1901－0016930　317426
聊齋志異新評十六卷　(清)蒲松齡撰　(清)王士禛評　(清)呂湛恩注　(清)但明倫新評　清光緒三年(1877)廣順但氏刻朱墨套印本　十六冊

360000－1901－0016931　317338
聊齋志異新評十六卷　(清)蒲松齡撰　(清)王士禛評　(清)呂湛恩注　(清)但明倫新評　清光緒上海江左書林石印本　三冊　存六卷(一至四、十一至十二)

360000－1901－0016932　421612
聊齋志異新評十六卷　(清)蒲松齡撰　(清)王士禛評　(清)呂湛恩注　(清)但明倫新評　清光緒十八年(1892)上海古香齋石印本　八冊

360000－1901－0016933　421613
聊齋志異新評十六卷　(清)蒲松齡撰　(清)王士禛評　(清)呂湛恩注　(清)但明倫新評　清刻本　十二冊　存十二卷(一至四、七、九至十二、十四至十六)

360000－1901－0016934　421615
聊齋志異新評十六卷　(清)蒲松齡撰　(清)王士禛評　(清)呂湛恩注　(清)但明倫新評　清刻本　九冊　存九卷(四、六、十至十六)

360000－1901－0016935　317422
聊齋志異新評十六卷　(清)蒲松齡撰　(清)王士禛評　(清)呂湛恩注　(清)但明倫新評

清刻朱墨套印本　八册　存八卷(三、五至九、十一至十二)

360000－1901－0016936　317425
聊齋志異新評十六卷　(清)蒲松齡撰　(清)王士禛評　(清)呂湛恩注　(清)但明倫新評
清刻朱墨套印本　六册　存六卷(五至九、十一)

360000－1901－0016937　901851
聊齋志異新評十六卷　(清)蒲松齡撰　(清)王士禛評　(清)呂湛恩注　(清)但明倫新評
清刻朱墨套印本　五册　存五卷(三、七、十一至十三)

360000－1901－0016938　901852
聊齋志異新評十六卷　(清)蒲松齡撰　(清)王士禛評　(清)呂湛恩注　(清)但明倫新評
清刻朱墨套印本　四册　存四卷(三、七、十四、十六)

360000－1901－0016939　901853
聊齋志異新評十六卷　(清)蒲松齡撰　(清)王士禛評　(清)呂湛恩注　(清)但明倫新評
清刻朱墨套印本　九册　存九卷(五至六、九至十、十二至十六)

360000－1901－0016940　901854
聊齋志異新評十六卷　(清)蒲松齡撰　(清)王士禛評　(清)呂湛恩注　(清)但明倫新評
清刻朱墨套印本　五册　存五卷(三、五至六、十二、十四)

360000－1901－0016941　901855
聊齋志異新評十六卷　(清)蒲松齡撰　(清)王士禛評　(清)呂湛恩注　(清)但明倫新評
清刻朱墨套印本　三册　存三卷(四至五、十三)

360000－1901－0016942　901856
聊齋志異新評十六卷　(清)蒲松齡撰　(清)王士禛評　(清)呂湛恩注　(清)但明倫新評
清刻朱墨套印本　二册　存二卷(十二至十三)

360000－1901－0016943　421616
聊齋志異新評十六卷　(清)蒲松齡撰　(清)王士禛評　(清)呂湛恩注　(清)但明倫新評
清末鉛印本　五册　存十卷(五至六、九至十六)

360000－1901－0016944　421617
聊齋志異新評十六卷　(清)蒲松齡撰　(清)王士禛評　(清)呂湛恩注　(清)但明倫新評
清末鉛印本　八册

360000－1901－0016945　421618
聊齋志異新評十六卷　(清)蒲松齡撰　(清)王士禛評　(清)呂湛恩注　(清)但明倫新評
清末鉛印本　七册　存十四卷(一至二、五至十六)

360000－1901－0016946　721636
聊齋志異新評十六卷　(清)蒲松齡撰　(清)王士禛評　(清)呂湛恩注　(清)但明倫新評
清末鉛印本　二册　存四卷(五至六、九至十)

360000－1901－0016947　900399
聊齋志異新評十六卷　(清)蒲松齡撰　(清)王士禛評　(清)呂湛恩注　(清)但明倫新評
清末鉛印本　一册　存二卷(十三至十四)

360000－1901－0016948　900400
聊齋志異新評十六卷　(清)蒲松齡撰　(清)王士禛評　(清)呂湛恩注　(清)但明倫新評
清末鉛印本　二册　存四卷(十三至十六)

360000－1901－0016949　900402
聊齋志異新評十六卷　(清)蒲松齡撰　(清)王士禛評　(清)呂湛恩注　(清)但明倫新評
清末鉛印本　一册　存二卷(九至十)

360000－1901－0016950　421619
聊齋志異新評十六卷　(清)蒲松齡撰　(清)王士禛評　(清)呂湛恩注　(清)但明倫新評
清末上海中新書局鉛印本　八册　存八卷(八至十三、十五至十六)

360000－1901－0016951　900377
聊齋志異新評十六卷　(清)蒲松齡撰　(清)王士禛評　(清)呂湛恩注　(清)但明倫新評

清末上海中新書局鉛印本　四册　存四卷（三、十、十二、十六）

360000－1901－0016952　312596
遼金元三史語解四十六卷　清光緒四年（1878）江蘇書局刻本　八册

360000－1901－0016953　122351
遼史紀事本末四十卷首一卷末一卷　（清）李有棠撰　清光緒二十九年（1903）李移鄂樓刻本　八册

360000－1901－0016954　122352
遼史紀事本末四十卷首一卷末一卷　（清）李有棠撰　清光緒二十九年（1903）李移鄂樓刻本　八册

360000－1901－0016955　122353
遼史紀事本末四十卷首一卷末一卷　（清）李有棠撰　清光緒二十九年（1903）李移鄂樓刻本　八册

360000－1901－0016956　122354
遼史紀事本末四十卷首一卷末一卷　（清）李有棠撰　清光緒二十九年（1903）李移鄂樓刻本　八册

360000－1901－0016957　122355
遼史紀事本末四十卷首一卷末一卷　（清）李有棠撰　清光緒二十九年（1903）李移鄂樓刻本　八册

360000－1901－0016958　601828
遼史紀事本末四十卷首一卷末一卷　（清）李有棠撰　清光緒二十九年（1903）李移鄂樓刻本　七册　存三十九卷（一至二十三、二十七至四十，首一卷，末一卷）

360000－1901－0016959　122349
遼史紀事本末四十卷首一卷末一卷　（清）李有棠撰　清光緒十九年（1893）李移鄂樓刻本　四册

360000－1901－0016960　122350
遼史紀事本末四十卷首一卷末一卷　（清）李有棠撰　清光緒十九年（1893）李移鄂樓刻本　四册

360000－1901－0016961　601829
遼史紀事本末四十卷首一卷末一卷　（清）李有棠撰　清光緒十九年（1893）上海同文書局石印本　四册

360000－1901－0016962　400211
遼史紀事本末四十卷首一卷末一卷金史紀事本末五十二卷首一卷末一卷　（清）李有棠撰　清光緒二十九年（1903）李移鄂樓刻本　五册　存十九卷（遼史紀事本末十一至十七、二十四至二十五；金史紀事本末十一至十三、二十七至三十、五十一至五十二，末一卷）

360000－1901－0016963　400212
遼史紀事本末四十卷首一卷末一卷金史紀事本末五十二卷首一卷末一卷　（清）李有棠撰　清光緒二十九年（1903）李移鄂樓刻本　一册　存三卷（金史紀事本末五十一至五十二、末一卷）

360000－1901－0016964　122358
遼史紀事本末四十卷首一卷末一卷金史紀事本末五十二卷首一卷末一卷　（清）李有棠撰　清光緒二十五年（1899）上海書局石印本　八册

360000－1901－0016965　122356
遼史紀事本末四十卷首一卷末一卷金史紀事本末五十二卷首一卷末一卷　（清）李有棠撰　清光緒十九年（1893）同文書局石印本　十册

360000－1901－0016966　122357
遼史紀事本末四十卷首一卷末一卷金史紀事本末五十二卷首一卷末一卷　（清）李有棠撰　清光緒十九年（1893）同文書局石印本　十册

360000－1901－0016967　303934
遼史拾遺補五卷　（清）楊復吉撰　清光緒三年（1877）江蘇書局刻本　二册

360000－1901－0016968　400210
遼史拾遺二十四卷　（清）厲鶚撰　清道光二

年(1822)振綺堂刻本　七冊　存二十二卷(一至十三、十六至二十四)

360000－1901－0016969　302031
遼史拾遺二十四卷　(清)厲鶚撰　清光緒元年(1875)江蘇書局刻二十四史本　八冊

360000－1901－0016970　309034
遼史拾遺二十四卷　(清)厲鶚撰　清光緒元年(1875)江蘇書局刻二十四史本　三冊　存八卷(一至八)

360000－1901－0016971　309724
遼史拾遺二十四卷　(清)厲鶚撰　清光緒元年(1875)江蘇書局刻二十四史本　六冊

360000－1901－0016972　164260
遼史一百十六卷　(元)脱脱等撰　明嘉靖八年(1529)南京國子監刻清康熙二十年(1681)修補本　八冊　缺二卷(四十二至四十三)

360000－1901－0016973　805255
遼史一百十六卷　(元)脱脱等撰　明嘉靖刻清康熙修補本　一冊　存二十四卷(七十一至九十四)

360000－1901－0016974　305553
遼史一百十六卷　(元)脱脱等撰　清光緒二十八年(1902)史學會社石印本　三冊

360000－1901－0016975　305554
遼史一百十六卷　(元)脱脱等撰　清光緒十四年(1888)上海圖書集成印書局鉛印本　七冊　存九十四卷(一至九十四)

360000－1901－0016976　308295
遼史一百十六卷　(元)脱脱等撰　清刻本　十二冊　存八十八卷(二十八至一百十五)

360000－1901－0016977　312756
遼史一百十六卷附考證　(元)脱脱等撰　清光緒二十八年(1902)竹簡齋影印二十四史本　三冊

360000－1901－0016978　308365
遼史一百十六卷附考證　(元)脱脱等撰　清同治十二年(1873)江蘇書局刻二十四史本　四冊　存四十六卷(一至四十六)

360000－1901－0016979　312319
遼史一百十五卷　(元)脱脱等撰　清光緒成都尊經書局刻本　十二冊

360000－1901－0016980　122459
療饑草集十八卷　(清)胡兆爵撰　清嘉慶十四年(1809)讀書堂刻本　六冊

360000－1901－0016981　122460
療饑草集十八卷　(清)胡兆爵撰　清嘉慶十四年(1809)刻咸豐元年(1851)增補本　六冊

360000－1901－0016982　162865
療饑良方一卷　(□)□□輯　清刻本　一冊

360000－1901－0016983　122214
蓼蟲集二卷　(清)胡友蘭撰　清同治十二年(1873)刻本　一冊

360000－1901－0016984　122215
蓼蟲集二卷　(清)胡友蘭撰　清同治十二年(1873)刻本　一冊

360000－1901－0016985　123063
蓼蟲集二卷　(清)胡友蘭撰　清同治十二年(1873)刻本　一冊

360000－1901－0016986　123064
蓼蟲集二卷　(清)胡友蘭撰　清同治十二年(1873)刻本　一冊

360000－1901－0016987　405698
蓼蟲集二卷　(清)胡友蘭撰　清同治十二年(1873)刻本　一冊

360000－1901－0016988　705187
列朝詩集乾集二卷甲集前編十一卷甲集二十二卷乙集八卷丙集十六卷丁集十六卷閏集六卷　(清)錢謙益輯　清刻本　一冊　存二卷(丙集七至八)

360000－1901－0016989　316142
列朝詩集乾集二卷甲集前編十一卷甲集二十二卷乙集八卷丙集十六卷丁集十六卷閏集六卷　(清)錢謙益輯　清宣統二年(1910)神州國光社鉛印本　五十四冊

360000－1901－0016990　316525
列朝詩集乾集二卷甲集前編十一卷甲集二十二卷乙集八卷丙集十六卷丁集十六卷閏集六卷　（清）錢謙益輯　清宣統二年（1910）神州國光社鉛印本　五十六册

360000－1901－0016991　300860
列國變通興盛記四卷　（英國）李提摩太撰　清光緒二十年（1894）上海廣學會鉛印本　一册

360000－1901－0016992　401593
列國變通興盛記四卷　（英國）李提摩太撰　清光緒二十年（1894）上海廣學會鉛印本　一册

360000－1901－0016993　401561
列國歲計政要十二卷　（英國）麥丁富得力撰　（美國）林樂知譯　（清）鄭昌棪筆述　清末鉛印西學大成本　一册　存二卷（三至四）

360000－1901－0016994　300988
列國政要一百三十二卷首一卷譯名對照表一卷　（清）戴鴻慈　（清）端方輯　清光緒三十三年（1907）上海商務印書館石印本　三十二册

360000－1901－0016995　305006
列國政要一百三十二卷首一卷譯名對照表一卷　（清）戴鴻慈　（清）端方輯　清光緒三十三年（1907）上海商務印書館石印本　十六册　存六十九卷（二十一至八十九）

360000－1901－0016996　307733
列國政要一百三十二卷首一卷譯名對照表一卷　（清）戴鴻慈　（清）端方輯　清光緒三十三年（1907）上海商務印書館石印本　三十一册　存一百二十九卷（一至六十二、六十八至一百三十二，首一卷，譯名對照表一卷）

360000－1901－0016997　309679
列女傳八卷　（漢）劉向撰　（清）梁端校注　清道光十一年（1831）錢唐汪遠孫振綺堂刻本　二册

360000－1901－0016998　400592
列女傳八卷　（漢）劉向撰　（清）梁端校注　清宣統二年（1910）上海會文堂書局石印本　一册

360000－1901－0016999　400592－1
列女傳八卷　（漢）劉向撰　（清）梁端校注　清宣統二年（1910）上海會文堂書局石印本　一册

360000－1901－0017000　400593
列女傳補注八卷敘錄一卷校正一卷　（清）王照圓撰　清嘉慶刻郝氏遺書本　三册　存八卷（三至八、敘錄一卷、校正一卷）

360000－1901－0017001　220344
列女傳十六卷　（漢）劉向撰　（明）汪道昆輯　（明）仇英繪圖　明萬曆刻清乾隆四十四年（1779）鮑氏知不足齋印本　七册　存五卷（二至三、六至七、十一）

360000－1901－0017002　405023
列女樂府五卷　（清）顧斗光撰　清刻本　二册　存二卷（二至三）

360000－1901－0017003　300991
列子八卷　（晉）張湛注　清光緒二十三年（1897）文瑞樓石印本　一册

360000－1901－0017004　300992
列子八卷　（晉）張湛注　清末上海鴻章書局石印本　一册　存四卷（一至四）

360000－1901－0017005　162327
列子八卷　（唐）盧重元注　清嘉慶九年（1804）江都秦氏石研齋刻本　四册

360000－1901－0017006　162328
列子八卷　（唐）盧重元注　清嘉慶九年（1804）江都秦氏石研齋刻本　四册

360000－1901－0017007　163862
列祖提綱錄四十二卷首一卷　（清）釋行悅輯　清康熙七年（1668）刻本　十册

360000－1901－0017008　308076
烈皇小識八卷　（明）文秉撰　清都城琉璃廠刻明季稗史彙編本　五册

360000－1901－0017009　410638

林蕙堂文集十二卷　(清)吳綺撰　清刻本　三冊　存八卷(一至二、七至十二)

360000－1901－0017010　410638－1

林蕙堂文集十二卷　(清)吳綺撰　清刻本　一冊　存二卷(七至八)

360000－1901－0017011　410638－2

林蕙堂文集十二卷　(清)吳綺撰　清刻本　一冊　存二卷(七至八)

360000－1901－0017012　240825

林蕙堂文集十二卷續刻六卷　(清)吳綺撰　清乾隆三十九年至四十一年(1774－1776)衷白堂刻本　六冊

360000－1901－0017013　240826

林蕙堂文集十二卷續刻六卷　(清)吳綺撰　清乾隆三十九年至四十一年(1774－1776)衷白堂刻本　八冊

360000－1901－0017014　122828

林間錄二卷後集一卷　(宋)釋德洪撰　清光緒二十七年(1901)揚州藏經院刻本　二冊

360000－1901－0017015　801858

林深吟唱合集一卷　江峰青等撰　清宣統三年(1911)抄本　一冊

360000－1901－0017016　413851

林深吟唱和集一卷　江峰青等撰　清宣統三年(1911)刻本　一冊

360000－1901－0017017　413851－1

林深吟唱和集一卷　江峰青等撰　清宣統三年(1911)刻本　一冊

360000－1901－0017018　413851－2

林深吟唱和集一卷　江峰青等撰　清宣統三年(1911)刻本　一冊

360000－1901－0017019　413851－3

林深吟唱和集一卷　江峰青等撰　清宣統三年(1911)刻本　一冊

360000－1901－0017020　413851－4

林深吟唱和集一卷　江峰青等撰　清宣統三年(1911)刻本　一冊

360000－1901－0017021　150220

林文忠公遺集　(清)林則徐撰　清光緒三山林氏刻本　十四冊

360000－1901－0017022　150402－1

林文忠公遺集　(清)林則徐撰　清光緒三山林氏刻本　二冊

360000－1901－0017023　150403

林文忠公遺集　(清)林則徐撰　清光緒三山林氏刻本　十四冊

360000－1901－0017024　150404

林文忠公遺集　(清)林則徐撰　清光緒三山林氏刻本　十二冊

360000－1901－0017025　306137

林文忠公遺集　(清)林則徐撰　清光緒三山林氏刻本　八冊　存二種

360000－1901－0017026　420168

林文忠公遺集　(清)林則徐撰　清光緒三山林氏刻本　一冊　存三種

360000－1901－0017027　603716

林文忠公遺集　(清)林則徐撰　清光緒三山林氏刻本　一冊　存三種

360000－1901－0017028　402276

林文忠公政書三集三十七卷蒐遺一卷　(清)林則徐撰　清光緒二十四年(1898)天津文德堂石印本　六冊

360000－1901－0017029　800902

林文忠公政書三集三十七卷蒐遺一卷　(清)林則徐撰　清光緒三山林氏刻林文忠公遺集本　三冊　存十卷(丙集一至十)

360000－1901－0017030　307939

林文忠公政書三集三十七卷蒐遺一卷　(清)林則徐撰　清光緒五年(1879)長洲黃氏刻本　十四冊

360000－1901－0017031　150402

林文忠公政書三集三十七卷蒐遺一卷　(清)林則徐撰　清刻本　十六冊

360000－1901－0017032　309703
林文忠公政書三集三十七卷蒐遺一卷　（清）林則徐撰　清刻本　十二册

360000－1901－0017033　402277
林文忠公政書三集三十七卷蒐遺一卷　（清）林則徐撰　清刻本　二册　存四卷（乙集一至二、丙集七至八）

360000－1901－0017034　308218
林嚴文鈔四卷　林紓　嚴復撰　清宣統元年（1909）國學扶輪社鉛印本　四册

360000－1901－0017035　412775
林政學不分卷　（清）安徽省立第一農學校編　清宣統鉛印本　一册

360000－1901－0017036　230639
林子三教彙編要略九卷　（明）林兆恩撰　（明）林鳴陽輯　（明）林兆誥摘　明嘉靖四十二年（1563）刻本　四册

360000－1901－0017037　150360
琳瑯祕室叢書　（清）胡珽輯　清光緒十四年（1888）會稽董氏取斯堂木活字印本　二十四册

360000－1901－0017038　122204
鄰璧齋集十六卷　（清）陳奎撰　清嘉慶十四年（1809）刻本　四册

360000－1901－0017039　302589
臨安旬制紀三卷　（清）張道撰　**附錄一卷**　（清）羅榘撰　清光緒二十三年（1897）泉唐丁氏刻本　一册

360000－1901－0017040　301855
臨安旬制紀三卷全浙詩話刊誤一卷　（清）張道撰　清光緒六年（1880）刻本　一册

360000－1901－0017041　162866
臨病考證一卷　（清）蔣金鏞輯　清光緒二十四年（1898）蛟川蔣氏退思堂刻本　一册

360000－1901－0017042　405364－1
臨池一助二卷　（清）花隱居士輯　清刻本　一册　存一卷（下）

360000－1901－0017043　405364
臨池一助集聯四卷　（清）花隱居士輯　清光緒八年（1882）刻本　一册

360000－1901－0017044　802799
臨川夢二卷二十齣　（清）蔣士銓撰　清大文堂刻紅雪樓九種曲本　一册　存一卷（上）十齣（一至十）

360000－1901－0017045　314939
臨川夢二卷二十齣　（清）蔣士銓撰　清紅雪樓刻本　二册

360000－1901－0017046　412926
臨川詩鈔一卷　（宋）王安石撰　清康熙十年（1671）吳氏鑑古堂刻宋詩鈔初集本　一册

360000－1901－0017047　000992
臨川文選　（清）劉玉瓚輯　清康熙刻本　一册　存二種

360000－1901－0017048　241447
臨川文選　（清）劉玉瓚輯　清康熙三年（1664）刻本　十六册　存五種

360000－1901－0017049　240251
臨川先生文集一百卷目錄二卷　（宋）王安石撰　明嘉靖三十九年（1560）何遷刻本　三十二册

360000－1901－0017050　240252
臨川先生文集一百卷目錄二卷　（宋）王安石撰　明嘉靖三十九年（1560）何遷刻本　十六册

360000－1901－0017051　240253
臨川先生文集一百卷目錄二卷　（宋）王安石撰　明嘉靖三十九年（1560）何遷刻本　十五册　缺五卷（一至四、目錄下）

360000－1901－0017052　240250
臨川先生文集一百卷目錄二卷　（宋）王安石撰　宋紹興二十一年（1151）兩浙西路轉運司王珏刻元明遞修本　二册　存七卷（六十五至六十七、七十四至七十七）

360000－1901－0017053　120039

臨江玉峽三孔文集三十卷　(宋)孔文仲等撰　(清)孔傳勛輯　清光緒二十七年(1901)刻本　七册　存二十六卷(一至十七、二十二至三十)

360000－1901－0017054　120037
臨江玉峽三孔文集三十卷　(宋)孔文仲等撰　(清)孔傳勛輯　清嘉慶二十二年(1817)玉峽水北刻本　八册

360000－1901－0017055　120038
臨江玉峽三孔文集三十卷　(宋)孔文仲等撰　(清)孔傳勛輯　清嘉慶二十二年(1817)玉峽水北刻本　六册

360000－1901－0017056　122885
臨江玉峽三孔文集三十卷　(宋)孔文仲等撰　(清)孔傳勛輯　清嘉慶二十二年(1817)玉峽水北刻本　六册

360000－1901－0017057　413363
臨江玉峽三孔文集三十卷　(宋)孔文仲等撰　(清)孔傳勛輯　清刻本　一册　存五卷(一至五)

360000－1901－0017058　401800
臨民要略　(清)葛元煦輯　清光緒五年至六年(1879－1880)仁和葛氏刻嘯園叢書本　四册

360000－1901－0017059　401801
臨民要略　(清)葛元煦輯　清光緒五年至六年(1879－1880)仁和葛氏刻嘯園叢書本　四册

360000－1901－0017060　401802
臨民要略　(清)葛元煦輯　清光緒五年至六年(1879－1880)仁和葛氏刻嘯園叢書本　四册

360000－1901－0017061　401803
臨民要略　(清)葛元煦輯　清光緒五年至六年(1879－1880)仁和葛氏刻嘯園叢書本　四册

360000－1901－0017062　401804
臨民要略　(清)葛元煦輯　清光緒五年至六年(1879－1880)仁和葛氏刻嘯園叢書本　四册

360000－1901－0017063　401805
臨民要略　(清)葛元煦輯　清光緒五年至六年(1879－1880)仁和葛氏刻嘯園叢書本　四册

360000－1901－0017064　401806
臨民要略　(清)葛元煦輯　清光緒五年至六年(1879－1880)仁和葛氏刻嘯園叢書本　四册

360000－1901－0017065　401807
臨民要略　(清)葛元煦輯　清光緒五年至六年(1879－1880)仁和葛氏刻嘯園叢書本　四册

360000－1901－0017066　401808
臨民要略　(清)葛元煦輯　清光緒五年至六年(1879－1880)仁和葛氏刻嘯園叢書本　四册

360000－1901－0017067　401809
臨民要略　(清)葛元煦輯　清光緒五年至六年(1879－1880)仁和葛氏刻嘯園叢書本　四册

360000－1901－0017068　401810
臨民要略　(清)葛元煦輯　清光緒五年至六年(1879－1880)仁和葛氏刻嘯園叢書本　二册

360000－1901－0017069　401810－1
臨民要略　(清)葛元煦輯　清光緒五年至六年(1879－1880)仁和葛氏刻嘯園叢書本　二册

360000－1901－0017070　161248
臨文便覽不分卷　(清)張啓泰輯　清光緒元年(1875)刻本　二册

360000－1901－0017071　401976
臨文便覽不分卷　(清)張啓泰輯　清同治十三年(1874)刻本　二册

360000－1901－0017072　305889
臨漳縣漳水圖經一卷連山綏猺廳志一卷　(清)姚柬之撰　清道光刻本　二册

360000－1901－0017073　307725
臨陣管見九卷　(美國)斯拉弗司撰　(美國)金楷理口譯　(清)趙元益筆述　清同治十二年(1873)江南製造局刻本　四册

360000－1901－0017074　309329
臨陣管見九卷　(美國)斯拉弗司撰　(美國)金楷理口譯　(清)趙元益筆述　清同治十二年(1873)刻本　四册

360000－1901－0017075　408453
臨證指南不分卷　(清)葉桂撰　(清)徐大椿評　清光緒十四年(1888)刻本　一册

360000－1901－0017076　162854
臨證指南醫案十卷　(清)葉桂撰　(清)徐大椿評　清道光三十年(1850)吴郡寶善堂刻本　八册　存八卷(一至八)

360000－1901－0017077　162857
臨證指南醫案十卷　(清)葉桂撰　(清)徐大椿評　清道光三十年(1850)吴郡寶善堂刻本　十册

360000－1901－0017078　408448
臨證指南醫案十卷　(清)葉桂撰　(清)徐大椿評　清光緒十年(1884)文富堂刻本　五册　存五卷(一至五)

360000－1901－0017079　408450
臨證指南醫案十卷　(清)葉桂撰　(清)徐大椿評　清刻本　五册　存五卷(一、五、七至九)

360000－1901－0017080　408452
臨證指南醫案十卷　(清)葉桂撰　(清)徐大椿評　清刻本　十册

360000－1901－0017081　408458
臨證指南醫案十卷　(清)葉桂撰　(清)徐大椿評　清刻本　七册　存七卷(四至十)

360000－1901－0017082　408459
臨證指南醫案十卷　(清)葉桂撰　(清)徐大椿評　清刻本　七册　存七卷(四至十)

360000－1901－0017083　408460
臨證指南醫案十卷　(清)葉桂撰　(清)徐大椿評　清刻本　八册　存九卷(二至十)

360000－1901－0017084　408461
臨證指南醫案十卷　(清)葉桂撰　(清)徐大椿評　清刻本　五册　存五卷(四、七至十)

360000－1901－0017085　900373－9
臨證指南醫案十卷　(清)葉桂撰　(清)徐大椿評　清刻本　二册　存二卷(九至十)

360000－1901－0017086　802569
臨證指南醫案十卷　(清)葉桂撰　(清)徐大椿評　清末鉛印本　一册　存二卷(三至四)

360000－1901－0017087　901964
臨證指南醫案十卷　(清)葉桂撰　(清)徐大椿評　清末鉛印本　一册　存二卷(三至四)

360000－1901－0017088　408462
臨證指南醫案十卷　(清)葉桂撰　(清)徐大椿評　清末上海文益書局石印本　七册　存七卷(一至四、六至八)

360000－1901－0017089　408463
臨證指南醫案十卷　(清)葉桂撰　(清)徐大椿評　清末石印本　三册　存六卷(一至四、七至八)

360000－1901－0017090　408449
臨證指南醫案十卷　(清)葉桂撰　(清)徐大椿評　清乾隆刻本　十册

360000－1901－0017091　162874
臨證指南醫案十卷　(清)葉桂撰　(清)徐大椿評　清乾隆三十三年(1768)刻本　十册

360000－1901－0017092　408451
臨證指南醫案十卷　(清)葉桂撰　(清)徐大椿評　清同治三年(1864)刻本　十册

360000－1901－0017093　408454
臨證指南醫案十卷　(清)葉桂撰　(清)徐大椿評　清同治三年(1864)刻本　九册

360000－1901－0017094　408455
臨證指南醫案十卷　（清）葉桂撰　（清）徐大椿評　清同治三年（1864）刻本　十冊

360000－1901－0017095　408457
臨證指南醫案十卷　（清）葉桂撰　（清）徐大椿評　清吳郡寶善堂刻本　十冊

360000－1901－0017096　408456
臨證指南醫案十卷　（清）葉桂撰　（清）徐大椿評　清咸豐十一年（1861）吳郡寶善堂刻本　十冊

360000－1901－0017097　162858
臨證指南醫案十卷附種福堂續選臨證指南四卷　（清）葉桂撰　清同治三年（1864）敦仁堂刻本　十一冊　存十三卷（臨證指南醫案一、三至十，種福堂續選臨證指南四卷）

360000－1901－0017098　164292
麟臺故事五卷　（宋）程俱撰　清刻本　一冊

360000－1901－0017099　317873
麟臺故事五卷　（宋）程俱撰　清刻本　一冊

360000－1901－0017100　419826
玲瓏山館叢書　（清）□□輯　清光緒十五年（1889）文選樓刻本　五冊　存十八種

360000－1901－0017101　300858
陵陽先生詩四卷　（宋）韓駒撰　清宣統二年（1910）姚埭沈氏刻本　一冊

360000－1901－0017102　413163
淩氏傳經堂叢書　（清）淩鎬　（清）淩鏞輯　清嘉慶、道光吳興淩氏刻本　一冊　存二種

360000－1901－0017103　302018
淩煙閣功臣圖一卷　（清）劉源繪　（清）朱圭刻　清光緒十年（1884）上海同文書局石印本　一冊

360000－1901－0017104　901227
淩雲書院義學冊不分卷　（清）蔡振玉等撰　清刻本　一冊

360000－1901－0017105　901053
淩雲書院義學冊不分卷　（清）蔡振玉等撰　清咸豐七年（1857）刻本　三冊

360000－1901－0017106　901054
淩雲書院義學冊不分卷　（清）蔡振玉等撰　清咸豐七年（1857）刻本　一冊

360000－1901－0017107　411157
淩忠介公文集二卷　（明）淩義渠撰　清咸豐九年（1859）淩炳烇刻本　二冊

360000－1901－0017108　301051
靈寶畢法三卷　題（漢）鍾離權撰　（唐）呂嵒傳　清刻本　一冊

360000－1901－0017109　407238
靈寶大師鍊度科一卷　（□）□□撰　清光緒十二年（1886）抄本　一冊

360000－1901－0017110　712844
靈寶牒劄一卷　（□）□□撰　清抄本　一冊

360000－1901－0017111　801158
靈寶正教上墓賑孤科文一卷　（清）方秀林撰　清光緒六年（1880）抄本　一冊

360000－1901－0017112　801181
靈飛經一卷　清抄本　一冊

360000－1901－0017113　150387－1
靈芬館詞　（清）郭麐撰　清光緒五年（1879）刻榆園叢刻本　一冊　存三種

360000－1901－0017114　414977－1
分類詩腋八卷　（清）李楨編　清道光十年（1830）三元堂刻本　一冊　存二卷（一至二）

360000－1901－0017115　315935
靈芬館詞　（清）郭麐撰　清光緒五年（1879）刻榆園叢刻本　二冊

360000－1901－0017116　415475
靈芬館詞　（清）郭麐撰　清光緒五年（1879）刻榆園叢刻本　二冊

360000－1901－0017117　415475－1
靈芬館詞　（清）郭麐撰　清光緒五年（1879）刻榆園叢刻本　二冊

360000－1901－0017118　415474

靈芬館集　(清)郭麐撰　清嘉慶十二年(1807)刻本　六冊

360000－1901－0017119　162590
靈峰蕅益大師選定淨土十要十卷　(清)釋智旭輯　(清)釋成時評點節略　清光緒二十年(1894)揚州廣陵藏經禪院刻本　四冊

360000－1901－0017120　406790
靈峰蕅益大師選定淨土十要十卷　(清)釋智旭輯　(清)釋成時評點節略　清刻本　四冊

360000－1901－0017121　713761
靈官經一卷　清宣統二年(1910)宣化文社木活字印本　一冊

360000－1901－0017122　304769
靈華館叢稿五卷神異經輯校一卷　(清)陶憲曾撰　清光緒三十一年(1905)陶氏家塾刻本　二冊

360000－1901－0017123　300699
靈棋經二卷　(漢)東方朔撰　(晉)顏幼明　(南朝宋)何承天注　(元)陳師凱　(明)劉基解　清嘉慶二十年(1815)刻本　一冊

360000－1901－0017124　163010
靈棋經一卷　(漢)東方朔撰　(晉)顏幼明　(南朝宋)何承天注　(元)陳師凱　(明)劉基解　清道光三年(1823)湖邊程氏刻百二漢鏡齋祕書本　一冊

360000－1901－0017125　805039
靈棋經一卷　(漢)東方朔撰　(晉)顏幼明　(南朝宋)何承天注　(元)陳師凱　(明)劉基解　清道光三年(1823)湖邊程氏刻百二漢鏡齋祕書本　一冊

360000－1901－0017126　805040
靈棋經一卷　(漢)東方朔撰　(晉)顏幼明　(南朝宋)何承天注　(元)陳師凱　(明)劉基解　清道光三年(1823)湖邊程氏刻百二漢鏡齋祕書本　一冊

360000－1901－0017127　805084
靈棋經一卷　(漢)東方朔撰　(晉)顏幼明　(南朝宋)何承天注　(元)陳師凱　(明)劉基解　清道光三年(1823)湖邊程氏刻百二漢鏡齋祕書本　一冊

360000－1901－0017128　405418
靈鶼閣叢書　(清)江標輯　清光緒元和江氏湖南使院刻本　一冊　存二種

360000－1901－0017129　710199
靈鶼閣叢書　(清)江標輯　清光緒元和江氏湖南使院刻本　十二冊

360000－1901－0017130　712827
靈山遺愛錄四卷首一卷　(清)徐謙輯　清四香草堂刻本　二冊

360000－1901－0017131　165008
靈素集注節要十二卷　(清)陳念祖撰　清光緒三十一年(1905)刻本　三冊　存九卷(一至九)

360000－1901－0017132　900993
靈素集注節要十二卷　(清)陳念祖撰　清光緒元年(1875)刻本　一冊　存一卷(一)

360000－1901－0017133　603964
靈素集注節要十二卷　(清)陳念祖撰　清刻本　一冊　存二卷(四至五)

360000－1901－0017134　408015
靈素集注節要十二卷　(清)陳念祖撰　清同治九年(1870)奎璧堂刻本　八冊

360000－1901－0017135　803309
靈臺秘苑十五卷　(北周)庚季才撰　(宋)王安禮等重修　清抄本　一冊　存二卷(一至二)

360000－1901－0017136　304911
靈檀碎金六十八卷附錄一卷　(清)郎玉銘撰　清光緒八年(1882)上海申報館鉛印本　六冊　存四十三卷(十三至二十六、四十一至六十八,附錄一卷)

360000－1901－0017137　412857
靈言蠡勺二卷　(意大利)畢方濟口授　(明)徐光啓筆錄　清慎修堂刻本　一冊　存一卷

（下）

360000－1901－0017138　300705
靈巖山人詩集四十卷　（清）畢沅撰　清嘉慶四年（1799）畢氏經訓堂刻本　六册　存二十一卷（一至二十一）

360000－1901－0017139　415498
靈巖山人詩集四十卷　（清）畢沅撰　清嘉慶四年（1799）畢氏經訓堂刻本　六册　存二十二卷（一至四、八至十一、十九至三十二）

360000－1901－0017140　240037
靈隱子六卷　（唐）駱賓王撰　（明）陳魁士注　明萬曆二十四年（1596）陳大科刻本　六册

360000－1901－0017141　210326
靈嶽山房重訂四書淺説十三卷　（明）陳琛撰　（明）唐光夔重訂　明崇禎十年（1637）刻本　二册　存四卷（一至四）

360000－1901－0017142　901011－1
嶺表録異三卷　（唐）劉恂撰　清同治十三年（1874）江西書局刻武英殿聚珍版書本　一册

360000－1901－0017143　418546
嶺南即事雜詠初集一卷二集一卷三集一卷四集一卷五集一卷六集一卷七集一卷　（清）□□輯　清光緒二十年（1894）刻本　五册　存五卷（嶺南即事雜詠初集一卷、三集一卷、四集一卷、五集一卷、七集一卷）

360000－1901－0017144　162878
嶺南即事雜詠六卷　（清）□□輯　清光緒十八年（1892）積慶堂刻本　一册　存三卷（四至六）

360000－1901－0017145　418004
嶺南集七卷續集一卷山左集一卷山左續集一卷　（清）程含章撰　清道光刻本　二册　存七卷（嶺南集一至四、七，山左集一卷，山左續集一卷）

360000－1901－0017146　418005
嶺南集七卷續集一卷山左集一卷山左續集一卷　（清）程含章撰　清道光刻本　五册　存六卷（嶺南集一至二、五至七，山左集一卷）

360000－1901－0017147　418005－1
嶺南集七卷續集一卷山左集一卷山左續集一卷　（清）程含章撰　清道光刻本　四册　存五卷（嶺南集六至七、續集一卷、山左集一卷、山左續集一卷）

360000－1901－0017148　418146
嶺南三大家詩選二十四卷　（清）王隼輯　清康熙三十一年（1692）刻本　五册

360000－1901－0017149　301280
嶺南三大家詩選二十四卷　（清）王隼輯　清同治七年（1868）南海陳氏刻本　四册

360000－1901－0017150　150569
嶺南遺書　（清）伍元薇（伍崇曜）　清道光至同治南海伍氏粤雅堂文字歡娛室刻本　六十九册　存五十三種

360000－1901－0017151　401693
嶺南逸史二十八回　（清）黄巖撰　（清）醉園狂客評　清刻本　四册　存十回（五至九、十七至十九、二十五至二十六）

360000－1901－0017152　401693－1
嶺南逸史二十八回　（清）黄巖撰　（清）醉園狂客評　清刻本　一册　存四回（五至八）

360000－1901－0017153　401693－2
嶺南逸史二十八回　（清）黄巖撰　（清）醉園狂客評　清刻本　一册　存六回（十八至二十三）

360000－1901－0017154　401692
嶺南逸史二十八回　（清）黄巖撰　（清）醉園狂客評　清同治五年（1866）怡怡軒刻本　八册

360000－1901－0017155　301344
嶺南雜事詩鈔八卷　（清）陳坤撰　清光緒三年（1877）刻本　六册

360000－1901－0017156　240801
留畊堂遺詩四卷　（清）高瑋撰　清乾隆四十四年（1779）刻本　一册

360000－1901－0017157　404597
留茆盦尺牘叢殘四卷　(清)嚴籙撰　清刻本　二册　存二卷(三至四)

360000－1901－0017158　404596
留茆盦尺牘叢殘四卷　(清)嚴籙撰　清咸豐八年(1858)刻本　四册

360000－1901－0017159　306647
留茆盦尺牘叢殘四卷　(清)嚴籙撰　清咸豐六年(1856)刻本　三册　存三卷(二至四)

360000－1901－0017160　900207
留茆盦尺牘叢殘四卷　(清)嚴籙撰　清咸豐六年(1856)刻本　二册

360000－1901－0017161　163394
留青新集二十四卷　(清)伊□□輯　清光緒十四年(1888)上海鉛印本　十二册

360000－1901－0017162　150547
留書種閣集　(清)黄炳垕撰　清同治六年至光緒二十年(1867－1894)餘姚黄氏留書種閣刻本　八册　存七種

360000－1901－0017163　713755
留思堂試帖二卷　(清)陳樹豐撰　清光緒十二年(1886)北關都憲刻本　二册

360000－1901－0017164　240975
留雪懷人詩一卷劍山古賦一卷詩鈔一卷　(清)盛樂撰　清乾隆七年至嘉慶二十二年(1742－1817)留雪堂刻本　一册

360000－1901－0017165　304141
留垣疏草一卷　(明)徐憲卿撰　清光緒八年(1882)東海家塾刻本　二册

360000－1901－0017166　800126
留真譜新編不分卷　楊守敬輯　清光緒二十七年(1901)宜都楊氏刻本　十二册

360000－1901－0017167　161813
流沙訪古記一卷　羅振玉撰　清宣統元年(1909)誦芬室鉛印敦煌石室遺書本　一册

360000－1901－0017168　801407
流雲雜紀二集不分卷　(清)江如松撰　清抄本　一册

360000－1901－0017169　421330
琉球國志略十六卷首一卷　(清)周煌撰　清乾隆二十四年(1759)刻本　二册　存十二卷(五至十六)

360000－1901－0017170　220782
琉球國志略十六卷首一卷　(清)周煌撰　清乾隆二十四年(1759)漱潤堂刻本　四册

360000－1901－0017171　404708
琉球詩課二卷　(清)徐榦評定　清同治十二年(1873)刻本　一册

360000－1901－0017172　304905
琉球詩錄二卷　(清)徐榦評定　清同治十二年(1873)刻本　一册

360000－1901－0017173　300710
琉球小志一卷補遺一卷說畧一卷　姚文棟譯　清光緒九年(1883)刻本　一册

360000－1901－0017174　405086
榴實山莊文稿一卷　(清)吳存義撰　清同治九年(1870)刻本　一册

360000－1901－0017175　410404
劉賓客詩集九卷　(唐)劉禹錫撰　**諸家詩評一卷**　清雍正元年(1723)刻本　十册

360000－1901－0017176　240119
劉賓客文集三十卷補遺一卷　(唐)劉禹錫撰　清初抄本　八册

360000－1901－0017177　240468
劉槎翁先生詩選十二卷　(明)劉崧撰　明萬曆二十五年(1597)涇上張應泰刻本　一册　存二卷(一至二)

360000－1901－0017178　705404
劉槎翁先生詩選十二卷　(明)劉崧撰　明萬曆二十五年(1597)涇上張應泰刻本　一册　存三卷(十至十二)

360000－1901－0017179　721825
劉槎翁先生詩選十二卷　(明)劉崧撰　明萬曆二十五年(1597)涇上張應泰刻本　一册

存三卷(六至八)

360000－1901－0017180　240469
劉槎翁先生詩選十二卷　(明)劉崧撰　明萬曆二十五年(1597)涇上張應泰刻清乾隆補修本　六冊

360000－1901－0017181　240470
劉槎翁先生詩選十二卷　(明)劉崧撰　明萬曆二十五年(1597)涇上張應泰刻清乾隆、同治遞修本　四冊

360000－1901－0017182　601734
劉槎翁先生詩選十二卷補遺四卷　(明)劉崧撰　清乾隆四十五年(1780)劉昂刻本　五冊　存十三卷(一至四、八至十二,補遺四卷)

360000－1901－0017183　122286
劉槎翁先生文集十八卷　(明)劉崧撰　清刻本　六冊

360000－1901－0017184　413971
劉春生遺集六卷別集二卷　(清)劉奉朝撰　清同治九年(1870)墨莊家塾刻本　一冊　存三卷(一至三)

360000－1901－0017185　710554
劉端臨先生遺書　(清)劉台拱撰　清道光十四年(1834)世德堂刻光緒印本　二冊

360000－1901－0017186　150451
劉端臨先生遺書　(清)劉台拱撰　清刻本　四冊

360000－1901－0017187　150738
劉河間傷寒六書　(金)劉完素等撰　清刻本　七冊　存四種

360000－1901－0017188　240402
劉後村詩集十六卷詩話二卷詩餘二卷文集三十卷　(宋)劉克莊撰　清康熙五十九年(1720)姚培謙遂安堂刻本　三冊　存二十卷(劉後村詩集十六卷、詩話二卷、詩餘二卷)

360000－1901－0017189　240403
劉後村詩集十六卷詩話二卷詩餘二卷文集三十卷　(宋)劉克莊撰　清康熙五十九年(1720)姚培謙遂安堂刻本　四冊　存二十卷(劉後村詩集十六卷、詩話二卷、詩餘二卷)

360000－1901－0017190　302724
劉蕺山文粹二卷　(明)劉宗周撰　清光緒二十一年(1895)刻本　二冊

360000－1901－0017191　302251
劉禮部集十一卷　(清)劉逢祿撰　**麟石文鈔一卷**　(清)劉承寵撰　清道光十年(1830)思誤齋刻本　六冊

360000－1901－0017192　122288
劉簾舫先生吏治三書六卷　(清)劉衡撰　清同治七年(1868)楚北崇文書局刻本　三冊

360000－1901－0017193　414088
劉簾舫先生吏治三書六卷　(清)劉衡撰　清同治七年(1868)楚北崇文書局刻本　一冊

360000－1901－0017194　414089
劉簾舫先生吏治三書六卷　(清)劉衡撰　清同治七年(1868)楚北崇文書局刻本　三冊

360000－1901－0017195　303909
劉孟塗集四十四卷　(清)劉開撰　清道光六年(1826)姚氏檗山草堂刻本　八冊

360000－1901－0017196　303911
劉孟塗集四十四卷　(清)劉開撰　清道光六年(1826)姚氏檗山草堂刻本　八冊

360000－1901－0017197　410229
劉孟塗集四十四卷遺集二卷　(清)劉開撰　清刻本　八冊　存三十三卷(前集一至十、後集九至二十二、詩集六至十、駢體文一至二、遺集二卷)

360000－1901－0017198　122281
劉聘君全集十二卷　(明)劉元卿撰　清咸豐二年(1852)南溪義社刻本　八冊

360000－1901－0017199　122282
劉聘君全集十二卷　(明)劉元卿撰　清咸豐二年(1852)南溪義社刻本　六冊

360000－1901－0017200　122283
劉聘君全集十二卷　(明)劉元卿撰　清咸豐

二年(1852)南溪義社刻本　七册　存十一卷(一至六、八至十二)

360000－1901－0017201　123397
劉聘君全集十二卷　(明)劉元卿撰　清咸豐二年(1852)南溪義社刻本　九册　缺一卷(一)

360000－1901－0017202　405405
劉屏山先生全集二十卷首一卷　(宋)劉子翬撰　清刻本　一册　存一卷(首一卷)

360000－1901－0017203　250047
劉氏鴻書一百八卷　(明)劉仲達輯　明萬曆刻本　佚名批　六十册

360000－1901－0017204　122886
劉綬堂自課二卷　(清)劉芳槐撰　清道光刻本　二册

360000－1901－0017205　250191
劉文安公全集　(明)劉定之撰　清乾隆至咸豐永新劉氏刻彙印本　十九册　存五種

360000－1901－0017206　250192
劉文安公全集　(明)劉定之撰　清乾隆至咸豐永新劉氏刻彙印本　十二册　存三種

360000－1901－0017207　240621
劉文光文稿一卷　(明)劉文光撰　明刻藍印本　二册

360000－1901－0017208　306548
劉武慎公全集二十九卷首一卷　(清)劉長佑撰　清光緒刻本　二十三册　存二十九卷(一至二十三、二十五至二十九,首一卷)

360000－1901－0017209　163244
劉武慎公遺書二十五卷　(清)劉長佑撰　**劉武慎公年譜三卷**　(清)鄧輔綸編　清光緒二十六年(1900)鉛印本　二十八册

360000－1901－0017210　163245
劉武慎公遺書二十五卷　(清)劉長佑撰　**劉武慎公年譜三卷**　(清)鄧輔綸編　清光緒二十六年(1900)鉛印本　二十五册　缺三卷(劉武慎公年譜三卷)

360000－1901－0017211　405403
劉喜聞先生文集□□卷　(明)劉孔當撰　清刻本　一册　存三卷(九至十一)

360000－1901－0017212　804827
劉喜聞先生文集□□卷　(明)劉孔當撰　清刻本　一册　存一卷(二)

360000－1901－0017213　164272
劉向說苑旁註評林二十卷　(明)黄從誠撰　明見岡堂刻本　二册　存十卷(十一至二十)

360000－1901－0017214　307946
劉謝疊和集二卷　(清)楊味春　(清)劉雯山撰　清光緒三十二年(1906)刻本　一册

360000－1901－0017215　240408
劉須溪先生記抄八卷集略四卷　(宋)劉辰翁撰　**附錄一卷**　清康熙二十五年(1686)刻本　三册

360000－1901－0017216　161263
劉炫規杜持平六卷　(清)邵瑛撰　清嘉慶二十二年(1817)邵氏桂隱書屋刻本　二册

360000－1901－0017217　902182
劉裕秀堂册不分卷　(清)□□輯　清光緒木活字印本　一册

360000－1901－0017218　303920
劉中丞奏議二十卷　(清)劉蓉撰　清光緒十一年(1885)思賢講舍刻養晦堂集本　十册

360000－1901－0017219　402268
劉中丞奏議二十卷　(清)劉蓉撰　清光緒十一年(1885)思賢講舍刻養晦堂集本　四册　存八卷(十三至二十)

360000－1901－0017220　402268－1
劉中丞奏議二十卷　(清)劉蓉撰　清光緒十一年(1885)思賢講舍刻養晦堂集本　一册　存二卷(十九至二十)

360000－1901－0017221　161967
劉中丞奏議二十卷　(清)劉蓉撰　清末刻本　六册

360000－1901－0017222　240456

劉仲修先生集八卷　(元)劉永之撰　清抄本　二冊

360000－1901－0017223　805363
劉子二卷　(北齊)劉晝撰　清光緒元年(1875)湖北崇文書局刻子書百家本　一冊

360000－1901－0017224　303912
劉子二卷　(北齊)劉晝撰　清刻本　一冊

360000－1901－0017225　316775
劉子全書四十卷首一卷　(明)劉宗周撰　(清)董瑒編　清道光四年至十五年(1824－1835)刻本　二十四冊

360000－1901－0017226　306550
劉子全書遺編二十四卷　(明)劉宗周撰　清光緒十八年(1892)刻本　十一冊　存二十二卷(一至十三、十六至二十四)

360000－1901－0017227　303910
劉子全書遺編二十四卷　(明)劉宗周撰　(清)沈復粲輯　清道光三十年(1850)刻光緒十八年(1892)重修本　十二冊

360000－1901－0017228　241525
劉子文心雕龍二卷　(南朝梁)劉勰撰　(明)楊慎　(明)曹學佺等批點　**註二卷**　(明)梅慶生撰　明閔繩初刻五色套印本　六冊

360000－1901－0017229　302854
劉左史文集四卷　(宋)劉安節撰　清瑞安孫氏詒善堂祠塾刻本　二冊

360000－1901－0017230　309680
劉左史文集四卷　(宋)劉安節撰　**劉給諫文集五卷**　(宋)劉安上撰　清同治十二年(1873)武昌局刻本　二冊

360000－1901－0017231　162209
柳蠶發明輯要一卷　(清)張瀛撰　清宣統元年(1909)官紙印刷局鉛印本　一冊

360000－1901－0017232　162210
柳蠶發明輯要一卷　(清)張瀛撰　清宣統元年(1909)官紙印刷局鉛印本　一冊

360000－1901－0017233　306163
柳待制文集二十卷標目二卷附錄一卷　(元)柳貫撰　清刻本　七冊　存二十卷(柳待制文集二十卷)

360000－1901－0017234　414019
柳河東集四十三卷別集二卷外集二卷　(唐)柳宗元撰　清刻本　七冊　存四十三卷(柳河東集四十三卷)

360000－1901－0017235　414016－1
柳河東外集二卷　(唐)柳宗元撰　清刻本　一冊

360000－1901－0017236　414014
柳柳州集四卷　(唐)柳宗元撰　清同治九年(1870)永康胡鳳丹退補齋刻本　一冊

360000－1901－0017237　315291
柳柳州外集一卷附錄一卷　(唐)柳宗元撰　清光緒四年(1878)合肥蒯氏刻本　一冊

360000－1901－0017238　414016
柳柳州外集一卷附錄一卷　(唐)柳宗元撰　清光緒四年(1878)合肥蒯氏刻本　一冊

360000－1901－0017239　306157
柳南續筆四卷　(清)王應奎撰　清光緒申報館鉛印本　一冊

360000－1901－0017240　163348
柳堂師友詩錄初編　(清)李長榮輯　清同治二年(1863)羊城西湖街富文齋刻本　二冊　存二種

360000－1901－0017241　306162
柳亭詩話三十卷　(清)宋長白撰　清光緒八年(1882)天茁園刻本　四冊　存十二卷(一至十二)

360000－1901－0017242　303107
柳庭輿地隅說三卷大地山河圖說一卷　(清)孫蘭撰　清光緒十一年(1885)蟄園刻朱印本　一冊

360000－1901－0017243　240138
柳文四十三卷別集二卷外集二卷　(唐)柳宗元撰　**附錄一卷**　明嘉靖三十五年(1556)新

會莫如士刻韓柳文本　六冊

360000－1901－0017244　240136
柳文四十三卷別集二卷外集二卷　(唐)柳宗元撰　**附録一卷**　明嘉靖十六年(1537)游居敬刻韓柳文本　八冊

360000－1901－0017245　161485
柳文四十三卷別集二卷外集二卷　(唐)柳宗元撰　**附録一卷**　清同治七年(1868)刻本　十二冊

360000－1901－0017246　414020
柳文四十三卷別集二卷外集二卷　(唐)柳宗元撰　**附録一卷**　清同治七年(1868)永康胡氏退補齋刻本　十二冊

360000－1901－0017247　240137
柳文四十三卷別集二卷外集二卷　(唐)柳宗元撰　**後録一卷附録一卷**　明嘉靖二十八年(1549)江西王士翹刻三十一年(1552)朱有孚續刻本　十六冊

360000－1901－0017248　408784
柳選四家醫案　(清)柳寶詒輯　清末上海文瑞樓石印本　一冊

360000－1901－0017249　240135
柳子厚集選四卷　(唐)柳宗元撰　(明)陸夢龍評選　明崇禎四年(1631)顧懋樊刻陸君啓先生評選唐宋四大家本　四冊

360000－1901－0017250　304627
六部處分則例五十二卷　(清)文孚等修　(清)清平等纂　清刻本　一冊　存一卷(十八)

360000－1901－0017251　241142
六朝詩集　(明)薛應旂輯　明嘉靖刻本　二十九冊

360000－1901－0017252　120150
六朝事迹編類十四卷　(宋)張敦頤撰　清光緒十三年(1887)李濱寶章閣刻本　一冊

360000－1901－0017253　400610
六朝事迹編類十四卷　(宋)張敦頤撰　清光緒十三年(1887)李濱寶章閣刻本　三冊　存十卷(一至十)

360000－1901－0017254　902441
六朝事迹編類十四卷　(宋)張敦頤撰　清光緒十三年(1887)李濱寶章閣刻本　三冊　存十三卷(二至十四)

360000－1901－0017255　300274
六朝四家全集　(清)胡鳳丹輯　清同治九年(1870)永康胡氏退補齋刻本　六冊

360000－1901－0017256　163773
六朝唐賦讀本不分卷　(清)馬傳庚選注　清光緒二年(1876)刻本　二冊

360000－1901－0017257　300251
六朝唐賦讀本不分卷　(清)馬傳庚選注　清光緒十年(1884)羊城海墨樓石印本　二冊

360000－1901－0017258　163772
六朝唐賦讀本不分卷　(清)馬傳庚選注　清同治十三年(1874)京都玉燕書巢馬氏刻本　二冊

360000－1901－0017259　300275
六朝唐賦讀本不分卷　(清)馬傳庚選注　清同治十三年(1874)京都玉燕書巢馬氏刻本　二冊

360000－1901－0017260　603095
六朝唐賦讀本不分卷　(清)馬傳庚選注　清同治十三年(1874)京都玉燕書巢馬氏刻本　一冊

360000－1901－0017261　120149
六朝文絜箋注十二卷　(清)許槤輯並評　(清)黎經誥箋注　清光緒十五年(1889)枕溢書屋刻本　四冊

360000－1901－0017262　402827
六朝文絜箋注十二卷　(清)許槤輯並評　(清)黎經誥箋注　清光緒十五年(1889)枕溢書屋刻本　四冊

360000－1901－0017263　402828
六朝文絜箋注十二卷　(清)許槤輯並評

(清)黎經誥箋注　清光緒十五年(1889)枕溢書屋刻本　二册　存六卷(一至六)

360000－1901－0017264　402822

六朝文絜四卷　(清)許槤輯並評　清道光五年(1825)海昌許氏享金寶石齋刻朱墨套印本　二册

360000－1901－0017265　402823

六朝文絜四卷　(清)許槤輯並評　清道光五年(1825)海昌許氏享金寶石齋刻朱墨套印本　二册

360000－1901－0017266　402823－1

六朝文絜四卷　(清)許槤輯並評　清道光五年(1825)海昌許氏享金寶石齋刻朱墨套印本　一册　存二卷(一至二)

360000－1901－0017267　165158

六朝文絜四卷　(清)許槤輯並評　清光緒刻朱墨套印本　二册

360000－1901－0017268　402825

六朝文絜四卷　(清)許槤輯並評　清光緒三年(1877)馮氏讀有用書齋刻套印本　一册

360000－1901－0017269　402836

六朝文絜四卷　(清)許槤輯並評　清光緒三年(1877)刻本　一册

360000－1901－0017270　718019

六臣註文選六十卷　(南朝梁)蕭統輯　(唐)李善　(唐)呂延濟　(唐)劉良　(唐)張銑　(唐)呂向　(唐)李周翰注　明嘉靖蘇州刻本　六册　存十二卷(一、六至七、十至十六、十九至二十)

360000－1901－0017271　241191

六臣註文選六十卷　(南朝梁)蕭統輯　(唐)李善　(唐)呂延濟　(唐)劉良　(唐)張銑　(唐)呂向　(唐)李周翰注　明潘惟時、潘惟德刻本　一册　存二卷(六至七)

360000－1901－0017272　308644

六臣註文選六十卷　(南朝梁)蕭統輯　(唐)李善　(唐)呂延濟　(唐)劉良　(唐)張銑　(唐)呂向　(唐)李周翰注　明潘惟時、潘惟德刻本　六册　存八卷(五至六、二十七、四十、四十三至四十四、五十九至六十)

360000－1901－0017273　241192

六臣註文選六十卷　(南朝梁)蕭統輯　(唐)李善　(唐)呂延濟　(唐)劉良　(唐)張銑　(唐)呂向　(唐)李周翰注　明萬曆二年(1574)崔孔昕刻六年(1578)徐成位重修本　二册　存四卷(一至二、四十五至四十六)

360000－1901－0017274　401311

六臣註文選六十卷　(南朝梁)蕭統輯　(唐)李善　(唐)呂延濟　(唐)劉良　(唐)張銑　(唐)呂向　(唐)李周翰注　清康熙二十四年(1685)梅墅石渠閣刻本　四十三册　存五十三卷(一至十一、十五至二十五、二十七至三十、三十二至三十四、三十六至四十四、四十六至六十)

360000－1901－0017275　241190

六臣註文選六十卷　(南朝梁)蕭統輯　(唐)李善　(唐)呂延濟　(唐)劉良　(唐)張銑　(唐)呂向　(唐)李周翰注　**諸儒議論一卷**　(元)陳仁子輯　明嘉靖刻本　一册　存一卷(一)

360000－1901－0017276　300272

六合紀事四卷　(清)周長森撰　清同治刻本　一册

360000－1901－0017277　163461

六家詞　(清)孫默輯　清康熙留松閣刻本　二册　存二種

360000－1901－0017278　241189

六家文選六十卷　(南朝梁)蕭統輯　(唐)李善　(唐)呂延濟　(唐)劉良　(唐)張銑　(唐)呂向　(唐)李周翰注　明嘉靖十三年至二十八年(1534－1549)吳郡袁褧嘉趣堂刻本　三册　存三卷(五十八至六十)

360000－1901－0017279　241188

六家文選六十卷　(南朝梁)蕭統輯　(唐)李善　(唐)呂延濟　(唐)劉良　(唐)張銑

(唐)呂向　(唐)李周翰注　明嘉靖十三年至二十八年(1534－1549)吴郡袁褧嘉趣堂刻本(卷二十一至二十四配明萬曆二年崔孔昕刻六年徐成位重修本)　六十一册

360000－1901－0017280　241193
六家文選六十卷　(南朝梁)蕭統輯　(唐)李善　(唐)呂延濟　(唐)劉良　(唐)張銑　(唐)呂向　(唐)李周翰注　明刻本　六册　存十二卷(三十九至四十二、四十八至五十五)

360000－1901－0017281　210373
六經奥論六卷首一卷　(宋)鄭樵撰　清康熙十九年(1680)納蘭成德刻通志堂經解本　一册

360000－1901－0017282　160084
六經天文編二卷　(宋)王應麟撰　清光緒十年(1884)成都志古堂刻本　二册

360000－1901－0017283　210376
六經天文編二卷　(宋)王應麟撰　清康熙刻玉海本　二册

360000－1901－0017284　210397
六經圖二十四卷　(清)鄭之僑輯　清乾隆九年(1744)潮陽鄭氏鵝湖述堂刻本　十二册

360000－1901－0017285　402592
六經圖二十四卷　(清)鄭之僑輯　清乾隆九年(1744)潮陽鄭氏鵝湖述堂刻本　六册　存十二卷(一至十二)

360000－1901－0017286　402592－1
六經圖二十四卷　(清)鄭之僑輯　清乾隆九年(1744)潮陽鄭氏鵝湖述堂刻本　一册　存二卷(三至四)

360000－1901－0017287　603097
六經圖二十四卷　(清)鄭之僑輯　清乾隆九年(1744)潮陽鄭氏鵝湖述堂刻本　二册　存四卷(五至六、二十一至二十二)

360000－1901－0017288　210395
六經圖十二卷　(清)鄭之僑輯　清乾隆八年(1743)潮陽鄭氏鵝湖述堂刻本　六册

360000－1901－0017289　210396
六經圖十二卷　(清)鄭之僑輯　清乾隆八年(1743)潮陽鄭氏鵝湖述堂刻本　六册

360000－1901－0017290　120143
六九軒算書　(清)劉衡撰　清光緒二十九年(1903)石印本　四册

360000－1901－0017291　120144
六九軒算書　(清)劉衡撰　清光緒二十九年(1903)石印本　四册

360000－1901－0017292　708438
六科證治準繩　(明)王肯堂撰　明刻本　十二册

360000－1901－0017293　708437
六科證治準繩　(明)王肯堂撰　清脩敬堂刻本　十二册

360000－1901－0017294　408322
六刻增補萬病回春原本八卷　(明)龔廷賢輯　(明)余一貫增補　清刻本　一册　存一卷(一)

360000－1901－0017295　421843
六禮或問十二卷首一卷末一卷　(清)汪紱撰　清抄本　一册　存三卷(七至九)

360000－1901－0017296　803874
六禮或問十二卷首一卷末一卷　(清)汪紱撰　清抄本　一册　存四卷(三至六)

360000－1901－0017297　300270
六梅書屋尺牘四卷　(清)淩丹陛撰　清光緒十五年(1889)今是軒刻本　四册

360000－1901－0017298　404397
六梅書屋尺牘四卷　(清)淩丹陛撰　清同治十一年(1872)刻本　三册　存三卷(元、亨、利)

360000－1901－0017299　800528
六氣元機一卷經脈歌一卷風温條例一卷濕熱條辨一卷　(□)□□輯　清抄本　一册

360000 – 1901 – 0017300　804677
六壬粹言六卷首一卷　（清）劉赤江撰　清刻本　一冊　存一卷（二）

360000 – 1901 – 0017301　416195 – 1
六壬經緯六卷　（清）毛志道撰　清世業堂刻本　二冊

360000 – 1901 – 0017302　417256
六壬類聚四卷　（清）紀大奎撰　清同治元年（1862）定州楊照藜素園刻本　三冊　存三卷（二至四）

360000 – 1901 – 0017303　120145
六壬類聚四卷　（清）紀大奎撰　清咸豐二年（1852）刻本　四冊

360000 – 1901 – 0017304　162145
六壬神課金口訣三卷　（清）周儆弦重訂　清末廣益書局石印本　二冊

360000 – 1901 – 0017305　417257
六壬神課金口訣三卷　（清）周儆弦重訂　清浙蘭李右文刻本　四冊

360000 – 1901 – 0017306　416196
六壬眎斯二卷　（清）葉悔亭撰　清刻本　二冊

360000 – 1901 – 0017307　150124
六如居士詩文集七卷補遺一卷　（明）唐寅撰　清嘉慶六年（1801）長沙唐仲冕刻六如居士全集本　四冊

360000 – 1901 – 0017308　411277
六如居士詩文集七卷補遺一卷　（明）唐寅撰　清嘉慶六年（1801）長沙唐仲冕刻六如居士全集本　二冊　存四卷（一至四）

360000 – 1901 – 0017309　411278
六如居士外集六卷　（明）唐寅撰　清嘉慶六年（1801）長沙唐仲冕刻六如居士全集本　一冊

360000 – 1901 – 0017310　404390
六十壽言駢體文二卷　（清）李瀚章編　清刻本　一冊　存一卷（二）

360000 – 1901 – 0017311　421417
六十種曲　（明）毛晉輯　明末毛氏汲古閣刻清修補本　二十一冊　存十八種

360000 – 1901 – 0017312　414724
六十自嘲文一卷　（清）江芬撰　清刻本　一冊

360000 – 1901 – 0017313　417252
六事箴言一卷　（清）葉玉屏輯　**六事箴言續錄一卷**　（清）伍光瑜輯　清道光刻本　一冊

360000 – 1901 – 0017314　210425
六書辨訛輯要三卷　（清）王玉撰　（清）黃錫齡校　清乾隆五十二年（1787）盱南王氏槐陰書屋刻本　三冊

360000 – 1901 – 0017315　210446
六書分類十二卷首二卷　（清）傅世垚輯　清康熙四十四年（1705）聽松閣刻本　十四冊

360000 – 1901 – 0017316　401946
六書分類十二卷首一卷　（清）傅世垚輯　清康熙三十八年（1699）聽松閣刻本　十冊　存九卷（二至十）

360000 – 1901 – 0017317　401947
六書分類十二卷首一卷　（清）傅世垚輯　清康熙三十八年（1699）聽松閣刻本　五冊　存五卷（一、五、八、十至十一）

360000 – 1901 – 0017318　160068
六書分類十二卷首一卷　（清）傅世垚輯　清康熙聽松閣刻本　十四冊

360000 – 1901 – 0017319　401946 – 1
六書分類十二卷首一卷　（清）傅世垚輯　清聽松閣刻本　一冊　存一卷（九）

360000 – 1901 – 0017320　210415
六書故三十三卷六書通釋一卷　（宋）戴侗撰　清乾隆四十九年（1784）綿州李鼎元師竹齋刻本　二十四冊

360000 – 1901 – 0017321　160070
六書縏韻二十四卷首一卷檢字二卷　（清）李貞輯　清光緒十六年（1890）李宅刻本　二十

六冊

360000－1901－0017322　401944
六書叚借經徵四卷　(清)朱駿聲撰　清光緒十八年(1892)金陵元和朱氏刻本　一冊　存二卷(一至二)

360000－1901－0017323　210420
六書精藴六卷　(明)魏校撰　**音釋舉要一卷**　(明)徐官撰　明嘉靖十九年(1540)魏希明刻本　六冊

360000－1901－0017324　210421
六書通十卷　(明)閔齊伋撰　(清)畢弘述篆訂　清康熙五十九年(1720)海鹽畢氏基聞堂刻本　十冊

360000－1901－0017325　210422
六書通十卷　(明)閔齊伋撰　(清)畢弘述篆訂　清康熙五十九年(1720)海鹽畢氏基聞堂刻本　五冊

360000－1901－0017326　210423
六書通十卷　(明)閔齊伋撰　(清)畢弘述篆訂　清乾隆六十年(1795)吳省蘭刻本　六冊

360000－1901－0017327　401942
六書通十卷　(明)閔齊伋撰　(清)畢弘述篆訂　清光緒二十一年(1895)上海鴻寶齋石印本　一冊　存二卷(一至二)

360000－1901－0017328　603094
六書通十卷　(明)閔齊伋撰　(清)畢弘述篆訂　清光緒四年(1878)繡谷留耕堂刻本　七冊　存九卷(二至十)

360000－1901－0017329　401939－1
六書通十卷　(明)閔齊伋撰　(清)畢弘述篆訂　清刻本　四冊　存四卷(七至十)

360000－1901－0017330　401940
六書通十卷　(明)閔齊伋撰　(清)畢弘述篆訂　清刻本　五冊

360000－1901－0017331　401938
六書通十卷　(明)閔齊伋撰　(清)畢弘述篆訂　清乾隆六十年(1795)刻本　五冊

360000－1901－0017332　401939
六書通十卷　(明)閔齊伋撰　(清)畢弘述篆訂　清乾隆六十年(1795)刻本　一冊　存二卷(九至十)

360000－1901－0017333　603093
六書音均表五卷　(清)段玉裁撰　清刻本　二冊　存二卷(一、四)

360000－1901－0017334　210472
六書音均表五卷　(清)段玉裁撰　清乾隆四十二年(1777)刻本　一冊

360000－1901－0017335　401941
六書音均表五卷　(清)段玉裁撰　清乾隆四十二年(1777)刻本　二冊

360000－1901－0017336　160072
六書音均表五卷　(清)段玉裁撰　清同治十一年(1872)崇文書局刻本　二冊

360000－1901－0017337　603092
六書音均表五卷　(清)段玉裁撰　清同治十一年(1872)湖北崇文書局刻本　一冊　存三卷(一至三)

360000－1901－0017338　120148
六書正譌五卷　(元)周伯琦撰　清平湖陸氏十竹齋刻本　四冊

360000－1901－0017339　401937
六書正譌五卷　(元)周伯琦撰　清乾隆平湖陸氏古香閣刻本　二冊

360000－1901－0017340　120146
六書正譌五卷　(元)周伯琦撰　清同治五年(1866)惜古齋刻本　四冊

360000－1901－0017341　120147
六書正譌五卷　(元)周伯琦撰　清同治五年(1866)惜古齋刻本　四冊

360000－1901－0017342　805202
六書轉注錄十卷　(清)洪亮吉撰　清光緒四年(1878)授經堂刻本　一冊　存三卷(一至三)

360000－1901－0017343　210424

六書轉注錄十卷　(清)洪亮吉撰　清乾隆、嘉慶刻本　三册　缺三卷(一至三)

360000－1901－0017344　210445
六書準不分卷　(清)馮鼎調撰　(清)馮昶世校　清順治十七年(1660)刻本　一册

360000－1901－0017345　162163
六韜六卷　附六韜逸文一卷　(清)孫同元輯　清光緒二十四年(1898)杭省衢樽局石印本　二册

360000－1901－0017346　302445
六通訂誤不分卷　席裕福撰　清光緒上海圖書集成局鉛印本　二册

360000－1901－0017347　310698
六通訂誤不分卷　席裕福撰　清光緒上海圖書集成局鉛印本　二册

360000－1901－0017348　800451
六言詩鈔一卷　(清)□□輯　清抄本　一册

360000－1901－0017349　804314
六言雜字不分卷　(□)□□撰　清嘉慶十年(1805)刻本　一册

360000－1901－0017350　722497
六一居士全集錄五卷外集錄二卷　(宋)歐陽修撰　清刻唐宋大家全集錄本　一册　存一卷(外集錄一)

360000－1901－0017351　120142
六一山房稿二卷　(清)徐心如撰　清光緒十二年(1886)刻本　二册

360000－1901－0017352　230582
六一題跋十一卷　(宋)歐陽修撰　明崇禎毛氏汲古閣刻津逮祕書本　十册

360000－1901－0017353　300264
六藝綱目二卷附錄二卷　(元)舒天民撰　(元)舒恭注　(明)趙宜中附注　清道光二十八年(1848)東武劉氏嘉蔭簃刻本　二册

360000－1901－0017354　309569
六藝綱目二卷附錄二卷　(元)舒天民撰　(元)舒恭注　(明)趙宜中附注　清光緒七年(1881)刻本　二册

360000－1901－0017355　230001
六子全書　(明)□□輯　明初刻本　清邵瑞彭跋　七册　存二種

360000－1901－0017356　230003
六子書　(明)□□輯　明桐蔭書屋刻本　三十一册

360000－1901－0017357　805298
六子書　(明)顧春輯　明嘉靖六年(1527)許宗魯王鎣樊川別業刻本　一册　存二種

360000－1901－0017358　230002
六子書　(明)顧春輯　明嘉靖十二年(1533)顧春世德堂刻本　二十八册

360000－1901－0017359　220109
隆平集二十卷　(宋)曾鞏撰　明董氏萬卷堂刻本　十册

360000－1901－0017360　220110
隆平集二十卷　(宋)曾鞏撰　清康熙四十年(1701)彭期七業堂刻本　四册

360000－1901－0017361　220111
隆平集二十卷　(宋)曾鞏撰　清康熙四十年(1701)彭期七業堂刻本　十册

360000－1901－0017362　413825
隆平集二十卷　(宋)曾鞏撰　清康熙五十五年(1716)刻本　六册

360000－1901－0017363　300288
龍壁山房文集八卷　(清)王拯撰　清光緒七年(1881)河北分守道署刻本　四册

360000－1901－0017364　418162
龍壁山房文集八卷　(清)王拯撰　清光緒七年(1881)河北分守道署刻本　三册　存六卷(一至六)

360000－1901－0017365　300290
龍壁山房文集五卷　(清)王拯撰　清光緒九年(1883)善化向氏刻本　二册

360000－1901－0017366　805182

龍城書院課選不分卷 （清）徐準宜輯　清刻本　六册

360000－1901－0017367　300294
龍川文集三十卷補遺一卷附錄二卷 （宋）陳亮撰　**辨譌考異二卷** （清）胡鳳丹撰　清光緒元年（1875）湖北崇文書局刻本　十册

360000－1901－0017368　303965
龍川文集三十卷補遺一卷附錄二卷 （宋）陳亮撰　**辨譌考異二卷** （清）胡鳳丹撰　清光緒元年（1875）湖北崇文書局刻本　十册

360000－1901－0017369　316794
龍川文集三十卷附錄二卷 （宋）陳亮撰　**辨訛考異二卷** （清）胡鳳丹撰　清同治七年（1868）永康胡氏退補齋刻金華文萃本　八册

360000－1901－0017370　317161
龍川文集三十卷附錄二卷 （宋）陳亮撰　**辨訛考異二卷** （清）胡鳳丹撰　清宣統三年（1911）上海掃葉山房石印本　八册

360000－1901－0017371　300285
龍川先生詩鈔一卷 （清）李光炘撰　清光緒三十三年（1907）鉛印佚叢甲集本　一册

360000－1901－0017372　800855
龍川先生文集二卷 （宋）陳亮撰　清刻本　一册　存一卷（上）

360000－1901－0017373　240388
龍川先生文集三十卷 （宋）陳亮撰　明朱彦霖等龍川書院刻本　八册

360000－1901－0017374　801177
龍鳳配一卷 （清）□□撰　清抄本　一册

360000－1901－0017375　412897
龍岡山人詩鈔十八卷 （清）洪良品撰　清光緒六年（1880）刻本　四册　存十二卷（七至十八）

360000－1901－0017376　220738
龍虎山志十六卷 （清）婁近垣輯　清乾隆五年（1740）刻本　六册

360000－1901－0017377　220739
龍虎山志十六卷 （清）婁近垣輯　清乾隆五年（1740）刻道光十二年（1832）補修本　六册　缺三卷（十四至十六）

360000－1901－0017378　406839
龍經辨正一卷 （唐）楊筠松撰　（清）范宜賓評注　清刻本　一册

360000－1901－0017379　417343
龍經校注一卷 （唐）楊筠松口訣　（清）汪宗沂校注　清光緒十四年（1888）弢廬刻本　一册

360000－1901－0017380　305348
龍門綱鑑正編二十卷綱鑑要箋四卷 （清）蔣先庚輯　清玉芝園刻本　二十一册　存十九卷（龍門綱鑑正編一至十六、十九至二十，綱鑑要箋一）

360000－1901－0017381　415813
龍門綱鑑正編二十卷綱鑑要箋四卷 （清）蔣先庚輯　清玉芝園刻本　十二册　存十二卷（四至十五）

360000－1901－0017382　410979
龍南留別酬唱錄一卷 （清）劉文燮等撰　清同治刻本　一册

360000－1901－0017383　300286
龍泉園集十二卷 （清）李江撰　清光緒二十年（1894）刻民國七年（1918）印本　四册

360000－1901－0017384　901586
龍詔公祠册不分卷 （清）□□輯　清木活字印本　一册

360000－1901－0017385　163193
龍舒宦遊草一卷 （清）彥廣田撰　清刻本　一册

360000－1901－0017386　230618
龍舒淨土文十卷 （宋）王日休撰　清順治十六年（1659）刻本　一册

360000－1901－0017387　406861
龍舒淨土文十卷首一卷末一卷 （宋）王日休撰　清光緒九年（1883）金陵刻經處刻本　一

冊

360000－1901－0017388　803109
龍潭老人家傳不分卷　(清)熊錫晉撰　清抄本　一冊

360000－1901－0017389　311704
龍潭山志七卷首一卷末一卷　(清)康臯纂　清光緒五年(1879)刻本　八冊

360000－1901－0017390　403937
龍圖公案十卷　清刻本　三冊

360000－1901－0017391　403938
龍圖公案十卷　清刻本　三冊　存八卷(一至八)

360000－1901－0017392　403938－1
龍圖公案十卷　清刻本　一冊　存五卷(六至十)

360000－1901－0017393　403939－1
龍圖公案十卷　清刻本　一冊　存三卷(六至八)

360000－1901－0017394　800856
龍圖公案十卷　清刻本　一冊　存一卷(十)

360000－1901－0017395　802969
龍圖公案十卷　清刻本　三冊　存八卷(一至八)

360000－1901－0017396　802969－1
龍圖公案十卷　清刻本　二冊　存七卷(一至七)

360000－1901－0017397　802970
龍圖公案十卷　清刻本　二冊　存四卷(六至九)

360000－1901－0017398　802970－1
龍圖公案十卷　清刻本　二冊　存六卷(一至六)

360000－1901－0017399　802970－2
龍圖公案十卷　清刻本　一冊　存二卷(五至六)

360000－1901－0017400　802970－3
龍圖公案十卷　清刻本　一冊　存二卷(六至七)

360000－1901－0017401　403939
龍圖公案十卷　清刻本(卷一配清贛州本立堂刻本)　三冊　存六卷(一至六)

360000－1901－0017402　403941
龍圖公案十卷　清刻本(卷一配清謙益堂刻本)　三冊

360000－1901－0017403　403936
龍圖公案十卷　清刻本(卷一至二配清道光九年刻本)　六冊

360000－1901－0017404　403940
龍圖公案十卷　清刻本(卷一至二配清光緒十六年刻本)　三冊　存七卷(一至七)

360000－1901－0017405　421264－1
龍圖公案十卷　(明)李贄評　清刻本　一冊　存三卷(八至十)

360000－1901－0017406　805187
龍威祕書　(清)馬俊良輯　清刻本　一冊　存十四種

360000－1901－0017407　150457
龍威祕書　(清)馬俊良輯　清末世德堂刻本　六十八冊　存一百三十七種

360000－1901－0017408　603852－1
龍威祕書　(清)馬俊良輯　清末世德堂刻本　十一冊　存十六種

360000－1901－0017409　150456
龍威祕書　(清)馬俊良輯　清乾隆五十九年(1794)石門馬氏大酉山房刻本　五十九冊　存一百五十一種

360000－1901－0017410　413133
龍威祕書　(清)馬俊良輯　清乾隆五十九年(1794)石門馬氏大酉山房刻本　四十八冊　存九十種

360000－1901－0017411　413133－1
龍威祕書　(清)馬俊良輯　清乾隆五十九年(1794)石門馬氏大酉山房刻本　六十一冊

存一百六種

360000－1901－0017412　413133－2
龍威祕書　(清)馬俊良輯　清乾隆五十九年(1794)石門馬氏大酉山房刻本　三十三冊　存八十五種

360000－1901－0017413　413133－3
龍威祕書　(清)馬俊良輯　清乾隆五十九年(1794)石門馬氏大酉山房刻本　二十九冊　存五十一種

360000－1901－0017414　413133－4
龍威祕書　(清)馬俊良輯　清乾隆五十九年(1794)石門馬氏大酉山房刻本　十三冊　存十五種

360000－1901－0017415　413133－5
龍威祕書　(清)馬俊良輯　清乾隆五十九年(1794)石門馬氏大酉山房刻本　十一冊　存十一種

360000－1901－0017416　413133－6
龍威祕書　(清)馬俊良輯　清乾隆五十九年(1794)石門馬氏大酉山房刻本　十六冊　存二十七種

360000－1901－0017417　603852
龍威祕書　(清)馬俊良輯　清乾隆五十九年(1794)石門馬氏大酉山房刻本　三十三冊　存九十二種

360000－1901－0017418　122307
龍尾山房詩存六卷　(清)胡永煥撰　清嘉慶二十五年(1820)刻本　二冊

360000－1901－0017419　603851
龍尾山房詩存六卷　(清)胡永煥撰　清嘉慶二十五年(1820)刻本　一冊　存三卷(四至六)

360000－1901－0017420　404029
龍文鞭影二集二卷　(明)蕭良有撰　(清)李暉吉　(清)徐灒輯　清光緒十三年(1887)刻本　一冊　存一卷(上)

360000－1901－0017421　404043
龍文鞭影二卷　(明)蕭良有撰　(清)楊臣諍增訂　(清)來集之音注　清愛蓮堂刻本　二冊

360000－1901－0017422　800305
龍文鞭影二卷　(明)蕭良有撰　(清)楊臣諍增訂　(清)來集之音注　清抄本　二冊

360000－1901－0017423　404036
龍文鞭影二卷　(明)蕭良有撰　(清)楊臣諍增訂　(清)來集之音注　清道光二年(1822)刻本　二冊

360000－1901－0017424　404041
龍文鞭影二卷　(明)蕭良有撰　(清)楊臣諍增訂　(清)來集之音注　清道光二十六年(1846)刻本　二冊

360000－1901－0017425　404033
龍文鞭影二卷　(明)蕭良有撰　(清)楊臣諍增訂　(清)來集之音注　清光緒二年(1876)刻本　二冊

360000－1901－0017426　404045
龍文鞭影二卷　(明)蕭良有撰　(清)楊臣諍增訂　(清)來集之音注　清會友堂刻本(卷下配清刻本)　二冊

360000－1901－0017427　404034
龍文鞭影二卷　(明)蕭良有撰　(清)楊臣諍增訂　(清)來集之音注　清刻本　二冊

360000－1901－0017428　404035
龍文鞭影二卷　(明)蕭良有撰　(清)楊臣諍增訂　(清)來集之音注　清刻本　二冊

360000－1901－0017429　404035－1
龍文鞭影二卷　(明)蕭良有撰　(清)楊臣諍增訂　(清)來集之音注　清刻本　二冊

360000－1901－0017430　404035－2
龍文鞭影二卷　(明)蕭良有撰　(清)楊臣諍增訂　(清)來集之音注　清刻本　二冊

360000－1901－0017431　404035－3
龍文鞭影二卷　(明)蕭良有撰　(清)楊臣諍增訂　(清)來集之音注　清刻本　二冊

360000－1901－0017432　404035－4
龍文鞭影二卷　(明)蕭良有撰　(清)楊臣諍增訂　(清)來集之音注　清刻本　二册

360000－1901－0017433　404035－5
龍文鞭影二卷　(明)蕭良有撰　(清)楊臣諍增訂　(清)來集之音注　清刻本　一册　存一卷(上)

360000－1901－0017434　404044
龍文鞭影二卷　(明)蕭良有撰　(清)楊臣諍增訂　(清)來集之音注　清刻本　一册

360000－1901－0017435　404045－1
龍文鞭影二卷　(明)蕭良有撰　(清)楊臣諍增訂　(清)來集之音注　清刻本　一册　存一卷(上)

360000－1901－0017436　900741
龍文鞭影二卷　(明)蕭良有撰　(清)楊臣諍增訂　(清)來集之音注　清刻本　一册　存一卷(上)

360000－1901－0017437　804999
龍文鞭影二卷　(明)蕭良有撰　(清)楊臣諍增訂　(清)來集之音注　清乾隆四十四年(1779)金陵聚錦堂刻本　二册

360000－1901－0017438　404031
龍文鞭影二卷　(明)蕭良有撰　(清)楊臣諍增訂　(清)來集之音注　清文奎堂刻本　二册

360000－1901－0017439　404032
龍文鞭影二卷　(明)蕭良有撰　(清)楊臣諍增訂　(清)來集之音注　清文奎堂刻本　二册

360000－1901－0017440　162898
龍文鞭影二卷　(明)蕭良有撰　(清)楊臣諍增訂　(清)來集之音注　清文元堂刻本　二册

360000－1901－0017441　404030
龍文鞭影二卷　(明)蕭良有撰　(清)楊臣諍增訂　(清)來集之音注　清裕德堂刻本　二册

360000－1901－0017442　300284
龍文鞭影四卷　(明)蕭良有撰　(清)楊臣諍增訂　(清)李恩綬校補　清光緒十一年(1885)京江李氏刻本　二册

360000－1901－0017443　404042
龍文鞭影四卷　(明)蕭良有撰　(清)楊臣諍增訂　(清)李恩綬校補　清光緒十一年(1885)刻本　二册

360000－1901－0017444　404043－2
龍文鞭影四卷　(明)蕭良有撰　(清)楊臣諍增訂　(清)李恩綬校補　清掃葉山房刻本　一册　存二卷(三至四)

360000－1901－0017445　164077
龍谿王先生全集二十卷　(明)王畿撰　明刻本　一册　存一卷(二十)

360000－1901－0017446　411234
龍谿王先生全集二十卷　(明)王畿撰　清刻本　一册　存二卷(十七至十八)

360000－1901－0017447　603853
龍谿王先生全集二十卷　(明)王畿撰　清刻本　一册　存二卷(十一至十二)

360000－1901－0017448　160519
龍性堂易史參錄二卷　(清)葉矯然撰　清乾隆三十三年(1768)刻本　二册

360000－1901－0017449　311703
龍興祥符戒壇寺志十二卷　(清)張大昌撰　清光緒二十年(1894)嘉惠堂丁氏刻本　四册

360000－1901－0017450　240331
龍雲先生文集三十二卷附錄一卷　(宋)劉弇撰　清乾隆十三年(1748)安福劉氏龍雲讀書室刻本　六册

360000－1901－0017451　122308
龍洲集十四卷首一卷　(宋)劉過撰　**附玉淵吟稿一卷**　(宋)劉子澄撰　清光緒二十五年(1899)蕭氏閒餘軒刻本　三册

360000－1901－0017452　122309

龍洲集十四卷首一卷　(宋)劉過撰　**附玉淵吟稿一卷**　(宋)劉子澄撰　清光緒二十五年(1899)蕭氏閒餘軒刻本　三册

360000－1901－0017453　122310
龍洲集十四卷首一卷　(宋)劉過撰　**附玉淵吟稿一卷**　(宋)劉子澄撰　清光緒二十五年(1899)蕭氏閒餘軒刻本　三册

360000－1901－0017454　412769
龍珠山房詩集二卷補遺一卷附録一卷湖上篇一卷　(明)李奎撰　清光緒二十二年(1896)錢塘丁氏刻本　一册

360000－1901－0017455　123095
隴上鴻泥不分卷　(清)程履豐撰　清光緒五年(1879)刻本　一册

360000－1901－0017456　123096
隴上鴻泥不分卷　(清)程履豐撰　清光緒五年(1879)刻本　一册

360000－1901－0017457　123097
隴上鴻泥不分卷　(清)程履豐撰　清光緒五年(1879)刻本　一册

360000－1901－0017458　410790
隴上鴻泥不分卷　(清)程履豐撰　清光緒五年(1879)刻本　一册

360000－1901－0017459　410790－1
隴上鴻泥不分卷　(清)程履豐撰　清光緒五年(1879)刻本　一册

360000－1901－0017460　410790－2
隴上鴻泥不分卷　(清)程履豐撰　清光緒五年(1879)刻本　一册

360000－1901－0017461　410790－3
隴上鴻泥不分卷　(清)程履豐撰　清光緒五年(1879)刻本　一册

360000－1901－0017462　601801
隴上鴻泥不分卷　(清)程履豐撰　清光緒五年(1879)刻本　一册

360000－1901－0017463　601802
隴上鴻泥不分卷　(清)程履豐撰　清光緒五年(1879)刻本　一册

360000－1901－0017464　601803
隴上鴻泥不分卷　(清)程履豐撰　清光緒五年(1879)刻本　一册

360000－1901－0017465　601804
隴上鴻泥不分卷　(清)程履豐撰　清光緒五年(1879)刻本　一册

360000－1901－0017466　220718
隴蜀餘聞一卷　(清)王士禛撰　清康熙刻王漁洋遺書本　一册

360000－1901－0017467　402843－1
隴蜀餘聞一卷　(清)王士禛撰　清宣統三年(1911)鉛印本　一册

360000－1901－0017468　240925
樓邨詩集二十五卷　(清)王式丹撰　清雍正四年(1726)王懋訥刻本　四册

360000－1901－0017469　240926
樓邨詩集二十五卷　(清)王式丹撰　清雍正四年(1726)王懋訥刻本　四册

360000－1901－0017470　417932
樓山堂集二十七卷　(明)吳應箕撰　清同治六年(1867)永寧官廨刻樓山堂遺書本　四册　存十八卷(一至十八)

360000－1901－0017471　417933
樓山堂集二十七卷　(明)吳應箕撰　清同治六年(1867)永寧官廨刻樓山堂遺書本　三册　存十四卷(一至十四)

360000－1901－0017472　306140
樓山堂遺書　(明)吳應箕撰　清同治當塗夏氏刻本　十册　存二種

360000－1901－0017473　801580
樓外樓訂正妥註第六才子書六卷首一卷　(元)王德信撰　(清)鄒聖脈注　清刻本　一册　存二卷(三至四)

360000－1901－0017474　309556
樓外樓新輯家禮彙函五函　(清)鄒聖脈輯　清刻本　一册

360000－1901－0017475　241407
樓外樓新輯詩文彙函六卷尺牘彙函七卷　(清)鄒聖脈輯　清乾隆十一年(1746)刻本　二册　存五卷(樓外樓新輯詩文彙函一至二、尺牘彙函一至三)

360000－1901－0017476　404855
樓外樓新輯事文彙函□□卷　(清)鄒聖脈輯　清刻本　一册　存五卷(六至十)

360000－1901－0017477　901659
樓外樓新增詩經補註題解附考備旨善本八卷　(清)鄒聖脈輯　清刻本　一册　存二卷(一至二)

360000－1901－0017478　900269
樓下李氏湖祠冬至會崇祀不分卷　(明)李氏湖祠冬至會輯　清道光二十八年(1848)木活字印本　一册

360000－1901－0017479　301527
陋軒詩六卷　(清)吳嘉紀撰　清道光十年(1830)秀水王氏信芳閣木活字印本　二册

360000－1901－0017480　309781
陋軒詩十二卷　(清)吳嘉紀撰　清刻本　四册

360000－1901－0017481　301205
盧厚山[坤]年譜一卷　(清)盧端黼撰　清道光刻本　一册

360000－1901－0017482　122870
盧黃合稿　(清)袁玉麟輯　清光緒二十六年(1900)刻本　四册

360000－1901－0017483　122871
盧黃合稿　(清)袁玉麟輯　清光緒二十六年(1900)刻本　三册

360000－1901－0017484　301202
盧昇之集七卷　(唐)盧照鄰撰　清星渚項氏刻本　二册

360000－1901－0017485　900246－1
盧氏珩翁祠冬至祭會不分卷　(清)盧福謙輯　清同治二年(1863)木活字印本　一册

360000－1901－0017486　900246
盧氏恢業翁享堂祔食會錄不分卷　(清)□□輯　清木活字印本　一册

360000－1901－0017487　900242
盧氏習齋翁冬至祔食堂崇祀錄不分卷　(清)盧瑚慶等輯　清道光二十四年(1844)木活字印本　一册

360000－1901－0017488　900243
盧氏習齋翁冬至祔食堂崇祀錄不分卷　(清)盧瑚慶等輯　清道光二十四年(1844)木活字印本　一册

360000－1901－0017489　900244
盧氏習齋翁冬至祔食堂崇祀錄不分卷　(清)盧瑚慶等輯　清道光二十四年(1844)木活字印本　一册

360000－1901－0017490　900245
盧氏習齋翁冬至祔食堂崇祀錄不分卷　(清)盧瑚慶等輯　清道光二十四年(1844)木活字印本　一册

360000－1901－0017491　317218
盧忠肅公集十二卷　(明)盧象昇撰　清光緒二十五年(1899)會稽施惠刻本　十册

360000－1901－0017492　301204
盧忠肅公集十二卷　(明)盧象昇撰　清光緒元年(1875)刻本　四册

360000－1901－0017493　410960
盧黃合編　(清)袁玉麟輯　清光緒二十六年(1900)華記印刷所鉛印本　四册

360000－1901－0017494　410961
盧黃合編　(清)袁玉麟輯　清光緒二十六年(1900)華記印刷所鉛印本　四册

360000－1901－0017495　410962
盧黃合編　(清)袁玉麟輯　清光緒二十六年(1900)華記印刷所鉛印本　三册

360000－1901－0017496　122606
盧陵詩存十二卷　(清)胡友梅輯　清光緒十三年(1887)石陽書院木活字印本　十二册

360000－1901－0017497　122607
廬陵詩存十二卷　(清)胡友梅輯　清光緒十三年(1887)石陽書院木活字印本　十二冊

360000－1901－0017498　122608
廬陵詩存十二卷　(清)胡友梅輯　清光緒十三年(1887)石陽書院木活字印本　十二冊

360000－1901－0017499　418472
廬陵詩存十二卷　(清)胡友梅輯　清光緒十三年(1887)石陽書院木活字印本　十一冊　存十卷(一至十)

360000－1901－0017500　122875
廬陵宋丞相信國公文忠烈先生全集十六卷　(宋)文天祥撰　(清)文有煥等編輯　清道光二十八年(1848)仕江周日新堂刻本　十一冊

360000－1901－0017501　410355
廬陵宋丞相信國公文忠烈先生全集十六卷　(宋)文天祥撰　(清)文有煥等編輯　清道光二十八年(1848)仕江周日新堂刻本　十冊

360000－1901－0017502　120112
廬陵宋丞相信國公文忠烈先生全集十六卷　(宋)文天祥撰　(清)文有煥等編輯　清道光二十三年(1843)刻本　十冊

360000－1901－0017503　120113
廬陵宋丞相信國公文忠烈先生全集十六卷　(宋)文天祥撰　(清)文有煥等編輯　清道光二十三年(1843)刻本　十冊

360000－1901－0017504　120114
廬陵宋丞相信國公文忠烈先生全集十六卷　(宋)文天祥撰　(清)文有煥等編輯　清道光二十三年(1843)刻本　十二冊

360000－1901－0017505　410923
廬陵宋丞相信國公文忠烈先生全集十六卷　(宋)文天祥撰　(清)文有煥等編輯　清道光刻本　二冊　存二卷(九、十五)

360000－1901－0017506　410354
廬陵宋丞相信國公文忠烈先生全集十六卷　(宋)文天祥撰　(清)文有煥等編輯　清道光十七年(1837)廬陵刻本　一冊　存五卷(八至十二)

360000－1901－0017507　415173
廬陵宋丞相信國公文忠烈先生全集十六卷　(宋)文天祥撰　(清)文有煥等編輯　清道光十七年(1837)廬陵刻本　十六冊

360000－1901－0017508　415174
廬陵宋丞相信國公文忠烈先生全集十六卷　(宋)文天祥撰　(清)文有煥等編輯　清道光十七年(1837)廬陵刻本　十二冊

360000－1901－0017509　415175
廬陵宋丞相信國公文忠烈先生全集十六卷　(宋)文天祥撰　(清)文有煥等編輯　清道光十七年(1837)廬陵刻本　十冊　存十一卷(一至二、四至五、七至十一、十四至十五)

360000－1901－0017510　415175－1
廬陵宋丞相信國公文忠烈先生全集十六卷　(宋)文天祥撰　(清)文有煥等編輯　清道光十七年(1837)廬陵刻本　四冊　存六卷(二至四、八至九、十四)

360000－1901－0017511　415175－2
廬陵宋丞相信國公文忠烈先生全集十六卷　(宋)文天祥撰　(清)文有煥等編輯　清道光十七年(1837)廬陵刻本　五冊　存六卷(一至二、四、六至八)

360000－1901－0017512　415175－3
廬陵宋丞相信國公文忠烈先生全集十六卷　(宋)文天祥撰　(清)文有煥等編輯　清道光十七年(1837)廬陵刻本　二冊　存二卷(七至八)

360000－1901－0017513　902483
廬陵宋丞相信國公文忠烈先生全集十六卷　(宋)文天祥撰　(清)文有煥等編輯　清廬陵文氏刻本　七冊　存六卷(十一至十六)

360000－1901－0017514　120118
廬陵宋丞相信國公文忠烈先生全集十六卷　(宋)文天祥撰　(清)文有煥等編輯　**文忠烈公祟祀原案錄一卷**　清光緒十三年(1887)穀

詒堂刻本　十冊

360000－1901－0017515　601058

盧陵宋丞相信國公文忠烈先生全集十六卷（宋）文天祥撰　（清）文有煥等編輯　**文忠烈公崇祀原案録一卷**　清雍正三年（1725）文氏五桂堂刻本　八冊

360000－1901－0017516　601061

盧陵宋丞相信國公文忠烈先生全集十六卷（宋）文天祥撰　（清）文有煥等編輯　**文忠烈公崇祀原案録一卷**　清雍正三年（1725）文氏五桂堂刻本　十一冊

360000－1901－0017517　601062

盧陵宋丞相信國公文忠烈先生全集十六卷（宋）文天祥撰　（清）文有煥等編輯　**文忠烈公崇祀原案録一卷**　清雍正三年（1725）文氏五桂堂刻道光二十三年（1843）補刻本　十冊

360000－1901－0017518　601063

盧陵宋丞相信國公文忠烈先生全集十六卷（宋）文天祥撰　（清）文有煥等編輯　**文忠烈公崇祀原案録一卷**　清雍正三年（1725）文氏五桂堂刻道光二十三年（1843）補刻本　十二冊

360000－1901－0017519　601064

盧陵宋丞相信國公文忠烈先生全集十六卷（宋）文天祥撰　（清）文有煥等編輯　**文忠烈公崇祀原案録一卷**　清雍正三年（1725）文氏五桂堂刻道光二十三年（1843）補刻本　十五冊　存十五卷（一至四、六至十六）

360000－1901－0017520　240413

盧陵宋丞相信國公文忠烈先生全集十六卷（宋）文天祥撰　（清）文有煥等編輯　**文忠烈公崇祀原案録一卷**　清雍正三年（1725）文氏五桂堂刻乾隆二年（1737）增刻本　十二冊　缺一卷（文忠烈公崇祀原案録一卷）

360000－1901－0017521　240414

盧陵宋丞相信國公文忠烈先生全集十六卷（宋）文天祥撰　（清）文有煥等編輯　**文忠烈公崇祀原案録一卷**　清雍正三年（1725）文氏五桂堂刻乾隆二年（1737）增刻道光二十三年（1843）補刻本　十冊

360000－1901－0017522　240415

盧陵宋丞相信國公文忠烈先生全集十六卷（宋）文天祥撰　（清）文有煥等編輯　**文忠烈公崇祀原案録一卷**　清雍正三年（1725）文氏五桂堂刻乾隆二年（1737）增刻道光二十三年（1843）補刻本　八冊

360000－1901－0017523　122605

盧陵周益國文忠公集二百卷首一卷附録五卷　（宋）周必大撰　清道光二十八年（1848）歐陽棨瀛塘別墅刻咸豐元年（1851）續刻本　二十四冊

360000－1901－0017524　410364

盧陵周益國文忠公集二百卷首一卷附録五卷　（宋）周必大撰　清道光二十八年（1848）歐陽棨瀛塘別墅刻咸豐元年（1851）續刻本　十三冊　存六十六卷（五至十二、二十九至三十四、四十六至六十四、一百十至一百十三、一百四十六至一百六十七、一百七十二至一百七十三、一百九十至一百九十四）

360000－1901－0017525　601383

盧陵周益國文忠公集二百卷首一卷附録五卷　（宋）周必大撰　清道光二十八年（1848）歐陽棨瀛塘別墅刻咸豐元年（1851）續刻本　三十冊　存一百三十三卷（一至十三、四十一至九十三、一百二十一至一百二十五、一百三十至一百三十九、一百四十九至二百）

360000－1901－0017526　601384

盧陵周益國文忠公集二百卷首一卷附録五卷　（宋）周必大撰　清道光二十八年（1848）歐陽棨瀛塘別墅刻咸豐元年（1851）續刻本　二十冊　存一百一卷（一百五至二百、附録五卷）

360000－1901－0017527　601385

盧陵周益國文忠公集二百卷首一卷附録五卷　（宋）周必大撰　清道光二十八年（1848）歐陽棨瀛塘別墅刻咸豐元年（1851）續刻本　二十四冊　存一百二十八卷（一至九十、一百二

十六至一百六十二,首一卷)

360000－1901－0017528　601386
廬陵周益國文忠公集二百卷首一卷附錄五卷　(宋)周必大撰　清道光二十八年(1848)歐陽棨瀛塘別墅刻咸豐元年(1851)續刻本　四十冊

360000－1901－0017529　601388
廬陵周益國文忠公集二百卷首一卷附錄五卷　(宋)周必大撰　清道光二十八年(1848)歐陽棨瀛塘別墅刻咸豐元年(1851)續刻本　一冊　存五卷(一至四、首一卷)

360000－1901－0017530　421223
廬山觀音閣語錄全集一卷　(清)鄧逢光撰　清刻本　二冊

360000－1901－0017531　115067
廬山小志二十四卷首一卷　(清)蔡瀛纂　清道光四年(1824)蔡瀛娜嬛別館刻本　四冊

360000－1901－0017532　421221
廬山小志二十四卷首一卷　(清)蔡瀛纂　清道光四年(1824)蔡瀛娜嬛別館刻本　二冊　存十三卷(一至十二、首一卷)

360000－1901－0017533　421222
廬山秀峯寺志八卷首一卷　(清)范昌治撰　清康熙六十一年(1722)十笏堂刻本　一冊　存二卷(一至二)

360000－1901－0017534　220740
廬山志十五卷首一卷　(清)毛德琦撰　清康熙五十九年(1720)順德堂刻本　十六冊

360000－1901－0017535　220741
廬山志十五卷首一卷　(清)毛德琦撰　清康熙五十九年(1720)順德堂刻本　十冊

360000－1901－0017536　220742
廬山志十五卷首一卷　(清)毛德琦撰　清康熙五十九年(1720)順德堂刻本　十四冊

360000－1901－0017537　220743
廬山志十五卷首一卷　(清)毛德琦撰　清康熙五十九年(1720)順德堂刻本　十七冊　缺二卷(一、十四)

360000－1901－0017538　115062
廬山志十五卷首一卷　(清)毛德琦撰　清康熙五十九年(1720)順德堂刻乾隆、道光、同治遞修本　十六冊

360000－1901－0017539　115065
廬山志十五卷首一卷　(清)毛德琦撰　清康熙五十九年(1720)順德堂刻乾隆、道光、同治遞修本　十六冊

360000－1901－0017540　421236
廬山志十五卷首一卷　(清)毛德琦撰　清康熙五十九年(1720)順德堂刻乾隆、道光、同治遞修本　十冊　存十一卷(一、三至十、十三、十五)

360000－1901－0017541　421236－1
廬山志十五卷首一卷　(清)毛德琦撰　清康熙五十九年(1720)順德堂刻乾隆、道光、同治遞修本　三冊　存三卷(三至四、六)

360000－1901－0017542　602074
廬山志十五卷首一卷　(清)毛德琦撰　清康熙五十九年(1720)順德堂刻乾隆、道光、同治遞修本　五冊　存四卷(一、十二至十四)

360000－1901－0017543　602077
廬山志十五卷首一卷　(清)毛德琦撰　清康熙五十九年(1720)順德堂刻乾隆、道光、同治遞修本　七冊　存六卷(一至五、八)

360000－1901－0017544　602077－1
廬山志十五卷首一卷　(清)毛德琦撰　清康熙五十九年(1720)順德堂刻乾隆、道光、同治遞修本　五冊　存四卷(三、五、十一至十二)

360000－1901－0017545　602080
廬山志十五卷首一卷　(清)毛德琦撰　清康熙五十九年(1720)順德堂刻乾隆、道光、同治遞修本　六冊　存六卷(一、五至七、十一、十四)

360000－1901－0017546　602080－1
廬山志十五卷首一卷　(清)毛德琦撰　清康

熙五十九年(1720)順德堂刻乾隆、道光、同治遞修本　一册　存一卷(十一)

360000－1901－0017547　110040
廬山志十五卷首一卷　(清)毛德琦撰　清康熙五十九年(1720)順德堂刻乾隆、道光、同治、光緒遞修本　十四册　存十四卷(一至十三、首一卷)

360000－1901－0017548　115063
廬山志十五卷首一卷　(清)毛德琦撰　清康熙五十九年(1720)順德堂刻宣統二年(1910)重修本　十六册

360000－1901－0017549　220747
廬山志十五卷首一卷　(清)毛德琦撰　清康熙五十九年(1720)順德堂刻宣統二年(1910)重修本　十六册

360000－1901－0017550　220748
廬山志十五卷首一卷　(清)毛德琦撰　清康熙五十九年(1720)順德堂刻宣統二年(1910)重修本　十六册

360000－1901－0017551　421212
廬山志十五卷首一卷　(清)毛德琦撰　清康熙五十九年(1720)順德堂刻宣統二年(1910)重修本　十册　存十卷(一至八、十三、十五)

360000－1901－0017552　421212－1
廬山志十五卷首一卷　(清)毛德琦撰　清康熙五十九年(1720)順德堂刻宣統二年(1910)重修本　一册　存一卷(十五)

360000－1901－0017553　421237
廬山志十五卷首一卷　(清)毛德琦撰　清康熙五十九年(1720)順德堂刻宣統二年(1910)重修本　十一册　存十三卷(一、三、六至十五,首一卷)

360000－1901－0017554　220744
廬山志十五卷首一卷　(清)毛德琦撰　(清)盛元補　清康熙五十九年(1720)順德堂刻乾隆、道光、同治遞修本　六册

360000－1901－0017555　220745
廬山志十五卷首一卷　(清)毛德琦撰　(清)盛元補　清康熙五十九年(1720)順德堂刻乾隆、道光、同治遞修本　十六册

360000－1901－0017556　220746
廬山志十五卷首一卷　(清)毛德琦撰　(清)盛元補　清康熙五十九年(1720)順德堂刻乾隆、道光、同治遞修本　十五册　缺一卷(六)

360000－1901－0017557　150633
廬陽三賢集　(清)張樹聲輯　清光緒元年(1875)合肥張氏毓秀堂刻本　四册

360000－1901－0017558　316337
廬陽三賢集　(清)張樹聲輯　清光緒元年(1875)合肥張氏毓秀堂刻本　四册

360000－1901－0017559　240340
瀘溪文集五十卷　(宋)王庭珪撰　**附竹西聽雨集殘稿一卷**　(明)王尊陽撰　清乾隆五十一年(1786)愛敬堂刻本　六册

360000－1901－0017560　240341
瀘溪文集五十卷　(宋)王庭珪撰　**附竹西聽雨集殘稿一卷**　(明)王尊陽撰　清乾隆五十一年(1786)愛敬堂刻本　十二册

360000－1901－0017561　240342
瀘谿文集五十卷　(宋)王庭珪撰　清抄本　六册

360000－1901－0017562　408796
顱顖經二卷　(□)□□撰　清末石印本　一册

360000－1901－0017563　802323
顱顖經秘訣一卷小兒推擦法氣色圖一卷秘傳痘疹科一卷　(□)□□撰　清抄本　一册

360000－1901－0017564　413744
魯給諫奏疏一卷　(清)魯蘭枝撰　清光緒八年(1882)刻三餘書屋叢書本　一册

360000－1901－0017565　405407
魯嶠詩鈔二卷　(清)榮錫楷撰　清刻本　一册　存一卷(下)

360000－1901－0017566　122267

魯山木先生文集十二卷首一卷外集二卷 (清)魯九臯撰 清刻本 四冊 存八卷(三至十)

360000－1901－0017567 122268
魯原先生詩文存集九卷 (明)曾于拱撰 清道光二十二年(1842)刻本 二冊

360000－1901－0017568 902109
陸操新義四卷 (德國)康貝撰 (清)李鳳苞譯 清光緒十年(1884)石印本 二冊

360000－1901－0017569 304364
陸放翁劍南詩鈔六卷 (宋)陸游撰 清道光二年(1822)文畲堂刻本 六冊

360000－1901－0017570 250182
陸放翁全集 (宋)陸游撰 明末毛氏汲古閣刻清初毛扆增刻彙印本 四十八冊

360000－1901－0017571 250183
陸放翁全集 (宋)陸游撰 明末毛氏汲古閣刻清初毛扆增刻彙印本 六十四冊

360000－1901－0017572 250184
陸放翁全集 (宋)陸游撰 明末毛氏汲古閣刻清初毛扆增刻彙印本 十八冊 存四種

360000－1901－0017573 250185
陸放翁全集 (宋)陸游撰 明末毛氏汲古閣刻清初毛扆增刻詩禮堂張氏彙印本 六十四冊

360000－1901－0017574 150321
陸放翁全集 (宋)陸游撰 清楚澴李氏森寶齋刻本 六十冊

360000－1901－0017575 306557
陸桴亭先生遺書 (清)陸世儀撰 清光緒二十五年(1899)太倉唐受祺刻本 四冊 存十五種

360000－1901－0017576 220449
陸稼書先生[隴其]年譜定本二卷附錄一卷 (清)吴光酉編 清雍正三年(1725)清風堂刻乾隆六年(1741)增刻本 二冊

360000－1901－0017577 303936
陸稼書先生[隴其]年譜定本二卷附錄一卷 (清)吴光酉編 清雍正三年(1725)清風堂刻乾隆六年(1741)增刻本 二冊

360000－1901－0017578 416521
陸軍教育摘要不分卷 (清)盧永銘譯 清光緒二十八年(1902)南洋公學譯書院鉛印本 二冊

360000－1901－0017579 161865
陸清獻公[隴其]年譜定本二卷附錄一卷 (清)吴光酉編 清光緒八年(1882)津河廣仁堂刻本 二冊

360000－1901－0017580 161999
陸清獻公[隴其]年譜定本二卷附錄一卷 (清)吴光酉編 清光緒八年(1882)津河廣仁堂刻本 二冊

360000－1901－0017581 161866
陸清獻公日記十卷(清康熙五年至三十一年) (清)陸隴其撰 (清)柳樹芳輯 清光緒二十七年(1901)勝溪草堂刻本 四冊

360000－1901－0017582 303184
陸清獻公宰嘉訓俗一卷 (清)陸隴其撰 清光緒二十六年(1900)刻本 一冊

360000－1901－0017583 402087
陸清獻公治嘉格言一卷 (清)陸隴其撰 清光緒二十二年(1896)刻本 一冊

360000－1901－0017584 416701
陸清獻公治嘉格言一卷 (清)陸隴其撰 清同治七年(1868)刻本 一冊

360000－1901－0017585 400882
陸清獻先生[隴其]年譜原本一卷 (清)楊開基輯 清乾隆十七年(1752)陸申憲刻本 一冊

360000－1901－0017586 240023
陸士衡集十卷 (晉)陸機撰 明正德十四年(1519)陸元大刻晉二俊文集本 一冊 缺三卷(八至十)

360000－1901－0017587 802468

陸士衡集四卷　(晉)陸機撰　清抄本　二册

360000－1901－0017588　240024
陸士衡文集十卷　(晉)陸機撰　明萬曆、天啓新安汪士賢刻漢魏諸名家集本　一册

360000－1901－0017589　240025
陸士龍文集十卷　(晉)陸雲撰　明萬曆、天啓新安汪士賢刻漢魏諸名家集本　一册

360000－1901－0017590　603578
陸氏三傳釋文音義十六卷　(唐)陸德明撰　清刻本　四册

360000－1901－0017591　240942
陸堂文集二十卷詩集十六卷詩續集八卷　(清)陸奎勳撰　清雍正十三年至乾隆五年(1735－1740)小瀛山閣刻本　八册　缺十六卷(詩集九至十六、詩續集八卷)

360000－1901－0017592　711171
陸相國比翼南旋圖徵詩文啓一卷　(清)鄒嘉來等撰　清宣統三年(1911)石印本　一册

360000－1901－0017593　303932
陸象山先生集節要六卷首一卷　(宋)陸九淵撰　(清)方宗誠輯　清同治七年(1868)皖城撫署刻半畝園叢書本　二册

360000－1901－0017594　412914
陸象山先生全集三十六卷　(宋)陸九淵撰　(清)李紱評點　**陸梭山公家制一卷**　(宋)陸九韶撰　**陸象山先生學則辨一卷**　(明)徐階撰　清金谿青田書院刻本　七册　缺一卷(三十五)

360000－1901－0017595　413301
陸象山先生全集三十六卷　(宋)陸九淵撰　(清)李紱評點　**陸梭山公家制一卷**　(宋)陸九韶撰　**陸象山先生學則辨一卷**　(明)徐階撰　清同治十年(1871)大儒家廟刻本　九册　缺五卷(十九至二十三)

360000－1901－0017596　121512
陸象山先生全集三十六卷　(宋)陸九淵撰　(清)李紱評點　**陸梭山公家制一卷**　(宋)陸九韶撰　**陸象山先生學則辨一卷**　(明)徐階撰　清宣統二年(1910)江右書林鉛印本　八册

360000－1901－0017597　121513
陸象山先生全集三十六卷　(宋)陸九淵撰　(清)李紱評點　**陸梭山公家制一卷**　(宋)陸九韶撰　**陸象山先生學則辨一卷**　(明)徐階撰　清宣統二年(1910)江右書林鉛印本　八册

360000－1901－0017598　413300
陸象山先生全集三十六卷　(宋)陸九淵撰　(清)李紱評點　**陸梭山公家制一卷**　(宋)陸九韶撰　**陸象山先生學則辨一卷**　(明)徐階撰　清宣統二年(1910)江左書林鉛印本　八册

360000－1901－0017599　121509
陸象山先生全集三十六卷　(宋)陸九淵撰　(清)李紱評點　**陸梭山公家制一卷**　(宋)陸九韶撰　**陸象山先生學則辨一卷**　(明)徐階撰　**陸象山先生文集校勘略一卷**　(清)喻震孟撰　清同治十年(1871)大儒家廟刻本　十六册

360000－1901－0017600　121510
陸象山先生全集三十六卷　(宋)陸九淵撰　(清)李紱評點　**陸梭山公家制一卷**　(宋)陸九韶撰　**陸象山先生學則辨一卷**　(明)徐階撰　**陸象山先生文集校勘略一卷**　(清)喻震孟撰　清同治十年(1871)大儒家廟刻本　十六册

360000－1901－0017601　121511
陸象山先生全集三十六卷　(宋)陸九淵撰　(清)李紱評點　**陸梭山公家制一卷**　(宋)陸九韶撰　**陸象山先生學則辨一卷**　(明)徐階撰　**陸象山先生文集校勘略一卷**　(清)喻震孟撰　清同治十年(1871)大儒家廟刻本　十二册

360000－1901－0017602　121506
陸象山先生全集三十六卷　(宋)陸九淵撰　(清)李紱評點　**少湖徐先生學則辨一卷**

(明)徐階撰　清道光三年(1823)金谿陸邦瑞槐堂書屋刻本　八册

360000－1901－0017603　121507
陸象山先生全集三十六卷　(宋)陸九淵撰　(清)李紱評點　**少湖徐先生學則辨一卷**　(明)徐階撰　清道光三年(1823)金谿陸邦瑞槐堂書屋刻本　十册

360000－1901－0017604　121508
陸象山先生全集三十六卷　(宋)陸九淵撰　(清)李紱評點　**少湖徐先生學則辨一卷**　(明)徐階撰　清道光三年(1823)金谿陸邦瑞槐堂書屋刻本　十册

360000－1901－0017605　413302
陸象山先生全集三十六卷　(宋)陸九淵撰　(清)李紱評點　**少湖徐先生學則辨一卷**　(明)徐階撰　清道光三年(1823)金谿陸邦瑞槐堂書屋刻本　十二册

360000－1901－0017606　413303
陸象山先生全集三十六卷　(宋)陸九淵撰　(清)李紱評點　**少湖徐先生學則辨一卷**　(明)徐階撰　清道光三年(1823)金谿陸邦瑞槐堂書屋刻本　十一册　存三十五卷(一至三十五)

360000－1901－0017607　413304
陸象山先生全集三十六卷　(宋)陸九淵撰　(清)李紱評點　**少湖徐先生學則辨一卷**　(明)徐階撰　清道光三年(1823)金谿陸邦瑞槐堂書屋刻本　一册　存一卷(三十五)

360000－1901－0017608　902051
陸象山先生全集三十六卷　(宋)陸九淵撰　(清)李紱評點　**少湖徐先生學則辨一卷**　(明)徐階撰　清道光三年(1823)金谿陸邦瑞槐堂書屋刻本　十二册

360000－1901－0017609　601511
陸象山先生文集三十六卷　(宋)陸九淵撰　(清)李紱評點　**陸梭山公家制一卷**　(宋)陸九韶撰　**陸象山先生學則辨一卷**　(明)徐階撰　**陸象山先生文集校勘略一卷**　(清)喻震孟撰　清同治十年(1871)刻本　十册

360000－1901－0017610　601514
陸象山先生文集三十六卷　(宋)陸九淵撰　(清)李紱評點　**陸梭山公家制一卷**　(宋)陸九韶撰　**陸象山先生學則辨一卷**　(明)徐階撰　**陸象山先生文集校勘略一卷**　(清)喻震孟撰　清同治十年(1871)刻本　十册

360000－1901－0017611　601516
陸象山先生文集三十六卷　(宋)陸九淵撰　(清)李紱評點　**陸梭山公家制一卷**　(宋)陸九韶撰　**陸象山先生學則辨一卷**　(明)徐階撰　**陸象山先生文集校勘略一卷**　(清)喻震孟撰　清同治十年(1871)刻本　十册

360000－1901－0017612　601517
陸象山先生文集三十六卷　(宋)陸九淵撰　(清)李紱評點　**陸梭山公家制一卷**　(宋)陸九韶撰　**陸象山先生學則辨一卷**　(明)徐階撰　**陸象山先生文集校勘略一卷**　(清)喻震孟撰　清同治十年(1871)刻本　八册　存三十三卷(一至七、十三至三十六,陸梭山公家制一卷,陸象山先生文集校勘略一卷)

360000－1901－0017613　601518
陸象山先生文集三十六卷　(宋)陸九淵撰　(清)李紱評點　**陸梭山公家制一卷**　(宋)陸九韶撰　**陸象山先生學則辨一卷**　(明)徐階撰　**陸象山先生文集校勘略一卷**　(清)喻震孟撰　清同治十年(1871)刻本　十二册

360000－1901－0017614　601520
陸象山先生文集三十六卷　(宋)陸九淵撰　(清)李紱評點　**陸梭山公家制一卷**　(宋)陸九韶撰　**陸象山先生學則辨一卷**　(明)徐階撰　**陸象山先生文集校勘略一卷**　(清)喻震孟撰　清同治十年(1871)刻本　一册　存二卷(一至二)

360000－1901－0017615　601512
陸象山先生文集三十六卷　(宋)陸九淵撰　(清)李紱評點　**少湖徐先生學則辨一卷**　(明)徐階撰　清道光三年(1823)金谿陸邦瑞槐堂書屋刻本　十二册

360000－1901－0017616　601513
陸象山先生文集三十六卷　(宋)陸九淵撰　(清)李紱評點　**少湖徐先生學則辨一卷**　(明)徐階撰　清道光三年(1823)金谿陸邦瑞槐堂書屋刻本　十册

360000－1901－0017617　601515
陸象山先生文集三十六卷　(宋)陸九淵撰　(清)李紱評點　**少湖徐先生學則辨一卷**　(明)徐階撰　清道光三年(1823)金谿陸邦瑞槐堂書屋刻本　十册

360000－1901－0017618　601519
陸象山先生文集三十六卷　(宋)陸九淵撰　(清)李紱評點　**少湖徐先生學則辨一卷**　(明)徐階撰　清道光三年(1823)金谿陸邦瑞槐堂書屋刻本　十一册　存三十三卷(一至十六、二十一至三十六,少湖徐先生學則辨一卷)

360000－1901－0017619　315407
陸宣公全集二十四卷　(唐)陸贄撰　清刻本　八册

360000－1901－0017620　240092
陸宣公全集二十四卷　(唐)陸贄撰　(明)湯賓尹評　明崇禎元年(1628)刻本　三册　缺六卷(十九至二十四)

360000－1901－0017621　240093
陸宣公全集二十四卷　(唐)陸贄撰　(明)湯賓尹評　明崇禎元年(1628)刻本　一册　存九卷(一至九)

360000－1901－0017622　601510
陸宣公奏議願學編二卷　(唐)陸贄撰　(清)蔡方炳評輯　清刻本　二册

360000－1901－0017623　402052
陸宣公奏議願學編二卷　(唐)陸贄撰　(清)蔡方炳評輯　清文會堂刻本　一册　存一卷(上)

360000－1901－0017624　150318
陸子全書　(清)陸隴其撰　清光緒十六年(1890)宗培寺刻本　二十册　存十三種

360000－1901－0017625　150317
陸子全書　(清)陸隴其撰　清同治七年(1868)武林徵署刻本　十四册　存六種

360000－1901－0017626　230107
陸子學譜二十卷　(清)李紱編　清雍正十三年至乾隆元年(1735－1736)無怒軒刻本　八册

360000－1901－0017627　230108
陸子學譜二十卷　(清)李紱編　清雍正十三年至乾隆元年(1735－1736)無怒軒刻本　八册

360000－1901－0017628　413628
陸子學譜二十卷　(清)李紱編　清雍正十三年至乾隆元年(1735－1736)無怒軒刻本　五册　存十七卷(一至十五、十九至二十)

360000－1901－0017629　121502
陸子學譜二十卷首一卷　(清)李紱編　清光緒三年(1877)義里素位堂刻本　十册

360000－1901－0017630　303091
鹿蕉山館詩鈔十卷　(清)胡傳釗撰　清刻本　五册

360000－1901－0017631　404985
鹿蕉山館詩鈔十卷　(清)胡傳釗撰　清刻本　一册　存三卷(六至八)

360000－1901－0017632　220294
鹿門先生批點漢書九十三卷　(明)茅坤評釋　(明)陶國柱　(明)茅琛徵訂　明崇禎八年(1635)茅琛徵刻本　二十册

360000－1901－0017633　220295
鹿門先生批點漢書九十三卷　(明)茅坤評釋　(明)陶國柱　(明)茅琛徵訂　明崇禎八年(1635)茅琛徵刻本　三十六册　缺十卷(二至五、三十四、四十三至四十七)

360000－1901－0017634　220296
鹿門先生批點漢書九十三卷　(明)茅坤評釋　(明)陶國柱　(明)茅琛徵訂　明崇禎八年(1635)茅琛徵刻本　二册　存十一卷(五十

至五十四、六十九至七十四）

360000－1901－0017635　309318

鹿皮子集四卷　（元）陳樵撰　（清）王崇炳輯　清光緒元年（1875）退補齋刻本　二冊

360000－1901－0017636　163427

鹿忠節公集二十一卷　（明）鹿善繼撰　清刻本　六冊

360000－1901－0017637　404986

鹿忠節公集二十一卷　（明）鹿善繼撰　清刻本　四冊　存十四卷（一至三、十一至二十一）

360000－1901－0017638　417545

鹿洲初集二十卷　（清）藍鼎元撰　清雍正十年（1732）刻鹿洲全集本　三冊　存六卷（一至二、八至九、十二至十三）

360000－1901－0017639　316368

鹿洲全集　（清）藍鼎元撰　清光緒六年（1880）刻本　八冊　存二種

360000－1901－0017640　250211

鹿洲全集　（清）藍鼎元撰　清康熙、雍正刻彙印本　二十冊

360000－1901－0017641　417541

鹿洲全集　（清）藍鼎元撰　清刻本　十四冊

360000－1901－0017642　417542

鹿洲全集　（清）藍鼎元撰　清刻本　十二冊

360000－1901－0017643　417543

鹿洲全集　（清）藍鼎元撰　清刻本　十六冊　存六種

360000－1901－0017644　417544

鹿洲全集　（清）藍鼎元撰　清刻本　十八冊

360000－1901－0017645　600187

鹿洲全集　（清）藍鼎元撰　清刻本　十五冊　存七種

360000－1901－0017646　603548

鹿洲全集　（清）藍鼎元撰　清刻本　一冊　存二種

360000－1901－0017647　417546

鹿洲全集　（清）藍鼎元撰　清同治四年（1865）廣東緯文堂刻本　十九冊　存六種

360000－1901－0017648　150549

鹿洲全集　（清）藍鼎元撰　清雍正十年（1732）刻本　二十四冊

360000－1901－0017649　150540

鹿洲全集　（清）藍鼎元撰　清雍正十年（1732）刻光緒五年（1879）藍謙修補本　二十五冊

360000－1901－0017650　301115

翏莫子集二卷　（清）俞興瑞撰　清咸豐六年（1856）平江三德堂刻本　一冊

360000－1901－0017651　305668

翏莫子集四卷翏莫子雜識一卷　（清）俞興瑞撰　**高辛硯齋雜著一卷雜稿一卷詩稿一卷**　（清）俞承德撰　**見聞近錄四卷**　（清）俞超撰　**客窗閒話二卷**　（清）吳靖符撰　清咸豐六年（1856）刻本　五冊　缺四卷（翏莫子集一至二、見聞近錄一至二）

360000－1901－0017652　804737

路加傳福音書二十四章　（英國）摩利森譯　清宣統元年（1909）美國聖經會鉛印本　一冊

360000－1901－0017653　121972

路史前紀九卷後紀十三卷餘論十卷發揮六卷國名紀七卷　（宋）羅泌撰　清光緒二年（1876）紅杏山房刻本　十六冊

360000－1901－0017654　121973

路史前紀九卷後紀十三卷餘論十卷發揮六卷國名紀七卷　（宋）羅泌撰　清光緒二年（1876）紅杏山房刻本　十六冊

360000－1901－0017655　121974

路史前紀九卷後紀十三卷餘論十卷發揮六卷國名紀七卷　（宋）羅泌撰　清光緒二年（1876）刻本　十六冊

360000－1901－0017656　601637

路史前紀九卷後紀十三卷餘論十卷發揮六卷

國名紀七卷　(宋)羅泌撰　清光緒二年(1876)刻本　二十冊

360000－1901－0017657　601638
路史前紀九卷後紀十三卷餘論十卷發揮六卷國名紀七卷　(宋)羅泌撰　清光緒二年(1876)刻本　五冊　存二十二卷(路史前紀九卷、後紀十三卷)

360000－1901－0017658　601639
路史前紀九卷後紀十三卷餘論十卷發揮六卷國名紀七卷　(宋)羅泌撰　清光緒二年(1876)刻本　十三冊　存三十八卷(路史前紀九卷,後紀五至十三,餘論十卷,發揮六卷,國名紀丁、戊、己、信)

360000－1901－0017659　220078
路史四十七卷　(宋)羅泌撰　明嘉靖洪楩刻本　三十二冊

360000－1901－0017660　220079
路史四十七卷　(宋)羅泌撰　明嘉靖洪楩刻本　八冊

360000－1901－0017661　220081
路史四十七卷　(宋)羅泌撰　明萬曆三十九年(1611)喬可傳寄寄齋刻本　十二冊

360000－1901－0017662　220080
路史四十七卷　(宋)羅泌撰　明萬曆三十一年(1603)刻本　十二冊　存二十二卷(前紀九卷、後紀十三卷)

360000－1901－0017663　804104
路史摘要□□卷　(宋)羅泌撰　清嘉慶十一年(1806)刻本　一冊　存二卷(一至二)

360000－1901－0017664　800811
錄經解不分卷　(清)□□輯　清希平氏抄本　五冊

360000－1901－0017665　306847
潞水客談一卷　(明)徐貞明撰　清道光四年(1824)刻畿輔河道水利叢書本　一冊

360000－1901－0017666　303090
麓樵小草二卷　(清)胡傳釗撰　清同治九年(1870)刻本　二冊

360000－1901－0017667　413724
露花詞二卷　(清)董邦超撰　清嘉慶二十一年(1816)刻本　一冊

360000－1901－0017668　802741
露華館詩草一卷　(清)□□撰　清抄本　一冊

360000－1901－0017669　162971
孿史四十八卷　(清)王希廉輯　清光緒元年(1875)申報館鉛印申報館叢書本　一冊　存十九卷(三十至四十八)

360000－1901－0017670　164316
欒城集四十八卷後集二十四卷三集十卷應詔集十二卷　(宋)蘇轍撰　清道光十二年(1832)眉州三蘇祠刻三蘇全集本　二十六冊

360000－1901－0017671　164317
欒城集四十八卷後集二十四卷三集十卷應詔集十二卷　(宋)蘇轍撰　清道光十二年(1832)眉州三蘇祠刻三蘇全集本　十九冊　存七十二卷(欒城集一至九、二十至三十、三十七至四十八,後集一至七、十二至二十四,三集十卷,應詔集一至十)

360000－1901－0017672　413802
欒城集五十卷後集二十四卷三集十卷應詔集十二卷　(宋)蘇轍撰　清道光十二年(1832)眉州三蘇祠刻三蘇全集本　十一冊　存四十六卷(後集二十四卷、三集十卷、應詔集十二卷)

360000－1901－0017673　413803
欒城集五十卷後集二十四卷三集十卷應詔集十二卷　(宋)蘇轍撰　清道光十二年(1832)眉州三蘇祠刻三蘇全集本　五冊　存二十六卷(後集一至十二、三集四至十、應詔集一至七)

360000－1901－0017674　722501
欒城先生全集錄六卷　(宋)蘇轍撰　(清)儲欣選　清遺清堂刻唐宋大家全集錄本　一冊　存二卷(一至二)

360000－1901－0017675　404739
灤陽消夏錄十二卷　(清)紀昀撰　清刻本　一冊　存三卷(一至三)

360000－1901－0017676　417718－1
灤陽續錄六卷　(清)紀昀撰　清道光二十七年(1847)小蓬萊山館刻閱微草堂筆記本　二冊

360000－1901－0017677　803858
鸞諭不分卷　(清)□□輯　清光緒元年(1875)抄本　一冊

360000－1901－0017678　800800
綸音奏摺不分卷　(清)□□輯　清末抄本　一冊

360000－1901－0017679　416407
輪船布陣十二卷首一卷圖一卷　(英國)裴路撰　(英國)傅蘭雅口譯　(清)徐建寅筆述　清末江南製造局刻本　二冊

360000－1901－0017680　164211
輪船奏稿一卷　(清)□□輯　清刻本　一冊

360000－1901－0017681　416405
輪船奏稿一卷　(清)□□輯　清刻本　一冊

360000－1901－0017682　802455
輪迴巧誌一卷　(□)□□撰　清光緒婺源程嘉謨抄本　一冊

360000－1901－0017683　303425
輪臺雜記二卷　(清)史善長撰　清刻本　一冊

360000－1901－0017684　161160
輪輿私箋二卷附圖一卷　(清)鄭珍撰　(清)鄭知同繪圖　清同治七年(1868)獨山莫氏刻本　一冊

360000－1901－0017685　306526
論海四種　(清)蔡和鏘輯　清光緒二十八年(1902)石印本　三十冊

360000－1901－0017686　230385
論衡三十卷　(漢)王充撰　明嘉靖十四年(1535)蘇獻可通津草堂刻本　十冊

360000－1901－0017687　416426
論衡三十卷　(漢)王充撰　清光緒元年(1875)湖北崇文書局刻子書百家本　四冊　存二十卷(五至二十四)

360000－1901－0017688　603782
論衡三十卷　(漢)王充撰　清光緒元年(1875)湖北崇文書局刻子書百家本　四冊　存二十一卷(十至三十)

360000－1901－0017689　603782－1
論衡三十卷　(漢)王充撰　清刻本　四冊　存十六卷(一至三、十一至十八、二十六至三十)

360000－1901－0017690　603782－2
論衡三十卷　(漢)王充撰　清刻本　一冊　存三卷(十九至二十一)

360000－1901－0017691　603782－3
論衡三十卷　(漢)王充撰　清刻本　一冊　存四卷(十六至十九)

360000－1901－0017692　603782－4
論衡三十卷　(漢)王充撰　清刻本　一冊　存五卷(二十六至三十)

360000－1901－0017693　722262－2
論衡三十卷　(漢)王充撰　清刻本　三冊　存十六卷(五至九、二十至三十)

360000－1901－0017694　718257
論衡三十卷　(漢)王充撰　(明)劉光斗評　明天啓六年(1626)虎林閻光表刻本　四冊

360000－1901－0017695　802690
論鍊格不分卷　(清)□□輯　清抄本　一冊

360000－1901－0017696　300534
論學酬答四卷　(清)陸世儀撰　清光緒二十五年(1899)太倉唐受祺京師刻本　一冊

360000－1901－0017697　801166
論語筆記不分卷　(□)□□撰　清抄本　一冊

360000－1901－0017698　405869
論語補註三卷　(清)劉開撰　清同治七年

(1868)桐城劉氏刻本　一冊

360000－1901－0017699　161146
論語戴氏註二十卷　(清)戴望撰　清同治十年(1871)刻本　二冊

360000－1901－0017700　161147
論語發隱一卷孟子發隱一卷　(清)楊文會撰　清刻本　一冊

360000－1901－0017701　405870
論語發隱一卷孟子發隱一卷　(清)楊文會撰　清刻本　一冊

360000－1901－0017702　405870－1
論語發隱一卷孟子發隱一卷　(清)楊文會撰　清刻本　一冊

360000－1901－0017703　161148
論語後案二十卷　(清)黄式三撰　清光緒九年(1883)浙江書局刻本　十冊

360000－1901－0017704　403092
論語話解十卷　(清)陳濬撰　清光緒五年(1879)廣仁堂刻本　二冊

360000－1901－0017705　403093
論語話解十卷　(清)陳濬撰　清光緒五年(1879)廣仁堂刻本　二冊

360000－1901－0017706　403093－1
論語話解十卷　(清)陳濬撰　清光緒五年(1879)廣仁堂刻本　二冊

360000－1901－0017707　403093－10
論語話解十卷　(清)陳濬撰　清光緒五年(1879)廣仁堂刻本　二冊

360000－1901－0017708　403093－11
論語話解十卷　(清)陳濬撰　清光緒五年(1879)廣仁堂刻本　二冊

360000－1901－0017709　403093－12
論語話解十卷　(清)陳濬撰　清光緒五年(1879)廣仁堂刻本　二冊

360000－1901－0017710　403093－13
論語話解十卷　(清)陳濬撰　清光緒五年(1879)廣仁堂刻本　二冊

360000－1901－0017711　403093－14
論語話解十卷　(清)陳濬撰　清光緒五年(1879)廣仁堂刻本　二冊

360000－1901－0017712　403093－15
論語話解十卷　(清)陳濬撰　清光緒五年(1879)廣仁堂刻本　二冊

360000－1901－0017713　403093－16
論語話解十卷　(清)陳濬撰　清光緒五年(1879)廣仁堂刻本　二冊

360000－1901－0017714　403093－17
論語話解十卷　(清)陳濬撰　清光緒五年(1879)廣仁堂刻本　二冊

360000－1901－0017715　403093－18
論語話解十卷　(清)陳濬撰　清光緒五年(1879)廣仁堂刻本　二冊

360000－1901－0017716　403093－19
論語話解十卷　(清)陳濬撰　清光緒五年(1879)廣仁堂刻本　二冊

360000－1901－0017717　403093－2
論語話解十卷　(清)陳濬撰　清光緒五年(1879)廣仁堂刻本　二冊

360000－1901－0017718　403093－20
論語話解十卷　(清)陳濬撰　清光緒五年(1879)廣仁堂刻本　二冊

360000－1901－0017719　403093－21
論語話解十卷　(清)陳濬撰　清光緒五年(1879)廣仁堂刻本　二冊

360000－1901－0017720　403093－22
論語話解十卷　(清)陳濬撰　清光緒五年(1879)廣仁堂刻本　二冊

360000－1901－0017721　403093－23
論語話解十卷　(清)陳濬撰　清光緒五年(1879)廣仁堂刻本　二冊

360000－1901－0017722　403093－24
論語話解十卷　(清)陳濬撰　清光緒五年

(1879)廣仁堂刻本　二册

360000－1901－0017723　403093－25
論語話解十卷　(清)陳濬撰　清光緒五年(1879)廣仁堂刻本　二册

360000－1901－0017724　403093－26
論語話解十卷　(清)陳濬撰　清光緒五年(1879)廣仁堂刻本　二册

360000－1901－0017725　403093－27
論語話解十卷　(清)陳濬撰　清光緒五年(1879)廣仁堂刻本　二册

360000－1901－0017726　403093－28
論語話解十卷　(清)陳濬撰　清光緒五年(1879)廣仁堂刻本　二册

360000－1901－0017727　403093－29
論語話解十卷　(清)陳濬撰　清光緒五年(1879)廣仁堂刻本　二册

360000－1901－0017728　403093－3
論語話解十卷　(清)陳濬撰　清光緒五年(1879)廣仁堂刻本　二册

360000－1901－0017729　403093－30
論語話解十卷　(清)陳濬撰　清光緒五年(1879)廣仁堂刻本　二册

360000－1901－0017730　403093－31
論語話解十卷　(清)陳濬撰　清光緒五年(1879)廣仁堂刻本　二册

360000－1901－0017731　403093－32
論語話解十卷　(清)陳濬撰　清光緒五年(1879)廣仁堂刻本　二册

360000－1901－0017732　403093－33
論語話解十卷　(清)陳濬撰　清光緒五年(1879)廣仁堂刻本　二册

360000－1901－0017733　403093－34
論語話解十卷　(清)陳濬撰　清光緒五年(1879)廣仁堂刻本　二册

360000－1901－0017734　403093－35
論語話解十卷　(清)陳濬撰　清光緒五年(1879)廣仁堂刻本　二册

360000－1901－0017735　403093－36
論語話解十卷　(清)陳濬撰　清光緒五年(1879)廣仁堂刻本　二册

360000－1901－0017736　403093－37
論語話解十卷　(清)陳濬撰　清光緒五年(1879)廣仁堂刻本　二册

360000－1901－0017737　403093－38
論語話解十卷　(清)陳濬撰　清光緒五年(1879)廣仁堂刻本　二册

360000－1901－0017738　403093－39
論語話解十卷　(清)陳濬撰　清光緒五年(1879)廣仁堂刻本　二册

360000－1901－0017739　403093－4
論語話解十卷　(清)陳濬撰　清光緒五年(1879)廣仁堂刻本　二册

360000－1901－0017740　403093－40
論語話解十卷　(清)陳濬撰　清光緒五年(1879)廣仁堂刻本　二册

360000－1901－0017741　403093－41
論語話解十卷　(清)陳濬撰　清光緒五年(1879)廣仁堂刻本　二册

360000－1901－0017742　403093－42
論語話解十卷　(清)陳濬撰　清光緒五年(1879)廣仁堂刻本　二册

360000－1901－0017743　403093－43
論語話解十卷　(清)陳濬撰　清光緒五年(1879)廣仁堂刻本　二册

360000－1901－0017744　403093－44
論語話解十卷　(清)陳濬撰　清光緒五年(1879)廣仁堂刻本　二册

360000－1901－0017745　403093－45
論語話解十卷　(清)陳濬撰　清光緒五年(1879)廣仁堂刻本　二册

360000－1901－0017746　403093－46
論語話解十卷　(清)陳濬撰　清光緒五年

(1879)廣仁堂刻本　二冊

360000－1901－0017747　403093－47
論語話解十卷　(清)陳濬撰　清光緒五年(1879)廣仁堂刻本　二冊

360000－1901－0017748　403093－48
論語話解十卷　(清)陳濬撰　清光緒五年(1879)廣仁堂刻本　二冊

360000－1901－0017749　403093－49
論語話解十卷　(清)陳濬撰　清光緒五年(1879)廣仁堂刻本　二冊

360000－1901－0017750　403093－5
論語話解十卷　(清)陳濬撰　清光緒五年(1879)廣仁堂刻本　二冊

360000－1901－0017751　403093－50
論語話解十卷　(清)陳濬撰　清光緒五年(1879)廣仁堂刻本　二冊

360000－1901－0017752　403093－51
論語話解十卷　(清)陳濬撰　清光緒五年(1879)廣仁堂刻本　二冊

360000－1901－0017753　403093－52
論語話解十卷　(清)陳濬撰　清光緒五年(1879)廣仁堂刻本　二冊

360000－1901－0017754　403093－53
論語話解十卷　(清)陳濬撰　清光緒五年(1879)廣仁堂刻本　二冊

360000－1901－0017755　403093－54
論語話解十卷　(清)陳濬撰　清光緒五年(1879)廣仁堂刻本　二冊

360000－1901－0017756　403093－55
論語話解十卷　(清)陳濬撰　清光緒五年(1879)廣仁堂刻本　二冊

360000－1901－0017757　403093－56
論語話解十卷　(清)陳濬撰　清光緒五年(1879)廣仁堂刻本　二冊

360000－1901－0017758　403093－57
論語話解十卷　(清)陳濬撰　清光緒五年(1879)廣仁堂刻本　二冊

360000－1901－0017759　403093－58
論語話解十卷　(清)陳濬撰　清光緒五年(1879)廣仁堂刻本　二冊

360000－1901－0017760　403093－59
論語話解十卷　(清)陳濬撰　清光緒五年(1879)廣仁堂刻本　二冊

360000－1901－0017761　403093－6
論語話解十卷　(清)陳濬撰　清光緒五年(1879)廣仁堂刻本　二冊

360000－1901－0017762　403093－60
論語話解十卷　(清)陳濬撰　清光緒五年(1879)廣仁堂刻本　二冊

360000－1901－0017763　403093－61
論語話解十卷　(清)陳濬撰　清光緒五年(1879)廣仁堂刻本　二冊

360000－1901－0017764　403093－7
論語話解十卷　(清)陳濬撰　清光緒五年(1879)廣仁堂刻本　二冊

360000－1901－0017765　403093－8
論語話解十卷　(清)陳濬撰　清光緒五年(1879)廣仁堂刻本　二冊

360000－1901－0017766　403093－9
論語話解十卷　(清)陳濬撰　清光緒五年(1879)廣仁堂刻本　二冊

360000－1901－0017767　161150
論語話解十卷　(清)陳濬撰　清宣統元年(1909)上海鑄記書局石印本　四冊

360000－1901－0017768　603779
論語話解十卷　(清)陳濬撰　清宣統元年(1909)上海鑄記書局石印本　四冊

360000－1901－0017769　603780
論語話解十卷　(清)陳濬撰　清宣統元年(1909)上海鑄記書局石印本　四冊

360000－1901－0017770　403105－1
論語或問二十卷　(宋)朱熹撰　清刻本　一

冊　存十卷(一至十)

360000－1901－0017771　403483－1

論語或問二十卷　(宋)朱熹撰　清刻本　一冊　存二卷(七至八)

360000－1901－0017772　403543

論語或問二十卷　(宋)朱熹撰　清尊樂堂刻本　一冊　存六卷(五至十)

360000－1901－0017773　403494

論語集解義疏十卷　(三國魏)何晏集解　(南朝梁)皇侃義疏　清末上海漢讀樓書莊石印本　二冊

360000－1901－0017774　403494－1

論語集解義疏十卷　(三國魏)何晏集解　(南朝梁)皇侃義疏　清末石印本　一冊　存六卷(五至十)

360000－1901－0017775　403494－2

論語集解義疏十卷　(三國魏)何晏集解　(南朝梁)皇侃義疏　清末石印本　一冊　存五卷(六至十)

360000－1901－0017776　804672

論語集注十卷　(宋)朱熹撰　清抄本　一冊

360000－1901－0017777　901773－6

論語集注十卷　(宋)朱熹撰　清道光一經堂刻監本四書本　一冊　存三卷(八至十)

360000－1901－0017778　901773－2

論語集注十卷　(宋)朱熹撰　清恒隆堂刻本　一冊　存五卷(六至十)

360000－1901－0017779　801725

論語集注十卷　(宋)朱熹撰　清疆善堂刻本　一冊　存五卷(六至十)

360000－1901－0017780　901773－4

論語集注十卷　(宋)朱熹撰　清晉記堂刻本　一冊　存五卷(六至十)

360000－1901－0017781　122150

論語集注十卷　(宋)朱熹撰　清舊學山房刻本　二冊

360000－1901－0017782　901771

論語集注十卷　(宋)朱熹撰　清聚奎樓刻本　二冊　存六卷(一至三、八至十)

360000－1901－0017783　800078

論語集注十卷　(宋)朱熹撰　清開智書局刻本　一冊　存四卷(六至九)

360000－1901－0017784　122151

論語集注十卷　(宋)朱熹撰　清刻本　二冊

360000－1901－0017785　800074

論語集注十卷　(宋)朱熹撰　清刻本　一冊　存五卷(六至十)

360000－1901－0017786　800075

論語集注十卷　(宋)朱熹撰　清刻本　二冊

360000－1901－0017787　800077

論語集注十卷　(宋)朱熹撰　清刻本　一冊　存五卷(六至十)

360000－1901－0017788　800079

論語集注十卷　(宋)朱熹撰　清刻本　一冊　存一卷(三)

360000－1901－0017789　800080

論語集注十卷　(宋)朱熹撰　清刻本　一冊　存五卷(六至十)

360000－1901－0017790　801724

論語集注十卷　(宋)朱熹撰　清刻本　一冊　存五卷(六至十)

360000－1901－0017791　901773－5

論語集注十卷　(宋)朱熹撰　清刻本　一冊　存五卷(六至十)

360000－1901－0017792　800099

論語集注十卷　(宋)朱熹撰　清兩儀堂刻本　一冊　存五卷(六至十)

360000－1901－0017793　801726

論語集注十卷　(宋)朱熹撰　清兩儀堂刻本　一冊　存一卷(四)

360000－1901－0017794　901773－3

論語集注十卷　(宋)朱熹撰　清兩儀堂刻本

一册　存五卷(六至十)

360000－1901－0017795　901772
論語集注十卷　(宋)朱熹撰　清茹古堂刻本　二册

360000－1901－0017796　800081
論語集注十卷　(宋)朱熹撰　清掃葉山房刻本　一册　存五卷(一至五)

360000－1901－0017797　800095
論語集注十卷　(宋)朱熹撰　清同文書屋刻本　三册　存六卷(五至十)

360000－1901－0017798　901773－1
論語集注十卷　(宋)朱熹撰　清學餘堂刻本　一册　存三卷(三至五)

360000－1901－0017799　901773
論語集注十卷　(宋)朱熹撰　清乙照齋刻本　一册　存二卷(四至五)

360000－1901－0017800　801723
論語集注十卷　(宋)朱熹撰　清遵訓堂刻本　一册　存二卷(三至四)

360000－1901－0017801　801323
論語集註本義匯參二十卷首一卷　(清)王步青輯　清刻四書朱子本義匯參本　三册　存七卷(八至十四)

360000－1901－0017802　403068－1
論語集註本義匯參二十卷首一卷　(清)王步青輯　清刻四書朱子本義匯參本　一册　存四卷(十七至二十)

360000－1901－0017803　210309
論語集註大全二十卷　(明)胡廣等輯　明內府刻四書集註大全本　四册　存七卷(二至四、六至九)

360000－1901－0017804　403075
論語集註大全二十卷　(明)胡廣等輯　清刻本　三册　存七卷(一至五、十一至十二)

360000－1901－0017805　802294
論語集註大全二十卷　(明)胡廣等輯　清刻本　一册　存三卷(十四至十六)

360000－1901－0017806　802297
論語集註大全二十卷　(清)陸隴其輯　清刻四書集註大全本　一册　存二卷(六至七)

360000－1901－0017807　405867
論語集註旁證二十卷　(清)梁章鉅撰　清光緒十七年(1891)上海廣百宋齋鉛印本　四册

360000－1901－0017808　601688
論語集註十卷　(宋)朱熹撰　清寶恕堂刻本　一册　存五卷(一至五)

360000－1901－0017809　403424－5
論語集註十卷　(宋)朱熹撰　清寶文堂、洛誦軒刻本　一册　存五卷(六至十)

360000－1901－0017810　403424－6
論語集註十卷　(宋)朱熹撰　清菜根香館刻本　一册　存五卷(一至五)

360000－1901－0017811　403432－4
論語集註十卷　(宋)朱熹撰　清會友晉記刻本　一册　存五卷(六至十)

360000－1901－0017812　403432
論語集註十卷　(宋)朱熹撰　清會友堂、兩儀堂刻本　一册　存五卷(一至五)

360000－1901－0017813　403432－1
論語集註十卷　(宋)朱熹撰　清會友堂刻本　一册　存五卷(一至五)

360000－1901－0017814　403432－2
論語集註十卷　(宋)朱熹撰　清會友堂刻本　一册　存五卷(一至五)

360000－1901－0017815　403432－3
論語集註十卷　(宋)朱熹撰　清會宇記刻本　一册　存五卷(六至十)

360000－1901－0017816　403435
論語集註十卷　(宋)朱熹撰　清刻本　二册

360000－1901－0017817　403435－1
論語集註十卷　(宋)朱熹撰　清刻本　二册

360000－1901－0017818　403436－4
論語集註十卷　(宋)朱熹撰　清刻本　一册

存五卷(六至十)

360000－1901－0017819　802247
論語集註十卷　(宋)朱熹撰　清末石印本　一册　存五卷(一至五)

360000－1901－0017820　900758
論語集註十卷　(宋)朱熹撰　清慎詒堂刻本　一册　存五卷(一至五)

360000－1901－0017821　900759
論語集註十卷　(宋)朱熹撰　清慎詒堂刻本　一册　存二卷(七至八)

360000－1901－0017822　403423
論語集註十卷　(宋)朱熹撰　清文富堂刻本　十册

360000－1901－0017823　403424
論語集註十卷　(宋)朱熹撰　清自怡軒刻本　二册

360000－1901－0017824　161142
論語十卷　(三國魏)何晏集解　清光緒八年(1882)遵義黎氏日本東京使署影刻古逸叢書本　二册

360000－1901－0017825　403030－4
論語十卷　(宋)朱熹集注　(清)張鳳藻旁訓　清二酉堂刻本　一册　存五卷(一至五)

360000－1901－0017826　803077
論語十卷　(宋)朱熹集注　(清)張鳳藻旁訓　清懷涇堂刻本　一册　存一卷(三)

360000－1901－0017827　210308
論語通十卷　(元)胡炳文撰　清康熙十九年(1680)納蘭成德刻通志堂經解本　四册

360000－1901－0017828　405871
論語緒言二卷　(清)張秉直撰　清道光十五年(1835)刻本　一册　存一卷(一)

360000－1901－0017829　405860
論語正義二十四卷　(清)劉寶楠撰　清末石印本　四册

360000－1901－0017830　405861
論語正義二十四卷　(清)劉寶楠撰　清末石印本　二册

360000－1901－0017831　405862
論語正義二十四卷　(清)劉寶楠撰　清末石印本　二册　存十二卷(一至十二)

360000－1901－0017832　405862－1
論語正義二十四卷　(清)劉寶楠撰　清末石印本　一册　存五卷(十三至十七)

360000－1901－0017833　161144
論語正義二十四卷　(清)劉寶楠撰　清同治五年(1866)刻本　六册

360000－1901－0017834　161149
論語注參二卷　(清)趙良猷撰　清嘉慶四年(1799)刻本　一册

360000－1901－0017835　403495
論語註疏解經二十卷　(三國魏)何晏集解　(宋)邢昺疏　明崇禎十年(1637)毛氏汲古閣刻本　三册　存十二卷(一至四、九至十六)

360000－1901－0017836　720813
論語註疏解經二十卷　(三國魏)何晏集解　(宋)邢昺疏　清刻本　一册　存七卷(十四至二十)

360000－1901－0017837　801537
論語註疏解經二十卷　(三國魏)何晏集解　(宋)邢昺疏　清刻本　一册　存五卷(十至十四)

360000－1901－0017838　805347
論語註疏解經二十卷　(三國魏)何晏集解　(宋)邢昺疏　**附校勘記二十卷**　(清)阮元撰　(清)盧宣旬摘錄　清同治十二年(1873)江西書局刻重刊宋本十三經注疏本　一册　存六卷(十一至十三、校勘記十一至十三)

360000－1901－0017839　161152
論語註疏解經十卷　(三國魏)何晏集解　(宋)邢昺疏　**元本論語注疏札記一卷**　劉世珩撰　清光緒三十三年(1907)貴池劉氏影元刻玉海堂景宋元本叢書本　二册

360000－1901－0017840　403522
論語註疏解經十卷　（三國魏）何晏集解　（宋）邢昺疏　**元本論語注疏札記一卷**　劉世珩撰　清光緒三十三年（1907）貴池劉氏影元刻玉海堂景宋元本叢書本　一册　存六卷（六至十、元本論語注疏札記一卷）

360000－1901－0017841　161151
論語贅解二卷　（清）秦東來撰　清同治六年（1867）刻本　一册

360000－1901－0017842　122152
論譔合編不分卷　（清）胡宗元輯　清同治十三年（1874）刻本　一册

360000－1901－0017843　803060－4
羅傳粦男星紀孫金聲真本不分卷　（清）羅傳粦等編　**合參通書不分卷**　清集福堂貴記刻本　一册

360000－1901－0017844　122625
羅冰玉先生文集四卷末一卷　（明）羅璟撰　（清）羅冠仕編　清光緒七年（1881）刻本　二册

360000－1901－0017845　803060－1
羅傳烈通書　（清）羅傳烈　（清）羅東昌編　清崇道堂刻本　一册　存二種

360000－1901－0017846　161856
羅傳烈通書　（清）羅傳烈　（清）羅東昌編　清道光十六年（1836）崇道堂刻本　一册

360000－1901－0017847　122633
羅德安先生文集三卷詩集三卷附錄一卷　（明）羅子理撰　清光緒七年（1881）刻本　二册

360000－1901－0017848　301388
羅浮待鶴山房詩集二卷外集一卷　鄭官應撰　清宣統元年（1909）刻本　二册

360000－1901－0017849　802192
羅浮紀勝三集三卷　（清）黄錫圭輯　清刻本　一册

360000－1901－0017850　311760
羅浮山志會編二十二卷首一卷　（清）宋廣業纂　清康熙五十六年（1717）刻本　十一册

360000－1901－0017851　311767
羅浮山志會編二十二卷首一卷　（清）宋廣業纂　清康熙五十六年（1717）刻本　一册　存二卷（十四至十五）

360000－1901－0017852　311741
羅浮山志會編二十二卷首一卷　（清）宋廣業纂　清刻本　十册

360000－1901－0017853　421213
羅浮游記一卷　（清）馬駿聲撰　清宣統元年（1909）奇雅印務局鉛印本　一册

360000－1901－0017854　240537
羅圭峯先生文集三十卷首一卷　（明）羅玘撰　明崇禎七年（1634）黄端伯、吳兆刻本　十二册

360000－1901－0017855　240538
羅圭峯先生文集三十卷首一卷　（明）羅玘撰　清康熙二十九年（1690）羅美才刻本　八册

360000－1901－0017856　230418
羅近溪先生一貫編四卷　（明）羅汝芳撰　清康熙三十一年（1692）刻本　四册

360000－1901－0017857　801812
羅經不分卷　（清）□□輯　清抄本　一册

360000－1901－0017858　417188
羅經解定七卷附羅經問答一卷　（清）胡國楨撰　清刻本　四册

360000－1901－0017859　417187
羅經秘竅十卷　（明）甘霖撰　明崇禎十五年（1642）唐鯉耀文林閣刻本　三册　存六卷（一至六）

360000－1901－0017860　902467
羅經圖說一卷水法圖說一卷　（清）周惇庸輯解　清嘉慶十四年（1809）刻本　一册

360000－1901－0017861　303705
羅經詳注一卷天玉經詳注三卷　（清）張五林注　清末石印本　一册　存二卷（羅經詳注

一卷、天玉經詳注上)

360000－1901－0017862　230552
羅經指南撥霧集三卷　(清)葉泰撰　清康熙三十二年(1693)兩儀堂刻本　二册

360000－1901－0017863　123200
羅經指南撥霧集三卷　(清)葉泰撰　(清)吳天洪批點　清經綸堂刻本　三册

360000－1901－0017864　413686
羅經指南撥霧集三卷　(清)葉泰撰　(清)吳天洪批點　清刻本　一册

360000－1901－0017865　303707
羅經指南撥霧集三卷　(清)葉泰撰　(清)吳天洪批點　清鳴鳳樓刻本　一册

360000－1901－0017866　717190
羅經指南撥霧集三卷　(清)葉泰撰　(清)吳天洪批點　清乾隆五十四年(1789)刻本　二册

360000－1901－0017867　413678
羅經指南撥霧集三卷　(清)葉泰撰　(清)吳天洪批點　清文華堂刻本　一册

360000－1901－0017868　123275
羅經指南撥霧集三卷　(清)葉泰撰　(清)吳天洪批點　清文奎堂刻本　三册

360000－1901－0017869　413685
羅經指南撥霧集三卷　(清)葉泰撰　(清)吳天洪批點　清文秀堂刻本　一册

360000－1901－0017870　150499
羅卷彙編　(清)曾興仁輯　清道光十四年至二十二年(1834－1842)善化曾氏刻本　十五册

360000－1901－0017871　163119
羅馬法不分卷　(清)江淮大學編　清末江淮大學鉛印本　一册

360000－1901－0017872　401570
羅馬志畧十三卷　(英國)艾約瑟譯　清光緒二十四年(1898)石印本　一册

360000－1901－0017873　313097
羅馬志畧十三卷　(英國)艾約瑟譯　清光緒十二年(1886)總税務司署刻本　一册

360000－1901－0017874　401571
羅馬志畧十三卷　(英國)艾約瑟譯　清刻本　一册

360000－1901－0017875　241282
羅念庵精選十二家文粹四卷　(明)羅洪先輯　明隆慶五年(1571)刻本　四册

360000－1901－0017876　122632
羅念庵先生文錄補遺二卷　(明)羅洪先撰　(清)喻震孟輯　清光緒二十一年(1895)新建蔡氏刻本　一册

360000－1901－0017877　122630
羅念庵先生文錄十八卷附錄一卷　(明)羅洪先撰　(清)喻震孟輯　清光緒十二年(1886)安齋刻本　十册

360000－1901－0017878　122631
羅念庵先生文錄十八卷附錄一卷　(明)羅洪先撰　(清)喻震孟輯　清光緒十二年(1886)安齋刻本　十册

360000－1901－0017879　601798
羅念庵先生文錄十八卷附錄一卷　(明)羅洪先撰　(清)喻震孟輯　清光緒十二年(1886)安齋刻本　十册

360000－1901－0017880　601799
羅念庵先生文錄十八卷附錄一卷　(明)羅洪先撰　(清)喻震孟輯　清光緒十二年(1886)安齋刻本　九册

360000－1901－0017881　122629
羅念庵先生文錄十八卷附錄一卷續編二卷　(明)羅洪先撰　(清)喻震孟輯　清光緒十二年(1886)安齋刻十五年(1889)續刻本　十册

360000－1901－0017882　150496
羅山遺集　(清)羅澤南撰　清咸豐、同治刻本　十册

360000－1901－0017883　150497

羅山遺集 （清）羅澤南撰 清咸豐、同治刻本 八冊 存七種

360000－1901－0017884 150498
羅山遺集 （清）羅澤南撰 清咸豐、同治刻本 八冊 存七種

360000－1901－0017885 600359
羅山遺集 （清）羅澤南撰 清咸豐、同治刻本 七冊 存七種

360000－1901－0017886 600360
羅山遺集 （清）羅澤南撰 清咸豐、同治刻本 十冊

360000－1901－0017887 600361
羅山遺集 （清）羅澤南撰 清咸豐、同治刻本 八冊 存七種

360000－1901－0017888 230316
羅氏會約醫鏡二十卷 （清）羅國綱輯 清乾隆五十四年（1789）大成堂刻本 十冊

360000－1901－0017889 408757
羅氏會約醫鏡二十卷 （清）羅國綱撰 清乾隆五十四年（1789）大成堂刻本 十冊 存十八卷（一至十四、十六至十八、二十）

360000－1901－0017890 230289
羅氏醫錄六卷附湯頭歌括一卷 （清）羅上繡輯 清初刻本 一冊

360000－1901－0017891 413679
羅文止先生全稿不分卷 （明）羅萬藻撰（清）呂留良評點 清刻本 三冊

360000－1901－0017892 721856
羅文止先生文鈔不分卷 （明）羅萬藻撰（清）王步青評 清刻本 一冊

360000－1901－0017893 413680
羅文止先生文鈔不分卷 （明）羅萬藻撰（清）王步青評 清映旭齋刻本 一冊

360000－1901－0017894 721855
羅文止先生文鈔不分卷 （明）羅萬藻撰（清）王步青評 清映旭齋刻本 一冊

360000－1901－0017895 900936
羅溪堰田冊不分卷 （清）□□輯 清末鉛印本 一冊

360000－1901－0017896 122621
羅一峯先生集十卷首一卷補編一卷附編二卷 （明）羅倫撰 清道光二十九年（1849）刻本 十冊

360000－1901－0017897 122622
羅一峯先生集十卷首一卷補編一卷附編二卷 （明）羅倫撰 清道光二十九年（1849）刻本 七冊

360000－1901－0017898 122623
羅一峯先生集十卷首一卷補編一卷附編二卷 （明）羅倫撰 清道光三十年（1850）刻本 七冊

360000－1901－0017899 316301
羅豫章先生集十二卷首一卷末一卷 （宋）羅從彥撰 清光緒八年（1882）盱江謝甘棠刻本 四冊

360000－1901－0017900 308117
羅豫章先生集十二卷首一卷末一卷 （宋）羅從彥撰 （清）黃植京訂補 清光緒八年（1882）盱江謝甘棠刻本 四冊

360000－1901－0017901 316971
羅豫章先生集十二卷首一卷末一卷 （宋）羅從彥撰 （清）黃植京訂補 清光緒八年（1882）盱江謝甘棠刻本 四冊

360000－1901－0017902 319095
羅豫章先生集十二卷首一卷末一卷 （宋）羅從彥撰 （清）黃植京訂補 清光緒八年（1882）盱江謝甘棠刻本 四冊

360000－1901－0017903 319583
羅豫章先生集十二卷首一卷末一卷 （宋）羅從彥撰 （清）黃植京訂補 清光緒八年（1882）盱江謝甘棠刻本 四冊

360000－1901－0017904 240339
羅豫章先生集十二卷首一卷末一卷 （宋）羅

從彦撰　(清)黄植京訂補　清乾隆元年(1736)刻十年(1745)增刻本　四册

360000－1901－0017905　316170
羅豫章先生集十二卷首一卷末一卷　(宋)羅從彦撰　(清)黄植京訂補　清光緒八年(1882)盱江謝甘棠刻本　四册

360000－1901－0017906　316171
羅豫章先生集十二卷首一卷末一卷　(宋)羅從彦撰　(清)黄植京訂補　清光緒八年(1882)盱江謝甘棠刻本　四册

360000－1901－0017907　316172
羅豫章先生集十二卷首一卷末一卷　(宋)羅從彦撰　(清)黄植京訂補　清光緒八年(1882)盱江謝甘棠刻本　四册

360000－1901－0017908　240158
羅昭諫集八卷　(唐)羅隱撰　清康熙九年(1670)渤海張瓚刻道光四年(1824)平江吴墉補刻本　二册

360000－1901－0017909　240159
羅昭諫集八卷　(唐)羅隱撰　清康熙九年(1670)渤海張瓚刻道光四年(1824)平江吴墉補刻本　一册　存三卷(一至三)

360000－1901－0017910　316300
羅昭諫集八卷　(唐)羅隱撰　清康熙九年(1670)渤海張瓚刻道光四年(1824)平江吴墉補刻本　一册　存五卷(四至八)

360000－1901－0017911　418145
羅昭諫集八卷　(唐)羅隱撰　清康熙九年(1670)渤海張瓚刻道光四年(1824)平江吴墉補刻本　四册

360000－1901－0017912　303023
蘿藦亭札記八卷　(清)喬松年撰　清同治十二年(1873)刻本　四册

360000－1901－0017913　161777
洛學編四卷　(清)湯斌輯　**續編一卷**　(清)尹會一輯　清同治九年(1870)刻本　一册

360000－1901－0017914　302121
洛陽伽藍記五卷　(北魏)楊衒之撰　**洛陽伽藍記集證一卷**　(清)吴若準撰　清光緒二十九年(1903)李葆恂説劍齋刻本　一册

360000－1901－0017915　240174
洛陽九老祖龍學文集十六卷　(宋)祖無擇撰　**源流始末一卷**　清抄本　二册

360000－1901－0017916　123048
落花詩刻不分卷　(清)董桂洲輯　清嘉慶十七年(1812)留雲仙館刻本　一册

360000－1901－0017917　416258
維閩源流録十九卷　(清)張夏撰　清康熙二十一年(1682)黄昌衢彝敘堂刻本　一册　存五卷(九至十三)

360000－1901－0017918　163475
閭丘詩集二十卷　(清)顧嗣立撰　清刻本　一册　存五卷(小秀埜詩集一至三、金焦集一、山陰集一)

360000－1901－0017919　162366
呂純陽祖師留傳太極生生數一卷　(□)□□撰　清以文堂刻本　一册

360000－1901－0017920　309449
呂大帝訓世文一卷　(□)□□撰　清咸豐六年(1856)白星聯刻本　一册

360000－1901－0017921　309625
呂帝書鈔二十卷附録一卷　(清)周滙淙輯　清刻本　六册　存十一卷(十一至二十、附録一卷)

360000－1901－0017922　302376
呂東萊大事記十二卷通釋三卷題解十二卷　(宋)呂祖謙撰　清道光四年(1824)諸城王氏木活字印本　十册

360000－1901－0017923　316843
呂東萊先生文集二十卷首一卷　(宋)呂祖謙撰　清同治七年(1868)永康胡氏退補齋刻金華叢書本　十册

360000－1901－0017924　240380
呂東萊先生文集二十卷首一卷　(宋)呂祖謙

撰　(清)王崇炳輯　清雍正元年(1723)金華陳思臚敬勝堂刻本　八册

360000－1901－0017925　413477
呂東萊先生文集二十卷首一卷　(宋)呂祖謙撰　(清)王崇炳輯　清雍正元年(1723)金華陳思臚敬勝堂刻本　五册

360000－1901－0017926　418665
呂東萊先生左氏博議六卷　(宋)呂祖謙撰　(明)陶珽彙輯　(明)宋鉞聖校訂　明崇禎刻本　三册　存四卷(一、四至六)

360000－1901－0017927　805262
呂東萊先生左氏博議六卷　(宋)呂祖謙撰　(明)陶珽彙輯　(明)宋鉞聖校訂　清刻本　二册

360000－1901－0017928　805263
呂東萊先生左氏博議六卷　(宋)呂祖謙撰　(明)陶珽彙輯　(明)宋鉞聖校訂　清刻本　一册

360000－1901－0017929　230419
呂公實政録七卷　(明)呂坤撰　明萬曆二十六年(1598)趙文炳刻本　十册

360000－1901－0017930　705202
呂衡州文集十卷　(唐)呂溫撰　清末石印本　二册　存四卷(一至二、四至五)

360000－1901－0017931　230332
呂氏春秋二十六卷　(漢)高誘注　明末錢塘朱圖隆刻本　二册　存七卷(一至二、七至十一)

360000－1901－0017932　230330
呂氏春秋二十六卷　(漢)高誘注　明萬曆七年(1579)張登雲刻本　十一册

360000－1901－0017933　230331
呂氏春秋二十六卷　(漢)高誘注　明萬曆三十三年(1605)新安汪一鸞刻本　八册

360000－1901－0017934　603310
呂氏春秋二十六卷　(漢)高誘注　清光緒元年(1875)湖北崇文書局刻子書百家本　四册

360000－1901－0017935　717502
呂氏春秋二十六卷　(漢)高誘注　清光緒元年(1875)湖北崇文書局刻子書百家本　四册

360000－1901－0017936　309224
呂氏春秋二十六卷　(漢)高誘注　清光緒元年(1875)浙江書局刻本　六册

360000－1901－0017937　306447
呂氏春秋二十六卷　(漢)高誘注　清刻本　五册　存二十卷(一至三、十至二十六)

360000－1901－0017938　230333
呂氏春秋二十六卷　(漢)高誘注　(明)黄甫龍　(明)唐琳訂　明末錢塘朱圖隆刻本　四册

360000－1901－0017939　230335
呂氏春秋二十六卷　(漢)高誘注　(清)畢沅校　**附攷一卷**　(清)畢沅輯　清乾隆五十三年(1788)畢沅靈巖山館刻經訓堂叢書本　六册

360000－1901－0017940　230336
呂氏春秋二十六卷　(漢)高誘注　(清)畢沅校　**附攷一卷**　(清)畢沅輯　清乾隆五十三年(1788)畢沅靈巖山館刻經訓堂叢書本　五册

360000－1901－0017941　230337
呂氏春秋二十六卷　(漢)高誘注　(清)畢沅校　**附攷一卷**　(清)畢沅輯　清乾隆五十三年(1788)畢沅靈巖山館刻經訓堂叢書本　五册　存二十三卷(一至十七、二十一至二十六)

360000－1901－0017942　417012
呂氏春秋二十六卷　(漢)高誘注　(清)畢沅校　**附攷一卷**　(清)畢沅輯　清乾隆五十三年(1788)畢沅靈巖山館刻經訓堂叢書本　四册

360000－1901－0017943　417013
呂氏春秋二十六卷　(漢)高誘注　(清)畢沅校　**附攷一卷**　(清)畢沅輯　清乾隆五十三年(1788)畢沅靈巖山館刻經訓堂叢書本　四

冊

360000－1901－0017944　230334
呂氏春秋二十六卷　題(宋)陸游評　(明)淩稚隆批　明萬曆四十八年(1620)淩毓枏刻朱墨套印本　十冊

360000－1901－0017945　160466
呂氏家塾讀詩記三十二卷　(宋)呂祖謙撰　清嘉慶十六年(1811)溪上聽彝堂刻本　七冊　存二十六卷(一至七、十三至二十五、二十七至三十二)

360000－1901－0017946　210215
呂氏四禮翼八卷　(明)呂坤撰　清康熙五十八年(1719)刻本　一冊

360000－1901－0017947　210216
呂氏四禮翼八卷　(明)呂坤撰　清康熙五十八年(1719)刻本　一冊

360000－1901－0017948　210217
呂氏四禮翼八卷　(明)呂坤撰　清康熙五十八年(1719)刻本　一冊

360000－1901－0017949　303670
呂氏四禮翼四卷　(明)呂坤撰　清道光七年(1827)刻本　一冊

360000－1901－0017950　411968
呂氏四禮翼四卷　(明)呂坤撰　清同治二年(1863)品蓮書屋刻本　一冊

360000－1901－0017951　411966
呂氏四禮翼四卷　(明)呂坤撰　(清)朱軾評點　清光緒八年(1882)津河廣仁堂刻本　一冊

360000－1901－0017952　411966－1
呂氏四禮翼四卷　(明)呂坤撰　(清)朱軾評點　清光緒八年(1882)津河廣仁堂刻本　一冊

360000－1901－0017953　411966－2
呂氏四禮翼四卷　(明)呂坤撰　(清)朱軾評點　清光緒八年(1882)津河廣仁堂刻本　一冊

360000－1901－0017954　411966－3
呂氏四禮翼四卷　(明)呂坤撰　(清)朱軾評點　清光緒八年(1882)津河廣仁堂刻本　一冊

360000－1901－0017955　307313
呂氏四禮翼四卷　(明)呂坤撰　(清)朱軾評點　清光緒二十三年(1897)朱衡等刻朱文端公藏書本　一冊

360000－1901－0017956　410310
呂氏四禮翼四卷　(明)呂坤撰　(清)朱軾評點　清光緒二十三年(1897)朱衡等刻朱文端公藏書本　一冊

360000－1901－0017957　410311
呂氏四禮翼四卷　(明)呂坤撰　(清)朱軾評點　清光緒二十三年(1897)朱衡等刻朱文端公藏書本　一冊

360000－1901－0017958　410311－1
呂氏四禮翼四卷　(明)呂坤撰　(清)朱軾評點　清光緒二十三年(1897)朱衡等刻朱文端公藏書本　一冊

360000－1901－0017959　308146
呂氏四禮翼四卷　(明)呂坤撰　(清)朱軾評點　清刻本　一冊

360000－1901－0017960　603309
呂氏四禮翼四卷　(明)呂坤撰　(清)朱軾評點　清刻本　一冊

360000－1901－0017961　303673
呂叔簡先生明職篇一卷　(清)潘世恩輯　清道光十三年(1833)刻本　一冊

360000－1901－0017962　410476
呂晚邨東莊詩存七卷　(清)呂留良撰　清宣統三年(1911)鉛印本　一冊

360000－1901－0017963　414928
呂晚邨東莊吟稿存七卷　(清)呂留良撰　清宣統三年(1911)鉛印本　一冊

360000－1901－0017964　164376
呂晚邨先生家訓真蹟四卷　(清)呂留良撰

清光緒三十四年(1908)上海澄衷學堂石印本　二册

360000－1901－0017965　241532
呂晚邨先生論文彙鈔一卷　(清)呂留良撰　(清)呂程先　(清)曹鏛輯　清康熙五十三年(1714)呂氏家塾刻本　一册

360000－1901－0017966　210338
呂晚邨先生四書講義四十三卷　(清)呂留良撰　(清)陳鏦編　清康熙二十五年(1686)天蓋樓刻本　八册

360000－1901－0017967　403180
呂晚邨先生四書講義四十三卷　(清)呂留良撰　(清)陳鏦編　清刻本　五册

360000－1901－0017968　403180－1
呂晚邨先生四書講義四十三卷　(清)呂留良撰　(清)陳鏦編　清刻本　二册　存十卷(一至三、三十至三十六)

360000－1901－0017969　163696
呂晚邨先生文集八卷附錄一卷　(清)呂留良撰　清末木活字印本　四册

360000－1901－0017970　250201
呂新吾全集　(明)呂坤撰　明萬曆刻清同治、光緒修補印本　九册　存十一種

360000－1901－0017971　418317
呂新吾全集　(明)呂坤撰　明萬曆刻清同治、光緒修補印本　三十五册

360000－1901－0017972　303662
呂新吾先生去僞齋文集十卷　(明)呂坤撰　清刻本　十二册

360000－1901－0017973　407189
呂語集粹四卷　(明)呂坤撰　(清)陳弘謀評輯　清光緒三年(1877)大生堂書局刻本　一册　存二卷(一至二)

360000－1901－0017974　416863
呂子節錄四卷　(明)呂坤撰　(清)陳弘謀評輯　清道光十八年(1838)刻本　二册

360000－1901－0017975　416863－1
呂子節錄四卷　(明)呂坤撰　(清)陳弘謀評輯　清道光十八年(1838)刻本　二册

360000－1901－0017976　303668
呂子節錄四卷補遺二卷　(明)呂坤撰　(清)陳弘謀評輯　清光緒二十四年(1898)刻本　四册

360000－1901－0017977　303660
呂子節錄四卷補遺二卷　(明)呂坤撰　(清)陳弘謀評輯　清光緒十年(1884)江西書局刻本　四册

360000－1901－0017978　303665
呂子節錄四卷補遺二卷　(明)呂坤撰　(清)陳弘謀評輯　清光緒十年(1884)江西書局刻本　二册

360000－1901－0017979　303669
呂子節錄四卷補遺二卷　(明)呂坤撰　(清)陳弘謀評輯　清光緒十年(1884)江西書局刻本　四册

360000－1901－0017980　313711
呂子節錄四卷補遺二卷　(明)呂坤撰　(清)陳弘謀評輯　清光緒十三年(1887)江西書局刻本　四册

360000－1901－0017981　313719
呂子節錄四卷補遺二卷　(明)呂坤撰　(清)陳弘謀評輯　清光緒十三年(1887)江西書局刻本　四册

360000－1901－0017982　416865
呂子節錄四卷補遺二卷　(明)呂坤撰　(清)陳弘謀評輯　清光緒十三年(1887)江西書局刻本　二册　存二卷(補遺二卷)

360000－1901－0017983　416866
呂子節錄四卷補遺二卷　(明)呂坤撰　(清)陳弘謀評輯　清光緒十三年(1887)江西書局刻本　四册

360000－1901－0017984　303661
呂子節錄四卷補遺二卷　(明)呂坤撰　(清)陳弘謀評輯　清刻本　二册

360000－1901－0017985　416866－1
呂子節錄四卷補遺二卷　(明)呂坤撰　(清)陳弘謀評輯　清刻本　一册　存二卷(三至四)

360000－1901－0017986　416867
呂子評語正編四十二卷附刻一卷首一卷餘編八卷附刻一卷首一卷　(清)呂留良撰　(清)車鼎豐輯　清康熙五十五年(1716)車鼎豐晚聞軒刻本　三册　存十六卷(一至六、二十四至二十九、四十一至四十二,附刻一卷,首一卷)

360000－1901－0017987　416867－1
呂子評語正編四十二卷附刻一卷首一卷餘編八卷附刻一卷首一卷　(清)呂留良撰　(清)車鼎豐輯　清康熙五十五年(1716)車鼎豐晚聞軒刻本　四册　存十一卷(二十七至三十七)

360000－1901－0017988　162365
呂子呻吟語節鈔六卷　(明)呂坤撰　(清)陳弘謀輯　清同治十年(1871)刻本　二册

360000－1901－0017989　165161
呂子校補二卷　(清)梁玉繩撰　**呂子校補獻疑一卷**　(清)蔡雲撰　清抄本　一册

360000－1901－0017990　160465
呂子易說二卷圖解一卷　題(唐)呂嵒撰　清道光三十年(1850)刻本　四册

360000－1901－0017991　313892
呂祖彙集三十四卷附十四卷　題(唐)呂嵒撰　清道光二十九年(1849)刻本　二十四册

360000－1901－0017992　407172
呂祖彙集三十四卷附十四卷　題(唐)呂嵒撰　清道光三十年(1850)刻本　二十五册

360000－1901－0017993　407260
呂祖靈籤一卷　(清)張真如校正　清光緒二十二年(1896)海陽潛溪長生壇刻本　一册

360000－1901－0017994　313837
呂祖年譜海山奇遇仙蹟七卷　(清)李涵虛編　清光緒刻本　二册

360000－1901－0017995　407174
呂祖全書三十二卷　(清)劉體恕輯　清乾隆武林俞文耀刻本　十册　存三十卷(一至三十)

360000－1901－0017996　307829
呂祖全書三十二卷續編一卷　(清)劉體恕輯　清同治七年(1868)湘潭崇善堂刻本　十二册

360000－1901－0017997　309266
呂祖全書三十二卷續編一卷　(清)劉體恕輯　清同治七年(1868)湘潭崇善堂刻本　十三册　存三十一卷(二至三十二)

360000－1901－0017998　416624
呂祖師戒淫十法一卷呂祖師勸孝十二則一卷　(清)□□輯　清順邑妙遇軒刻本　一册

360000－1901－0017999　805300
呂祖師戒淫十法一卷呂祖師勸孝十二則一卷　(清)□□輯　清順邑妙遇軒刻本　一册

360000－1901－0018000　162543
呂祖指玄篇秘注一卷　(清)滄海老人本誠子撰　清刻本　一册

360000－1901－0018001　309587
呂祖注講金剛心經一卷　題(唐)呂喦撰　(清)喻梅校正　清道光二十二年(1842)同善堂刻本　一册

360000－1901－0018002　406704
呂祖注講金剛心經一卷　題(唐)呂喦撰　(清)喻梅校正　清道光二十二年(1842)同善堂刻本　一册

360000－1901－0018003　406704－1
呂祖注講金剛心經一卷　題(唐)呂喦撰　(清)喻梅校正　清道光二十二年(1842)同善堂刻本　一册

360000－1901－0018004　406704－2
呂祖注講金剛心經一卷　題(唐)呂喦撰　(清)喻梅校正　清道光二十二年(1842)同善

堂刻本　一冊

360000－1901－0018005　317517
郘亭詩鈔六卷遺詩八卷遺文八卷　(清)莫友芝撰　**貞定先生遺集四卷**　(清)莫與儔撰　清咸豐至光緒刻本　四冊

360000－1901－0018006　303842
郘亭詩鈔六卷遺文八卷　(清)莫友芝撰　清咸豐二年(1852)遵義湘川講舍刻同治五年(1866)江寧三山客舍修補本　三冊

360000－1901－0018007　721790
郘亭知見傳本書目十六卷　(清)莫友芝撰　清末鉛印本　三冊　存六卷(一至二、七至十)

360000－1901－0018008　320264
郘亭知見傳本書目十六卷　(清)莫友芝撰　清宣統元年(1909)鉛印本　八冊

360000－1901－0018009　230290
侶山堂類辯二卷　(清)張志聰撰　清乾隆三十二年(1767)寶笏樓刻醫林指月本　一冊

360000－1901－0018010　405459
履園叢話二十四卷　(清)錢泳撰　清刻本　一冊　存三卷(十五至十七)

360000－1901－0018011　122201
履齋示兒編二十三卷　(宋)孫奕撰　**附校補一卷覆校宋本條錄一卷**　(清)顧廣圻撰　清嘉慶十五年(1810)鮑氏刻知不足齋叢書本　八冊

360000－1901－0018012　122202
履齋示兒編二十三卷　(宋)孫奕撰　**附校補一卷覆校宋本條錄一卷**　(清)顧廣圻撰　清嘉慶十五年(1810)鮑氏刻知不足齋叢書本　六冊

360000－1901－0018013　901714
律賦必以集一卷　(清)顧蒓評選　清思無邪室刻本　一冊

360000－1901－0018014　800985
律賦採新集一卷　(清)蕭應櫆　(清)鄭伯壎輯　清道光十年(1830)寶仁堂刻本　一冊

360000－1901－0018015　803341
律賦從繩四卷　(□)□□輯　清同治七年(1868)省菴氏抄本　二冊

360000－1901－0018016　901713
律賦雕龍二集一卷補錄一卷　(清)高晉占輯　清墨池書屋刻本　二冊

360000－1901－0018017　901711
律賦二卷　(清)屈宗談輯　清刻本　五冊

360000－1901－0018018　901711－1
律賦二卷　(清)屈宗談輯　清刻本　二冊　存一卷(下)

360000－1901－0018019　800977
律賦鳳樓集四卷　(清)吳純輯　**春林賦稿一卷**　(清)吳純撰　清乾隆二十九年(1764)刻本　四冊

360000－1901－0018020　800978
律賦鳳樓集四卷　(清)吳純輯　**春林賦稿一卷**　(清)吳純撰　清乾隆二十九年(1764)刻本　二冊　存二卷(一至二)

360000－1901－0018021　800979
律賦衡裁六卷　(清)周嘉猷輯　(清)周鈐輯　清乾隆二十七年(1762)刻本　二冊

360000－1901－0018022　800989
律賦衡裁五卷　(清)周嘉猷輯　(清)周鈐輯　(清)湯聘評　清石渠閣刻本　二冊

360000－1901－0018023　901709
律賦揀金錄二刻十二卷　(清)朱一飛輯　清乾隆五十七年(1792)刻本　一冊　存六卷(一至六)

360000－1901－0018024　901705
律賦揀金錄六卷　(清)朱一飛輯　清嘉慶七年(1802)友益堂刻本　二冊

360000－1901－0018025　901707
律賦揀金錄六卷　(清)朱一飛輯　清乾隆四十一年(1776)刻本　四冊

360000－1901－0018026　901706

律賦揀金錄六卷　(清)朱一飛輯　清乾隆五十三年(1788)刻本　三冊

360000－1901－0018027　901717

律賦錦標初集箋注一卷二集箋注一卷　(清)鄭伯壎　(清)蕭應櫆選　清嘉慶二十一年(1816)刻本　五冊

360000－1901－0018028　800988

律賦鳴盛箋注一卷　(清)余日孜等撰　清刻本　二冊

360000－1901－0018029　800980

律賦青雲集一卷　(清)楊世馨等撰　清刻本　一冊

360000－1901－0018030　901712

律賦蕊珠二編四卷　(清)鄭伯壎　(清)蕭應櫆　(清)徐振族編　清道光六年(1826)刻本　二冊

360000－1901－0018031　901712－1

律賦蕊珠二編一卷　(清)蕭應櫆　(清)顧德馨編　清嘉慶二十二年(1817)刻本　一冊

360000－1901－0018032　901716

律賦蕊珠新編一卷　(清)蕭應櫆　(清)顧德馨編　清嘉慶二十四年(1819)刻本　二冊

360000－1901－0018033　805385

律賦蕊珠新編一卷　(清)蕭應櫆　(清)顧德馨編　清嘉慶十九年(1814)刻本　一冊

360000－1901－0018034　800968

律賦珊瑚鉤二集四卷　(清)種竹山莊輯　清刻本　三冊　存三卷(一至二、四)

360000－1901－0018035　800974

律賦新編不分卷　(清)趙楫　(清)趙霖輯　清道光十年(1830)昆陵宏文堂刻本　二冊

360000－1901－0018036　805234

律賦選青四卷　(清)任聘三纂注　(清)方汝帶評點　**唐二十四詩品一卷**　(唐)司空圖撰　**二十四畫品一卷**　(清)黃鉞撰　**二十四書品一卷**　(清)楊景曾撰　清嘉慶十七年(1812)刻本　二冊

360000－1901－0018037　805386

律賦選青四卷　(清)任聘三纂注　(清)方汝帶評點　**唐二十四詩品一卷**　(唐)司空圖撰　**二十四畫品一卷**　(清)黃鉞撰　**二十四書品一卷**　(清)楊景曾撰　清刻本　三冊

360000－1901－0018038　800986

律賦選青四卷　(清)任聘三纂注　(清)方汝帶評點　**唐二十四詩品一卷**　(唐)司空圖撰　**二十四畫品一卷**　(清)黃鉞撰　**二十四書品一卷**　(清)楊景曾撰　清同治九年(1870)刻本　二冊

360000－1901－0018039　901715

律賦正宗一卷　(清)潘世恩輯　清道光元年(1821)刻本　一冊

360000－1901－0018040　800987

律賦最新初集□□卷　(清)汪榮光等撰　清刻本　二冊　存二卷(二、四)

360000－1901－0018041　801381

律例□卷　(□)□□撰　清抄本　一冊　存一卷(上)

360000－1901－0018042　301398

律例便覽八卷諸圖一卷　(清)蔡嵩年　(清)蔡逢年編　**處分則例圖要六卷**　(清)蔡逢年編　清光緒二十二年(1896)上海書局石印本　六冊

360000－1901－0018043　314086

律例便覽八卷諸圖一卷　(清)蔡嵩年　(清)蔡逢年編　**處分則例圖要六卷**　(清)蔡逢年編　清光緒十四年(1888)江蘇書局刻本　六冊

360000－1901－0018044　406377

律例便覽八卷諸圖一卷　(清)蔡嵩年　(清)蔡逢年編　**處分則例圖要六卷**　(清)蔡逢年編　清同治八年(1869)刻本　六冊

360000－1901－0018045　406378

律例便覽八卷諸圖一卷　(清)蔡嵩年　(清)

蔡逢年編　**處分則例圖要六卷**　（清）蔡逢年編　清同治八年（1869）刻本　三冊　存八卷（律例便覽三至八、處分則例圖要五至六）

360000－1901－0018046　406379
律例便覽八卷諸圖一卷　（清）蔡嵩年　（清）蔡逢年編　**處分則例圖要六卷**　（清）蔡逢年編　清同治八年（1869）刻本　一冊　存二卷（處分則例圖要五至六）

360000－1901－0018047　406380
律例便覽八卷諸圖一卷　（清）蔡嵩年　（清）蔡逢年編　**處分則例圖要六卷**　（清）蔡逢年編　清同治九年（1870）江蘇書局刻本　二冊　存五卷（律例便覽六、處分則例圖要一至四）

360000－1901－0018048　161798
律例便覽八卷諸圖一卷　（清）蔡嵩年　（清）蔡逢年編　**處分則例圖要六卷**　（清）蔡逢年編　清同治十一年（1872）刻朱墨套印本　六冊

360000－1901－0018049　220498
律例館校正洗冤錄四卷　（清）律例館輯　清康熙刻本　佚名批注　二冊

360000－1901－0018050　418496
律例館校正洗冤錄四卷　（清）律例館輯　清刻本　一冊

360000－1901－0018051　417059
律例館校正洗冤錄四卷　（清）律例館輯　清文寶堂刻本　一冊　存二卷（一至二）

360000－1901－0018052　417064
律例館校正洗冤錄五卷　（清）王又槐增輯（清）李觀瀾補輯　清道光八年（1828）英德堂刻本　一冊　存二卷（一至二）

360000－1901－0018053　417064－1
律例館校正洗冤錄五卷　（清）王又槐增輯（清）李觀瀾補輯　清刻本　一冊　存二卷（一至二）

360000－1901－0018054　417064－2
律例館校正洗冤錄五卷　（清）王又槐增輯（清）李觀瀾補輯　清刻本　一冊　存二卷（一至二）

360000－1901－0018055　800544
律例合纂一卷　（清）顧元標撰　清抄本　一冊

360000－1901－0018056　706385
律例圖說辨譌十卷　（清）萬維翰撰　清乾隆刻本　六冊　存八卷（三至十）

360000－1901－0018057　406384
律例圖說辨譌十卷　（清）萬維翰撰　清乾隆三十六年（1771）芸暉堂刻三十九年（1774）增刻本　八冊

360000－1901－0018058　406383
律例纂要二卷　（清）孫泰輯　清乾隆九年（1744）刻本　二冊

360000－1901－0018059　413065
律呂臆說一卷　（清）徐養原撰　清光緒刻本　一冊

360000－1901－0018060　312951
律音彙考八卷　（清）邱之稑撰　清道光十八年（1838）瀏陽邱氏刻本　三冊　存七卷（一至七）

360000－1901－0018061　417693
律音彙考八卷　（清）邱之稑撰　清道光十八年（1838）瀏陽邱氏刻本　三冊　存六卷（三至八）

360000－1901－0018062　417692
律音彙考八卷　（清）邱之稑撰　**附琴旨申邱一卷**　（清）劉人熙撰　清道光十八年（1838）瀏陽邱氏刻光緒補刻本　二冊　存四卷（一至二、八，琴旨申邱一卷）

360000－1901－0018063　417692－1
律音彙考八卷　（清）邱之稑撰　**附琴旨申邱一卷**　（清）劉人熙撰　清道光十八年（1838）瀏陽邱氏刻光緒補刻本　二冊　存五卷（五至八、琴旨申邱一卷）

360000－1901－0018064　417692－2
律音彙考八卷　(清)邱之稑撰　**附琴旨申邱一卷**　(清)劉人熙撰　清道光十八年(1838)瀏陽邱氏刻光緒補刻本　二冊　存五卷(五至八、琴旨申邱一卷)

360000－1901－0018065　240548
率峰先生遺稿四卷　(明)余棐撰　明嘉靖婺源余氏刻本　佚名批校　一冊　存二卷(三至四)

360000－1901－0018066　413130
率祖堂叢書(金仁山先生遺書)　(宋)金履祥撰　清雍正、乾隆金華金氏刻光緒十三年(1887)鎮海謝駿德補刻本　二十九冊

360000－1901－0018067　316559
綠窗詩存一卷　(清)陳果撰　清光緒八年(1882)刻本　一冊

360000－1901－0018068　411326
綠窗吟草一卷　(清)楊瓊華撰　清刻本　一冊

360000－1901－0018069　411327
綠萼山房詩一卷　(清)鄧國瓛撰　清刻本　一冊

360000－1901－0018070　163158
綠夫容閣詩集四卷　(清)汪存撰　清漢陽張氏刻本　一冊

360000－1901－0018071　411324
綠淨山莊詩草六卷　(清)彭炯撰　清道光二十五年(1845)刻本　四冊

360000－1901－0018072　411325
綠淨山莊詩草六卷　(清)彭炯撰　清道光二十五年(1845)刻本　四冊　存四卷(一至四)

360000－1901－0018073　418132
綠筠山莊詩集四卷　(清)胡家瓊撰　清同治十一年(1872)木活字印本　一冊　存二卷(一至二)

360000－1901－0018074　415562
綠蘿山莊駢體文集十二卷附錄一卷　(清)胡浚撰　清光緒二十五年(1899)刻刻鵠齋叢書本　六冊

360000－1901－0018075　305372
綠蘿山莊文集二十四卷　(清)胡浚撰注　清嘉慶元年(1796)刻本　五冊　存十五卷(一至十五)

360000－1901－0018076　415563
綠蘿山莊文集二十四卷　(清)胡浚撰注　清刻本　六冊　存六卷(十二、十六、十八至十九、二十二、二十四)

360000－1901－0018077　603847
綠滿園詩集□□卷　(清)董鍊金撰　清刻本　一冊　存三卷(十至十二)

360000－1901－0018078　800382
綠榕書屋詩草一卷　(清)張廷楝撰　清抄本　一冊

360000－1901－0018079　122120
綠杉野屋詩集四卷　(清)蕭元吉撰　清光緒十八年(1892)石印本　二冊

360000－1901－0018080　900185
綠杉野屋試帖一卷　(清)朱臒撰　清道光四年(1824)刻本　一冊

360000－1901－0018081　411323
綠香山館詩賦詞彙編□□卷　(清)來鴻培撰　清光緒十一年(1885)奎照樓刻本　四冊　存八卷(詩草六至十一、賦草不分卷、綠香山館二集不分卷)

360000－1901－0018082　800329
綠㕥軒詞草一卷　(清)沈文□撰　清道光元年(1821)抄本　一冊

360000－1901－0018083　411328
綠雪館詞四卷　(清)張鴻卓撰　清道光二十二年(1842)書三味樓刻本　一冊

360000－1901－0018084　411329
綠雪堂駢文鈔二卷　(清)敖冊賢撰　清光緒十三年(1887)刻本　二冊

360000－1901－0018085　900472

緑雪堂時文一卷　(清)敖冊賢撰　清光緒四年(1878)刻本　一册

360000－1901－0018086　413388
緑雪堂遺集二十卷　(清)王衍梅撰　清道光二十年(1840)刻本　五册　存十七卷(一至六、十至二十)

360000－1901－0018087　230413
緑雪亭雜言一卷　(明)敖英撰　明刻古今名賢彙語本　一册

360000－1901－0018088　421515
緑野仙踪八十回　(清)李百川撰　清道光十年(1830)青文堂刻本　十四册　存五十六回(一至二十七、三十六至三十九、四十八至五十一、六十至八十)

360000－1901－0018089　301643
緑野齋文集四卷　(清)劉鴻翶撰　清道光七年(1827)刻本　四册

360000－1901－0018090　163196
緑漪草堂詩集二十卷首一卷　(清)羅汝懷撰　清光緒九年(1883)羅式常長沙刻本　五册

360000－1901－0018091　301645
緑漪草堂文集三十卷首一卷　(清)羅汝懷撰　清光緒九年(1883)羅式常長沙刻本　八册

360000－1901－0018092　301644
緑漪草堂文集三十卷首一卷别集二卷外集二卷詩集二十卷首一卷研華館詞三卷首一卷　(清)羅汝懷撰　清光緒九年(1883)羅式常長沙刻本　十六册

360000－1901－0018093　163232
緑蔭軒遺集六卷　(清)胡佩芳撰　清光緒二十三年(1897)刻本　四册

360000－1901－0018094　163233
緑蔭軒遺集六卷　(清)胡佩芳撰　清光緒二十三年(1897)刻本　四册

360000－1901－0018095　241060
菉園詩集六卷　(清)李睿撰　清乾隆三十四年(1769)詒穀堂刻本　二册

360000－1901－0018096　410988
略識字編一卷　(清)帥方蔚撰　清同治二年(1863)刻本　一册

360000－1901－0018097　410988－1
略識字編一卷　(清)帥方蔚撰　清同治二年(1863)刻本　一册

360000－1901－0018098　410988－2
略識字編一卷　(清)帥方蔚撰　清同治二年(1863)刻本　一册

360000－1901－0018099　410988－3
略識字編一卷　(清)帥方蔚撰　清同治二年(1863)刻本　一册

360000－1901－0018100　901655
麻痘秘訣二卷　(清)□□撰　清抄本　一册

360000－1901－0018101　408371
麻痘新編二卷　(清)俞世球撰　清光緒九年(1883)刻本　二册

360000－1901－0018102　801243
麻痘諸症湯散刑穴燈火二卷　(□)□□撰　清抄本　一册　存一卷(上)

360000－1901－0018103　408957
麻風再造神方一卷　(清)□□撰　清同治十一年(1872)刻本　一册

360000－1901－0018104　408510
麻科保赤金丹四卷　(清)謝玉瓊撰　清光緒十七年(1891)刻本　三册　存三卷(一至三)

360000－1901－0018105　801244
麻科保赤金丹四卷　(清)謝玉瓊撰　清光緒十七年(1891)義寧州聚文齋刻本　一册　存一卷(一)

360000－1901－0018106　408473
麻科活人全書四卷　(清)謝玉瓊輯　清道光三年(1823)刻本　四册

360000－1901－0018107　408474
麻科活人全書四卷　(清)謝玉瓊輯　清道光三年(1823)刻本　四册

360000－1901－0018108　408475
麻科活人全書四卷　(清)謝玉瓊輯　清道光三年(1823)刻本　四册

360000－1901－0018109　408476
麻科活人全書四卷　(清)謝玉瓊輯　清道光三年(1823)刻本　四册

360000－1901－0018110　408478
麻科活人全書四卷　(清)謝玉瓊輯　清道光三年(1823)刻本　四册

360000－1901－0018111　408479
麻科活人全書四卷　(清)謝玉瓊輯　清道光三年(1823)刻本　四册

360000－1901－0018112　408480
麻科活人全書四卷　(清)謝玉瓊輯　清道光三年(1823)刻本　四册

360000－1901－0018113　408481
麻科活人全書四卷　(清)謝玉瓊輯　清道光三年(1823)刻本　四册

360000－1901－0018114　408482
麻科活人全書四卷　(清)謝玉瓊輯　清道光三年(1823)刻本　四册

360000－1901－0018115　408483
麻科活人全書四卷　(清)謝玉瓊輯　清道光三年(1823)刻本　四册

360000－1901－0018116　408489
麻科活人全書四卷　(清)謝玉瓊輯　清道光三年(1823)刻本　四册

360000－1901－0018117　408490
麻科活人全書四卷　(清)謝玉瓊輯　清道光三年(1823)刻本　四册

360000－1901－0018118　408491
麻科活人全書四卷　(清)謝玉瓊輯　清道光三年(1823)刻本　四册

360000－1901－0018119　408495
麻科活人全書四卷　(清)謝玉瓊輯　清道光三年(1823)刻本　四册

360000－1901－0018120　408496
麻科活人全書四卷　(清)謝玉瓊輯　清道光三年(1823)刻本　三册

360000－1901－0018121　408503
麻科活人全書四卷　(清)謝玉瓊輯　清道光三年(1823)刻本　四册

360000－1901－0018122　408506
麻科活人全書四卷　(清)謝玉瓊輯　清道光三年(1823)刻本　一册　存二卷(一至二)

360000－1901－0018123　800023
麻科活人全書四卷　(清)謝玉瓊輯　清道光三年(1823)刻本　一册　存一卷

360000－1901－0018124　800024
麻科活人全書四卷　(清)謝玉瓊輯　清道光三年(1823)刻本　一册　存一卷

360000－1901－0018125　800025
麻科活人全書四卷　(清)謝玉瓊輯　清道光三年(1823)刻本　二册　存二卷(一、四)

360000－1901－0018126　800026
麻科活人全書四卷　(清)謝玉瓊輯　清道光三年(1823)刻本　一册　存一卷

360000－1901－0018127　800031
麻科活人全書四卷　(清)謝玉瓊輯　清道光三年(1823)刻本　一册　存一卷

360000－1901－0018128　408509
麻科活人全書四卷　(清)謝玉瓊輯　清道光十六年(1836)刻本　四册

360000－1901－0018129　121854
麻科活人全書四卷　(清)謝玉瓊輯　清光緒十九年(1893)豐城李氏刻本　四册

360000－1901－0018130　121855
麻科活人全書四卷　(清)謝玉瓊輯　清光緒十九年(1893)豐城李氏刻本　四册

360000－1901－0018131　408484
麻科活人全書四卷　(清)謝玉瓊輯　清光緒十九年(1893)刻本　四册

360000－1901－0018132　408486
麻科活人全書四卷　(清)謝玉瓊輯　清光緒十九年(1893)刻本　四冊

360000－1901－0018133　408487
麻科活人全書四卷　(清)謝玉瓊輯　清光緒十九年(1893)刻本　四冊

360000－1901－0018134　408488
麻科活人全書四卷　(清)謝玉瓊輯　清光緒十九年(1893)刻本　四冊

360000－1901－0018135　408493
麻科活人全書四卷　(清)謝玉瓊輯　清刻本　四冊

360000－1901－0018136　408494
麻科活人全書四卷　(清)謝玉瓊輯　清刻本　四冊

360000－1901－0018137　408499
麻科活人全書四卷　(清)謝玉瓊輯　清刻本　四冊

360000－1901－0018138　408500
麻科活人全書四卷　(清)謝玉瓊輯　清刻本　三冊　存三卷(一至二、四)

360000－1901－0018139　408505
麻科活人全書四卷　(清)謝玉瓊輯　清刻本　四冊

360000－1901－0018140　800027
麻科活人全書四卷　(清)謝玉瓊輯　清刻本　一冊　存一卷(二)

360000－1901－0018141　800028
麻科活人全書四卷　(清)謝玉瓊輯　清刻本　二冊　存二卷(二、四)

360000－1901－0018142　800035
麻科活人全書四卷　(清)謝玉瓊輯　清刻本　一冊　存二卷(一至二)

360000－1901－0018143　601598
麻科活人全書四卷　(清)謝玉瓊輯　清劉齊珍刻本　一冊　存一卷(三)

360000－1901－0018144　408501
麻科活人全書四卷　(清)謝玉瓊輯　清韶卿氏抄本　二冊　存二卷(一、四)

360000－1901－0018145　408492
麻科活人全書四卷　(清)謝玉瓊輯　清同治八年(1869)分邑中街彭聯陞等刻本　四冊

360000－1901－0018146　408508
麻科活人全書四卷　(清)謝玉瓊輯　清同治八年(1869)刻本　四冊

360000－1901－0018147　800036
麻科活人全書四卷　(清)謝玉瓊輯　清同治八年(1869)刻本　一冊　存一卷(一)

360000－1901－0018148　408498
麻科活人全書四卷　(清)謝玉瓊輯　清同治六年(1867)分邑中街彭聯陞等刻本　四冊

360000－1901－0018149　800032
麻科活人全書四卷　(清)謝玉瓊輯　清同治六年(1867)刻本　二冊　存二卷(一至二)

360000－1901－0018150　800033
麻科活人全書四卷　(清)謝玉瓊輯　清同治六年(1867)刻本　二冊　存一卷(二)

360000－1901－0018151　800034
麻科活人全書四卷　(清)謝玉瓊輯　清同治六年(1867)刻本　二冊　存二卷(一至二)

360000－1901－0018152　121852
麻科活人全書四卷　(清)謝玉瓊輯　清同治十二年(1873)刻本　四冊

360000－1901－0018153　408497
麻科活人全書四卷　(清)謝玉瓊輯　清咸豐八年(1858)刻本　四冊

360000－1901－0018154　121850
麻科活人全書四卷　(清)謝玉瓊輯　清咸豐八年(1858)石陽周茂五刻本　四冊

360000－1901－0018155　121851
麻科活人全書四卷　(清)謝玉瓊輯　清咸豐八年(1858)石陽周茂五刻本　四冊

360000－1901－0018156　800030
麻科活人全書四卷　(清)謝玉瓊輯　清咸豐八年(1858)石陽周日新堂刻本　一册　存一卷(一)

360000－1901－0018157　408504
麻科活人全書四卷　(清)謝玉瓊輯　清咸豐元年(1851)刻本　四册

360000－1901－0018158　408507
麻科活人全書四卷　(清)謝玉瓊輯　清咸豐元年(1851)刻本　一册　存二卷(一至二)

360000－1901－0018159　121849
麻科活人全書四卷　(清)謝玉瓊輯　清咸豐元年(1851)龍溪村彭氏刻本　四册

360000－1901－0018160　121853
麻科活人全書四卷　(清)謝玉瓊輯　**附邵氏痘科一卷**　(清)謝玉瓊撰　清同治十三年(1874)吉安會友齋刻本　二册

360000－1901－0018161　802733
麻疹要訣一卷　(□)□□輯　清俞品之抄本　一册

360000－1901－0018162　123602
痲科活人全書四卷　(清)謝玉瓊輯　清光緒二十七年(1901)胡守正堂刻本　四册

360000－1901－0018163　220518
馬端肅公奏議十六卷首一卷　(明)馬文升撰　清乾隆刻本　四册

360000－1901－0018164　403904
馬氏叢刻　(清)馬先登輯　清同治關中馬氏敦倫堂刻本　二十三册

360000－1901－0018165　901749
馬氏歷科硃卷一卷　(清)馬先登輯　清同治四年(1865)刻本　一册

360000－1901－0018166　801277
馬氏宗譜□□卷　(清)□□纂修　清光緒抄本　一册　存一卷(二)

360000－1901－0018167　406947
馬太福音二十八章　(英國)楊格非譯　清光緒二十三年(1897)漢口英漢會館鉛印本　一册

360000－1901－0018168　405442
買愁集四集　(清)錢尚濠輯　清尚友堂刻本　三册　存三集(想書、哀書、悟書)

360000－1901－0018169　801810
脉訣集要不分卷　(清)□□輯　清抄本　一册

360000－1901－0018170　800292
脉訣舉要不分卷　(清)□□輯　清抄本　一册

360000－1901－0018171　164921
脈簡補義二卷　(清)周學海撰　清刻本　一册　存一卷(下)

360000－1901－0018172　162574
脈經十卷　(晉)王叔和撰　清道光二十九年(1849)奉新廖氏刻本　六册

360000－1901－0018173　409035
脈經十卷　(晉)王叔和撰　清道光二十九年(1849)刻本　一册　存三卷(一至三)

360000－1901－0018174　164924
脈經十卷　(晉)王叔和撰　清道光二十三年(1843)刻本　二册

360000－1901－0018175　164925
脈經十卷　(晉)王叔和撰　(宋)林億等編　清光緒十九年(1893)宜都楊守敬景蘇園影宋刻本　二册

360000－1901－0018176　162575
脈經真本十二卷　(晉)王叔和撰　清抄本　二册

360000－1901－0018177　802072
脈訣法象湯散不分卷　(□)□□輯　清慎記抄本　一册

360000－1901－0018178　162576
脈訣附方一卷　(清)張世賢輯　**附瀕湖脈學一卷**　(明)李時珍撰　清刻本　一册

360000－1901－0018179　162577
脈訣彙辨十卷　(清)李延昰撰　清康熙三年(1664)刻本　四册

360000－1901－0018180　164012
脈訣刊誤集解二卷　(元)戴起宗撰　**附錄一卷**　(明)汪機輯　明末刻本　一册

360000－1901－0018181　164013
脈訣刊誤集解二卷　(元)戴起宗撰　**附錄一卷**　(明)汪機輯　明末刻本　一册

360000－1901－0018182　720992
脈訣攷證一卷瀕湖脈學一卷奇經八脈攷一卷　(明)李時珍撰　清本立堂刻本　一册

360000－1901－0018183　164919
脈訣指掌病式圖說一卷丹溪先生金匱鉤玄二卷　(元)朱震亨撰　清二酉堂刻本　一册

360000－1901－0018184　162578
脈理存真二卷　(元)滑壽撰　清光緒二年(1876)刻本　一册

360000－1901－0018185　408968
脈理存真三卷　(元)滑壽撰　清光緒二年(1876)刻本　一册

360000－1901－0018186　408969
脈理存真三卷　(元)滑壽撰　清光緒二年(1876)刻本　一册

360000－1901－0018187　802735
脈理會參二卷　(清)余之儁撰　清抄本　一册

360000－1901－0018188　408966
脈理求真三卷　(清)黄宫繡撰　清傳經堂刻本　一册

360000－1901－0018189　408967
脈理求真三卷　(清)黄宫繡撰　清刻本　一册

360000－1901－0018190　420506
脈學本草醫方全書十四卷　(清)太醫院編　清乾隆七年(1742)刻本　一册　存二卷(四言舉要一卷、瀕湖脈學一卷)

360000－1901－0018191　164923
脈學歸源五卷　(清)姚克諧輯　清光緒元年(1875)刻本　五册

360000－1901－0018192　230228
脈學匯觀三卷　(清)馮學震輯　清乾隆三十二年(1767)刻本　三册

360000－1901－0018193　408970
脈要圖注四卷　(清)賀昇平輯　清嘉慶五年(1800)刻本　一册　存一卷(一)

360000－1901－0018194　408971
脈要圖注四卷　(清)賀昇平輯　清嘉慶五年(1800)刻本　二册　存二卷(一至二)

360000－1901－0018195　163080
脈診便讀一卷　(清)張秉成撰　清光緒二十九年(1903)刻本　一册

360000－1901－0018196　713640
麥浪園女弟子詩六卷　(清)胡履春輯　清道光二十五年(1845)刻本　一册　存三卷(一至三)

360000－1901－0018197　713641
麥浪園樂志山房倡和詩十卷　(清)胡履亨輯　清道光刻本　一册　存三卷(一至三)

360000－1901－0018198　712944
麥浪園樂志山房倡和詩十卷　(清)胡履亨輯　清刻本　一册　存二卷(八至九)

360000－1901－0018199　722404
麥浪園樂志山房倡和詩十卷　(清)胡履亨輯　清刻本　一册　存三卷(四至六)

360000－1901－0018200　121476
麥有堂詩初集四卷二集四卷雜著一卷　(清)熊頤撰　清光緒二十年(1894)刻本　二册

360000－1901－0018201　121477
麥有堂詩初集四卷二集四卷雜著一卷　(清)熊頤撰　清光緒二十年(1894)刻本　二册

360000－1901－0018202　713647
麥有堂詩初集四卷二集四卷雜著一卷　(清)熊頤撰　清光緒二十年(1894)刻本　一册

存四卷(麥有堂詩初集四卷)

360000－1901－0018203　721792
麥有堂詩初集四卷二集四卷雜著一卷　(清)熊頤撰　清刻本　一册　存五卷(二集四卷、雜著一卷)

360000－1901－0018204　800481
麥有堂詩初集四卷二集四卷雜著一卷　(清)熊頤撰　清刻本　一册　存五卷(二集四卷、雜著一卷)

360000－1901－0018205　410066
邁堂時文續稿一卷　(清)李祖陶撰　清道光五年(1825)錦江官署刻本　一册

360000－1901－0018206　410066－1
邁堂時文續稿一卷　(清)李祖陶撰　清道光五年(1825)錦江官署刻本　一册

360000－1901－0018207　122512
邁堂時文一卷　(清)李祖陶撰　清同治七年(1868)尚友樓刻本　二册

360000－1901－0018208　410065
邁堂時文一卷　(清)李祖陶撰　清同治七年(1868)尚友樓刻本　一册

360000－1901－0018209　410067
邁堂文畧四卷　(清)李祖陶撰　清同治七年(1868)尚友樓刻本　四册

360000－1901－0018210　410068
邁堂文畧四卷　(清)李祖陶撰　清同治七年(1868)尚友樓刻本　四册

360000－1901－0018211　410069
邁堂文畧四卷　(清)李祖陶撰　清同治七年(1868)尚友樓刻本　三册　存三卷(二至四)

360000－1901－0018212　410070
邁堂文畧四卷　(清)李祖陶撰　清同治七年(1868)尚友樓刻本　一册　存一卷(二)

360000－1901－0018213　410070－1
邁堂文畧四卷　(清)李祖陶撰　清同治七年(1868)尚友樓刻本　一册　存一卷(二)

360000－1901－0018214　122510
邁堂文畧一卷時文一卷　(清)李祖陶撰　清道光十五年(1835)鷺州書院刻本　三册

360000－1901－0018215　122511
邁堂文畧一卷時文一卷　(清)李祖陶撰　清道光十五年(1835)鷺州書院刻本　二册　存一卷(邁堂文畧一卷)

360000－1901－0018216　320530－1
邁堂文畧一卷時文一卷　(清)李祖陶撰　清道光十五年(1835)鷺洲書院刻本　一册　存一卷(邁堂文畧一卷)

360000－1901－0018217　404215－1
邁堂文畧一卷時文一卷　(清)李祖陶撰　清道光十五年(1835)鷺洲書院刻本　一册　存一卷(邁堂文畧一卷)

360000－1901－0018218　410071
邁堂文畧一卷時文一卷　(清)李祖陶撰　清道光十五年(1835)鷺洲書院刻本　一册　存一卷(邁堂文畧一卷)

360000－1901－0018219　410071－1
邁堂文畧一卷時文一卷　(清)李祖陶撰　清道光十五年(1835)鷺洲書院刻本　一册　存一卷(邁堂文畧一卷)

360000－1901－0018220　410071－2
邁堂文畧一卷時文一卷　(清)李祖陶撰　清道光十五年(1835)鷺洲書院刻本　一册　存一卷(邁堂文畧一卷)

360000－1901－0018221　410071－3
邁堂文畧一卷時文一卷　(清)李祖陶撰　清道光十五年(1835)鷺洲書院刻本　一册　存一卷(邁堂文畧一卷)

360000－1901－0018222　410071－4
邁堂文畧一卷時文一卷　(清)李祖陶撰　清道光十五年(1835)鷺洲書院刻本　一册　存一卷(邁堂文畧一卷)

360000－1901－0018223　410071－5
邁堂文畧一卷時文一卷　(清)李祖陶撰　清

道光十五年(1835)鷺洲書院刻本　一册　存一卷(邁堂文畧一卷)

360000－1901－0018224　410071－6
邁堂文畧一卷時文一卷　(清)李祖陶撰　清道光十五年(1835)鷺洲書院刻本　一册　存一卷(邁堂文畧一卷)

360000－1901－0018225　410071－7
邁堂文畧一卷時文一卷　(清)李祖陶撰　清道光十五年(1835)鷺洲書院刻本　一册　存一卷(邁堂文畧一卷)

360000－1901－0018226　410071－8
邁堂文畧一卷時文一卷　(清)李祖陶撰　清道光十五年(1835)鷺洲書院刻本　一册　存一卷(邁堂文畧一卷)

360000－1901－0018227　410071－9
邁堂文畧一卷時文一卷　(清)李祖陶撰　清道光十五年(1835)鷺洲書院刻本　一册　存一卷(邁堂文畧一卷)

360000－1901－0018228　306503
鬘天影事譜四卷附檃括古人詩文詞一卷　易順鼎撰　清光緒二十二年(1896)長沙刻本　一册

360000－1901－0018229　400725
滿漢名臣傳八十卷　(清)國史館撰　清京都琉璃廠榮錦書坊刻本　八十册

360000－1901－0018230　400726
滿漢名臣傳八十卷　(清)國史館撰　清京都琉璃廠榮錦書坊刻本　五十七册　存六十卷(滿名臣傳一至二、四至六、八、十一、十三至十四、十六至十八、二十至二十一、二十三至二十九、三十一至三十三、三十六至三十九、四十一至四十八,漢名臣傳一至二、六至九、十一、十六至三十二)

360000－1901－0018231　400727
滿漢名臣傳八十卷　(清)國史館撰　清京都琉璃廠榮錦書坊刻本　五十四册　存五十四卷(滿名臣傳一至三十二、四十五至四十六,漢名臣傳三、八、十三至十九、二十一至三十、三十二)

360000－1901－0018232　400728
滿漢名臣傳八十卷　(清)國史館撰　清京都琉璃廠榮錦書坊刻本　四十七册　存四十七卷(滿名臣傳一至八、十至四十八)

360000－1901－0018233　400729
滿漢名臣傳八十卷　(清)國史館撰　清京都琉璃廠榮錦書坊刻本　十一册　存十一卷(滿名臣傳二、七,漢名臣傳十六、十八至十九、二十二至二十四、二十七、三十、三十二)

360000－1901－0018234　400729－1
滿漢名臣傳八十卷　(清)國史館撰　清京都琉璃廠榮錦書坊刻本　一册　存一卷(漢名臣傳三十)

360000－1901－0018235　305519
滿漢名臣傳八十卷　(清)國史館撰　清京都琉璃廠榮錦書屋刻本　三十八册　存三十八卷(滿名臣傳一至二十二、三十、三十四至四十八)

360000－1901－0018236　305520
滿漢名臣傳八十卷　(清)國史館撰　清京都琉璃廠榮錦書屋刻本　一册　存一卷(滿名臣傳一)

360000－1901－0018237　305521
滿漢名臣傳八十卷　(清)國史館撰　清京都琉璃廠榮錦書屋刻本　四十三册　存四十四卷(滿名臣傳一至五、八至三十五、三十八至四十八)

360000－1901－0018238　305522
滿漢名臣傳八十卷　(清)國史館撰　清京都琉璃廠榮錦書屋刻本　十七册　存十七卷(滿名臣傳一至五、七至十、二十二至二十三、二十五至二十六、二十八至三十一)

360000－1901－0018239　307869
滿漢名臣傳八十卷　(清)國史館撰　清京都琉璃廠榮錦書屋刻本　四十八册　存四十八卷(滿名臣傳四十八卷)

360000－1901－0018240　312789
滿漢名臣傳八十卷　(清)國史館撰　清京都琉璃廠榮錦書屋刻本　二十四冊　存二十四卷(滿名臣傳一至十二、二十五至三十六)

360000－1901－0018241　310592
滿漢名臣傳八十卷　(清)國史館撰　清刻本　二十四冊　存二十四卷(滿名臣傳十三至二十四、三十七至四十八)

360000－1901－0018242　304394
縵龡亭後集十二卷　(清)祁寯藻撰　清咸豐刻本　四冊

360000－1901－0018243　415157
縵龡亭集三十二卷後集十二卷　(清)祁寯藻撰　清咸豐七年(1857)刻本　三冊

360000－1901－0018244　412894
曼陀羅花室詩三卷詞一卷文三卷　(清)吳翊寅撰　清光緒十九年至二十年(1893－1894)廣雅書局刻本　三冊　缺二卷(文一、三)

360000－1901－0018245　415349
縵雅堂駢體文八卷　(清)王詒壽撰　清光緒六年(1880)刻本　四冊

360000－1901－0018246　302856
莽蒼蒼齋詩二卷　(清)寋冥撰　清光緒二十三年(1897)金陵刻本　一冊

360000－1901－0018247　301384
貓苑二卷　(清)黄漢輯　清咸豐二年(1852)刻本　一冊

360000－1901－0018248　162393
毛瑟槍學一卷　(清)廖壽豐輯　清光緒二十三年(1897)浙江書局刻本　一冊

360000－1901－0018249　712006
毛詩本義十六卷　(宋)歐陽修撰　清道光十四年(1834)刻本　二冊　存八卷(一至四、八至十一)

360000－1901－0018250　120287
毛詩本義十六卷　(宋)歐陽修撰　清道光十四年(1834)瀛塘別墅刻本　四冊

360000－1901－0018251　120288
毛詩本義十六卷　(宋)歐陽修撰　清道光十四年(1834)瀛塘別墅刻本　四冊

360000－1901－0018252　120289
毛詩本義十六卷　(宋)歐陽修撰　清道光十四年(1834)瀛塘別墅刻本　四冊

360000－1901－0018253　601134
毛詩本義十六卷　(宋)歐陽修撰　清道光十四年(1834)瀛塘別墅刻本　四冊

360000－1901－0018254　601135
毛詩本義十六卷　(宋)歐陽修撰　清道光十四年(1834)瀛塘別墅刻本　四冊

360000－1901－0018255　601136
毛詩本義十六卷　(宋)歐陽修撰　清道光十四年(1834)瀛塘別墅刻本　五冊

360000－1901－0018256　601137
毛詩本義十六卷　(宋)歐陽修撰　清道光十四年(1834)瀛塘別墅刻本　六冊

360000－1901－0018257　601138
毛詩本義十六卷　(宋)歐陽修撰　清道光十四年(1834)瀛塘別墅刻本　六冊

360000－1901－0018258　160227
毛詩補箋二十卷　(漢)鄭玄箋　王闓運補箋　清光緒三十一年(1905)江西官書局木活字印本　八冊

360000－1901－0018259　160228
毛詩補箋二十卷　(漢)鄭玄箋　王闓運補箋　清光緒三十一年(1905)江西官書局木活字印本　八冊

360000－1901－0018260　120292
毛詩補正二十五卷　(清)龍起濤撰　清光緒二十五年(1899)刻鵠軒刻本　十二冊

360000－1901－0018261　210122
毛詩草木疏校正二卷　(宋)趙佑撰　清乾隆四十四年(1779)刻本　一冊　存一卷(上)

360000－1901－0018262　603146
毛詩傳箋通釋三十二卷　(清)馬瑞辰撰　清

光緒十四年(1888)廣雅書局刻廣雅叢書本　六冊　存十七卷(一至十、二十三至二十九)

360000－1901－0018263　160236
毛詩讀三十卷　(清)王劼撰　清道光二十一年(1841)成都刻本　八冊

360000－1901－0018264　603144
毛詩二十卷　(漢)毛亨傳　(漢)鄭玄箋　(唐)陸德明音義　清刻本　二冊　存九卷(九至十七)

360000－1901－0018265　603145
毛詩二十卷　(漢)毛亨傳　(漢)鄭玄箋　(唐)陸德明音義　清乾隆四十八年(1783)武英殿刻仿宋相臺五經本　四冊　存十一卷(七至十三、十七至二十)

360000－1901－0018266　603145－1
毛詩二十卷　(漢)毛亨傳　(漢)鄭玄箋　(唐)陸德明音義　清乾隆四十八年(1783)武英殿刻仿宋相臺五經本　一冊　存四卷(十七至二十)

360000－1901－0018267　401367
毛詩二十卷附考證　(漢)毛亨傳　(漢)鄭玄箋　(唐)陸德明音義　清刻仿宋相臺五經本　七冊　存十四卷(一至四、九至十二、十五至二十)

360000－1901－0018268　401368
毛詩二十卷附考證　(漢)毛亨傳　(漢)鄭玄箋　(唐)陸德明音義　清刻仿宋相臺五經本　四冊　存八卷(一至四、十七至二十)

360000－1901－0018269　160208
毛詩古音考四卷讀詩拙言一卷屈宋古音義三卷　(明)陳第撰　清光緒六年(1880)武昌張氏刻本　六冊

360000－1901－0018270　210124
毛詩古音攷四卷　(明)陳第撰　明萬曆三十四年(1606)刻本　一冊　存一卷(一)

360000－1901－0018271　210468
毛詩古音攷四卷　(明)陳第撰　明萬曆三十四年(1606)刻本　一冊　存一卷(一)

360000－1901－0018272　160217
毛詩詁訓傳二十卷　(漢)鄭玄箋　(清)王引之補箋　清末刻本　五冊　存十四卷(五至十八)

360000－1901－0018273　405790
毛詩故訓傳定本三十卷　(清)段玉裁撰　清道光四年(1824)安徽文會堂章氏刻本　四冊　存二十一卷(一至二十一)

360000－1901－0018274　417478
毛詩故訓傳定本三十卷　(清)段玉裁撰　清道光四年(1824)安徽文會堂章氏刻本　二冊　存九卷(二十二至三十)

360000－1901－0018275　405790－1
毛詩故訓傳定本三十卷　(清)段玉裁撰　清刻本　一冊　存十三卷(十八至三十)

360000－1901－0018276　160216
毛詩故訓傳定本小箋三十卷　(清)段玉裁撰　清嘉慶二十一年(1816)七葉衍祥堂刻本　一冊　存十卷(一至十)

360000－1901－0018277　160218
毛詩故訓傳鄭箋三十卷　(漢)毛亨傳　(漢)鄭玄箋　清同治十一年(1872)五雲堂刻本　四冊

360000－1901－0018278　160219
毛詩後箋三十卷　(清)胡承珙撰　清光緒十六年(1890)廣雅書局刻本　十二冊

360000－1901－0018279　711996
毛詩稽古編三十卷　(清)陳啓源撰　清光緒石印本　三冊　存十二卷(五至八、二十一至二十八)

360000－1901－0018280　120290
毛詩均譜八卷補遺一卷附校勘記一卷　(清)郭師古撰　清光緒十年(1884)吉水郭汝特玉屏山房刻二十年(1894)補刻本　六冊

360000－1901－0018281　120291
毛詩均譜八卷補遺一卷附校勘記一卷　(清)

郭師古撰　清光緒十年(1884)吉水郭汝特玉屏山房刻二十年(1894)補刻本　六冊

360000－1901－0018282　160235
毛詩禮徵十卷　(清)包世榮撰　清道光八年(1828)刻本　六冊

360000－1901－0018283　160234
毛詩禮徵十卷　(清)包世榮撰　清道光七年(1827)小倦游閣刻本　四冊

360000－1901－0018284　160220
毛詩馬王微四卷　(清)臧庸撰　清嘉慶十一年(1806)問經堂刻本　一冊

360000－1901－0018285　210113
毛詩明辨錄十卷　(清)沈青崖撰　清乾隆刻本　四冊

360000－1901－0018286　711989
毛詩說三十卷　(清)孫燾撰　清嘉慶二十年(1815)刻本　四冊

360000－1901－0018287　160205
毛詩天文考一卷　(清)洪亮吉撰　清光緒十七年(1891)廣雅書局刻本　一冊

360000－1901－0018288　160206
毛詩天文考一卷　(清)洪亮吉撰　清光緒十七年(1891)廣雅書局刻本　一冊

360000－1901－0018289　712005
毛詩天文考一卷　(清)洪亮吉撰　清光緒十七年(1891)廣雅書局刻本　一冊

360000－1901－0018290　160214
毛詩要義二十卷譜序要義一卷　(宋)魏了翁撰　清光緒八年(1882)刻本　十五冊　缺一卷(二十下)

360000－1901－0018291　414846
毛詩要義二十卷譜序要義一卷　(宋)魏了翁撰　清光緒八年(1882)刻本　一冊　存一卷(二十)

360000－1901－0018292　160215
毛詩要義二十卷譜序要義一卷　(宋)魏了翁撰　清光緒十二年(1886)江蘇書局刻五經要義本　十二冊

360000－1901－0018293　711990
毛詩要義二十卷譜序要義一卷　(宋)魏了翁撰　清光緒十二年(1886)江蘇書局刻五經要義本　十冊　存十九卷(一至十八、譜序要義一卷)

360000－1901－0018294　805161
毛詩要義二十卷譜序要義一卷　(宋)魏了翁撰　清刻本　一冊　存一卷(二十)

360000－1901－0018295　705732
毛詩正變指南圖一卷　(明)顧起元撰　清刻本　一冊

360000－1901－0018296　160212
毛詩周韻誦法十卷　(清)汪灼撰　清嘉慶十九年(1814)刻本　五冊

360000－1901－0018297　210097
毛詩注疏二十卷　(漢)毛亨傳　(漢)鄭玄箋　(唐)陸德明音義　(唐)孔穎達疏　明萬曆十七年(1589)北京國子監刻十三經注疏本　十六冊

360000－1901－0018298　163805
毛詩注疏二十卷詩譜序一卷　(漢)毛亨傳　(漢)鄭玄箋　(唐)陸德明音義　(唐)孔穎達疏　明崇禎三年(1630)毛氏汲古閣刻十三經注疏本　二十冊

360000－1901－0018299　711518
毛詩注疏二十卷詩譜序一卷　(漢)毛亨傳　(漢)鄭玄箋　(唐)陸德明音義　(唐)孔穎達疏　明崇禎三年(1630)毛氏汲古閣刻十三經注疏本　二冊　存二卷(十九至二十)

360000－1901－0018300　711991
毛詩注疏二十卷詩譜序一卷　(漢)毛亨傳　(漢)鄭玄箋　(唐)陸德明音義　(唐)孔穎達疏　明崇禎三年(1630)毛氏汲古閣刻十三經注疏本　六冊　存十四卷(一至十三、詩譜序一卷)

360000－1901－0018301　711992

毛詩注疏二十卷詩譜序一卷　(漢)毛亨傳　(漢)鄭玄箋　(唐)陸德明音義　(唐)孔穎達疏　明崇禎三年(1630)毛氏汲古閣刻十三經注疏本　六册　存六卷(九至十一、十八至二十)

360000－1901－0018302　711993
毛詩注疏二十卷詩譜序一卷　(漢)毛亨傳　(漢)鄭玄箋　(唐)陸德明音義　(唐)孔穎達疏　明崇禎三年(1630)毛氏汲古閣刻十三經注疏本　五册　存四卷(九、十二、十七至十八)

360000－1901－0018303　711994
毛詩注疏二十卷詩譜序一卷　(漢)毛亨傳　(漢)鄭玄箋　(唐)陸德明音義　(唐)孔穎達疏　明崇禎三年(1630)毛氏汲古閣刻十三經注疏本　三册　存五卷(三至四、九、十八至十九)

360000－1901－0018304　160223
毛詩注疏三十卷首一卷　(漢)毛亨傳　(漢)鄭玄箋　(唐)陸德明音義　(唐)孔穎達疏　清光緒四年(1878)淮南書局刻本　二十册

360000－1901－0018305　160237
毛鄭詩釋四卷　(清)丁晏撰　清道光二年(1822)刻本　二册

360000－1901－0018306　240643
茅鹿門集八卷　(明)茅坤撰　(清)張汝瑚評選　清康熙二十一年(1682)郢雪書林刻明八大家集本　四册

360000－1901－0018307　412713
封氏聞見記十卷　(唐)封演撰　清乾隆二十一年(1756)盧見曾刻雅雨堂叢書本　一册

360000－1901－0018308　240642
茅鹿門先生文集三十六卷　(明)茅坤撰　明萬曆刻本　佚名批校　六册　缺十四卷(二十三至三十六)

360000－1901－0018309　313793
茅亭客話十卷　(宋)黃休復撰　清光緒江蔭繆氏刻本　一册

360000－1901－0018310　404638
茂林賦編不分卷　(清)吳學洙編　清道光二十二年(1842)刻本　二册

360000－1901－0018311　404640
茂林賦鈔不分卷　(清)吳學洙編　清刻本　一册

360000－1901－0018312　404637
茂林賦鈔初集不分卷　(清)吳學洙編　清道光二十四年(1844)刻本　一册

360000－1901－0018313　404636－1
茂林賦鈔初集不分卷　(清)吳學洙編　清同治八年(1869)刻本　一册

360000－1901－0018314　404636
茂林賦鈔初集不分卷二集不分卷　(清)吳學洙編　清同治三年至八年(1864－1869)刻本　三册

360000－1901－0018315　805238
茂林賦鈔二集不分卷　(清)吳學洙編　清道光九年(1829)刻本　一册

360000－1901－0018316　404637－1
茂林賦鈔二集不分卷　(清)吳學洙編　清道光六年(1826)刻本　一册

360000－1901－0018317　404639
茂林賦畧不分卷　(清)吳鴻册編　清乾隆五十四年(1789)刻本　二册

360000－1901－0018318　305949
茂陵秋雨詞二卷　(清)王錫振撰　清咸豐九年(1859)刻本　一册

360000－1901－0018319　412721
冒氏小品四種　(清)冒襄撰　清宣統元年(1909)石印香豔小品本　一册

360000－1901－0018320　412783
貿易須知輯要一卷出門水陸要言一卷胎産摘要一卷附救急良方一卷　(清)王秉元輯　清道光二十四年(1844)鹽城金鴻文堂刻本　一册

360000－1901－0018321　162641

貿易指南一卷　(清)王秉元撰　清光緒三十年(1904)三元書局刻本　一冊

360000－1901－0018322　800824
懋齋時藝不分卷　(清)來宗敏撰　清嘉慶二十一年(1816)刻本　一冊

360000－1901－0018323　220255
眉公見聞錄八卷　(明)陳繼儒撰　明萬曆三十四年(1606)繡水沈氏刻寶顔堂秘笈本　二冊

360000－1901－0018324　163078
眉梨駢福不分卷　(清)雷學淦輯　清鈐印本　一冊

360000－1901－0018325　301521
梅村集二十卷　(清)吳偉業撰　清宣統二年(1910)上海國學昌明社石印本　六冊

360000－1901－0018326　304247
梅村集二十卷　(清)吳偉業撰　清宣統二年(1910)上海國學昌明社石印本　六冊

360000－1901－0018327　305293
梅村集四十卷目錄二卷　(清)吳偉業撰　清刻本　三冊　存十卷(二十一至二十四、三十六至四十,目錄下)

360000－1901－0018328　240792
梅村集四十卷目錄二卷　(清)吳偉業撰　(清)顧湄輯　清康熙八年(1669)顧湄等刻本　十六冊

360000－1901－0018329　409740
梅村集四十卷目錄二卷　(清)吳偉業撰　(清)顧湄輯　清康熙七年(1668)顧湄等刻本　十冊　存三十四卷(一至十六、二十一至二十七、三十二至四十,目錄二卷)

360000－1901－0018330　301514
梅村家藏藁五十八卷詩補遺一卷文補遺一卷　(清)吳偉業撰　**梅村先生年譜四卷世系一卷**　(清)顧師軾撰　清宣統三年(1911)武進董氏誦芬室刻本　七冊

360000－1901－0018331　301518
梅村家藏藁五十八卷詩補遺一卷文補遺一卷　(清)吳偉業撰　**梅村先生年譜四卷世系一卷**　(清)顧師軾撰　清宣統三年(1911)武進董氏誦芬室刻本　八冊

360000－1901－0018332　412874
梅村詩集箋注十八卷　(清)吳偉業撰　(清)吳翌鳳箋注　清光緒九年(1883)四川善成堂刻本　十一冊　存十六卷(一至十六)

360000－1901－0018333　301513
梅村詩集箋注十八卷　(清)吳偉業撰　(清)吳翌鳳箋注　清光緒十年(1884)湖北官書處刻本　十二冊

360000－1901－0018334　307812
梅村詩集箋注十八卷　(清)吳偉業撰　(清)吳翌鳳箋注　清嘉慶十九年(1814)嚴榮滄浪吟榭刻本　十冊

360000－1901－0018335　316273
梅村詩集箋注十八卷　(清)吳偉業撰　(清)吳翌鳳箋注　清嘉慶十九年(1814)嚴榮滄浪吟榭刻本　十六冊　存十五卷(一至十五)

360000－1901－0018336　316327
梅村詩集箋注十八卷　(清)吳偉業撰　(清)吳翌鳳箋注　清嘉慶十九年(1814)嚴榮滄浪吟榭刻本　八冊

360000－1901－0018337　409733
梅村詩集箋注十八卷　(清)吳偉業撰　(清)吳翌鳳箋注　清嘉慶十九年(1814)嚴榮滄浪吟榭刻本　八冊

360000－1901－0018338　409734
梅村詩集箋注十八卷　(清)吳偉業撰　(清)吳翌鳳箋注　清嘉慶十九年(1814)嚴榮滄浪吟榭刻本　八冊

360000－1901－0018339　409735
梅村詩集箋注十八卷　(清)吳偉業撰　(清)吳翌鳳箋注　清嘉慶十九年(1814)嚴榮滄浪吟榭刻本　六冊　存九卷(一至九)

360000－1901－0018340　409735－1

梅村詩集箋注十八卷　(清)吳偉業撰　(清)吳翌鳳箋注　清嘉慶十九年(1814)嚴榮滄浪吟榭刻本　三冊　存六卷(一至二、十至十一、十五至十六)

360000－1901－0018341　418465
風俗通義十卷　(漢)應劭撰　(明)鍾惺評　明刻本　一冊　存五卷(一至五)

360000－1901－0018342　803400
梅調鼎先生詩草不分卷　(清)梅調鼎撰　清抄本　二冊

360000－1901－0018343　405027
梅花百絕一卷　(清)華文模撰　清光緒七年(1881)刻本　一冊

360000－1901－0018344　123021
梅花百詠遺稿一卷　(清)查昌朗撰　清道光十六年(1836)刻本　一冊

360000－1901－0018345　409425
梅花山館詩鈔二卷　(清)徐光發撰　清光緒三十一年(1905)鐵沙徐氏怡安堂石印本　二冊

360000－1901－0018346　405033
梅花書屋聯吟集二卷　(清)黃住中輯　清光緒十三年(1887)刻本　一冊　存一卷(上)

360000－1901－0018347　413681
梅花書院課藝不分卷　(清)梅花書院編　清刻本　一冊

360000－1901－0018348　901683
梅花書院課藝不分卷　(清)晏端書評選　清同治十一年(1872)刻本　四冊

360000－1901－0018349　901685
梅花書院課藝不分卷　(清)張謷堂鑒定　清嘉慶八年(1803)刻本　三冊

360000－1901－0018350　901684
梅花書院小課不分卷　(清)晏端書評選　清刻本　一冊

360000－1901－0018351　801831
梅花月半邨讀不分卷　(清)竹泉居士選鈔　清抄本　一冊

360000－1901－0018352　421581
梅花簪二卷四十齣　(清)張堅撰　(清)柴才評點　清刻玉燕堂四種曲本　一冊　存一卷(上)二十齣(一至二十)

360000－1901－0018353　241115
梅林集二卷　(清)黃紹裘撰　清乾隆三十五年(1770)刻本　一冊

360000－1901－0018354　413270
梅麓賦鈔一卷　(清)齊彥槐撰　清光緒元年(1875)刻本　一冊

360000－1901－0018355　123022
梅麓詩鈔十八卷　(清)齊彥槐撰　清光緒元年(1875)刻本　一冊　存一卷(一)

360000－1901－0018356　413272
梅麓詩鈔十八卷　(清)齊彥槐撰　清光緒元年(1875)刻本　七冊

360000－1901－0018357　803976－1
梅麓詩鈔一卷　(清)齊彥槐撰　清抄本　一冊

360000－1901－0018358　413271
梅麓文鈔補遺四卷　(清)齊彥槐撰　清咸豐六年(1856)刻本　一冊

360000－1901－0018359　410221
梅山詩集十七卷首一卷　(清)王繩祖撰　清光緒二十二年(1896)刻本　八冊　存十六卷(一至三、六至十七,首一卷)

360000－1901－0018360　308760
梅氏叢書輯要六十二卷　(清)梅文鼎撰　(清)梅穀成重編　清光緒十四年(1888)龍文書局石印本　五冊　存五十卷(一至三十三、四十六至六十二)

360000－1901－0018361　410592
梅氏叢書輯要六十二卷　(清)梅文鼎撰　(清)梅穀成重編　清光緒十四年(1888)龍文書局石印本　六冊

360000－1901－0018362　410593

梅氏叢書輯要六十二卷　(清)梅文鼎撰　(清)梅穀成重編　清光緒十四年(1888)龍文書局石印本　六冊

360000－1901－0018363　410594
梅氏叢書輯要六十二卷　(清)梅文鼎撰　(清)梅穀成重編　清光緒十四年(1888)龍文書局石印本　五冊　存四十卷(一至二十、三十四至四十五、五十五至六十二)

360000－1901－0018364　417218
梅氏叢書輯要六十二卷　(清)梅文鼎撰　(清)梅穀成重編　清光緒十四年(1888)龍文書局石印本　六冊

360000－1901－0018365　421815
梅氏叢書輯要六十二卷　(清)梅文鼎撰　(清)梅穀成重編　清光緒十四年(1888)龍文書局石印本　一冊　存七卷(五十六至六十二)

360000－1901－0018366　417219
梅氏叢書輯要六十二卷　(清)梅文鼎撰　(清)梅穀成重編　清光緒石印本　四冊　存三十六卷(一至十八、四十五至六十二)

360000－1901－0018367　717220
梅氏叢書輯要六十二卷　(清)梅文鼎撰　(清)梅穀成重編　清末石印本　四冊　存三十二卷(一至十八、四十三至四十九、五十六至六十二)

360000－1901－0018368　230514
梅氏叢書輯要六十二卷　(清)梅文鼎撰　(清)梅穀成重編　清乾隆二十六年(1761)梅氏承學堂刻本　十一冊　缺七卷(幾何補編四、弧三角舉要五卷、環中黍尺一)

360000－1901－0018369　717221
梅氏叢書輯要六十二卷　(清)梅文鼎撰　(清)梅穀成重編　清乾隆二十六年(1761)梅氏承學堂刻本　十四冊　存五十三卷(十至六十二)

360000－1901－0018370　303119
梅氏叢書輯要六十二卷　(清)梅文鼎撰　(清)梅穀成重編　清同治十三年(1874)刻本　六冊

360000－1901－0018371　413220
梅水詩傳八卷　(清)張煜南等輯　清光緒二十七年(1901)刻本　五冊　存五卷(一至二、四至六)

360000－1901－0018372　900186
梅溪家塾試帖一卷雜作一卷　(清)吳醴撰　清同治二年(1863)刻本　一冊

360000－1901－0018373　240351
梅溪先生廷試策一卷奏議四卷前集二十卷後集二十九卷　(宋)王十朋撰　**附龍圖閣學士王公墓誌銘一卷**　(宋)汪應辰撰　明刻本　七冊　缺十五卷(前集一至四,後集十四至十九、二十五至二十九)

360000－1901－0018374　240352
梅溪先生廷試策一卷奏議四卷前集二十卷後集二十九卷　(宋)王十朋撰　**附龍圖閣學士王公墓誌銘一卷**　(宋)汪應辰撰　明刻本　二冊　存四卷(梅溪先生廷試策一卷、奏議一、前集十一至十二)

360000－1901－0018375　410219
梅崖居士文集三十八卷外集二卷　(清)朱仕琇撰　清乾隆刻本　一冊　存五卷(梅崖居士文集三十六至三十八、外集二卷)

360000－1901－0018376　163496
梅崖居士文集三十卷外集八卷　(清)朱仕琇撰　清乾隆四十七年(1782)刻本　十二冊

360000－1901－0018377　163497
梅崖居士文集三十卷外集八卷　(清)朱仕琇撰　清乾隆四十七年(1782)刻本　六冊　存二十一卷(梅崖居士文集一至六、十至十八,外集一至六)

360000－1901－0018378　241078
梅崖居士文集三十卷外集八卷　(清)朱仕琇撰　清乾隆四十七年(1782)刻本　十冊

360000－1901－0018379　241079

梅崖居士文集三十卷外集八卷　(清)朱仕琇撰　清乾隆四十七年(1782)刻本　一册　存二卷(梅崖居士文集一至二)

360000－1901－0018380　410218
梅崖居士文集三十卷外集八卷　(清)朱仕琇撰　清乾隆四十七年(1782)刻本　九册　存三十五卷(梅崖居士文集一至二十七、外集八卷)

360000－1901－0018381　241080
梅崖居士續集二卷　(清)朱仕琇撰　清乾隆四十一年(1776)刻本　二册

360000－1901－0018382　302088
眉厓文集二卷　(清)湯家衡撰　清道光十一年(1831)刻本　二册

360000－1901－0018383　803567
槑谷公批改少槑公文稾不分卷　(□)□□撰　清抄本　一册

360000－1901－0018384　801925
槑谷公文藳不分卷　(□)槑谷公撰　(□)惠基公批改　清抄本　一册

360000－1901－0018385　804949
美國博物大會圖說一卷　(英國)傅蘭雅輯　清光緒十八年(1892)上海格致書室石印本　一册

360000－1901－0018386　304333
美國水師考一卷　(英國)巴那比　(美國)克理撰　(英國)傅蘭雅　鍾天緯譯　清末上海江南製造總局鉛印本　一册

360000－1901－0018387　240759
美合吟一卷　(明)鄭元勳撰　清康熙五十九年(1720)鄭嵩邗江書帶草堂刻本　一册

360000－1901－0018388　305491
美利堅合衆國地理兵要四卷　(清)顧厚焜撰　清光緒十五年(1889)上海仁記石印本　一册

360000－1901－0018389　600379
美術叢書　(清)風雨樓編　清宣統三年(1911)上海神州國光社鉛印本　三十六册

360000－1901－0018390　401769
美英條約一卷　(清)徐承祖譯　清光緒十二年(1886)鉛印本　一册

360000－1901－0018391　407751
媚學齋詩存一卷　(清)袁陶甡撰　清嘉慶五年(1800)刻本　一册

360000－1901－0018392　164109
媚幽閣文娱二集九卷　(明)鄭元勳輯　明崇禎十二年(1639)鄭元化刻本　七册　存六卷(一至三、五、七至八)

360000－1901－0018393　404761－1
捫心草一卷　(清)蔡夢熊撰　清抄本　一册

360000－1901－0018394　301936
蒙古游牧記十六卷　(清)張穆撰　(清)何秋濤補　清同治六年(1867)壽陽祁氏刻本　一册

360000－1901－0018395　720182
蒙古游牧記十六卷　(清)張穆撰　(清)何秋濤補　清同治六年(1867)壽陽祁氏刻本　三册　存十二卷(五至十六)

360000－1901－0018396　721553
蒙情快史四卷　(清)夢花主人撰　清末石印本　一册　存一卷(三)

360000－1901－0018397　162792
蒙求二卷　(五代)李瀚撰　(清)廖朝階注　清嘉慶十八年(1813)文星堂刻本　四册

360000－1901－0018398　407862
蒙師箴言一卷　(清)方瀏生撰　清光緒三十年(1904)鉛印本　一册

360000－1901－0018399　123281
蒙師箴言一卷　(清)方瀏生撰　清光緒三十三年(1907)鉛印本　一册

360000－1901－0018400　405059
蒙師箴言一卷　(清)方瀏生撰　清光緒三十三年(1907)鉛印本　一册

360000－1901－0018401　722425
蒙師箴言一卷　(清)方瀏生撰　清光緒三十三年(1907)鉛印本　一冊

360000－1901－0018402　405060
蒙師箴言一卷　(清)方瀏生撰　清光緒三十一年(1905)刻本　一冊

360000－1901－0018403　404897
蒙學讀本全書七卷　(清)江蘇無錫三等公學堂編　清光緒江蘇無錫三等公學堂石印本　一冊　存一卷(四)

360000－1901－0018404　400964
蒙學課本地球歌韻四卷　(清)張士瀛撰　清光緒二十七年(1901)石印本　一冊

360000－1901－0018405　404898
蒙學論說實在易不分卷　(清)程宗啓輯　清光緒三十四年(1908)上海彪蒙書室石印本　一冊

360000－1901－0018406　802616
蒙學論說實在易不分卷　(清)程宗啓輯　清刻本　一冊

360000－1901－0018407　803585
蒙學目二卷　(□)□□撰　清抄本　一冊

360000－1901－0018408　160886
蒙學四書講義十二卷　(清)陸隴其撰　清光緒二十七年(1901)上海圖書集成印書局鉛印本　四冊

360000－1901－0018409　160918
蒙學四書講義十二卷　(清)陸隴其撰　清光緒二十七年(1901)上海圖書集成印書局鉛印本　四冊

360000－1901－0018410　803593
蒙學一卷　(□)□□撰　清抄本　一冊

360000－1901－0018411　310967
蒙養函書三編　(清)張承燮編　清光緒二十七年(1901)東聽雨堂刻本　十冊　存三種

360000－1901－0018412　305505
蒙齋集二十卷　(宋)袁甫撰　清刻本　四冊　存十三卷(一至三、七至十二、十七至二十)

360000－1901－0018413　410212
蒙齋集二十卷　(宋)袁甫撰　清刻本　三冊

360000－1901－0018414　415502
蒙齋年譜一卷補一卷　(清)田雯撰　(清)田肇麗補　清康熙刻本　一冊

360000－1901－0018415　901594
孟搭從新七卷　(清)述舊齋主人輯　清光緒五年(1879)刻本　一冊

360000－1901－0018416　308490
孟德斯鳩法意二十二卷　(法國)孟德斯鳩撰　嚴復譯　清光緒三十二年(1906)刻本　六冊

360000－1901－0018417　240078
孟東野集二卷　(唐)孟郊撰　清康熙十九年(1680)刻本　二冊

360000－1901－0018418　301892
福建沿海圖說一卷附海島表一卷　(清)朱正元撰　清光緒二十八年(1902)上海鉛印本　一冊

360000－1901－0018419　405294
孟浩然集四卷　(唐)孟浩然撰　清光緒十年(1884)上海同文書局石印本　一冊　存二卷(一、四)

360000－1901－0018420　315443
孟浩然詩集二卷　(唐)孟浩然撰　(宋)劉辰翁評　(明)李夢陽參　清光緒六年(1880)碧琳琅館刻朱墨套印本　二冊

360000－1901－0018421　301100
孟晉齋文集五卷　(清)顧壽楨撰　清同治五年(1866)刻本　三冊

360000－1901－0018422　405300
孟晉齋文集五卷　(清)顧壽楨撰　清同治五年(1866)刻本　二冊　存四卷(二至五)

360000－1901－0018423　800962
孟題一新不分卷　(清)湖濱野史輯　清光緒二年(1876)問心居刻本　四冊

360000－1901－0018424　410227
孟塗前集十卷　(清)劉開撰　清道光六年(1826)姚氏檗山草堂刻本　四冊

360000－1901－0018425　163738
孟塗文集十卷駢體文二卷　(清)劉開撰　清光緒十二年(1886)鎮海張壽榮刻本　四冊

360000－1901－0018426　410228
孟塗文集十卷駢體文二卷　(清)劉開撰　清光緒十二年(1886)鎮海張壽榮刻本　四冊

360000－1901－0018427　316365
孟塗文集十卷前集十卷後集二十二卷　(清)劉開撰　清道光六年(1826)桐城姚氏檗山草堂刻本　七冊

360000－1901－0018428　421751
孟襄陽集二卷　(唐)孟浩然撰　清同治九年(1870)退補齋刻唐四家詩本　一冊

360000－1901－0018429　318118－18
孟藝一卷雜編一卷　(清)□□撰　清抄本　一冊

360000－1901－0018430　240695
孟雲浦先生集八卷附錄一卷　(明)孟化鯉撰　明萬曆二十五年(1597)張維新等刻清康熙增修本　四冊

360000－1901－0018431　301109
孟忠毅公奏議二卷　(清)孟喬芳撰　清道光二十一年(1841)刻本　二冊

360000－1901－0018432　403462
孟子白話七卷　清末鉛印本　一冊

360000－1901－0018433　403377
孟子編年四卷　(清)狄子奇撰　清光緒十三年(1887)浙江書局刻孔孟編年本　一冊

360000－1901－0018434　800309
孟子不分卷　清抄本　一冊

360000－1901－0018435　804720
孟子不分卷　清末鉛印本　一冊

360000－1901－0018436　801149
孟子闡注□卷　(清)李應乾撰　清抄本　一冊　存一卷(七)

360000－1901－0018437　801321
孟子集注本義匯參十四卷首一卷　(清)王步青輯　清刻四書朱子本義匯參本　二冊　存四卷(三至六)

360000－1901－0018438　403060－7
孟子集注本義匯參十四卷首一卷　(清)王步青輯　清刻四書朱子本義匯參本　十二冊

360000－1901－0018439　403060－8
孟子集注本義匯參十四卷首一卷　(清)王步青輯　清刻四書朱子本義匯參本　三冊　存六卷(五至十)

360000－1901－0018440　403032－1
孟子集注七卷　(宋)朱熹撰　明崇禎毛氏汲古閣刻本　一冊　存三卷(一至三)

360000－1901－0018441　421728
孟子集注七卷　(宋)朱熹撰　清初汲古閣刻四書集注本　一冊　存三卷(一至三)

360000－1901－0018442　403434－1
孟子集注七卷　(宋)朱熹撰　清大文乙、松盛堂刻本　一冊　存二卷(四至五)

360000－1901－0018443　802302
孟子集注七卷　(宋)朱熹撰　清道光十三年(1833)婺源一經堂刻監本四書本　一冊　存二卷(四至五)

360000－1901－0018444　403460
孟子集注七卷　(宋)朱熹撰　清二酉堂刻本　三冊

360000－1901－0018445　403033
孟子集注七卷　(宋)朱熹撰　清光緒二十四年(1898)刻監本四書本　六冊　存六卷(一、三至七)

360000－1901－0018446　403452
孟子集注七卷　(宋)朱熹撰　清光緒三十二年(1906)商務印書館鉛印本　二冊　存四卷(四至七)

360000－1901－0018447　403452－1
孟子集注七卷　(宋)朱熹撰　清光緒三十二年(1906)商務印書館鉛印本　二册　存四卷(四至七)

360000－1901－0018448　403452－2
孟子集注七卷　(宋)朱熹撰　清光緒三十二年(1906)商務印書館鉛印本　一册　存二卷(六至七)

360000－1901－0018449　403452－3
孟子集注七卷　(宋)朱熹撰　清光緒三十二年(1906)商務印書館鉛印本　一册　存二卷(六至七)

360000－1901－0018450　802309
孟子集注七卷　(宋)朱熹撰　清光緒宗德堂刻批點四書本　一册　存二卷(六至七)

360000－1901－0018451　403434
孟子集注七卷　(宋)朱熹撰　清集道堂刻監本四書本　一册　存二卷(四至五)

360000－1901－0018452　421725
孟子集注七卷　(宋)朱熹撰　清集道堂刻四書集注本　三册

360000－1901－0018453　421726
孟子集注七卷　(宋)朱熹撰　清集道堂刻四書集注本(卷一至三配清刻本)　二册　存五卷(一至五)

360000－1901－0018454　403030－3
孟子集注七卷　(宋)朱熹撰　清彊善堂刻本　一册　存二卷(六至七)

360000－1901－0018455　800083
孟子集注七卷　(宋)朱熹撰　清彊善堂刻本　二册　存三卷(二、六至七)

360000－1901－0018456　800091
孟子集注七卷　(宋)朱熹撰　清芥子園刻本　一册　存二卷(六至七)

360000－1901－0018457　800084
孟子集注七卷　(宋)朱熹撰　清金陵狀元閣刻本　一册　存三卷(一至三)

360000－1901－0018458　403036－1
孟子集注七卷　(宋)朱熹撰　清聚奎樓刻本　一册　存三卷(一至三)

360000－1901－0018459　403459
孟子集注七卷　(宋)朱熹撰　清筠盛堂刻本　三册

360000－1901－0018460　120825
孟子集注七卷　(宋)朱熹撰　清刻本　三册

360000－1901－0018461　120826
孟子集注七卷　(宋)朱熹撰　清刻本　三册

360000－1901－0018462　160475
孟子集注七卷　(宋)朱熹撰　清刻本　三册

360000－1901－0018463　403030－1
孟子集注七卷　(宋)朱熹撰　清刻本　一册　存三卷(一至三)

360000－1901－0018464　403030－2
孟子集注七卷　(宋)朱熹撰　清刻本　一册　存三卷(三至五)

360000－1901－0018465　403405－1
孟子集注七卷　(宋)朱熹撰　清刻本　三册

360000－1901－0018466　403436
孟子集注七卷　(宋)朱熹撰　清刻本　一册　存一卷(一)

360000－1901－0018467　403436－1
孟子集注七卷　(宋)朱熹撰　清刻本　一册　存三卷(一至三)

360000－1901－0018468　403436－2
孟子集注七卷　(宋)朱熹撰　清刻本　一册　存二卷(六至七)

360000－1901－0018469　403436－3
孟子集注七卷　(宋)朱熹撰　清刻本　一册　存二卷(四至五)

360000－1901－0018470　403444
孟子集注七卷　(宋)朱熹撰　清刻本　四册　存四卷(一至三、七)

360000－1901－0018471　403457

孟子集注七卷 (宋)朱熹撰 清刻本 三册

360000－1901－0018472 403458

孟子集注七卷 (宋)朱熹撰 清刻本 三册

360000－1901－0018473 601312

孟子集注七卷 (宋)朱熹撰 清刻本 二册 存四卷(四至七)

360000－1901－0018474 601312－1

孟子集注七卷 (宋)朱熹撰 清刻本 一册 存二卷(六至七)

360000－1901－0018475 601312－2

孟子集注七卷 (宋)朱熹撰 清刻本 一册 存二卷(六至七)

360000－1901－0018476 601312－3

孟子集注七卷 (宋)朱熹撰 清刻本 一册 存二卷(六至七)

360000－1901－0018477 601312－4

孟子集注七卷 (宋)朱熹撰 清刻本 一册 存二卷(六至七)

360000－1901－0018478 601312－5

孟子集注七卷 (宋)朱熹撰 清刻本 一册 存二卷(六至七)

360000－1901－0018479 601312－6

孟子集注七卷 (宋)朱熹撰 清刻本 一册 存二卷(六至七)

360000－1901－0018480 601314

孟子集注七卷 (宋)朱熹撰 清刻本 二册 存四卷(四至七)

360000－1901－0018481 601317

孟子集注七卷 (宋)朱熹撰 清刻本 二册 存五卷(一至五)

360000－1901－0018482 601318

孟子集注七卷 (宋)朱熹撰 清刻本 二册 存四卷(四至七)

360000－1901－0018483 601319

孟子集注七卷 (宋)朱熹撰 清刻本 二册 存五卷(一至五)

360000－1901－0018484 601319－1

孟子集注七卷 (宋)朱熹撰 清刻本 一册 存一卷(六)

360000－1901－0018485 722066

孟子集注七卷 (宋)朱熹撰 清刻本 二册 存四卷(四至七)

360000－1901－0018486 722066－1

孟子集注七卷 (宋)朱熹撰 清刻本 一册 存二卷(四至五)

360000－1901－0018487 722066－2

孟子集注七卷 (宋)朱熹撰 清刻本 一册 存二卷(四至五)

360000－1901－0018488 722066－3

孟子集注七卷 (宋)朱熹撰 清刻本 一册 存三卷(一至三)

360000－1901－0018489 800082

孟子集注七卷 (宋)朱熹撰 清刻本 一册 存二卷(四至五)

360000－1901－0018490 800085

孟子集注七卷 (宋)朱熹撰 清刻本 二册 存二卷(三、六)

360000－1901－0018491 800090

孟子集注七卷 (宋)朱熹撰 清刻本 一册 存三卷(一至三)

360000－1901－0018492 800092

孟子集注七卷 (宋)朱熹撰 清刻本 二册 存五卷(一至三、六至七)

360000－1901－0018493 800885

孟子集注七卷 (宋)朱熹撰 清刻本 一册 存二卷(四至五)

360000－1901－0018494 801326

孟子集注七卷 (宋)朱熹撰 清刻本 一册 存二卷(四至五)

360000－1901－0018495 801327

孟子集注七卷 (宋)朱熹撰 清刻本 一册 存二卷(四至五)

360000－1901－0018496　801328
孟子集注七卷　(宋)朱熹撰　清刻本　一册
存二卷(六至七)

360000－1901－0018497　801329
孟子集注七卷　(宋)朱熹撰　清刻本　一册
存二卷(六至七)

360000－1901－0018498　801330
孟子集注七卷　(宋)朱熹撰　清刻本　一册
存二卷(六至七)

360000－1901－0018499　801331
孟子集注七卷　(宋)朱熹撰　清刻本　一册
存二卷(六至七)

360000－1901－0018500　801544
孟子集注七卷　(宋)朱熹撰　清刻本　一册
存二卷(六至七)

360000－1901－0018501　801545
孟子集注七卷　(宋)朱熹撰　清刻本　一册
存二卷(六至七)

360000－1901－0018502　801546
孟子集注七卷　(宋)朱熹撰　清刻本　一册
存二卷(六至七)

360000－1901－0018503　801547
孟子集注七卷　(宋)朱熹撰　清刻本　一册
存二卷(六至七)

360000－1901－0018504　801548
孟子集注七卷　(宋)朱熹撰　清刻本　一册
存二卷(六至七)

360000－1901－0018505　801549
孟子集注七卷　(宋)朱熹撰　清刻本　一册
存二卷(六至七)

360000－1901－0018506　801550
孟子集注七卷　(宋)朱熹撰　清刻本　一册
存二卷(六至七)

360000－1901－0018507　801551
孟子集注七卷　(宋)朱熹撰　清刻本　一册
存二卷(六至七)

360000－1901－0018508　801727
孟子集注七卷　(宋)朱熹撰　清刻本　二册
存二卷(一至二)

360000－1901－0018509　801728
孟子集注七卷　(宋)朱熹撰　清刻本　二册
存五卷(一至三、六至七)

360000－1901－0018510　801730－1
孟子集注七卷　(宋)朱熹撰　清刻本　一册
存二卷(六至七)

360000－1901－0018511　801730－2
孟子集注七卷　(宋)朱熹撰　清刻本　一册
存二卷(六至七)

360000－1901－0018512　801735
孟子集注七卷　(宋)朱熹撰　清刻本　一册
存三卷(一至三)

360000－1901－0018513　801736
孟子集注七卷　(宋)朱熹撰　清刻本　一册
存三卷(一至三)

360000－1901－0018514　801737
孟子集注七卷　(宋)朱熹撰　清刻本　一册
存三卷(一至三)

360000－1901－0018515　803078
孟子集注七卷　(宋)朱熹撰　清刻本　一册
存一卷(七)

360000－1901－0018516　803703
孟子集注七卷　(宋)朱熹撰　清刻本　一册
存二卷(四至五)

360000－1901－0018517　900775
孟子集注七卷　(宋)朱熹撰　清刻本　一册
存二卷(四至五)

360000－1901－0018518　901774
孟子集注七卷　(宋)朱熹撰　清刻本　一册
存三卷(一至三)

360000－1901－0018519　901774－1
孟子集注七卷　(宋)朱熹撰　清刻本　一册
存三卷(一至三)

360000－1901－0018520　901774－10
孟子集注七卷　(宋)朱熹撰　清刻本　二册　存五卷(三至七)

360000－1901－0018521　901774－11
孟子集注七卷　(宋)朱熹撰　清刻本　一册　存一卷(五)

360000－1901－0018522　901774－3
孟子集注七卷　(宋)朱熹撰　清刻本　一册　存三卷(一至三)

360000－1901－0018523　901774－6
孟子集注七卷　(宋)朱熹撰　清刻本　一册　存二卷(六至七)

360000－1901－0018524　901774－7
孟子集注七卷　(宋)朱熹撰　清刻本　一册　存二卷(六至七)

360000－1901－0018525　901774－8
孟子集注七卷　(宋)朱熹撰　清刻本　一册　存二卷(六至七)

360000－1901－0018526　421722
孟子集注七卷　(宋)朱熹撰　清刻四書集注本　四册

360000－1901－0018527　421723
孟子集注七卷　(宋)朱熹撰　清刻四書集注本　三册

360000－1901－0018528　421724
孟子集注七卷　(宋)朱熹撰　清刻四書集注本　三册

360000－1901－0018529　421727
孟子集注七卷　(宋)朱熹撰　清刻四書集注本　二册　存二卷(三、五)

360000－1901－0018530　801729
孟子集注七卷　(宋)朱熹撰　清李光明家刻本　二册　存四卷(一至二、六至七)

360000－1901－0018531　802288
孟子集注七卷　(宋)朱熹撰　清李光明家刻屯溪三元書局印監本四書本　一册　存二卷(六至七)

360000－1901－0018532　800087
孟子集注七卷　(宋)朱熹撰　清李光明莊刻本　一册　存二卷(四至五)

360000－1901－0018533　403408－2
孟子集注七卷　(宋)朱熹撰　清李光明莊刻四書集注本　一册　存二卷(四至五)

360000－1901－0018534　901774－12
孟子集注七卷　(宋)朱熹撰　清裏如堂刻本　一册　存一卷(七)

360000－1901－0018535　801732
孟子集注七卷　(宋)朱熹撰　清醴陵縣聚奎閣刻本　一册　存三卷(一至三)

360000－1901－0018536　801734
孟子集注七卷　(宋)朱熹撰　清兩儀堂刻本　一册　存一卷(一)

360000－1901－0018537　901774－9
孟子集注七卷　(宋)朱熹撰　清兩儀堂刻本　一册　存二卷(四至五)

360000－1901－0018538　901774－5
孟子集注七卷　(宋)朱熹撰　清洛誦軒刻本　一册　存三卷(一至三)

360000－1901－0018539　900774
孟子集注七卷　(宋)朱熹撰　清末鉛印本　一册　存三卷(一至三)

360000－1901－0018540　403037
孟子集注七卷　(宋)朱熹撰　清乾隆四十四年(1779)徽婺集道堂刻監本四書本　三册

360000－1901－0018541　403429－6
孟子集注七卷　(宋)朱熹撰　清日升書莊刻本　二册　存二卷(五、七)

360000－1901－0018542　800093
孟子集注七卷　(宋)朱熹撰　清日升書莊刻本　二册　存二卷(四、六)

360000－1901－0018543　802298
孟子集注七卷　(宋)朱熹撰　清茹古山房刻四書集注本　二册　存四卷(四至七)

360000－1901－0018544　800088

孟子集注七卷　(宋)朱熹撰　清三友堂刻本　一冊　存二卷(六至七)

360000－1901－0018545　801730

孟子集注七卷　(宋)朱熹撰　清掃葉山房刻本　一冊　存二卷(六至七)

360000－1901－0018546　403424－4

孟子集注七卷　(宋)朱熹撰　清掃葉山房刻四書集注本　一冊　存二卷(四至五)

360000－1901－0018547　403429－3

孟子集注七卷　(宋)朱熹撰　清慎詒堂刻四書集注本　二冊　存五卷(一至三、六至七)

360000－1901－0018548　403429－4

孟子集注七卷　(宋)朱熹撰　清慎詒堂刻四書集注本　二冊　存五卷(一至三、六至七)

360000－1901－0018549　403429－5

孟子集注七卷　(宋)朱熹撰　清慎詒堂刻四書集注本　一冊　存三卷(一至三)

360000－1901－0018550　601315

孟子集注七卷　(宋)朱熹撰　清慎詒堂刻四書集注本　五冊　存五卷(一、三、五至七)

360000－1901－0018551　722050

孟子集注七卷　(宋)朱熹撰　清慎詒堂刻四書集注本　一冊　存二卷(六至七)

360000－1901－0018552　403027－1

孟子集注七卷　(宋)朱熹撰　清天祿閣刻本　一冊　存二卷(四至五)

360000－1901－0018553　801733

孟子集注七卷　(宋)朱熹撰　清文奎堂刻本　一冊　存三卷(一至三)

360000－1901－0018554　901774－2

孟子集注七卷　(宋)朱熹撰　清文星堂刻本　一冊　存三卷(一至三)

360000－1901－0018555　800086

孟子集注七卷　(宋)朱熹撰　清小西山房刻本　一冊　存二卷(六至七)

360000－1901－0018556　403424－2

孟子集注七卷　(宋)朱熹撰　清宣統二年(1910)上海章福記書局石印本　一冊　存三卷(一至三)

360000－1901－0018557　801727－1

孟子集注七卷　(宋)朱熹撰　清學餘堂刻本　一冊　存二卷(六至七)

360000－1901－0018558　900754

孟子集注七卷　(宋)朱熹撰　清延古樓黃雲景刻本　一冊　存二卷(六至七)

360000－1901－0018559　901774－4

孟子集注七卷　(宋)朱熹撰　清延古樓刻本　一冊　存三卷(一至三)

360000－1901－0018560　403454

孟子集注七卷　(宋)朱熹撰　清一經堂刻本　三冊

360000－1901－0018561　403455

孟子集注七卷　(宋)朱熹撰　清一經堂刻本　三冊

360000－1901－0018562　403456

孟子集注七卷　(宋)朱熹撰　清一經堂刻本　三冊

360000－1901－0018563　403424－3

孟子集注七卷　(宋)朱熹撰　清知稼堂刻本　一冊　存二卷(四至五)

360000－1901－0018564　403424－1

孟子集注七卷　(宋)朱熹撰　清自怡軒刻本　二冊　存三卷(二至四)

360000－1901－0018565　800094

孟子集注七卷　(宋)朱熹撰　清遵訓堂刻本　二冊　存二卷(二、四)

360000－1901－0018566　801731

孟子集注十四卷　(宋)朱熹撰　清刻本　一冊　存二卷(十三至十四)

360000－1901－0018567　403453

孟子講義二卷　夏震武撰　清刻本　一冊　存一卷(二)

360000－1901－0018568　160486

孟子篇敘七卷　(清)姜兆翀撰　清嘉慶五年(1800)漱芳書塾刻本　二冊

360000－1901－0018569　120827

孟子七卷　(宋)朱熹集注　清愷元堂刻朱墨套印本　三冊

360000－1901－0018570　160480

孟子師說七卷　(清)黄宗羲撰　清光緒八年(1882)慈溪醉經閣刻本　二冊

360000－1901－0018571　210310

孟子通十四卷　(元)胡炳文撰　清康熙納蘭成德刻通志堂經解本　四冊

360000－1901－0018572　403464

孟子文解七卷　(清)路傳孔撰　(清)孫連捷删定　清刻本　二冊　存三卷(五至七)

360000－1901－0018573　403463

孟子文評不分卷　(清)趙承謨評點　清末上海交通圖書館鉛印本　四冊

360000－1901－0018574　601321

孟子要略五卷附錄一卷　(宋)朱熹撰　(清)劉傳瑩輯　(清)曾國藩按　清光緒二十八年(1902)廣雅書局刻本　一冊　存五卷(孟子要略五卷)

360000－1901－0018575　409249

孟子要略五卷附錄一卷　(宋)朱熹撰　(清)劉傳瑩輯　(清)曾國藩按　清同治十三年(1874)傳忠書局刻曾文正公全集本　一冊

360000－1901－0018576　409249－1

孟子要略五卷附錄一卷　(宋)朱熹撰　(清)劉傳瑩輯　(清)曾國藩按　清同治十三年(1874)傳忠書局刻曾文正公全集本　一冊

360000－1901－0018577　160478

孟子音義二卷　(宋)孫奭撰　清抱經堂刻本　一冊

360000－1901－0018578　160485

孟子趙注補正六卷附孟子劉注一卷　(清)宋翔鳳撰　清廣雅書局刻本　一冊

360000－1901－0018579　160484

孟子趙注考證一卷　(清)桂文燦撰　清光緒十九年(1893)刻本　一冊

360000－1901－0018580　405864

孟子正義三十卷　(清)焦循撰　清末石印本　三冊　存十四卷(一至四、十六至二十、二十六至三十)

360000－1901－0018581　405865

孟子正義三十卷首一卷　(清)焦循撰　清末石印本　三冊　存十六卷(一至五、十六至二十、二十六至三十,首一卷)

360000－1901－0018582　601320

孟子注疏解經十四卷　(漢)趙岐注　(宋)孫奭疏　清嘉慶二十一年(1816)刻本　一冊　存三卷(十一下、十二上下、十三上)

360000－1901－0018583　403497－1

孟子注疏解經十四卷　(漢)趙岐注　(宋)孫奭疏　清刻本　二冊　存六卷(八至十上、十二下至十四)

360000－1901－0018584　160483

孟子注疏解經十四卷　(漢)趙岐注　(宋)孫奭疏　清四友堂刻本　六冊

360000－1901－0018585　403497

孟子注疏解經十四卷　(漢)趙岐注　(宋)孫奭疏　清四友堂刻本　一冊　存二卷(一至二)

360000－1901－0018586　403498

孟子注疏解經十四卷　(漢)趙岐注　(宋)孫奭疏　**附校勘記十四卷**　(清)阮元撰　(清)盧宣旬摘錄　清嘉慶二十年(1815)江西南昌府學刻重刊宋本十三經注疏本　六冊

360000－1901－0018587　160481

孟子注疏解經十四卷　(漢)趙岐注　(宋)孫奭疏　**附校勘記十四卷**　(清)阮元撰　(清)盧宣旬摘錄　清同治十二年(1873)江西書局刻重刊宋本十三經注疏本　七冊

360000－1901－0018588　805346

孟子注疏解經十四卷 （漢）趙岐注 （宋）孫奭疏 **附校勘記十四卷** （清）阮元撰 （清）盧宣旬摘錄 清同治十二年（1873）江西書局刻重刊宋本十三經注疏本 一冊 存二卷（一、校勘記一）

360000－1901－0018589 150044－1
孟子注疏十四卷 （漢）趙岐注 （宋）孫奭疏 清乾隆武英殿刻十三經注疏本 六冊

360000－1901－0018590 405095
夢筆生花三編八卷 （清）繆艮輯 清末石印本 二冊

360000－1901－0018591 802438
夢筆生花三編八卷 （清）繆艮輯 清末石印本 一冊 存四卷（五至八）

360000－1901－0018592 314148
夢筆生花四編三十二卷 （清）繆艮輯 清光緒二十年（1894）上海書局石印本 二冊

360000－1901－0018593 713737
夢禪詩話一卷 （清）龍鳳祥輯 清嘉慶刻本 一冊

360000－1901－0018594 405097
夢廠雜著十卷 （清）俞蛟撰 清刻本 二冊 存二卷（三、八）

360000－1901－0018595 316958
夢窗甲稿一卷乙稿一卷丙稿一卷丁稿一卷補遺一卷 （宋）吳文英撰 清咸豐十一年（1861）曼陀羅華閣刻本 二冊

360000－1901－0018596 306435－2
夢窗甲稿一卷乙稿一卷丙稿一卷丁稿一卷補遺一卷 （宋）吳文英撰 **附校勘夢窗詞劄記一卷** （清）王鵬運撰 清光緒二十五年（1899）臨桂王氏四印齋刻本 一冊

360000－1901－0018597 316934
夢窗甲稿一卷乙稿一卷丙稿一卷丁稿一卷補遺一卷 （宋）吳文英撰 **重校夢窗詞札記一卷** 朱祖謀撰 清光緒三十四年（1908）歸安朱氏刻本 二冊

360000－1901－0018598 404749
夢痕錄節鈔一卷 （清）汪輝祖撰 （清）何士祁輯 清刻本 一冊

360000－1901－0018599 404750
夢痕錄餘一卷（清嘉慶元年至十年） （清）汪輝祖撰 清刻本 一冊

360000－1901－0018600 163153
夢痕仙館詩鈔十卷 （清）張其淦撰 清光緒三十二年（1906）刻本 五冊

360000－1901－0018601 122091
夢虹奏議二卷首一卷 （明）鄧顯麒撰 清光緒二十三年（1897）新吳平安軒刻本 二冊

360000－1901－0018602 413345
夢虹奏議二卷首一卷 （明）鄧顯麒撰 清光緒二十三年（1897）新吳平安軒刻本 二冊

360000－1901－0018603 122092
夢虹奏議二卷首一卷 （明）鄧顯麒撰 清乾隆十六年（1751）新吳繡衣遞刻本 二冊

360000－1901－0018604 122093
夢虹奏議二卷首一卷 （明）鄧顯麒撰 清乾隆十六年（1751）新吳繡衣遞刻本 二冊

360000－1901－0018605 305924
夢華廬賦海三十卷 （清）夢華廬主人編 清光緒十八年（1892）上海鴻寶齋石印本 七冊 存二十八卷（一、四至三十）

360000－1901－0018606 800981
夢華廬賦海三十卷 （清）夢華廬主人編 清光緒十二年（1886）上海點石齋石印本 六冊 存十八卷（一至八、十四至二十三）

360000－1901－0018607 800982
夢華廬賦海三十卷 （清）夢華廬主人編 清光緒十二年（1886）上海點石齋石印本 三冊 存十卷（二至六、九至十三）

360000－1901－0018608 800982－1
夢華廬賦海三十卷 （清）夢華廬主人編 清光緒十二年（1886）上海點石齋石印本 一冊 存三卷（四至六）

360000－1901－0018609　803148
夢華廬賦海三十卷　（清）夢華廬主人編　清末石印本　一册　存四卷（九至十二）

360000－1901－0018610　313132
夢幻居畫學簡明五卷續五卷首一卷　（清）鄭績撰　清同治三年至光緒元年（1864－1875）九曜聚賢堂刻本　六册

360000－1901－0018611　162808
夢迹圖一卷　（清）寶琳繪　清光緒元年（1875）上海點石齋石印本　一册

360000－1901－0018612　122095
夢蛟山人詩集五卷　（清）阮復祖撰　清道光四年（1824）刻本　一册

360000－1901－0018613　240617
夢蕉存稿四卷　（明）游潛撰　明嘉靖二十七年（1548）豐城游氏刻本　四册

360000－1901－0018614　241134
夢蓮館吟存三卷　（清）章服撰　稿本　清曾興仁題識　一册

360000－1901－0018615　410435
夢綠草堂詩鈔十二卷附鳳簫集二卷首一卷末一卷　（清）蔡壽祺撰　清咸豐七年（1857）刻本　五册　存十二卷（三至十二、鳳簫集二卷）

360000－1901－0018616　802779
夢綠草堂詩鈔十二卷附鳳簫集二卷首一卷末一卷　（清）蔡壽祺撰　清咸豐七年（1857）刻本　一册　存二卷（夢綠草堂詩鈔一至二）

360000－1901－0018617　122096
夢綠草堂詩鈔十二卷首一卷末一卷附錄一卷　（清）蔡壽祺撰　清咸豐七年（1857）瑯嬛別館刻本　六册

360000－1901－0018618　122097
夢綠草堂詩鈔十二卷首一卷末一卷附錄一卷　（清）蔡壽祺撰　清咸豐七年（1857）瑯嬛別館刻本　一册　存三卷（十二、末一卷、附錄一卷）

360000－1901－0018619　410436
夢綠草堂詩鈔續集十二卷　（清）蔡壽祺撰　清同治五年（1866）京師刻本　二册　存四卷（一至四）

360000－1901－0018620　410437
夢綠草堂詩鈔續集十二卷　（清）蔡壽祺撰　清同治五年（1866）京師刻本　二册　存四卷（一至四）

360000－1901－0018621　802128
夢梅軒詞草一卷詩草一卷　（清）鄧溱撰　稿本　一册

360000－1901－0018622　405099
夢橋詩草一卷　（清）宋廷撰　清刻本　一册

360000－1901－0018623　302734
夢松草堂詩稿二卷　（清）丁恩誥撰　清光緒二十年（1894）鉛印本　一册

360000－1901－0018624　220198
夢松軒訂正綱鑑玉衡七十二卷　（明）劉孔敬輯　明崇禎夢松軒刻本　二十四册

360000－1901－0018625　405100
夢甦齋詩集六卷附海上寓公草一卷　（清）江國霖撰　清咸豐十年（1860）刻本　二册

360000－1901－0018626　230338
夢溪筆談二十六卷補筆談三卷續筆談一卷　（宋）沈括撰　明崇禎四年（1631）嘉定馬元調刻清初印本　六册

360000－1901－0018627　302730
夢溪筆談二十六卷補筆談三卷續筆談一卷　（宋）沈括撰　清大關唐氏成都刻本　四册

360000－1901－0018628　411585
夢雪草堂讀易錄五卷　（清）郭楷輯　清嘉慶二十四年（1819）黔南楊芳刻本　五册

360000－1901－0018629　411586
夢雪草堂讀易錄五卷　（清）郭楷輯　清嘉慶二十四年（1819）黔南楊芳刻本　五册

360000－1901－0018630　122098
夢餘草不分卷　（清）勒深之撰　清光緒三十

一年(1905)刻本　一册

360000－1901－0018631　163152
夢玉詞一卷　(清)陳裴之撰　清道光四年(1824)刻本　一册

360000－1901－0018632　302726
夢園叢説内篇八卷　(清)方濬頤撰　清末上海申報館鉛印本　二册

360000－1901－0018633　405096
夢園叢説内篇八卷　(清)方濬頤撰　清末上海申報館鉛印本　一册　存四卷(五至八)

360000－1901－0018634　302733
夢園叢説外篇八卷　(清)方濬頤撰　清刻本　四册

360000－1901－0018635　405101
夢月巖詩集二十卷詩餘一卷　(清)吕履恒撰　清雍正刻本　一册　存五卷(十七至二十、詩餘一卷)

360000－1901－0018636　805462
迷津寶筏一卷　(清)五桐居士輯　清光緒二十六年(1900)刻本　一册

360000－1901－0018637　413238
麋園詩鈔一卷　(清)毛國翰撰　清光緒十六年(1890)長沙王氏刻本　一册

360000－1901－0018638　122874
彌山詩草不分卷　(清)涂家杰撰　清光緒二年(1876)涂氏家塾刻本　一册

360000－1901－0018639　417570
彌山詩草不分卷　(清)涂家杰撰　清光緒二年(1876)涂氏家塾刻本　一册

360000－1901－0018640　400904
米利堅志四卷　(日本)岡千仞撰　(日本)河野通之撰　清光緒二十二年(1896)新學書局刻西史彙函本　一册　存二卷(一至二)

360000－1901－0018641　417258
秘藏大六壬大全善本十三卷　(清)郭載騋編　清康熙刻本　十二册　存十二卷(一至五、七至十三)

360000－1901－0018642　417259
秘藏大六壬大全善本十三卷　(清)郭載騋編　清康熙刻本　十二册　存十二卷(一至三、五至十三)

360000－1901－0018643　305743
秘藏大六壬大全善本十三卷　(清)郭載騋編　清康熙四十三年(1704)刻本　二册　存五卷(一至五)

360000－1901－0018644　803448
秘傳跌打損傷看證歌訣不分卷　(□)□□輯　清抄本　一册

360000－1901－0018645　802806
秘傳痘疹切要不分卷　(□)□□輯　清抄本　一册

360000－1901－0018646　801818
秘傳方氏小兒纂要不分卷　(清)□□抄　清抄本　一册

360000－1901－0018647　900797
秘傳衡璣心法不分卷　(清)□□撰　清潘之奎抄本　一册

360000－1901－0018648　417010
秘傳花鏡六卷　(清)陳淏子輯　清聚盛堂刻本　二册

360000－1901－0018649　302741
秘傳花鏡六卷　(清)陳淏子輯　清刻本　六册

360000－1901－0018650　305243
秘傳花鏡六卷　(清)陳淏子輯　清刻本　三册　存四卷(三至六)

360000－1901－0018651　416996
秘傳花鏡六卷　(清)陳淏子輯　清刻本　二册

360000－1901－0018652　722348
秘傳花鏡六卷　(清)陳淏子輯　清刻本　一册　存一卷(三)

360000－1901－0018653　722349
秘傳花鏡六卷　(清)陳淏子輯　清刻本　一

册　存二卷(四至五)

360000－1901－0018654　800835
秘傳花鏡六卷　(清)陳淏子輯　清刻本　一册　存二卷(五至六)

360000－1901－0018655　800859
秘傳花鏡六卷　(清)陳淏子輯　清刻本　一册　存二卷(五至六)

360000－1901－0018656　800860
秘傳花鏡六卷　(清)陳淏子輯　清刻本　一册　存二卷(三至四)

360000－1901－0018657　800861
秘傳花鏡六卷　(清)陳淏子輯　清刻本　一册　存一卷(一)

360000－1901－0018658　800862
秘傳花鏡六卷　(清)陳淏子輯　清刻本　一册　存二卷(三至四)

360000－1901－0018659　800863
秘傳花鏡六卷　(清)陳淏子輯　清刻本　一册　存二卷(五至六)

360000－1901－0018660　801286
秘傳花鏡六卷　(清)陳淏子輯　清刻本　一册　存二卷(三至四)

360000－1901－0018661　801287
秘傳花鏡六卷　(清)陳淏子輯　清刻本　一册　存三卷(四至六)

360000－1901－0018662　801288
秘傳花鏡六卷　(清)陳淏子輯　清刻本　一册　存二卷(五至六)

360000－1901－0018663　801289
秘傳花鏡六卷　(清)陳淏子輯　清刻本　一册　存一卷(五)

360000－1901－0018664　804834
秘傳花鏡六卷　(清)陳淏子輯　清刻本　一册　存一卷(五)

360000－1901－0018665　804835
秘傳花鏡六卷　(清)陳淏子輯　清刻本　一册　存一卷(五)

360000－1901－0018666　900734
秘傳花鏡六卷　(清)陳淏子輯　清刻本　一册　存一卷(三)

360000－1901－0018667　900735
秘傳花鏡六卷　(清)陳淏子輯　清刻本　一册　存一卷(五)

360000－1901－0018668　900736
秘傳花鏡六卷　(清)陳淏子輯　清刻本　一册　存一卷(三)

360000－1901－0018669　900777
秘傳花鏡六卷　(清)陳淏子輯　清刻本　一册　存一卷(三)

360000－1901－0018670　901966
秘傳花鏡六卷　(清)陳淏子輯　清刻本　一册　存二卷(三至四)

360000－1901－0018671　801290
秘傳花鏡六卷　(清)陳淏子輯　清末石印本　一册　存一卷(四)

360000－1901－0018672　722347
秘傳花鏡六卷　(清)陳淏子輯　清芸生堂刻本　一册　存二卷(一至二)

360000－1901－0018673　800541
秘傳活幼全書八卷　(明)錢大用撰　(明)吳良翰校正　清抄本　一册　存一卷(一)

360000－1901－0018674　801426
秘傳夾竹梅花不分卷　(宋)吳景鸞撰　清抄本　一册

360000－1901－0018675　802136
秘傳經驗痘疹切要一卷　(明)旭齋氏輯　清朱達津抄本　一册

360000－1901－0018676　164937
秘傳麻症全書一卷　(清)楊鵬占撰　清光緒二十四年(1898)刻本　一册

360000－1901－0018677　162573
秘傳男女小兒科推拿秘訣不分卷　(明)周于

蕃撰　清康熙二十四年(1685)文奎堂刻本　一册

360000－1901－0018678　803577
秘傳四課神書仙機水法不分卷　(清)董德彰輯　清嘉慶十七年(1812)董茂廷抄本　一册

360000－1901－0018679　230387
秘傳天祿閣寓言外史八卷　題(漢)黄憲撰　明隆慶四年(1570)沈松石留春書館刻本　三册　存六卷(一至六)

360000－1901－0018680　230388
秘傳天祿閣寓言外史八卷　題(漢)黄憲撰　明天啓六年(1626)刻本　四册

360000－1901－0018681　803748
秘傳萬法歸宗五卷　(唐)李淳風撰　清抄本　一册　存一卷(一)

360000－1901－0018682　408278
秘傳眼科龍木醫書總論十卷附葆光道人秘傳眼科龍木論一卷　(明)葆光道人撰　清大文堂刻本　二册

360000－1901－0018683　408278－1
秘傳眼科龍木醫書總論十卷附葆光道人秘傳眼科龍木論一卷　(明)葆光道人撰　清刻本　一册　存三卷(二至四)

360000－1901－0018684　803438
秘傳洋痘總要不分卷　(□)□□輯　清抄本　一册

360000－1901－0018685　801807
秘傳症名丹方一卷　(清)□□輯　清抄本　一册

360000－1901－0018686　800184
秘傳證治要訣十二卷　(清)戴思恭撰　清抄本　一册　存九卷(一至九)

360000－1901－0018687　900980
秘傳證治要訣十二卷　(清)戴思恭撰　清刻本　一册　存四卷(五至八)

360000－1901－0018688　164810
秘傳證治要訣十二卷　(清)戴思恭撰　**活法機要一卷**　(元)朱震亨撰　(明)吴中珩校　清二酉堂刻本　四册

360000－1901－0018689　301356
秘國條約不分卷　(清)□□撰　清光緒元年(1875)徐兆麟刻本　一册

360000－1901－0018690　804252
秘訣元機十二集　(清)□□撰　清刻本　一册　存一集(子)

360000－1901－0018691　802727
秘錄編輯襍病心法要訣不分卷　(清)□□輯　清抄本　一册

360000－1901－0018692　408355
秘錄痘疹全集十五卷秘錄雜症痘疹藥性主治合參十二卷首一卷　(清)馮兆張撰　清刻本　一册　存二卷(十四至十五)

360000－1901－0018693　417205
秘授命理須知滴天髓二卷　(□)京圖撰　(明)劉基注　清道光四年(1824)湖邊程氏百二漢鏡齋刻百二漢鏡齋祕書本　一册

360000－1901－0018694　417205－1
秘授命理須知滴天髓二卷　(□)京圖撰　(明)劉基注　清道光四年(1824)湖邊程氏百二漢鏡齋刻百二漢鏡齋祕書本　一册

360000－1901－0018695　413454
秘書集十卷　沈同芳撰　清宣統三年(1911)中國圖書公司鉛印本　二册

360000－1901－0018696　416249
秘書九種　(明)鍾惺輯　明刻本　一册　存二種

360000－1901－0018697　401326
秘書廿八種　(清)汪士漢輯　清道光二十六年(1846)刻本　七册　存十四種

360000－1901－0018698　401327
秘書廿八種　(清)汪士漢輯　清嘉慶十六年(1811)令德堂刻本　十册　存二十三種

360000－1901－0018699　401322
秘書廿八種　(清)汪士漢輯　清刻本　二册

存六種

360000－1901－0018700　800674
秘書廿八種　(清)汪士漢輯　清刻本　一冊　存四種

360000－1901－0018701　150275
秘書廿八種　(清)汪士漢輯　清文華樓刻本　十六冊

360000－1901－0018702　401318
秘書廿一種　(清)汪士漢輯　清嘉慶九年(1804)姑蘇聚文堂刻本　十二冊

360000－1901－0018703　401317
秘書廿一種　(清)汪士漢輯　清嘉慶六年(1801)令德堂刻本　八冊　存十一種

360000－1901－0018704　162075
秘書廿一種　(清)汪士漢輯　清康熙七年(1668)新安汪氏據古今逸史刊版重編印本　一冊　存二種

360000－1901－0018705　162076
秘書廿一種　(清)汪士漢輯　清康熙七年(1668)新安汪氏據古今逸史刊版重編印本　一冊　存二種

360000－1901－0018706　250169
秘書廿一種　(清)汪士漢輯　清康熙七年(1668)新安汪氏據古今逸史刊版重編印本　十二冊

360000－1901－0018707　301430
秘書廿一種　(清)汪士漢輯　清康熙七年(1668)新安汪氏據古今逸史刊版重編印本　一冊　存二種

360000－1901－0018708　401313
秘書廿一種　(清)汪士漢輯　清康熙七年(1668)新安汪氏據古今逸史刊版重編印本　六冊　存十二種

360000－1901－0018709　401314
秘書廿一種　(清)汪士漢輯　清康熙七年(1668)新安汪氏據古今逸史刊版重編印本　一冊　存八種

360000－1901－0018710　401315
秘書廿一種　(清)汪士漢輯　清康熙七年(1668)新安汪氏據古今逸史刊版重編印本　三冊　存六種

360000－1901－0018711　413074
秘書廿一種　(清)汪士漢輯　清康熙七年(1668)新安汪氏據古今逸史刊版重編印本　八冊　存四種

360000－1901－0018712　401319
秘書廿一種　(清)汪士漢輯　清刻本　三冊　存七種

360000－1901－0018713　401320
秘書廿一種　(清)汪士漢輯　清刻本　四冊　存六種

360000－1901－0018714　401321
秘書廿一種　(清)汪士漢輯　清刻本　四冊　存五種

360000－1901－0018715　401323
秘書廿一種　(清)汪士漢輯　清刻本　一冊　存四種

360000－1901－0018716　401324
秘書廿一種　(清)汪士漢輯　清刻本　二冊　存三種

360000－1901－0018717　401325－3
秘書廿一種　(清)汪士漢輯　清刻本　一冊　存三種

360000－1901－0018718　401325－4
秘書廿一種　(清)汪士漢輯　清刻本　一冊　存三種

360000－1901－0018719　401325－5
秘書廿一種　(清)汪士漢輯　清刻本　一冊　存三種

360000－1901－0018720　401325－6
秘書廿一種　(清)汪士漢輯　清刻本　一冊　存二種

360000－1901－0018721　405346
秘書廿一種　(清)汪士漢輯　清刻本　一冊

存二種

360000－1901－0018722　421266
秘書廿一種　(清)汪士漢輯　清刻本　一冊　存三種

360000－1901－0018723　603194
秘書廿一種　(清)汪士漢輯　清刻本　一冊　存二種

360000－1901－0018724　603455
秘書廿一種　(清)汪士漢輯　清刻本　一冊　存五種

360000－1901－0018725　801506
秘書廿一種　(清)汪士漢輯　清刻本　一冊　存二種

360000－1901－0018726　803144
秘書廿一種　(清)汪士漢輯　清刻本　三冊　存二種

360000－1901－0018727　401316
秘書廿一種　(清)汪士漢輯　清乾隆七年(1742)新安汪氏補刻本　三冊　存四種

360000－1901－0018728　150274
秘書廿一種　(清)汪士漢輯　清乾隆七年(1742)新安汪氏補刻文盛堂印本　九冊　存十六種

360000－1901－0018729　301788
蜜梅花館詩錄一卷文錄一卷　(清)焦廷琥撰　**雕菰樓集二十四卷**　(清)焦循撰　清道光四年(1824)揚州阮福刻本　一冊　存二卷(蜜梅花館詩錄一卷、文錄一卷)

360000－1901－0018730　416457
棉書一卷　(清)□□輯　清末刻本　一冊

360000－1901－0018731　722496
棉書一卷　(清)□□輯　清末刻本　一冊

360000－1901－0018732　421851
棉陽學準五卷　(清)藍鼎元撰　清刻本　一冊

360000－1901－0018733　421852
棉陽學準五卷　(清)藍鼎元撰　清刻本　一冊　存一卷(一)

360000－1901－0018734　303063
棉陽學準五卷　(清)藍鼎元撰　清同治四年(1865)廣東羊城緯文堂刻鹿洲全集本　二冊

360000－1901－0018735　240872
綿津山人詩集　(清)宋犖撰　清康熙四十七年(1708)刻本　十六冊

360000－1901－0018736　240873
綿津山人詩集二十九卷楓香詞一卷漫堂說詩一卷　(清)宋犖撰　清康熙刻本　四冊

360000－1901－0018737　240874
綿津山人詩集二十九卷楓香詞一卷漫堂說詩一卷　(清)宋犖撰　清康熙刻本　四冊

360000－1901－0018738　902439
綿津山人詩集二十九卷楓香詞一卷漫堂說詩一卷　(清)宋犖撰　清刻本　一冊　存封面

360000－1901－0018739　240875
綿津山人詩集三十一卷楓香詞一卷漫堂說詩一卷　(清)宋犖撰　清康熙刻本　四冊

360000－1901－0018740　164010
眄柯軒稿四卷　(清)顧之荾撰　清嘉慶二年(1797)刻本　一冊　存二卷(一至二)

360000－1901－0018741　301379
勉行堂詩集二十四卷　(清)程晉芳撰　(清)程瀚輯　清嘉慶二十三年(1818)刻本　八冊

360000－1901－0018742　415039
勉戒切要錄十卷首一卷末一卷　(清)孫廷鍔編　清道光三年(1823)刻本　六冊

360000－1901－0018743　416646
勉戒切要錄十卷首一卷末一卷　(清)孫廷鍔編　清道光五年(1825)刻本　五冊　存十卷(一至二、五至十,首一卷,末一卷)

360000－1901－0018744　162497
勉學堂針灸集成四卷　(清)廖潤鴻輯　清光緒五年(1879)文寶堂刻本　四冊

360000－1901－0018745　316159
勉益齋偶存稿八卷續存稿十六卷　(清)裕謙撰　清光緒二年(1876)勉益齋刻本　二十册　缺四卷(續存稿一至四)

360000－1901－0018746　411456
勉齋纂序周易廣義六卷　(清)潘元懋輯　清康熙十二年(1673)刻本　六册

360000－1901－0018747　411457
勉齋纂序周易廣義六卷　(清)潘元懋輯　清康熙十二年(1673)刻本　三册　存二卷(三、五)

360000－1901－0018748　160634
勉齋纂序周易廣義六卷　(清)潘元懋輯　清刻本　一册　存一卷(二)

360000－1901－0018749　301266
緬述一卷　(清)彭崧毓撰　清道光二十八年(1848)刻本　一册

360000－1901－0018750　121206
苗疆聞見錄一卷　(清)徐家榦撰　清光緒四年(1878)刻本　一册

360000－1901－0018751　160786
苗氏説文四種　(清)苗夔撰　清道光、咸豐壽陽祁氏漢專亭刻本　六册

360000－1901－0018752　163279
邈雲草一卷續草一卷　(清)楊鸞撰　清刻本　一册

360000－1901－0018753　405500
邈雲四編一卷　(清)楊鸞撰　清乾隆三十五年(1770)刻本　一册

360000－1901－0018754　305527
妙法蓮華經大成九卷　(後秦)釋鳩摩羅什譯　(清)釋大義輯　清王爾榮刻本　九册

360000－1901－0018755　406733
妙法蓮華經大成提綱一卷懸談一卷經題一卷弘傳序一卷　(清)釋大義輯　清康熙三十四年(1695)刻本　一册

360000－1901－0018756　309356
妙法蓮華經七卷　(後秦)釋鳩摩羅什譯　清同治十年(1871)金陵刻經處刻本　三册

360000－1901－0018757　308041
妙法蓮華經通義二十卷　(明)釋德清撰　清光緒三十四年(1908)金陵刻經處刻本　五册

360000－1901－0018758　310121
妙法蓮華經文句記三十卷　(唐)釋湛然輯　清光緒七年(1881)姑蘇刻經處刻本　三十册

360000－1901－0018759　802162－1
妙法聖念處經八卷　(宋)釋法天譯　明刻永樂南藏本　一册　存二卷(五至六)

360000－1901－0018760　120741
妙貫堂餘譚六卷　(清)裘君弘撰　清刻本　三册

360000－1901－0018761　120742
妙貫堂餘譚六卷　(清)裘君弘撰　清刻本　三册

360000－1901－0018762　315570
妙香館百壽印譜一卷　(□)□□篆　清鈐印本　一册

360000－1901－0018763　404761－4
妙香館詠物全韻一卷　(清)銘岳撰　清道光十三年(1833)刻本　一册

360000－1901－0018764　900474
妙香齋制藝一卷　(清)楊長年撰　清光緒二年(1876)刻本　一册

360000－1901－0018765　412550
繆篆分韻五卷補一卷　(清)桂馥撰　清嘉慶元年(1796)刻本　三册

360000－1901－0018766　240636
蠛蠓集五卷　(明)盧柟撰　明萬曆三十年(1602)濬縣張其忠刻本　十册

360000－1901－0018767　303391
蠛蠓集五卷　(明)盧柟撰　清光緒二十年(1894)刻本　六册

360000－1901－0018768　401860

民教相安議一卷 （美國）李佳白撰 清光緒二十二年(1896)尚賢堂刻本 一冊

360000－1901－0018769 163831
民立畫報不分卷 （清）民立畫報館編 清宣統三年(1911)石印本 一冊

360000－1901－0018770 420099
岷峩攬勝編一卷 （清）夏子鍚輯 清同治十二年(1873)刻本 四冊

360000－1901－0018771 420100
岷峩攬勝編一卷 （清）夏子鍚輯 清同治十二年(1873)刻本 四冊

360000－1901－0018772 416689
敏果齋七種 （清）許乃釗輯 清道光十二年至二十九年(1832－1849)錢塘許氏刻彙印本 八冊 存五種

360000－1901－0018773 805144
敏果齋七種 （清）許乃釗輯 清刻本 一冊 存四種

360000－1901－0018774 408977
敏求軒精選良方不分卷 （清）陳筱林選訂 清抄本 一冊

360000－1901－0018775 900585
敏齋公遺命勸學公田條規不分卷 （清）□森英輯 清同治刻本 一冊

360000－1901－0018776 120423
閩本四書十九卷 （宋）朱熹集注 清道光四年(1824)漁古山房刻本 六冊

360000－1901－0018777 404746
閩海律賦同音四卷 （清）黄漢章編 清刻本 一冊 存二卷(一至二)

360000－1901－0018778 306584
閩中十才子詩三十卷 （明）袁表 （明）馬熒輯 清光緒十二年(1886)侯官郭氏沁泉山館刻本 七冊 存二十五卷(林鴻詩一至五、陳亮詩一至四、高棅詩一至五、王恭詩一至五、唐泰詩一、鄭定詩一、王偁詩一至四)

360000－1901－0018779 301591
名法指掌二卷 （清）沈辛田輯 清同治七年(1868)文寶堂刻本 四冊

360000－1901－0018780 161684
名法指掌新例增訂四卷 （清）沈辛田撰 （清）鈕大煒增訂 清道光四年(1824)刻本 四冊

360000－1901－0018781 417044
名法指掌新例增訂四卷 （清）沈辛田撰 （清）鈕大煒增訂 清刻本 三冊 存三卷(二至四)

360000－1901－0018782 406455
名法指掌新纂四卷 （清）黄魯溪輯 清道光十八年(1838)刻本 四冊

360000－1901－0018783 406455－1
名法指掌新纂四卷 （清）黄魯溪輯 清道光十八年(1838)刻本 一冊 存一卷(三)

360000－1901－0018784 301597
名法指掌新纂四卷 （清）黄魯溪輯 清道光十年(1830)刻本 四冊

360000－1901－0018785 406450
名法指掌增訂二卷 （清）沈辛田輯 清嘉慶九年(1804)積秀堂刻本 二冊

360000－1901－0018786 406454－1
名法指掌增訂二卷 （清）沈辛田輯 清刻本 一冊

360000－1901－0018787 406451
名法指掌增訂二卷附刻便覽一卷 （清）沈辛田輯 清道光十六年(1836)經元升刻本 四冊

360000－1901－0018788 406452
名法指掌增訂二卷附刻便覽一卷 （清）沈辛田輯 清道光十六年(1836)經元升刻本 三冊

360000－1901－0018789 418441
名法指掌增訂二卷附刻便覽一卷 （清）沈辛田輯 清道光十六年(1836)經元升刻本 四冊

360000－1901－0018790　406454
名法指掌增訂二卷附刻便覽一卷　(清)沈辛田輯　清乾隆八年(1743)刻本　一冊

360000－1901－0018791　406453
名法指掌增訂二卷附刻便覽一卷　(清)沈辛田輯　清同德堂刻本　四冊

360000－1901－0018792　411020
名花堂錄不分卷　(清)□□撰　清道光二十九年(1849)刻本　一冊

360000－1901－0018793　411020－1
名花堂錄不分卷　(清)□□撰　清道光二十九年(1849)刻本　一冊

360000－1901－0018794　161480
名家詞鈔三十卷　(清)聶先　(清)曾王孫編　清刻本　四冊　存七卷(南溪詞、衍波詞、百末詞、扶荔詞、二鄉詞、青城詞、秋閒詞)

360000－1901－0018795　803724
名家詞選不分卷　(清)□□輯　清抄本　一冊

360000－1901－0018796　804116
名例□□卷　(□)□□輯　清刻本　一冊　存二卷(五至六)

360000－1901－0018797　804117
名例□□卷　(□)□□輯　清刻本　一冊　存二卷(三至四)

360000－1901－0018798　804118
名例□□卷　(□)□□輯　清刻本　一冊　存一卷(二)

360000－1901－0018799　410725
名聯彙選不分卷　(清)□□輯　清刻本　一冊

360000－1901－0018800　409582
名人尺牘墨寶六卷　(清)文明書局輯　清宣統二年(1910)石印本　一冊　存一卷(四)

360000－1901－0018801　301596
名人尺牘小品四卷　(清)王元勳　(清)程化騄輯　清光緒七年(1881)常熟抱芳閣刻本　四冊

360000－1901－0018802　305334
名人詩選□□卷續刻□□卷　(清)□□輯　清刻本　一冊　存六卷(六至十、續刻一)

360000－1901－0018803　230584
名人圖卷題跋不分卷　(宋)曹緯等撰　清康熙抄本　一冊

360000－1901－0018804　718289
名山藏一百九卷　(明)何喬遠輯　明崇禎刻本　三冊　存十二卷(錢法記一卷、兵制記一卷、馬政記一卷、茶馬記一卷、鹽法記一卷、藝妙記一卷、貨殖記一卷、方技記一卷、方外記二卷、儒林記一卷、文苑記一卷)

360000－1901－0018805　801135
名山勝槩記四十六卷圖一卷　(明)何鏜輯　(明)慎蒙續輯　(清)張縉彥等補輯　明刻本　一冊　存二卷(四十三至四十四)

360000－1901－0018806　220732
名山諸勝一覽記十六卷　(明)慎蒙輯　明萬曆四年(1576)刻本　一冊　存一卷(五)

360000－1901－0018807　405750
名世文宗三十卷　(明)胡時化輯　明刻本　一冊　存一卷(二十九)

360000－1901－0018808　411019
名文前選六卷　(清)李光地輯　清道光十年(1830)安溪李志萃等刻本　六冊

360000－1901－0018809　600329－1
名文前選六卷　(清)李光地輯　清刻榕村全書本　三冊

360000－1901－0018810　411021
名文前選摘鈔不分卷　(清)□□輯　清抄本　一冊

360000－1901－0018811　421710
名文珠璣十三卷首一卷　(明)焦竑輯　明刻本　一冊　存一卷(首一卷)

360000－1901－0018812　162796
名賢手劄墨蹟不分卷　(清)郭慶藩輯　清光

緒十年(1884)上海書坊石印本　四冊

360000－1901－0018813　162797
名賢手劄墨蹟不分卷　(清)郭慶藩輯　清光緒十年(1884)上海書坊石印本　四冊

360000－1901－0018814　162798
名賢手劄墨蹟不分卷　(清)郭慶藩輯　清光緒十年(1884)上海書坊石印本　四冊

360000－1901－0018815　301590
名賢手劄墨蹟不分卷　(清)郭慶藩輯　清光緒十年(1884)湘陰郭氏岵瞻堂刻本　二冊

360000－1901－0018816　413428
名賢手劄墨蹟不分卷　(清)郭慶藩輯　清光緒十年(1884)湘陰郭氏岵瞻堂刻本　一冊

360000－1901－0018817　413418
名賢手劄墨蹟不分卷　(清)郭慶藩輯　清光緒十一年(1885)上海點石齋石印本　二冊

360000－1901－0018818　413419
名賢手劄墨蹟不分卷　(清)郭慶藩輯　清光緒十一年(1885)上海點石齋石印本　二冊

360000－1901－0018819　404444
名學不分卷　(英國)穆勒約翰撰　嚴復譯　清光緒二十八年(1902)金粟齋鉛印本　一冊

360000－1901－0018820　420576
名醫方論四卷　(清)羅美　(清)柯琴輯並評　清金閶步月樓刻本　二冊

360000－1901－0018821　420577
名醫方論四卷　(清)羅美　(清)柯琴輯並評　清康熙刻本　一冊　存三卷(二至四)

360000－1901－0018822　420582
名醫類案十二卷　(明)江瓘輯　清乾隆三十五年(1770)鮑廷博知不足齋刻本　四冊　存四卷(一至三、九)

360000－1901－0018823　420583
名醫類案十二卷　(明)江瓘輯　清乾隆三十五年(1770)鮑廷博知不足齋刻本　五冊　存七卷(一至三、六至九)

360000－1901－0018824　230286
名醫類案十二卷　(明)江瓘輯　清乾隆三十五年(1770)鮑廷博知不足齋刻本　十二冊

360000－1901－0018825　410635
名原二卷　(清)孫詒讓撰　清光緒三十一年(1905)刻本　一冊

360000－1901－0018826　241221
名媛詩歸三十六卷　(明)鍾惺輯　明刻本　八冊　缺六卷(十六至二十一)

360000－1901－0018827　401448
明本釋三卷　(宋)劉荀撰　清同治十三年(1874)江西書局刻武英殿聚珍版書本　三冊

360000－1901－0018828　313767
明辨錄一卷　(清)羅紹元　(清)汪祖翼編　清光緒刻本　一冊

360000－1901－0018829　800358
明表□□卷　(□)□□輯　清抄本　一冊　存一卷(上)

360000－1901－0018830　400248
明朝紀事本末八十卷　(清)谷應泰撰　清刻本　十冊　存四十三卷(十五至十八、二十三至二十八、三十三至四十八、五十一至五十三、六十一至六十七、七十二至七十五、七十八至八十)

360000－1901－0018831　400248－1
明朝紀事本末八十卷　(清)谷應泰撰　清刻本　四冊　存十五卷(一至八、十五至十八、七十五至七十七)

360000－1901－0018832　313254
明朝紀事本末八十卷　(清)谷應泰撰　清順治十五年(1658)刻本　二十冊

360000－1901－0018833　400246
明朝紀事本末八十卷　(清)谷應泰撰　清順治十五年(1658)刻本　十五冊　存七十五卷(一至九、十四至十六、十八至八十)

360000－1901－0018834　400247
明朝紀事本末八十卷　(清)谷應泰撰　清順

治十五年(1658)刻本　十六册　存六十四卷(十七至八十)

360000－1901－0018835　603335
明詞綜十二卷　(清)王昶輯　清嘉慶七年(1802)刻本　一册　存六卷(一至六)

360000－1901－0018836　405770
明詞綜十二卷　(清)王昶輯　清刻本　一册　存五卷(八至十二)

360000－1901－0018837　315819
明詞綜十二卷　(清)王昶輯　清同治四年(1865)刻本　二册

360000－1901－0018838　308308
明大司馬盧公集十二卷首一卷　(明)盧象昇撰　清刻本　五册　存六卷(三至八)

360000－1901－0018839　301197
明大司馬盧公奏議十卷首一卷　(明)盧象昇撰　清道光九年(1829)刻本　六册

360000－1901－0018840　402072
明大司馬盧公奏議十卷首一卷　(明)盧象昇撰　清道光九年(1829)刻本　六册

360000－1901－0018841　402073
明大司馬盧公奏議十卷首一卷　(明)盧象昇撰　清道光九年(1829)刻本　四册　存五卷(一至二、六至八)

360000－1901－0018842　402071
明大司馬盧公奏議十卷首一卷文集一卷詩集一卷　(明)盧象昇撰　清光緒元年(1875)施惠刻本　八册

360000－1901－0018843　805177
明代時文不分卷　(清)劉希叔輯　清抄本　二册

360000－1901－0018844　405235
明道先生文集五卷　(宋)程顥撰　清刻本　一册

360000－1901－0018845　160532
明道易經十二卷　(清)敦厚老人注　清刻本　一册　存二卷(九至十)

360000－1901－0018846　240653
明德詩集不分卷　(明)羅汝芳撰　(明)左宗郢選　清抄本　一册

360000－1901－0018847　804799
明德新民編□□卷　(□)□□輯　清刻本　一册　存一卷(二)

360000－1901－0018848　717811
明宮詞一卷　(清)程嗣章撰　清宣統三年(1911)掃葉山房石印本　一册

360000－1901－0018849　303788
明宮史八卷　(明)劉若愚撰　清宣統二年(1910)國學扶輪社鉛印本　二册

360000－1901－0018850　401447
明貢舉考略二卷　(清)黃崇蘭輯　清道光二十年(1840)刻本　二册

360000－1901－0018851　120889
明會要八十卷　(清)龍文彬撰　清光緒十三年(1887)永懷堂刻本　二十册

360000－1901－0018852　120890
明會要八十卷　(清)龍文彬撰　清光緒十三年(1887)永懷堂刻本　二十册

360000－1901－0018853　120891
明會要八十卷　(清)龍文彬撰　清光緒十三年(1887)永懷堂刻本　二十册

360000－1901－0018854　401440
明會要八十卷　(清)龍文彬撰　清光緒十三年(1887)永懷堂刻本　二十册

360000－1901－0018855　401441
明會要八十卷　(清)龍文彬撰　清光緒十三年(1887)永懷堂刻本　十三册　存四十八卷(一至三、九至十二、二十八至四十九、五十四至六十三、七十二至八十)

360000－1901－0018856　601331
明會要八十卷　(清)龍文彬撰　清光緒十三年(1887)永懷堂刻本　二十一册

360000－1901－0018857　601332
明會要八十卷　(清)龍文彬撰　清光緒十三

年(1887)永懷堂刻本　二十一冊

360000－1901－0018858　601333
明會要八十卷　(清)龍文彬撰　清光緒十三年(1887)永懷堂刻本　十七冊　存六十七卷(四至十七、二十三至四十五、五十一至八十)

360000－1901－0018859　601334
明會要八十卷　(清)龍文彬撰　清光緒十三年(1887)永懷堂刻本　四冊　存二十三卷(四至二十二、六十四至六十七)

360000－1901－0018860　303781
明季稗史彙編　(清)留雲居士輯　清都城琉璃廠刻本　十冊

360000－1901－0018861　317399
明季稗史彙編　(清)留雲居士輯　清都城琉璃廠刻本　八冊　存十二種

360000－1901－0018862　410439
明季稗史彙編　(清)留雲居士輯　清光緒二十二年(1896)上海圖書集成印書局鉛印本　六冊

360000－1901－0018863　405561
明季稗史彙編　(清)留雲居士輯　清光緒刻本　一冊　存二種

360000－1901－0018864　405561－1
明季稗史彙編　(清)留雲居士輯　清光緒刻本　一冊　存二種

360000－1901－0018865　405561－2
明季稗史彙編　(清)留雲居士輯　清光緒刻本　一冊　存二種

360000－1901－0018866　303780
明季稗史彙編　(清)留雲居士輯　清刻本　六冊　存十一種

360000－1901－0018867　312122
明季稗史彙編　(清)留雲居士輯　清刻本　十六冊

360000－1901－0018868　400603
明季稗史彙編　(清)留雲居士輯　清刻本　一冊　存四種

360000－1901－0018869　410433
明季稗史彙編　(清)留雲居士輯　清刻本　十四冊

360000－1901－0018870　410434
明季稗史彙編　(清)留雲居士輯　清刻本　十一冊

360000－1901－0018871　421703
明季稗史彙編　(清)留雲居士輯　清刻本　一冊　存四種

360000－1901－0018872　220260
明季北略二十四卷　(清)計六奇撰　清都城琉璃廠半松居士木活字印本　十六冊

360000－1901－0018873　220261
明季北略二十四卷　(清)計六奇撰　清都城琉璃廠半松居士木活字印本　十冊

360000－1901－0018874　220262
明季北略二十四卷　(清)計六奇撰　清都城琉璃廠半松居士木活字印本　佚名批校　十冊

360000－1901－0018875　401445
明季北略二十四卷　(清)計六奇撰　清光緒十三年(1887)上海圖書集成印書局石印本　三冊　存十七卷(一至十七)

360000－1901－0018876　220257
明季北略二十四卷南略十八卷　(清)計六奇撰　清都城琉璃廠半松居士木活字印本　二十冊

360000－1901－0018877　220258
明季北略二十四卷南略十八卷　(清)計六奇撰　清都城琉璃廠半松居士木活字印本　二十四冊

360000－1901－0018878　220259
明季北略二十四卷南略十八卷　(清)計六奇撰　清都城琉璃廠半松居士木活字印本　二十冊

360000－1901－0018879　164863
婦科精蘊圖說五卷　(美國)妥瑪氏撰　(清)

孔慶高譯　清刻本　二冊　存二卷(四至五)

360000－1901－0018880　310487
明季南略十八卷　(清)計六奇撰　清刻本　十冊

360000－1901－0018881　161746
明季三朝野史四卷　(清)顧炎武輯　清光緒二十四年(1898)石印本　一冊

360000－1901－0018882　401446
明季三朝野史四卷　(清)顧炎武輯　清末石印本　一冊

360000－1901－0018883　800891
明紀編年十二卷　(明)鍾惺撰　(清)王汝南續補　清順治刻本　二冊　存四卷(九至十二)

360000－1901－0018884　307899
明紀六十卷　(清)陳鶴輯　清光緒十六年(1890)上海積山書局石印本　六冊

360000－1901－0018885　401450
明紀六十卷　(清)陳鶴輯　清光緒十六年(1890)上海積山書局石印本　六冊

360000－1901－0018886　401451
明紀六十卷　(清)陳鶴輯　清光緒十六年(1890)上海積山書局石印本　二冊　存十八卷(四十三至六十)

360000－1901－0018887　302156
明紀六十卷　(清)陳鶴輯　清同治十年(1871)江蘇書局刻本　二十冊

360000－1901－0018888　303787
明紀六十卷　(清)陳鶴輯　清同治十年(1871)江蘇書局刻本　二十冊

360000－1901－0018889　306507
明紀六十卷　(清)陳鶴輯　清同治十年(1871)江蘇書局刻本　一冊　存三卷(二十二至二十四)

360000－1901－0018890　408894
婦人良方二十四卷　(宋)陳自明撰　(明)薛己注　明金陵書林唐氏刻本　十五冊　存二十二卷(一、三、五至二十四)

360000－1901－0018891　310016
明紀六十卷　(清)陳鶴輯　清同治十年(1871)江蘇書局刻本　二十冊

360000－1901－0018892　310935
明紀六十卷　(清)陳鶴輯　清同治十年(1871)江蘇書局刻本　二十冊

360000－1901－0018893　401452
明紀六十卷　(清)陳鶴輯　清同治十年(1871)江蘇書局刻本　四冊

360000－1901－0018894　800390
明紀詩略旁注一卷　(清)□□撰　清抄本　一冊

360000－1901－0018895　120882
明紀事樂府四卷　(清)龍文彬撰　清光緒十一年(1885)永懷堂刻本　二冊

360000－1901－0018896　120883
明紀事樂府四卷　(清)龍文彬撰　清光緒十一年(1885)永懷堂刻本　二冊

360000－1901－0018897　120884
明紀事樂府四卷　(清)龍文彬撰　清光緒十一年(1885)永懷堂刻本　二冊

360000－1901－0018898　401449
明鑑會纂十五卷　(清)朱國標撰　清乾隆三十六年(1771)刻本　一冊　存二卷(一至二)

360000－1901－0018899　802147
明鑑易知錄十五卷　(清)吳乘權等輯　清魯記抄本　一冊　存一卷(一)

360000－1901－0018900　401439
明進士題名碑錄不分卷　(□)□□輯　清刻本　五冊　存洪武辛亥、洪武乙丑、洪武戊辰、洪武辛未、洪武甲戌、洪武丁丑、建文庚辰、永樂甲申、永樂丙戌、永樂辛卯、永樂壬辰、永樂乙未、永樂戊戌、永樂辛丑、永樂甲辰、成化丙戌、成化己丑、成化壬辰、成化乙未、成化戊戌、成化辛丑、成化甲辰、成化丁未、弘治庚戌、弘治癸丑、弘治丙辰、弘治己未、弘治壬戌、弘治乙丑、正德戊辰、正德辛未、正德甲戌、正德丁丑、正德辛巳、嘉靖癸未、嘉靖丙戌、嘉靖己丑、嘉靖壬辰、嘉靖乙未、嘉靖戊戌、嘉靖辛丑、嘉靖甲辰、嘉靖丁未、嘉靖庚戌、嘉靖癸丑、嘉靖丙辰、嘉靖己未、嘉靖壬戌、嘉靖乙丑、隆慶戊辰、隆慶辛未、萬曆甲戌、萬曆丁丑、萬曆庚辰、萬曆癸未、萬曆丙戌、萬曆己丑、萬曆壬辰、萬曆乙未、萬曆戊戌、萬曆辛丑、萬曆丁未、萬曆庚戌、萬曆癸丑、萬曆丙辰、萬曆己未

360000－1901－0018901　401439－1

明進士題名碑錄不分卷　(□)□□輯　清刻本　四册　存成化丙戌、成化己丑、成化壬辰、成化乙未、成化戊戌、成化辛丑、成化甲辰、成化丁未、弘治庚戌、弘治癸丑、弘治丙辰、弘治己未、弘治壬戌、弘治乙丑、正德戊辰、正德辛未、正德甲戌、正德丁丑、正德辛巳、嘉靖癸未、嘉靖丙戌、嘉靖己丑、嘉靖壬辰、嘉靖乙未、嘉靖戊戌、嘉靖辛丑、嘉靖甲辰、嘉靖丁未、嘉靖庚戌、嘉靖癸丑、嘉靖丙辰、嘉靖己未、嘉靖壬戌、嘉靖乙丑、隆慶戊辰、隆慶辛未、天啓壬戌、天啓乙丑、崇禎戊辰、崇禎辛未、崇禎甲戌、崇禎丁丑、崇禎庚辰、崇禎壬午、崇禎癸未

360000－1901－0018902　401439－2

明進士題名碑錄不分卷　(□)□□輯　清刻本　五册　存洪武辛亥、洪武乙丑、洪武戊辰、洪武辛未、洪武甲戌、洪武丁丑、建文庚辰、永樂甲申、永樂丙戌、永樂辛卯、永樂壬辰、永樂乙未、永樂戊戌、永樂辛丑、永樂甲辰、宣德丁未、宣德庚戌、宣德癸丑、正統丙辰、正統己未、正統壬戌、正統乙丑、正統戊辰、景泰辛未、景泰甲戌、天順丁丑、天順庚辰、天順甲申、成化丙戌、成化己丑、成化壬辰、成化乙未、成化戊戌、成化辛丑、成化甲辰、成化丁未、弘治庚戌、弘治癸丑、弘治丙辰、弘治己未、弘治壬戌、弘治乙丑、正德戊辰、正德辛未、正德甲戌、正德丁丑、正德辛巳、嘉靖癸未、嘉靖丙戌、嘉靖己丑、嘉靖壬辰、嘉靖乙未、嘉靖戊戌、嘉靖辛丑、嘉靖甲辰、嘉靖丁未、嘉靖庚戌、嘉靖癸丑、嘉靖丙辰、嘉靖己未、嘉靖壬戌、嘉靖乙丑、隆慶戊辰、隆慶辛未、萬曆丙戌、萬曆己丑、萬曆壬辰、萬曆乙未、萬曆戊戌、萬曆辛丑、萬曆甲辰、萬曆丁未、萬曆庚戌、萬曆癸丑、萬曆丙辰、萬曆己未、崇禎甲戌、崇禎丁丑、崇禎庚辰、崇禎壬午、崇禎癸未

360000－1901－0018903　401439－3

明進士題名碑錄不分卷　(□)□□輯　清刻本　二册　存嘉靖丁未、嘉靖庚戌、嘉靖癸丑、嘉靖丙辰、嘉靖己未、嘉靖壬戌、嘉靖乙丑、隆慶戊辰、隆慶辛未、萬曆丙戌、萬曆己丑、萬曆壬辰、萬曆乙未、萬曆戊戌、萬曆辛丑、萬曆甲辰、萬曆丁未、萬曆庚戌、萬曆癸丑、萬曆丙辰、萬曆己未

360000－1901－0018904　401439－4

明進士題名碑錄不分卷　(□)□□輯　清刻本　一册　存天啓壬戌、天啓乙丑、崇禎戊辰、崇禎辛未、崇禎甲戌、崇禎丁丑、崇禎庚辰、崇禎壬午、崇禎癸未

360000－1901－0018905　401439－5

明進士題名碑錄不分卷　(□)□□輯　清刻本　一册　存萬曆丁丑、萬曆庚辰、萬曆癸未、萬曆丙戌、萬曆己丑、萬曆壬辰、萬曆乙未、萬曆戊戌、萬曆辛丑、萬曆丁未、萬曆庚戌、萬曆癸丑、萬曆丙辰、萬曆己未

360000－1901－0018906　707750

明九邊考四卷　(明)魏煥撰　清同治八年(1869)永豐書局刻本　一册

360000－1901－0018907　240512

明況太守龍岡公治蘇政績全集十六卷首一卷續集十二卷末一卷　(明)況鍾撰　(清)況廷秀輯　清乾隆二十九年(1764)靖安承恩坊刻本　六册

360000－1901－0018908　240513

明況太守龍岡公治蘇政績全集十六卷首一卷續集十二卷末一卷　(明)況鍾撰　(清)況廷秀輯　清乾隆二十九年(1764)靖安承恩坊刻本　六册

360000－1901－0018909　302488
明李文正公［東陽］年譜五卷　(清)法式善輯　(清)唐仲冕增補　清嘉慶八年(1803)樗園刻本　一册

360000－1901－0018910　303615
明陵碑文不分卷　(明)朱元璋撰　清光緒九年(1883)刻本　一册

360000－1901－0018911　161744
明呂叔簡先生四禮翼八卷　(明)呂坤撰　(清)朱軾評點　清道光八年(1828)清惠堂刻本　一册

360000－1901－0018912　303784
明律集解附例三十卷　(清)高舉發纂　(清)鄭繼芳等訂正　清光緒三十四年(1908)修訂法律館刻本　十册　存二十九卷(一至二十九)

360000－1901－0018913　122843
明名臣奏議選八卷　(清)趙承恩輯　清同治十三年(1874)繡谷趙氏刻本　四册

360000－1901－0018914　313993
明戚少保［繼光］年譜節要六卷　(明)戚祚國等撰　清光緒十七年(1891)山東書局刻本　四册

360000－1901－0018915　306469
明清進士題名碑錄不分卷　(清)□□輯　清刻本　七册

360000－1901－0018916　303710
明清進士題名碑錄不分卷　(清)李周望輯　清道光刻遞修本　十册

360000－1901－0018917　303715
明清進士題名碑錄不分卷　(清)李周望輯　清道光刻遞修本　十册

360000－1901－0018918　405236
明儒王心齋先生遺集五卷　(明)王艮撰　**明儒王一庵先生遺集一卷**　(明)王棟撰　**明儒王東厓先生遺集二卷首一卷**　(明)王襞撰　**明儒王東堧東隅東日天真四先生殘稿一卷**　袁承業輯　清宣統二年(1910)東臺袁氏鉛印本　四册

360000－1901－0018919　411226
明儒王心齋先生遺集五卷首一卷　(明)王艮撰　清宣統二年(1910)鉛印本　一册　存三卷(一至二、首一卷)

360000－1901－0018920　303782
明儒學案六十二卷　(清)黃宗羲撰　清光緒十四年(1888)南昌縣學刻本　三十二册

360000－1901－0018921　303783
明儒學案六十二卷　(清)黃宗羲撰　清光緒十四年(1888)南昌縣學刻本　三十二册

360000－1901－0018922　401453
明儒學案六十二卷師説一卷　(清)黃宗羲撰　清光緒八年(1882)慈谿二老閣刻本　二十四册

360000－1901－0018923　401454
明儒學案六十二卷師説一卷　(清)黃宗羲撰　清光緒十四年(1888)南昌縣學刻本　三十一册　缺二卷(十一至十二)

360000－1901－0018924　401455
明儒學案六十二卷師説一卷　(清)黃宗羲撰　清光緒十四年(1888)南昌縣學刻本　十二册　存二十七卷(一至五、十六至十七、二十二至二十四、三十二、四十一至五十、五十二至五十四、五十九至六十,師説一卷)

360000－1901－0018925　401455－1
明儒學案六十二卷師説一卷　(清)黃宗羲撰　清光緒十四年(1888)南昌縣學刻本　一册　存二卷(四十一至四十二)

360000－1901－0018926　401443
明儒學案六十二卷師説一卷　(清)黃宗羲撰　清康熙三十二年(1693)河北故城縣賈樸紫筠齋刻本　一册　存三卷(十四至十六)

360000－1901－0018927　220416
明儒學案六十二卷師説一卷　(清)黃宗羲撰　清康熙四十六年(1707)刻雍正十三年

(1735)賈念祖重修本　十六册

360000－1901－0018928　163736
明儒詠二卷　(清)郭程先撰　清咸豐元年(1851)刻本　二册

360000－1901－0018929　316144
明三十家詩選初集八卷二集八卷　(清)汪端輯　清道光二年(1822)自然好學齋刻本　八册

360000－1901－0018930　240592
明少保費文通公文集選要六卷　(明)費寀撰　明嘉靖甲秀園刻二文公文集本　一册　存三卷(一至三)

360000－1901－0018931　162437
明聖經一卷　(清)伍星聯編　清光緒二十年(1894)伍氏照琴書屋石印本　一册

360000－1901－0018932　417962
明詩別裁集十二卷　(清)沈德潛　(清)周準輯　清寶翰樓刻本(卷七至十二配清刻本)　四册　存十卷(一至二、五至十二)

360000－1901－0018933　163275
明詩別裁集十二卷　(清)沈德潛　(清)周準輯　清芥子園刻本　六册

360000－1901－0018934　417961
明詩別裁集十二卷　(清)沈德潛　(清)周準輯　清刻本　五册　存十卷(一至四、七至十二)

360000－1901－0018935　417963
明詩別裁集十二卷　(清)沈德潛　(清)周準輯　清刻本　三册　存六卷(五至六、九至十二)

360000－1901－0018936　417963－1
明詩別裁集十二卷　(清)沈德潛　(清)周準輯　清刻本　一册　存三卷(四至六)

360000－1901－0018937　417963－2
明詩別裁集十二卷　(清)沈德潛　(清)周準輯　清刻本　一册　存三卷(四至六)

360000－1901－0018938　420083
明詩別裁集十二卷　(清)沈德潛　(清)周準輯　清刻本　六册

360000－1901－0018939　420084
明詩別裁集十二卷　(清)沈德潛　(清)周準輯　清刻本　五册　存八卷(二至七、十至十一)

360000－1901－0018940　802272
明詩別裁集十二卷　(清)沈德潛　(清)周準輯　清刻本　一册　存一卷(十二)

360000－1901－0018941　705211
婦人良方二十四卷　(宋)陳自明撰　(明)薛己注　明刻薛氏醫按本　一册　存三卷(十三至十五)

360000－1901－0018942　417967
明詩別裁集十二卷　(清)沈德潛　(清)周準輯　清乾隆刻本　一册　存三卷(十至十二)

360000－1901－0018943　241398
明詩別裁集十二卷　(清)沈德潛　(清)周準輯　清乾隆四年(1739)賦琴樓刻本　六册

360000－1901－0018944　241399
明詩別裁集十二卷　(清)沈德潛　(清)周準輯　清乾隆四年(1739)賦琴樓刻本　六册

360000－1901－0018945　306502
明詩別裁集十二卷　(清)沈德潛　(清)周準輯　清乾隆四年(1739)務本堂刻本　二册　存五卷(一至五)

360000－1901－0018946　417964
明詩別裁集十二卷　(清)沈德潛　(清)周準輯　清乾隆五十九年(1794)刻本　四册

360000－1901－0018947　417965
明詩別裁集十二卷　(清)沈德潛　(清)周準輯　清乾隆五十九年(1794)刻本　三册　存九卷(一至九)

360000－1901－0018948　417966
明詩別裁集十二卷　(清)沈德潛　(清)周準輯　清乾隆五十九年(1794)刻本　二册　存八卷(五至十二)

360000－1901－0018949　303770

明詩紀事一百八十七卷　陳田輯　清光緒二十五年至宣統元年(1899－1909)實陽陳氏聽詩齋刻本　三十八冊　缺二十卷(壬籤一至十、癸籤一至十)

360000－1901－0018950　306497

明詩紀事一百八十七卷　陳田輯　清光緒二十五年至宣統元年(1899－1909)實陽陳氏聽詩齋刻本　二十四冊　存一百二十三卷(甲籤一至三十、乙籤一至二十二、丙籤一至十二、丁籤一至十七、戊籤一至二十二、己籤一至二十)

360000－1901－0018951　722171

明詩綜一百卷　(清)朱彝尊輯　清康熙刻本　十五冊　存四十二卷(一至三十八、四十二至四十五)

360000－1901－0018952　800459

明詩綜一百卷　(清)朱彝尊輯　清康熙刻本　六冊　存十七卷(四十六至六十二)

360000－1901－0018953　308100

明詩綜一百卷　(清)朱彝尊輯　清康熙刻乾隆西泠吳氏清來堂印本　三十一冊

360000－1901－0018954　316726

明詩綜一百卷　(清)朱彝尊輯　清康熙刻乾隆西泠吳氏清來堂印本　三十二冊

360000－1901－0018955　417813

明詩綜一百卷　(清)朱彝尊輯　清康熙刻雍正印本　十三冊　存四十四卷(十至十二、十五至三十、四十七至五十一、五十八至六十、六十四至六十七、八十二至八十八、九十五至一百)

360000－1901－0018956　408332

婦嬰新說一卷　(英國)合信氏　(清)管茂材撰　清咸豐八年(1858)上海仁濟醫館刻本　一冊

360000－1901－0018957　421746

明詩綜一百卷　(清)朱彝尊輯　清康熙刻雍正朱氏六峰閣印本　一冊　存目錄

360000－1901－0018958　241397

明詩綜一百卷　(清)朱彝尊輯　清康熙四十四年(1705)刻本　四十冊

360000－1901－0018959　315546

明詩綜一百卷　(清)朱彝尊輯　清刻本　三十二冊

360000－1901－0018960　303613

明史彈詞一卷　(清)龍栢編輯　清道光七年(1827)金閶步月樓刻本　一冊

360000－1901－0018961　306324

明史分稿殘編二卷　(清)方象瑛撰　清光緒二十年(1894)汪氏刻振綺堂叢書本　二冊

360000－1901－0018962　803716

明史稿三百十卷目錄三卷　(清)王鴻緒撰　清抄本　一冊　存五卷(列傳七十三至七十七)

360000－1901－0018963　220119

明史稿三百十卷目錄三卷　(清)王鴻緒撰　清雍正敬慎堂刻本　八十冊

360000－1901－0018964　220120

明史稿三百十卷目錄三卷　(清)王鴻緒撰　清雍正敬慎堂刻本　八十一冊

360000－1901－0018965　220121

明史稿三百十卷目錄三卷　(清)王鴻緒撰　清雍正敬慎堂刻本　六十三冊　缺六十一卷(二十一至三十四、一百五十七至一百七十五、一百七十九至一百八十一、二百二十六至二百二十九、二百四十二至二百四十三、二百四十七至二百五十二、二百六十九至二百七十一、二百八十五至二百九十、三百七至三百十)

360000－1901－0018966　220122

明史稿三百十卷目錄三卷　(清)王鴻緒撰　清雍正敬慎堂刻本　十冊　存三十四卷(四十一至四十二、五十五至六十五、七十九至八十三、八十七至八十九、二百五十三至二百六十五)

360000－1901－0018967　711080
賦不分卷　(□)□□輯　清抄本　一册

360000－1901－0018968　312599
明史稿三百十卷目錄三卷　(清)王鴻緒撰　清雍正敬慎堂刻本　八十二册

360000－1901－0018969　400249
明史稿三百十卷目錄三卷　(清)王鴻緒撰　清雍正敬慎堂刻本　九册　存五十六卷(列傳五十四至六十、七十九至八十四、九十二至一百七、一百十六至一百二十九、一百八十二至一百九十四)

360000－1901－0018970　400250
明史稿三百十卷目錄三卷　(清)王鴻緒撰　清雍正敬慎堂刻本　三十四册　存一百十一卷(本紀一至十九,志一至十八、五十四至五十八、七十三至七十七,列傳五至六、九至十九、二十六至三十、三十四至三十六、四十五至五十二、六十二至六十五、七十至七十二、七十六至八十二、九十五至九十八、一百十九至一百二十二、一百三十七至一百三十九、一百八十至一百八十九)

360000－1901－0018971　400250－1
明史稿三百十卷目錄三卷　(清)王鴻緒撰　清雍正敬慎堂刻本　二册　存七卷(志六至九、目錄三卷)

360000－1901－0018972　400623
明史稿三百十卷目錄三卷　(清)王鴻緒撰　清雍正敬慎堂刻本　二册　存六卷(本紀一至三、志三至五)

360000－1901－0018973　308919
明史紀事本末八十卷　(清)谷應泰撰　清光緒二十九年(1903)文盛書局石印歷朝紀事本末本　六册

360000－1901－0018974　308350
明史紀事本末八十卷　(清)谷應泰撰　清光緒十三年(1887)廣雅書局刻紀事本末彙刻本　十二册　存六十一卷(二十至八十)

360000－1901－0018975　805226
明史紀事本末八十卷　(清)谷應泰撰　清刻本　一册　存四卷(七十七至八十)

360000－1901－0018976　301378
明史紀事本末八十卷　(清)谷應泰撰　清同治十三年(1874)江西書局刻紀事本末五種本　二十册

360000－1901－0018977　303617
明史紀事本末八十卷　(清)谷應泰撰　清同治十三年(1874)江西書局刻紀事本末五種本　二十册

360000－1901－0018978　303792
明史紀事本末八十卷　(清)谷應泰撰　清同治十三年(1874)江西書局刻紀事本末五種本　二十册

360000－1901－0018979　303817
明史紀事本末八十卷　(清)谷應泰撰　清同治十三年(1874)江西書局刻紀事本末五種本　二十册

360000－1901－0018980　306516
明史紀事本末八十卷　(清)谷應泰撰　清同治十三年(1874)江西書局刻紀事本末五種本　九册　存三十三卷(三十至三十四、四十二至四十六、五十一至五十四、六十至七十四、七十七至八十)

360000－1901－0018981　308349
明史紀事本末八十卷　(清)谷應泰撰　清同治十三年(1874)江西書局刻紀事本末五種本　二十册

360000－1901－0018982　309165
明史紀事本末八十卷　(清)谷應泰撰　清同治十三年(1874)江西書局刻紀事本末五種本　二十册

360000－1901－0018983　309173
明史紀事本末八十卷　(清)谷應泰撰　清同治十三年(1874)江西書局刻紀事本末五種本　十八册　存七十三卷(一至五十九、六十三至七十六)

360000－1901－0018984　309730
明史紀事本末八十卷　(清)谷應泰撰　清同治十三年(1874)江西書局刻紀事本末五種本　十五冊　存六十卷(一至十二、十六至四十一、五十一至五十四、六十至六十八、七十二至八十)

360000－1901－0018985　310443
明史紀事本末八十卷　(清)谷應泰撰　清同治十三年(1874)江西書局刻紀事本末五種本　二十冊

360000－1901－0018986　310843
明史紀事本末八十卷　(清)谷應泰撰　清同治十三年(1874)江西書局刻紀事本末五種本　二十冊

360000－1901－0018987　310855
明史紀事本末八十卷　(清)谷應泰撰　清同治十三年(1874)江西書局刻紀事本末五種本　二十冊

360000－1901－0018988　310856
明史紀事本末八十卷　(清)谷應泰撰　清同治十三年(1874)江西書局刻紀事本末五種本　二十冊

360000－1901－0018989　310862
明史紀事本末八十卷　(清)谷應泰撰　清同治十三年(1874)江西書局刻紀事本末五種本　二十冊

360000－1901－0018990　310916
明史紀事本末八十卷　(清)谷應泰撰　清同治十三年(1874)江西書局刻紀事本末五種本　二十冊

360000－1901－0018991　312433
明史紀事本末八十卷　(清)谷應泰撰　清同治十三年(1874)江西書局刻紀事本末五種本　二十冊　存七十七卷(一至三十四、三十八至八十)

360000－1901－0018992　604074
明史紀事本末八十卷　(清)谷應泰撰　清同治十三年(1874)江西書局刻紀事本末五種本　二十冊

360000－1901－0018993　604075
明史紀事本末八十卷　(清)谷應泰撰　清同治十三年(1874)江西書局刻紀事本末五種本　二十冊

360000－1901－0018994　604076
明史紀事本末八十卷　(清)谷應泰撰　清同治十三年(1874)江西書局刻紀事本末五種本　十八冊　存七十一卷(一至三、九至七十六)

360000－1901－0018995　311791
明史紀事本末詳節六卷　(清)谷應泰撰　林紓編　清光緒二十八年(1902)年五城學堂鉛印本　六冊

360000－1901－0018996　318344
明史節鈔十三卷　(清)羅光成撰　清嘉慶四年(1799)抄本　十冊　存十卷(一至六、十至十三)

360000－1901－0018997　220348
明史列傳稿二百八卷目錄三卷　(清)王鴻緒撰　清康熙五十三年(1714)敬慎堂刻本　四十冊

360000－1901－0018998　303611
明史論四卷　(清)谷應泰撰　清光緒五年(1879)刻本　二冊

360000－1901－0018999　220118
明史擬稿六卷　(清)尤侗撰　清康熙刻西堂全集本　一冊　缺二卷(五至六)

360000－1901－0019000　400060
明史擬稿六卷　(清)尤侗撰　清康熙刻西堂全集本　一冊　存二卷(四至五)

360000－1901－0019001　306107
明史三百三十二卷　(清)張廷玉等撰　清光緒二十九年(1903)五洲同文書局影印二十四史本　四十八冊　存一百三十四卷(一至十五、二十五至二十七、四十至五十三、六十六至八十五、八十九至九十九、一百八十四至二百一、二百十八至二百二十六、二百三十一至二百五十五、二百九十八至三百七、三百十至三百十二、三百二十二至三百二十四、三百三十至三百三十二)

360000－1901－0019002　603333－1
明史三百三十二卷目錄四卷　(清)張廷玉等撰　清光緒三年(1877)湖北崇文書局刻二十四史本　六册　存三十一卷(一至三十一)

360000－1901－0019003　604073
明史三百三十二卷目錄四卷　(清)張廷玉等撰　清光緒三年(1877)湖北崇文書局刻二十四史本　二十四册　存一百八卷(一至三十五、六十一至六十二、七十四至一百三、一百十四至一百五十四)

360000－1901－0019004　163949
明史三百三十二卷　(清)張廷玉等撰　清刻本　一册　存三卷(三百二十七至三百二十九)

360000－1901－0019005　308180
明史三百三十二卷　(清)張廷玉等撰　清刻本　十八册　存七十五卷(一百六十七至一百七十四、二百二十至二百二十三、二百二十八至二百三十四、二百四十至二百四十三、二百四十八至二百五十一、二百五十九至二百七十六、二百八十七至二百九十五、三百六至三百十一、三百十八至三百三十二)

360000－1901－0019006　804097
明史三百三十二卷　(清)張廷玉等撰　清刻本　四册　存二十卷(一百五十五至一百七十四)

360000－1901－0019007　804098
明史三百三十二卷　(清)張廷玉等撰　清刻本　九册　存三十一卷(一百七十五至一百八十五、一百九十八至二百九、二百十二至二百十九)

360000－1901－0019008　804099
明史三百三十二卷　(清)張廷玉等撰　清刻本　十一册　存四十八卷(二百十一至二百五十八)

360000－1901－0019009　308364
明史三百三十二卷　(清)張廷玉等撰　清刻二十四史本　一册　存四卷(二百三至二百六)

360000－1901－0019010　805487
明史三百三十二卷　(清)張廷玉等撰　清刻二十四史本　五册　存二十四卷(二百二十至二百四十三)

360000－1901－0019011　306111
明史三百三十二卷　(清)張廷玉等撰　清末石印本　六十一册　存一百九十八卷(五至二十四、二十八至三十、六十三至二百十一、二百三十一至二百四十六、三百十七至三百二十六)

360000－1901－0019012　805082
明史三百三十二卷目錄四卷　(清)張廷玉等撰　清光緒三年(1877)湖北崇文書局刻二十四史本　二十四册

360000－1901－0019013　309084
明史三百三十二卷目錄四卷　(清)張廷玉等撰　清光緒上海同文書局影印二十四史本　十二册　存三十四卷(一至四、三十一至六十)

360000－1901－0019014　400010－1
明史三百三十二卷目錄四卷　(清)張廷玉等撰　清光緒竹簡齋影印二十四史本　一册　存十五卷(一百二十九至一百四十三)

360000－1901－0019015　400125
明史三百三十二卷目錄四卷　(清)張廷玉等撰　清刻本　一百册

360000－1901－0019016　400126
明史三百三十二卷目錄四卷　(清)張廷玉等撰　清刻本　八十册

360000－1901－0019017　400127
明史三百三十二卷目錄四卷　(清)張廷玉等撰　清刻本　四十四册　存二百十六卷(一

至五十一、一百八至一百二十八、一百三十七至一百七十八、二百二十四至三百五、三百十三至三百三十二)

360000－1901－0019018　400128

明史三百三十二卷目錄四卷　(清)張廷玉等撰　清刻本　二十九册　存九十三卷(三十九至七十二、二百十一至二百二十、二百二十四至二百二十六、二百八十六至二百八十八、二百九十至三百三十二)

360000－1901－0019019　603333

明史三百三十二卷目錄四卷　(清)張廷玉等撰　清末鉛印本　一册　存十三卷(一百至一百十二)

360000－1901－0019020　400129

明史三百三十二卷目錄四卷　(清)張廷玉等撰　清乾隆刻本　一百四册　存三百十九卷(五至九十二、九十六至一百十、一百十三至一百二十一、一百二十六至三百三十二)

360000－1901－0019021　220074

明史三百三十二卷目錄四卷　(清)張廷玉等撰　清乾隆四年(1739)武英殿刻二十四史本　七十四册

360000－1901－0019022　220075

明史三百三十二卷目錄四卷　(清)張廷玉等撰　清乾隆四年(1739)武英殿刻二十四史本　一百二十册

360000－1901－0019023　220076

明史三百三十二卷目錄四卷　(清)張廷玉等撰　清乾隆四年(1739)武英殿刻二十四史本　一百册

360000－1901－0019024　220077

明史三百三十二卷目錄四卷　(清)張廷玉等撰　清乾隆四年(1739)武英殿刻二十四史本　九十八册

360000－1901－0019025　220117

明書一百七十一卷目錄二卷　(清)傅維鱗撰　清康熙三十四年(1695)刻本　五十四册

360000－1901－0019026　240619

明水陳先生文集十四卷　(明)陳九川撰　清抄本　四册

360000－1901－0019027　164290

明太保費文憲公文集選要七卷　(明)費宏撰　(明)徐階　(明)劉同升輯　明末鉛山費氏刻本　二册

360000－1901－0019028　804923

明堂大道錄八卷禘說二卷　(清)惠棟撰　清刻本　一册　存五卷(六至八、禘說二卷)

360000－1901－0019029　210199

明堂大道錄八卷禘說二卷　(清)惠棟撰　清乾隆刻經訓堂叢書本　一册

360000－1901－0019030　601329

明堂圖說一卷　熊羅宿撰　清刻本　一册

360000－1901－0019031　601330

明堂圖說一卷　熊羅宿撰　清刻本　一册

360000－1901－0019032　120886

明堂圖說一卷附錄一卷　熊羅宿撰　清宣統二年(1910)刻本　一册

360000－1901－0019033　120887

明堂圖說一卷附錄一卷　熊羅宿撰　清宣統二年(1910)刻本　一册

360000－1901－0019034　160516

明堂陰陽夏小正經傳考釋十卷　(清)莊述祖撰　清光緒九年(1883)刻本　四册

360000－1901－0019035　306505

明題名碑錄不分卷　(□)□□編　清刻本　二册

360000－1901－0019036　307611

明通鑑九十卷目錄二十卷首一卷前編四卷附編六卷　(清)夏燮撰　清光緒二十六年(1900)上海掃葉山房石印本　十六册

360000－1901－0019037　310913

明通鑑九十卷目錄二十卷首一卷前編四卷附編六卷　(清)夏燮撰　清刻本　十册　存三十一卷(一至三十一)

360000－1901－0019038　306506
明通鑑九十卷目錄二十卷首一卷前編四卷附編六卷　(清)夏燮撰　清末刻本　十七册　存四十三卷(七至二十一、三十二至三十四、四十一至四十三、六十至六十一、八十三至八十四、八十七至九十,目錄一至五、十五至十六,前編一至二,附編二至六)

360000－1901－0019039　302184
明通鑑九十卷目錄二十卷首一卷前編四卷附編六卷　(清)夏燮撰　清同治十二年(1873)宜黄官廨刻資治通鑑彙刻本　四十八册

360000－1901－0019040　303790
明通鑑九十卷目錄二十卷首一卷前編四卷附編六卷　(清)夏燮撰　清同治十二年(1873)宜黄官廨刻資治通鑑彙刻本　四十八册

360000－1901－0019041　310791
明通鑑九十卷目錄二十卷首一卷前編四卷附編六卷　(清)夏燮撰　清同治十二年(1873)宜黄官廨刻資治通鑑彙刻本　四十八册

360000－1901－0019042　310812
明通鑑九十卷目錄二十卷首一卷前編四卷附編六卷　(清)夏燮撰　清同治十二年(1873)宜黄官廨刻資治通鑑彙刻本　四十八册

360000－1901－0019043　315821
明通鑑九十卷目錄二十卷首一卷前編四卷附編六卷　(清)夏燮撰　清同治十二年(1873)宜黄官廨刻資治通鑑彙刻本　二十九册　存六十九卷(三十二至九十、前編四卷、附編六卷)

360000－1901－0019044　604077
明通鑑九十卷目錄二十卷首一卷前編四卷附編六卷　(清)夏燮撰　清同治十二年(1873)宜黄官廨刻資治通鑑彙刻本　四十二册　存一百八卷(一至三十七、四十一至八十八,目錄三至二十,首一卷,前編四卷)

360000－1901－0019045　604078
明通鑑九十卷目錄二十卷首一卷前編四卷附編六卷　(清)夏燮撰　清同治十二年(1873)宜黄官廨刻資治通鑑彙刻本　三十八册　存九十五卷(一至二十四、二十八至七十一、七十五至九十,首一卷,前編四卷,附編六卷)

360000－1901－0019046　604078－1
明通鑑九十卷目錄二十卷首一卷前編四卷附編六卷　(清)夏燮撰　清同治十二年(1873)宜黄官廨刻資治通鑑彙刻本　五册　存十一卷(三十八至四十、八十九至九十,附編六卷)

360000－1901－0019047　311858
明通鑑九十卷目錄二十卷首一卷前編四卷附編六卷　(清)夏燮撰　清光緒二十三年(1897)湖北官書處刻本　三十九册　存九十八卷(一至七十一、七十五至九十,首一卷,前編四卷,附編六卷)

360000－1901－0019048　401456
明通鑑九十卷前編四卷附記六卷首一卷目錄二十卷　(清)夏燮撰　清光緒二十三年(1897)湖北官書處刻本　四十册

360000－1901－0019049　401456－1
明通鑑九十卷前編四卷附記六卷首一卷目錄二十卷　(清)夏燮撰　清同治十二年(1873)宜黄官廨刻資治通鑑彙刻本　二册　存六卷(六十九至七十一、七十五至七十七)

360000－1901－0019050　412630
明僮合錄二卷　(清)碧里生編　清同治六年(1867)擷芷館刻本　一册

360000－1901－0019051　711227
明王文成與朱侍御三札一卷　(明)王守仁撰　清光緒三十四年(1908)影印本　一册

360000－1901－0019052　802875
明文必自集選本不分卷　(清)王惟梅輯　清刻本　一册

360000－1901－0019053　705230
明文才調集不分卷　(清)許振禕輯　清光緒二十年(1894)鴻文書局石印本　一册

360000－1901－0019054　405231
明文才調集不分卷　(清)許振禕輯　清光緒

十七年(1891)大梁東河行署刻本　四册

360000－1901－0019055　409316
明文才調集不分卷　(清)許振禕輯　清光緒十七年(1891)大梁東河行署刻本　四册

360000－1901－0019056　409317
明文才調集不分卷　(清)許振禕輯　清光緒十七年(1891)大梁東河行署刻本　四册

360000－1901－0019057　409318
明文才調集不分卷　(清)許振禕輯　清光緒十七年(1891)大梁東河行署刻本　四册

360000－1901－0019058　409319
明文才調集不分卷　(清)許振禕輯　清光緒十七年(1891)大梁東河行署刻本　四册

360000－1901－0019059　409320
明文才調集不分卷　(清)許振禕輯　清光緒十七年(1891)大梁東河行署刻本　四册

360000－1901－0019060　409321
明文才調集不分卷　(清)許振禕輯　清光緒十七年(1891)大梁東河行署刻本　四册

360000－1901－0019061　414180－1
明文才調集不分卷　(清)許振禕輯　清光緒十七年(1891)大梁東河行署刻本　一册

360000－1901－0019062　405004
明文鈔不分卷　(清)□□輯　清刻本　六册

360000－1901－0019063　405232
明文初學金丹不分卷　(清)□□輯　清刻本　一册

360000－1901－0019064　901985
明文大小題商不分卷　(清)黄越　(清)汪壇評　清刻本　三册

360000－1901－0019065　900672－1
賦海大觀三十二卷　(清)鴻寶齋主人編　清末鴻寶齋石印本　四册　存五卷(十五、二十一上、三十至三十二)

360000－1901－0019066　901986
明文大小題商十一卷　(清)黄越　(清)汪壇評　清刻本　十册　存十卷(一至十)

360000－1901－0019067　405286
明文讀本不分卷　(清)□□輯　清刻本　一册

360000－1901－0019068　901554
明文讀本不分卷　(清)王家燮校　清道光五年(1825)學餘堂刻本　二册

360000－1901－0019069　405233
明文讀本三編不分卷　(清)□□輯　清刻本　一册

360000－1901－0019070　305132
明文明一卷　(清)路德輯評　清刻本　一册

360000－1901－0019071　241403
明文奇賞四十卷　(明)陳仁錫輯　明天啓三年(1623)刻本　二十册

360000－1901－0019072　241269
明文奇賞四十卷　(明)陳仁錫輯　明天啓三年(1623)刻本　明玄達道人題識　二十册

360000－1901－0019073　316431
明文授讀六十二卷　(清)黄宗羲輯　清康熙三十八年(1699)四明張錫琨味芹堂刻本　四十七册

360000－1901－0019074　901738
明文小題不分卷　(清)繼述堂輯　清刻本　一册

360000－1901－0019075　805176
明文小題傳薪不分卷　(清)□□撰　清抄本　二册

360000－1901－0019076　901742
明文小題與巧集不分卷　(清)李沛霖　(清)李禎評選　清聚錦堂刻本　十六册

360000－1901－0019077　303766
明文在一百卷　(清)薛熙輯　清光緒十五年(1889)江蘇書局刻本　十册

360000－1901－0019078　405234
明文針度二集□卷　(清)□□輯　清環翠書

屋刻本　二册

360000－1901－0019079　722138
明吳又可先生溫疫論二卷　（明）吳有性撰　清刻本　一册　存一卷（上）

360000－1901－0019080　801216
明吳又可先生溫疫論二卷　（明）吳有性撰　清刻本　一册　存一卷（二）

360000－1901－0019081　802082
明吳又可先生溫疫論二卷　（明）吳有性撰　（清）孔毓禮　（清）龔紹林評　**痢疾論四卷**　（清）孔毓禮撰　清抄本　二册　存三卷（明吳又可先生溫疫論下、痢疾論一至二）

360000－1901－0019082　408533
明吳又可先生溫疫論二卷　（明）吳有性撰　（清）孔毓禮評閱　清道光十三年（1833）刻本　二册

360000－1901－0019083　408535
明吳又可先生溫疫論二卷　（明）吳有性撰　（清）孔毓禮評閱　清乾隆三十七年（1772）謙益堂刻本　一册

360000－1901－0019084　408537
明吳又可先生溫疫論二卷　（明）吳有性撰　（清）孔毓禮評閱　清乾隆三十七年（1772）謙益堂刻本　一册　存一卷（上）

360000－1901－0019085　408537－1
明吳又可先生溫疫論二卷　（明）吳有性撰　（清）孔毓禮評閱　清乾隆三十七年（1772）謙益堂刻本　一册　存一卷（上）

360000－1901－0019086　408537－2
明吳又可先生溫疫論二卷　（明）吳有性撰　（清）孔毓禮評閱　清乾隆三十七年（1772）謙益堂刻本　一册　存一卷（上）

360000－1901－0019087　408534
明吳又可先生溫疫論二卷　（明）吳有性撰　（清）孔毓禮評閱　清乾隆五十一年（1786）刻本　二册

360000－1901－0019088　408527
明吳又可先生溫疫論二卷　（明）吳有性撰　（清）孔毓禮評閱　**痢疾論四卷**　（清）孔毓禮撰　清乾隆三十七年（1772）謙益堂刻本　四册

360000－1901－0019089　722145
明吳又可先生溫疫論醫門普度二卷　（明）吳有性撰　清刻本　一册　存一卷（上）

360000－1901－0019090　420459
明吳又可先生溫疫論醫門普度二卷　（明）吳有性撰　（清）孔毓禮　（清）龔紹林評　清刻本　一册

360000－1901－0019091　420462
明吳又可先生溫疫論醫門普度二卷　（明）吳有性撰　（清）孔毓禮　（清）龔紹林評　清刻本　二册

360000－1901－0019092　420464
明吳又可先生溫疫論醫門普度二卷　（明）吳有性撰　（清）孔毓禮　（清）龔紹林評　清刻本　二册

360000－1901－0019093　420467
明吳又可先生溫疫論醫門普度二卷　（明）吳有性撰　（清）孔毓禮　（清）龔紹林評　清刻本　一册

360000－1901－0019094　420467－1
明吳又可先生溫疫論醫門普度二卷　（明）吳有性撰　（清）孔毓禮　（清）龔紹林評　清刻本　一册　存一卷（上）

360000－1901－0019095　420460
明吳又可先生溫疫論醫門普度二卷　（明）吳有性撰　（清）孔毓禮　（清）龔紹林評　清文奎堂刻本　二册

360000－1901－0019096　420461
明吳又可先生溫疫論醫門普度二卷　（明）吳有性撰　（清）孔毓禮　（清）龔紹林評　清文奎堂刻本　二册

360000－1901－0019097　165073
明吳又可先生溫疫論醫門普度二卷　（明）吳

有性撰　(清)孔毓禮　(清)龔紹林評　**痢疾論四卷**　(清)孔毓禮撰　清道光十三年(1833)謙益堂刻本　四冊

360000－1901－0019098　420470－1
明吳又可先生瘟疫論醫門普度二卷　(明)吳有性撰　(清)孔毓禮　(清)龔紹林評　**痢疾論四卷**　(清)孔毓禮撰　清道光十三年(1833)謙益堂刻本　一冊　存一卷(明吳又可先生瘟疫論醫門普度上)

360000－1901－0019099　420470－2
明吳又可先生瘟疫論醫門普度二卷　(明)吳有性撰　(清)孔毓禮　(清)龔紹林評　**痢疾論四卷**　(清)孔毓禮撰　清道光十三年(1833)謙益堂刻本　一冊　存一卷(明吳又可先生瘟疫論醫門普度上)

360000－1901－0019100　420470
明吳又可先生瘟疫論醫門普度二卷　(明)吳有性撰　(清)孔毓禮　(清)龔紹林評　**痢疾論四卷**　(清)孔毓禮撰　清刻本　二冊

360000－1901－0019101　420463
明吳又可先生瘟疫論醫門普度二卷末一卷　(明)吳有性撰　(清)孔毓禮　(清)龔紹林評　清刻本　二冊

360000－1901－0019102　420465
明吳又可先生瘟疫論醫門普度二卷末一卷　(明)吳有性撰　(清)孔毓禮　(清)龔紹林評　清天德堂刻本　二冊

360000－1901－0019103　420466
明吳又可先生瘟疫論醫門普度二卷末一卷　(明)吳有性撰　(清)孔毓禮　(清)龔紹林評　清同治元年(1862)長沙曾郁文刻本　二冊

360000－1901－0019104　420469
明吳又可先生瘟疫論醫門普度二卷末一卷　(明)吳有性撰　(清)孔毓禮　(清)龔紹林評　**痢疾論四卷**　(清)孔毓禮撰　清刻本　二冊

360000－1901－0019105　420468
明吳又可先生瘟疫論醫門普度二卷末一卷　(明)吳有性撰　(清)孔毓禮　(清)龔紹林評　**痢疾論四卷**　(清)孔毓禮撰　清文奎堂刻本　四冊

360000－1901－0019106　413214
明刑管見錄一卷　(清)穆翰撰　清光緒九年(1883)仁和葛氏刻嘯園叢書本　一冊

360000－1901－0019107　303614
明夷待訪錄一卷　(清)黄宗羲撰　清光緒二十四年(1898)豐城余氏寶墨齋刻本　一冊

360000－1901－0019108　416832
明夷待訪錄一卷　(清)黄宗羲撰　清光緒三十一年(1905)開智書局鉛印本　一冊

360000－1901－0019109　416834
明夷待訪錄一卷　(清)黄宗羲撰　清光緒五年(1879)黄氏五桂樓刻黄梨洲先生遺書本　一冊

360000－1901－0019110　416834－1
明夷待訪錄一卷　(清)黄宗羲撰　清光緒五年(1879)黄氏五桂樓刻黄梨洲先生遺書本　一冊

360000－1901－0019111　313657
明夷待訪錄一卷　(清)黄宗羲撰　清末山西大學堂印書局鉛印本　一冊

360000－1901－0019112　300943
明張文忠公全集四十六卷附錄二卷　(明)張居正撰　清光緒二十七年(1901)紅藤碧樹山館刻本　八冊

360000－1901－0019113　300944
明張文忠公全集四十六卷附錄二卷　(明)張居正撰　清光緒二十七年(1901)紅藤碧樹山館刻本　十六冊

360000－1901－0019114　316482
明張文忠公文集十一卷詩集六卷　(明)張居正撰　清宣統三年(1911)醉古軒石印本　四冊

360000－1901－0019115　317060

明張文忠公文集十一卷詩集六卷　（明）張居正撰　清宣統三年（1911）醉古軒石印本　四冊

360000－1901－0019116　120885
明志齋詩草二卷　（清）蔡嘉佺撰　清光緒十七年（1891）刻本　二冊

360000－1901－0019117　230633
明重刊周易參同契注解三卷悟真篇注解三卷附直指詳說三乘秘要一卷　（明）張位撰　明刻本　四冊

360000－1901－0019118　303789
明州繫年錄七卷　（清）董沛撰　清光緒四年（1878）刻本　三冊

360000－1901－0019119　312622
明州繫年錄七卷　（清）董沛撰　清光緒四年（1878）刻本　三冊

360000－1901－0019120　313662
明珠一卷　（清）鄔寶珍纂　清宣統二年（1910）刻民國印本　一冊

360000－1901－0019121　120672
明總憲李忠肅公集十六卷　（明）李邦華撰　清道光二十二年（1842）日新軒刻本　六冊

360000－1901－0019122　120673
明總憲李忠肅公集十六卷　（明）李邦華撰　清道光二十二年（1842）日新軒刻本　十冊

360000－1901－0019123　803534
茗香詞一卷菊香齋駢體一卷　（清）董桂洲　**怡白雲山房詩草四卷**　（清）董韞瑜撰　清抄本　二冊

360000－1901－0019124　302905
茗柯文初編一卷二編二卷三編一卷四編一卷　（清）張惠言撰　清光緒七年（1881）刻本　二冊

360000－1901－0019125　302906
茗柯文初編一卷二編二卷三編一卷四編一卷　（清）張惠言撰　清光緒七年（1881）刻本　二冊

360000－1901－0019126　302907
茗柯文初編一卷二編二卷三編一卷四編一卷　（清）張惠言撰　清光緒七年（1881）刻本　二冊

360000－1901－0019127　302909
茗柯文初編一卷二編二卷三編一卷四編一卷　（清）張惠言撰　清光緒七年（1881）刻本　二冊

360000－1901－0019128　302903
茗柯文初編一卷二編二卷三編一卷四編一卷　（清）張惠言撰　清宣統三年（1911）石印本　二冊

360000－1901－0019129　121358
茗吟閣拾存稿一卷　（清）汪翰芳撰　**附咸豐庚申杭州避難餘生事記一卷**　（清）汪翰芬撰　清光緒三十一年（1905）刻本　一冊

360000－1901－0019130　404635
茗餘隨錄四卷　（清）龐淵輯　清嘉慶十七年（1812）刻本　四冊

360000－1901－0019131　301271
鳴鶴堂文集十卷　（清）任源祥撰　清光緒十五年（1889）刻本　五冊

360000－1901－0019132　410210
鳴鶴堂文集十卷　（清）任源祥撰　清光緒十五年（1889）刻本　三冊　存五卷（一至五）

360000－1901－0019133　304760
鳴盛集四卷　（明）林鴻撰　清嘉慶二十三年（1818）王氏麟後山房刻本　二冊

360000－1901－0019134　303822
鳴原堂論文二卷　（清）曾國藩撰　清同治十二年（1873）勵志齋刻曾文正公全集本　一冊

360000－1901－0019135　304207
鳴原堂論文二卷　（清）曾國藩撰　清同治十二年（1873）勵志齋刻曾文正公全集本　二冊

360000－1901－0019136　409234
鳴原堂論文二卷　（清）曾國藩撰　清同治十二年（1873）勵志齋刻曾文正公全集本　二冊

360000－1901－0019137　409235
嗚原堂論文二卷　(清)曾國藩撰　清同治十二年(1873)勵志齋刻曾文正公全集本　二册

360000－1901－0019138　409236
嗚原堂論文二卷　(清)曾國藩撰　清同治十二年(1873)勵志齋刻曾文正公全集本　一册

360000－1901－0019139　409237
嗚原堂論文二卷　(清)曾國藩撰　清同治十二年(1873)勵志齋刻曾文正公全集本　一册

360000－1901－0019140　409238
嗚原堂論文二卷　(清)曾國藩撰　清同治十二年(1873)勵志齋刻曾文正公全集本　一册　存一卷(下)

360000－1901－0019141　409238－1
嗚原堂論文二卷　(清)曾國藩撰　清同治十二年(1873)勵志齋刻曾文正公全集本　一册　存一卷(下)

360000－1901－0019142　303771
瞑庵學詩一卷　(清)朱克敬撰　清同治十一年(1872)長沙刻本　一册

360000－1901－0019143　309597
瞑庵雜識四卷二識二卷　(清)朱克敬撰　清光緒四年至七年(1878－1881)長沙刻本　四册

360000－1901－0019144　230563
命理地理書不分卷　(清)□□撰　清抄本　一册

360000－1901－0019145　800516
命理考驗存真集□□卷　(清)余觀和撰　清抄本　一册　存一卷(一)

360000－1901－0019146　803935
命理口訣不分卷　(清)□□輯　清抄本　一册

360000－1901－0019147　404831
命理窮通寶鑑欄江網二卷　(清)余春臺編　清刻本　二册

360000－1901－0019148　404831－1
命理窮通寶鑑欄江網二卷　(清)余春臺編　清三益堂刻本　一册

360000－1901－0019149　800448
命理正宗一卷　(清)□□撰　清抄本　一册

360000－1901－0019150　163132
摩圍閣詩二卷　易順鼎撰　清光緒八年(1882)刻本　一册

360000－1901－0019151　163133
摩圍閣詩二卷　易順鼎撰　清光緒八年(1882)刻本　一册

360000－1901－0019152　413064
磨盾餘談二卷　(清)張炳撰　清咸豐四年(1854)刻本　一册

360000－1901－0019153　412919
莫愁湖楹聯便覽一卷　(清)釋壽安輯　清光緒五年(1879)刻本　一册

360000－1901－0019154　311729
莫愁湖志六卷首一卷　(清)馬士圖輯　清光緒八年(1882)刻本　二册

360000－1901－0019155　420087
莫愁湖志六卷首一卷　(清)馬士圖輯　清光緒八年(1882)刻本　二册

360000－1901－0019156　420087－1
莫愁湖志六卷首一卷　(清)馬士圖輯　清光緒八年(1882)刻本　一册　存五卷(一至四、首一卷)

360000－1901－0019157　164061
莫愁湖志六卷首一卷　(清)馬士圖撰　清光緒八年(1882)刻本　二册

360000－1901－0019158　411259
秣陵集六卷　(清)陳文述撰　清道光二年(1822)刻本　一册　存四卷(一至四)

360000－1901－0019159　316534
秣陵集六卷圖考一卷金陵歷代紀年事表一卷　(清)陳文述撰　清光緒十年(1884)淮南書局刻本　三册

360000－1901－0019160　421837
秣陵集四卷朐山集二卷　(清)陳鵬年撰　清刻本　一册

360000－1901－0019161　230587
墨池編二十卷　(宋)朱長文輯　清雍正十一年(1733)就閒堂刻本　六册

360000－1901－0019162　413539
墨池編二十卷　(宋)朱長文輯　**印典八卷**　(清)朱象賢輯　清雍正十一年(1733)就閒堂刻本　六册　存二十卷(墨池編二十卷)

360000－1901－0019163　230588
墨池編二十卷　(宋)朱長文輯　**印典八卷**　(清)朱象賢輯　清雍正十一年(1733)朱氏就閒堂刻乾隆重修本　十册

360000－1901－0019164　230589
墨池編二十卷　(宋)朱長文輯　**印典八卷**　(清)朱象賢輯　清雍正十一年(1733)朱氏就閒堂刻乾隆重修本　二十册

360000－1901－0019165　230590
墨池編二十卷　(宋)朱長文輯　**印典八卷**　(清)朱象賢輯　清雍正十一年(1733)朱氏就閒堂刻乾隆重修本　十四册

360000－1901－0019166　901722
墨醇二編一卷　(清)□□輯　清刻本　一册

360000－1901－0019167　309581
墨法集要一卷　(明)沈繼孫撰　清刻本　一册

360000－1901－0019168　313241
墨法集要一卷　(明)沈繼孫撰　清刻本　一册

360000－1901－0019169　303461
墨花吟館感舊懷人集不分卷　(清)嚴辰撰　清光緒十五年(1889)刻本　一册

360000－1901－0019170　601298
墨記草不分卷　(清)謝應變撰　清咸豐七年(1857)德齡堂刻本　一册

360000－1901－0019171　407718
墨記草賦學二卷　(清)謝應變撰　清道光元年(1821)德靈堂刻本　一册　存一卷(上)

360000－1901－0019172　122227
墨稼軒遺稿二卷　(清)黎樹培撰　清光緒五年(1879)刻本　二册

360000－1901－0019173　900641
墨卷脫穎不分卷二續不分卷三續不分卷　(清)李錫瓚輯　清道光十二年(1832)刻本　九册

360000－1901－0019174　900642
墨卷脫穎三續不分卷　(清)李錫瓚輯　清刻本　一册

360000－1901－0019175　412099
墨蘭譜不分卷　(清)陳旭繪　清嘉慶三年(1798)刻本　一册

360000－1901－0019176　800384
墨蘭譜不分卷　(清)陳旭繪　清嘉慶三年(1798)刻本　一册

360000－1901－0019177　240928
墨瀾亭詩草不分卷　(清)帥我撰　清抄本　一册

360000－1901－0019178　123276
墨瀾亭文集二卷　(清)帥我撰　清光緒六年(1880)綠窗刻本　二册

360000－1901－0019179　601881
墨瀾亭文集二卷　(清)帥我撰　清光緒六年(1880)綠窗刻本　二册

360000－1901－0019180　601881－1
墨瀾亭文集二卷　(清)帥我撰　清光緒六年(1880)綠窗刻本　二册

360000－1901－0019181　601881－10
墨瀾亭文集二卷　(清)帥我撰　清光緒六年(1880)綠窗刻本　二册

360000－1901－0019182　601881－11
墨瀾亭文集二卷　(清)帥我撰　清光緒六年(1880)綠窗刻本　二册

360000－1901－0019183　601881－12
墨瀾亭文集二卷　(清)帥我撰　清光緒六年(1880)綠窗刻本　二冊

360000－1901－0019184　601881－2
墨瀾亭文集二卷　(清)帥我撰　清光緒六年(1880)綠窗刻本　二冊

360000－1901－0019185　601881－3
墨瀾亭文集二卷　(清)帥我撰　清光緒六年(1880)綠窗刻本　二冊

360000－1901－0019186　601881－4
墨瀾亭文集二卷　(清)帥我撰　清光緒六年(1880)綠窗刻本　二冊

360000－1901－0019187　601881－5
墨瀾亭文集二卷　(清)帥我撰　清光緒六年(1880)綠窗刻本　二冊

360000－1901－0019188　601881－6
墨瀾亭文集二卷　(清)帥我撰　清光緒六年(1880)綠窗刻本　二冊

360000－1901－0019189　601881－7
墨瀾亭文集二卷　(清)帥我撰　清光緒六年(1880)綠窗刻本　二冊

360000－1901－0019190　601881－8
墨瀾亭文集二卷　(清)帥我撰　清光緒六年(1880)綠窗刻本　二冊

360000－1901－0019191　601881－9
墨瀾亭文集二卷　(清)帥我撰　清光緒六年(1880)綠窗刻本　二冊

360000－1901－0019192　303462
墨林今話十八卷　(清)蔣寶齡撰　**墨林今話續編一卷**　(清)蔣茝生撰　清咸豐二年(1852)刻本　五冊

360000－1901－0019193　409963
墨林今話十八卷　(清)蔣寶齡撰　**墨林今話續編一卷**　(清)蔣茝生撰　清宣統三年(1911)掃葉山房石印本　六冊

360000－1901－0019194　313121
墨妙亭碑目攷二卷附攷一卷　(清)張鑑撰　清光緒十年(1884)江蘇書局刻本　二冊

360000－1901－0019195　901200
墨譜三卷　(清)薛鼎銘編　清乾隆四十四年(1779)光霽堂刻本　一冊

360000－1901－0019196　901756
墨商不分卷　(清)□□輯　清刻本　四冊

360000－1901－0019197　404846
墨亭新賦一卷　(清)唐仲冕輯　清嘉慶六年(1801)刻六如居士全集本　一冊

360000－1901－0019198　000983
墨亭新賦一卷花隖聯吟四卷　(清)唐仲冕輯　清嘉慶刻本　一冊　存三卷(墨亭新賦一卷、花隖聯吟一至二)

360000－1901－0019199　306363
墨香閣文集十三卷首一卷末一卷　(清)彭維新撰　清道光二年(1822)彭氏刻本　四冊　存十一卷(一至八、十二至十三,末一卷)

360000－1901－0019200　901510
墨香書屋時文摘豔四卷　(清)蕭萬堂編　清刻本　一冊　存一卷(三)

360000－1901－0019201　800302
墨選從新四卷　(清)□□輯　清抄本　三冊　存三卷(一至三)

360000－1901－0019202　901724
墨選奪元□卷　(清)□□輯　清刻本　一冊　存一卷(八)

360000－1901－0019203　900639
墨選觀止不分卷附舉業要言三卷　(清)梁葆慶選評　清同志堂刻本　四冊

360000－1901－0019204　800582
墨選集成□卷　(清)□□輯　清抄本　一冊　存一卷(天)

360000－1901－0019205　901725
墨選清腴□卷　(清)□□輯　清刻本　一冊　存一卷(三)

360000－1901－0019206　900634

墨選十則十卷 (清)陳燮輯 清刻本 四冊 存八卷(三至十)

360000－1901－0019207 901513
墨選十則十卷 (清)陳燮輯 清同治九年(1870)刻本 一冊 存二卷(一至二)

360000－1901－0019208 123065
墨貽堂試體詩四卷 (清)程祖訓撰 清道光二十九年(1849)刻本 二冊

360000－1901－0019209 123253
墨貽堂試體詩四卷 (清)程祖訓撰 清道光二十九年(1849)刻本 二冊

360000－1901－0019210 601725
墨貽堂試體詩四卷 (清)程祖訓撰 清道光二十九年(1849)刻本 二冊

360000－1901－0019211 601726
墨貽堂試體詩四卷 (清)程祖訓撰 清道光二十九年(1849)刻本 二冊

360000－1901－0019212 900640
墨貽堂試體詩四卷 (清)程祖訓撰 清道光二十九年(1849)刻本 一冊 存二卷(一至二)

360000－1901－0019213 901198
墨貽堂試體詩四卷 (清)程祖訓撰 清刻本 一冊 存二卷(三至四)

360000－1901－0019214 421812
墨緣彙觀二種四卷 (清)安岐輯 清宣統元年(1909)洏陽端方刻本 四冊

360000－1901－0019215 241137
墨竺軒詩草不分卷 (清)裘獻功撰 清光緒抄本 十七冊

360000－1901－0019216 122226
墨莊樂府鈔四卷 (清)帥繼祖撰 清同治三年(1864)刻本 一冊

360000－1901－0019217 410524
墨莊樂府鈔四卷 (清)帥繼祖撰 清同治三年(1864)刻本 一冊

360000－1901－0019218 309936
墨子經說解二卷 (清)張惠言撰 清宣統元年(1909)國學保存會石印本 一冊

360000－1901－0019219 416630
墨子經說解二卷 (清)張惠言撰 清宣統元年(1909)國學保存會石印本 一冊

360000－1901－0019220 230159
墨子六卷 明萬曆九年(1581)茅坤刻本 六冊

360000－1901－0019221 303463
墨子七十一篇三卷 王闓運注 清光緒三十年(1904)江西官書局刻本 二冊

360000－1901－0019222 303466
墨子七十一篇三卷 王闓運注 清光緒三十年(1904)江西官書局刻本 三冊

360000－1901－0019223 311015
墨子七十一篇三卷 王闓運注 清光緒三十年(1904)江西官書局刻本 二冊

360000－1901－0019224 313705
墨子七十一篇三卷 王闓運注 清光緒三十年(1904)江西官書局刻本 三冊

360000－1901－0019225 313706
墨子七十一篇三卷 王闓運注 清光緒三十年(1904)江西官書局刻本 三冊

360000－1901－0019226 313851
墨子七十一篇三卷 王闓運注 清光緒三十年(1904)江西官書局刻本 三冊

360000－1901－0019227 313852
墨子七十一篇三卷 王闓運注 清光緒三十年(1904)江西官書局刻本 三冊

360000－1901－0019228 313853
墨子七十一篇三卷 王闓運注 清光緒三十年(1904)江西官書局刻本 三冊

360000－1901－0019229 314183
墨子七十一篇三卷 王闓運注 清光緒三十年(1904)江西官書局刻本 三冊

360000－1901－0019230　314184
墨子七十一篇三卷　王闓運注　清光緒三十年(1904)江西官書局刻本　三冊

360000－1901－0019231　314185
墨子七十一篇三卷　王闓運注　清光緒三十年(1904)江西官書局刻本　三冊

360000－1901－0019232　416818
墨子七十一篇三卷　王闓運注　清光緒三十年(1904)江西官書局刻本　二冊

360000－1901－0019233　312100
墨子十六卷篇目考一卷　(清)畢沅校注　清光緒二年(1876)浙江書局刻本　三冊

360000－1901－0019234　303460
墨子十六卷篇目考一卷　(清)畢沅校注　清光緒二十三年(1897)上海圖書集成局鉛印子書二十二種本　二冊

360000－1901－0019235　416622
墨子十六卷篇目考一卷　(清)畢沅校注　清光緒二十三年(1897)上海圖書集成局鉛印子書二十二種本　一冊　存八卷(一至八)

360000－1901－0019236　416616
墨子十六卷篇目考一卷　(清)畢沅校注　清刻本　一冊　存五卷(十二至十六)

360000－1901－0019237　416627
墨子十六卷篇目考一卷　(清)畢沅校注　清刻本　二冊　存九卷(四至八、十三至十六)

360000－1901－0019238　416627－1
墨子十六卷篇目考一卷　(清)畢沅校注　清刻本　一冊　存三卷(十四至十六)

360000－1901－0019239　230160
墨子十六卷篇目考一卷　(清)畢沅校注　清乾隆四十九年(1784)畢氏靈巖山館刻經訓堂叢書本　三冊

360000－1901－0019240　409895
甘泉鄉人稿二十四卷　(清)錢泰吉撰　**年譜一卷**　(清)錢應溥撰　**四水子遺著一卷**　(清)錢友泗撰　**郊農偶吟稿一卷**　(清)錢炳森撰　清同治十一年(1872)刻光緒十一年(1885)增修本　六冊

360000－1901－0019241　416615
墨子十六卷篇目考一卷　(清)畢沅校注　清乾隆四十九年(1784)畢氏靈巖山館刻經訓堂叢書本　一冊　存八卷(一至八)

360000－1901－0019242　416628
墨子十六卷篇目考一卷　(清)畢沅校注　清乾隆四十九年(1784)畢氏靈巖山館刻經訓堂叢書本　四冊

360000－1901－0019243　902520
墨子十六卷篇目考一卷　(清)畢沅校注　清乾隆四十九年(1784)畢氏靈巖山館刻經訓堂叢書本　一冊　存八卷(九至十六)

360000－1901－0019244　303464
墨子閒詁十五卷目錄一卷附錄一卷後語二卷　(清)孫詒讓撰　清光緒二十一年(1895)蘇州毛上珍木活字印本　八冊

360000－1901－0019245　416610
墨子閒詁十五卷目錄一卷附錄一卷後語二卷　(清)孫詒讓撰　清光緒二十一年(1895)蘇州毛上珍木活字印本　八冊

360000－1901－0019246　416609
墨子閒詁十五卷目錄一卷附錄一卷後語二卷　(清)孫詒讓撰　清光緒三十三年(1907)瑞安孫氏刻宣統二年(1910)印本　八冊

360000－1901－0019247　301343
牟子一卷　(漢)牟融撰　清嘉慶十一年(1806)蘭陵孫氏刻平津館叢書本　一冊

360000－1901－0019248　230110
謀道續錄二卷　(清)譚旭撰　清乾隆十二年(1747)刻本　二冊

360000－1901－0019249　123214
牡丹亭還魂記八卷　(明)湯顯祖撰　清刻本　二冊

360000－1901－0019250　800325
牡丹亭還魂記八卷　(明)湯顯祖撰　清刻本

二册　存四卷(三至六)

360000－1901－0019251　123318
牡丹亭還魂記二卷　(明)湯顯祖撰　清光緒三十四年(1908)上海同文詠記石印本　一册

360000－1901－0019252　123319
牡丹亭還魂記二卷　(明)湯顯祖撰　清光緒三十四年(1908)上海同文詠記石印本　一册

360000－1901－0019253　123108
牡丹亭還魂記二卷　(明)湯顯祖撰　清光緒十二年(1886)積山書局石印本　四册

360000－1901－0019254　241587
牡丹亭還魂記二卷五十五齣　(明)湯顯祖撰　明萬曆刻本　二册　缺二十四齣(卷上十八至三十一、卷下四十六至五十五)

360000－1901－0019255　122926
牡丹亭還魂記四卷　(明)湯顯祖撰　清刻本　一册　存一卷(一)

360000－1901－0019256　704560
木卜堂課幼草不分卷　(清)馬名駒撰　清道光十年(1830)木卜堂刻本　一册

360000－1901－0019257　162275
木郎祈雨咒一卷　(□)白玉蟾真人注　(清)廷桂釋並錄　清光緒九年(1883)刻本　一册

360000－1901－0019258　411240－1
木卯居詩草四卷　(清)劉宣清撰　清乾隆三十二年(1767)刻本　一册

360000－1901－0019259　411240
木卯居詩草四卷　(清)劉宣清撰　**雲峯紀勝一卷**　(清)張清選撰　清乾隆三十二年(1767)刻本　一册

360000－1901－0019260　404507
木天清課□□卷　(清)周鎮南撰　清憩雲書屋刻本　一册　存一卷(四)

360000－1901－0019261　404507－1
木天清課□□卷　(清)周鎮南撰　清憩雲書屋刻本　一册　存一卷(四)

360000－1901－0019262　404507－2
木天清課□□卷　(清)周鎮南撰　清憩雲書屋刻本　一册　存一卷(四)

360000－1901－0019263　150131
木犀軒叢書　李盛鐸輯　清光緒德化李氏木犀軒刻本　四十六册

360000－1901－0019264　302629
木樨香不分卷　(清)歗嵐道人撰　(清)湖上醉漁評　清光緒十五年(1889)暗香樓刻本　一册

360000－1901－0019265　120224
木屑集十種二十六卷　(清)伍兆鼇撰　清光緒二十四年至三十四年(1898－1908)刻本　八册

360000－1901－0019266　120225
木屑集十種二十六卷　(清)伍兆鼇撰　清光緒二十四年至三十四年(1898－1908)刻本　八册

360000－1901－0019267　120226
木屑集十種二十六卷　(清)伍兆鼇撰　清光緒二十四年至三十四年(1898－1908)刻本　八册

360000－1901－0019268　163582
木鳶詩集六卷賦稿一卷　(清)朱受新撰　清乾隆刻本　四册

360000－1901－0019269　405494
目耕帖三十一卷　(清)馬國翰撰　清光緒九年(1883)長沙嫏嬛館刻本　二册　存二卷(二十二、二十五)

360000－1901－0019270　715812
目耕齋初集不分卷　(清)徐楷評注　(清)沈叔眉輯　清光緒八年(1882)上海精一閣鉛印本　二册

360000－1901－0019271　715812－1
目耕齋初集不分卷　(清)徐楷評注　(清)沈叔眉輯　清光緒八年(1882)上海精一閣鉛印本　一册

360000－1901－0019272　805028
目耕齋初集不分卷　(清)徐楷評注　(清)沈叔眉輯　清光緒元年(1875)京都化甲堂刻本　二册

360000－1901－0019273　715828
目耕齋初集不分卷　(清)徐楷評注　(清)沈叔眉輯　清末李光明莊刻本　一册

360000－1901－0019274　715815
目耕齋初集不分卷二集不分卷三集不分卷　(清)徐楷評注　(清)沈叔眉輯　清光緒十六年(1890)鉛印本　三册

360000－1901－0019275　715811
目耕齋初集不分卷二集不分卷三集不分卷　(清)徐楷評注　(清)沈叔眉輯　清光緒元年(1875)京都化甲堂刻本　二册

360000－1901－0019276　715811－1
目耕齋初集不分卷二集不分卷三集不分卷　(清)徐楷評注　(清)沈叔眉輯　清光緒元年(1875)京都化甲堂刻本　三册

360000－1901－0019277　715811－2
目耕齋初集不分卷二集不分卷三集不分卷　(清)徐楷評注　(清)沈叔眉輯　清刻本　一册

360000－1901－0019278　603213
目耕齋讀本不分卷　(清)徐楷評注　(清)沈叔眉輯　清光緒三十二年(1906)刻本　一册

360000－1901－0019279　901765
目耕齋讀本不分卷二集不分卷三集不分卷　(清)徐楷評注　(清)沈叔眉輯　清光緒五年(1879)刻本　五册

360000－1901－0019280　715813
目耕齋讀本不分卷二刻不分卷小題不分卷　(清)徐楷評注　(清)沈叔眉輯　清光緒二年(1876)刻本　四册

360000－1901－0019281　902249
目耕齋讀本初集不分卷　(清)徐楷評注　(清)沈叔眉輯　清刻本　一册

360000－1901－0019282　421831
目耕齋讀本初集不分卷二集不分卷三集不分卷　(清)徐楷評注　(清)沈叔眉輯　清光緒十八年(1892)灣鎮水龍會刻本　七册

360000－1901－0019283　421823
目耕齋讀本初集不分卷二集不分卷三集不分卷　(清)徐楷評注　(清)沈叔眉輯　清光緒十九年(1893)寶善堂刻本　四册

360000－1901－0019284　421830
目耕齋讀本初集不分卷二集不分卷三集不分卷　(清)徐楷評注　(清)沈叔眉輯　清光緒十七年(1891)鎮江文成堂刻本　二册

360000－1901－0019285　421826
目耕齋讀本初集不分卷二集不分卷三集不分卷　(清)徐楷評注　(清)沈叔眉輯　清汲綆齋刻本　三册

360000－1901－0019286　421827
目耕齋讀本初集不分卷二集不分卷三集不分卷　(清)徐楷評注　(清)沈叔眉輯　清刻本　五册

360000－1901－0019287　421828
目耕齋讀本初集不分卷二集不分卷三集不分卷　(清)徐楷評注　(清)沈叔眉輯　清末李光明莊刻本　二册

360000－1901－0019288　421829
目耕齋讀本初集不分卷二集不分卷三集不分卷　(清)徐楷評注　(清)沈叔眉輯　清末李光明莊刻本　二册

360000－1901－0019289　421820
目耕齋讀本初集不分卷二集不分卷三集不分卷　(清)徐楷評注　(清)沈叔眉輯　清同治十年(1871)刻本　六册

360000－1901－0019290　421824
目耕齋讀本初集不分卷二集不分卷三集不分卷　(清)徐楷評注　(清)沈叔眉輯　清學庫山房刻本　六册

360000－1901－0019291　421821

目耕齋讀本初集不分卷二集不分卷小題不分卷　(清)徐楷評注　(清)沈叔眉輯　清道光二十一年(1841)刻本　四册

360000－1901－0019292　421822
目耕齋讀本初集不分卷二集不分卷小題不分卷　(清)徐楷評注　(清)沈叔眉輯　清刻本　五册

360000－1901－0019293　805142
目耕齋二集不分卷　(清)徐楷評注　(清)沈叔眉輯　清光緒十七年(1891)鎮江文成堂刻本　一册

360000－1901－0019294　421914
目耕齋二集不分卷　(清)徐楷評注　(清)沈叔眉輯　清光緒元年(1875)京都化甲堂刻本　一册

360000－1901－0019295　421825
目耕齋全集不分卷　(清)徐楷評注　(清)沈叔眉輯　清光緒二十年(1894)湖南書局刻本　六册

360000－1901－0019296　804985
目耕齋三集五卷　(清)徐楷評注　(清)沈叔眉輯　清光緒十九年(1893)寶善堂刻本　二册

360000－1901－0019297　901766
目耕齋試帖四卷　(清)袁學容撰　(清)萬向榮注釋　清道光五年(1825)刻本　三册　存三卷(一至三)

360000－1901－0019298　408272
目科正宗十六卷首一卷末一卷　(清)鄧學禮撰　清嘉慶刻本　一册　存三卷(十至十二)

360000－1901－0019299　307920
牧令全書　(清)丁日昌輯　清光緒二十二年(1896)上海圖書集成印書局石印本　八册

360000－1901－0019300　301701
牧令書二十三卷　(清)徐棟輯　清道光二十八年(1848)刻本　十七册　存二十二卷(二至二十三)

360000－1901－0019301　306051
牧令書二十三卷　(清)徐棟輯　清道光二十八年(1848)刻本　十五册　存二十卷(一至十二、十五至二十二)

360000－1901－0019302　418203
牧令書二十三卷　(清)徐棟輯　清道光二十八年(1848)刻本　十三册　存十八卷(二至十九)

360000－1901－0019303　603383
牧令書二十三卷　(清)徐棟輯　清道光二十八年(1848)刻本　一册　存一卷(一)

360000－1901－0019304　305390
牧令書二十三卷　(清)徐棟輯　清道光二十八年(1848)兩儀堂刻本　九册　存十四卷(一至十四)

360000－1901－0019305　713502
牧令書二十三卷　(清)徐棟輯　清刻本　二册　存二卷(八至九)

360000－1901－0019306　713702
牧令書二十三卷　(清)徐棟輯　清刻本　二册　存三卷(十四、十七至十八)

360000－1901－0019307　718356
牧令書二十三卷　(清)徐棟輯　清刻本　五册　存六卷(十一、十四至十七、二十一)

360000－1901－0019308　718202
牧令書二十三卷　(清)徐棟輯　清同治四年(1865)成都刻本　十五册　存二十卷(一至十三、十五至十六、十九至二十三)

360000－1901－0019309　721033
牧令書二十三卷保甲書四卷　(清)徐棟輯　清道光二十八年(1848)楚興國李煒刻本　一册　存一卷(十二)

360000－1901－0019310　722236
牧令書二十三卷保甲書四卷　(清)徐棟輯　清道光二十八年(1848)楚興國李煒刻本　四册　存四卷(十、十三、十八、二十)

360000－1901－0019311　301702

牧令書輯要十卷　(清)徐棟輯　(清)丁日昌編　清同治八年(1869)湖北崇文書局刻本　十冊

360000－1901－0019312　301703
牧令書輯要十卷　(清)徐棟輯　(清)丁日昌編　清同治八年(1869)湖北崇文書局刻本　十冊

360000－1901－0019313　301704
牧令書輯要十卷　(清)徐棟輯　(清)丁日昌編　清同治八年(1869)湖北崇文書局刻本　十冊

360000－1901－0019314　301704－1
牧令書輯要十卷　(清)徐棟輯　(清)丁日昌編　清同治八年(1869)湖北崇文書局刻本　十冊

360000－1901－0019315　161912
牧民忠告二卷廟堂忠告一卷風憲忠告一卷　(元)張養浩撰　清同治三年(1864)刻本　一冊

360000－1901－0019316　120982
牧潛集七卷　(元)釋圓至撰　清光緒二十五年(1899)南昌錢塘丁氏刻本　一冊

360000－1901－0019317　120983
牧潛集七卷　(元)釋圓至撰　清光緒二十五年(1899)南昌錢塘丁氏刻本　一冊

360000－1901－0019318　413892
牧菴雜紀六卷　(清)徐一麟撰　清刻本　三冊　存五卷(二至六)

360000－1901－0019319　120981
牧園詩鈔八卷　(清)廖騶龍撰　清嘉慶二十年(1815)刻本　四冊

360000－1901－0019320　413884
牧園詩鈔八卷文鈔四卷　(清)廖騶龍撰　清嘉慶二十年(1815)刻本　七冊　缺一卷(文鈔二)

360000－1901－0019321　413885
牧園詩鈔八卷文鈔四卷　(清)廖騶龍撰　清嘉慶二十年(1815)刻本　二冊　存三卷(牧園詩鈔五至六、文鈔四)

360000－1901－0019322　120980
牧園文鈔四卷　(清)廖騶龍撰　清道光五年(1825)漱潤山房刻本　四冊

360000－1901－0019323　317116
牧齋初學集詩注二十卷　(清)錢謙益撰　(清)錢曾箋注　清康熙刻玉詔堂印本　十二冊

360000－1901－0019324　304277
牧齋初學集詩注二十卷　(清)錢謙益撰　(清)錢曾箋注　清刻本　六冊

360000－1901－0019325　302137
牧齋初學集詩注二十卷　(清)錢謙益撰　(清)錢曾箋注　清玉詔堂刻本　六冊

360000－1901－0019326　309275
牧齋初學集一百十卷　(清)錢謙益撰　清刻本　三冊　存十一卷(七至十七)

360000－1901－0019327　309306
牧齋初學集一百十卷　(清)錢謙益撰　清刻本　六冊　存二十四卷(二十一至四十四)

360000－1901－0019328　240774
牧齋有學集詩注十四卷　(清)錢謙益撰　(清)錢曾箋注　清康熙刻本　六冊

360000－1901－0019329　240776
牧齋有學集詩注十四卷　(清)錢謙益撰　(清)錢曾箋注　清康熙刻本　六冊　存七卷(八至十四)

360000－1901－0019330　240773
牧齋有學集詩注十四卷　(清)錢謙益撰　(清)錢曾箋注　清康熙刻春暉堂印本　四冊

360000－1901－0019331　240775
牧齋有學集詩注十四卷　(清)錢謙益撰　(清)錢曾箋注　清康熙刻玉詔堂印本　四冊

360000－1901－0019332　317041
牧齋有學集詩注十四卷　(清)錢謙益撰　(清)錢曾箋注　清康熙刻玉詔堂印本　六冊

存七卷(一至七)

360000－1901－0019333　415143
牧齋有學集詩注十四卷　(清)錢謙益撰　(清)錢曾箋注　清乾隆刻本　五册　存十一卷(四至十四)

360000－1901－0019334　240772
牧齋有學集五十卷　(清)錢謙益撰　清康熙刻本　十八册　缺五卷(四十六至五十)

360000－1901－0019335　120661
募修芳溪往縣路宏義錄不分卷　(清)芳溪路局撰　清光緒十一年(1885)木活字印本　一册

360000－1901－0019336　302770
募修港口石橋記錄不分卷　(清)□□撰　清光緒三十年(1904)木活字印本　一册

360000－1901－0019337　161489
墓銘舉例四卷　(明)王行撰　清抄本　一册

360000－1901－0019338　220802
墓銘舉例四卷　(明)王行撰　**金石要例一卷**　(清)黄宗羲撰　清乾隆二十一年(1756)金匱王穎鋭刻本　一册

360000－1901－0019339　404751
幕學舉要一卷　(清)萬維翰撰　清乾隆三十五年(1770)刻本　一册

360000－1901－0019340　801887
幕學入門不分卷　(清)綰生抄　清抄本　一册

360000－1901－0019341　411258
睦堂先生文集六十卷　(清)徐湘潭撰　(清)王典等編　清道光二十二年(1842)刻本　二册　存七卷(一、六至十一)

360000－1901－0019342　121958
睦堂先生文集六十卷睦堂先生詩甲集三十四卷　(清)徐湘潭撰　(清)王典等編　清道光二十二年(1842)刻本　二十二册

360000－1901－0019343　302783
慕萊堂詩文徵存十卷　(清)李維翰撰　清光緒二十一年(1895)刻本　四册

360000－1901－0019344　404850
慕虞軒駢體尺牘不分卷　(清)宋體淳撰　清刻本　一册

360000－1901－0019345　900742
慕虞軒駢體尺牘不分卷　(清)宋體淳撰　清刻本　一册

360000－1901－0019346　301528
穆勒名學八卷　(英國)穆勒約翰著　嚴復譯　清光緒二十八年(1902)金粟齋鉛印本　二册

360000－1901－0019347　301529
穆勒名學八卷　(英國)穆勒約翰著　嚴復譯　清光緒二十八年(1902)金粟齋鉛印本　二册

360000－1901－0019348　803024
穆勒名學八卷　(英國)穆勒約翰撰　嚴復譯　清光緒二十八年(1902)金粟齋鉛印本　一册　存五卷(四至八)

360000－1901－0019349　308524
穆勒名學三卷　(英國)穆勒約翰撰　嚴復譯　清光緒三十一年(1905)金粟齋刻本　八册

360000－1901－0019350　313841
穆勒名學三卷　(英國)穆勒約翰撰　嚴復譯　清光緒三十一年(1905)金粟齋刻本　八册

360000－1901－0019351　410145
穆堂別稾五十卷　(清)李紱撰　清道光十一年(1831)刻本　九册　存四十卷(一至十九、二十三至四十三)

360000－1901－0019352　241005
穆堂別稾五十卷　(清)李紱撰　清乾隆十二年(1747)奉國堂刻本　八册

360000－1901－0019353　241006
穆堂別稾五十卷　(清)李紱撰　清乾隆十二年(1747)奉國堂刻本　四册

360000－1901－0019354　241007
穆堂別稾五十卷　(清)李紱撰　清乾隆十二二

年(1747)奉國堂刻本　六冊

360000－1901－0019355　410144－1
穆堂初稿五十卷　(清)李紱撰　清刻本　五冊　存十三卷(二十二至二十六、三十七至三十九、四十二至四十六)

360000－1901－0019356　601752
穆堂初稿五十卷別稿五十卷　(清)李紱撰　清道光十一年(1831)刻本　四冊　存十二卷(穆堂初稿十一至十九、三十六至三十八)

360000－1901－0019357　240998
穆堂初藁五十卷　(清)李紱撰　清乾隆二年(1737)李光墺刻本　十六冊

360000－1901－0019358　240999
穆堂初藁五十卷　(清)李紱撰　清乾隆二年(1737)李光墺刻本　十六冊

360000－1901－0019359　241000
穆堂初藁五十卷　(清)李紱撰　清乾隆五年(1740)安居王氏無怒軒刻本　十六冊

360000－1901－0019360　241001
穆堂初藁五十卷　(清)李紱撰　清乾隆五年(1740)安居王氏無怒軒刻本　十六冊

360000－1901－0019361　241002
穆堂初藁五十卷　(清)李紱撰　清乾隆五年(1740)安居王氏無怒軒刻本　十四冊

360000－1901－0019362　241003
穆堂初藁五十卷　(清)李紱撰　清乾隆五年(1740)安居王氏無怒軒刻本　十冊

360000－1901－0019363　241004
穆堂初藁五十卷　(清)李紱撰　清乾隆五年(1740)安居王氏無怒軒刻本　十七冊

360000－1901－0019364　410144
穆堂初藁五十卷　(清)李紱撰　清乾隆五年(1740)安居王氏無怒軒刻本　八冊　存三十二卷(一至十二、二十二至二十八、三十二至三十七、四十四至五十)

360000－1901－0019365　150635
納書楹曲譜正集四卷續集四卷補遺四卷外集二卷納書楹玉茗堂四夢全譜八卷　(清)葉堂撰　清道光二十八年(1848)刻本　二十四冊

360000－1901－0019366　150636
納書楹曲譜正集四卷續集四卷補遺四卷外集二卷納書楹玉茗堂四夢全譜八卷　(清)葉堂撰　清道光二十八年(1848)刻本　二十冊

360000－1901－0019367　241576
納書楹曲譜正集四卷續集四卷補遺四卷外集二卷納書楹玉茗堂四夢全譜八卷　(清)葉堂撰　清乾隆五十七年至五十九年(1792－1794)葉懷庭納書楹刻本　二十冊

360000－1901－0019368　241577
納書楹曲譜正集四卷續集四卷補遺四卷外集二卷納書楹玉茗堂四夢全譜八卷　(清)葉堂撰　清乾隆五十七年至五十九年(1792－1794)葉懷庭納書楹刻本　二十冊

360000－1901－0019369　241578
納書楹曲譜正集四卷續集四卷補遺四卷外集二卷納書楹玉茗堂四夢全譜八卷　(清)葉堂撰　清乾隆五十七年至五十九年(1792－1794)葉懷庭納書楹刻本　十八冊　缺四卷(納書楹曲譜正集四卷)

360000－1901－0019370　241579
納書楹曲譜正集四卷續集四卷補遺四卷外集二卷納書楹玉茗堂四夢全譜八卷　(清)葉堂撰　清乾隆五十七年至五十九年(1792－1794)葉懷庭納書楹刻本　二冊　存二卷(南柯記二卷)

360000－1901－0019371　404620
納書楹曲譜正集四卷續集四卷補遺四卷外集二卷納書楹玉茗堂四夢全譜八卷　(清)葉堂撰　清乾隆五十七年至五十九年(1792－1794)葉懷庭納書楹刻本　十冊　存十卷(續集三至四,補遺一、三,外集二卷,邯鄲記上、牡丹亭二卷、紫釵記下)

360000－1901－0019372　404620－1
納書楹曲譜正集四卷續集四卷補遺四卷外集二卷納書楹玉茗堂四夢全譜八卷　(清)葉堂

撰　清乾隆五十七年至五十九年(1792－1794)葉懷庭納書楹刻本　一册　存一卷(補遺一)

360000－1901－0019373　802414
仍三官會目錄不分卷　(□)□□輯　清光緒八年(1882)江夏黄榮賢抄本　一册

360000－1901－0019374　421531
奈何天傳奇四集三十齣　(清)李漁編　清刻本　一册

360000－1901－0019375　150544
耐庵類稿　(清)陳偉撰　清光緒二十二年(1896)刻本　六册

360000－1901－0019376　804624
耐辱居士詩品一卷附二十四畫品一卷　(唐)司空圖撰　清抄本　一册

360000－1901－0019377　121164
耐軒文初鈔十卷首一卷　(清)楊士達撰　清光緒五年(1879)木活字印本　三册

360000－1901－0019378　121163
耐軒文初鈔十卷首一卷二鈔四卷　(清)楊士達撰　清光緒十年(1884)木活字印本　四册

360000－1901－0019379　309232
耐菴文存六卷首一卷詩存三卷　(清)賀長齡撰　清咸豐十一年(1861)刻本　四册

360000－1901－0019380　408422
男科二卷　(明)傅山撰　清同治七年(1868)刻本　二册

360000－1901－0019381　164913
男科二卷　(清)傅山撰　清光緒七年(1881)刻本　二册

360000－1901－0019382　408425
男科二卷女科二卷産後編二卷　(清)傅山撰　清光緒十二年(1886)森寶齋刻本　六册

360000－1901－0019383　414056
南邦黎獻集十六卷　(清)鄂爾泰輯　清雍正刻本　十六册

360000－1901－0019384　902446
南北朝文鈔二卷　(清)彭兆蓀輯　清光緒元年(1875)南海伍氏刻粤雅堂叢書本　一册　存一卷(下)

360000－1901－0019385　414029
南北淩雲館砧基一卷　(清)淩雲館編　清道光十七年(1837)刻本　一册

360000－1901－0019386　305773
南北史補志十四卷　(清)汪士鐸撰　清光緒四年(1878)淮南書局刻本　五册　存十二卷(一至五、八至十四)

360000－1901－0019387　313187
南北史補志十四卷　(清)汪士鐸撰　清光緒四年(1878)淮南書局刻本　八册

360000－1901－0019388　400237
南北史補志十四卷　(清)汪士鐸撰　清光緒四年(1878)淮南書局刻本　六册

360000－1901－0019389　402813
南北史捃華八卷　(清)周嘉猷輯　清光緒二年(1876)退補齋刻本　一册　存二卷(三至四)

360000－1901－0019390　402810
南北史捃華八卷　(清)周嘉猷輯　清光緒十年(1884)蕉心室刻本　四册

360000－1901－0019391　402811
南北史捃華八卷　(清)周嘉猷輯　清刻本　二册　存二卷(一至二)

360000－1901－0019392　305767
南北史識小録十六卷　(清)沈名蓀　(清)朱昆田輯　(清)張應昌補正　清刻本　五册　存十四卷(一至十四)

360000－1901－0019393　401701
南北宋演義全傳二十卷　(明)研石山樵訂正　(明)織里畸人校閲　清集文堂刻本　九册　缺二卷(南宋志傳九至十)

360000－1901－0019394　401703－3
南北宋演義全傳二十卷　(明)研石山樵訂正

（明）織里畸人校閱　清刻本　一冊　存四卷（北宋志傳七至十）

360000－1901－0019395　241442
南昌文考二十卷　（清）徐午輯　清乾隆六十年（1795）刻本　十冊

360000－1901－0019396　241443
南昌文考二十卷　（清）徐午輯　清乾隆六十年（1795）刻本　十冊

360000－1901－0019397　241444
南昌文考二十卷　（清）徐午輯　清乾隆六十年（1795）刻本　十冊

360000－1901－0019398　121119
南朝史精語十卷　（宋）洪邁撰　**札記一卷**　繆荃孫撰　清光緒三十一年（1905）江陰繆氏刻對雨樓叢書本　一冊

360000－1901－0019399　711700
南朝宋文二十八卷　（明）張采輯　明崇禎刻本　十冊　存二十卷（三至十八、二十一至二十四）

360000－1901－0019400　718297
南朝宋文二十八卷　（明）張采輯　明崇禎刻本　二冊　存四卷（一至二、十九至二十）

360000－1901－0019401　121643
南池類稿不分卷　（清）涂登撰　清刻本　一冊

360000－1901－0019402　121098
南川草堂詩鈔十三卷　（清）宋鳴珂撰　清嘉慶八年（1803）世恩堂刻本　二冊

360000－1901－0019403　121099
南川草堂詩鈔十三卷　（清）宋鳴珂撰　清嘉慶八年（1803）世恩堂刻本　二冊

360000－1901－0019404　407748
南窻雜志十二卷　（清）香雪道人撰　（清）少摩山人編　清刻本　四冊　存八卷（一至二、五至八、十一至十二）

360000－1901－0019405　240472
南邨詩集四卷　（明）陶宗儀撰　明崇禎十一年（1638）毛氏汲古閣刻元人十種詩本　四冊

360000－1901－0019406　414030
南村草堂文鈔二十卷詩鈔二十四卷　（清）鄧顯鶴撰　清道光九年（1829）刻本　十四冊

360000－1901－0019407　302463
南村草堂文鈔二十卷詩鈔二十四卷　（清）鄧顯鶴撰　清咸豐元年（1851）刻本　十六冊

360000－1901－0019408　307719
南村草堂文鈔二十卷詩鈔二十四卷　（清）鄧顯鶴撰　清咸豐元年（1851）刻本　六冊　存二十卷（南村草堂文鈔二十卷）

360000－1901－0019409　161788
南渡錄四卷　題（宋）辛棄疾撰　清光緒六年（1880）刻本　二冊

360000－1901－0019410　240330
南豐曾文昭公曲阜集二卷　（宋）曾肇撰　民國抄本（豫章叢書底本）　一冊

360000－1901－0019411　713816
南豐先生全集錄二卷　（宋）曾鞏撰　清康熙四十二年（1703）松麟堂刻唐宋大家全集錄本　一冊

360000－1901－0019412　713817
南豐先生全集錄二卷　（宋）曾鞏撰　清康熙四十二年（1703）松麟堂刻唐宋大家全集錄本　一冊　存一卷（二）

360000－1901－0019413　240238
南豐先生元豐類藁五十三卷　（宋）曾鞏撰　清康熙五十六年（1717）長洲顧崧齡刻本　六冊　缺二十二卷（一至二十二）

360000－1901－0019414　240237
南豐先生元豐類藁五十三卷　（宋）曾鞏撰　清康熙五十六年（1717）長洲顧崧齡刻本（集外文配清抄本）　十二冊　缺二卷（五十、五十三）

360000－1901－0019415　317038
南豐先生元豐類藁五十三卷　（宋）曾鞏撰　清末影印本　十二冊

360000－1901－0019416　240230
南豐先生元豐類藁五十一卷　（宋）曾鞏撰　明嘉靖四十一年(1562)黃希憲刻本　八册

360000－1901－0019417　240231
南豐先生元豐類藁五十一卷　（宋）曾鞏撰　明嘉靖四十一年(1562)黃希憲刻本　十六册　缺十三卷(八至九、二十五至二十七、三十四至四十、五十一)

360000－1901－0019418　240232
南豐先生元豐類藁五十一卷　（宋）曾鞏撰　明萬曆二十五年(1597)查溪曾敏才等刻本　二十册

360000－1901－0019419　240233
南豐先生元豐類藁五十一卷　（宋）曾鞏撰　明萬曆二十五年(1597)查溪曾敏才等刻本　二十册

360000－1901－0019420　240234
南豐先生元豐類藁五十一卷　（宋）曾鞏撰　明萬曆二十五年(1597)查溪曾敏才等刻本　四册　缺十二卷(一至五、十四至二十)

360000－1901－0019421　240235
南豐先生元豐類藁五十一卷　（宋）曾鞏撰　明萬曆二十五年(1597)查溪曾敏才等刻本　十二册　缺十三卷(三十八至五十)

360000－1901－0019422　240236
南豐先生元豐類藁五十一卷　（宋）曾鞏撰　明萬曆二十五年(1597)查溪曾敏才等刻本　一册　存十卷(三十一至四十)

360000－1901－0019423　420112
南高平物產記二卷　（清）鄒漢勛撰　清光緒九年(1883)刻鄒叔子遺書本　一册　存一卷(上)

360000－1901－0019424　404435
南宮徵夢記一卷　（清）趙承翰撰　清光緒十六年(1890)刻本　一册

360000－1901－0019425　302442
南還日記二卷附癸卯北行日記一卷乙巳南還日記一卷　（清）楊廷桂撰　清同治六年(1867)刻本　二册

360000－1901－0019426　420150
南海普陀山志十五卷首一卷　（清）朱謹輯　（清）陳濬等輯　清康熙刻雍正增刻本　四册

360000－1901－0019427　404956
南海先生五上書記一卷七上書記一卷俄彼得變政記一卷　康有爲撰　清光緒二十三年(1897)上海大同譯書局石印本　一册　存一卷(南海先生五上書記一卷)

360000－1901－0019428　418151
南海先生五上書記一卷七上書記一卷俄彼得變政記一卷　康有爲撰　清光緒二十三年(1897)上海大同譯書局石印本　一册

360000－1901－0019429　302432
南漢紀五卷　（清）吳蘭修撰　清道光十四年(1834)鄭氏淳一堂刻本　二册

360000－1901－0019430　302454
南漢書十八卷考異十八卷文字略四卷叢錄二卷　（清）梁廷枏撰　清道光十年(1830)刻本　四册

360000－1901－0019431　220777
南行日記一卷　（清）曹申吉撰　清乾隆三十五年(1770)刻本　一册

360000－1901－0019432　414039
南湖詩集十一卷　（清）張雲驤撰　清光緒十四年(1888)刻本　二册　存九卷(一至九)

360000－1901－0019433　414024
南湖遊草一卷吉贛遊草一卷虔城寓草一卷　（清）鄒大成撰　清咸豐刻本　一册

360000－1901－0019434　407144－1
南華發覆八卷　（明）釋性通撰　清刻本　二册　存四卷(二至五)

360000－1901－0019435　407144－2
南華發覆八卷　（明）釋性通撰　清刻本　一册　存二卷(二至三)

360000－1901－0019436　407144－3

南華發覆八卷　(明)釋性涵撰　清刻本　二冊　存三卷(二至三、七)

360000－1901－0019437　407143
南華發覆八卷　(明)釋性涵撰　清文秀堂刻本　二冊

360000－1901－0019438　407144
南華發覆八卷　(明)釋性涵撰　清文秀堂刻本　四冊　存七卷(一至五、七至八)

360000－1901－0019439　407152
南華簡鈔四卷　(清)徐廷槐輯注　清乾隆六年(1741)刻本　一冊　存二卷(一至二)

360000－1901－0019440　162475
南華經解三十三卷　(清)宣穎撰　清同治五年(1866)吳坤修皖城藩署刻本　六冊

360000－1901－0019441　162476
南華經解三十三卷　(清)宣穎撰　清同治五年(1866)吳坤修皖城藩署刻本　六冊

360000－1901－0019442　162477
南華經解三十三卷　(清)宣穎撰　清同治五年(1866)吳坤修皖城藩署刻本　六冊

360000－1901－0019443　310702
南華經解三十三卷　(清)宣穎撰　清同治五年(1866)吳坤修皖城藩署刻本　二冊　存二卷(二至三)

360000－1901－0019444　313931
南華經解三十三卷　(清)宣穎撰　清同治五年(1866)吳坤修皖城藩署刻本　六冊

360000－1901－0019445　230153
南華經内篇七卷　(明)潘基慶集注　明刻本　四冊

360000－1901－0019446　241018
南華山房詩鈔六卷南華山人詩鈔十六卷　(清)張鵬翀撰　清乾隆刻本　六冊

360000－1901－0019447　407136
南華通七卷　(清)孫嘉淦撰　清乾隆三十六年(1771)李泰、屈來泰刻本　二冊

360000－1901－0019448　407145
南華真經八卷　(晉)郭象注　清嘉慶十一年(1806)刻本　四冊

360000－1901－0019449　716997
南華真經八卷　(晉)郭象注　清嘉慶十一年(1806)刻本　一冊　存二卷(一至二)

360000－1901－0019450　417779
南華真經本義十六卷附錄八卷　(明)陳治安撰　清道光刻本　八冊

360000－1901－0019451　417779－1
南華真經本義十六卷附錄八卷　(明)陳治安撰　清道光刻本　一冊　存三卷(南華真經本義三至五)

360000－1901－0019452　405640
南華真經本義十六卷附錄八卷　(明)陳治安撰　清刻本　一冊　存三卷(十至十二)

360000－1901－0019453　230149
南華真經副墨八卷讀南華真經雜說一卷　(明)陸西星撰　明萬曆六年(1578)李齊芳刻本　三冊　存四卷(南華真經副墨一至三、讀南華真經雜說一卷)

360000－1901－0019454　230150
南華真經副墨八卷讀南華真經雜說一卷　(明)陸西星撰　明萬曆十三年(1585)孫大綬刻本　四冊

360000－1901－0019455　407159
南華真經解六卷　(清)宣穎撰　清海清樓刻本　二冊　存三卷(四至六)

360000－1901－0019456　302745
南華真經解六卷　(清)宣穎撰　清刻本　六冊

360000－1901－0019457　407158
南華真經解内篇七卷外篇十五卷雜篇十一卷　(清)宣穎撰　清康熙刻本　二冊　存十九卷(外篇一至八、雜篇十一卷)

360000－1901－0019458　407158－2
南華真經解内篇七卷外篇十五卷雜篇十一卷

（清）宣穎撰　清康熙刻本　一冊　存十一卷（雜篇十一卷）

360000－1901－0019459　407160－1
南華真經解内篇七卷外篇十五卷雜篇十一卷　（清）宣穎撰　清康熙六十年（1721）積秀堂刻本　一冊　存七卷（南華真經解内篇七卷）

360000－1901－0019460　407160－2
南華真經解内篇七卷外篇十五卷雜篇十一卷　（清）宣穎撰　清康熙六十年（1721）積秀堂刻本　一冊　存四卷（南華真經解内篇四至七）

360000－1901－0019461　407158－1
南華真經解内篇七卷外篇十五卷雜篇十一卷　（清）宣穎撰　清刻本　二冊　存十九卷（南華真經解内篇六至七、外篇一至六、雜篇十一卷）

360000－1901－0019462　800906
南華真經解内篇七卷外篇十五卷雜篇十一卷　（清）宣穎撰　清刻本　一冊　存四卷（南華真經解内篇四至七）

360000－1901－0019463　310149
南華真經解三卷　（清）宣穎撰　清經綸堂刻本　六冊

360000－1901－0019464　407157
南華真經解三卷　（清）宣穎撰　清經袖堂刻本　三冊

360000－1901－0019465　407156－1
南華真經解三卷　（清）宣穎撰　清刻本　一冊　存一卷（三）

360000－1901－0019466　407160
南華真經解三卷　（清）宣穎撰　清刻本　五冊

360000－1901－0019467　407156
南華真經解三卷　（清）宣穎撰　清文光堂刻本　三冊

360000－1901－0019468　162473
南華真經旁注五卷　（晉）向秀注　（晉）郭象評　清康熙五十五年（1716）刻本　五冊

360000－1901－0019469　407097
南華真經旁注五卷　（晉）向秀注　（晉）郭象評　清康熙五十五年（1716）刻本　六冊

360000－1901－0019470　163971
南華真經旁注五卷　（明）方虛名撰　明萬曆二十二年（1594）刻本　二冊　存二卷（二、四）

360000－1901－0019471　230152
南華真經旁注五卷　（明）方虛名撰　（明）孫平仲音校　明萬曆二十二年（1594）刻本　一冊

360000－1901－0019472　305771
南華真經評注五卷　（晉）向秀注　（晉）郭象評　清刻本　二冊　存三卷（三至五）

360000－1901－0019473　230145
南華真經十卷　（晉）郭象注　（唐）陸德明音義　明刻本　六冊

360000－1901－0019474　603449
南華真經十卷　（晉）郭象注　（唐）陸德明音義　清嘉慶九年（1804）姑蘇王氏聚文堂刻十子全書本　三冊

360000－1901－0019475　721745
南華真經十卷　（晉）郭象注　（唐）陸德明音義　清嘉慶九年（1804）姑蘇王氏聚文堂刻十子全書本　五冊

360000－1901－0019476　721746
南華真經十卷　（晉）郭象注　（唐）陸德明音義　清嘉慶九年（1804）姑蘇王氏聚文堂刻十子全書本　一冊　存二卷（一至二）

360000－1901－0019477　302753
南華真經十卷　（晉）郭象注　（唐）陸德明音義　清刻本　三冊

360000－1901－0019478　302754
南華真經十卷　（晉）郭象注　（唐）陸德明音義　清同治四年（1865）刻本　八冊

360000－1901－0019479　307759

南華真經正義不分卷附識餘三種　(清)陳壽昌輯　清光緒十九年(1893)怡顔齋刻本　四冊

360000－1901－0019480　407137
南華真經正義内篇七卷外篇十五卷雜篇十一卷識餘一卷　(清)陳壽昌輯　清光緒十九年(1893)怡顔齋刻本　一冊　存一卷(識餘一卷)

360000－1901－0019481　162472
南華真經注解八卷　(清)黄正位重校　清嘉慶十一年(1806)昭德堂刻本　六冊

360000－1901－0019482　163342
南澗甲乙稿二十二卷　(宋)韓元吉撰　清道光十年(1830)刻本　五冊　存十三卷(五至十七)

360000－1901－0019483　414023
南澗甲乙稿二十二卷　(宋)韓元吉撰　清刻本　二冊　存八卷(一至八)

360000－1901－0019484　220123
南疆逸史五十六卷　(清)溫睿臨撰　清抄本　八冊

360000－1901－0019485　302349
南疆繹史勘本三十卷首二卷　(清)溫睿臨撰　(清)李瑤勘定　**摭遺十八卷卹謚考八卷**　(清)李瑤撰　清道光十年(1830)蕭山蔡氏之城南草堂刻本　十六冊

360000－1901－0019486　310476
南疆繹史勘本三十卷首二卷　(清)溫睿臨撰　(清)李瑤勘定　**摭遺十八卷卹謚考八卷**　(清)李瑤撰　清刻本　十六冊

360000－1901－0019487　400604
南疆繹史勘本三十卷首二卷　(清)溫睿臨撰　(清)李瑤勘定　**摭遺十八卷卹謚考八卷**　(清)李瑤撰　清刻本　一冊　存七卷(二十三至二十九)

360000－1901－0019488　311870
南疆繹史勘本三十卷首二卷　(清)溫睿臨撰　(清)李瑤勘定　**摭遺十八卷卹謚考八卷**　(清)李瑤撰　清北京琉璃廠半松居士刻本　十六冊

360000－1901－0019489　150252
南菁札記不分卷　(清)溥良輯　清光緒二十年(1894)江陰使署刻本　六冊

360000－1901－0019490　150253
南菁札記不分卷　(清)溥良輯　清光緒二十年(1894)江陰使署刻本　六冊

360000－1901－0019491　000489
南雷文定前集十一卷後集四卷附錄一卷　(清)黄宗羲撰　清康熙二十七年(1688)靳治荆刻本　四冊　存四卷(後集四卷)

360000－1901－0019492　421805
南雷文定前集十一卷後集四卷三集三卷詩曆四卷世譜一卷附錄一卷　(清)黄宗羲撰　清咸豐三年(1853)刻粤雅堂叢書本　一冊　存二卷(詩曆一至二)

360000－1901－0019493　720622
南雷文定前集十一卷後集四卷三集三卷詩曆四卷世譜一卷附錄一卷　(清)黄宗羲撰　清咸豐三年(1853)刻粤雅堂叢書本　一冊　存三卷(詩曆二至四)

360000－1901－0019494　302439
南雷文定前集十一卷後集四卷三集三卷四集四卷附錄一卷　(清)黄宗羲撰　清光緒慈溪馮氏耕餘樓刻本　八冊

360000－1901－0019495　240802
南雷文定前集十一卷後集四卷三集三卷四集四卷附錄一卷　(清)黄宗羲撰　清康熙二十七年(1688)靳治荆刻本(前集卷一至五配清抄本)　四冊　缺七卷(後集四卷、三集三卷)

360000－1901－0019496　313969－1
南陵無雙譜一卷　(清)金史繪　清刻本　一冊

360000－1901－0019497　414038
南屏輿頌錄一卷　(清)傅作舟等撰　清同治

十二年(1873)雲山書院刻本　一冊

360000－1901－0019498　163978
南齊書五十九卷　(南朝梁)蕭子顯撰　明崇禎十年(1637)毛氏汲古閣刻十七史本　六冊

360000－1901－0019499　163975
南齊書五十九卷　(南朝梁)蕭子顯撰　明萬曆十七年(1589)南京國子監刻本　十一冊

360000－1901－0019500　163977
南齊書五十九卷　(南朝梁)蕭子顯撰　明萬曆十七年(1589)南京國子監刻本　六冊　存四十三卷(一至七、九至三十七、五十三至五十九)

360000－1901－0019501　302428
南齊書五十九卷　(南朝梁)蕭子顯撰　清刻本　十冊

360000－1901－0019502　309039
南齊書五十九卷　(南朝梁)蕭子顯撰　清同治十三年(1874)金陵書局刻二十四史本　六冊

360000－1901－0019503　309151
南齊書五十九卷　(南朝梁)蕭子顯撰　清同治十三年(1874)金陵書局刻二十四史本　八冊

360000－1901－0019504　310820
南齊書五十九卷　(南朝梁)蕭子顯撰　清同治十三年(1874)金陵書局刻二十四史本　四冊

360000－1901－0019505　311002
南齊書五十九卷　(南朝梁)蕭子顯撰　清同治十三年(1874)金陵書局刻二十四史本　六冊

360000－1901－0019506　220252
南遷錄一卷　題(金)張師顏撰　清抄本　佚名校　一冊

360000－1901－0019507　414026
南樵初集十四卷　(清)梁無技撰　清刻本　一冊　存六卷(一至六)

360000－1901－0019508　409695
南沙贈言不分卷松陵贈言不分卷　(清)蔣犀林等撰　清光緒十六年(1890)刻本　三冊

360000－1901－0019509　163972
南山集十六卷　(清)戴名世撰　清刻本　三冊　存六卷(三至四、十一至十二、十五至十六)

360000－1901－0019510　309516
南山全集十六卷　(清)戴名世撰　清光緒十六年(1890)刻本　二冊　存四卷(一至四)

360000－1901－0019511　413961
南山全集十六卷　(清)戴名世撰　清光緒十六年(1890)印鴻堂刻本　六冊　存十卷(一至四、九至十二、十五至十六)

360000－1901－0019512　307639
南山全集十四卷年譜一卷　(清)戴名世撰　清秀野軒刻本　五冊　存十卷(一至九、年譜一卷)

360000－1901－0019513　414025
南省公餘錄八卷　(清)梁章鉅撰　清嘉慶刻本　一冊　存四卷(一至四)

360000－1901－0019514　163979
南史八十卷　(唐)李延壽撰　明崇禎十三年(1640)毛氏汲古閣刻十七史本　十冊

360000－1901－0019515　163980－1
南史八十卷　(唐)李延壽撰　明崇禎十三年(1640)毛氏汲古閣刻十七史本　一冊　存五卷(七十六至八十)

360000－1901－0019516　163980
南史八十卷　(唐)李延壽撰　明萬曆刻本　十八冊　存五十九卷(一至十五、十九至三十六、四十至四十四、五十一至五十八、六十三至七十五)

360000－1901－0019517　805201
南史八十卷　(唐)李延壽撰　明萬曆刻清順治遞修本　三冊　存十卷(一至十)

360000－1901－0019518　302465

南史八十卷　(唐)李延壽撰　清古吳書業趙氏刻本　二十冊

360000－1901－0019519　312634
南史八十卷　(唐)李延壽撰　清光緒六年(1880)尊經書局刻本　十二冊

360000－1901－0019520　902011
南史八十卷　(唐)李延壽撰　清光緒三十三年(1907)上海華商集成圖書公司鉛印二十四史本　七冊　存四十五卷(一至十、十七至三十六、四十五至五十二、六十一至六十七)

360000－1901－0019521　902412
南史八十卷　(唐)李延壽撰　清刻本　十七冊　存六十九卷(四至十八、二十三至六十八、七十三至八十)

360000－1901－0019522　306062
南史八十卷　(唐)李延壽撰　清同治十一年(1872)金陵書局刻二十四史本　五冊　存二十五卷(五十六至八十)

360000－1901－0019523　308551
南史八十卷　(唐)李延壽撰　清同治十一年(1872)金陵書局刻二十四史本　七冊　存五十五卷(一至二十二、四十八至八十)

360000－1901－0019524　309170
南史八十卷　(唐)李延壽撰　清同治十一年(1872)金陵書局刻二十四史本　十六冊

360000－1901－0019525　310848
南史八十卷　(唐)李延壽撰　清同治十一年(1872)金陵書局刻二十四史本　八冊　存五十卷(一至三十二、六十三至八十)

360000－1901－0019526　220299
南史刪三十一卷　(明)茅國縉輯　明刻本　六冊

360000－1901－0019527　302468
南史識小錄十四卷　(清)沈名蓀　(清)朱昆田輯　(清)張應昌補正　清同治十年(1871)武林吳氏清來堂刻本　六冊

360000－1901－0019528　301047
南史識小錄十四卷北史識小錄十四卷　(清)沈名蓀　(清)朱昆田輯　(清)張應昌補正　清同治十年(1871)武林吳氏清來堂刻本　六冊　存十四卷(北史識小錄十四卷)

360000－1901－0019529　312643
南史識小錄十四卷北史識小錄十四卷　(清)沈名蓀　(清)朱昆田輯　(清)張應昌補正　清同治十年(1871)武林吳氏清來堂刻本　十二冊

360000－1901－0019530　240591
南松堂稿七卷　(明)張鰲山撰　明萬曆四年(1576)張程刻本　二冊

360000－1901－0019531　305774
南宋羣賢小集　(宋)陳起輯　(清)顧修重輯　清嘉慶六年(1801)石門顧氏讀畫齋刻本　三十八冊

360000－1901－0019532　413123
南宋羣賢小集　(宋)陳起輯　(清)顧修重輯　清嘉慶六年(1801)石門顧氏讀畫齋刻本　二十四冊

360000－1901－0019533　802778
南宋羣賢小集　(宋)陳起輯　(清)顧修重輯　清嘉慶六年(1801)石門顧氏讀畫齋刻本　二冊　存三種

360000－1901－0019534　302451
南宋書六十八卷　(明)錢士升撰　清嘉慶二年(1797)掃葉山房刻宋遼金元別史本　八冊

360000－1901－0019535　302453
南宋書六十八卷　(明)錢士升撰　清嘉慶二年(1797)掃葉山房刻宋遼金元別史本　八冊

360000－1901－0019536　311030
南宋書六十八卷　(明)錢士升撰　清嘉慶二年(1797)掃葉山房刻宋遼金元別史本　十冊

360000－1901－0019537　400048
南宋書六十八卷　(明)錢士升撰　清嘉慶二年(1797)掃葉山房刻宋遼金元別史本　八冊　存六十一卷(一至三十五、四十至六十五)

360000－1901－0019538　803146－1

南宋書六十八卷　(明)錢士升撰　清嘉慶二年(1797)掃葉山房刻宋遼金元別史本　一冊　存二卷(三十七至三十八)

360000－1901－0019539　400049

南宋書六十八卷　(明)錢士升撰　清刻本　二冊　存十四卷(五至十、二十四至三十一)

360000－1901－0019540　302450

南宋文範七十卷外編四卷　(清)莊仲方編　清光緒十四年(1888)江蘇書局刻本　十六冊

360000－1901－0019541　305772

南宋文範七十卷外編四卷　(清)莊仲方編　清光緒十四年(1888)江蘇書局刻本　十一冊　存三十一卷(一至三十一)

360000－1901－0019542　415478

南宋文範七十卷外編四卷　(清)莊仲方編　清光緒十四年(1888)江蘇書局刻本　二冊　存十一卷(二十六至三十、四十六至五十一)

360000－1901－0019543　307828

南宋文範七十卷外編四卷　(清)莊仲方編　清刻本　十七冊　存四十三卷(南宋文範三十二至七十、外編四卷)

360000－1901－0019544　302449

南宋文錄錄二十四卷　(清)董兆熊輯　清光緒十七年(1891)蘇州書局刻本　六冊

360000－1901－0019545　316623

南宋文錄錄二十四卷　(清)董兆熊輯　清光緒十七年(1891)蘇州書局刻本　六冊

360000－1901－0019546　163053

南宋院畫錄八卷　(清)厲鶚輯　清光緒十年(1884)刻本　二冊

360000－1901－0019547　303378

南宋樂府一卷　(清)章季英撰　(清)趙葆燧纂注　清光緒二年(1876)歸安趙氏刻本　一冊

360000－1901－0019548　412799

贛州府學堂讀書錄初編二卷　(清)汪寶輯　清光緒三十年(1904)木活字印本　一冊　存一卷(下)

360000－1901－0019549　412904

南宋雜事詩七卷　(清)沈嘉轍等撰　清康熙刻本　二冊

360000－1901－0019550　303377

南宋雜事詩七卷　(清)沈嘉轍等撰　清同治十一年(1872)淮南書局刻本　四冊

360000－1901－0019551　315939

南宋雜事詩七卷　(清)沈嘉轍等撰　清同治十一年(1872)淮南書局刻本　四冊

360000－1901－0019552　412903

南宋雜事詩七卷　(清)沈嘉轍等撰　清同治十一年(1872)淮南書局刻本　一冊　存三卷(一至三)

360000－1901－0019553　161786－1

南宋雜事詩七卷　(清)沈嘉轍等撰　清武林芹香齋刻本　二冊

360000－1901－0019554　400047

南唐書合刻　(清)蔣國祥　(清)蔣國祚輯　清康熙蔣國祥刻本　五冊

360000－1901－0019555　305770

南唐書合刻　(清)蔣國祥　(清)蔣國祚輯　清刻本　六冊　存三十八卷(馬著南唐書一至二十、陸著十八卷)

360000－1901－0019556　305768

南唐書合刻　(清)蔣國祥　(清)蔣國祚輯　清同治十三年(1874)盱南三餘書屋刻本　五冊　存三十九卷(馬著南唐書三十卷、陸著十至十八)

360000－1901－0019557　220269

南唐書三十卷　(宋)馬令撰　明嘉靖二十九年(1550)刻本　五冊　缺四卷(二十至二十三)

360000－1901－0019558　302436

南唐書三十卷　(宋)馬令撰　(明)陳繼儒訂　清刻本　二冊

360000－1901－0019559　302438
南唐書十八卷　(宋)陸游撰　(清)湯顯本校錄　(清)湯運泰注　**音釋一卷**　(元)戚光撰　清道光二年(1822)湯氏綠籖山房刻本　八冊

360000－1901－0019560　302435
南唐書十八卷　(宋)陸游撰　**音釋一卷**　(元)戚光撰　清光緒五年(1879)益陽丁氏養雲書屋木活字印放翁全集本　三冊

360000－1901－0019561　121122
南溪詩文偶存四卷　(清)何飛熊撰　**附蔭棠草一卷**　(清)何承禧撰　清道光八年(1828)刻本　四冊

360000－1901－0019562　241085
南谿詩鈔六卷　(清)何飛熊撰　**附蔭棠草一卷**　(清)何承禧撰　清乾隆六十年(1795)刻本　四冊

360000－1901－0019563　241086
南谿詩鈔六卷　(清)何飛熊撰　**附蔭棠草一卷**　(清)何承禧撰　清乾隆六十年(1795)刻本　四冊

360000－1901－0019564　414035
南軒先生論語解十卷　(宋)張栻撰　清綿邑洗墨池刻本　三冊

360000－1901－0019565　414036
南軒先生孟子說七卷　(宋)張栻撰　清綿邑洗墨池刻本　七冊

360000－1901－0019566　405292
南軒先生文集四十四卷　(宋)張栻撰　清康熙四十五年(1706)華氏劍光書屋刻本　一冊　存六卷(八至十三)

360000－1901－0019567　410032
南軒先生文集四十四卷　(宋)張栻撰　清康熙四十五年(1706)華氏劍光書屋刻本　二冊　存十一卷(三至七、十四至十九)

360000－1901－0019568　305778
南軒先生文集四十四卷　(宋)張栻撰　清刻本　九冊　存三十五卷(四至三十八)

360000－1901－0019569　410030
南軒先生文集四十四卷　(宋)張栻撰　清咸豐四年(1854)刻本　六冊

360000－1901－0019570　410031
南軒先生文集四十四卷　(宋)張栻撰　清咸豐四年(1854)刻本　六冊

360000－1901－0019571　400908
南巡盛典一百二十卷　(清)高晉等纂修　清光緒八年(1882)上海點石齋石印本　五冊　存六十七卷(一至十六、五十一至六十五、八十五至一百二十)

360000－1901－0019572　400908－1
南巡盛典一百二十卷　(清)高晉等纂修　清光緒八年(1882)上海點石齋石印本　一冊　存十一卷(九十四至一百四)

360000－1901－0019573　220481
南巡盛典一百二十卷　(清)高晉等纂修　清乾隆三十六年(1771)武英殿刻本　四十八冊

360000－1901－0019574　121101
南厓詩集十二卷　(清)陳承然撰　清光緒十一年(1885)雙桂書屋刻本　四冊

360000－1901－0019575　150731
南雅堂公餘十六種醫學全書　(清)陳念祖撰　清善成堂刻本　三十二冊

360000－1901－0019576　900983
南雅堂醫案八卷　(清)陳念祖撰　清末鉛印本　一冊　存一卷(七)

360000－1901－0019577　150732
南雅堂醫書全集　(清)陳念祖撰　清大文堂刻本　三十一冊　存十四種

360000－1901－0019578　150733
南雅堂醫書全集　(清)陳念祖撰　清光緒三十二年(1906)吳閶醫學書會石印本　二十四冊

360000－1901－0019579　150616
南雅堂醫書全集　(清)陳念祖撰　清光緒三

十一年(1905)蕭氏趣園刻本　四十册

360000－1901－0019580　803356
南雅堂醫書全集　(清)陳念祖撰　清胡烈文抄本　一册　存三種

360000－1901－0019581　722209
南雅堂醫書全集　(清)陳念祖撰　清刻本　八册　存四種

360000－1901－0019582　408014
南雅堂醫書外集　(清)陳念祖撰　清光緒石印本　二册　存十種

360000－1901－0019583　420113
南洋群島志七卷　(清)學部編譯圖書局輯　清光緒三十四年(1908)學部編譯圖書局鉛印本　二册

360000－1901－0019584　312193
南陽人物志十卷　(清)馬三山撰　**南陽人物明志八卷**　(清)劉沛然編　清同治九年(1870)刻本　六册

360000－1901－0019585　314285
南遊記一卷　(清)孫嘉淦撰　清道光二十四年(1844)刻朱墨套印本　一册

360000－1901－0019586　802099
南遊記一卷　(清)張仁夫撰　稿本　一册

360000－1901－0019587　150634
南園前五先生詩五卷首一卷南園後五先生詩二十五卷首一卷　(明)陳暹等輯　清同治九年(1870)南海陳氏樵山草堂刻本　八册

360000－1901－0019588　121120
南園詩文鈔十一卷　(清)李紘撰　清嘉慶二十五年(1820)臨川李友棟刻本　八册

360000－1901－0019589　121121
南園詩文鈔十一卷　(清)李紘撰　清嘉慶二十五年(1820)臨川李友棟刻本　六册

360000－1901－0019590　601413
南園詩文鈔十一卷　(清)李紘撰　清嘉慶二十五年(1820)臨川李友棟刻本　六册

360000－1901－0019591　405290
南園詩選二卷　(清)何士顒撰　清刻本　一册

360000－1901－0019592　405291
南園雜詠一卷　(清)陳祁撰　清嘉慶九年(1804)刻本　一册

360000－1901－0019593　121117
南岳二賢祠志八卷　(清)尹繼隆輯　清咸豐三年(1853)刻本　二册

360000－1901－0019594　121118
南岳二賢祠志八卷　(清)尹繼隆輯　清咸豐三年(1853)刻本　二册

360000－1901－0019595　415437
南越筆記十六卷　(清)李調元輯　清光緒七年(1881)刻本　三册

360000－1901－0019596　420143
南越筆記十六卷　(清)李調元輯　清刻本　一册　存三卷(十一至十三)

360000－1901－0019597　163123
南越筆記十六卷　(清)李調元輯　清乾隆刻本　五册

360000－1901－0019598　308149
南越遊記三卷　(清)陳徽言撰　清咸豐七年(1857)刻本　一册

360000－1901－0019599　420125
南越遊記三卷　(清)陳徽言撰　清咸豐七年(1857)刻本　一册

360000－1901－0019600　418156
南嶽近艸二卷南嶽二刻一卷　(清)釋明哲撰　清刻本　一册　存二卷(南嶽近艸二、南嶽二刻一卷)

360000－1901－0019601　220755
南嶽志八卷　(清)高自位修　(清)曠敏本纂　清乾隆十九年(1754)刻本　六册

360000－1901－0019602　220756
南嶽志八卷　(清)高自位修　(清)曠敏本纂　清乾隆十九年(1754)刻本　六册

360000－1901－0019603　311724
南嶽志二十六卷　(清)李元度修　清光緒六年(1880)刻本　十四冊

360000－1901－0019604　315379
南畇詩槀二十一卷自訂年譜一卷　(清)彭定求撰　清康熙刻本　六冊

360000－1901－0019605　302467
南畇詩槀二十一卷　(清)彭定求撰　清光緒刻本　六冊

360000－1901－0019606　302466
南畇文稿十二卷　(清)彭定求撰　清光緒六年(1880)刻本　六冊

360000－1901－0019607　315380
南畇文稿十二卷　(清)彭定求撰　清光緒七年(1881)刻本　六冊

360000－1901－0019608　414027
南畇文錄二卷詩錄二卷陽明釋毁錄一卷不諼錄一卷　(清)彭定求撰　清雍正刻本　三冊

360000－1901－0019609　220457
南雲精舍日記不分卷(清光緒三十三年至民國二十八年)　歐陽成撰　稿本　三十四冊

360000－1901－0019610　250225
南雲精舍雜稿　歐陽成撰　稿本　十一冊　存八種

360000－1901－0019611　121701
南征集一卷　(清)舒夢蘭撰　清嘉慶六年(1801)刻本　一冊

360000－1901－0019612　410100
南征集一卷　(清)舒夢蘭撰　清嘉慶六年(1801)刻本　一冊

360000－1901－0019613　800308
南征集一卷　(清)舒夢蘭撰　清嘉慶六年(1801)刻本　一冊

360000－1901－0019614　220775
南征紀略二卷　(清)孫廷銓撰　清順治九年(1652)刻本　一冊

360000－1901－0019615　303807
南征日記一卷篋外錄一卷　(清)謝綸撰　清光緒八年(1882)京師刻本　一冊

360000－1901－0019616　240900
南州草堂集三十卷首一卷續集四卷菊莊詞二卷詞話二卷　(清)徐釚撰　**楓江漁父圖題詞一卷青門集一卷**　(清)徐釚輯　清康熙菊莊自刻本　四冊　缺八卷(續集四卷、菊莊詞二卷、詞話二卷)

360000－1901－0019617　241046
南州竹枝詞一百首一卷西山竹枝詞一百首一卷　(清)熊榮撰　清乾隆三十八年(1773)刻本　二冊

360000－1901－0019618　241047
南州竹枝詞一百首一卷西山竹枝詞一百首一卷　(清)熊榮撰　清乾隆三十八年(1773)刻本　一冊　存一卷(南州竹枝詞一百首一卷)

360000－1901－0019619　241030
南莊類稿八卷附奉使集一卷　(清)黄永年撰　清抄本　六冊　缺一卷(三)

360000－1901－0019620　162864
難經經解二卷　(清)徐大椿釋　清光緒四年(1878)掃葉山房刻本　一冊

360000－1901－0019621　165070
難經經釋二卷　(清)徐大椿釋　清光緒十八年(1892)湖北官書處刻本　一冊

360000－1901－0019622　165069
難經經釋二卷　(清)徐大椿釋　清光緒十三年(1887)上海江左書林朱記榮刻本　一冊

360000－1901－0019623　801869
難經一卷　清抄本　一冊

360000－1901－0019624　800238
内傳天皇鰲極鎮世神書□卷　(□)□□輯　清抄本　一冊　存一卷(上)

360000－1901－0019625　161603
内閣漢票簽中書舍人題名一卷　(清)鮑康輯　清咸豐十一年(1861)刻本　一冊

360000－1901－0019626　302416
内閣撰擬文字二編二卷　(清)徐士鑾輯　清同治十一年(1872)刻本　二册

360000－1901－0019627　302415
内閣撰擬文字二卷　(清)鮑康輯　清同治七年(1868)刻本　二册

360000－1901－0019628　404379
内閣撰擬文字二卷　(清)鮑康輯　清同治七年(1868)刻本　二册

360000－1901－0019629　302417
内閣撰擬文字三編一卷　(清)丁士彬輯　清同治十三年(1874)刻本　一册

360000－1901－0019630　164886
内經評文素問二十四卷遺篇一卷　(清)周學海注　清光緒二十四年(1898)刻本　三册　存十七卷(一至六、十四至二十四)

360000－1901－0019631　803119
内經圖翼十一卷　(明)張介賓撰　清刻本　一册　存一卷(三)

360000－1901－0019632　803596
内經知要不分卷　(清)李中梓輯注　清潘兆仁抄本　一册

360000－1901－0019633　421351
内經知要二卷　(清)李中梓輯注　清宣統二年(1910)普新書局石印本　二册

360000－1901－0019634　164721
内科新説二卷　(英國)合信撰　(清)管茂材撰　清咸豐八年(1858)刻本　一册

360000－1901－0019635　162071
内科摘要二卷　(明)薛己撰　清嘉慶刻本　一册

360000－1901－0019636　122940
内省筆記一卷　(清)李筠撰　清光緒十年(1884)嘯霞書塾刻本　一册

360000－1901－0019637　120261
内省齋文集三十二卷　(清)湯來賀撰　清光緒十四年(1888)五車樓木活字印本　八册

360000－1901－0019638　240791
内省齋文集三十二卷　(清)湯來賀撰　清康熙十九年(1680)五車樓刻本　八册　缺八卷(四至十一)

360000－1901－0019639　303124
内外教育小史二卷　(日本)原亮三郎編　沈紘譯　清光緒刻本　二册

360000－1901－0019640　308020
内則衍義十六卷　(清)世祖福臨撰　清刻本　八册

360000－1901－0019641　308021
内則衍義十六卷　(清)世祖福臨撰　清刻本　八册

360000－1901－0019642　309775
内則衍義十六卷　(清)世祖福臨撰　清刻本　八册

360000－1901－0019643　312014
内則衍義十六卷　(清)世祖福臨撰　清刻本　八册

360000－1901－0019644　313899
内則衍義十六卷　(清)世祖福臨撰　清刻本　八册

360000－1901－0019645　302410
内自訟齋文集十卷　(清)周凱撰　清刻本　八册

360000－1901－0019646　230340
能改齋漫録十八卷　(宋)吴曾撰　清嘉慶臨嘯書屋木活字印本　八册

360000－1901－0019647　230339
能改齋漫録十八卷　(宋)吴曾撰　清乾隆武英殿木活字印武英殿聚珍版書本　八册

360000－1901－0019648　404606
能與集不分卷　(清)李秬香評　清道光二十一年(1841)刻本　一册

360000－1901－0019649　404606－1
能與集不分卷　(清)李秬香評　清刻本　一册

360000－1901－0019650　404608
能與集注釋不分卷　(清)李秬香改本　(清)金研香評　清光緒十四年(1888)湖南務本書局刻本　二冊

360000－1901－0019651　420589
倪氏產寶一卷　(清)倪枝維撰　清乾隆五十一年(1786)白沙學圃刻本　一冊

360000－1901－0019652　420589－1
倪氏產寶一卷　(清)倪枝維撰　清乾隆五十一年(1786)白沙學圃刻本　一冊

360000－1901－0019653　420589－2
倪氏產寶一卷　(清)倪枝維撰　清乾隆五十一年(1786)白沙學圃刻本　一冊

360000－1901－0019654　420589－3
倪氏產寶一卷　(清)倪枝維撰　清乾隆五十一年(1786)白沙學圃刻本　一冊

360000－1901－0019655　420589－4
倪氏產寶一卷　(清)倪枝維撰　清乾隆五十一年(1786)白沙學圃刻本　一冊

360000－1901－0019656　420593
倪氏產寶一卷　(清)倪枝維撰　清乾隆五十一年(1786)白沙學圃刻本　一冊

360000－1901－0019657　240749
猊嶠書屋文集十二卷　(明)江南錦撰　明崇禎十六年(1643)刻本　一冊　存三卷(一至三)

360000－1901－0019658　240584
擬漢樂府八卷補遺一卷附錄二卷　(明)胡纘宗撰　(明)谷繼宗輯解　(明)鄒頤賢評校　明嘉靖十八年(1539)楊祜、李人龍刻本　二冊

360000－1901－0019659　240585
擬漢樂府八卷補遺一卷附錄二卷　(明)胡纘宗撰　(明)谷繼宗輯解　(明)鄒頤賢評校　明嘉靖十八年(1539)楊祜、李人龍刻本　一冊　存五卷(五至八、補遺一卷)

360000－1901－0019660　161249
擬漢樂府八卷補遺一卷附錄兩卷　(明)胡纘宗撰　(明)谷繼宗輯解　(明)鄒頤賢評校　明嘉靖十八年(1539)楊祜、李人龍等刻本　二冊

360000－1901－0019661　305895
擬明史樂府一卷　(清)尤侗撰　清刻本　一冊

360000－1901－0019662　164309
擬明史樂府一卷　(清)尤侗撰　(清)尤珍注　清康熙刻本　一冊

360000－1901－0019663　164308
擬明史樂府一卷　(清)尤侗撰　(清)尤珍注　清刻本　一冊

360000－1901－0019664　303418
擬莆陽樂府一卷　(清)蕭重撰　清道光四年(1824)刻本　一冊

360000－1901－0019665　309946
逆臣傳四卷　(清)國史館編　清都城琉璃廠半松居士刻本　一冊

360000－1901－0019666　305665
逆臣傳四卷　(清)國史館編　清刻本　一冊　存二卷(三至四)

360000－1901－0019667　309548
逆臣傳四卷　(清)國史館編　清刻本　二冊

360000－1901－0019668　309849
逆臣傳四卷　(清)國史館編　清刻本　一冊

360000－1901－0019669　302243
逆黨禍蜀記一卷　(清)汪堃輯　清同治五年(1866)不懼無悶齋刻本　一冊

360000－1901－0019670　400189
廿二史策案十二卷首一卷　(清)王鋆輯　清道光十一年(1831)刻本　六冊

360000－1901－0019671　400190
廿二史策案十二卷首一卷　(清)王鋆輯　清道光十一年(1831)刻本　三冊　存六卷(一至二、五至六、十一至十二)

360000－1901－0019672　400191

廿二史策案十二卷首一卷　(清)王鎏輯　清道光十一年(1831)刻本　四册　存八卷(一至二、七至十二)

360000－1901－0019673　302944

廿二史策案十二卷首一卷　(清)王鎏輯　清道光十一年(1831)綠蔭山房刻本　六册

360000－1901－0019674　308442

廿二史策案十二卷首一卷　(清)王鎏輯　清道光十一年(1831)綠蔭山房刻本　七册

360000－1901－0019675　308874

廿二史策案十二卷首一卷　(清)王鎏輯　清刻本　二册　存四卷(六至九)

360000－1901－0019676　400187

廿二史策案十二卷首一卷　(清)王鎏輯　清同治八年(1869)刻本　四册

360000－1901－0019677　400188

廿二史策案十二卷首一卷　(清)王鎏輯　清咸豐八年(1858)刻本　六册

360000－1901－0019678　802617

廿二史紀事提要八卷　(清)吴綏撰　清刻本　一册　存一卷(二)

360000－1901－0019679　400181

廿二史考異一百卷　(清)錢大昕撰　清刻本　二册　存八卷(八至九、六十一至六十六)

360000－1901－0019680　400182

廿二史蒙求疊韻十六卷　(清)陳樾撰　清道光十二年(1832)刻本　十六册

360000－1901－0019681　400179

廿二史文鈔一百九卷　(清)納蘭常安輯　清乾隆刻本　四十八册

360000－1901－0019682　603007

廿二史劄記三十六卷補遺一卷　(清)趙翼撰　清光緒二十八年(1902)上海鴻文書局石印本　十二册

360000－1901－0019683　400173

廿二史劄記三十六卷補遺一卷　(清)趙翼撰　清光緒二十八年(1902)文淵山房石印本　六册

360000－1901－0019684　400174

廿二史劄記三十六卷補遺一卷　(清)趙翼撰　清光緒二十八年(1902)文淵山房石印本　六册

360000－1901－0019685　400175

廿二史劄記三十六卷補遺一卷　(清)趙翼撰　清光緒二十八年(1902)文淵山房石印本　六册

360000－1901－0019686　400176

廿二史劄記三十六卷補遺一卷　(清)趙翼撰　清光緒二十八年(1902)文淵山房石印本　三册　存十八卷(七至十八、三十一至三十六)

360000－1901－0019687　161370

廿二史劄記三十六卷補遺一卷　(清)趙翼撰　清光緒二十六年(1900)上海書局石印本　二册

360000－1901－0019688　161371

廿二史劄記三十六卷補遺一卷　(清)趙翼撰　清光緒二十六年(1900)上海書局石印本　八册

360000－1901－0019689　161372

廿二史劄記三十六卷補遺一卷　(清)趙翼撰　清光緒二十六年(1900)上海書局石印本　八册

360000－1901－0019690　163038

廿二史劄記三十六卷補遺一卷　(清)趙翼撰　清光緒二十六年(1900)上海書局石印本　八册

360000－1901－0019691　400168

廿二史劄記三十六卷補遺一卷　(清)趙翼撰　清光緒二十六年(1900)上海書局石印本　八册

360000－1901－0019692　400169

廿二史劄記三十六卷補遺一卷　(清)趙翼撰

清光緒二十六年(1900)上海書局石印本　八册

360000－1901－0019693　400170
廿二史劄記三十六卷補遺一卷　(清)趙翼撰　清光緒二十六年(1900)上海書局石印本　五册　存二十四卷(五至二十八)

360000－1901－0019694　400171
廿二史劄記三十六卷補遺一卷　(清)趙翼撰　清光緒二十六年(1900)上海書局石印本　四册

360000－1901－0019695　603014
廿二史劄記三十六卷補遺一卷　(清)趙翼撰　清光緒二十六年(1900)上海書局石印本　五册　存二十三卷(一至四、十至二十八)

360000－1901－0019696　161366
廿二史劄記三十六卷補遺一卷　(清)趙翼撰　清光緒二十七年(1901)文盛書局石印本　八册

360000－1901－0019697　161364
廿二史劄記三十六卷補遺一卷　(清)趙翼撰　清光緒二十五年(1899)湖南書局刻本　十六册

360000－1901－0019698　161365
廿二史劄記三十六卷補遺一卷　(清)趙翼撰　清光緒二十五年(1899)湖南書局刻本　十二册

360000－1901－0019699　161373
廿二史劄記三十六卷補遺一卷　(清)趙翼撰　清光緒二十五年(1899)上海千頃堂石印本　六册

360000－1901－0019700　161374
廿二史劄記三十六卷補遺一卷　(清)趙翼撰　清光緒二十五年(1899)上海千頃堂石印本　六册

360000－1901－0019701　400164
廿二史劄記三十六卷補遺一卷　(清)趙翼撰　清光緒二十五年(1899)上海千頃堂石印本　六册

360000－1901－0019702　400165
廿二史劄記三十六卷補遺一卷　(清)趙翼撰　清嘉慶五年(1800)陽湖趙氏湛貽堂刻甌北全集本　九册

360000－1901－0019703　400166
廿二史劄記三十六卷補遺一卷　(清)趙翼撰　清嘉慶五年(1800)陽湖趙氏湛貽堂刻甌北全集本　十册　存三十六卷(一至十、十二至三十六,補遺一卷)

360000－1901－0019704　400167
廿二史劄記三十六卷補遺一卷　(清)趙翼撰　清嘉慶五年(1800)陽湖趙氏湛貽堂刻甌北全集本　八册　存二十一卷(一至十四、十八至二十、二十九至三十二)

360000－1901－0019705　161363
廿二史劄記三十六卷補遺一卷　(清)趙翼撰　清嘉慶五年(1800)湛貽堂刻本　八册

360000－1901－0019706　400177
廿二史劄記三十六卷補遺一卷　(清)趙翼撰　清刻本　十册　存二十五卷(四至九、十五至二十九、三十四至三十六,補遺一卷)

360000－1901－0019707　400178
廿二史劄記三十六卷補遺一卷　(清)趙翼撰　清刻本　三册　存八卷(二十三至三十)

360000－1901－0019708　603008
廿二史劄記三十六卷補遺一卷　(清)趙翼撰　清刻本　六册　存二十六卷(一至二十六)

360000－1901－0019709　603009
廿二史劄記三十六卷補遺一卷　(清)趙翼撰　清刻本　五册　存二十三卷(十一至二十八、三十三至三十六,補遺一卷)

360000－1901－0019710　603012
廿二史劄記三十六卷補遺一卷　(清)趙翼撰　清末石印本　五册　存三十一卷(七至三十六、補遺一卷)

360000－1901－0019711　150010

廿二子全書 (清)王纕堂輯 清道光十三年(1833)王氏棠蔭館刻本 六冊

360000－1901－0019712 402972
廿四史論菁華六卷 (清)劉樹屏鑑定 清光緒二十四年(1898)石印本 六冊

360000－1901－0019713 402974
廿四史新論二集二十四卷 (清)顧厚焜輯 清光緒二十九年(1903)上海書局石印本 六冊 存十四卷(一至七、九至十、十六至二十)

360000－1901－0019714 400194
廿四史約編八卷首一卷 (清)鄭元慶撰 清末石印本 五冊 存四卷(五至八)

360000－1901－0019715 241570
廿一史彈詞注十卷 (明)楊慎撰 (清)張三異增定 (清)張仲璜注 **明紀彈詞注一卷** (清)張三異撰 (清)張仲璜注 清乾隆刻本 八冊

360000－1901－0019716 241569
廿一史彈詞注十卷 (明)楊慎撰 (清)張三異增定 (清)張仲璜注 **明紀彈詞注一卷** (清)張三異撰 (清)張仲璜注 清乾隆五十一年(1786)張任佐視履堂刻本 六冊

360000－1901－0019717 241568
廿一史彈詞注十卷 (明)楊慎撰 (清)張三異增定 (清)張仲璜注 **明紀彈詞注一卷** (清)張三異撰 (清)張仲璜注 清雍正五年(1727)張坦麟樹玉堂刻本 八冊

360000－1901－0019718 312669
廿一史彈詞注十一卷 (明)楊慎撰 (清)張三異增定 (清)張仲璜注 清乾隆五十一年(1786)視履堂刻本 八冊

360000－1901－0019719 400079
廿一史彈詞注十一卷 (明)楊慎撰 (清)張三異增定 (清)張仲璜注 清乾隆五十一年(1786)視履堂刻本 八冊

360000－1901－0019720 400080
廿一史彈詞注十一卷 (明)楊慎撰 (清)張三異增定 (清)張仲璜注 清乾隆五十一年(1786)視履堂刻本 二冊 存四卷(一至二、五至六)

360000－1901－0019721 400081
廿一史彈詞注十一卷 (明)楊慎撰 (清)張三異增定 (清)張仲璜注 清乾隆五十一年(1786)視履堂刻本(卷九至十配清刻本) 四冊 存十卷(一至十)

360000－1901－0019722 161352
廿一史四譜五十四卷 (清)沈炳震撰 清同治十年(1871)武林吳氏清來堂刻本 十六冊

360000－1901－0019723 161353
廿一史四譜五十四卷 (清)沈炳震撰 清同治十年(1871)武林吳氏清來堂刻本 十六冊

360000－1901－0019724 161356
廿一史提綱歌二卷 (清)李兆洛編 清道光五年(1825)江楚書局刻本 一冊

360000－1901－0019725 161357
廿一史提綱歌二卷 (清)李兆洛編 清道光五年(1825)江楚書局刻本 一冊

360000－1901－0019726 161358
廿一史提綱歌二卷 (清)李兆洛編 清道光五年(1825)江楚書局刻本 一冊

360000－1901－0019727 400076
廿一史約編八卷首一卷 (清)鄭元慶撰 清光緒六年(1880)得月樓刻本 八冊

360000－1901－0019728 400077
廿一史約編八卷首一卷 (清)鄭元慶撰 清光緒六年(1880)得月樓刻本 三冊 存四卷(金、竹、匏,首一卷)

360000－1901－0019729 400065
廿一史約編八卷首一卷 (清)鄭元慶撰 清康熙刻本 七冊

360000－1901－0019730 161354
廿一史約編八卷首一卷 (清)鄭元慶撰 清刻本 八冊

360000－1901－0019731 161355

廿一史約編八卷首一卷　(清)鄭元慶撰　清刻本　八册

360000－1901－0019732　400066
廿一史約編八卷首一卷　(清)鄭元慶撰　清刻本　七册　存八卷(廿一史約編八卷)

360000－1901－0019733　400067
廿一史約編八卷首一卷　(清)鄭元慶撰　清刻本　七册

360000－1901－0019734　400068
廿一史約編八卷首一卷　(清)鄭元慶撰　清刻本　七册

360000－1901－0019735　400069
廿一史約編八卷首一卷　(清)鄭元慶撰　清刻本　五册　存八卷(金、石、絲、竹、匏、土、木,首一卷)

360000－1901－0019736　400070
廿一史約編八卷首一卷　(清)鄭元慶撰　清刻本　四册　存五卷(石、絲、竹、匏、土)

360000－1901－0019737　400071
廿一史約編八卷首一卷　(清)鄭元慶撰　清刻本　七册

360000－1901－0019738　400072
廿一史約編八卷首一卷　(清)鄭元慶撰　清刻本　八册

360000－1901－0019739　400073
廿一史約編八卷首一卷　(清)鄭元慶撰　清刻本　三册　存六卷(金、石、匏、土、革、木)

360000－1901－0019740　400074
廿一史約編八卷首一卷　(清)鄭元慶撰　清刻本　一册　存一卷(石)

360000－1901－0019741　603002
廿一史約編八卷首一卷　(清)鄭元慶撰　清刻本　四册　存四卷(石、匏、土、革)

360000－1901－0019742　400075
廿一史約編八卷首一卷　(清)鄭元慶撰　清末石印本　八册

360000－1901－0019743　400075－1
廿一史約編八卷首一卷　(清)鄭元慶撰　清末石印本　四册　存五卷(絲、竹、匏、土、革)

360000－1901－0019744　603001
廿一史約編八卷首一卷　(清)鄭元慶撰　清末石印本　一册　存一卷(革)

360000－1901－0019745　902461
廿一史約編八卷首一卷後編一卷　(清)鄭元慶撰　清刻本　一册　存一卷(後編一卷)

360000－1901－0019746　417579
念庵羅先生文集二十四卷　(明)羅洪先撰　清雍正元年(1723)刻本　九册

360000－1901－0019747　601362
念庵羅先生文集二十四卷　(明)羅洪先撰　清雍正元年(1723)刻本　七册　存十二卷(一至七、十七至十九、二十三至二十四)

360000－1901－0019748　240626
念庵羅先生文集二十四卷　(明)羅洪先撰　清雍正元年(1723)刻十年(1732)印本　十二册

360000－1901－0019749　240627
念庵羅先生文集二十四卷　(明)羅洪先撰　清雍正元年(1723)刻十年(1732)印本　十二册

360000－1901－0019750　316419
念二史詠史詩註二卷　(清)孫殿雲撰　(清)吳蔭穀注　清光緒六年(1880)紅杏山房刻本　二册

360000－1901－0019751　302784
念堂詩鈔一卷　(清)崔旭撰　**樹君詩鈔一卷**　(清)梅成棟撰　清刻本　一册

360000－1901－0019752　240625
念菴羅先生集十三卷　(明)羅洪先撰　明嘉靖四十二年(1563)劉玠撫州刻本　七册　缺三卷(五至七)

360000－1901－0019753　400078
念一史彈詞注二卷　(明)楊慎撰　(清)吳如

珩注　清乾隆六年(1741)刻本　一册

360000－1901－0019754　304983
醲春閣詩草八卷　(清)張柱撰　清宣統二年(1910)石印本　一册　存二卷(三至四)

360000－1901－0019755　304984
醲春閣詩草八卷　(清)張柱撰　清宣統二年(1910)石印本　三册　存六卷(三至八)

360000－1901－0019756　405055
醲齋訓蒙雜編　(清)鮑東里撰　清光緒刻本　一册

360000－1901－0019757　421321
醲齋訓蒙雜編　(清)鮑東里撰　清光緒刻本　一册

360000－1901－0019758　408370
聶氏痘門方旨八卷　(明)聶尚恒撰　清嘉慶十五年(1810)酈承追刻本　一册　存四卷(一至四)

360000－1901－0019759　421927
寧都三魏全集　(清)林時益輯　清道光二十五年(1845)寧都謝庭綬紱園書塾刻本　三十五册　存五種

360000－1901－0019760　122035
寧都三魏全集　(清)林時益輯　清道光二十五年(1845)寧都謝庭綬紱園書塾刻本　五十册

360000－1901－0019761　122036
寧都三魏全集　(清)林時益輯　清道光二十五年(1845)寧都謝庭綬紱園書塾刻本　五十册

360000－1901－0019762　122037
寧都三魏全集　(清)林時益輯　清道光二十五年(1845)寧都謝庭綬紱園書塾刻本　五十册

360000－1901－0019763　413763
寧都三魏全集　(清)林時益輯　清道光二十五年(1845)寧都謝庭綬紱園書塾刻本　三十八册

360000－1901－0019764　413765
寧都三魏全集　(清)林時益輯　清道光二十五年(1845)寧都謝庭綬紱園書塾刻本　十一册　存二種

360000－1901－0019765　413766
寧都三魏全集　(清)林時益輯　清道光二十五年(1845)寧都謝庭綬紱園書塾刻本　七册

360000－1901－0019766　413767
寧都三魏全集　(清)林時益輯　清道光二十五年(1845)寧都謝庭綬紱園書塾刻本　三十三册

360000－1901－0019767　601669
寧都三魏全集　(清)林時益輯　清道光二十五年(1845)寧都謝庭綬紱園書塾刻本　五十册

360000－1901－0019768　601670
寧都三魏全集　(清)林時益輯　清道光二十五年(1845)寧都謝庭綬紱園書塾刻本　四十九册

360000－1901－0019769　601671
寧都三魏全集　(清)林時益輯　清道光二十五年(1845)寧都謝庭綬紱園書塾刻本　三十一册　存五種

360000－1901－0019770　601672
寧都三魏全集　(清)林時益輯　清道光二十五年(1845)寧都謝庭綬紱園書塾刻本　五十册

360000－1901－0019771　601673
寧都三魏全集　(清)林時益輯　清道光二十五年(1845)寧都謝庭綬紱園書塾刻本　五十册

360000－1901－0019772　601674
寧都三魏全集　(清)林時益輯　清道光二十五年(1845)寧都謝庭綬紱園書塾刻本　五十册

360000－1901－0019773　601675
寧都三魏全集　(清)林時益輯　清道光二十

五年(1845)寧都謝庭綬紱園書塾刻本　二十九册　存二種

360000－1901－0019774　601676
寧都三魏全集　(清)林時益輯　清道光二十五年(1845)寧都謝庭綬紱園書塾刻本　五十册

360000－1901－0019775　601677
寧都三魏全集　(清)林時益輯　清道光二十五年(1845)寧都謝庭綬紱園書塾刻本　四十八册

360000－1901－0019776　601678
寧都三魏全集　(清)林時益輯　清道光二十五年(1845)寧都謝庭綬紱園書塾刻本　五十册

360000－1901－0019777　601679
寧都三魏全集　(清)林時益輯　清道光二十五年(1845)寧都謝庭綬紱園書塾刻本　四十一册

360000－1901－0019778　601680
寧都三魏全集　(清)林時益輯　清道光二十五年(1845)寧都謝庭綬紱園書塾刻本　十六册　存四種

360000－1901－0019779　718203
寧都三魏全集　(清)林時益輯　清道光二十五年(1845)寧都謝庭綬紱園書塾刻本　十七册　存五種

360000－1901－0019780　722248
寧都三魏全集　(清)林時益輯　清道光二十五年(1845)寧都謝庭綬紱園書塾刻本　十六册　存二種

360000－1901－0019781　122033
寧都三魏全集　(清)林時益輯　清刻本　二十四册　存五種

360000－1901－0019782　122034
寧都三魏全集　(清)林時益輯　清刻本　三十九册　存五種

360000－1901－0019783　241470
寧都三魏文集　(清)林時益輯　清抄本　十六册

360000－1901－0019784　401709
寧鄉勸誡士民條約一卷　(清)朱孫詒輯　清道光二十八年(1848)刻本　一册

360000－1901－0019785　416501
寧致堂增訂武經體注不分卷　(清)夏振翼撰　清三多齋刻本　一册

360000－1901－0019786　416501－1
寧致堂增訂武經體注不分卷　(清)夏振翼撰　清三多齋刻本　一册　存一種

360000－1901－0019787　162044
凝香室鴻雪因緣圖記三集　(清)麟慶撰　清道光二十九年(1849)刻本　六册

360000－1901－0019788　162045
凝香室鴻雪因緣圖記三集　(清)麟慶撰　清道光二十九年(1849)刻本　十二册

360000－1901－0019789　404442
凝香室鴻雪因緣圖記三集　(清)麟慶撰　清道光二十七年(1847)揚州刻本　三册　存二集(一、二下)

360000－1901－0019790　404443
凝香室鴻雪因緣圖記三集　(清)麟慶撰　清道光十八年(1838)刻本　二册　存二集

360000－1901－0019791　162043
凝香室鴻雪因緣圖記三集　(清)麟慶撰　清光緒十二年(1886)同文書局石印本　六册

360000－1901－0019792　404434
凝香室鴻雪因緣圖記三集　(清)麟慶撰　清光緒十年(1884)上海點石齋石印本　六册

360000－1901－0019793　122321
凝齋先生遺集十卷末一卷　(清)陳道撰　清光緒四年(1878)陳同恩刻本　四册

360000－1901－0019794　122318
凝齋先生遺集十卷末一卷　(清)陳道撰　清嘉慶四年(1799)善餘堂刻本　四册

360000－1901－0019795 122319
凝齋先生遺集十卷末一卷 (清)陳道撰 清嘉慶四年(1799)善餘堂刻本 四册

360000－1901－0019796 122320
凝齋先生遺集十卷末一卷 (清)陳道撰 清嘉慶四年(1799)善餘堂刻本 四册

360000－1901－0019797 803433
牛痘新書濟世一卷 (清)邱熺撰 (清)王惇甫增補 清抄本 一册

360000－1901－0019798 162196
牛痘新書濟世一卷 (清)邱熺撰 (清)王惇甫增補 清同治四年(1865)善後總局刻本 一册

360000－1901－0019799 162195
牛痘新書濟世一卷 (清)邱熺撰 (清)王惇甫增補 清同治四年(1865)乙照齋刻本 一册

360000－1901－0019800 315892
牛氏家言二卷感遇録一卷 (清)牛樹梅輯 清道光三十年(1850)刻本 一册

360000－1901－0019801 162756
農政新論四卷附蠶桑新論一卷 (清)浙東宜今室編 清光緒石印本` 二册

360000－1901－0019802 711520
農歌集鈔一卷 (宋)戴昺撰 清康熙十年(1671)吴氏鑑古堂刻本 一册

360000－1901－0019803 303396
農候雜占四卷 (清)梁章鉅撰 清同治十二年(1873)浙江書局刻本 三册

360000－1901－0019804 303398
農桑輯要七卷 (元)司農司撰 清光緒二十年(1894)刻本 二册

360000－1901－0019805 317462
農桑輯要七卷 (元)司農司撰 **附蠶事要畧一卷** (清)張行孚撰 清光緒二十一年(1895)中江榷署刻本 二册

360000－1901－0019806 317463
農桑輯要七卷 (元)司農司撰 **附蠶事要畧一卷** (清)張行孚撰 清光緒二十一年(1895)中江榷署刻本 二册

360000－1901－0019807 416448
農桑輯要七卷 (元)司農司撰 **附蠶事要畧一卷** (清)張行孚撰 清光緒二十一年(1895)中江榷署刻本 二册

360000－1901－0019808 722255
農桑輯要七卷 (元)司農司撰 **附蠶事要畧一卷** (清)張行孚撰 清光緒二十一年(1895)中江榷署刻本 二册

360000－1901－0019809 418432
農桑輯要七卷 (元)司農司撰 **儀禮識誤三卷** (宋)張淳撰 清刻本 三册

360000－1901－0019810 303409
農書二十二卷 (元)王禎撰 清末石印本 二册

360000－1901－0019811 230175
農書三十六卷 (元)王禎撰 明萬曆四十五年(1617)鄧渼文遠堂刻本 六册

360000－1901－0019812 420078
農務化學問答二卷 (英國)仲斯敦撰 (英國)秀耀春口譯 (清)范熙庸筆述 清光緒二十七年(1901)石印本 二册

360000－1901－0019813 306338
農務全書上編十六卷中編十六卷下編十六卷 (美國)施妥縷撰 舒高第口譯 趙詒琛筆述 清光緒三十四年至宣統元年(1908－1909)江南製造總局刻本 四册 存十卷(農務全書上編十三至十四,中編五至六、九至十一、十四至十六)

360000－1901－0019814 416442
農務全書上編十六卷中編十六卷下編十六卷 (美國)施妥縷撰 舒高第口譯 趙詒琛筆述 清光緒三十四年至宣統元年(1908－1909)江南製造總局刻本 六册 存十一卷(中編五至十一,下編三至四、七至八)

360000－1901－0019815　306336
農學報三百十五期　（清）農學報館編　清光緒石印本　二十冊　存二十期（二十四至四十三）

360000－1901－0019816　317466
農學報三百十五期　（清）農學報館編　清光緒石印本　四十六冊　存四十六期（八至二十七、三十一、三十三、三十五至三十六、三十九至四十三、四十八至五十五、五十八至六十一、六十四至六十七、六十九）

360000－1901－0019817　306339
農學叢刻　（清）上海農學會編　清光緒二十三年（1897）上海農學會鉛印本　四冊　存十八種

360000－1901－0019818　306333
農學叢書　（清）上海農學會編譯　清光緒江南總農會石印本　三十八冊　存二十九種

360000－1901－0019819　306334
農學叢書　（清）上海農學會編譯　清光緒江南總農會石印本　四冊　存九種

360000－1901－0019820　306337
農學叢書　（清）上海農學會編譯　清末北洋官報局石印本　十九冊　存三十五種

360000－1901－0019821　317468
農學叢書　（清）上海農學會編譯　清末石印本　三十冊

360000－1901－0019822　303392
農學論　張壽浯撰　清末北洋官報局鉛印本　一冊

360000－1901－0019823　716437
農政全書六十卷　（明）徐光啓撰　清道光二十三年（1843）上海太原氏刻本　五冊　存十二卷（一至十二）

360000－1901－0019824　722249
農政全書六十卷　（明）徐光啓撰　清道光二十三年（1843）上海太原氏刻本　三冊　存十一卷（五十至六十）

360000－1901－0019825　722289
農政全書六十卷　（明）徐光啓撰　清道光二十三年（1843）上海太原氏刻本　十六冊　存三十九卷（十四至三十一、三十八至四十、四十三至六十）

360000－1901－0019826　303393
農政全書六十卷　（明）徐光啓撰　清道光二十三年（1843）曙海樓刻本　二十四冊

360000－1901－0019827　314643
農政全書六十卷　（明）徐光啓撰　清道光十七年（1837）刻本　三十冊

360000－1901－0019828　317469
農政全書六十卷　（明）徐光啓撰　清道光十七年（1837）刻本　三十六冊

360000－1901－0019829　317470
農政全書六十卷　（明）徐光啓撰　清道光十七年（1837）刻本　十六冊

360000－1901－0019830　303385
農政全書六十卷　（明）徐光啓撰　清光緒二十六年（1900）上海文海書局石印本　八冊

360000－1901－0019831　303386
農政全書六十卷　（明）徐光啓撰　清光緒二十六年（1900）上海文海書局石印本　八冊

360000－1901－0019832　162379
農政全書六十卷　（明）徐光啓撰　清宣統元年（1909）求學齋石印本　八冊

360000－1901－0019833　162757
農政新論不分卷　（清）鮑廷博撰　**耕織圖詩不分卷**　（清）唐風注箋　**闕史不分卷**　（唐）高彥休撰　清乾隆知不足齋刻本　二冊

360000－1901－0019834　416451
農政新論四卷　（清）浙東宜今室編　清末石印本　一冊　存三卷（一至三）

360000－1901－0019835　162782
瘧痢成法一卷　（清）王裕慶撰　清光緒八年（1882）刻本　一冊

360000－1901－0019836　902445

女才子十二卷首一卷　（清）徐震撰　清末石印本　一册　存三卷（七至九）

360000－1901－0019837　408420

女科百問二卷　（宋）齊仲甫撰　清刻本　一册

360000－1901－0019838　230257

女科撮要二卷　（明）薛己撰　明刻本　一册

360000－1901－0019839　408426

女科二卷　（清）傅山撰　清同治八年（1869）刻本　一册

360000－1901－0019840　408427

女科二卷　（清）傅山撰　清同治八年（1869）刻本　一册

360000－1901－0019841　164911

女科二卷附隨緣便録一卷　（清）傅山撰　清光緒元年（1875）刻本　二册

360000－1901－0019842　408428

女科二卷附隨緣便録一卷　（清）傅山撰　清光緒元年（1875）刻本　一册　存二卷（女科二卷）

360000－1901－0019843　164703

女科輯要二卷　（清）沈堯封輯　（清）徐政杰補注　清同治元年（1862）刻本　二册

360000－1901－0019844　408430

女科輯要二卷　（清）沈堯封輯　（清）徐政杰補注　清同治元年（1862）刻本　二册

360000－1901－0019845　408430－1

女科輯要二卷　（清）沈堯封輯　（清）徐政杰補注　清同治元年（1862）刻本　一册　存一卷（下）

360000－1901－0019846　230258

女科經綸八卷　（清）蕭壎撰　清康熙燕貽堂刻本　四册

360000－1901－0019847　162160

女科經論八卷　（清）蕭壎撰　清光緒十六年（1890）掃葉山房刻本　四册

360000－1901－0019848　408423

女科良方三卷　（清）傅山撰　清光緒十八年（1892）掃葉山房刻本　三册

360000－1901－0019849　408424

女科切要八卷　（清）吳道源撰　清乾隆三十八年（1773）刻本　二册

360000－1901－0019850　164912

女科仙方四卷　（清）傅山撰　清道光二十八年（1848）刻本　一册　存二卷（一至二）

360000－1901－0019851　408412

女科仙方四卷　（清）傅山撰　清道光二十八年（1848）刻本　三册

360000－1901－0019852　408417

女科仙方四卷　（清）傅山撰　清道光二十八年（1848）刻本　三册

360000－1901－0019853　408418

女科仙方四卷　（清）傅山撰　清道光二十八年（1848）刻本　三册

360000－1901－0019854　408413

女科仙方四卷　（清）傅山撰　清光緒二十七年（1901）刻本　三册

360000－1901－0019855　408414

女科仙方四卷　（清）傅山撰　清光緒二十七年（1901）刻本　三册

360000－1901－0019856　408415

女科仙方四卷　（清）傅山撰　清光緒二十七年（1901）刻本　三册

360000－1901－0019857　408416

女科仙方四卷　（清）傅山撰　清光緒二十七年（1901）刻本　二册　存三卷（一至二、四）

360000－1901－0019858　802572

女科仙方四卷　（清）傅山撰　清刻本　一册　存二卷（三至四）

360000－1901－0019859　802572－1

女科仙方四卷　（清）傅山撰　清刻本　一册　存二卷（三至四）

360000－1901－0019860　900957
女科仙方四卷　(清)傅山撰　清刻本　一冊　存一卷(四)

360000－1901－0019861　902208
女科仙方四卷　(清)傅山撰　清刻本　一冊　存一卷(一)

360000－1901－0019862　902209
女科仙方四卷　(清)傅山撰　清刻本　一冊　存三卷(二至四)

360000－1901－0019863　902210
女科要訣□卷　(清)舒詔撰　清刻本　一冊　存一卷(四)

360000－1901－0019864　408419
女科要訣一卷　(清)舒詔撰　**達生編一卷保嬰編一卷**　(清)亟齋居士撰　清嘉慶十五年(1810)萬載同善堂刻本　一冊

360000－1901－0019865　408419－1
女科要訣一卷　(清)舒詔撰　**達生編一卷保嬰編一卷**　(清)亟齋居士撰　清嘉慶十五年(1810)萬載同善堂刻本　一冊

360000－1901－0019866　408419－2
女科要訣一卷　(清)舒詔撰　**達生編一卷保嬰編一卷**　(清)亟齋居士撰　清嘉慶十五年(1810)萬載同善堂刻本　一冊

360000－1901－0019867　802579
女科要訣一卷　(清)舒詔撰　**達生編一卷保嬰編一卷**　(清)亟齋居士撰　清刻本　一冊

360000－1901－0019868　408016
女科要旨四卷　(清)陳念祖撰　清光緒二十六年(1900)新化三味書局刻本　二冊

360000－1901－0019869　162158
女科要旨四卷　(清)陳念祖撰　清光緒二十七年(1901)稽古堂刻本　二冊

360000－1901－0019870　900996
女科要旨四卷　(清)陳念祖撰　清刻本　一冊　存二卷(一至二)

360000－1901－0019871　164757
女科證治準繩五卷　(明)王肯堂輯　清光緒十八年(1892)石經堂刻本　十二冊

360000－1901－0019872　801687
女科證治準繩五卷　(明)王肯堂輯　清刻本　一冊　存一卷(四)

360000－1901－0019873　902391
女科證治準繩五卷　(明)王肯堂輯　清刻本　二冊　存二卷(三、五)

360000－1901－0019874　801889
女科專門不分卷　(清)金聚奎輯　清抄本　一冊

360000－1901－0019875　803385
女人□事不下妙方不分卷　(□)□□輯　清抄本　一冊

360000－1901－0019876　414581
女四書集注四卷　(清)王相箋注　清崇古堂刻本　一冊

360000－1901－0019877　405842
女四書集注四卷　(清)王相箋注　清京口文成堂刻本　一冊　存二卷(宋若昭女論語、王節婦女範捷錄)

360000－1901－0019878　414583－1
女四書集注四卷　(清)王相箋注　清刻本　一冊　存一卷(宋若昭女論語下)

360000－1901－0019879　414584
女四書集注四卷　(清)王相箋注　清刻本　二冊　存二卷(宋若昭女論語、仁孝文皇后內訓)

360000－1901－0019880　414584－1
女四書集注四卷　(清)王相箋注　清刻本　一冊　存二卷(宋若昭女論語、仁孝文皇后內訓)

360000－1901－0019881　414584－2
女四書集注四卷　(清)王相箋注　清刻本　一冊　存二卷(宋若昭女論語、仁孝文皇后內訓)

360000－1901－0019882　414579

女四書集注四卷　(清)王相箋注　清兩儀堂刻本　一册

360000－1901－0019883　414580
女四書集注四卷　(清)王相箋注　清松盛堂刻本　一册

360000－1901－0019884　414582
女四書集注四卷　(清)王相箋注　清同文堂刻本　一册　存三卷(一至三)

360000－1901－0019885　414582－1
女四書集注四卷　(清)王相箋注　清同文堂刻本　一册　存一卷(仁孝文皇后內訓)

360000－1901－0019886　414583
女四書集注四卷　(清)王相箋注　清芸生堂刻本　一册　存二卷(宋若昭女論語、仁孝文皇后內訓)

360000－1901－0019887　162157
女小學一卷呂近溪先生女兒語一卷　(清)賀瑞麟編　清同治十年(1871)述經堂刻本　一册

360000－1901－0019888　302476
女小學韻語二卷　(清)戴禮撰　清光緒三十四年(1908)鉛印本　一册

360000－1901－0019889　802177
女孝經一卷　(唐)鄭氏撰　清刻本　一册

360000－1901－0019890　404202
女學典型三卷　(法國)聖味增爵撰　清光緒六年(1880)刻本　一册

360000－1901－0019891　305785
女學六卷　(清)藍鼎元撰　清光緒二十三年(1897)京師刻本　二册

360000－1901－0019892　603151
女學六卷　(清)藍鼎元撰　清刻本　一册　存三卷(四至六)

360000－1901－0019893　802213
女學六卷　(清)藍鼎元撰　清刻本　一册　存三卷(四至六)

360000－1901－0019894　800624
女子初等小學修身教科書不分卷　(清)學部編譯圖書局編　清宣統三年(1911)京華印書局石印本　一册

360000－1901－0019895　414103
女子二十四孝圖說一卷　(清)吳友如繪　清光緒二十年(1894)石印本　一册

360000－1901－0019896　414775
女子家庭模範一卷　(清)籛年撰　清宣統二年(1910)石印本　一册

360000－1901－0019897　309626
甌北集五十卷續增詩集三卷　(清)趙翼撰　清嘉慶十七年(1812)刻本　八册　存三十六卷(一至三十六)

360000－1901－0019898　309788
甌北集五十卷續增詩集三卷　(清)趙翼撰　清嘉慶十七年(1812)刻本　九册　存四十六卷(一至四十六)

360000－1901－0019899　417867
甌北集五十三卷　(清)趙翼撰　清嘉慶十七年(1812)刻本　十册

360000－1901－0019900　417868
甌北集五十三卷　(清)趙翼撰　清嘉慶十七年(1812)刻本　十二册

360000－1901－0019901　417869
甌北集五十三卷　(清)趙翼撰　清嘉慶十七年(1812)刻本　七册　存二十五卷(一至二、十九至二十五、三十八至五十三)

360000－1901－0019902　417870
甌北集五十三卷　(清)趙翼撰　清嘉慶十七年(1812)刻本　六册　存三十五卷(十九至五十三)

360000－1901－0019903　308170
甌北集五十三卷　(清)趙翼撰　**附甌北先生年譜一卷**　(清)趙懷玉編　清嘉慶十七年(1812)刻本　九册　存五十卷(一至二十七、三十二至五十三,甌北先生年譜一卷)

360000－1901－0019904　163192
甌北集五十三卷　(清)趙翼撰　**附甌北先生年譜一卷**　(清)趙懷玉編　清嘉慶十七年(1812)湛貽堂刻本　十二冊

360000－1901－0019905　150461
甌北全集　(清)趙翼撰　清光緒三年(1877)滇南唐氏壽考堂刻本　七十一冊

360000－1901－0019906　150462
甌北全集　(清)趙翼撰　清光緒三年(1877)滇南唐氏壽考堂刻本　五十六冊

360000－1901－0019907　417866
甌北全集　(清)趙翼撰　清光緒三年(1877)刻本　四十七冊　存六種

360000－1901－0019908　150459
甌北全集　(清)趙翼撰　清乾隆至嘉慶湛貽堂刻本　四十八冊

360000－1901－0019909　150460
甌北全集　(清)趙翼撰　清乾隆至嘉慶湛貽堂刻本　七十九冊

360000－1901－0019910　417881－2
甌北全集　(清)趙翼撰　清乾隆至嘉慶湛貽堂刻本　五冊　存三種

360000－1901－0019911　600333
甌北詩鈔不分卷　(清)趙翼撰　清乾隆五十年(1785)刻本　三冊

360000－1901－0019912　163165
甌北詩鈔二十卷　(清)趙翼撰　清刻本　四冊　存十六卷(七言古五卷、五言律二卷、七言律七卷、絶句二卷)

360000－1901－0019913　303897－1
甌北詩鈔二十卷　(清)趙翼撰　清刻本　一冊　存四卷(七言律五至六、絕句二卷)

360000－1901－0019914　603814
甌北詩鈔二十卷　(清)趙翼撰　清刻本　三冊　存九卷(七言律一至七、絕句二卷)

360000－1901－0019915　417871
甌北詩鈔二十卷　(清)趙翼撰　清乾隆五十六年(1791)刻本　十冊

360000－1901－0019916　417872
甌北詩鈔二十卷　(清)趙翼撰　清乾隆五十六年(1791)刻本　六冊

360000－1901－0019917　417873
甌北詩鈔二十卷　(清)趙翼撰　清乾隆五十六年(1791)刻本　四冊　存十八卷(五言古四卷、七言古五卷、五言律二卷、七言律一至五、絕句二卷)

360000－1901－0019918　417874
甌北詩鈔二十卷　(清)趙翼撰　清乾隆五十六年(1791)刻本　三冊　存十三卷(七言古五卷、五言律二卷、七言律一至六)

360000－1901－0019919　417874－1
甌北詩鈔二十卷　(清)趙翼撰　清乾隆五十六年(1791)刻本　二冊　存七卷(五言古三、七言古一至三、五言律二卷、七言律一)

360000－1901－0019920　417874－2
甌北詩鈔二十卷　(清)趙翼撰　清乾隆五十六年(1791)刻本　一冊　存六卷(五言古四、七言古一至二、五言律二卷、七言律一)

360000－1901－0019921　241100
甌北詩鈔二十卷　(清)趙翼撰　(清)袁枚等評　清乾隆五十六年(1791)湛貽堂刻本　五冊

360000－1901－0019922　241101
甌北詩鈔二十卷　(清)趙翼撰　(清)袁枚等評　清乾隆五十六年(1791)湛貽堂刻本　八冊　缺二卷(七言古四至五)

360000－1901－0019923　303898
甌北詩話十二卷　(清)趙翼撰　清刻本　二冊

360000－1901－0019924　417875
甌北詩話十卷　(清)趙翼撰　清宣統元年(1909)掃葉山房石印本　三冊　存九卷(一至九)

360000－1901－0019925　417876

甌北詩話十卷　(清)趙翼撰　清宣統元年(1909)掃葉山房石印本　三冊　存九卷(一至九)

360000－1901－0019926　163166
甌北詩話十卷續詩話二卷　(清)趙翼撰　清嘉慶七年(1802)湛貽堂刻甌北全集本　二冊

360000－1901－0019927　417881
甌北詩話十卷續詩話二卷　(清)趙翼撰　清嘉慶七年(1802)湛貽堂刻甌北全集本　三冊　存八卷(一至四、七至十)

360000－1901－0019928　417881－1
甌北詩話十卷續詩話二卷　(清)趙翼撰　清嘉慶七年(1802)湛貽堂刻甌北全集本　二冊　存六卷(甌北詩話七至十、續詩話二卷)

360000－1901－0019929　603815
甌北選集十二卷　(清)趙翼撰　(清)張懷溎選　清嘉慶刻本　三冊

360000－1901－0019930　609815
甌缽羅室書畫過目考四卷首一卷附一卷　(清)李玉棻輯　清宣統三年(1911)北京晉華書局石印本　四冊

360000－1901－0019931　303894
甌缽羅室書畫過目考四卷首一卷附一卷　(清)李玉棻輯　清光緒二十三年(1897)上海鴻文齋石印本　四冊

360000－1901－0019932　306546
甌缽羅室書畫過目考四卷首一卷附一卷　(清)李玉棻輯　清光緒二十三年(1897)上海鴻文齋石印本　一冊　存二卷(一、首一卷)

360000－1901－0019933　420178
甌江竹枝詞一卷　(清)戴文儁撰　清光緒六年(1880)刻本　一冊

360000－1901－0019934　317249
甌栝先正文錄十五卷補遺一卷　(清)陳遇春輯　清道光十四年(1834)刻本　十六冊

360000－1901－0019935　317211
甌香館集十二卷首一卷末一卷　(清)惲格撰　清光緒七年(1881)刻本　四冊

360000－1901－0019936　122176
歐可詩鈔四十卷雜著六卷　(清)龔鉽撰　清嘉慶十七年至道光十二年(1812－1832)刻本　十四冊

360000－1901－0019937　122177
歐可詩鈔四十卷雜著六卷　(清)龔鉽撰　清嘉慶十七年至道光十二年(1812－1832)刻本　四冊　存十一卷(一至六、八至九、十一至十三)

360000－1901－0019938　304146
歐羅巴通史不分卷　(日本)箕作元八　(日本)峰岸米造撰　(清)徐有成等譯　清光緒二十六年(1900)上海東亞譯書會鉛印本　四冊

360000－1901－0019939　401572
歐羅巴通史不分卷　(日本)箕作元八　(日本)峰岸米造撰　(清)徐有成等譯　清光緒二十六年(1900)上海東亞譯書會鉛印本　四冊

360000－1901－0019940　401572－1
歐羅巴通史不分卷　(日本)箕作元八　(日本)峰岸米造撰　(清)徐有成等譯　清光緒二十六年(1900)上海東亞譯書會鉛印本　一冊　存一部(一)

360000－1901－0019941　305103
歐美政體通覽五章　(日本)上野貞吉撰　(清)出洋學生編輯所譯　清光緒二十九年(1903)上海商務印書館鉛印本　一冊

360000－1901－0019942　304163
歐美政治要義十八章　(清)戴鴻慈　(清)端方撰　清光緒三十三年(1907)上海商務印書館石印本　四冊

360000－1901－0019943　304164
歐美政治要義十八章　(清)戴鴻慈　(清)端方撰　清光緒三十三年(1907)上海商務印書館石印本　四冊

360000－1901－0019944　306659
歐美政治要義十八章　（清）戴鴻慈　（清）端方撰　清光緒三十三年（1907）上海商務印書館石印本　三册　存十三章（六至十八）

360000－1901－0019945　306659－1
歐美政治要義十八章　（清）戴鴻慈　（清）端方撰　清光緒三十三年（1907）上海商務印書館石印本　三册　存十三章（六至十八）

360000－1901－0019946　306659－2
歐美政治要義十八章　（清）戴鴻慈　（清）端方撰　清光緒三十三年（1907）上海商務印書館石印本　一册　存四章（十至十三）

360000－1901－0019947　306659－3
歐美政治要義十八章　（清）戴鴻慈　（清）端方撰　清光緒三十三年（1907）上海商務印書館石印本　一册　存四章（十至十三）

360000－1901－0019948　306659－4
歐美政治要義十八章　（清）戴鴻慈　（清）端方撰　清光緒三十三年（1907）上海商務印書館石印本　一册　存四章（十至十三）

360000－1901－0019949　306659－5
歐美政治要義十八章　（清）戴鴻慈　（清）端方撰　清光緒三十三年（1907）上海商務印書館石印本　一册　存四章（十至十三）

360000－1901－0019950　306659－6
歐美政治要義十八章　（清）戴鴻慈　（清）端方撰　清光緒三十三年（1907）上海商務印書館石印本　一册　存四章（十至十三）

360000－1901－0019951　306659－7
歐美政治要義十八章　（清）戴鴻慈　（清）端方撰　清光緒三十三年（1907）上海商務印書館石印本　一册　存四章（十至十三）

360000－1901－0019952　309790
歐美政治要義十八章　（清）戴鴻慈　（清）端方撰　清光緒三十三年（1907）上海商務印書館石印本　四册

360000－1901－0019953　309906
歐美政治要義十八章　（清）戴鴻慈　（清）端方撰　清光緒三十三年（1907）上海商務印書館石印本　四册

360000－1901－0019954　308681
歐美政治要義十八章　（清）戴鴻慈　（清）端方撰　清光緒三十三年（1907）石印本　四册

360000－1901－0019955　308682
歐美政治要義十八章　（清）戴鴻慈　（清）端方撰　清光緒三十三年（1907）石印本　四册

360000－1901－0019956　401771
歐美政治要義十八章　（清）戴鴻慈　（清）端方撰　清光緒三十三年（1907）石印本　四册

360000－1901－0019957　401772
歐美政治要義十八章　（清）戴鴻慈　（清）端方撰　清光緒三十三年（1907）石印本　四册

360000－1901－0019958　805473
歐美政治要義十八章　（清）戴鴻慈　（清）端方撰　清光緒三十三年（1907）石印本　四册

360000－1901－0019959　805474
歐美政治要義十八章　（清）戴鴻慈　（清）端方撰　清光緒三十三年（1907）石印本　四册

360000－1901－0019960　805475
歐美政治要義十八章　（清）戴鴻慈　（清）端方撰　清光緒三十三年（1907）石印本　四册

360000－1901－0019961　805476
歐美政治要義十八章　（清）戴鴻慈　（清）端方撰　清光緒三十三年（1907）石印本　四册

360000－1901－0019962　805477
歐美政治要義十八章　（清）戴鴻慈　（清）端方撰　清光緒三十三年（1907）石印本　四册

360000－1901－0019963　805478
歐美政治要義十八章　（清）戴鴻慈　（清）端方撰　清光緒三十三年（1907）石印本　四册

360000－1901－0019964　805479
歐美政治要義十八章　（清）戴鴻慈　（清）端方撰　清光緒三十三年（1907）石印本　四册

360000－1901－0019965　805480
歐美政治要義十八章　(清)戴鴻慈　(清)端方撰　清光緒三十三年(1907)石印本　四册

360000－1901－0019966　805481
歐美政治要義十八章　(清)戴鴻慈　(清)端方撰　清光緒三十三年(1907)石印本　四册

360000－1901－0019967　805482
歐美政治要義十八章　(清)戴鴻慈　(清)端方撰　清光緒三十三年(1907)石印本　四册

360000－1901－0019968　900578
歐美政治要義十八章　(清)戴鴻慈　(清)端方撰　清光緒三十三年(1907)石印本　四册

360000－1901－0019969　900579
歐美政治要義十八章　(清)戴鴻慈　(清)端方撰　清光緒三十三年(1907)石印本　四册

360000－1901－0019970　900580
歐美政治要義十八章　(清)戴鴻慈　(清)端方撰　清光緒三十三年(1907)石印本　四册

360000－1901－0019971　900581
歐美政治要義十八章　(清)戴鴻慈　(清)端方撰　清光緒三十三年(1907)石印本　四册

360000－1901－0019972　900582
歐美政治要義十八章　(清)戴鴻慈　(清)端方撰　清光緒三十三年(1907)石印本　二册　存九章(十至十八)

360000－1901－0019973　163211
歐文約選一卷　(宋)歐陽修撰　清刻本　一册

360000－1901－0019974　122192
歐陽恭簡公奏稿八卷附錄一卷　(明)歐陽鐸撰　清光緒十年(1884)刻本　二册

360000－1901－0019975　240622
歐陽南野先生文集三十卷　(明)歐陽德撰　明嘉靖三十七年(1558)梁汝魁陝西刻本　二十册

360000－1901－0019976　240623
歐陽南野先生文選五卷　(明)歐陽德撰　(明)李春芳選　明隆慶六年(1572)宋儀望刻本　四册

360000－1901－0019977　304166
歐陽書考十二卷首一卷末一卷　(清)袁繼翰撰　清光緒二十年(1894)述歐之堂刻本　四册

360000－1901－0019978　415169
歐陽文公圭齋集十六卷　(元)歐陽玄撰　(清)鄧顯鶴增訂　清湘鄉彭洋中刻本　三册　存十五卷(二至十六)

360000－1901－0019979　415198
歐陽文公圭齋集十六卷首一卷末一卷　(元)歐陽玄撰　(清)鄧顯鶴增訂　清道光二十六年(1846)鄧氏南邨草堂刻本　一册　存三卷(一、首一卷、末一卷)

360000－1901－0019980　120525
歐陽文公圭齋集十五卷首一卷附錄一卷　(元)歐陽玄撰　清道光十四年(1834)棣餘山房刻本　六册

360000－1901－0019981　120526
歐陽文公圭齋集十五卷首一卷附錄一卷　(元)歐陽玄撰　清道光十四年(1834)棣餘山房刻本　六册

360000－1901－0019982　120527
歐陽文公圭齋集十五卷首一卷附錄一卷　(元)歐陽玄撰　清道光十四年(1834)棣餘山房刻本　六册

360000－1901－0019983　601689
歐陽文公圭齋集十五卷首一卷附錄一卷　(元)歐陽玄撰　清道光十四年(1834)刻本　六册

360000－1901－0019984　601690
歐陽文公圭齋集十五卷首一卷附錄一卷　(元)歐陽玄撰　清道光十四年(1834)刻本　七册　存十六卷(歐陽文公圭齋集十五卷、附錄一卷)

360000－1901－0019985　601691

歐陽文公圭齋集十五卷首一卷附錄一卷 (元)歐陽玄撰　清道光十四年(1834)刻本　六冊

360000－1901－0019986　120528
歐陽文公圭齋集十五卷首一卷附錄一卷 (元)歐陽玄撰　清光緒二十七年(1901)泰和蜀江歐陽崇元文會刻本　六冊

360000－1901－0019987　802129
歐陽文忠公集古錄目次考一卷洪文惠公隸釋隸續目次考一卷　(□)□□輯　**兩漢金石記卷第五**　(清)翁方綱撰　清元卿抄本　一冊

360000－1901－0019988　250179
歐陽文忠公集一百五十三卷附錄五卷　(宋)歐陽修撰　清乾隆五十七年(1792)惇敘堂刻本　二十四冊

360000－1901－0019989　250180
歐陽文忠公集一百五十三卷附錄五卷　(宋)歐陽修撰　清乾隆五十七年(1792)惇敘堂刻本　二十四冊

360000－1901－0019990　240176
歐陽文忠公集一百五十三卷附錄五卷　(宋)歐陽修撰　宋慶元二年(1196)廬陵周必大刻本(卷三至八、十四至十五、十七至十八、二十五至三十四、四十至四十五配宋刻本)　佚名批注　六冊　存三十一卷(三至八、十四至十五、十七至十八、二十五至三十四、四十至五十)

360000－1901－0019991　240177
歐陽文忠公集一百五十三卷附錄五卷　(宋)歐陽修撰　**廬陵歐陽文忠公年譜一卷**　(宋)胡柯撰　明天順六年(1462)程宗刻弘治五年(1492)重修本　五十冊

360000－1901－0019992　240178
歐陽文忠公集一百五十三卷附錄五卷　(宋)歐陽修撰　**廬陵歐陽文忠公年譜一卷**　(宋)胡柯撰　明天順六年(1462)程宗刻弘治、正德、嘉靖遞修本　二十四冊

360000－1901－0019993　240179
歐陽文忠公集一百五十三卷附錄五卷　(宋)歐陽修撰　**廬陵歐陽文忠公年譜一卷**　(宋)胡柯撰　明正德七年(1512)劉喬刻嘉靖十六年(1537)季本、詹治重修本　二十冊　存七十八卷(一至七十八)

360000－1901－0019994　412451
歐陽文忠公瀧岡阡表一卷　(宋)歐陽修撰　清宣統三年(1911)江西開智書局石印本　一冊

360000－1901－0019995　412451－1
歐陽文忠公瀧岡阡表一卷　(宋)歐陽修撰　清宣統三年(1911)江西開智書局石印本　一冊

360000－1901－0019996　412451－2
歐陽文忠公瀧岡阡表一卷　(宋)歐陽修撰　清宣統三年(1911)江西開智書局石印本　一冊

360000－1901－0019997　240189
歐陽文忠公全集一百三十五卷　(宋)歐陽修撰　明嘉靖三十四年(1555)陳珊刻本　六十冊

360000－1901－0019998　240190
歐陽文忠公全集一百五卷　(宋)歐陽修撰　**廬陵歐陽文忠公年譜一卷**　(宋)胡柯撰　清康熙十二年(1673)吉水曾弘刻本　二十冊

360000－1901－0019999　240191
歐陽文忠公全集一百五卷　(宋)歐陽修撰　**廬陵歐陽文忠公年譜一卷**　(宋)胡柯撰　清康熙十二年(1673)吉水曾弘刻本　十二冊

360000－1901－0020000　240192
歐陽文忠公全集一百五卷　(宋)歐陽修撰　**廬陵歐陽文忠公年譜一卷**　(宋)胡柯撰　清康熙十二年(1673)吉水曾弘刻本　十四冊　缺十六卷(十四至二十一、九十八至一百五)

360000－1901－0020001　250177
歐陽文忠公全集一百五十三卷附錄五卷 (宋)歐陽修撰　清乾隆十一年(1746)孝思堂刻本　二十四冊

360000－1901－0020002　250178
歐陽文忠公全集一百五十三卷附錄五卷（宋）歐陽修撰　清乾隆十一年（1746）孝思堂刻本　三十二册

360000－1901－0020003　240180
歐陽文忠公全集一百五十三卷附錄五卷（宋）歐陽修撰　**廬陵歐陽文忠公年譜一卷**（宋）胡柯撰　清乾隆十一年（1746）孝思堂刻本　二十六册

360000－1901－0020004　240181
歐陽文忠公全集一百五十三卷附錄五卷（宋）歐陽修撰　**廬陵歐陽文忠公年譜一卷**（宋）胡柯撰　清乾隆十一年（1746）孝思堂刻本　二十四册

360000－1901－0020005　240182
歐陽文忠公全集一百五十三卷附錄五卷（宋）歐陽修撰　**廬陵歐陽文忠公年譜一卷**（宋）胡柯撰　清乾隆十一年（1746）孝思堂刻本　十九册　缺三十七卷（一至二十二、四十八至六十一，廬陵歐陽文忠公年譜一卷）

360000－1901－0020006　240183
歐陽文忠公全集一百五十三卷附錄五卷（宋）歐陽修撰　**廬陵歐陽文忠公年譜一卷**（宋）胡柯撰　清乾隆十一年（1746）孝思堂刻本　二十册　缺六十六卷（二至十五、二十三至二十八、三十四至四十七、五十四至五十八、七十五至八十、一百八至一百十一、一百三十六至一百四十三、一百五十至一百五十三，附錄五卷）

360000－1901－0020007　240184
歐陽文忠公全集一百五十三卷附錄五卷（宋）歐陽修撰　**廬陵歐陽文忠公年譜一卷**（宋）胡柯撰　清乾隆十一年（1746）孝思堂刻本　十三册　缺七十五卷（一至二十二、四十八至五十五、七十七至一百七、一百十九至一百二十六，附錄五卷，廬陵歐陽文忠公年譜一卷）

360000－1901－0020008　240185
歐陽文忠公全集一百五十三卷附錄五卷（宋）歐陽修撰　**廬陵歐陽文忠公年譜一卷**（宋）胡柯撰　清乾隆十一年（1746）孝思堂刻本　二十册　存七十三卷（八十六至一百五十三、附錄五卷）

360000－1901－0020009　240186
歐陽文忠公全集一百五十三卷附錄五卷（宋）歐陽修撰　**廬陵歐陽文忠公年譜一卷**（宋）胡柯撰　清乾隆十一年（1746）孝思堂刻本　十四册　存七十二卷（四十四至一百十五）

360000－1901－0020010　240187
歐陽文忠公全集一百五十三卷附錄五卷（宋）歐陽修撰　**廬陵歐陽文忠公年譜一卷**（宋）胡柯撰　清乾隆十一年（1746）孝思堂刻本　十五册　存五十七卷（二十五至三十二、三十七至四十八、六十六至六十九、七十五至八十三、八十八至一百、一百十一至一百十八、一百四十六至一百四十八）

360000－1901－0020011　240188
歐陽文忠公全集一百五十三卷附錄五卷（宋）歐陽修撰　**廬陵歐陽文忠公年譜一卷**（宋）胡柯撰　清乾隆十一年（1746）孝思堂刻本　二册　存十六卷（五至十三、七十七至八十三）

360000－1901－0020012　413794
歐陽文忠公全集一百五十三卷附錄五卷（宋）歐陽修撰　**廬陵歐陽文忠公年譜一卷**（宋）胡柯撰　清乾隆十一年（1746）孝思堂刻本　三十一册　存一百十一卷（一至八、十五至二十三、二十九至三十七、四十三至八十五、九十一至一百三、一百九至一百二十八、一百三十四至一百三十六，附錄五卷，廬陵歐陽文忠公年譜一卷）

360000－1901－0020013　122190
歐陽文忠公全集一百五十三卷首一卷附錄五卷（宋）歐陽修撰　清光緒二十八年（1902）周氏慕濂山房刻本　三十二册

360000－1901－0020014　413795
歐陽文忠公全集一百五十三卷首一卷附錄五

卷 (宋)歐陽修撰 清嘉慶二十四年(1819)廬陵歐陽衡刻本 二十四册

360000－1901－0020015 413796
歐陽文忠公全集一百五十三卷首一卷附錄五卷 (宋)歐陽修撰 清嘉慶二十四年(1819)廬陵歐陽衡刻本 二十四册

360000－1901－0020016 601692
歐陽文忠公全集一百五十三卷首一卷附錄五卷 (宋)歐陽修撰 清嘉慶二十四年(1819)廬陵歐陽衡刻本 二十二册

360000－1901－0020017 601693
歐陽文忠公全集一百五十三卷首一卷附錄五卷 (宋)歐陽修撰 清嘉慶二十四年(1819)廬陵歐陽衡刻本 十四册 存一百三十卷(一至四十、五十一至一百二十一、一百三十五至一百五十三)

360000－1901－0020018 601694
歐陽文忠公全集一百五十三卷首一卷附錄五卷 (宋)歐陽修撰 清嘉慶二十四年(1819)廬陵歐陽衡刻本 十五册 存八十九卷(七十一至一百五十三、首一卷、附錄五卷)

360000－1901－0020019 601698
歐陽文忠公全集一百五十三卷首一卷附錄五卷 (宋)歐陽修撰 清嘉慶二十四年(1819)廬陵歐陽衡刻本 二十四册

360000－1901－0020020 601699
歐陽文忠公全集一百五十三卷首一卷附錄五卷 (宋)歐陽修撰 清嘉慶二十四年(1819)廬陵歐陽衡刻本 五册 存三十一卷(一至五、一百二至一百九、一百四十一至一百五十三,附錄五卷)

360000－1901－0020021 601701
歐陽文忠公全集一百五十三卷首一卷附錄五卷 (宋)歐陽修撰 清嘉慶二十四年(1819)廬陵歐陽衡刻本 二十四册

360000－1901－0020022 601702
歐陽文忠公全集一百五十三卷首一卷附錄五卷 (宋)歐陽修撰 清嘉慶二十四年(1819)廬陵歐陽衡刻本 十八册 存一百二十三卷(一至九十一、九十六至一百一、一百十至一百二十九,首一卷,附錄五卷)

360000－1901－0020023 601703
歐陽文忠公全集一百五十三卷首一卷附錄五卷 (宋)歐陽修撰 清嘉慶二十四年(1819)廬陵歐陽衡刻本 二十五册

360000－1901－0020024 601709
歐陽文忠公全集一百五十三卷首一卷附錄五卷 (宋)歐陽修撰 清嘉慶二十四年(1819)廬陵歐陽衡刻本 十二册 存六十九卷(九十至一百五十三、附錄五卷)

360000－1901－0020025 601710
歐陽文忠公全集一百五十三卷首一卷附錄五卷 (宋)歐陽修撰 清嘉慶二十四年(1819)廬陵歐陽衡刻本 一册 存八卷(七十六至七十八、一百二十四至一百二十八)

360000－1901－0020026 601711
歐陽文忠公全集一百五十三卷首一卷附錄五卷 (宋)歐陽修撰 清嘉慶二十四年(1819)廬陵歐陽衡刻本 六册 存五十一卷(一至五十、首一卷)

360000－1901－0020027 122187
歐陽文忠公全集一百五十三卷首一卷附錄五卷 (宋)歐陽修撰 清嘉慶二十四年(1819)歐陽衡刻本 二十四册

360000－1901－0020028 122188
歐陽文忠公全集一百五十三卷首一卷附錄五卷 (宋)歐陽修撰 清嘉慶二十四年(1819)歐陽衡刻本 二十四册

360000－1901－0020029 122189
歐陽文忠公全集一百五十三卷首一卷附錄五卷 (宋)歐陽修撰 清嘉慶二十四年(1819)歐陽衡刻本 二十四册

360000－1901－0020030 713800
歐陽文忠公全集一百五十三卷首一卷附錄五卷 (宋)歐陽修撰 **廬陵歐陽文忠公年譜一卷** (宋)胡柯撰 清康熙十二年(1673)曾弘

白鷺書院刻本　十册　存四十五卷(六至二十、三十一至四十、七十六至八十、九十一至一百五)

360000－1901－0020031　413811
歐陽文忠公文集三十卷　(宋)歐陽修撰　(清)彭期編　清康熙刻本　六册　存十一卷(四至八、十八、二十至二十一、二十四至二十六)

360000－1901－0020032　220302
歐陽文忠公五代史抄二十卷　(明)茅坤輯並評　明刻朱墨套印本(卷十五至二十配明末刻本)　二册　存八卷(五至六、十五至二十)

360000－1901－0020033　220303
歐陽文忠公五代史抄二十卷　(明)茅坤輯並評　清初刻本　三册

360000－1901－0020034　220300
歐陽文忠公新唐書抄二卷五代史抄二十卷　(明)茅坤批評　明末刻本　六册

360000－1901－0020035　220301
歐陽文忠公新唐書抄二卷五代史抄二十卷　(明)茅坤批評　明末刻本　八册

360000－1901－0020036　304153
歐遊雜錄二卷　(清)徐建寅撰　清刻本　二册

360000－1901－0020037　401595
歐洲財政史一卷　(日本)小林丑三郎撰　清光緒二十八年(1902)上海商務印書館鉛印本　一册

360000－1901－0020038　401594
歐洲財政史一卷　(日本)小林丑三郎撰　清末石印本　一册

360000－1901－0020039　161850
歐洲東方交涉記十二卷　(英國)麥高爾輯　(美國)林樂知　(清)瞿昂來譯　清光緒六年(1880)刻本　二册

360000－1901－0020040　304160
歐洲東方交涉記十二卷　(英國)麥高爾輯　(美國)林樂知　(清)瞿昂來譯　清光緒六年(1880)刻本　二册

360000－1901－0020041　304159
歐洲史略十三卷　(□)□□撰　清光緒十二年(1886)刻本　一册

360000－1901－0020042　401563
歐洲史畧十三卷　(英國)艾約瑟譯　(英國)赫德輯　清光緒刻西史彙函本　二册

360000－1901－0020043　304142
鷗陂漁話六卷　(清)葉廷琯撰　清同治八年至九年(1869－1870)刻本　二册

360000－1901－0020044　304143
鷗陂漁話六卷　(清)葉廷琯撰　清同治八年至九年(1869－1870)刻本　二册

360000－1901－0020045　122715
鷗跡集二十一卷　(清)蔡受撰　清光緒三年(1877)成山書室刻本　四册

360000－1901－0020046　122716
鷗跡集二十一卷　(清)蔡受撰　清光緒三年(1877)成山書室刻本　四册

360000－1901－0020047　122717
鷗跡集二十一卷　(清)蔡受撰　清光緒三年(1877)成山書室刻本　四册

360000－1901－0020048　601817
鷗跡集二十一卷　(清)蔡受撰　清光緒三年(1877)刻本　四册

360000－1901－0020049　413618
鷗跡集二十一卷　(清)蔡受撰　清刻本　四册　存二十卷(一至二十)

360000－1901－0020050　601818
鷗跡集二十一卷　(清)蔡受撰　清刻本　四册

360000－1901－0020051　601819
鷗跡集二十一卷　(清)蔡受撰　清刻本　三册　存十九卷(三至二十一)

360000－1901－0020052　315729

鷗堂詩三卷　(清)馬賡良撰　清光緒五年(1879)刻本　一册

360000－1901－0020053　315725
鷗堂遺稿三卷　(清)馬賡良撰　清光緒十五年(1889)會稽馬氏刻本　一册

360000－1901－0020054　418471
鷗汀漁隱詩集六卷續集三卷外集一卷　(清)陳偕燦撰　清道光二十年(1840)刻本　五册　存八卷(鷗汀漁隱詩集二至六、續集一至二、外集一卷)

360000－1901－0020055　601816
鷗汀漁隱詩集六卷續集三卷外集一卷　(清)陳偕燦撰　清道光二十年至咸豐三年(1840－1853)懺琴閣刻本　一册　存一卷(續集一)

360000－1901－0020056　603980
鷗汀漁隱詩集六卷續集三卷外集一卷　(清)陳偕燦撰　清道光二十年至咸豐三年(1840－1853)懺琴閣刻本　一册　存一卷(鷗汀漁隱詩集一)

360000－1901－0020057　122714
鷗汀漁隱詩集六卷續集三卷外集一卷　(清)陳偕燦撰　**琴韻閣悼亡詩一卷**　(清)陳偕燦撰　**琴韻閣遺草一卷**　(清)沈鳳撰　清道光二十年至咸豐三年(1840－1853)懺琴閣刻本　八册

360000－1901－0020058　407823
偶存集一卷　(清)董貽清撰　清同治十一年(1872)刻本　一册

360000－1901－0020059　240899
偶園詩集八卷文一卷　(清)鄒禮撰　清雍正刻本　三册

360000－1901－0020060　718251
藕香零拾　繆荃孫輯　清光緒、宣統刻本　三十二册

360000－1901－0020061　150472
藕香零拾　繆荃孫輯　清刻本　二十二册　存三十種

360000－1901－0020062　150473
藕香零拾　繆荃孫輯　清刻本　二十一册　存二十八種

360000－1901－0020063　150474
藕香零拾　繆荃孫輯　清刻本　三十二册

360000－1901－0020064　803882
葩經類聯一卷　(明)張暄撰　**詩經類聯補編一卷四言詩一卷**　清刻本　一册

360000－1901－0020065　303043
帕米爾圖例一卷　錢恂等輯　清光緒十八年(1892)石印本　一册

360000－1901－0020066　805023
潘公免災救難寶卷三卷　(清)潘訢撰　清咸豐刻本　一册

360000－1901－0020067　404474
潘公免災救難寶卷三卷　(清)潘訢撰　清咸豐五年(1855)刻本　一册

360000－1901－0020068　722148－2
潘黃門集一卷　(晉)潘岳撰　明婁東張氏刻漢魏六朝百三名家集本　一册

360000－1901－0020069　417538
潘子全集　(清)潘相撰　清乾隆、嘉慶刻光緒十五年(1889)重刻彙印本　四十五册　存六種

360000－1901－0020070　301614
槃薖紀事初稿四卷　(清)湯紀尚撰　清光緒十一年(1885)蘇州刻本　二册

360000－1901－0020071　301611
槃薖文甲集三卷乙集二卷别錄一卷　(清)湯紀尚撰　清光緒十八年(1892)刻本　二册

360000－1901－0020072　412743
磐那室詩存一卷　(清)張亨嘉撰　清宣統三年(1911)平江蘇氏鉛印本　一册

360000－1901－0020073　220733
盤山志十六卷首五卷　(清)蔣溥等纂修　清乾隆二十年(1755)武英殿刻本　十册

360000－1901－0020074　417639
盤洲文集八十卷行狀一卷碑銘一卷拾遺一卷　（宋）洪适撰　**附洪文惠公年譜一卷**　（清）錢大昕輯　清嘉慶十八年（1813）宜黄洪氏三瑞堂木活字印本　十五册　存八十卷（一至二十四、二十九至八十，行狀一卷，碑銘一卷，拾遺一卷，洪文惠公年譜一卷）

360000－1901－0020075　122290
盤洲文集八十卷行狀一卷碑銘一卷拾遺一卷　（宋）洪适撰　**附洪文惠公年譜一卷**　（清）錢大昕撰　清嘉慶十八年（1813）宜黄洪氏三瑞堂木活字印本　十六册

360000－1901－0020076　122291
盤洲文集八十卷行狀一卷碑銘一卷拾遺一卷　（宋）洪适撰　**附洪文惠公年譜一卷**　（清）錢大昕撰　清嘉慶十八年（1813）宜黄洪氏三瑞堂木活字印本　十五册　缺六卷（七十八至八十、行狀一卷、碑銘一卷、拾遺一卷）

360000－1901－0020077　122515
蟠松山房詩本四卷雜著草一卷　（清）魏清撰　清同治九年（1870）承啓堂刻光緒三年（1877）印本　二册

360000－1901－0020078　122516
蟠松山房詩本四卷雜著草一卷　（清）魏清撰　清同治九年（1870）承啓堂刻光緒三年（1877）印本　二册

360000－1901－0020079　407651
泮林擷秀初編不分卷　（清）戴惇禧輯　清刻本　一册

360000－1901－0020080　303120
柈湖文集十二卷　（清）吴敏樹撰　清光緒十九年（1893）刻本　四册

360000－1901－0020081　163413
柈湖文集十二卷　（清）吴敏樹撰　清光緒十九年（1893）思賢講舍刻本　四册

360000－1901－0020082　163414
柈湖文集十二卷　（清）吴敏樹撰　清光緒十九年（1893）思賢講舍刻本　四册

360000－1901－0020083　163415
柈湖文集十二卷　（清）吴敏樹撰　清光緒十九年（1893）思賢講舍刻本　四册

360000－1901－0020084　150380
滂喜齋叢書　（清）潘祖蔭輯　清同治、光緒吴縣潘氏京師刻本　三十六册

360000－1901－0020085　161100
滂喜齋叢書　（清）潘祖蔭輯　清同治、光緒吴縣潘氏京師刻本　一册　存二種

360000－1901－0020086　300945
滂喜齋叢書　（清）潘祖蔭輯　清同治、光緒吴縣潘氏京師刻本　一册　存三種

360000－1901－0020087　413128
滂喜齋叢書　（清）潘祖蔭輯　清同治、光緒吴縣潘氏京師刻本　十五册　存三十一種

360000－1901－0020088　163713
泡影塵緣詩文集七卷　（清）俞鏡元撰　清光緒八年（1882）刻本　一册

360000－1901－0020089　407636
泡影塵緣詩文集七卷　（清）俞鏡元撰　清光緒八年（1882）刻本　一册

360000－1901－0020090　421315
砲規圖説一卷　（清）陳瑒撰　清同治三年（1864）木活字印本　一册

360000－1901－0020091　121468
培花小園詩鈔十三卷　（清）戴雲官撰　清道光三年（1823）刻本　四册

360000－1901－0020092　121469
培花小園詩鈔十三卷　（清）戴雲官撰　清道光三年（1823）刻本　二册

360000－1901－0020093　414080
培園詩集十八卷首一卷末一卷　（清）周卜熊撰　清咸豐元年（1851）乙照齋刻本　一册　存四卷（一至三、首一卷）

360000－1901－0020094　302408
培遠堂偶存稿四十八卷　（清）陳弘謀撰　清光緒二十二年（1896）鄂藩署刻本　二十四册

360000－1901－0020095　164059
培遠堂手劄節存不分卷　（清）陳弘謀撰　清光緒五年（1879）刻本　一冊

360000－1901－0020096　163431
培遠堂手札節存三卷　（清）陳弘謀撰　清光緒五年（1879）閩藩署刻本　一冊

360000－1901－0020097　407767
培遠堂手札節存三卷　（清）陳弘謀撰　清同治十三年（1874）桂林唐濟刻本　三冊

360000－1901－0020098　301553
佩秋閣詩稿二卷詞稿一卷駢文稿一卷　（清）吳茝撰　清光緒十四年（1888）刻本　一冊

360000－1901－0020099　122982
佩珊珊室詩存一卷　（清）王紉佩撰　清光緒十九年（1893）刻本　一冊

360000－1901－0020100　122983
佩珊珊室詩存一卷　（清）王紉佩撰　清光緒十九年（1893）刻本　一冊

360000－1901－0020101　122984
佩珊珊室詩存一卷　（清）王紉佩撰　清光緒十九年（1893）刻本　一冊

360000－1901－0020102　415341
佩珊珊室詩存一卷　（清）王紉佩撰　清光緒十九年（1893）刻本　一冊

360000－1901－0020103　415342
佩珊珊室詩存一卷　（清）王紉佩撰　清光緒十九年（1893）刻本　一冊

360000－1901－0020104　415342－1
佩珊珊室詩存一卷　（清）王紉佩撰　清光緒十九年（1893）刻本　一冊

360000－1901－0020105　415342－2
佩珊珊室詩存一卷　（清）王紉佩撰　清光緒十九年（1893）刻本　一冊

360000－1901－0020106　415342－3
佩珊珊室詩存一卷　（清）王紉佩撰　清光緒十九年（1893）刻本　一冊

360000－1901－0020107　601395
佩珊珊室詩存一卷　（清）王紉佩撰　清光緒十九年（1893）刻本　一冊

360000－1901－0020108　121043
佩堂詩鈔六卷首一卷末一卷　（清）張瑗撰　清道光八年（1828）齊鳳樓刻本　二冊

360000－1901－0020109　802721
佩文不分卷　（清）□□輯　清抄本　一冊

360000－1901－0020110　413452
佩文廣韻匯編五卷　（清）李元祺輯　清同治十一年（1872）金陵書局刻本　一冊

360000－1901－0020111　713448
佩文詩韻廣注五卷　（清）□□輯注　清刻本　一冊　存三卷（三至五）

360000－1901－0020112　407835
佩文詩韻廣注五卷　（清）□□輯注　清秀山堂刻本　一冊

360000－1901－0020113　307681
佩文詩韻釋要五卷　（清）周兆基撰　（清）姚詩雅輯　清同治四年（1865）滑臺官舍刻本　四冊

360000－1901－0020114　413449
佩文詩韻釋要五卷　（清）周兆基撰　（清）朱蘭輯　清光緒刻本　一冊　存三卷（一至三）

360000－1901－0020115　413450
佩文詩韻釋要五卷　（清）周兆基撰　（清）朱蘭輯　清光緒刻本　二冊

360000－1901－0020116　416216
佩文詩韻釋要五卷　（清）周兆基撰　（清）朱蘭輯　清光緒三年（1877）粵東使署刻本　二冊

360000－1901－0020117　160644
佩文詩韻釋要五卷　（清）周兆基撰　（清）朱蘭輯　清光緒元年（1875）湖北崇文書局刻本　一冊

360000－1901－0020118　160645
佩文詩韻釋要五卷　（清）周兆基撰　（清）朱

蘭輯　清光緒元年(1875)湖北崇文書局刻本　一冊

360000－1901－0020119　413451
佩文詩韻釋要五卷　(清)周兆基撰　(清)朱蘭輯　清光緒元年(1875)湖北崇文書局刻本　一冊

360000－1901－0020120　413451－1
佩文詩韻釋要五卷　(清)周兆基撰　(清)朱蘭輯　清李光明莊刻本　二冊

360000－1901－0020121　160646
佩文詩韻釋要五卷　(清)周兆基撰　(清)朱蘭輯　清同治三年(1864)刻本　一冊

360000－1901－0020122　713445
佩文詩韻五卷　(清)姚詩雅輯　清刻本　二冊

360000－1901－0020123　713446
佩文詩韻五卷　(清)姚詩雅輯　清刻本　一冊

360000－1901－0020124　414059
佩文詩韻五卷　(清)姚詩雅輯　清同治四年(1865)滑臺官舍刻本　一冊

360000－1901－0020125　805108
佩文韻府不分卷　(清)張玉書　(清)蔡升元等輯　清抄本　四冊

360000－1901－0020126　805109
佩文韻府拾遺一百六卷　(清)汪灝　(清)何焯等輯　清刻本　十五冊　存五十八卷(四十九至一百六)

360000－1901－0020127　415443
佩文韻府一百六卷　(清)張玉書　(清)蔡升元等輯　**佩文韻府拾遺一百六卷**　(清)汪灝　(清)何焯等輯　清抄本　二冊　存一卷(佩文韻府六十六下)

360000－1901－0020128　415441
佩文韻府一百六卷　(清)張玉書　(清)蔡升元等輯　**佩文韻府拾遺一百六卷**　(清)汪灝　(清)何焯等輯　清光緒二十四年(1898)點石齋石印本　二十四冊

360000－1901－0020129　415442
佩文韻府一百六卷　(清)張玉書　(清)蔡升元等輯　**佩文韻府拾遺一百六卷**　(清)汪灝　(清)何焯等輯　清光緒二十一年(1895)上海鴻寶齋石印本　二十四冊

360000－1901－0020130　415334
佩文韻府一百六卷　(清)張玉書　(清)蔡升元等輯　**佩文韻府拾遺一百六卷**　(清)汪灝　(清)何焯等輯　清光緒上海點石齋石印本　六冊　存三十八卷(佩文韻府二十二至二十三、二十五至四十三、五十二至六十八)

360000－1901－0020131　415334－1
佩文韻府一百六卷　(清)張玉書　(清)蔡升元等輯　**佩文韻府拾遺一百六卷**　(清)汪灝　(清)何焯等輯　清光緒上海點石齋石印本　八冊　存四十九卷(佩文韻府六至十五、二十五至六十三)

360000－1901－0020132　603391
佩文韻府一百六卷　(清)張玉書　(清)蔡升元等輯　**佩文韻府拾遺一百六卷**　(清)汪灝　(清)何焯等輯　清光緒十八年(1892)上海同文書局石印本　四十七冊　存九十九卷(佩文韻府一至九十二、一百至一百六)

360000－1901－0020133　415330
佩文韻府一百六卷　(清)張玉書　(清)蔡升元等輯　**佩文韻府拾遺一百六卷**　(清)汪灝　(清)何焯等輯　清光緒十二年(1886)上海同文書局石印本　四十九冊　存一百五十二卷(佩文韻府一至十二、十六至四十五、五十二至五十八、六十至八十一、八十五至一百六,佩文韻府拾遺十六至五十八、七十四至八十九)

360000－1901－0020134　415331
佩文韻府一百六卷　(清)張玉書　(清)蔡升元等輯　**佩文韻府拾遺一百六卷**　(清)汪灝　(清)何焯等輯　清光緒十二年(1886)上海同文書局石印本　十七冊　存二十八卷(佩文韻府五至六、八至十、二十二下至二十六、

四十三至四十四、五十二至五十四、六十三至六十五、六十七、七十四至七十五、七十七至七十九、九十、一百一至一百三)

360000－1901－0020135　603387－1
佩文韻府一百六卷　(清)張玉書　(清)蔡升元等輯　**佩文韻府拾遺一百六卷**　(清)汪灝　(清)何焯等輯　清光緒十二年(1886)上海同文書局石印本　四冊　存七卷(佩文韻府九十三至九十九)

360000－1901－0020136　415333
佩文韻府一百六卷　(清)張玉書　(清)蔡升元等輯　**佩文韻府拾遺一百六卷**　(清)汪灝　(清)何焯等輯　清光緒十九年(1893)上海點石齋石印本　十七冊　存一百七十八卷(佩文韻府一至六十六、九十七至一百二上，佩文韻府拾遺一百六卷)

360000－1901－0020137　162514
佩文韻府一百六卷　(清)張玉書　(清)蔡升元等輯　**佩文韻府拾遺一百六卷**　(清)汪灝　(清)何焯等輯　清光緒十三年(1887)點石齋石印本　六十冊

360000－1901－0020138　162515
佩文韻府一百六卷　(清)張玉書　(清)蔡升元等輯　**佩文韻府拾遺一百六卷**　(清)汪灝　(清)何焯等輯　清光緒十三年(1887)點石齋石印本　六十冊

360000－1901－0020139　162516
佩文韻府一百六卷　(清)張玉書　(清)蔡升元等輯　**佩文韻府拾遺一百六卷**　(清)汪灝　(清)何焯等輯　清光緒十三年(1887)點石齋石印本　六十冊

360000－1901－0020140　162517
佩文韻府一百六卷　(清)張玉書　(清)蔡升元等輯　**佩文韻府拾遺一百六卷**　(清)汪灝　(清)何焯等輯　清光緒十三年(1887)點石齋石印本　六十一冊

360000－1901－0020141　415440
佩文韻府一百六卷　(清)張玉書　(清)蔡升元等輯　**佩文韻府拾遺一百六卷**　(清)汪灝　(清)何焯等輯　清光緒十三年(1887)點石齋石印本　六十冊

360000－1901－0020142　901488
佩文韻府一百六卷　(清)張玉書　(清)蔡升元等輯　**佩文韻府拾遺一百六卷**　(清)汪灝　(清)何焯等輯　清光緒十三年(1887)點石齋石印本　十五冊　存二十四卷(佩文韻府一至二十四上)

360000－1901－0020143　415332
佩文韻府一百六卷　(清)張玉書　(清)蔡升元等輯　**佩文韻府拾遺一百六卷**　(清)汪灝　(清)何焯等輯　清光緒十五年(1889)上海點石齋石印本　十八冊　存九十三卷(佩文韻府一至九十三上)

360000－1901－0020144　415336
佩文韻府一百六卷　(清)張玉書　(清)蔡升元等輯　**佩文韻府拾遺一百六卷**　(清)汪灝　(清)何焯等輯　清廣東嶺南潘氏海山僊館刻本　五十七冊　存一百二十八卷(佩文韻府七下、十九、二十二下、六十、六十三至六十四、六十七下至六十九、七十七、九十二至一百六，佩文韻府拾遺一百六卷)

360000－1901－0020145　415343
佩文韻府一百六卷　(清)張玉書　(清)蔡升元等輯　**佩文韻府拾遺一百六卷**　(清)汪灝　(清)何焯等輯　清廣東嶺南潘氏海山僊館刻本　四冊　存二十卷(佩文韻府拾遺十二至十五、二十至二十五、四十三至五十二)

360000－1901－0020146　415328
佩文韻府一百六卷　(清)張玉書　(清)蔡升元等輯　**佩文韻府拾遺一百六卷**　(清)汪灝　(清)何焯等輯　清康熙刻本　一百九十八冊

360000－1901－0020147　721782
佩文韻府一百六卷　(清)張玉書　(清)蔡升元等輯　**佩文韻府拾遺一百六卷**　(清)汪灝　(清)何焯等輯　清康熙內府刻本　二冊　存二卷(佩文韻府六十七至六十八)

360000－1901－0020148　901036

佩文韻府一百六卷　(清)張玉書　(清)蔡升元等輯　**佩文韻府拾遺一百六卷**　(清)汪灝　(清)何焯等輯　清康熙五十年(1711)刻本　二十六冊　存十五卷(佩文韻府一至十五)

360000－1901－0020149　902001

佩文韻府一百六卷　(清)張玉書　(清)蔡升元等輯　**佩文韻府拾遺一百六卷**　(清)汪灝　(清)何焯等輯　清康熙五十年(1711)刻本　五十六冊　存五十六卷(佩文韻府一至十四、十六至二十二、三十七、六十三至六十六、七十一至一百)

360000－1901－0020150　162518

佩文韻府一百六卷　(清)張玉書　(清)蔡升元等輯　**佩文韻府拾遺一百六卷**　(清)汪灝　(清)何焯等輯　清康熙五十年(1711)内府刻本　一百九冊

360000－1901－0020151　162519

佩文韻府一百六卷　(清)張玉書　(清)蔡升元等輯　**佩文韻府拾遺一百六卷**　(清)汪灝　(清)何焯等輯　清康熙五十年(1711)内府刻本　一百十七冊

360000－1901－0020152　162520

佩文韻府一百六卷　(清)張玉書　(清)蔡升元等輯　**佩文韻府拾遺一百六卷**　(清)汪灝　(清)何焯等輯　清康熙五十年(1711)内府刻本　一百五十六冊

360000－1901－0020153　162521

佩文韻府一百六卷　(清)張玉書　(清)蔡升元等輯　**佩文韻府拾遺一百六卷**　(清)汪灝　(清)何焯等輯　清康熙五十年(1711)内府刻本　一百八十二冊

360000－1901－0020154　162522

佩文韻府一百六卷　(清)張玉書　(清)蔡升元等輯　**佩文韻府拾遺一百六卷**　(清)汪灝　(清)何焯等輯　清康熙五十年(1711)内府刻本　一百九十七冊

360000－1901－0020155　902009

佩文韻府一百六卷　(清)張玉書　(清)蔡升元等輯　**佩文韻府拾遺一百六卷**　(清)汪灝　(清)何焯等輯　清康熙五十年(1711)内府刻本　二十冊　存五十一卷(佩文韻府拾遺一至四、七、十一至十九、二十二至二十三、三十一至三十四、三十八至六十八)

360000－1901－0020156　162523

佩文韻府一百六卷　(清)張玉書　(清)蔡升元等輯　**佩文韻府拾遺一百六卷**　(清)汪灝　(清)何焯等輯　清康熙五十一年至五十二年(1712－1713)刻本　一百七十三冊

360000－1901－0020157　415337

佩文韻府一百六卷　(清)張玉書　(清)蔡升元等輯　**佩文韻府拾遺一百六卷**　(清)汪灝　(清)何焯等輯　清刻本　二十八冊　存二十一卷(佩文韻府五至六、十一、十四至十九、二十二下、二十三下、三十七至三十八、四十八至五十、六十三至六十四、六十八至六十九、一百下)

360000－1901－0020158　415338

佩文韻府一百六卷　(清)張玉書　(清)蔡升元等輯　**佩文韻府拾遺一百六卷**　(清)汪灝　(清)何焯等輯　清刻本　十四冊　存十七卷(佩文韻府十八至十九、五十三至五十四、六十三下、六十七下、七十七至七十八、八十二、八十六至九十、九十八至九十九上、一百二上)

360000－1901－0020159　415338－1

佩文韻府一百六卷　(清)張玉書　(清)蔡升元等輯　**佩文韻府拾遺一百六卷**　(清)汪灝　(清)何焯等輯　清刻本　二十七冊　存十三卷(佩文韻府九十四至一百六)

360000－1901－0020160　415338－2

佩文韻府一百六卷　(清)張玉書　(清)蔡升元等輯　**佩文韻府拾遺一百六卷**　(清)汪灝　(清)何焯等輯　清刻本　三冊　存二卷(佩文韻府一百二下、一百六)

360000－1901－0020161　415338－3

佩文韻府一百六卷　(清)張玉書　(清)蔡升

元等輯　**佩文韻府拾遺一百六卷**　(清)汪灝(清)何焯等輯　清刻本　二冊　存二卷(佩文韻府一百二下、一百六)

360000－1901－0020162　415439
佩文韻府一百六卷　(清)張玉書　(清)蔡升元等輯　**佩文韻府拾遺一百六卷**　(清)汪灝(清)何焯等輯　清刻本　二百冊

360000－1901－0020163　415444
佩文韻府一百六卷　(清)張玉書　(清)蔡升元等輯　**佩文韻府拾遺一百六卷**　(清)汪灝(清)何焯等輯　清刻本　一百三十七冊　存一百六十九卷(佩文韻府一至四十七、九十下至一百六,佩文韻府拾遺一至五十九、六十一至一百六)

360000－1901－0020164　603392
佩文韻府一百六卷　(清)張玉書　(清)蔡升元等輯　**佩文韻府拾遺一百六卷**　(清)汪灝(清)何焯等輯　清刻本　一百三十四冊　存一百九十八卷(佩文韻府一至十一上、十二至五十五、七十至一百六,佩文韻府拾遺一百六卷)

360000－1901－0020165　707491
佩文韻府一百六卷　(清)張玉書　(清)蔡升元等輯　**佩文韻府拾遺一百六卷**　(清)汪灝(清)何焯等輯　清刻本　三冊　存二卷(佩文韻府七十六至七十七)

360000－1901－0020166　710547
佩文韻府一百六卷　(清)張玉書　(清)蔡升元等輯　**佩文韻府拾遺一百六卷**　(清)汪灝(清)何焯等輯　清刻本　十九冊　存十三卷(佩文韻府四十七至四十九、六十五至六十七、七十四至七十五、七十八至八十二)

360000－1901－0020167　715444
佩文韻府一百六卷　(清)張玉書　(清)蔡升元等輯　**佩文韻府拾遺一百六卷**　(清)汪灝(清)何焯等輯　清刻本　三十冊　存二十六卷(佩文韻府五十三至六十三、六十九至七十四、八十二至九十)

360000－1901－0020168　715444－1
佩文韻府一百六卷　(清)張玉書　(清)蔡升元等輯　**佩文韻府拾遺一百六卷**　(清)汪灝(清)何焯等輯　清刻本　六冊　存四卷(佩文韻府四十九、五十一至五十二、六十七)

360000－1901－0020169　715444－2
佩文韻府一百六卷　(清)張玉書　(清)蔡升元等輯　**佩文韻府拾遺一百六卷**　(清)汪灝(清)何焯等輯　清刻本　四十七冊　存二十三卷(佩文韻府四十九至五十三、五十五至五十七、六十三至六十七、七十三至七十七、九十、九十七至一百)

360000－1901－0020170　715445
佩文韻府一百六卷　(清)張玉書　(清)蔡升元等輯　**佩文韻府拾遺一百六卷**　(清)汪灝(清)何焯等輯　清刻本　五冊　存五卷(佩文韻府七至十、十七)

360000－1901－0020171　722055
佩文韻府一百六卷　(清)張玉書　(清)蔡升元等輯　**佩文韻府拾遺一百六卷**　(清)汪灝(清)何焯等輯　清刻本　四冊　存四卷(佩文韻府五、十四至十五、二十四)

360000－1901－0020172　722210
佩文韻府一百六卷　(清)張玉書　(清)蔡升元等輯　**佩文韻府拾遺一百六卷**　(清)汪灝(清)何焯等輯　清刻本　二十冊　存十四卷(佩文韻府七至八、十、十六至二十一、二十六至二十八、四十一至四十二)

360000－1901－0020173　722210－1
佩文韻府一百六卷　(清)張玉書　(清)蔡升元等輯　**佩文韻府拾遺一百六卷**　(清)汪灝(清)何焯等輯　清刻本　六冊　存七卷(佩文韻府六至八、十六、二十六、四十一至四十二)

360000－1901－0020174　722210－2
佩文韻府一百六卷　(清)張玉書　(清)蔡升元等輯　**佩文韻府拾遺一百六卷**　(清)汪灝(清)何焯等輯　清刻本　二冊　存三卷(佩文韻府九至十、十六)

360000－1901－0020175　722210－3
佩文韻府一百六卷　(清)張玉書　(清)蔡升元等輯　**佩文韻府拾遺一百六卷**　(清)汪灝　(清)何焯等輯　清刻本　一冊　存一卷(佩文韻府二十七)

360000－1901－0020176　722210－4
佩文韻府一百六卷　(清)張玉書　(清)蔡升元等輯　**佩文韻府拾遺一百六卷**　(清)汪灝　(清)何焯等輯　清刻本　一冊　存一卷(佩文韻府四十三)

360000－1901－0020177　722389
佩文韻府一百六卷　(清)張玉書　(清)蔡升元等輯　**佩文韻府拾遺一百六卷**　(清)汪灝　(清)何焯等輯　清刻本　八冊　存十二卷(佩文韻府二十九至三十四、四十、四十四至四十八)

360000－1901－0020178　722390
佩文韻府一百六卷　(清)張玉書　(清)蔡升元等輯　**佩文韻府拾遺一百六卷**　(清)汪灝　(清)何焯等輯　清刻本　二冊　存三卷(佩文韻府三十八至四十)

360000－1901－0020179　722391
佩文韻府一百六卷　(清)張玉書　(清)蔡升元等輯　**佩文韻府拾遺一百六卷**　(清)汪灝　(清)何焯等輯　清刻本　二冊　存五卷(佩文韻府二十九至三十三)

360000－1901－0020180　722392
佩文韻府一百六卷　(清)張玉書　(清)蔡升元等輯　**佩文韻府拾遺一百六卷**　(清)汪灝　(清)何焯等輯　清刻本　二冊　存三卷(佩文韻府三十四、三十九至四十)

360000－1901－0020181　722393
佩文韻府一百六卷　(清)張玉書　(清)蔡升元等輯　**佩文韻府拾遺一百六卷**　(清)汪灝　(清)何焯等輯　清刻本　一冊　存二卷(佩文韻府四十五至四十六)

360000－1901－0020182　800488
佩文韻府一百六卷　(清)張玉書　(清)蔡升元等輯　**佩文韻府拾遺一百六卷**　(清)汪灝　(清)何焯等輯　清刻本　一冊　存一卷(佩文韻府一百二上)

360000－1901－0020183　801018
佩文韻府一百六卷　(清)張玉書　(清)蔡升元等輯　**佩文韻府拾遺一百六卷**　(清)汪灝　(清)何焯等輯　清刻本　十四冊　存十四卷(佩文韻府一、五至九、十二至十四、二十至二十一、二十八至三十)

360000－1901－0020184　805271
佩文韻府一百六卷　(清)張玉書　(清)蔡升元等輯　**佩文韻府拾遺一百六卷**　(清)汪灝　(清)何焯等輯　清刻本　二十四冊　存二十二卷(佩文韻府二十三至三十六、六十三至七十)

360000－1901－0020185　805272
佩文韻府一百六卷　(清)張玉書　(清)蔡升元等輯　**佩文韻府拾遺一百六卷**　(清)汪灝　(清)何焯等輯　清刻本　五十八冊　存七十卷(佩文韻府八至十四、十六至十九、二十二上、三十一至四十八、五十至五十五、六十三、六十六、七十至七十五、九十九至一百六，佩文韻府拾遺一至十八)

360000－1901－0020186　805273
佩文韻府一百六卷　(清)張玉書　(清)蔡升元等輯　**佩文韻府拾遺一百六卷**　(清)汪灝　(清)何焯等輯　清刻本　六十七冊　存四十四卷(佩文韻府一至十一上、五十六至七十三、九十二至一百六)

360000－1901－0020187　900872
佩文韻府一百六卷　(清)張玉書　(清)蔡升元等輯　**佩文韻府拾遺一百六卷**　(清)汪灝　(清)何焯等輯　清刻本　二十四冊　存十一卷(佩文韻府五十三至六十三)

360000－1901－0020188　900873
佩文韻府一百六卷　(清)張玉書　(清)蔡升元等輯　**佩文韻府拾遺一百六卷**　(清)汪灝　(清)何焯等輯　清刻本　二十二冊　存十九卷(佩文韻府八十一至九十九)

360000－1901－0020189　901034
佩文韻府一百六卷　(清)張玉書　(清)蔡升元等輯　**佩文韻府拾遺一百六卷**　(清)汪灝　(清)何焯等輯　清刻本　二十七册　存二十二卷(佩文韻府一至十五、一百至一百六)

360000－1901－0020190　901035
佩文韻府一百六卷　(清)張玉書　(清)蔡升元等輯　**佩文韻府拾遺一百六卷**　(清)汪灝　(清)何焯等輯　清刻本　二册　存二卷(佩文韻府一百一至一百二上)

360000－1901－0020191　901489
佩文韻府一百六卷　(清)張玉書　(清)蔡升元等輯　**佩文韻府拾遺一百六卷**　(清)汪灝　(清)何焯等輯　清刻本　十二册　存二十四卷(佩文韻府三十八、四十至六十二)

360000－1901－0020192　902002
佩文韻府一百六卷　(清)張玉書　(清)蔡升元等輯　**佩文韻府拾遺一百六卷**　(清)汪灝　(清)何焯等輯　清刻本　八册　存七卷(佩文韻府十五至二十一)

360000－1901－0020193　902003
佩文韻府一百六卷　(清)張玉書　(清)蔡升元等輯　**佩文韻府拾遺一百六卷**　(清)汪灝　(清)何焯等輯　清刻本　一百册　存五十六卷(佩文韻府十六至四十二、六十三至九十一)

360000－1901－0020194　902004
佩文韻府一百六卷　(清)張玉書　(清)蔡升元等輯　**佩文韻府拾遺一百六卷**　(清)汪灝　(清)何焯等輯　清刻本　五十九册　存五十八卷(佩文韻府十一至十四、二十二至五十五、六十三、七十四至八十一,佩文韻府拾遺八十二至九十二)

360000－1901－0020195　902005
佩文韻府一百六卷　(清)張玉書　(清)蔡升元等輯　**佩文韻府拾遺一百六卷**　(清)汪灝　(清)何焯等輯　清刻本　五十七册　存二十二卷(佩文韻府十九至三十四、九十八至一百三)

360000－1901－0020196　415335
佩文韻府一百六卷　(清)張玉書　(清)蔡升元等輯　**佩文韻府拾遺一百六卷**　(清)汪灝　(清)何焯等輯　清末掃葉山房石印本　十一册　存一百四卷(佩文韻府一百三至一百五、佩文韻府拾遺六至一百六)

360000－1901－0020197　802781
佩文韻府一百六卷　(清)張玉書　(清)蔡升元等輯　**佩文韻府拾遺一百六卷**　(清)汪灝　(清)何焯等輯　清末掃葉山房影印本　六十册

360000－1901－0020198　603387
佩文韻府一百六卷　(清)張玉書　(清)蔡升元等輯　**佩文韻府拾遺一百六卷**　(清)汪灝　(清)何焯等輯　清末石印本　二十五册　存十五卷(佩文韻府五十六至七十)

360000－1901－0020199　603387－2
佩文韻府一百六卷　(清)張玉書　(清)蔡升元等輯　**佩文韻府拾遺一百六卷**　(清)汪灝　(清)何焯等輯　清末石印本　一册　存一卷(佩文韻府十六)

360000－1901－0020200　805274
佩文韻府一百六卷　(清)張玉書　(清)蔡升元等輯　**佩文韻府拾遺一百六卷**　(清)汪灝　(清)何焯等輯　清末石印本　二十九册　存一百五十卷(佩文韻府六十三至一百六、佩文韻府拾遺一百六卷)

360000－1901－0020201　805275
佩文韻府一百六卷　(清)張玉書　(清)蔡升元等輯　**佩文韻府拾遺一百六卷**　(清)汪灝　(清)何焯等輯　清末石印本　十三册　存二十八卷(佩文韻府七十八至一百、一百二下至一百六)

360000－1901－0020202　805276
佩文韻府一百六卷　(清)張玉書　(清)蔡升元等輯　**佩文韻府拾遺一百六卷**　(清)汪灝　(清)何焯等輯　清末石印本　三册　存六卷(佩文韻府一百一至一百六)

360000 - 1901 - 0020203　902006
佩文韻府一百六卷　(清)張玉書　(清)蔡升元等輯　**佩文韻府拾遺一百六卷**　(清)汪灝　(清)何焯等輯　清末石印本　四十二册　存九十二卷(佩文韻府一至十五、十七至九十二、一百)

360000 - 1901 - 0020204　902007
佩文韻府一百六卷　(清)張玉書　(清)蔡升元等輯　**佩文韻府拾遺一百六卷**　(清)汪灝　(清)何焯等輯　清末石印本　四册　存七卷(佩文韻府九十三至九十九)

360000 - 1901 - 0020205　902008
佩文韻府一百六卷　(清)張玉書　(清)蔡升元等輯　**佩文韻府拾遺一百六卷**　(清)汪灝　(清)何焯等輯　清末石印本　四册　存六十三卷(佩文韻府拾遺四十四至一百六)

360000 - 1901 - 0020206　411464
古本周易参同契集注二卷　(清)仇兆鰲輯　清刻本　二册

360000 - 1901 - 0020207　162795
佩文韻府約編二十四卷　(清)鄧愷輯　清乾隆二十四年(1759)綰秀閣刻本　十五册　存九卷(四至十二)

360000 - 1901 - 0020208　230181
佩文齋廣羣芳譜一百卷目録二卷　(清)汪灝等撰　清康熙四十七年(1708)刻本　二十二册

360000 - 1901 - 0020209　230182
佩文齋廣羣芳譜一百卷目録二卷　(清)汪灝等撰　清康熙四十七年(1708)刻本　八十册

360000 - 1901 - 0020210　230183
佩文齋廣羣芳譜一百卷目録二卷　(清)汪灝等撰　清康熙四十七年(1708)刻本　二十册　存三十五卷(九至二十一、三十至四十一、四十四至四十七、五十一至五十三、五十七至五十九)

360000 - 1901 - 0020211　407265
佩文齋廣羣芳譜一百卷目録二卷　(清)汪灝等撰　清康熙四十七年(1708)刻本　四十八册

360000 - 1901 - 0020212　407266
佩文齋廣羣芳譜一百卷目録二卷　(清)汪灝等撰　清康熙四十七年(1708)刻本　二十册　存五十二卷(一至二十一、四十四至五十三、八十二至一百,目録二卷)

360000 - 1901 - 0020213　407266 - 1
佩文齋廣羣芳譜一百卷目録二卷　(清)汪灝等撰　清康熙四十七年(1708)刻本　九册　存十九卷(二十二至四十)

360000 - 1901 - 0020214　707267
佩文齋廣羣芳譜一百卷目録二卷　(清)汪灝等撰　清康熙四十七年(1708)刻本　一册　存三卷(十六、目録二卷)

360000 - 1901 - 0020215　722243
佩文齋廣羣芳譜一百卷目録二卷　(清)汪灝等撰　清刻本　八册　存二十五卷(三十二至三十八、四十二至四十七、五十一至五十三、七十九至八十一、八十五至八十七、九十至九十二)

360000 - 1901 - 0020216　722243 - 1
佩文齋廣羣芳譜一百卷目録二卷　(清)汪灝等撰　清刻本　二册　存四卷(十六至十九)

360000 - 1901 - 0020217　722243 - 2
佩文齋廣羣芳譜一百卷目録二卷　(清)汪灝等撰　清刻本　一册　存三卷(八十八至九十)

360000 - 1901 - 0020218　902487
佩文齋廣羣芳譜一百卷目録二卷　(清)汪灝等撰　清刻本　一册　存二卷(五十八至五十九)

360000 - 1901 - 0020219　165006
佩文齋廣羣芳譜一百卷目録二卷　(清)汪灝等撰　清同治七年(1868)刻本　四十册

360000 - 1901 - 0020220　307879
佩文齋書畫譜一百卷　(清)孫岳頒等輯　清

光緒九年(1883)上海同文書局石印本　十六冊

360000－1901－0020221　409333
佩文齋書畫譜一百卷　(清)孫岳頒等輯　清光緒九年(1883)上海同文書局石印本　十六冊

360000－1901－0020222　230580
佩文齋書畫譜一百卷　(清)孫岳頒等輯　清康熙內府刻本　六十四冊

360000－1901－0020223　230581
佩文齋書畫譜一百卷　(清)孫岳頒等輯　清康熙內府刻靜永堂印本　四十冊

360000－1901－0020224　409332
佩文齋書畫譜一百卷　(清)孫岳頒等輯　清康熙四十七年(1708)刻本　十一冊　存十六卷(二十八至二十九、四十一、七十四至七十五、八十一、八十九至九十八)

360000－1901－0020225　603390
佩文齋書畫譜一百卷　(清)孫岳頒等輯　清康熙四十七年(1708)刻本　四十五冊　存七十六卷(一至二、八至二十七、三十至四十、四十二至六十二、六十四、六十七至七十三、七十六至八十、八十二至八十八、九十九至一百)

360000－1901－0020226　417906
佩文齋詠物詩選四百八十六卷　(清)張玉書　(清)汪霦等輯　清康熙四十六年(1707)刻本　六十三冊　存四百八十三卷(一至四百二十一、四百二十五至四百八十六)

360000－1901－0020227　417907
佩文齋詠物詩選四百八十六卷　(清)張玉書　(清)汪霦等輯　清康熙四十六年(1707)刻本　三十六冊　存四百八十三卷(一至二百二十一、二百二十五至四百八十六)

360000－1901－0020228　417908
佩文齋詠物詩選四百八十六卷　(清)張玉書　(清)汪霦等輯　清康熙四十六年(1707)刻本　六十四冊

360000－1901－0020229　241481
佩文齋詠物詩選四百八十六卷　(清)張玉書　(清)汪霦等輯　清康熙四十六年(1707)內府刻本　五十冊

360000－1901－0020230　308418
佩文齋詠物詩選四百八十六卷　(清)張玉書　(清)汪霦等輯　清康熙四十六年(1707)內府刻本　三十二冊

360000－1901－0020231　163303
佩文齋詠物詩選四百八十六卷　(清)張玉書　(清)汪霦等輯　清內府刻本　一冊　存一卷(總禽鳥類)

360000－1901－0020232　160648
佩觿三卷　(宋)郭忠恕撰　清光緒十六年(1890)刻本　一冊

360000－1901－0020233　160647
佩觿三卷　(宋)郭忠恕撰　清光緒十年(1884)刻本　一冊

360000－1901－0020234　163302
佩湘詩草初集四卷　(清)王成璐撰　清道光九年(1829)刻本　四冊

360000－1901－0020235　800778
珮蓀日記不分卷　(清)珮蓀撰　清抄本　一冊

360000－1901－0020236　121655
彭城集四十卷首一卷　(宋)劉攽撰　清光緒三年(1877)刻本　八冊

360000－1901－0020237　121656
彭城集四十卷首一卷　(宋)劉攽撰　清光緒三年(1877)刻本　八冊

360000－1901－0020238　121705
彭城集四十卷首一卷　(宋)劉攽撰　清光緒三年(1877)刻本　八冊

360000－1901－0020239　410002
彭城集四十卷首一卷　(宋)劉攽撰　清光緒三年(1877)刻本　三冊　存十六卷(十六至二十、二十五至二十九、三十五至四十)

360000－1901－0020240　410003
彭城集四十卷首一卷　（宋）劉攽撰　清刻本　三冊　存十五卷（一至十、二十一至二十五）

360000－1901－0020241　240535
彭東瀧先生遺稿四卷制策一卷　（明）彭教撰　**附録一卷**　（明）彭桓　（明）彭杰編　清抄本　三冊

360000－1901－0020242　402063
彭剛直公［玉麟］行狀一卷　王闓運撰　清刻本　一冊

360000－1901－0020243　316287
彭剛直公詩集八卷　（清）彭玉麟撰　清光緒十七年（1891）吳下刻本　二冊

360000－1901－0020244　161902
彭剛直公奏稿八卷　（清）彭玉麟撰　清光緒十七年（1891）鉛印本　四冊

360000－1901－0020245　161903
彭剛直公奏稿八卷　（清）彭玉麟撰　清光緒十七年（1891）鉛印本　四冊

360000－1901－0020246　161924
彭剛直公奏稿八卷　（清）彭玉麟撰　清光緒十七年（1891）鉛印本　四冊

360000－1901－0020247　402069
彭剛直公奏稿八卷　（清）彭玉麟撰　（清）俞樾輯　清光緒十七年（1891）吳下刻本　六冊

360000－1901－0020248　402068
彭剛直公奏稿八卷　（清）彭玉麟撰　（清）俞樾輯　清光緒石印本　二冊　存二卷（一至二）

360000－1901－0020249　402064
彭剛直公奏稿八卷　（清）彭玉麟撰　（清）俞樾輯　清末鉛印本　四冊

360000－1901－0020250　402065
彭剛直公奏稿八卷　（清）彭玉麟撰　（清）俞樾輯　清末鉛印本　四冊

360000－1901－0020251　402066
彭剛直公奏稿八卷　（清）彭玉麟撰　（清）俞樾輯　清末鉛印本　四冊

360000－1901－0020252　402067
彭剛直公奏稿八卷　（清）彭玉麟撰　（清）俞樾輯　清末鉛印本　二冊　存四卷（三至六）

360000－1901－0020253　402067－1
彭剛直公奏稿八卷　（清）彭玉麟撰　（清）俞樾輯　清末鉛印本　一冊　存二卷（三至四）

360000－1901－0020254　901956
彭剛直公奏稿八卷　（清）彭玉麟撰　（清）俞樾輯　清末石印本　三冊　存六卷（一至二、五至八）

360000－1901－0020255　123248
彭躬庵文鈔六卷　（清）彭士望撰　清刻本　一冊　存一卷（三）

360000－1901－0020256　316899
彭文敬公集松風閣詩鈔二十六卷歸樸龕叢稿十二卷續編四卷鶴和樓制義不分卷自訂年譜一卷　（清）彭蘊章撰　清同治長洲彭氏刻本　十五冊

360000－1901－0020257　302641
彭文敬公自定年譜一卷　（清）彭蘊章撰　清末刻本　一冊

360000－1901－0020258　240534
彭文思公文集四卷附録一卷　（明）彭華撰　明萬曆四十年（1612）彭篤福刻彭氏二文合集本　四冊

360000－1901－0020259　306173
彭羨門全集　（清）彭孫遹撰　清宣統三年（1911）掃葉山房石印本　十二冊

360000－1901－0020260　405659
蓬初閣文外二卷　（清）蔡掄科撰　清光緒元年（1875）刻本　二冊

360000－1901－0020261　164210
蓬蒿園詩集八卷　（明）吳晉書撰　清嘉慶二十年（1815）海鹽吳氏刻本　二冊

360000－1901－0020262　901552

蓬山塾課小題不分卷 (清)劉星橋撰 清光緒六年(1880)掃葉山房刻本 十二册

360000－1901－0020263 315968
蓬莊唐詩小識十卷 (清)沈虹箋注 清乾隆十六年(1751)刻本 六册

360000－1901－0020264 306629
篷窗隨錄十四卷續錄二卷附錄二卷 (清)沈兆澐輯 清咸豐七年(1857)刻本 十二册

360000－1901－0020265 412829
鵬南初稿不分卷 (清)胡嗣運撰 清刻本 一册

360000－1901－0020266 241097
鵬溪縫隱尺餘草一卷 (清)黄松撰 清乾隆五十二年(1787)刻本 一册

360000－1901－0020267 241098
鵬溪縫隱尺餘草一卷 (清)黄松撰 清乾隆五十二年(1787)刻本 一册

360000－1901－0020268 163327
捧月樓詞二卷 (清)袁通撰 **附飲水詞鈔二卷** (清)納蘭性德撰 (清)袁通選錄 清嘉慶四年(1799)小倉山房刻本 一册

360000－1901－0020269 162881
批本醫林改錯二卷 (清)王清任撰 (日本)岸氏批 清光緒三十三年(1907)上海煥文書局石印本 一册

360000－1901－0020270 304227
批點八家詩選注釋 (清)張熙宇輯評 清道光十二年(1832)文奎堂朱墨套印本 四册

360000－1901－0020271 901496
批點八家詩選注釋 (清)張熙宇輯評 清光緒九年(1883)刻朱墨套印本 四册

360000－1901－0020272 900855
批點八家詩選注釋 (清)張熙宇輯評 清刻本 一册 存三種

360000－1901－0020273 901327
批點八家詩選注釋 (清)張熙宇輯評 清同治八年(1869)榮興堂刻朱墨套印本 二册

360000－1901－0020274 902356
批點八家詩選注釋 (清)張熙宇輯評 清同治九年(1870)大成堂刻朱墨套印本 二册 存四種

360000－1901－0020275 900219
批點八家詩選注釋 (清)張熙宇輯評 清同治五年(1866)小酉山房刻朱墨套印本 二册

360000－1901－0020276 901326
批點八家詩選注釋 (清)張熙宇評選 清同治九年(1870)刻朱墨套印本 二册

360000－1901－0020277 416094
批點春秋綱目左傳句解彙雋六卷 (清)韓菼重訂 清刻本 一册 存一卷(六)

360000－1901－0020278 804442
批點春秋綱目左傳句解彙雋六卷 (清)韓菼重訂 清刻本 三册 存三卷(一至三)

360000－1901－0020279 804213
批點春秋綱目左傳句解彙雋六卷 (清)韓菼重訂 清令德堂刻本 一册 存一卷(六)

360000－1901－0020280 721842
批點春秋左傳綱目句解彙雋六卷 (清)韓菼重訂 清刻本 二册 存二卷(二、四)

360000－1901－0020281 722177
批點春秋左傳綱目句解彙雋六卷 (清)韓菼重訂 清刻本 一册 存一卷(六)

360000－1901－0020282 722190
批點春秋左傳綱目句解彙雋六卷 (清)韓菼重訂 清刻本 一册 存一卷(二)

360000－1901－0020283 722191
批點春秋左傳綱目句解彙雋六卷 (清)韓菼重訂 清刻本 一册 存一卷(六)

360000－1901－0020284 722192
批點春秋左傳綱目句解彙雋六卷 (清)韓菼重訂 清刻本 一册 存一卷(二)

360000－1901－0020285 722175
批點春秋左傳綱目句解彙雋六卷 (清)韓菼重訂 清兩儀堂刻本 三册 存三卷(二、四

至五)

360000－1901－0020286　240369
批點分類誠齋文膾前集十二卷後集十二卷　(宋)楊萬里撰　(元)李誠父輯　明隆慶六年(1572)杭城翁文溪刻本　十册

360000－1901－0020287　721631
批點聊齋志異十六卷　(清)蒲松齡撰　(清)王士禛評　(清)何守奇批點　清道光三年(1823)刻本　十四册　存十四卷(一至五、七至十五)

360000－1901－0020288　721606
批點聊齋志異十六卷　(清)蒲松齡撰　(清)王士禛評　(清)何守奇批點　清刻本　一册　存一卷(十)

360000－1901－0020289　721632
批點聊齋志異十六卷　(清)蒲松齡撰　(清)王士禛評　(清)何守奇批點　清刻本　七册　存八卷(三、七至九、十二至十五)

360000－1901－0020290　901849
批點聊齋志異十六卷　(清)蒲松齡撰　(清)王士禛評　(清)何守奇批點　清刻本　七册　存七卷(五、八至九、十二至十五)

360000－1901－0020291　901850
批點聊齋志異十六卷　(清)蒲松齡撰　(清)王士禛評　(清)何守奇批點　清刻本　二册　存二卷(九、十四)

360000－1901－0020292　800911
批點三國志瑣瑣四卷　(明)郝敬撰　明萬曆至崇禎郝洪範刻山草堂集本　一册　存一卷(一)

360000－1901－0020293　403461
批點注解白話孟子讀本七卷首一卷讀孟子記一卷　(清)張九如撰　清末上海廣益書局石印本　四册

360000－1901－0020294　418689
批評東萊博議四卷　(宋)呂祖謙撰　(清)張文炳評　(清)朱書評　**增補虛字注釋一卷**　(清)馮泰松撰　清末石印本　一册

360000－1901－0020295　418691
批評注釋東萊博議四卷　(宋)呂祖謙撰　(清)張文炳評　(清)朱書評　(清)劉鍾英輯注　**增補虛字注釋一卷**　(清)馮泰松撰　清末上海廣益書局石印本　三册　存四卷(二至四、增補虛字注釋一卷)

360000－1901－0020296　418692
批評注釋東萊博議四卷　(宋)呂祖謙撰　(清)張文炳評　(清)朱書評　**增批輯注東萊博議注釋一卷**　(清)劉鍾英輯注　清末上海錦章圖書局石印本　四册

360000－1901－0020297　405863
批選四書新義六卷　張謇選　清光緒二十八年(1902)申江石印本　六册

360000－1901－0020298　900216
批注七家詩選　(清)張熙宇輯評　清大鋻堂刻朱墨套印本　四册

360000－1901－0020299　900215
批注七家詩選　(清)張熙宇輯評　清怡蓮堂刻朱墨套印本　二册

360000－1901－0020300　900214
批注七家詩選　(清)張熙宇輯評　清英德堂刻朱墨套印本　二册

360000－1901－0020301　407261
披肝露膽經一卷　(明)劉基撰　**附透山肺腑口訣一卷**　(清)李德真撰　清刻本　一册

360000－1901－0020302　407261－1
披肝露膽經一卷　(明)劉基撰　**附透山肺腑口訣一卷**　(清)李德真撰　清刻本　一册

360000－1901－0020303　162412
披芸漫筆十八卷　(清)江紹蓮輯　清嘉慶六年(1801)古歙培荆堂刻本　四册

360000－1901－0020304　407661
披芸漫筆十八卷　(清)江紹蓮撰　清嘉慶六年(1801)古歙培荆堂刻本　四册　存八卷(七至十、十二、十六至十八)

360000－1901－0020305　160402
皮氏經學叢書　(清)皮錫瑞撰　清光緒思賢書局刻本　十五册

360000－1901－0020306　417646
皮氏經學叢書　(清)皮錫瑞撰　清光緒思賢書局刻本　十四册

360000－1901－0020307　162306
毗尼日用切要一卷　(清)釋讀體集　**沙彌律儀要略一卷**　(明)釋袾宏輯　清光緒十九年(1893)撫州正覺寺刻本　一册

360000－1901－0020308　405154
昆陵集十六卷補遺一卷附錄一卷　(宋)張守撰　清光緒二十一年(1895)武進盛氏刻本　二册

360000－1901－0020309　405155
昆陵集十六卷補遺一卷附錄一卷　(宋)張守撰　清光緒二十一年(1895)武進盛氏刻本　二册

360000－1901－0020310　241429
昆陵六逸詩鈔　(清)孫讜編　清康熙五十六年(1717)壽南堂刻本　二册　存四種

360000－1901－0020311　210485
埤雅二十卷　(宋)陸佃撰　明成化十五年(1479)劉廷吉刻本　六册

360000－1901－0020312　210486
埤雅二十卷　(宋)陸佃撰　明嘉靖元年(1522)贛州府清獻堂刻本　四册

360000－1901－0020313　210487
埤雅二十卷　(宋)陸佃撰　明嘉靖元年(1522)贛州府清獻堂刻本　六册

360000－1901－0020314　712960
埤雅二十卷　(宋)陸佃撰　明天啓六年(1626)武林堂策檻刻五雅本　二册　存十四卷(一至七、十四至二十)

360000－1901－0020315　712961
埤雅二十卷　(宋)陸佃撰　清康熙常熟顧棫刻本　二册　存十卷(六至十、十六至二十)

360000－1901－0020316　804931
埤雅二十卷　(宋)陸佃撰　清康熙常熟顧棫刻本　四册

360000－1901－0020317　210488
埤雅二十卷　(宋)陸佃撰　清康熙虞山顧棫校如月樓刻本　八册

360000－1901－0020318　241011
甓湖草堂文集六卷近集四卷　(清)吳世杰撰　清康熙四十四年(1705)刻本　四册

360000－1901－0020319　241426
甓湖聯吟集七卷　(清)李光國輯　清乾隆刻本　二册　缺三卷(五至七)

360000－1901－0020320　408833
偏方補遺七卷　(清)文晟輯　清同治萍鄉文氏刻本　一册

360000－1901－0020321　803064
駢體時務新策不分卷　(清)□□輯　清同治九年(1870)刻本　一册

360000－1901－0020322　304186
駢體文鈔三十一卷　(清)李兆洛輯　清光緒八年(1882)滬上刻本　十二册

360000－1901－0020323　308314
駢體文鈔三十一卷　(清)李兆洛輯　清光緒八年(1882)滬上刻本　九册　存二十八卷(一至十六、二十至三十一)

360000－1901－0020324　316634
駢體文鈔三十一卷　(清)李兆洛輯　清光緒八年(1882)滬上刻本　八册

360000－1901－0020325　404848
駢體文鈔三十一卷　(清)李兆洛輯　清光緒十四年(1888)刻本　十册

360000－1901－0020326　306674
駢體文鈔三十一卷　(清)李兆洛輯　清合河康氏家塾刻本　六册　存二十一卷(十一至三十一)

360000－1901－0020327　306675
駢體文鈔三十一卷　(清)李兆洛輯　清合河

康氏家塾刻本　二冊　存十五卷(一至十五)

360000 - 1901 - 0020328　404848 - 1
駢體文鈔三十一卷　(清)李兆洛輯　清刻本　一冊　存五卷(六至十)

360000 - 1901 - 0020329　303931
駢體文鈔三十一卷　(清)李兆洛輯　清同治六年(1867)婁江徐氏刻本　八冊

360000 - 1901 - 0020330　304187
駢體文鈔三十一卷　(清)李兆洛輯　清同治六年(1867)婁江徐氏刻本　十二冊

360000 - 1901 - 0020331　306681
駢體文鈔三十一卷　(清)李兆洛輯　清同治六年(1867)婁江徐氏刻本　三冊　存八卷(一至六、三十至三十一)

360000 - 1901 - 0020332　404849
駢體文鈔三十一卷　(清)李兆洛輯　清同治六年(1867)婁江徐氏刻本　八冊

360000 - 1901 - 0020333　404899
駢體文二卷　(清)李瀚章編　清刻曾文正公文集本　一冊　存一卷(二)

360000 - 1901 - 0020334　404899 - 1
駢體文二卷　(清)李瀚章編　清刻曾文正公文集本　一冊　存一卷(二)

360000 - 1901 - 0020335　902371
駢體文二卷　(清)李瀚章編　清刻曾文正公文集本　一冊　存一卷(二)

360000 - 1901 - 0020336　318118 - 7
駢體文未定稿不分卷　熊用梅撰　稿本　一冊

360000 - 1901 - 0020337　161306
駢雅十六卷首一卷　(明)朱謀㙔撰　(清)魏茂林訓纂　清同治十一年(1872)經綸書室刻本　八冊

360000 - 1901 - 0020338　161303
駢雅訓纂十六卷首一卷　(明)朱謀㙔撰　(清)魏茂林訓纂　清光緒七年(1881)成都淪雅齋刻本　八冊

360000 - 1901 - 0020339　161304
駢雅訓纂十六卷首一卷　(明)朱謀㙔撰　(清)魏茂林訓纂　清光緒七年(1881)成都淪雅齋刻本　八冊

360000 - 1901 - 0020340　603917
駢雅訓纂十六卷首一卷　(明)朱謀㙔撰　(清)魏茂林訓纂　清光緒七年(1881)成都淪雅齋刻本　八冊

360000 - 1901 - 0020341　161305
駢雅訓纂十六卷首一卷　(明)朱謀㙔撰　(清)魏茂林訓纂　清光緒十二年(1886)刻後知不足齋叢書本　八冊

360000 - 1901 - 0020342　603916
駢雅訓纂十六卷首一卷　(明)朱謀㙔撰　(清)魏茂林訓纂　清刻本　二冊　存九卷(八至十六)

360000 - 1901 - 0020343　411148
片石詩鈔七卷末一卷　(清)江干撰　清嘉慶三年(1798)萍香書屋刻本　二冊

360000 - 1901 - 0020344　411149
片石詩鈔七卷末一卷　(清)江干撰　清嘉慶三年(1798)萍香書屋刻本　二冊　存七卷(二至七、末一卷)

360000 - 1901 - 0020345　163868
片玉詞二卷補遺一卷　(宋)周邦彥撰　清光緒十一年(1885)刻本　一冊

360000 - 1901 - 0020346　413381
片玉山房花箋錄二十卷　(清)孫兆溎輯　清刻本　十三冊　存十五卷(六至二十)

360000 - 1901 - 0020347　122399
頻伽園文集六卷　(清)鄧炅撰　清刻本　八冊

360000 - 1901 - 0020348　315703
蠙廬詩鈔十卷　(清)王蔭槐撰　清光緒七年(1881)刻本　二冊

360000 - 1901 - 0020349　315704
蠙廬詩鈔十卷　(清)王蔭槐撰　清光緒七年

(1881)刻本　二冊

360000－1901－0020350　315908
蟫廬詩鈔十卷　(清)王蔭槐撰　清光緒七年(1881)刻本　一冊

360000－1901－0020351　721567
品花寶鑑六十回　(清)陳森撰　清刻本　二十二冊　存五十四回(一至二、四至十九、二十三至四十五、四十八至六十)

360000－1901－0020352　721568
品花寶鑑六十回　(清)陳森撰　清刻本　十三冊　存三十八回(七至十二、十六至二十一、二十五至三十、三十五至四十六、五十三至六十)

360000－1901－0020353　220504
品級考二卷　(□)□□撰　明萬曆閔廷甲等刻本　二冊

360000－1901－0020354　241038
平庵詩集十二卷　(清)黄世成撰　清乾隆十二年(1747)刻本　三冊

360000－1901－0020355　300798
平等閣詩話二卷　狄葆賢撰　清宣統二年(1910)上海有正書局鉛印本　二冊

360000－1901－0020356　304937
平定關隴紀畧十三卷　(清)易孔昭等輯　清光緒十三年(1887)刻本　六冊　存六卷(三至八)

360000－1901－0020357　300785
平定粤匪紀略十八卷附記四卷　(清)杜文瀾撰　清光緒上海申報館鉛印申報館叢書本　六冊

360000－1901－0020358　300793
平定粤匪紀略十八卷附記四卷　(清)杜文瀾撰　清同治八年(1869)羣玉石齋木活字印本　六冊

360000－1901－0020359　401108
平定粤匪紀略十八卷附記四卷　(清)杜文瀾撰　清同治十年(1871)京都聚珍齋刻本　五冊　存十三卷(一至六、十至十四、十七至十八)

360000－1901－0020360　401108－1
平定粤匪紀略十八卷附記四卷　(清)杜文瀾撰　清同治十年(1871)京都聚珍齋刻本　一冊　存三卷(十至十二)

360000－1901－0020361　309355
平定粤匪紀略十八卷附記四卷　(清)杜文瀾撰　清同治十年(1871)刻本　八冊

360000－1901－0020362　404488
平湖葛毓珊先生小影題詠不分卷　(清)葛蔭梧輯　清宣統二年(1910)影印本　一冊

360000－1901－0020363　404488－1
平湖葛毓珊先生小影題詠不分卷　(清)葛蔭梧輯　清宣統二年(1910)影印本　一冊

360000－1901－0020364　404488－2
平湖葛毓珊先生小影題詠不分卷　(清)葛蔭梧輯　清宣統二年(1910)影印本　一冊

360000－1901－0020365　803399
平湖胡國期先生四書大題稿三卷　(清)胡紹安撰　清抄本　一冊

360000－1901－0020366　314090
平津讀碑記八卷續記一卷　(清)洪頤煊撰　清光緒十二年(1886)吳縣朱記榮家塾刻本　三冊

360000－1901－0020367　150142
平津館叢書　(清)孫星衍輯　清光緒十年至十五年(1884－1889)吳縣朱氏槐廬家塾刻本　四十八冊

360000－1901－0020368　150143
平津館叢書　(清)孫星衍輯　清光緒十年至十五年(1884－1889)吳縣朱氏槐廬家塾刻本　四十九冊

360000－1901－0020369　150144
平津館叢書　(清)孫星衍輯　清光緒十年至十五年(1884－1889)吳縣朱氏槐廬家塾刻本　四十五冊

360000－1901－0020370　150145
平津館叢書　(清)孫星衍輯　清光緒十年至十五年(1884－1889)吳縣朱氏槐廬家塾刻本　三十三册　存二十種

360000－1901－0020371　413086－1
平津館叢書　(清)孫星衍輯　清光緒十年至十五年(1884－1889)吳縣朱氏槐廬家塾刻本　十二册　存九種

360000－1901－0020372　900908
平津館叢書　(清)孫星衍輯　清光緒十年至十五年(1884－1889)吳縣朱氏槐廬家塾刻本　五十册

360000－1901－0020373　900910
平津館叢書　(清)孫星衍輯　清光緒十年至十五年(1884－1889)吳縣朱氏槐廬家塾刻本　十一册　存十四種

360000－1901－0020374　900909
平津館叢書　(清)孫星衍輯　清光緒十一年(1885)吳縣朱氏槐廬家塾刻本　八册　存四種

360000－1901－0020375　413086
平津館叢書　(清)孫星衍輯　清嘉慶蘭陵孫氏刻本　三十九册　存二十八種

360000－1901－0020376　804896
平津館叢書　(清)孫星衍輯　清嘉慶蘭陵孫氏刻本　二册　存二種

360000－1901－0020377　900909－1
平津館叢書　(清)孫星衍輯　清刻本　一册　存三種

360000－1901－0020378　300791
平苗紀略一卷　(清)方顯撰　清同治十二年(1873)巴陵方大湜武昌郡廨刻本　一册

360000－1901－0020379　304933
平平言四卷　(清)方大湜撰　清光緒十八年(1892)資州官廨刻本　二册　存二卷(三至四)

360000－1901－0020380　300788
平平言四卷　(清)方大湜撰　清光緒十六年(1890)鄂省藩署鉛印本　四册

360000－1901－0020381　300787
平平摘錄不分卷　(清)楊芳撰　清道光十五年(1835)刻本　二册

360000－1901－0020382　421475
平山冷燕四卷　(清)荻岸散人撰　清刻本　一册　存一卷(四)

360000－1901－0020383　803820
平聲之音韻不分卷　(清)潘子明輯　清抄本　一册

360000－1901－0020384　300790
平書八卷　(清)秦篤輝撰　清光緒十七年(1891)三餘草堂刻湖北叢書本　三册

360000－1901－0020385　161614
平臺紀略一卷　(清)藍鼎元撰　(清)王者輔評　清雍正十年(1732)刻本　一册

360000－1901－0020386　401350
古今治統二十卷　(明)徐奮鵬撰　清刻本　二册　存五卷(六至十)

360000－1901－0020387　405113
平陽全書十五卷　(清)葉泰輯　清刻本　四册　存五卷(一至五)

360000－1901－0020388　405113－1
平陽全書十五卷　(清)葉泰輯　清刻本　一册　存三卷(七至九)

360000－1901－0020389　405114
平陽全書十五卷　(清)葉泰輯　清刻本　四册　存七卷(一至二、八至九、十一至十三)

360000－1901－0020390　800435
平陽全書十五卷　(清)葉泰輯　清刻本　一册　存三卷(十一至十三)

360000－1901－0020391　300799
平養堂文編十卷　王龍文撰　清宣統三年(1911)思賢書局刻本　四册

360000－1901－0020392　414923

平園四書文不分卷 （清）林有席撰　清刻本　一册

360000－1901－0020393　120806
平園雜著内編十四卷 （清）林有席撰　清道光六年（1826）刻本　六册

360000－1901－0020394　121542
平園雜著内編十四卷 （清）林有席撰　清道光六年（1826）刻本　六册

360000－1901－0020395　121543
平園雜著内編十四卷 （清）林有席撰　清道光六年（1826）刻本　六册

360000－1901－0020396　121544
平園雜著内編十四卷 （清）林有席撰　清道光六年（1826）刻本　六册

360000－1901－0020397　409671
平園雜著内編十四卷 （清）林有席撰　清道光六年（1826）刻本　六册

360000－1901－0020398　409673
平園雜著内編十四卷 （清）林有席撰　清道光六年（1826）刻本　五册　存十一卷（一至四、八至十四）

360000－1901－0020399　421913
平園雜著内編十四卷 （清）林有席撰　清道光六年（1826）刻本　一册　存二卷（三至四）

360000－1901－0020400　601143
平園雜著内編十四卷 （清）林有席撰　清道光六年（1826）刻本　六册

360000－1901－0020401　709671
平園雜著内編十四卷 （清）林有席撰　清道光六年（1826）刻本　一册　存三卷（五至七）

360000－1901－0020402　709672
平園雜著内編十四卷 （清）林有席撰　清道光六年（1826）刻本　一册　存二卷（一至二）

360000－1901－0020403　709673
平園雜著内編十四卷 （清）林有席撰　清道光六年（1826）刻本　四册　存九卷（三至四、八至十四）

360000－1901－0020404　722411
平園雜著内編十四卷 （清）林有席撰　清刻本　一册　存三卷（八至十）

360000－1901－0020405　300795
平浙紀略十六卷 （清）秦緗業　（清）陳鍾英撰　清同治十二年（1873）浙江書局刻本　四册

360000－1901－0020406　304940
平浙紀略十六卷 （清）秦緗業　（清）陳鍾英撰　清同治十二年（1873）浙江書局刻本　三册　存十三卷（四至十六）

360000－1901－0020407　162673
洴澼百金方十四卷 （清）袁宫桂輯　清道光二十年（1840）刻本　八册

360000－1901－0020408　162674
洴澼百金方十四卷 （清）袁宫桂輯　清刻本　九册　存十三卷（一至十三）

360000－1901－0020409　302210
洴澼百金方十四卷 （清）袁宫桂撰　清乾隆刻本　十册

360000－1901－0020410　305657
洴澼百金方十四卷 （清）袁宫桂撰　（清）玉卮居士重訂　清刻本　七册　存十三卷（一至十三）

360000－1901－0020411　603400
洴澼百金方十四卷 （清）袁宫桂撰　（清）玉卮居士重訂　清刻本　七册　存十三卷（一至十三）

360000－1901－0020412　310638
洴澼百金方十四卷首一卷 （清）袁宫桂撰　（清）玉卮居士重訂　清刻本　六册

360000－1901－0020413　313630
洴澼百金方十四卷首一卷 （清）袁宫桂撰　（清）玉卮居士重訂　清刻本　八册

360000－1901－0020414　314097
洴澼百金方十四卷首一卷 （清）袁宫桂撰　（清）玉卮居士重訂　清刻本　十册

360000－1901－0020415　241034
屏山草堂稿　(清)應麟撰　清乾隆十六年(1751)宜黄應氏刻本　三册

360000－1901－0020416　250216
屏山草堂稿　(清)應麟撰　清乾隆十六年(1751)宜黄應氏刻本　五册

360000－1901－0020417　250217
屏山草堂稿　(清)應麟撰　清乾隆十六年(1751)宜黄應氏刻本　六册

360000－1901－0020418　406100
屏山草堂稿　(清)應麟撰　清乾隆十六年(1751)宜黄應氏刻本　三册

360000－1901－0020419　163354
屏山全集二十卷首一卷附考異一卷　(宋)劉子翬撰　清光緒二十七年(1901)潘氏雲屏山房刻本　六册

360000－1901－0020420　302855
屏山先生文集二十卷　(宋)劉子翬撰　清光緒十二年(1886)刻本　四册

360000－1901－0020421　121167
屏山遺稿二卷　(清)盛翩撰　**小桐軒稿制藝一卷試帖一卷**　(清)盛聯奎撰　清刻本　一册

360000－1901－0020422　121453
瓶城山館詩鈔十二卷　(清)周劼撰　清同治刻本　六册

360000－1901－0020423　121454
瓶城山館詩鈔十六卷　(清)周劼撰　清同治四年(1865)菊隱園刻本　八册

360000－1901－0020424　317294
瓶花齋集十卷　(明)袁宏道撰　清宣統三年(1911)石印本　四册

360000－1901－0020425　303869
瓶花齋集十卷　(明)袁宏道撰　清宣統三年(1911)中華圖書館石印本　四册

360000－1901－0020426　413202
瓶菴居士詩鈔四卷文鈔四卷　(清)孟超然撰　清嘉慶二十年(1815)福州孟氏亦園亭刻本　七册

360000－1901－0020427　413203
瓶菴居士詩鈔四卷文鈔四卷　(清)孟超然撰　清嘉慶刻本　七册

360000－1901－0020428　901223
萍鄉城隍廟善後會圖册不分卷　(清)李柏齡等撰　清光緒二十九年(1903)刻本　三册

360000－1901－0020429　901221
萍鄉建立廩保公所圖册不分卷　(清)□□等撰　清光緒十七年(1891)刻本　一册

360000－1901－0020430　901222
萍鄉建立廩保公所圖册不分卷　(清)□□等撰　清光緒十七年(1891)刻本　一册

360000－1901－0020431　306960
萍鄉課士新藝四卷續編四卷　(清)顧家相輯　清光緒二十八年(1902)會稽顧氏萍鄉刻本　七册

360000－1901－0020432　900163－1
萍鄉課士新藝四卷續編四卷　(清)顧家相輯　清光緒二十八年(1902)會稽顧氏萍鄉刻本　二册　存二卷(續編二、四)

360000－1901－0020433　900163
萍鄉課士新藝四卷續編四卷　(清)顧家相輯　清光緒菁華報館木活字印本　二册　存二卷(萍鄉課士新藝三至四)

360000－1901－0020434　402205
萍鄉李少保公事略一卷　(清)李頤撰　清光緒刻本　一册

360000－1901－0020435　121730
萍鄉文氏所刻醫書六種　(清)文晟輯　清同治十一年(1872)文延慶堂刻本　十册

360000－1901－0020436　802070
萍鄉縣生童詩賦文章不分卷　(清)□□輯　清抄本　一册

360000－1901－0020437　161914
萍鄉縣義倉記不分卷　(清)王明璠撰　清同

治十二年(1873)刻本　一册

360000－1901－0020438　901224
萍鄉重修考棚圖冊不分卷　(清)許繩武等撰　清同治十三年(1874)刻本　一冊

360000－1901－0020439　901225
萍鄉遵積二畐圖冊不分卷　(清)蕭文煦等撰　清光緒二十三年(1897)敦義堂刻本　三冊

360000－1901－0020440　306676
缾水齋詩集十六卷別集二卷　(清)舒位撰　清嘉慶二十一年(1816)刻本　五冊

360000－1901－0020441　401395
評補圖石頭記一百二十卷一百二十回首一卷　(清)曹霑撰　(清)高鶚續　(清)護花主人評　(清)大某山民加評　清光緒二十六年(1900)鉛印本　十四冊

360000－1901－0020442　401395－1
評補圖石頭記一百二十卷一百二十回首一卷　(清)曹霑撰　(清)高鶚續　(清)護花主人評　(清)大某山民加評　清光緒鉛印本　三冊　存二十八卷(二十五至四十四、一百五至一百十二)二十八回(二十五至四十四、一百五至一百十二)

360000－1901－0020443　401396
評補圖石頭記一百二十卷一百二十回首一卷　(清)曹霑撰　(清)高鶚續　(清)護花主人評　(清)大某山民加評　清光緒鉛印本　九冊　存六十五卷(一至八、十七至二十四、四十一至四十八、六十五至八十八、九十七至一百四、一百十三至一百二十,首一卷)六十四回(一至八、十七至二十四、四十一至四十八、六十五至八十八、九十七至一百四、一百十三至一百二十)

360000－1901－0020444　416125
評點春秋綱目左傳句解彙雋六卷　(清)韓菼重訂　清愛日堂刻本(卷五配清大文堂刻本)　六冊

360000－1901－0020445　416070
評點春秋綱目左傳句解彙雋六卷　(清)韓菼重訂　清大文堂刻本　六冊

360000－1901－0020446　416120
評點春秋綱目左傳句解彙雋六卷　(清)韓菼重訂　清道光九年(1829)刻本　六冊

360000－1901－0020447　416092
評點春秋綱目左傳句解彙雋六卷　(清)韓菼重訂　清道光九年(1829)刻本(卷三至六配清刻本)　六冊

360000－1901－0020448　603177
評點春秋綱目左傳句解彙雋六卷　(清)韓菼重訂　清光緒二十八年(1902)新化三味書室刻本　六冊

360000－1901－0020449　416095
評點春秋綱目左傳句解彙雋六卷　(清)韓菼重訂　清光緒三十年(1904)維新書局刻本(卷二、四至五配清刻本)　六冊

360000－1901－0020450　416093
評點春秋綱目左傳句解彙雋六卷　(清)韓菼重訂　清光緒三十三年(1907)太和書室刻本　六冊

360000－1901－0020451　603178
評點春秋綱目左傳句解彙雋六卷　(清)韓菼重訂　清光緒十九年(1893)吉安芸香閣刻本　六冊

360000－1901－0020452　406618
評點春秋綱目左傳句解彙雋六卷　(清)韓菼重訂　清光緒狀元閣李光明莊刻本　二冊　存二卷(四至五)

360000－1901－0020453　416155
評點春秋綱目左傳句解彙雋六卷　(清)韓菼重訂　清會友堂刻本　一冊　存一卷(四)

360000－1901－0020454　416177－1
評點春秋綱目左傳句解彙雋六卷　(清)韓菼重訂　清會友堂刻本　一冊　存一卷(一)

360000－1901－0020455　603179
評點春秋綱目左傳句解彙雋六卷　(清)韓菼重訂　清會友堂刻本　六冊

360000－1901－0020456　416066
評點春秋綱目左傳句解彙雋六卷　（清）韓菼重訂　清刻本　三冊

360000－1901－0020457　416067
評點春秋綱目左傳句解彙雋六卷　（清）韓菼重訂　清刻本　六冊

360000－1901－0020458　416068
評點春秋綱目左傳句解彙雋六卷　（清）韓菼重訂　清刻本　六冊

360000－1901－0020459　416069
評點春秋綱目左傳句解彙雋六卷　（清）韓菼重訂　清刻本　六冊

360000－1901－0020460　416071
評點春秋綱目左傳句解彙雋六卷　（清）韓菼重訂　清刻本　六冊

360000－1901－0020461　416072
評點春秋綱目左傳句解彙雋六卷　（清）韓菼重訂　清刻本　六冊

360000－1901－0020462　416081
評點春秋綱目左傳句解彙雋六卷　（清）韓菼重訂　清刻本　六冊

360000－1901－0020463　416082
評點春秋綱目左傳句解彙雋六卷　（清）韓菼重訂　清刻本　六冊

360000－1901－0020464　416083
評點春秋綱目左傳句解彙雋六卷　（清）韓菼重訂　清刻本　六冊

360000－1901－0020465　416086
評點春秋綱目左傳句解彙雋六卷　（清）韓菼重訂　清刻本　六冊

360000－1901－0020466　416087
評點春秋綱目左傳句解彙雋六卷　（清）韓菼重訂　清刻本　六冊

360000－1901－0020467　416091
評點春秋綱目左傳句解彙雋六卷　（清）韓菼重訂　清刻本　六冊

360000－1901－0020468　416096
評點春秋綱目左傳句解彙雋六卷　（清）韓菼重訂　清刻本　六冊

360000－1901－0020469　416097
評點春秋綱目左傳句解彙雋六卷　（清）韓菼重訂　清刻本　三冊

360000－1901－0020470　416098
評點春秋綱目左傳句解彙雋六卷　（清）韓菼重訂　清刻本　六冊

360000－1901－0020471　416100
評點春秋綱目左傳句解彙雋六卷　（清）韓菼重訂　清刻本　六冊

360000－1901－0020472　416103
評點春秋綱目左傳句解彙雋六卷　（清）韓菼重訂　清刻本　六冊

360000－1901－0020473　416104
評點春秋綱目左傳句解彙雋六卷　（清）韓菼重訂　清刻本　六冊

360000－1901－0020474　416106
評點春秋綱目左傳句解彙雋六卷　（清）韓菼重訂　清刻本　六冊

360000－1901－0020475　416107
評點春秋綱目左傳句解彙雋六卷　（清）韓菼重訂　清刻本　六冊

360000－1901－0020476　416108
評點春秋綱目左傳句解彙雋六卷　（清）韓菼重訂　清刻本　六冊

360000－1901－0020477　416109
評點春秋綱目左傳句解彙雋六卷　（清）韓菼重訂　清刻本　六冊

360000－1901－0020478　416114
評點春秋綱目左傳句解彙雋六卷　（清）韓菼重訂　清刻本　六冊

360000－1901－0020479　416117
評點春秋綱目左傳句解彙雋六卷　（清）韓菼重訂　清刻本　六冊

360000－1901－0020480　416118
評點春秋綱目左傳句解彙雋六卷　（清）韓菼重訂　清刻本　三冊　存三卷（一、三、五）

360000－1901－0020481　416119
評點春秋綱目左傳句解彙雋六卷　（清）韓菼重訂　清刻本　四冊　存四卷（一、三至五）

360000－1901－0020482　416122
評點春秋綱目左傳句解彙雋六卷　（清）韓菼重訂　清刻本　六冊

360000－1901－0020483　416126
評點春秋綱目左傳句解彙雋六卷　（清）韓菼重訂　清刻本　六冊

360000－1901－0020484　416134
評點春秋綱目左傳句解彙雋六卷　（清）韓菼重訂　清刻本　五冊

360000－1901－0020485　416137
評點春秋綱目左傳句解彙雋六卷　（清）韓菼重訂　清刻本　六冊

360000－1901－0020486　416138
評點春秋綱目左傳句解彙雋六卷　（清）韓菼重訂　清刻本　五冊　存五卷（一至五）

360000－1901－0020487　416139
評點春秋綱目左傳句解彙雋六卷　（清）韓菼重訂　清刻本　五冊

360000－1901－0020488　416143
評點春秋綱目左傳句解彙雋六卷　（清）韓菼重訂　清刻本　四冊　存四卷（二至三、五至六）

360000－1901－0020489　416144
評點春秋綱目左傳句解彙雋六卷　（清）韓菼重訂　清刻本　三冊

360000－1901－0020490　416145
評點春秋綱目左傳句解彙雋六卷　（清）韓菼重訂　清刻本　五冊

360000－1901－0020491　416146
評點春秋綱目左傳句解彙雋六卷　（清）韓菼重訂　清刻本　五冊　存五卷（一至五）

360000－1901－0020492　416148
評點春秋綱目左傳句解彙雋六卷　（清）韓菼重訂　清刻本　六冊

360000－1901－0020493　416149
評點春秋綱目左傳句解彙雋六卷　（清）韓菼重訂　清刻本　六冊

360000－1901－0020494　416150
評點春秋綱目左傳句解彙雋六卷　（清）韓菼重訂　清刻本　四冊　存四卷（二、四、五至六）

360000－1901－0020495　416151
評點春秋綱目左傳句解彙雋六卷　（清）韓菼重訂　清刻本　三冊　存三卷（二至四）

360000－1901－0020496　416158
評點春秋綱目左傳句解彙雋六卷　（清）韓菼重訂　清刻本　五冊　存五卷（二至六）

360000－1901－0020497　416159
評點春秋綱目左傳句解彙雋六卷　（清）韓菼重訂　清刻本　五冊　存五卷（二至六）

360000－1901－0020498　416160
評點春秋綱目左傳句解彙雋六卷　（清）韓菼重訂　清刻本　六冊

360000－1901－0020499　416163－2
評點春秋綱目左傳句解彙雋六卷　（清）韓菼重訂　清刻本　四冊　存四卷（一、三至四、六）

360000－1901－0020500　416164
評點春秋綱目左傳句解彙雋六卷　（清）韓菼重訂　清刻本　五冊　存五卷（二至六）

360000－1901－0020501　416168－1
評點春秋綱目左傳句解彙雋六卷　（清）韓菼重訂　清刻本　五冊　存五卷（一、三至六）

360000－1901－0020502　416169
評點春秋綱目左傳句解彙雋六卷　（清）韓菼重訂　清刻本　五冊　存五卷（二至六）

360000－1901－0020503　416175
評點春秋綱目左傳句解彙雋六卷　（清）韓菼

重訂　清刻本　五冊　存五卷(二至六)

360000－1901－0020504　416176－1
評點春秋綱目左傳句解彙雋六卷　(清)韓菼重訂　清刻本　三冊　存三卷(二至三、六)

360000－1901－0020505　416177
評點春秋綱目左傳句解彙雋六卷　(清)韓菼重訂　清刻本　三冊　存三卷(二、四至五)

360000－1901－0020506　716080
評點春秋綱目左傳句解彙雋六卷　(清)韓菼重訂　清刻本　六冊

360000－1901－0020507　716159
評點春秋綱目左傳句解彙雋六卷　(清)韓菼重訂　清刻本　五冊　存五卷(一至五)

360000－1901－0020508　716160
評點春秋綱目左傳句解彙雋六卷　(清)韓菼重訂　清刻本　三冊　存三卷(一至三)

360000－1901－0020509　716161
評點春秋綱目左傳句解彙雋六卷　(清)韓菼重訂　清刻本　三冊　存三卷(一至三)

360000－1901－0020510　716162
評點春秋綱目左傳句解彙雋六卷　(清)韓菼重訂　清刻本　二冊　存二卷(一至二)

360000－1901－0020511　716163
評點春秋綱目左傳句解彙雋六卷　(清)韓菼重訂　清刻本　三冊　存三卷(一至三)

360000－1901－0020512　716164
評點春秋綱目左傳句解彙雋六卷　(清)韓菼重訂　清刻本　二冊　存二卷(一至二)

360000－1901－0020513　716165
評點春秋綱目左傳句解彙雋六卷　(清)韓菼重訂　清刻本　一冊　存一卷(一)

360000－1901－0020514　716167
評點春秋綱目左傳句解彙雋六卷　(清)韓菼重訂　清刻本　一冊　存一卷(一)

360000－1901－0020515　716168
評點春秋綱目左傳句解彙雋六卷　(清)韓菼重訂　清刻本　一冊　存一卷(一)

360000－1901－0020516　416090
評點春秋綱目左傳句解彙雋六卷　(清)韓菼重訂　清刻本(卷三、五至六配清令德堂刻本)　六冊

360000－1901－0020517　416088
評點春秋綱目左傳句解彙雋六卷　(清)韓菼重訂　清刻本(卷三配清令德堂刻本、卷五配清文光堂刻本)　六冊

360000－1901－0020518　416129
評點春秋綱目左傳句解彙雋六卷　(清)韓菼重訂　清刻本(卷一配清大文堂刻本)　六冊

360000－1901－0020519　416123
評點春秋綱目左傳句解彙雋六卷　(清)韓菼重訂　清刻本(卷一配清近賢堂刻本、卷四配清兩儀堂刻本、卷六配清芸香閣刻本)　六冊

360000－1901－0020520　416113
評點春秋綱目左傳句解彙雋六卷　(清)韓菼重訂　清刻本(卷一配清兩儀堂刻本)　六冊

360000－1901－0020521　416131
評點春秋綱目左傳句解彙雋六卷　(清)韓菼重訂　清刻本(卷一配清令德堂刻本)　六冊

360000－1901－0020522　416077
評點春秋綱目左傳句解彙雋六卷　(清)韓菼重訂　清刻本(卷一爲清英德堂刻本)　六冊

360000－1901－0020523　603520－2
評點春秋綱目左傳句解彙雋六卷　(清)韓菼重訂　清兩儀堂刻本　六冊

360000－1901－0020524　716169
評點春秋綱目左傳句解彙雋六卷　(清)韓菼重訂　清兩儀堂刻本　一冊　存一卷(一)

360000－1901－0020525　416075
評點春秋綱目左傳句解彙雋六卷　(清)韓菼重訂　清令德堂刻本　六冊